Programmiersprachen
Konzepte, Strukturen und
Implementierung in Java

Für R.

Achim Clausing

Programmiersprachen
Konzepte, Strukturen und Implementierung in Java

Autor
Prof. Dr. Achim Clausing
Westfälische Wilhelms-Universität Münster
Institut für Informatik
Einsteinstraße 62
48149 Münster
achim.clausing@uni-muenster.de

Weitere Informationen zum Buch finden Sie unter www.spektrum-verlag.de/978-3-8274-2850-9

Wichtiger Hinweis für den Benutzer
Der Verlag und der Autor haben alle Sorgfalt walten lassen, um vollständige und akkurate Informationen in diesem Buch zu publizieren. Der Verlag übernimmt weder Garantie noch die juristische Verantwortung oder irgendeine Haftung für die Nutzung dieser Informationen, für deren Wirtschaftlichkeit oder fehlerfreie Funktion für einen bestimmten Zweck. Der Verlag übernimmt keine Gewähr dafür, dass die beschriebenen Verfahren, Programme usw. frei von Schutzrechten Dritter sind. Die Wiedergabe von Gebrauchsnamen, Handelsnamen, Warenbezeichnungen usw. in diesem Buch berechtigt auch ohne besondere Kennzeichnung nicht zu der Annahme, dass solche Namen im Sinne der Warenzeichen- und Markenschutz-Gesetzgebung als frei zu betrachten wären und daher von jedermann benutzt werden dürften. Der Verlag hat sich bemüht, sämtliche Rechteinhaber von Abbildungen zu ermitteln. Sollte dem Verlag gegenüber dennoch der Nachweis der Rechtsinhaberschaft geführt werden, wird das branchenübliche Honorar gezahlt.

Bibliografische Information der Deutschen Nationalbibliothek
Die Deutsche Nationalbibliothek verzeichnet diese Publikation in der Deutschen Nationalbibliografie; detaillierte bibliografische Daten sind im Internet über http://dnb.d-nb.de abrufbar.

Springer ist ein Unternehmen von Springer Science+Business Media
springer.de

© Spektrum Akademischer Verlag Heidelberg 2011
Spektrum Akademischer Verlag ist ein Imprint von Springer

11 12 13 14 15   5 4 3 2 1

Planung und Lektorat: Dr. Andreas Rüdinger, Anja Groth
Korrektorat: Redaktion ALUAN, Köln
Satz: Autorensatz
Herstellung: Crest Premedia Solutions (P) Ltd, Pune, Maharashtra, India
Umschlaggestaltung: SpieszDesign, Neu-Ulm

ISBN 978-3-8274-2850-9

Inhaltsverzeichnis

6 t.Java: Objektorientierte Programmierung 285

7 t.Prolog: Logische Programmierung 351

(Die mit einer Kaffeetasse ☕ markierten Abschnitte ergeben zusammengenommen einen Überblick über die Java-Implementierung der t.Sprachen.)

Einleitung

Coffee or tea? There's a growing body of research to suggest that both are probably good for you. (http://www.time.com/time/askdrweil)

Kaffee oder Tee?

Kaffee – das Wort in der Überschrift steht für die Programmiersprache Java[1]. Der Tee, die bekömmliche Alternative zum Kaffee, das sind die *t.Sprachen*, von denen dieses Buch handelt. Es sind sieben kleine Programmiersprachen, alle in Java implementiert: *t.Zero*, *t.Lisp*, *t.Pascal*, *t.Scheme*, *t.Lambda*, *t.Java* und *t.Prolog*.

Das „t." in ihren Namen wird zwar wie das englische Wort Tea gesprochen, steht aber für *tiny*, *toy*, *teaching* und *training*. Jede t.Sprache ist eine Miniaturausgabe ihres Originals, eine Art Lehr- und Lernspielzeug – syntaktisch und semantisch stark vereinfacht, aber doch nur so weit, dass die charakteristische Art, in der jeweiligen Sprache zu denken und zu programmieren, erhalten bleibt.

Zu jeder t.Sprache findet man in diesem Buch eine vollständige Implementierung, die so durchschaubar ist (das „t." steht auch für *transparent*), dass man im Detail nachvollziehen kann, wie die wesentlichen Elemente der Sprache funktionieren – nicht nur, wie sie benutzt werden, sondern auch, wie ihr Innenleben konstruiert ist.

Wie das einleitende Zitat schon andeutet, sind die t.Sprachen keineswegs als Alternative zu Java gedacht. Niemand sollte auf die Idee kommen, sie als Ersatz für vorhandene Programmiersprachen im Normalbetrieb zu verwenden. Sie sollen auch keine Werbung dafür machen, künftig doch hin und wieder statt in Java in Scheme oder Prolog zu programmieren.

Man könnte die Intention des Buchs mit dem alten konfuzianischen Slogan „der Weg ist das Ziel" ausdrücken: Es geht darum, typische Strukturen und interne Mechanismen von

---

[1] Jede aus einem Java-Programm erzeugte class-Datei beginnt in Hexadezimaldarstellung mit der Magic Number CAFE – genauer gesagt, mit den vier Bytes CA FE BA BE. Die Magic Number einer Datei codiert das Dateiformat.

Programmiersprachen zu studieren. Das Endprodukt, die jeweilige Sprache, darf man danach getrost wieder beiseitelegen („weg ist das Ziel" ;-).

Dieses Buch verfolgt mehrere Absichten, die aber alle letztlich eine innere Einheit bilden. Zu den Anliegen gehört es,

- die wichtigsten Programmierstile und -paradigmen exemplarisch zu behandeln,
- allen, die Interesse an Programmiersprachen haben, Stoff zum Nachdenken und Material zum eigenen Experimentieren zu geben,
- zu zeigen, dass Programmiersprachen keine „schwarzen Kästen" mit unveränderlichen (und meistens wenig hinterfragten) Regeln sind, sondern dass es gar nicht so schwer ist, ihr Innenleben zu verstehen,
- exemplarisch die Realisierung eines Java-Programms zu dokumentieren, das umfangreicher ist als die Beispiele, mit denen man in einer Einführung in Java normalerweise zu tun hat. Objektorientierte Programmierung kann ihre Vorteile erst im Umfeld größerer Softwareprojekte ausspielen. Viele Aspekte von Java sind allein anhand kleiner einführender Programme nur schwer zu verstehen.

Die t.Sprachen

Programmiersprachen sind Sprachen und als solche Medien des Denkens (mehr dazu unter `http://de.wikipedia.org/wiki/Sprache`). Unser Denken im Zusammenhang mit Computern wird ganz wesentlich geprägt von den Programmiersprachen, die wir beherrschen.

Deshalb wäre es für jeden, der mit Informatik zu tun hat, eine gute Sache, nach Möglichkeit mindestens ein halbes Dutzend Programmiersprachen zu lernen. „So viele Sprachen einer beherrscht, so viele Leben lebt er", sagt ein Sprichwort.

Die Zeit zum Lernen so vieler Sprachen hat nicht jeder. Mit sehr viel weniger Zeitaufwand ist es aber möglich, sich einen Überblick über zumindest ein paar der wichtigsten Grundkonzepte zu verschaffen, die der manchmal an den Turmbau von Babel erinnernden Vielfalt von Programmiersprachen zugrunde liegen.

Die t.Sprachen sind sich untereinander äußerlich sehr ähnlich, jede weitere fühlt sich erst einmal so an wie die vorangehende. Trotzdem verkörpert jede einen ganz spezifischen Aspekt des Programmierens.

t.Zero

t.Zero ist eine extrem einfache, rein *deklarative* Sprache. Ihre Besonderheit liegt in dem, was sie *nicht* hat: Es gibt keine Befehle oder Anweisungen, keine Konstrukte zur Beschreibung von Abläufen und keine Variablen zur Speicherung von Zwischenresultaten.

Ein t.Zero-Programm ist eine Funktion, die mit sparsamsten Mitteln ein Resultat beschreibt. Nur das Ergebnis, das *Was* des Programms, ist wichtig, nicht das *Wie* des Rechenverlaufs.

Die Sprache kennt nur Zahlen und boolesche Werte. Für den Umgang mit ihnen gibt es außer Rechen- und Vergleichsoperationen lediglich bedingte Ausdrücke und die Möglichkeit zur Definition vom Funktionen. Das ganze sonstige Instrumentarium der klassischen Programmierung fehlt. Dieser Mangel führt dazu, dass man *gezwungen* ist, sich an das deskriptive Postulat zu halten.

Computer heißen so, weil sie ursprünglich als reine Rechenmaschinen konzipiert wurden. Für solche Zwecke ist t.Zero sehr gut geeignet, die Pioniere des Computerzeitalters wären mit den Möglichkeiten der Sprache sicherlich zufrieden gewesen.

Trotzdem fehlt t.Zero etwas Entscheidendes. Und es sind nicht die Befehle, die Variablen, die While- oder die For-Schleifen, die fehlen. Es ist etwas Anderes. Die Sprache bietet keine Möglichkeit, aus mehreren Daten *ein* Datenelement zu machen. Dieses Defizit wird in t.Lisp und t.Pascal auf unterschiedliche Weise behoben, durch Listen beziehungsweise durch Arrays und Records. Es wird sich zeigen, dass dieser scheinbar kleine Unterschied geradezu dramatische Konsequenzen für den Charakter der Sprachen hat.

t.Lisp

Die Sprache t.Lisp ist, wer hätte das vermutet, eine Version der klassischen Programmiersprache Lisp. Sie beruht auf dem Konzept der Liste. Mit Listen kann man beliebig viele Daten zu einem Datenelement zusammenfassen, also gewissermaßen aus vielen Bäumen einen Wald machen.

Für die Zusammenfassung, die *Aggregation*, von Daten gibt es viele Möglichkeiten, darunter Listen, Arrays, Tupel oder Objekte. Listen sind unter diesen sicherlich die eleganteste Variante, sie sind perfekt an die Prinzipien der Rekursion und der deklarativen Programmierung angepasst.

Das Konzept der Liste ist unter anderem deshalb so mächtig, weil es in Kooperation mit Symbolen als einem eigenen Datentyp die Grenze zwischen Daten und Programm nahezu vollständig aufhebt. Man kann in Lisp mit verblüffender Leichtigkeit andere Programmiersprachen implementieren – oder auch die Sprache Lisp selbst.

Wie t.Zero ist auch t.Lisp eine deklarative Sprache. Trotzdem liegen Welten zwischen beiden: Durch den Typ Liste als Mechanismus zur Aggregation erschließt t.Lisp eine Fülle von neuen Ausdrucks- und Abstraktionsmöglichkeiten.

t.Pascal

In der nächsten Sprache, t.Pascal, ist der Typ Liste durch Records und Arrays ersetzt. Damit ist t.Pascal ein ein typischer Vertreter der Klasse der *imperativen* Sprachen.

Arrays haben auf den ersten Blick große Ähnlichkeit mit Listen. Man könnte deshalb vermuten, dass sich der Charakter einer Programmiersprache nicht allzu sehr ändert, wenn Listen durch Arrays ersetzt werden.

Das Gegenteil ist jedoch richtig. Listen und Arrays sind sehr eigenwillige Kreaturen, die jeweils ihren ganz eigenen Programmierstil geradezu erzwingen. Arrays sind *zustandsveränderliche* Datenelemente, sie erhalten ihre Werte durch *Zuweisung*, man kann sie nur *iterativ* durchlaufen. Diese Begriffe – Zustand, Zuweisung und Iteration – sind charakteristisch für die klassische, maschinennahe, anweisungsorientierte (imperative) Art des Programmierens, für die Sprachen wie Fortran, Algol, C und Pascal typisch waren.

t.Scheme

In t.Scheme lernen wir eine *funktionale* Sprache kennen. Diese Sprachen sind dadurch charakterisiert, dass sie Funktionen als einen eigenständigen Datentyp kennen: Funktionen können als Argumente an andere Funktionen übergeben werden oder Resultate von Berechnungen sein. Sie sind „First Class"-Daten, gleichberechtigt mit allen anderen Typen.

Scheme war ursprünglich ein Lisp-Abkömmling. Auch in Lisp gab es funktionale Elemente, trotzdem sind Funktionen in Scheme etwas anderes. Das liegt daran, dass jede Scheme-Funktion einen eigenen *Kontext* besitzt.

Man kann sich einen Funktionskontext als einen lokalen Speicher vorstellen, in dem die Funktion „private" Daten aufbewahren kann. Bei richtiger Betrachtung sind Funktionen mit eigenem Kontext fast schon Objekte. Tatsächlich ist die objektorientierte Programmierung eine Weiterentwicklung der Idee der Funktion mit eigenem Kontext.

t.Lambda

Im Kapitel über t.Lambda geht es um eine Sicht auf Funktionen, die sich von der des vorangehenden Kapitels ganz erheblich unterscheidet.

Mit t.Lambda machen wir einen Ausflug in die Theoretische Informatik. Ziel ist es nachzuweisen, dass man prinzipiell die gesamte Programmierung ausschließlich mit dem Datentyp Funktion bestreiten kann, und zwar mit einem Funktionsbegriff im Sinne der Mathematik, ohne Vorschriften über die Auswertung von Argumenten, ohne lokalen Kontext – *rein funktional*.

Ein solcher Nachweis hat keine unmittelbar praktische Bedeutung. Die Sprache t.Lambda hat als „reales" Vorbild den Lambda-Kalkül, einen Formalismus, den der Logiker Alonzo Church in den 1930er Jahren entwickelt hat und der auch heute noch, vor allem bei der Untersuchung von Typsystemen, von Interesse ist.

t.Java

t.Java ist unser Repräsentant der Familie der *objektorientierten* Sprachen. Anders als Java ist aber t.Java keine *rein* objektorientierte Programmiersprache. Man kann in t.Java-Programmen imperative, funktionale und objektorientierte Sprachelemente mischen. t.Java ist als Erweiterung von t.Scheme konzipiert, es behebt unter anderem den Mangel, dass t.Scheme kein Mittel zur Definition eigener neuer Typen besitzt.

Als Anwendung von t.Java werden unter anderem *Ströme* definiert. Ströme sind unendliche Folgen und auf den ersten Blick meint man, dass ein „unendlich großes" Datenelement nicht als Ganzes in einem Rechner, der ja immer nur endlich viel Speicherplatz hat, existieren könne. Die Erklärung gibt das Prinzip der *lazy evaluation*, des Aufschiebens von Berechnungen. Man kann darin ein eigenes Programmierparadigma sehen. Viele neuere Programmiersprachen nutzen dieses Prinzip, zum Beispiel Haskell und Python.

t.Prolog

Schließlich wird im letzten Kapitel mit t.Prolog noch das Paradigma der *logischen* Programmierung behandelt.

Im Laufe der Geschichte hat es zahlreiche Versuche gegeben, logisches Denken zu automatisieren. Schon Gottfried Wilhelm Leibniz (1646–1716) hat einen Kalkül zur Automatisierung des Denkens entworfen, den *Calculus Ratiocinator*, der in der Lage sein sollte, wahre Aussagen zu finden und zu beweisen. Man kann ihn als frühe Utopie einer logischen Programmiersprache ansehen.

Programme zum Beweisen mathematischer Aussagen gab es schon in der Frühzeit des Computers. Aus diesen Anfängen entwickelte sich die Programmiersprache Prolog, die auf einer eingeschränkten Version der *Prädikatenlogik* beruht.

Ein Prolog-Programm ist im Wesentlichen eine *Regelbasis*, das heißt eine Menge von Aussagen und Regeln zur Ableitung neuer Aussagen. An die Regelbasis kann man Fragen stellen und Prolog entscheidet dann, ob es die als Frage gestellte Aussage aus den in der Menge enthaltenen Aussagen folgern kann. Es ist verblüffend zu sehen, mit welcher Leichtigkeit Prolog selbst schwierige Rätsel löst. Der Ausdruck „Künstliche Intelligenz" ist in diesem Zusammenhang durchaus berechtigt. Wenn man andererseits die Implementierung von t.Prolog ansieht, kann man sich wundern, mit wie wenig Aufwand diese Art von „Intelligenz" realisiert werden kann.

Trotz der geringen Menge an Quellcode ist t.Prolog ein komplettes Prolog-System mit allem, was man von einer logischen Programmiersprache erwartet. Für Spezialisten: Auch Pseudoprädikate, der Cut-Mechanismus und eine Schleifenerkennung sind enthalten und selbstverständlich – wie in allen t.Sprachen – eine ordentliche Fehlerbehandlung.

In jeder der t.Sprachen gibt es Möglichkeiten zum Abfangen und zur Verarbeitung von Fehlern, zur nachträglichen genaueren Untersuchung von Fehlerursachen und einen Tracing-Modus zur Beobachtung von Programmabläufen.

Die Java-Implementierung

Dieses Buch wendet sich in erster Linie an Leserinnen und Leser, die zwar schon Erfahrungen mit Java gemacht haben, aber noch keine „gestandenen Softwareentwickler" sind. Nach einem einführenden Java-Kurs möchte man als relativer Programmierneuling vielleicht

- ganz generell mehr über Programmierung und Programmiersprachen wissen. Was für Konzepte und Ideen gibt es, die man in Java nicht findet?
- einmal ein größeres Java-Programm kennenlernen – nach Möglichkeit aber eines mit gut lesbarem Quellcode und ausführlichen Erläuterungen.
- besser verstehen, wie Programmiersprachen funktionieren. Was verbirgt sich alles „unter der Motorhaube" einer Programmiersprache?

Besonders der letzte Punkt ist interessant. Wir alle sind heute daran gewöhnt, technischen Geräten zu vertrauen – wir behandeln sie als Black Box, mit deren Interna wir nichts zu tun haben und haben wollen. So, wie man Auto fahren kann, ohne zu wissen, wie ein Motor funktioniert, kann man programmieren, ohne etwas von Compilern oder Interpretern zu verstehen. Trotzdem ist ein Minimum an technischem Wissen beim Umgang mit Programmiersprachen genauso nützlich wie beim Autofahren.

Die Java-Implementierung der t.Sprachen ist deshalb ein zentraler Bestandteil dieses Buchs.

Alle t.Sprachen basieren automobiltechnisch gesprochen auf derselben Plattform, einem *Interpreter*, der jeweils auf unterschiedliche, sprachspezifische Weise initialisiert wird. Das erlaubt die Realisierung der einzelnen t.Sprachen auf einer einheitlichen Grundlage unter maximaler Wiederverwendung von Java-Quellcode.

Der Interpreter selber stellt aber lediglich eine einfache Syntax und einen grundlegenden Auswertungsmechanismus zur Verfügung. Die Semantik der einzelnen t.Sprachen wird mit Hilfe spezieller Datentypen und Operatoren erzeugt.

Für die Implementierung der t.Sprachen ergibt sich daraus in natürlicher Weise eine Aufteilung des Quellcodes auf zwei Pakete. Das Paket tanagra enthält den Interpreter, das Paket expressions die Klassen für die einzelnen Datentypen und Operatoren[2].

Bei der Java-Implementierung wurde großer Wert auf die Lesbarkeit des Java-Quellcodes gelegt. Die meisten .java-Dateien sind sehr kurz und übersichtlich. Selbst die umfangreichste Datei (RuleBase.java, zu t.Prolog gehörend) enthält ohne Kommentare weniger als zweihundert Zeilen Code. Die meisten anderen Dateien sind noch deutlich kleiner.

In den einzelnen Kapiteln wird die Implementierung jeweils im letzten Abschnitt erläutert; im Inhaltsverzeichnis sind diese Teile durch ein vorangestelltes Kaffeetassen-Symbol gekennzeichnet. Die Kaffeetassen-Sektionen sind bewusst informell gehalten: Sie bilden keine „Dokumentation", wie man sie zum Beispiel mit javadoc erzeugen würde, sondern sie versuchen die Leitgedanken bei der Implementierung der jeweiligen Sprache zu erläutern.

Wer in einem ersten Durchgang die t.Sprachen nur aus Benutzersicht kennenlernen will, der kann die Kaffeetassen-Teile des Buchs problemlos überspringen. Wem diese Abschnitte wiederum zu informell gehalten sind, der sollte den vollständigen Quellcode konsultieren. Er ist, wie gesagt, so lesbar wie möglich geschrieben; stellenweise enthält er auch weitere Erläuterungen.

In der Softwareentwicklung wird seit langer Zeit unterschieden zwischen der *Programmierung im Kleinen*, bei der es mehr um algorithmische Details geht, und der *Programmierung im Großen*, die mit dem Entwurf von Softwaresystemen befasst ist, bei denen viele Module zusammenspielen ([9]). Alle Beispiele zu den t.Sprachen dieses Buchs gehören naturgemäß in das Gebiet der Programmierung im Kleinen.

Die Implementierung der t.Sprachen liegt dagegen an der Grenze zur Programmierung im Großen (auch wenn „richtig große" Softwareprojekte ganz andere Dimensionen haben). Wer sie aufmerksam studiert, wird erkennen, dass es bei größeren Programmen auf Dinge ankommt, die nicht so sehr von der verwendeten Programmiersprache, sondern vor allem vom systematischen Vorgehen bei der Entwicklung abhängen. Einzelne Klassen sollen möglichst *kohärent* sein, sie sollen ein Konzept realisieren, während die Klassen untereinander möglichst *entkoppelt* sein sollen – je weniger Abhängigkeiten, desto besser. Solche Aspekte des objektorientierten Programmierens lernt man nicht an kleinen Beispielen, sondern nur beim Entwickeln größerer Programme.

Auch wenn also die in diesem Buch angesprochenen programmiersprachlichen Konzepte alle zur Programmierung im Kleinen zählen und Techniken der systematischen Entwicklung großer Softwaresysteme nicht explizit behandelt werden, kann und sollte man doch als Leser die Implementierung der t.Sprachen unter dem Aspekt des Software Engineering betrachten, als Beispiel für die Realisierung eines größeren, mit dem Ziel der einfachen Erweiterbarkeit geschriebenen Java-Programms.

Ockhams Rasiermesser

Der mittelalterliche Logiker und Theologe Wilhelm von Ockham (1285–1347) wäre vermutlich entsetzt darüber, dass man ihm das *Prinzip vom Rasiermesser* (Occam's Razor)

---

[2] Das Tanagra-Theater war ein optisches Spielzeug, das in den 1920er Jahren von der Firma Zeiss gebaut wurde. Über ein Spiegelsystem verkleinerte es eine reale Bühne auf das Format eines Fernsehbildes. Ein Tanagra-Theater war die Miniaturversion eines Theaters und zugleich ein echtes Theater, so wie die t.Sprachen Miniaturversionen von Programmiersprachen und zugleich echte Programmiersprachen sind.

in die Schuhe schiebt: „Die einfachste Lösung ist die beste, alles Überflüssige sollte man wegrasieren". Ob nun authentisch oder nicht, Ockhams Rasiermesser beschreibt eine Grundeinstellung, die man sich als Softwareentwickler möglichst früh zu eigen machen sollte und die auch eine Leitlinie dieses Buchs ist. Sie stimmt übrigens im Wesentlichen mit dem „KISS-Prinzip" überein (*Keep it simple, stupid!*), von dem die Wikipedia behauptet, es entstamme dem Bereich der Informatik (vgl. de.wikipedia.org/wiki/Unix-Philosophie und de.wikipedia.org/wiki/KISS-Prinzip).

Diesem Prinzip folgt das Buch in mehrfacher Hinsicht:

- Die gemeinsame Syntax und der gemeinsame Interpreter sorgen dafür, dass die Implementierung der t.Sprachen klein ist.
- Es wurde sehr darauf geachtet, Optimierungen, die den Programmcode komplizierter gemacht hätten, schon im Planungsstadium wegzurasieren. Die Verständlichkeit des Java-Codes der Implementierung hatte bei allen Entwurfsentscheidungen Vorrang vor der Geschwindigkeit der in den t.Sprachen geschriebenen Programme.
- Das, was in den t.Sprachen programmiert wird, ist nicht immer einfach. Aber es wurde versucht, die Darstellung so einfach wie möglich zu halten.

Aus Gründen der Kürze und Einfachheit wurde fast völlig auf eine Behandlung der theoretischen Grundlagen der verschiedenen Programmierparadigmen verzichtet. Dem Buch liegt eine „Hands on"-Philosophie zugrunde, bei der das Ausprobieren, das Experimentieren und die konkrete Struktur im Vordergrund stehen, nicht eine Theorie der Programmiersprachen. Die t.Sprachen sind Do-it-yourself-Bausätze, keine normierten Programmiersprachen. Sie sollen dazu einladen, sie zu erweitern, zu verändern, auf ihrer Basis neue Ideen im Kleinen zu testen.

Der Java-Quellcode ist so einfach und lesbar gehalten, dass man für jedes Beispielprogramm in einer der t.Sprachen ohne Weiteres bis auf die Java-Ebene hinunter mitverfolgen kann, was im Einzelnen passiert.

Dahinter steht die Erweiterung des KISS-Prinzips zum Prinzip KISMET: *Keep it simple, make everything transparent*. Transparenz bedeutet hier, dass man die Semantik der t.Sprachen immer bis auf die Ebene von Java zurückverfolgen kann. Notfalls, wenn man den Ablauf eines Programms gar nicht versteht, kann man einen Debugger zu Hilfe nehmen, den es für praktisch alle Java-Entwicklungsumgebungen oder auch als eigenständiges Programm gibt. Erfahrungsgemäß reichen aber die in die t.Sprachen integrierten Tracing- und Protokollierungsmöglichkeiten völlig aus.

Leserkreis

Das Buch ist in erster Linie für Studierende der Informatik und verwandter Studiengänge gedacht, die Grundkenntnisse in Java besitzen und mehr über Programmierung und Programmiersprachen lernen möchten. Es will Stoff für alle bringen, die nach einer ersten Einführung in Java neugierig darauf sind, wie es weitergehen könnte mit der Programmierung.

Es kann als Grundlage für ein Seminar oder eine Vorlesung etwa ab dem dritten Semester benutzt werden. Die Vorgehensweise ist, wie schon im vorangehenden Abschnitt gesagt wurde, pragmatisch-praktisch. Durch den weitgehenden Verzicht auf die Erörterung theoretischer Grundlagen (sogar beim Lambda-Kalkül und in der logischen Programmierung) sollte es unmittelbar im Anschluss an einen ersten Java-Kurs verwendbar sein.

Es gibt eine Menge guter Java-Bücher für Programmieranfänger. Was man seltener findet, ist Literatur, die einem nach den ersten Schritten weiterhilft, die Anregungen gibt, wie ein größeres Programmierprojekt realisiert werden kann, die aber nicht gleich auf das Ziel der professionellen Softwareentwicklung ausgerichtet ist, sondern eher darauf, wie man nach dem Erlernen der technischen Details von Java ein Verständnis für das Wesen von Programmierung bekommt.

Wer sich also selber irgendwo in dem weiten Bereich zwischen Programmieranfänger und -profi einordnet und zugleich neugierig darauf ist, mehr über Programmierung zu erfahren, der könnte aus diesem Buch Nutzen ziehen.

Hinweise zur Benutzung

Die einzelnen t.Sprachen sind nicht völlig unabhängig voneinander. Das folgende Diagramm zeigt die Beziehungen:

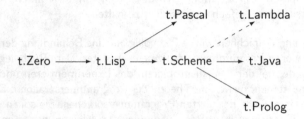

Wer sich beispielsweise für t.Scheme interessiert, sollte vorher zumindest überschlägig die Kapitel zu t.Zero und t.Lisp angesehen haben. t.Java und t.Prolog sind wechselseitig unabhängige Erweiterungen von t.Scheme, während t.Lambda eine viel kleinere Sprache als t.Scheme ist, die aber trotzdem eine vorherige Beschäftigung mit t.Scheme voraussetzt.

Unter Berücksichtigung dieser Abhängigkeiten kann man einzelne t.Sprachen herausgreifen und die entsprechenden Kapitel wahlweise mit oder ohne Bezugnahme auf die Java-Implementierung lesen.

Die Implementierung der Sprachen ist jeweils am Ende des entsprechenden Kapitels dargestellt. Man kann diese „Kaffeetassen-Abschnitte" auch zurückstellen und am Ende zusammengefasst studieren.

Das Buch ist nicht dafür gedacht, es von der vorderen zur hinteren Umschlagseite durchzulesen. Die vielen Beispiele sollen dazu anregen, sie auszuprobieren, zu variieren und ähnliche Programme selber zu schreiben. Mit der Zeit lernt man dann, die t.Sprachen zu verändern und schließlich auch selber neue Sprachen zu konstruieren. Das geht ziemlich leicht durch Abändern der Initialisierungsdateien, aber auch Eingriffe in den Quellcode des Tanagra-Interpreters sind gut machbar. Den ganzen Java-Code und die Beispiele sollte man als eine große Bastelkiste betrachten und keinesfalls als Fertigprodukte.

Webseite zum Buch

Die t.Sprachen können von der Webseite zu diesem Buch heruntergeladen werden:

        `http://cs.uni-muenster.de/tanagra`

Nähere Hinweise zur Installation findet man in Anhang A.

Das Umschlagbild

Die Abbildung zeigt einen Modellhubschrauber, einen T-Rex® 450 SE der Firma Align®. Er steht symbolisch dafür, dass in diesem Buch eine Art Modellbau betrieben wird – die t.Sprachen sind vereinfachte, aber voll funktionstüchtige Miniatur-Programmiersprachen. Es gibt übrigens eine Programmiersprache namens REXX, zu der man mit wenig Mühe eine Miniversion namens t.Rex basteln kann.

Den Hintergrund des Umschlagbilds bildet eine Seite aus Alan Turings legendärer Arbeit aus dem Jahr 1936 „On Computable Numbers, with an Application to the Entscheidungsproblem". Darin definierte der dreiundzwanzigjährige Student das später nach ihm benannte Konzept der Turingmaschine und bewies deren Universalität. Die Arbeit „repräsentiert die Geburtsstunde der Informatik" [12]. Für mich selbst ist sie noch aus einem besonderen Grund wichtig. Turing hat sich einmal darüber beklagt, dass nur zwei Personen ihn um einen Sonderdruck von „On Computable Numbers" gebeten hätten. Einer von ihnen war der Logiker Heinrich Scholz in Münster. Als ich das in Turings Biographie [21] las, habe ich eine Suche gestartet – und der unscheinbare, siebzig Jahre alte Sonderdruck dieser für die Geschichte der Informatik so wichtigen Arbeit konnte tatsächlich in den Tiefen der Bibliothek unseres Fachbereichs wiedergefunden werden!

Danksagung

An der Entstehung der t.Sprachen waren in unterschiedlichen Funktionen zahlreiche Mitarbeiter und Studierende des Instituts für Informatik der Westfälischen Wilhelms-Universität Münster beteiligt. Dazu gehören (in alphabetischer Reihenfolge): Aliaksandr Arekhau, Alfons Avermiddig, Wieland Budeus, Svetlana Karmanov, Steven Keuchel, Holger Klawitter, Sergei Lewin, Ingo Rau, Martin Schäferling, Arne Scheffer, Olexiy Shesterov und Marco Temma.

Ihnen allen gilt mein Dank. Für den Java-Quellcode des Tanagra-Interpreters und alle Programmbeispiele in diesem Buch bin ich trotzdem allein verantwortlich, jede Zeile und jeder Fehler stammen von mir.

Einen besonderen Dank haben sich auch die Hörer meiner Vorlesungen verdient, in denen die t.Sprachen zum Einsatz kamen. Viele Studierende haben durch konstruktive Kritik, Hinweise auf Fehler oder Verbesserungsmöglichkeiten, aber auch durch freundliche Zustimmung zu diesem Projekt beigetragen.

Mein herzlicher Dank gilt auch den Mitarbeitern des Verlags, Frau Anja Groth und Herrn Dr. Andreas Rüdinger für ihre freundliche und konstruktive Betreuung dieses Buchprojekts.

Dankbar bin ich überdies vielen Menschen, die nur indirekt, aber doch wesentlich am Entstehen dieses Buchs beteiligt waren – unter anderem den Urhebern der freien Software, die ich vorzugsweise verwende (der Text wurde mit LATEX gesetzt, mein Rechner läuft unter GNU/Linux), sowie den Autoren der Aufsätze, Bücher und Programmtexte, aus deren Lektüre ich mir Anregungen geholt habe.

Münster, im Juni 2011   Achim Clausing

t.Zero: Deklarative Programmierung

Deklarativ: Eigenschaft von Sprechakten (= deklarativen Akten/Deklarationen), die, unter ge-
eigneten Bedingungen verwendet, eine neue Wirklichkeit herstellen. (`http://de.wiktionary`
`.org/wiki/deklarativ`)

Dieses Kapitel behandelt t.Zero, eine extrem einfache Miniatur-Programmiersprache. Der
Name ist, anders als beispielsweise t.Scheme oder t.Java, nicht von einer „richtigen" Pro-
grammiersprache abgeleitet, sondern steht für t_0, den Startpunkt der t.Sprachfamilie, die im
Folgenden entwickelt wird.

t.Zero ist eine Art Nulldiät für Programmierer: Die (fast) einzigen Elemente der Sprache sind
Zahlen und Funktionen. Es gibt keine Variablen, keine Wertzuweisungen, keine While- oder
For-Schleifen, keine Deklarationen neuer Typen oder Klassen, keines der zahllosen „Features",
die man von anderen Programmiersprachen her kennt.

Trotzdem ist t.Zero eine im Sinne der Informatik vollständige Programmiersprache: Man kann
damit alles berechnen, was auf irgendeinem Computer berechnet werden kann. Und gerade
weil die Sprache so schlicht ist, kann man an ihr lernen, wie mit minimalen Mitteln interessante
Dinge zuwege gebracht werden können.

Im Folgenden wird vorausgesetzt, dass die Software zu diesem Buch bereits installiert ist
(vgl. Anhang A).

1.1   Sprachelemente

1.1.1   Zahlen

Alle in diesem Buch definierten Sprachen sind interpretiert: Programme werden nicht übersetzt, sondern von einem Interpreter unmittelbar ausgeführt. Man kann mit solchen Sprachen interaktiv arbeiten.

Der t.Zero-Interpreter wird mit dem Kommando `tzero` aufgerufen. Als erstes Lebenszeichen gibt er eine Begrüßung und eine Eingabeaufforderung aus (einen *Prompt* in Form eines Pfeils ->), dann wartet er auf Eingaben:

```
$ tzero
*** tZero ***
To quit, type '(quit)'
->
```

Hier wurde der Befehl `tzero` in einen Kommandozeileninterpreter (eine *Shell*) eingegeben. Das Dollarzeichen ist die Eingabeaufforderung dieser Shell.

Jede Eingabe für t.Zero wird mit dem Drücken der Return-Taste abgeschlossen. Auf legale Eingaben reagiert der Interpreter mit der Ausgabe eines Resultats.

Die einzigen Datentypen von t.Zero sind Zahlen und Wahrheitswerte. Man kann auf Zahlen die Grundrechenarten anwenden, das Symbol für die Rechenoperation muss dabei vorangestellt werden. Außerdem muss man – auf den ersten Blick sehr umständlich – Operator und Operanden in runde Klammern setzen:

```
-> 37
37
-> (- 37 27)
10
-> (* 37 27)
999
-> (/ 111 37)
3
-> (+ (* 3 3) (* 4 4))
25
```

Zahlen werden in Dezimaldarstellung eingegeben, mit beliebig vielen Stellen vor und nach dem Dezimalpunkt (ein Dezimalkomma ist nicht erlaubt):

```
-> -0000.0000000000000000005
-0.0000000000000000005
-> 1.
1
```

Die Resultate von Rechnungen sind in t.Zero immer exakt. Wenn ein Ergebnis sich nicht als Dezimalzahl darstellen lässt, wird ein gekürzter Bruch zurückgegeben:

```
-> (/ 1 3)
1/3
-> (/ 11 187)
1/17
```

Man kann Bruchzahlen auch direkt eingeben. Dabei wird nicht gekürzt:

```
-> 2/34
2/34
-> (+ 2/3 3/4)
17/12
-> 2 / 17
Error: Trailing input
```

Bei der letzten Eingabe liest t.Zero eine 2 und versteht diese wegen des nachfolgenden Leerzeichens als komplette Eingabe. Da in jeder Zeile nur eine einzige Eingabe stehen darf, beschwert sich der Interpreter über die weiteren Zeichen. Die Eingabe 2/34 enthält keine Leerzeichen, sie stellt eine einzelne Zahl dar.

Konzeptionell betrachtet ist in t.Zero jede Zahl ein Bruch mit einem Zähler und einem Nenner. Mit den Operatoren num und den (für Numerator und Denominator) kann man Zähler und Nenner abfragen:

```
-> (num 0.5)
1
-> (den 0.5)
2
```

Will man Brüche in Dezimaldarstellung bringen, so muss man runden. Dazu dient der Operator round. Er erwartet zwei Argumente, die zu rundende Zahl und die gewünschte Anzahl Nachkommastellen:

```
-> (round 1/19 20)
0.05263157894736842105
```

Das vorangegangene Resultat kann man jeweils unter dem Namen % weiterverwenden:

```
-> (* 19 %)
0.99999999999999999995
-> (- 1 %)
0.00000000000000000005
```

Die jeweils letzte Eingabe hat den Namen @. Man braucht sie viel seltener als %, eigentlich nur dann, wenn man nochmal sehen will, was man eigentlich eingegeben hatte.

Gerundet wird übrigens immer zur Null hin:

```
-> (round -7.53 1)
-7.5
-> (round 7.53 3)
7.530
```

1.1.2 Funktionen

Bisher hat t.Zero zu jeder Eingabe unter Verwendung der Operatoren +, -, *, / und round unmittelbar einen Wert berechnet.

Man kann sich sehr einfach weitere eigene Funktionen verschaffen. Eine Funktion trunc zum Abschneiden der Nachkommastellen einer Zahl definiert man zum Beispiel so:

```
-> (define (trunc x) (round x 0))
function[trunc]
-> (trunc -3.7)
-3
```

Funktionsdefinitionen dürfen sich über mehr als eine Zeile erstrecken:

```
-> (define (square n)
       (* n n))
function[square]
-> (square 111111111)
12345678987654321
```

Funktionen können natürlich auch mehrere Argumente haben:

```
-> (define (square-sum x y)
       (+ (square x) (square y)))
function[square-sum]
-> (square-sum 3 4)
25
```

Auch Funktionen ohne Argumente sind erlaubt. Man kann sie zur Speicherung von Konstanten verwenden, was manchmal praktisch ist, weil es in t.Zero keine Variablen gibt:

```
-> (define (Pi) 3.1415926535)
function[Pi]
-> (Pi)
3.1415926535
```

Die allgemeine Form einer Funktionsdefinition ist

    (define *<Funktionskopf>* *<Funktionsrumpf>*).

Der Funktionskopf besteht aus einer geklammerten Liste von Namen. Der erste Name ist der Funktionsname, die übrigen sind die *formalen Parameter* der Funktion. Beim Aufruf der Funktion werden sie durch die *aktuellen Parameter* ersetzt und der Funktionsrumpf wird mit diesen Parameterwerten ausgewertet. Eine Funktionsdefinition wird gespeichert, der Interpreter erinnert sich bei den weiteren Auswertungen daran.

Die Namen von Funktionen dürfen Sonderzeichen enthalten:

```
-> (define (++ x) (+ 1 x))
function[++]
-> (++ 0)
1
```

Die ungewohnte Art, bei einer Rechenoperation den Operator voranzustellen, wirkt jetzt vielleicht nicht mehr ganz so seltsam. Eine Rechenoperation wird genauso behandelt wie der Aufruf einer selbst definierten Funktion: (+ 3 7) ist ein Aufruf der Funktion + mit den Argumenten 3 und 7.

Am Anfang ist es möglicherweise irritierend, dass man (f x) schreiben muss, nicht f(x) wie in den meisten anderen Programmiersprachen und in der Mathematik. Diese *Präfixnotation* geht auf die Sprache Lisp zurück. Ihre Vorteile werden sich in Kapitel 2 zeigen.

Alle gültigen Eingaben von t.Zero, seien es Zahlen oder unter Verwendung von Klammern geschriebene zusammengesetzte Eingaben, werden als *Ausdrücke* bezeichnet. Der Interpreter wertet Ausdrücke aus.

Auch eine Funktionsdefinition ist ein Ausdruck, deshalb wird als Wert eine Funktion zurückgegeben. Trotzdem haben Funktionsdefinitionen eine Sonderstellung unter den t.Zero-Ausdrücken. Man gibt sie nicht ein, um ihren Wert zu berechnen, sondern damit der Interpreter sie sich merkt.

Der Wert könnte ebenso gut fehlen, er ist nur eine Bestätigung dafür, dass die Definition gespeichert wurde.

1.1.3   Bedingte Ausdrücke

Man kann Zahlen mit = und < vergleichen. Das Resultat hat den Datentyp `Boolean` und kann in einem bedingten Ausdruck verwendet werden:

```
-> (= 1 1.0)
true
-> (< 1 (/ 1 1.00000001))
false
-> (if (< 0.5 1/2) 3 4)
4
```

Eine Eingabe der Form (if *<condition>* *<expr>* *<alt-expr>*) ist ein *bedingter* Ausdruck. Ihr Wert ist entweder der Wert von *<expr>* oder der von *<alt-expr>*, je nachdem, ob *<condition>* den Wert `true` oder `false` hat. Deshalb muss für *<condition>* immer ein Ausdruck stehen, der einen Wert des Typs `Boolean` hat.

Ein bedingter Ausdruck (if ...) steht, anders als eine if-Anweisung in Java, für einen Wert. In Java hat der ?-Ausdruck *<condition>* ? *<expr>* : *<alt-expr>* die entsprechende Funktion.

Die Abfrage (= 1 1.0) zeigt, dass der Vergleichsoperator = seine Argumente im mathematischen Sinn vergleicht. Es macht keinen Unterschied, ob es sich um Zahlen mit oder ohne Dezimalpunkt oder um Brüche handelt.

Von dem Typ `Boolean` gibt es nur die beiden Werte `true` und `false`. Es sind keine Schlüsselworte wie in Java. In t.Zero darf man weder (if true *<expr>* *<alt-expr>*) noch (if *<condition>* true *<alt-expr>*) schreiben. Der Interpreter würde versuchen, den Ausdruck true auszuwerten, und da es in t.Zero keine Variablen und keine Zahlkonstanten gibt, würde das scheitern.

Als Ersatz kann man sich, wenn man will, argumentlose Funktionen mit den Namen `true` und `false` definieren:

```
-> (define (true) (= 0 0))
function[true]
-> (define (false) (= 0 1))
function[false]
```

t.Zero kennt keine Operatoren für Abfragen auf Ungleichheit, $\leq$-Beziehung oder logische Operatoren. Man kann sie sich aber leicht beschaffen:

```
-> (define (not x) (if x (false) (true)))
function[not]
-> (define (and x y) (if x (if y (true) (false)) (false)))
function[and]
-> (define (or x y)  (if x (true) (if y (true) (false))))
function[or]
-> (define (# x y) (not (= x y)))
function[#]
-> (define (<= x y) (or (< x y) (= x y)))
function[<=]
```

1.1.4   Rekursion

t.Zero-Funktionen dürfen rekursiv definiert sein. Das Standardbeispiel der Fakultätsfunktion $n! = 1 \cdot 2 \cdot \ldots \cdot n$ sieht so aus:

```
-> (define (factorial n)
       (if (= n 0) 1
           (* n (factorial (- n 1)))))
function[factorial]
-> (factorial 5)
120
-> (factorial (+ 1 (* 6 6)))
137637530912263450463159795815809024000000000
```

Gerade bei rekursiven Funktionen ist es manchmal hilfreich, den Verlauf einer Auswertung zu beobachten. Zu diesem Zweck kann man Funktionen in den *Tracing-Modus* versetzen:

```
-> (trace factorial)
Tracing mode for function[factorial] is on
-> (factorial 3)
       Call    (factorial 3)
       Call    (factorial 2)
       Call    (factorial 1)
       Call    (factorial 0)
       Return  1 from (factorial 0)
       Return  1 from (factorial 1)
       Return  2 from (factorial 2)
       Return  6 from (factorial 3)
    6
```

Zu Beginn jedes Aufrufs einer Funktion im Tracing-Modus werden die Argumentwerte angezeigt; wenn der Aufruf beendet ist, wird das Resultat ausgegeben. Im obigen Beispiel kann man verfolgen, wie die einzelnen Aufrufe von factorial in der umgekehrten Reihenfolge ihres Beginns beendet werden.

Der Operator trace ist ein Schalter. Bei einem zweiten Aufruf versetzt er sein Argument wieder in den Normalmodus:

```
-> (trace factorial)
Tracing mode for function[factorial] is off
-> (factorial 50)
30414093201713378043612608166064768844377641568960512000000000000
```

Der Tracing-Modus hat keinerlei Auswirkungen auf die Ergebnisse. Der Trace-Operator verändert die Ausdrucksmöglichkeiten der Programmiersprache nicht.

1.1.5 Fehler

Fehlerhafte Eingaben quittiert der Interpreter mit einer Fehlermeldung:

```
-> (+ 1 °)
Error: Illegal token
-> )
Error: Expression cannot begin with ')'
-> (factorial 3 7)
Error: function[factorial] expects 1 argument
-> (factorial -1)
Error: Stack overflow
```

Diese Fehler sind, auch wenn die Fehlermeldungen das nicht anzeigen, von sehr verschiedener Art:

- Die Eingabe '(+ 1 °)' ist ein Fehler auf der *lexikalischen* Ebene der Sprache. Anstelle einer Null wurde das Gradzeichen eingetippt, das nicht zu den in t.Zero erlaubten Sonderzeichen gehört.

- Die Eingabe ')' enthält kein unerlaubtes Zeichen, ist aber *syntaktisch* fehlerhaft: Klammern müssen in der Eingabe immer paarweise auftreten.

- Da im Kopf von factorial in der Funktionsdefinition genau ein formaler Parameter vorkam, weist der Interpreter den Aufruf '(factorial 3 7)' zurück. Die Eingabe ist zwar lexikalisch und syntaktisch korrekt, lässt sich aber trotzdem nicht auswerten. Syntaktisch korrekte, nicht auswertbare Eingaben sind *semantische* Fehler.

- Der Aufruf '(factorial −1)' führt zu einer nicht endenden Rekursion, die irgendwann den Systemstack überlaufen lässt. Auch das ist ein semantischer Fehler.

Die Installation einer guten Fehlerbehandlung zählt zu den wichtigsten Aufgaben bei der Implementierung einer Programmiersprache. Fehler sollten ein Programm nicht zum Absturz bringen, sie sollten rechtzeitig erkannt und sinnvoll kommentiert werden. Wir werden auf das Thema noch ausführlich zu sprechen kommen.

Ein spezielles Problem ist die Frage, wie der Interpreter auf unvollständige oder überzählige Eingaben reagieren soll. Darüber gibt es zwischen den Entwicklern von Programmiersprachen keine Einigkeit.

t.Zero wartet bei einer unvollständigen Eingabe auf weiteren Input. Man darf einen Eingabeausdruck über mehrere Zeilen verteilen. Bei Funktionsdefinitionen haben wir das routinemäßig getan. Ein Zuviel an Eingabe wird dagegen als Fehler angesehen:

```
-> 1 + 1
Error: Trailing input
```

Die Zeichenfolge 1 + 1 ist keine syntaktisch korrekte Eingabe. Um in t.Zero den Wert des mathematischen Ausdrucks $1 + 1$ zu berechnen, müsste man (+ 1 1) eingeben. Weil die erste 1 in der Eingabe 1 + 1 selbst schon eine zulässige Eingabe ist, wird das anschließende '+ 1' als überzählig zurückgewiesen.

1.2   Beispiele

Wir haben jetzt alle wesentlichen Elemente der Sprache kennengelernt. Man kann mit diesen wenigen Mitteln erstaunlich viel erreichen.

Vorweg noch eine Bemerkung zur Art des Arbeitens mit t.Zero. Es ist auf die Dauer nicht sinnvoll, Definitionen bei jedem Aufruf des Interpreters von Neuem einzugeben. Besser ist es, sie in eine Datei zu schreiben, aus der sie dann eingelesen werden. Die obige Definition der Funktion factorial könnte zum Beispiel in der Datei factorial.tzero stehen. Die Endung des Dateinamens darf beliebig gewählt werden.

Den Namen der Datei, aus der man die Eingaben lesen will oder, falls gewünscht, auch die Namen mehrerer Dateien, übergibt man t.Zero beim Aufruf. Wenn factorial.tzero die Definition der Funktion factorial und den Ausdruck (factorial 10) enthält, sieht das so aus:

```
$ tzero factorial.tzero
*** tZero ***
To quit, type '(quit)'
function[factorial]
3628800
->
```

Der Interpreter zeigt zu jedem Ausdruck in der Datei das Ergebnis der Auswertung an. Anschließend erscheint der Prompt und man kann interaktiv weiterarbeiten.

Es empfiehlt sich, jede gespeicherte Funktionsdefinition zu kommentieren. In t.Zero und allen anderen Programmiersprachen dieses Buchs beginnen Kommentare mit einem Semikolon und reichen bis zum Zeilenende.

1.2.1   Zahlenspielereien

Das Einmaleins von $n = 142857$ hat die seltsame Eigenschaft, dass die ersten sechs Vielfachen von n alle durch zyklische Vertauschung der Ziffern von n entstehen.

Wir speichern n als argumentlose Funktion und prüfen das nach:

```
-> (define (n) 142857)
function[n]
-> (define (multiple i) (* (n) i))
function[multiple]
-> (multiple 2)
285714
-> (multiple 3)
428571
-> (multiple 4)
571428
-> (multiple 5)
714285
-> (multiple 6)
857142
```

Es gibt nur sechs zyklische Vertauschungen bei einer sechsstelligen Zahl. Bei (multiple 7) muss das Resultat deshalb anders aussehen:

```
-> (multiple 7)
999999
```

Wie geht es weiter?

```
-> (multiple 8)
1142856
```

Das ist wieder fast genau die Zahl n, nur hat sich die letzte Ziffer 7 aufgespalten in die 6 und eine 1, die nach vorne gewandert ist. Man kann jetzt ahnen, wie es weitergeht. Probieren Sie es aus.

Gibt es noch weitere Zahlen n mit einem ähnlichen Verhalten? Aus $7n = 999999$ folgt, dass n die Periode von $1/7 = 0.142857\ldots$ ist. Es gibt tatsächlich weitere Zahlen p mit der Eigenschaft, dass die Vielfachen der Periode n von $1/p$ durch zyklische Vertauschung von n entstehen. Kleine Primzahlen sind gute Kandidaten für p. Experimentieren Sie!

1.2.2   Größter gemeinsamer Teiler

Der vermutlich erste Algorithmus aller Zeiten ist der Euklidische Algorithmus zur Berechnung des größten gemeinsamen Teilers (Gcd, greatest common divisor) von zwei natürlichen Zahlen m und n.

Der Euklidische Algorithmus wird von t.Zero jedes Mal benutzt, wenn ein Bruch eingegeben oder als Resultat einer Rechnung erzeugt wird. Bei der Eingabe

```
-> 63/28
9/4
```

werden Zähler und Nenner mit dem Gcd 7 der beiden Zahlen gekürzt.

Der Gcd von zwei natürlichen Zahlen $m \geq n$ wird nach Euklid folgendermaßen berechnet: Im Fall $n = 0$ ist der Gcd m, sonst schreibt man $m = an + r$ mit $a = \lfloor m/n \rfloor$ und dem Rest $r = m - an$ und berechnet den Gcd von n und r.

Das kann man unmittelbar als rekursive t.Zero-Funktion formulieren (dargestellt ist der Inhalt der Datei ggt.tzero, deshalb erscheint kein Prompt):

```
;   Modulo-Funktion
(define (mod m n) (- m (* n (trunc (/ m n)))))

;   gcd von m und n
(define (gcd m n)
    (if (= n 0) m
        (gcd n (mod m n))))
```

Wir probieren die Funktion aus:

```
-> (trace gcd)
Tracing mode for function[gcd] is on
-> (gcd 28 63)
      Call    (gcd 28 63)
      Call    (gcd 63 28)
      Call    (gcd 28 7)
      Call    (gcd 7 0)
      Return  7 from (gcd 7 0)
      Return  7 from (gcd 28 7)
      Return  7 from (gcd 63 28)
      Return  7 from (gcd 28 63)
7
```

Die Ausdrücke (gcd 28 63), (gcd 63 28), (gcd 28 7) und (gcd 7 0), die dabei erzeugt und ausgewertet werden, liefern alle dasselbe Resultat 7: Die Funktion gcd ist *endrekursiv*, das heißt, das Resultat des letzten Aufrufs ist auch schon der Wert des ursprünglichen Aufrufs.

In einer imperativen Programmiersprache würde man in einem Programm zur Berechnung des Gcd vielleicht zwei lokale Variablen a und r deklarieren und eine While-Schleife verwenden. In t.Zero ist das nicht möglich, weil es keine Variablen und keine Schleifen gibt. Die obige Definition ist aber gerade deshalb besonders kompakt und übersichtlich.

1.2.3   Quadratwurzel

Heronsches Verfahren

Die Quadratwurzel aus einer Zahl $a > 0$ kann man mit einem nach Heron von Alexandria benannten Verfahren schnell mit beliebiger Genauigkeit berechnen. Es ist ein Spezialfall des Newton-Verfahrens zur Berechnung von Nullstellen.

Man startet mit einem Näherungswert $x \neq 0$ für $\sqrt{a}$ und berechnet daraus den neuen, besseren Näherungswert

$$x' = \tfrac{1}{2}(x + \tfrac{a}{x}).$$

Als erste Näherung kann man jedes beliebige $x \neq 0$ wählen; damit berechnet man iterativ immer bessere Näherungen. Sobald man eine Näherung gefunden hat, bei der mindestens eine Nachkommastelle richtig ist, verdoppelt sich in jedem weiteren Schritt die Zahl der gültigen Stellen.

In t.Zero formuliert:

```
;   Ein Schritt beim Heron-Verfahren für die Wurzel aus a > 0
;   x ist eine Ausgangsnäherung
(define (step a x)
    (* 1/2 (+ x (/ a x))))

;   n Iterationen von step
(define (iterate a x n)
    (if (= n 0) x
        (step a (iterate a x (- n 1)))))

;   Berechnung der Wurzel aus a, Startwert 1, n Schritte
(define (sqrt a n)
(iterate a 1 n))
```

Beim Ausprobieren sieht man, wie die Genauigkeit schnell wächst:

```
-> (round (sqrt 9 4) 20)
3.00009155413138017853
-> (round (sqrt 9 5) 20)
3.00000000139698386224
-> (round (sqrt 9 6) 20)
3.00000000000000000032
```

Wir hätten die Funktion iterate offensichtlich auch in der folgenden Form definieren können:

```
;   n Iterationen von step, endrekursive Version
(define (Iterate a x n)
    (if (= n 0) x
        (Iterate a (step a x) (- n 1))))

;   Berechnung der Wurzel aus a mit endrekursiver Iteration
(define (Sqrt a n)
    (Iterate a 1 n))
```

Die Werte, die man mit Sqrt erhält, unterscheiden sich nicht von denen der Funktion sqrt. Trotzdem verläuft die Rechnung ganz anders:

```
-> (trace step iterate Iterate)
Tracing mode for function[step] is on
Tracing mode for function[iterate] is on
Tracing mode for function[Iterate] is on
```

```
-> (sqrt 9 2)
        Call    (iterate 9 1 2)
        Call    (iterate 9 1 1)
        Call    (iterate 9 1 0)
        Return  1 from (iterate 9 1 0)
        Call    (step 9 1)
        Return  5 from (step 9 1)
        Return  5 from (iterate 9 1 1)
        Call    (step 9 5)
        Return  17/5 from (step 9 5)
        Return  17/5 from (iterate 9 1 2)
17/5
-> (Sqrt 9 2)
        Call    (Iterate 9 1 2)
        Call    (step 9 1)
        Return  5 from (step 9 1)
        Call    (Iterate 9 5 1)
        Call    (step 9 5)
        Return  17/5 from (step 9 5)
        Call    (Iterate 9 17/5 0)
        Return  17/5 from (Iterate 9 17/5 0)
        Return  17/5 from (Iterate 9 5 1)
        Return  17/5 from (Iterate 9 1 2)
17/5
```

Im ersten Fall werden alle rekursiven Aufrufe von `iterate` begonnen, bevor der erste Aufruf der Funktion `step` erfolgt. Bei der zweiten Version werden die Aufrufe von `step` schon „auf dem Hinweg" erledigt, also während die rekursiven Aufrufe von `Iterate` begonnen werden. Die Rückabwicklung der Rekursion ist in diesem Fall ziemlich uninteressant, der Rückgabewert ist immer derselbe.

Der Grund ist – wie bei der Berechnung des Gcd im vorigen Abschnitt – die Endrekursivität einer Funktion: Der rekursive Aufruf von `Iterate` ist die *letzte* Aktion bei der Auswertung des Rumpfs der Funktion `Iterate`.

Im Abschnitt 4.6 werden wir sehen, wie man die unproduktive Rückabwicklung von endrekursiven Funktionen wegoptimieren kann.

Ganzzahlige Quadratwurzel

Die obige Implementierung der Quadratwurzelberechnung hat zwei Nachteile, die sich mit wenig Aufwand beheben lassen:

1. Der Startwert 1 ist für große a zu grob gewählt. Es wäre besser, mit einer Näherung zu beginnen, die ungefähr halb so viele Dezimalstellen vor dem Komma hat wie a.

2. t.Zero rechnet immer exakt. Deshalb sollte für Argumente der Form $a = b^2$ auch wirklich die genaue Wurzel $b > 0$ gefunden werden.

Beide Probleme kann man lösen, indem man eine Funktion `isqrt` definiert, die $\lfloor\sqrt{a}\rfloor$, also die größte ganze Zahl n mit $n \leq \sqrt{a}$ berechnet.

Zu diesem Zweck ersetzen wir die Funktion `iterate` durch eine Funktion `iterate-truncated`, in der nach jedem Schritt die Nachkommastellen abgeschnitten werden:

```
;   Iteriere step mit Abschneiden der Nachkommastellen,
;   bis das Resultat <= sqrt(a) ist
(define (iterate-truncated a x)
    (if (<= (* x x) a) x
        (iterate-truncated a (trunc (step a x)))))
```

Wenn man sicherstellt, dass die Iteration mit einem Startwert begonnen wird, der größer ist als $\lfloor\sqrt{a}\rfloor$, dann nähern sich die Zwischenschritte von oben der Zahl $\lfloor\sqrt{a}\rfloor$ und erreichen sie nach wenigen Schritten:

```
;   Rate eine nicht zu große Zahl m mit sqrt(a) < m
(define (guess k a)
   (if (< a (* k k)) k
       (guess (* 10 k) a)))


;   Ganzzahlige Quadratwurzel von a
(define (isqrt a) (iterate-truncated a (guess 1 a)))
```

Die Funktionen iterate-truncated und guess sind endrekursiv.

Es ist erstaunlich, wie genau diese Methode arbeitet:

```
-> (isqrt 100)
10
-> (isqrt 99.999999999999)
9
```

Damit können wir nun die beiden obigen Nachteile der Funktion sqrt loswerden.

Das erste Problem ist sofort behoben: Als Startwert für die näherungsweise Berechnung der Quadratwurzel von a wird (isqrt a) gewählt.

Um für Brüche, die Quadratzahlen sind, die Wurzel exakt zu ermitteln, definieren wir mit der Hilfe von isqrt eine weitere Funktion rational-sqrt, die zu einem Bruch $\frac{a}{b} > 0$ die größte ganze Zahl m mit $\frac{m}{b} \leq \sqrt{\frac{a}{b}}$ berechnet. Das ist, wie man leicht sieht, $\frac{1}{b} \cdot \lfloor\sqrt{ab}\rfloor$.

Mit den Zugriffsoperatoren num und den für Zähler und Nenner einer rationalen Zahl kann man rational-sqrt so ausdrücken:

```
;   Rationale Quadratwurzel aus x > 0. Ausgabe als Bruch.
(define (rational-sqrt x)
   (/ (isqrt (* (num x) (den x))) (den x)))

;   Rationale Quadratwurzel aus x > 0 mit Dezimaldarstellung, falls möglich.
(define (rat-sqrt x)
   (* 1.0 (rational-sqrt x)))
```

Wir probieren die neuen Funktionen aus:

```
-> (rational-sqrt 729/1369)
27/37
-> (square 0.123456789)
0.015241578750190521
-> (rat-sqrt %)
0.123456789
```

Mit dem Startwert (rational-sqrt a) anstelle von (isqrt a) konvergiert das Heron-Verfahren in der Regel noch deutlich schneller.

1.2.4   Primzahlen

Die einfachste Art zu entscheiden, ob die natürliche Zahl n eine Primzahl ist, besteht darin, für alle Zahlen m, $2 \leq m \leq \sqrt{n}$ zu prüfen, ob m Teiler von n ist. Die Funktion isqrt aus dem vorigen Beispiel zur Berechnung der ganzzahligen Quadratwurzel ist dabei von Nutzen.

Das „für alle $m \leq \sqrt{n}$" wird durch eine rekursive Funktion ausgedrückt: (factor-in-range? x y n) testet, ob eine der Zahlen $x, x + 2, x + 4, \ldots, y$ ein Teiler von n ist. Damit diese Funktion nur die ungeraden Zahlen testen muss, wird in der Funktion prime? zuerst abgefragt, ob n gerade ist:

```
;   Ganzzahlige Division
(define (div m n)
    (trunc (/ m n)))

;   Ist x ein Teiler von n?
(define (factor? x n)
    (= n (* x (div n x))))

;   Ist eine der Zahlen im Bereich x, x+2, x+4, ... ,y ein Teiler von n?
(define (factor-in-range? x y n)
    (if (< y x) (false)
        (if (factor? x n) (true)
            (factor-in-range? (+ x 2) y n))))
;   Ist n eine Primzahl?
(define (prime? n)
    (if (= n 2) (true)
        (if (factor? 2 n) (false)
            (not (factor-in-range? 3 (isqrt n) n)))))
```

Anwendungsbeispiel:

```
-> (prime? 1000003)
true
```

Namen von Funktionen, die ein boolesches Resultat haben, enden oft mit einem Fragezeichen. Das ist eine Konvention, der man nicht in jedem Fall folgen muss: '(> x y)' ist verständlicher als '(greater? x y)'.

1.2.5 Potenzen

In t.Zero wird fast alles rekursiv programmiert. Nur sehr einfache Funktionen kommen ohne dieses Hilfsmittel aus.

Rekursion steht manchmal in dem Verdacht, ein komplizierteres Konzept zu sein als die allseits beliebte Schleife. Dieses Vorurteil hat seinen Grund wohl darin, dass die meisten von uns als Erstes die Programmierung mit Hilfe von Schleifen kennengelernt haben. Tatsächlich ist Rekursion in vielen Fällen die natürlichste Art, einen Ablauf zu beschreiben.

Das Beispiel der ganzzahligen Potenzen einer Zahl x illustriert das und zeigt zugleich, warum die einfachste Art, etwas rekursiv auszudrücken, manchmal nicht die beste ist.

Die n-te Potenz von x ist $x^n = x \cdot \ldots \cdot x$ mit n Faktoren x. Will man genau sagen, was „..." bedeutet, so muss man formaler werden:

$$x^n = \begin{cases} 1 & \text{falls } n = 0, \\ x \cdot x^{n-1} & \text{falls } n > 0. \end{cases}$$

Das lässt sich fast Wort für Wort in eine rekursive Funktion übertragen:

```
;   n-te Potenz von x, n >= 0 ganzzahlig
(define (power x n)
    (if (= n 0) 1                    ; 1, falls n = 0
        (* x (power x (- n 1)))))) ; x * x^(n - 1) sonst
```

Die Laufzeit dieser Funktion ist proportional zu n. Das ist für die Praxis – selbst bei unseren bescheidenen Ansprüchen an die Rechengeschwindigkeit – zu langsam.

Und schon sieht man ein typisches Problem rekursiver Programmierung: Eine kompliziertere Formulierung desselben Sachverhalts führt leider oft zu effizienteren Programmen.

Für $n > 0$ gilt nämlich auch die Beziehung

$$x^n = \begin{cases} 1 & \text{falls } n = 0, \\ (x^{n/2})^2 & \text{falls } n \text{ gerade,} \\ x \cdot (x^{\lfloor n/2 \rfloor})^2 & \text{falls } n > 0 \text{ ungerade.} \end{cases}$$

In t.Zero-Notation ergibt das die folgende Funktion:

```
;   Ist n gerade?
(define (even? n)
    (= 0 (mod n 2)))


;   Potenzen von x, n >= 0 und ganzzahlig
(define (Power x n)
    (if (= n 0) 1
        (if (even? n) (square (Power x (/ n 2)))
            (* x (square (Power x (/ (- n 1) 2)))))))
```

Das Programm sieht nicht mehr ganz so einfach aus, aber der Gewinn an Effizienz gegenüber der ersten Version ist dramatisch. Bei jedem rekursiven Aufruf halbiert sich nun der Exponent n, es finden nur noch etwa $\log_2 n$ rekursive Aufrufe statt.

Im Jahr 1876 hat der französische Mathematiklehrer Édouard Lucas die größte jemals von Hand berechnete Primzahl ermittelt: $p = 2^{127} - 1$. Wir verfolgen die Berechnung von p im Tracing-Modus:

```
-> (trace Power)
Tracing mode for function[Power] is on
-> (- (Power 2 127) 1)
        Call    (Power 2 127)
        Call    (Power 4 63)
        Call    (Power 16 31)
        Call    (Power 256 15)
        Call    (Power 65536 7)
        Call    (Power 4294967296 3)
        Call    (Power 18446744073709551616 1)
        Call    (Power 340282366920938463463374607431768211456 0)
        Return  1 from (Power 340282366920938463463374607431768211456 0)
        Return  18446744073709551616 from (Power 18446744073709551616 1)
        Return  79228162514264337593543950336 from (Power 4294967296 3)
        Return  51922968585348276285304963292220096 from (Power 65536 7)
        Return  13292279957849158729038070602803440576 from (Power 256 15)
        Return  2126764793255865396646091296448551321 6 from (Power 16 31)
        Return  8507059173023461586584365185794205286 4 from (Power 4 63)
        Return  170141183460469231731687303715884105728 from (Power 2 127)
170141183460469231731687303715884105727
```

Von 127 Aufrufen der Funktion power sind gerade mal acht übrig geblieben. Die natürliche rekursive Formulierung ist offenbar weit weniger geeignet als die weniger natürliche Variante.

Wer allerdings glaubt, solchen Problemen mit rekursiven Programmen dadurch zu entkommen, dass er bei der guten alten Programmierung mit Schleifen bleibt, der täuscht sich. Selbstverständlich kann man die beiden Algorithmen zur Berechnung von x^n auch ohne Rekursion programmieren – aber die rekursionsfreie schnelle Version sieht keineswegs einfacher aus als Power.

1.2.6   Berechnung von π

Die Formel von Borwein-Bailey-Plouffe

Der Zweck der ersten Computer war fast ausschließlich das „number crunching" – die Berechnung von Logarithmen, trigonometrischen Funktionen, Zinstabellen etc. Für solche Zwecke ist selbst eine so rudimentäre Programmiersprache wie t.Zero ganz gut geeignet.

Das nachfolgende t.Zero-Programm zur Berechnung der Dezimaldarstellung der Zahl π demonstriert das. Es beruht auf einer Formel für π, die 1995 von D. Bailey, P. Borwein und S. Plouffe entdeckt wurde ([3]):

$$\pi = \sum_{i=0}^{\infty} \frac{1}{16^i} \cdot \left(\frac{4}{8i+1} - \frac{2}{8i+4} - \frac{1}{8i+5} - \frac{1}{8i+6} \right).$$

Diese Formel stellte zum Zeitpunkt ihrer Entdeckung eine kleine Sensation dar, weil sie dazu verwendet werden kann, einzelne Stellen der Hexadezimalentwicklung von π ohne die Kenntnis aller vorangehenden Stellen zu berechnen. Das galt bis dahin als unmöglich. Für die Dezimalentwicklung von π kennt man eine solche Formel bis heute nicht.

Wir müssen die Summanden a_i und die Partialsummen $s_n = a_0 + \ldots + a_n$ berechnen:

```
;    i-ter Summand
(define (summand i)
   (/ (- (- (-
      (/ 4 (+ (* 8 i) 1))
      (/ 2 (+ (* 8 i) 4)))
      (/ 1 (+ (* 8 i) 5)))
      (/ 1 (+ (* 8 i) 6)))
      (power 16 i)))

;    n-te Partialsumme
(define (partialsum n)
   (if (= n 0) (summand 0)
      (+ (partialsum (- n 1)) (summand n))))
```

Wie groß muss n sein? Eine ziemlich einfache Abschätzung, auf deren Herleitung wir hier verzichten, besagt, dass für N-stellige Genauigkeit die Partialsumme S_N ausreicht. (Mit etwas mehr Aufwand kann man beweisen, dass bereits $\approx 0.85 \cdot N$ Summanden genügen.)

```
;    Berechnung von pi auf N Nachkommastellen genau
(define (pi N)
   (round (partialsum N) N))
```

Ludolph van Ceulen (1540–1610) hat an der Berechnung der ersten 35 Dezimalstellen von π angeblich fast dreißig Jahre lang gearbeitet. Mit t.Zero geht es deutlich schneller:

```
-> (pi 35)
3.14159265358979323846264338327950288
```

Die Rechenzeit hat sich von dreißig Jahren auf ungefähr ebenso viele Millisekunden verringert. Überdies ist das obige Programm *sehr* viel einfacher als van Ceulens Methode (er hat den Kreis durch ein gleichseitiges 62-Eck angenähert).

Verbesserung durch Runden und Endrekursion

Das eben entwickelte Programm für π ist in gewisser Hinsicht optimal: Es ist kurz, korrekt und leicht zu verstehen. Leider ist es nicht besonders schnell und obwohl Effizienz nicht zu den Entwurfszielen von t.Zero gehört, soll noch gezeigt werden, wie man mit einfachen Mitteln eine Verbesserung der Laufzeit um einen Faktor 3 bis 4 erreichen kann.

Die Summanden der Formel von Bailey-Borwein-Plouffe werden schnell klein – genauer gesagt: Die Nenner werden groß. Ein Beispiel:

```
-> (summand 50)
307597/5350765772415800615784641425997483505021064587840152526962210730147840
```

Die Addition von Brüchen mit großen Zählern oder Nennern ist relativ aufwendig. Deshalb ist es besser, nicht mit exakten, sondern mit gerundeten Summanden zu rechnen:

```
;   i-ter Summand a_i, auf N Stellen gerundet
(define (rounded-summand i N)
    (round (summand i) N))
```

Von diesen sollen nur so viele wie nötig aufsummiert werden. Der Schlüssel dazu ist die Umformulierung von partialsum in eine endrekursive Funktion:

```
;   Endrekursive Berechnung der Summe mit auf N Stellen gerundeten Summanden
(define (rounded-partialsum s x i N)
    (if (= x 0) s
        (rounded-partialsum (+ s x) (rounded-summand (+ i 1) N) (+ i 1) N)))

;   pi auf N Dezimalstellen genau, mit Rundungsfehlern
(define (rounded-pi N)
    (rounded-partialsum 0 (rounded-summand 0 N) 0 N))
```

Was dabei im Detail abläuft, sieht man im Tracing-Modus:

```
-> (trace rounded-partialsum)
Tracing mode for function[rounded-partialsum] is on
-> (rounded-pi 8)
      Call    (rounded-partialsum 0 3.13333333 0 8)
      Call    (rounded-partialsum 3.13333333 0.00808913 1 8)
      Call    (rounded-partialsum 3.14142246 0.00016492 2 8)
      Call    (rounded-partialsum 3.14158738 0.00000506 3 8)
      Call    (rounded-partialsum 3.14159244 0.00000018 4 8)
      Call    (rounded-partialsum 3.14159262 0.0 5 8)
      Return  3.14159262 from (rounded-partialsum 3.14159262 0.0 5 8)
      Return  3.14159262 from (rounded-partialsum 3.14159244 0.00000018 4 8)
      Return  3.14159262 from (rounded-partialsum 3.14158738 0.00000506 3 8)
      Return  3.14159262 from (rounded-partialsum 3.14142246 0.00016492 2 8)
      Return  3.14159262 from (rounded-partialsum 3.13333333 0.00808913 1 8)
      Return  3.14159262 from (rounded-partialsum 0 3.13333333 0 8)
   3.14159262
```

Die Funktion rounded-partialsum ruft sich selbst so lange mit wachsender Partialsumme s und kleiner werdendem Summanden x auf, bis der Summand (rounded-summand 5 8) den Wert 0.0 ergibt. Das Argument 3.14159262 dieses letzten Aufrufs wird als Resultat zurückgegeben. Der Trick würde mit exakten Summanden nicht funktionieren, weil diese immer von Null verschieden sind.

Weil mit gerundeten Summanden gerechnet wird, hat die Summe einen Fehler an der letzten Stelle, für größere N sogar an den letzten zwei oder drei Stellen. Um diesen Fehler zu vermeiden, rechnen wir für die engültige Version des Programms intern mit ein paar zusätzlichen Stellen und schneiden die Extrastellen hinterher wieder ab:

```
;   Berechnung von pi auf N Dezimalstellen mit 5 internen Zusatzstellen.
;   Achtung: (Pi n) und (pi n) arbeiten intern unterschiedlich!
(define (Pi N)
        (round (rounded-pi (+ N 5)) N))
```

Der Letzte, der π von Hand berechnet hat, war William Shanks (1812–1882). Er hat von etwa 1840 an bis 1873 die ersten 707 Stellen berechnet. 1945 stellte sich heraus, dass davon nur die ersten 527 Stellen korrekt waren. Der berichtigte Wert sieht so aus:

```
-> (Pi 707)
3.14159265358979323846264338327950288419716939937510582097494459230781640628
2089986280348253421170679821480865132823066470938446095505822317253594081284
8
1117450284102701938521105559644622948954930381964428810975665933446128475648
2
3378678316527120190914564856692346034861045432664821339360726024914127372458
7
0066063155881748815209209628292540917153643678925903600113305305488204665213
8
4146951941511609433057270365759591953092186117381932611793105118548074462379
9
6274956735188575272489122793818301194912983367336244065664308602139494639522
4
7371907021798609437027705392171762931767523846748184676694053132000568127145
2
6
3560827785771342757789609173637178721468440901224953430146549585371050792279
6
8925892354201995
```

Der Aufruf von (pi 707) liefert dasselbe Resultat, dauert aber merklich länger.

Trotzdem ist auch das optimierte Programm alles andere als schnell. Der t.Zero-Interpreter ist langsam und der verwendete Algorithmus ist kein bisschen effizient. Es gibt viel bessere Verfahren.

1.2.7 Exponentialfunktion

Die Berechnung von Exponentialfunktion, Logarithmus, trigonometrischen und ähnlichen Funktionen funktioniert grundsätzlich nach demselben Prinzip wie die Berechnung von π. Man summiert hinreichend viele Summanden einer möglichst gut konvergierenden Reihe auf, im einfachsten Fall beispielsweise nach dem folgenden Schema:

```
;   Partialsumme einer Reihe an der Stelle x bis zum n-ten Summanden
(define (series x n)
        (if (< n 0) 0 (+ (series x (- n 1)) (summand x n))))
```

Je nach Wahl von summand erhält man die gewünschte Reihe.

Die Zahl e

Die Reihe der Exponentialfunktion konvergiert sehr gut:

$$\exp(x) = \sum_{n=0}^{\infty} \frac{x^n}{n!}$$

Formulierung mit t.Zero:

```
;   n-ter Summand der Exponentialfunktion an der Stelle x
(define (exp-summand x n)
            (/ (power x n) (factorial n)))
```

```
;    n-te Partialsumme der Exponentialreihe an der Stelle x
(define (exp-series x n)
    (if (< n 0) 0
        (+ (exp-series x (- n 1)) (exp-summand x n)))))
```

An der Stelle $x = 1$ genügen N Summanden für N Stellen Genauigkeit. Um ganz sicherzugehen, rechnen wir mit einem zusätzlichen Summanden:

```
;    e^x auf N Stellen genau, 1. Version
;    Nur gut für x <= 1, sonst zu wenige Summanden
(define (exp-version1 x N)
    (round (exp-series x (+ N 1)) N))

;    Eulersche Zahl auf N Dezimalstellen
(define (euler N)
    (exp-version1 1 N))
```

Ausprobieren:

```
-> (euler 50)
2.71828182845904523536028747135266249775724709369995
```

Steuerung der Genauigkeit

Für $x \neq 1$ ist es nicht so einfach abzuschätzen, wie viele Summanden man für eine gewünschte Genauigkeit braucht.

Das hängt von x und von der jeweiligen Reihe ab. Am naheliegendsten ist es, so wie in Abschnitt 1.2.6 die Summation dann zu beenden, wenn die auf N Stellen berechneten Summanden null werden.

Das Schema der rekursiven Formulierung einer Summation mit Abbruchbedingung sieht etwas anders aus als das obige Schema zur Reihenberechnung:

```
;    Reihe auf N Stellen genau
;    s ist die Summe der Reihe an der Stelle x bis zum (n-1)-ten Summanden
(define (series x s n N)
    (if (= 0 (summand x n N)) s
        (series x (+ s (summand x n N)) (+ n 1) N)))
```

Bei jedem Aufruf von series werden das Argument x, die $(n-1)$-te Partialsumme s und der Index n als Parameter übergeben. N ist die gewünschte Stellenzahl.

Für die Exponentialreihe bedeutet das:

```
;    Auf N Stellen gerundeter Summand
(define (rounded-exp-summand x n N)
    (round (exp-summand x n) N))

;    Exponentialreihe mit gerundeten Summanden
(define (rounded-exp-series x s n N)
    (if (= 0 (rounded-exp-summand x n N)) s
        (rounded-exp-series x (+ s (rounded-exp-summand x n N)) (+ n 1) N)))
;    e^x auf N Stellen genau, 2. Version
(define (exp-version2 x N)
    (round (rounded-exp-series x 0 0 (+ N 5)) N))
```

Der Vergleich von (exp-version2 5 20) mit e^5, auf 20 Stellen gerundet, gibt Zutrauen in die Korrektheit der Funktion exp-version2:

```
-> (exp-version2 5 20)
148.41315910257660342111
-> (round (power (euler 25) 5) 20)
148.41315910257660342111
```

Allerdings wird bei dieser Version jeder Summand zweimal berechnet: einmal für die Abbruchbedingung und dann nochmal für die Summation.

Die einfachste Lösung wäre es, den doppelt vorkommenden Ausdruck nur einmal zu berechnen
und das Ergebnis in einer Variablen zu speichern. Das ist in t.Zero nicht möglich – es gibt
keine Variablen.

Man kann das Problem aber umgehen, indem man nicht nur die bisher errechnete Summe,
sondern auch den nächsten Summanden in jedem Rekursionsschritt weitergibt:

```
;   Exponentialreihe auf N Stellen genau, 3. Version
;   s ist die Summe der Reihe bis zum (n-1)-ten Summanden
;   a ist der n-te Summand
(define (exp-series-version3 x s a n N)
    (if (= 0 a) s
        (exp-series-version3 x (+ s a)
            (rounded-exp-summand x (+ n 1) N) (+ n 1) N )))

;   e^x auf N Stellen genau, 3. Version
;   Rechnung mit 5 Extrastellen
(define (exp-version3 x N)
    (round (exp-series-version3 x 0
        (rounded-exp-summand x 0 (+ N 5)) 0 (+ N 5)) N))
```

Jetzt wird jeder Summand nur noch einmal berechnet.

Beschleunigung der Konvergenz

Das Ergebnis ist immer noch nicht ganz zufriedenstellend. Für Werte von x, die deutlich größer
als 1 sind, konvergiert die Exponentialreihe immer langsamer, es müssen zu viele Summanden
berechnet werden.

Dem kann man abhelfen, indem man x in seinen ganzzahligen Anteil n und die Nachkommastellen y zerlegt: $x = n + y$. Damit berechnet man dann $e^x = e^n \cdot e^y$ in zwei Teilen: Für e^n
wird die Funktion power benutzt, für e^y die Funktion exp.

Die Idee in t.Zero umgesetzt ergibt eine vierte Variante der Exponentialfunktion. Der Code
sieht weniger elegant aus als der bisherige, ist aber viel effizienter:

```
;   Ganzzahliger Anteil von x
(define (integer-part x)
    (round x 0))

;   Gebrochener Anteil von x
(define (fractional-part x)
    (- x (integer-part x)))

;   e^n * e^y auf N Stellen genau
(define (exp-product n y N)
    (* (power (exp-version3 1 N) n) (exp-version3 y N)))
```

```
;   e^x auf N Stellen genau, 4. Version
(define (exp-version4 x N)
    (round
        (if (< x 1)
            (exp_version3 x (+ N 5))
            (exp-product (integer-part x) (fractional-part x) (+ N 5)))
    N))


;   e^x auf N Stellen genau, mit anderem Namen
(define (exp x N)
    (exp-version4 x N))
```

Wer an weiteren Verbesserungen von Genauigkeit und Effizienz interessiert ist, findet hier noch ein reiches Betätigungsfeld.

Man kann zum Beispiel x in der Form $x = n \ln(2) + y$ mit ganzzahligem $n = \lfloor x/\ln(2) \rfloor$ schreiben. Dann ist $0 \leq y < \ln(2) = 0.69\ldots$ und $e^x = 2^n \cdot e^y$. Ganzzahlige Potenzen von 2 lassen sich leichter berechnen als von e und die Reihe für e^y konvergiert schneller als bei dem obigen Ansatz, bei dem nur $y < 1$ gesichert ist.

Eine weitere Möglichkeit besteht darin, die Reihe für e^x so zu schreiben, dass keine Potenzen von x explizit zu berechnen sind:

$$e^x = \frac{1}{0!} + x \cdot (\frac{1}{1!} + x \cdot (\frac{1}{2!} + x \cdot (\frac{1}{3!} + \ldots))).$$

Das lädt zu einer rekursiven Formulierung ein. In Kombination mit Zerlegungen der Form $e^x = a^n \cdot e^y$ kann man damit sehr effiziente Programme zur Berechnung der Exponentialfunktion entwickeln.

1.2.8   Logarithmus

Den natürlichen Logarithmus kann man mit der folgenden, für alle $x > 0$ konvergenten Reihe berechnen:

$$\ln(x) = 2 \cdot \sum_{n=0}^{\infty} \frac{1}{2n+1} \cdot (\frac{x-1}{x+1})^{2n+1}.$$

Mit den Mitteln des vorigen Abschnitts können wir sie leicht in Programmcode übersetzen:

```
;   Gerundete Division mit N Nachkommastellen
(define (// x y N)
    (round (/ x y) N))


;   n-ter Summand an der Stelle z, gerundet auf N Nachkommastellen
(define (lnsummand z n N)
    (// (power z (+ 1 (* 2 n))) (+ 1 (* 2 n)) N))


;   Reihe an der Stelle z mit gerundeten Summanden, N Nachkommastellen
;   s ist die Summe der Reihe bis zum (n-1)-ten Summanden
;   a ist der n-te Summand
(define (lnseries s a n z N)
    (if (= a 0) s
        (lnseries (+ s a) (lnsummand z (+ n 1) N) (+ n 1) z N)))


;   Reihe an der Stelle z vom 0-ten Summanden an, N Nachkommastellen
(define (Lnseries z N)
    (lnseries 0 (lnsummand z 0 N) 0 z N))
```

```
;    Argument der Reihe an der Stelle x, gerundet auf N Nachkommastellen
(define (arg x N)
    (// (- x 1) (+ x 1) N))


;    Logarithmus von x > 0, N Nachkommastellen
(define (Ln x N)
    (round (* 2 (Lnseries (arg x (+ N 5)) (+ N 5))) N))
```

Die Funktion lnseries berechnet endrekursiv die Reihe. Statt $(x-1)/(x+1)$ wird z geschrieben. Lnseries (mit großem L) definiert die Reihe vom 0-ten Term an. In der Funktion Ln wird $(x-1)/(x+1)$ für z eingesetzt.

Die Reihe konvergiert gut, wenn x in der Nähe von 1 liegt. Für einigermaßen große und kleine Werte von x braucht man aber viel zu viele Summanden. Man kann das beobachten, wenn man für lnseries den Tracing-Modus aufruft. Der Grund ist klar: $(x-1)/(x+1)$ wird umso kleiner, je näher x an 1 liegt. Dann werden die Summanden schnell klein. Schon für mäßig große bzw. kleine x hat $(x-1)/(x+1)$ Werte in der Nähe von 1, mit der Folge, dass die verwendete Reihe immer mehr der Reihe $\sum_{n=0}^{\infty} 1/(2n+1)$ ähnelt, die bekanntlich gegen ∞ geht.

Wie bei der Exponentialfunktion ist es deshalb sinnvoll, eine Skalierung anzuwenden: Man schreibt $x = 2^n \cdot (x/2^n)$ bzw. $\ln(x) = n \ln(2) + \ln(x/2^n)$ und wählt n so, das $x/2^n$ möglichst nahe an 1 liegt:

```
;    Ganzzahliger Teil des Zweierlogarithmus von x
(define (int-ld x)
    (if (< x 2) 0
        (+ 1 (int-ld (// x 2 0)))))
```

Für die Berechnung von $n \ln(2) + \ln(x/2^n)$ wird $\ln(2)$ als Konstante gespeichert. Das ist nicht unbedingt nötig, macht die Sache aber für größere N doch merklich schneller:

```
;    Natürlicher Logarithmus von 2, 55 Nachkommastellen (berechnet mit (Ln 2 55))
(define (ln_of_2)
    0.6931471805599453094172321214581765680755001343602552541)
```

Der Rest ist einfach. Für $x < 1$ ersetzen wir $\ln(x)$ durch $-\ln(1/x)$ und rufen die skalierte Version des Logarithmus auf:

```
;    Logarithmus von x > 0, N <= 55 Nachkommastellen
(define (ln x N)
    (if (< 55 N) (/ 1 0)                  ; gewaltsamer Abbruch bei N > 55
        (if (< x 1)
            (minus (ln (/ 1 x) N))
            (round (scaledLn x (int-ld x) (+ N 5)) N))))


;    Negiertes x
(define (minus x)
    (- 0 x))


;    Skalierter Logarithmus von x > 0, N Nachkommastellen,
;    Logarithmus-Reihe ausgewertet an der Stelle x/(2^k) anstatt bei x
(define (scaledLn x k N)
    (+ (* k (round (ln_of_2) N))
        (Ln (// x (power 2 k)) N) N))
```

Vorsicht ist angebracht: Weil $\ln(2)$ nur mit 55 Stellen gespeichert ist, sind die Resultate nur bis ungefähr $N = 50$ exakt. Bei zu großem N bricht die Funktion ln daher sicherheitshalber ab.

Der Abbruch erfolgt hier mit einer Division durch Null, das liefert keine informative Fehlermeldung, jeder andere Fehler wäre genauso gut. Im nächsten Kapitel werden wir für Programmabbrüche eine bessere Lösung finden.

Der Logarithmus zu einer beliebigen Basis b lässt sich ebenfalls leicht definieren:

```
;    Logarithmus zur Basis b von x, N <= 50 Nachkommastellen
(define (log b x N)
     (// (ln x (+ N 5)) (ln b (+ N 5)) N))
```

Als Beispiel berechnen wir $\log_8 2$ und $\log_2(1/8)$ mit 50 Stellen und $\log_3 10 \cdot \log_{10} 3$ mit 25 Stellen Genauigkeit:

```
-> (log 8 2 50)
 0.33333333333333333333333333333333333333333333333333
-> (log 2 1/8 50)
-3.00000000000000000000000000000000000000000000000000
-> (* (log 3 10 25) (log 10 3 25))
 0.9999999999999999999999999982670714569882944786673325
-> (round % 25)
 0.9999999999999999999999999
```

Die Rechnung bleibt im Rahmen des Möglichen exakt. Für sehr viel mehr Nachkommastellen sind die hier besprochenen Verfahren nicht gut geeignet, es gibt bessere.

1.3   Deklarativer Programmierstil

1.3.1   Sprachumfang und Programmierstil

Die Grenzen meiner Sprache bedeuten die Grenzen meiner Welt. (Ludwig Wittgenstein, [51])

Die Ausstattung von t.Zero ist, verglichen mit „richtigen" Programmiersprachen, extrem spartanisch: Es gibt den Typ Zahl mit den vier Grundrechenarten und dem Rundungsoperator, den Typ Boolean mit den Operatoren =, < und if, und es gibt die Möglichkeit, eigene Funktionen zu definieren. Das ist schon alles.

Mit diesen wenigen Mitteln kann man keinen Compiler schreiben und keine Datenbank programmieren. Man kann damit aber, wie die Beispiele des vorigen Abschnitts gezeigt haben, einigermaßen gut mathematische Größen berechnen.

Zugleich erzwingt der geringe Sprachumfang einen ganz bestimmten Stil der Programmierung. Ein t.Zero-Programm beschreibt immer ein Resultat. Es beschreibt keinen Algorithmus oder sonst einen Ablauf, es verändert nicht seine Umgebung, es enthält keine Befehle – es steht lediglich für ein Ergebnis.

Der Programmkopf gibt an, wie die Funktion aufgerufen wird, der Rumpf definiert sie. Das ist eine sehr knappe, präzise Art sich auszudrücken, die in der Regel zu eleganten, kurzen Programmen führt – Programmen, die exakt das tun, was sie tun sollen.

Ein triviales Beispiel soll das illustrieren: Der Abstand, den ein Punkt $P = (a, b)$ in der Ebene vom Nullpunkt hat, beträgt $\sqrt{a^2 + b^2}$. In t.Zero kann man das folgendermaßen ausdrücken:

```
;    Abstand von (a, b) zum Nullpunkt
(define (distance a b)
     (sqrt (+ (* a a) (* b b))))
```

Dasselbe in Java:

```
// Abstand von (a, b) zum Nullpunkt
public static double distance(double a, double b) {
    return Math.sqrt(a*a + b*b);
}
```

Beides ist deklarativer Programmierstil, nur die Syntax ist anders (und im Fall von Java durch die Form des Ausdrucks a*a + b*b den üblichen Lesegewohnheiten besser angepasst).

Der folgende Ausschnitt aus dem Handbuch eines Rechners vom Typ Zuse Z23 von 1962 (auch die Kommentare sind original) zeigt, wie man die Berechnung des Abstands im Formelcode, der Programmiersprache der Z23, schreiben musste:

```
C = A.A      Bildung von a^2 = c
D = B.B      Bildung von b^2 = d
D = D+C      Bildung von d = d + c = a^2 + b^2
Z = WURZ D   Ziehen der Quadratwurzel
```

Der Formelcode war ein großer Fortschritt gegenüber dem Freiburger Code, der bis dahin gebräuchlichen Assembler-Notation der Zuse-Rechner. Trotzdem erlaubte er keine zusammengesetzen Ausdrücke, obwohl diese schon 1957 mit Fortran in die Programmierung Einzug gehalten hatten.

Im Formelcode *kann* man das Resultat nicht deklarativ ausdrücken. In Java ist das möglich, man wird es in der Regel auch tun, muss es aber nicht. Die Programmiersprache erlaubt es ebenso, wie beim Formelcode schrittweise mit Hilfsvariablen vorzugehen. t.Zero ist *rein deklarativ*, die Sprache kennt keine Variablen, keine Anweisungen und keine Befehlsfolgen. Eine solche Sprache zwingt uns eine ganz bestimmte Art der Programmierung auf.

Sehen wir uns nochmals die Exponentialfunktion aus Abschnitt 1.2.7 an. Die Definition ist nur wenige Zeilen lang:

```
;   Summanden 0..n der Reihe für exp(x)
(define (exp-series x n)
    (if (< n 0) 0 (+ (exp-series x (- n 1)) (exp-summand x n))))

;   x^n/n!
(define (exp-summand x n)
    (/ (power x n) (factorial n)))
```

Diese Notation ist nicht nur ähnlich knapp wie die mathematische Definition der Reihenentwicklung der Exponentialfunktion, sie liefert auch ein Muster für andere Reihenberechnungen.

Programmiersprachen haben einen sehr bestimmenden Einfluss auf die Art, wie man in ihnen Dinge zum Ausdruck bringt. Sie drängen uns in Denkmuster hinein, sie legen Lösungsansätze nahe oder verhindern sie – in gewisser Weise programmiert eine Programmiersprache das Denken derer, die diese Sprache benutzen.

Deklarative Programmiersprachen bringen uns dazu, weniger über den Weg zu einer Lösung nachzudenken und mehr darüber, was wir eigentlich mit „Lösung" meinen. Darin steckt tendenziell eine Konzentration auf das Wesentliche, weg von überflüssigem Detail. Tatsächlich hat sich gezeigt, dass eine konsequent deklarative Programmierung weniger fehleranfällig ist als die klassische imperative Art, Programme zu schreiben, und mit geringerem Zeit- und Entwurfsaufwand zu korrekten Ergebnissen führt.

1.3.2 Probleme des deklarativen Programmierstils

A Lisp programmer knows the value of everything, but the cost of nothing. (A. Perlis, [35])

Warum programmiert angesichts der oben genannten Vorteile nicht alle Welt deklarativ? Dafür gibt es mehrere Gründe.

Der am häufigsten genannte Grund ist, dass deklarative Programmiersprachen weniger effizient sind als imperative Sprachen. Das Zitat von Alan Perlis, dem ersten Träger des Turing-Preises, formuliert diesen Einwand: Deklarative Programme, in denen Resultate durch Evaluation berechnet werden, sind in aller Regel langsamer und verbrauchen mehr Speicherplatz als Programme, die mit Schleifen, Variablen und Zustandsänderungen von Objekten arbeiten. Das ist nicht überraschend – das imperative Programmiermodell ist in erster Linie am Rechner und seinen Eigenschaften orientiert, das deklarative Modell am zu lösenden Problem.

Perlis' Bonmot zielt noch auf einen weiteren Schwachpunkt der deklarativen Programmierung ab, der ernst genommen werden muss: Die Kosten – vor allem die Laufzeit – deklarativ formulierter Programme sind weniger leicht abzuschätzen als die von imperativen Programmen.

Eines der bekanntesten Beispiele für dieses Phänomen liefern die Fibonacci-Zahlen. Sie sind durch das Bildungsgesetz

$$f_0 = 0, \ f_1 = 1, \ f_n = f_{n-2} + f_{n-1} \quad (n > 1)$$

definiert. Das kann man in t.Zero so schreiben:

```
;   n-te Fibonacci-Zahl; n = 0,1,2,...
(define (fibo n)
    (if (< n 2) n
        (+ (fibo (- n 2)) (fibo (- n 1)))))
```

Wenn man diese Funktion ausprobiert, stellt man schnell fest, dass sie schon für moderate Werte von n unerträglich langsam ist.

Im Tracing-Modus sieht man den Grund: fibo ruft sich immer wieder mit denselben Argumenten auf. Tatsächlich ist die Zahl $a_{n,k}$, die angibt, wie oft (fibo k) während der Auswertung von (fibo n) aufgerufen wird, selbst eine Fibonacci-Zahl. Für $2 \leq k \leq n$ gilt die Beziehung $a_{n,k} = f_{n-k+1}$. Beispielsweise würde die Eingabe (fibo 100) zu $f_{99} = 218922995834555169026$ Aufrufen von (fibo 2) führen.

Die Funktion fibo scheint ein gutes Beispiel für die Ineffizienz deklarativer Programme zu sein.

Einspruch! Wer sagt eigentlich, dass die Auswertung von (fibo n) so wie in dem sehr schlicht implementierten t.Zero-Interpreter verlaufen muss? Das deklarative Programm fibo besagt dies jedenfalls nicht. Es schreibt lediglich vor, dass (fibo n) und (+ (fibo (- n 1)) (fibo (- n 2))) für $n \geq 2$ denselben Wert haben.

Wäre der Interpreter in der Lage, einmal errechnete Werte von Funktionen zu speichern, so würde sich herausstellen, dass das Programm fibo durchaus brauchbar ist.

In Kapitel 4 werden wir sehen, wie man Funktionen schreibt, die ein solches „Gedächtnis" haben. Im Moment ist nur wichtig zu wissen, dass die Ineffizienz der Funktion fibo keineswegs an einer prinzipiellen Unterlegenheit des deklarativen Programmierstils liegt, und dass sie durch eine geeignete Implementierung der Programmiersprache vermieden werden kann.

Anstatt einfach dem Interpreter die Schuld zu geben, kann man aber auch nach anderen Auswegen suchen. Eine Möglichkeit besteht darin, die Fibonacci-Zahlen intelligenter zu beschreiben. Dazu betrachten wir die Zahlenfolge, die durch

$$f_0 = a, \ f_1 = b, \ f_n = f_{n-2} + f_{n-1} \quad (n > 1)$$

bestimmt ist. Für $a = 0, b = 1$ sind das die Fibonacci-Zahlen. Für $n > 1$ ist die n-te Zahl dieser Folge zugleich die $(n-1)$-te Zahl derselben Folge, wenn man mit $f_0 = b$, $f_1 = a + b$ beginnt und dann ebenfalls mit $f_n = f_{n-2} + f_{n-1}$ fortfährt.

Diese Tatsache benutzen wir bei der Formulierung als t.Zero-Programm:

```
;   n-te Fibonacci-Zahl bei Start mit a, b anstelle von 0, 1
(define (generalized-fibo a b n)
    (if (= n 0) a
        (if (= n 1) b
            (generalized-fibo b (+ a b) (- n 1)))))

;   n-te Fibonacci-Zahl
(define (fibonacci n) (generalized-fibo 0 1 n))
```

Die Berechnung der Fibonacci-Zahlen ist damit blitzschnell, auch f_{1000} braucht nur Millisekunden. Außerdem bekommen wir als Bonus die nach É. Lucas (S. 24) benannten Lucas-Zahlen:

```
;   n-te Lucas-Zahl
(define (lucas n)
    (generalized-fibo 2 1 n))
```

Für die Lucas-Zahlen gilt die Beziehung $L_n = f_{n-1} + f_{n+1}$ $(n > 0)$. Man könnte sie deshalb auch so berechnen:

```
;   Lucas-Zahlen, alternative Definition
(define (Lucas n)
    (if (= n 0) 2
        (+ (fibonacci (- n 1)) (fibonacci (+ n 1)))))
```

So wie es in der klassischen Programmierung für ein und denselben Zweck gute und weniger gute Algorithmen gibt, wobei die Bedeutung von „gut" gar nicht immer eindeutig festliegt, denn unterschiedliche Ziele können in Konflikt miteinander stehen, so muss man auch bei deklarativer Programmierung nach der „richtigen" Beschreibung des gewünschten Resultats suchen. Das ist nicht immer einfach.

1.4 Syntax und Semantik

In diesem Abschnitt betrachten wir die lexikalischen, syntaktischen und semantischen Regeln der Sprache t.Zero etwas genauer.

1.4.1 Lexikalische Struktur

t.Zero-Programme sind auf den ersten Blick Texte, also Folgen einzelner Tastaturzeichen. Aus Sicht der Grammatik der Sprache bilden jeweils mehrere aufeinander folgende Tastaturzeichen ein *Token*. Die Unterteilung des Textes in Token ist Aufgabe des *Lexers*.

Es gibt in t.Zero drei Arten von Token, die der Lexer unterscheiden muss:

- Zahlen

- Namen

- Linke und rechte runde Klammern

Runde Klammern werden im Programmtext durch sich selbst dargestellt. Zahlen und Namen sind zwar aus Sicht der Grammatik nicht weiter zerlegbar, für den Lexer haben sie aber eine innere Struktur.

Zahlen sind Folgen von Dezimalziffern, die an einer Stelle einen Dezimalpunkt oder einen Bruchstrich enthalten dürfen. Direkt vor einer Zahl, ohne Leerzeichen dazwischen, darf ein Vorzeichen stehen.

Namen sind in t.Zero Namen von Operatoren, von benutzerdefinierten Funktionen oder von formalen Parametern von Funktionen. Die lexikalische Struktur von Namen ist ein bisschen gewöhnungsbedürftig: Ein Name darf aus Buchstaben, Zahlen und/oder Sonderzeichen bestehen. Nicht alle Sonderzeichen sind erlaubt (beispielsweise keine runden Klammern). Die erlaubten Zeichen findet man in der Klasse Lexer im Quelltext des Interpreters:

```
// Sonderzeichen, die in Bezeichnern verwendet werden dürfen:
private final static String IDENT_CHAR = ".$/!%&=?^\*+~@#<>|:,'-_";
```

Ein Name kann nicht mit einer Ziffer beginnen, auch ein Anfang mit den Zeichen + oder – mit nachfolgenden Ziffern ist nicht möglich, sonst würde der Lexer eine Zahl lesen.

Von der im Vergleich zu Java großen Freiheit der Namenswahl sollte man tunlichst nur sparsamen Gebrauch machen. Die folgende Definition wäre erlaubt, aber nicht klug:

```
-> (define (. .) (* . .))
function[.]
-> (. .5)
0.25
```

Hier wird der Name . (der Punkt ist in den t.Sprachen tatsächlich ein Name) als Funktionsname und gleichzeitig als Name des formalen Parameters der Funktion verwendet. Quizfrage: Wären auch + oder * als Parameternamen möglich?

1.4.2   Syntax

Die Syntax von t.Zero ist extrem einfach. Sie wird durch die folgende Grammatik beschrieben:

```
tZero        ->   Expression
Expression ->   Number | Ident | List
List         ->   ( Expression* )
```

In Worten: Eine Eingabe für t.Zero ist ein Ausdruck. Ein Ausdruck ist eine Zahl, ein Name oder eine geklammerte Liste aus keinem, einem oder mehreren Ausdrücken.

Dieselbe Syntax werden wir (mit einer einzigen Erweiterung, dem Quote-Zeichen) auch für alle anderen Sprachen dieses Buchs benutzen. Syntax hat nur wenig mit den Ausdrucksmöglichkeiten, also der semantischen Substanz, einer Programmiersprache zu tun.

Betrachten wir die folgende, ziemlich beliebig herausgegriffene Java-Anweisung:

```
0   try {
1       line = source.readLine();
2       pos = 0;
3       sval = "";
```

```
4  } catch (IOException ioe) {
5      String msg = "I/O-error:␣" + ioe.getMessage();
6      throw new RuntimeException(msg);
7  }
```

Man könnte dieselbe Anweisung ohne großen Verlust an Lesbarkeit in der Syntax von t.Zero ausdrücken. Das Folgende ist kein t.Zero-Code; es könnte aber zum Beispiel in t.Scheme realisiert werden:

```
(try-catch
    (block
        (:= line (source readLine))
        (:= pos 0)
        (:= sval **))
    (IOException ioe)
    (block
        (String msg (+ "I/O-error: " (ioe getMessage)))
        (throw (new RuntimeException msg))))
```

Das einzige Problem bei dieser Notation sind die Klammergebirge, vor allem am Ende von Ausdrücken. Wenn man einen guten Editor verwendet, der bei der Eingabe einer schließenden rechten Klammer die zugehörige öffnende linke Klammer markiert, verschwindet dieses Problem nach kurzer Eingewöhnungszeit weitgehend.

Zurück zur Grammatik von t.Zero. Ihre Token sind Number, Ident, linke und rechte Klammer. Die beiden Klammern stellen wir durch sich selbst dar; sie sind in der Grammatik unterstrichen, um sie von den runden Klammern zu unterscheiden, die in der formalen Beschreibung von Grammatiken als Meta-Symbole vorkommen dürfen.

Number und Ident haben als Token syntaktisch gesehen keine innere Struktur. Der Lexer gibt ihnen aber ihren jeweiligen speziellen Wert als *Attribut* mit, er wird für die Auswertung des Ausdrucks – also für seine Semantik – benötigt.

Die Prüfung, ob eine Folge von Token, die vom Lexer kommt, auch tatsächlich einen Ausdruck im Sinne dieser Grammatik darstellt, wird von einem Programmteil durchgeführt, den man als *Parser* bezeichnet.

Aus einer korrekten, dieser Grammatik entsprechenden Eingabe, die zunächst nur aus Tastaturzeichen besteht, erzeugt der Parser den entsprechenden Ausdruck als eigenständiges Objekt. Beispiel: Die Eingabe sei

$$(+ \ 12 \ 3)$$

Daraus erzeugt der Lexer fünf Token (die Attribute stehen als Indizes daneben):

$$(\ (S)_+ \ (N)_{12} \ (N)_3 \ )$$

Der Parser beginnt damit, die Regel für Expression zu parsen. Er sieht als Erstes das Token $($ (linke Klammer) und beginnt die Regel für List zu parsen. Er parst wieder die Regel für Expression, erkennt das Token (S) (Ident), parst noch zweimal Expression und erkennt dabei zweimal ein Token (N) (Number). Anhand des Tokens $)$ stellt er schließlich fest, dass keine weiteren Ausdrücke in der Liste zu parsen sind.

Während des Parsens der Regel für List erzeugt der Parser zugleich auch die Liste als Kette von Objekten, die durch Referenzen verknüpft sind:

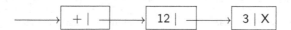

Dabei werden vom Parser Objekte der Typen List, Ident etc. erzeugt, welche die verschiedenen Arten von Eingabe-Ausdrücken von t.Zero repräsentieren. Bei der Erzeugung dieser Objekte gibt der Parser den Konstruktoren als Argumente die vom Lexer gelieferten Attribute mit.

Es sieht auf den ersten Blick nicht so aus, als sei aus der Eingabe (+ 12 3) bei der Umwandlung in eine Liste überhaupt etwas wirklich Neues entstanden. Tatsächlich wurde aber aus einer einfachen Zeichenkette ein Objekt mit einer detaillierten inneren Struktur gebildet. Es kann im nächsten Schritt, der *semantischen Phase*, ausgewertet werden.

1.4.3 Semantik

Die Datentypen einer Programmiersprache und die Operatoren, die für den Umgang mit ihnen zur Verfügung stehen, sind gewissermaßen das Rohmaterial beim Programmieren. Sie bestimmen in einem hohen Maße die Ausdrucksmöglichkeiten der Sprache.

Die wesentlichen Datentypen von t.Zero sind Zahlen und Wahrheitswerte[1]. Die Operatoren von t.Zero haben wir alle schon benutzt:

1. Die numerischen Operatoren +, -, * und /. Sie erwarten jeweils zwei Zahlen bzw. Ausdrücke, deren Wert eine Zahl ist, als Argumente und liefern eine Zahl als Wert.

2. (round x N) wandelt eine Zahl x in eine N-stellige Dezimalzahl um. Dabei wird zur Null hin gerundet.

3. (num x) und (den x) für den Zugriff auf Zähler und Nenner von x.

4. Die Vergleichsoperatoren = und <. Sie erwarten zwei Zahlen als Argumente, der Rückgabewert ist vom Typ Boolean. Mit = darf man beliebige Ausdrücke miteinander vergleichen.

5. Der bedingte Ausdruck (if bool expr alt-expr). Für bool muss ein Ausdruck stehen, dessen Wert vom Typ Boolean ist. Wenn dieser Wert true ist, so wird der Ausdruck expr ausgewertet und sein Wert als Resultat des bedingten Ausdrucks zurückgegeben. Andernfalls wird der alternative Ausdruck alt-expr ausgewertet und dessen Wert ist das Resultat.

6. (define function-head function-body). Der Funktionskopf muss eine nichtleere Liste von Namen sein, der Rumpf darf ein beliebiger Ausdruck sein. Aus Kopf und Rumpf wird ein Objekt erzeugt, das die Funktion im Interpreter repräsentiert. Dieses Objekt wird in einer Tabelle gespeichert, wobei der Name der Funktion als Suchschlüssel zum Wiederfinden dient.

Eigentlich gehört auch der Operator trace in diese Aufzählung; er hat aber für die Semantik der Sprache keine Bedeutung.

Die Umsetzung der Semantikregeln im Verlauf der Auswertung eines Ausdrucks ist die Sache des Interpreters. Seine Arbeitsweise wird im nächsten Abschnitt diskutiert.

---

[1] Daneben gibt es noch Namen und Funktionen als weitere Datentypen. Wenn man den Namen einer Funktion eingibt, erhält man die Funktion selbst als Resultat — mit dem man aber nicht viel anfangen kann. Genau betrachtet haben auch Fehler einen eigenen Typ. Darauf kommen wir später zurück.

1.5 Der Interpreter

1.5.1 Die Read-Eval-Print-Schleife

Der Interpreter ist die zentrale Instanz bei der Arbeit mit t.Zero. Beim Aufruf des Programms wird ein Objekt der Klasse `Interpreter` erzeugt. Es enthält als wichtigste Bestandteile den Lexer, den Parser und die globale Umgebung.

Damit sind vier der für die Implementierung wichtigsten Klassen benannt:

1. Die Klasse `Interpreter`. Sie enthält insbesondere die Methode `main`, die beim Aufruf des Programms `tzero` ausgeführt wird.

2. Die Klassen `Lexer` und `Parser`. Ihre Funktion wurde im vorigen Abschnitt beschrieben.

3. Die Klasse `Env` (für Environment). Eine Umgebung ist eine Tabelle, in der während der Ausführung Ausdrücke abgespeichert werden, und zwar so, dass man sie unter einem Namen wiederfinden kann. Im Wesentlichen handelt es sich um eine Hashtabelle mit Symbolen als Schlüsseln und Ausdrücken als Werten. In der globalen Umgebung werden zu Beginn die vordefinierten Operatoren der Sprache gespeichert, im weiteren Verlauf dann auch die benutzerdefinierten Funktionen.

Beim Programmstart wird also ein `Interpreter`-Objekt mit einer globalen Umgebung und einem Parser erzeugt (dieser enthält den Lexer). An diesen Interpreter wird sofort anschließend ein Methodenaufruf geschickt, der seine *Read-Eval-Print-Schleife* in Gang setzt.

Diese Schleife durchläuft bis zur Beendigung des Interpreters die folgenden drei Schritte:

1. Schreiben der Eingabeaufforderung und **Einlesen** einer Eingabe. Die Eingabe wird vom Parser in ein internes Objekt umgewandelt, das einen t.Zero-Ausdruck repräsentiert.

2. **Auswerten** des Ausdrucks mit Hilfe der in der globalen Umgebung gespeicherten Operatoren und Funktionen.

3. **Schreiben** des Resultats.

Während eines Schleifenduchlaufs kann es auf viele Arten zu Situationen kommen, die die reguläre weitere Ausführung unmöglich machen:

Es kann Fehler beim Einlesen geben, wenn beispielsweise die Eingabe illegale Zeichen enthält oder ein Lesefehler auftritt. Der Parser muss möglicherweise abbrechen, weil die Eingabe kein t.Zero-Ausdruck ist. Die meisten Fehler treten allerdings während der Auswertung auf. Sogar die Auswertung einer völlig korrekten Eingabe kann scheitern, zum Beispiel an Speicherplatzmangel. Fehler werden vom Interpreter durch eine entsprechende Exception-Verarbeitung abgefangen.

Man kann auch die Beendigung der Read-Eval-Print-Schleife, die ja eigentlich eine Endlosschleife ist, als einen „Fehler" auffassen, bei dem eine Exception erzeugt wird. Beim Auftreten dieser Exception wird die Schleife verlassen.

Insgesamt kann man sich die Implementierung der Read-Eval-Print-Schleife in Java etwa in der folgenden Form vorstellen:

```
0    // Read-Eval-Print-Schleife
1    void run() {
2        while (true) {
3            try {
4                writePrompt();
5                Expr expr = parser.read();
6                Expr result = expr.eval(globalEnv);
```

```
7              print(result);
8          } catch (RecoverableException re) {
9              ...        // Behandlung einer 'normalen' Fehlersituation
10         } catch (QuitException qe) {
11             break; // Read-Eval-Print-Schleife verlassen
12         }
13     }
14 }
```

Diese Formulierung sagt nichts darüber aus, *wie* der Ausdruck expr ausgewertet wird. Man sieht aber zumindest, dass zu seiner Auswertung eine Umgebung notwendig ist. In der Read-Eval-Print-Schleife ist das die globale Umgebung. Wir werden gleich sehen, dass an der Auswertung von Ausdrücken auch noch andere Umgebungen beteiligt sein können.

1.5.2 Ausdrücke und ihre Auswertung

Die Auswertung von Zahlen und Namen

In t.Zero werden drei Arten von Ausdrücken ausgewertet: Zahlen, Namen und Listen. Die Auswertung von Zahlen und Namen ist einfach:

Jede Zahl ist ihr eigener Wert. Zahlen sind *Literale*, sie stehen für sich selbst. In der Java-Klasse für t.Zero-Zahlen sieht das so aus:

```
0   public Expr eval(Env env) {
1       return this;
2   }
```

Namen werden anhand der jeweiligen Umgebung ausgewertet: Ist bei einem Aufruf expr.eval(env) der Ausdruck expr ein Name, so wird in der Umgebung env nachgesehen, ob zu diesem Namen ein Wert gespeichert ist. Dieser Wert ist der Wert des Namens.

Der entsprechende Java-Code in der Klasse für t.Zero-Namen ist wieder sehr einfach:

```
0   public Expr eval(Env env) throws Alarm {
1       return env.retrieve(this);
2   }
```

Ein Alarm wird bei dieser Auswertung dann ausgelöst, wenn in der Umgebung env kein Wert zum Namen this gespeichert ist. Die Klasse Alarm ist von Exception abgeleitet. Sie repräsentiert in der Java-Implementierung die Ausnahmesituationen, die im Interpreter auftreten können.

Beispiel:

```
-> +
op[plus]
-> !=
Error: Unbound symbol !=
```

Der Name + ist auswertbar, er hat als Wert den Additionsoperator. Der Name != ist in t.Zero nicht bekannt. Man könnte ihn als Name einer Funktion verwenden und ihn damit dem Interpreter mitteilen, z. B. so:

```
-> (define (!= x y) (not (= x y)))
function[!=]
-> !=
function[!=]
```

Der wesentliche Effekt einer Funktionsdefinition besteht darin, den Namen der Funktion an die Funktion selbst (das interne Objekt, das sie repräsentiert) zu binden. Anders gesagt: In der globalen Umgebung wird der Funktionsname als Suchschlüssel für die Funktion eingetragen.

Die Auswertung von Listen

Die Auswertung von Listen ist nicht ganz so einfach. Zwei Fälle sind zu unterscheiden:

- die Definition von Funktionen und
- die Anwendung von Funktionen und Operatoren.

Betrachten wir als Beispiel zwei Definitionen mit anschließender Anwendung einer Funktion:

```
-> (define (square x) (* x x))
function[square]
-> (define (square-sum a b) (+ (square a) (square b)))
function[square-sum]
-> (square-sum (+ 1 2) (* 2 2))
25
```

Die Auswertung der letzten Eingabe findet in einer Umgebung statt, in der die Namen +, *, square und square-sum definiert sind. Im Detail passiert das Folgende:

1. Der Kopf von (square-sum (+ 1 2) (* 2 2)) wird ausgewertet, der Wert ist die Funktion function[square-sum]. Hier muss man gut unterscheiden zwischen dem Namen der Funktion und der Funktion selbst, die ein Objekt im Interpreter ist. Diese Funktion wird auf ihre Argumente *angewendet*.

2. Bei dieser Anwendung werden als Erstes die Argumente ausgewertet, in diesem Fall die beiden Ausdrücke (+ 1 2) und (* 2 2). Deren Auswertung verläuft nach demselben Schema, sie ergibt die Werte 3 und 4.

3. Nun wird die globale Umgebung um zwei Einträge erweitert: die Symbole a mit dem Wert 3 und b mit dem Wert 4. Mit dieser erweiterten Umgebung wird nun der Rumpf der Funktion square-sum, die Liste (+ (square a) (square b)), ausgewertet.

4. Das führt zur Auswertung des Symbols + und der Ausdrücke (square a) und (square b). Dabei wiederholt sich das Spiel: Bei der Auswertung von (square a) wird eine Umgebung erzeugt, in welcher der Parameter x der Funktion square den Wert 3 hat. Bezüglich dieser Umgebung wird der Rumpf von function[square], also die Liste (* x x), zu 9 ausgewertet. Entsprechend wird (square b) zu 16 ausgewertet. Auf diese Argumente wird schließlich op[plus] angewendet, das ergibt das Resultat 25.

Im Tracing-Modus kann man auch die Aufrufe der numerischen Operatoren verfolgen:

```
-> (trace + * square square-sum)
Tracing mode for op[plus] is on
Tracing mode for op[mult] is on
Tracing mode for function[square] is on
Tracing mode for function[square-sum] is on
-> (square-sum (+ 1 2) (+ 2 2))
    Call     (+ 1 2)
    Return  3 from (+ 1 2)
    Call     (+ 2 2)
    Return  4 from (+ 2 2)
```

```
Call     (square-sum 3 4)
Call     (square 3)
Call     (* 3 3)
Return   9 from (* 3 3)
Return   9 from (square 3)
Call     (square 4)
Call     (* 4 4)
Return   16 from (* 4 4)
Return   16 from (square 4)
Call     (+ 9 16)
Return   25 from (+ 9 16)
Return   25 from (square-sum 3 4)
```
25

Wie man sieht, wird ein Funktionsaufruf im Tracing-Modus erst nach der Auswertung aller Argumente der Funktion angezeigt. Der Aufruf beginnt aber schon in dem Moment, wenn der Kopf der Liste ausgewertet wird. Die Zeile Call... wird erst zu dem Zeitpunkt ausgegeben, in dem die Auswertung des Rumpfs der Funktion beginnt − also nach der Auswertung der Parameter.

Diese extrem detaillierte Beschreibung der Auswertung einer Liste suggeriert eine Komplexität, die sich in Wirklichkeit nur durch die mehrfach ineinandergeschachtelten Auswertungen ergibt.

Wir fassen deshalb nochmals zusammen. Eine Liste wird in drei Schritten ausgewertet:

1. Es wird kontrolliert, dass die Liste nicht leer ist.

2. Der Kopf der Liste wird ausgewertet, der Wert muss ein Operator oder eine Funktion sein. Operatoren und Funktionen werden auch als *Prozeduren* bezeichnet.

3. Die Prozedur wird auf die Argumente *angewendet*. Das Resultat der Anwendung ist der Wert der Liste.

Der Java-Code dazu könnte ungefähr so aussehen:

```
0   public Expr eval(Env env) throws Alarm {
1       checkEvalnil(this);                     // Ist diese Liste leer?
2       Expr expr = head.eval(env);             // head ist der Kopf der
    Liste.
3       Procedure proc = checkProcedure(expr);  // Ist der Kopf eine Prozedur?
4       return proc.apply(tail, env);           // tail ist der Rest der
    Liste.
5   }
```

Anwenden − hier implementiert durch die Methode apply − hat je nach Art der Prozedur eine unterschiedliche Bedeutung:

Bei einer Funktion werden die Argumente ausgewertet, aus den formalen Parametern und den Argumentwerten wird eine neue Umgebung gebildet und mit dieser Umgebung der Rumpf der Funktion ausgewertet.

Die Operatoren für Zahlen, also op[plus], op[mult] etc., verhalten sich wie benutzerdefinierte Funktionen. Alle Argumente werden ausgewertet.

Anders verläuft die Anwendung bei den Operatoren if und define. Die Details hatten wir schon auf S. 38 besprochen: Bei if wird das erste Argument ausgewertet und in Abhängigkeit vom booleschen Wert anschließend entweder das zweite oder das dritte Argument. Bei define bleiben beide Argumente unausgewertet. Aus ihnen wird eine Funktion erzeugt, die in der globalen Umgebung gespeichert wird. Die neue Funktion ist zugleich das Resultat.

Aktive oder passive Auswertung?

Eine Überlegung soll noch erwähnt werden, die beim Entwurf der Implementierung des Interpreters eine Rolle gespielt hat. Sie hat nichts zu tun mit dem Funktionieren aus der Sicht der Benutzer, sondern betrifft ein ausschließlich internes, aber trotzdem wichtiges Detail.

Wir hatten in den kurzen Ausschnitten aus dem Java-Code des Interpreters gesehen, dass jede Java-Klasse, die einen Eingabetyp der Sprache (Zahlen, Namen und Listen) repräsentiert, eine eigene, für diesen Typ spezifische Methode `eval` zur Auswertung besitzt.

Man könnte den Interpreter ganz anders entwerfen: So wie es für die lexikalische Phase einen Lexer und für die Syntaxanalyse einen Parser gibt, könnte man für die Auswertungsphase einen Evaluator vorsehen.

Beim Start würde dann neben dem Lexer und dem Parser noch ein Evaluator erzeugt:

```
Evaluator evaluator = new Evaluator();
```

Dem Evaluator würden die vom Parser erzeugten Ausdrücke jeweils zur Auswertung überreicht. Die Ausdrücke würden zu ihrer Auswertung gewissermaßen nicht mehr selbst aktiv, sondern sie würden passiv ausgewertet.

Der Code der Read-Eval-Print-Schleife (S. 39) würde sich auf den ersten Blick nur unwesentlich verändern. Anstelle von

```
Expr result = expr.eval(globalEnv);
```

würde folgende Zeile stehen:

```
Expr result = evaluator.eval(expr, globalEnv);
```

Das macht den Eindruck eines unwichtigen Details. Tatsächlich hätte eine solche Änderung aber erhebliche Folgen für die Implementierung der t.Sprachen: Die Klasse `Evaluator`, die den Evaluator implementiert, müsste für jede der etwa 20 Arten von Ausdrücken, die es in den t.Sprachen gibt, wissen, wie deren Auswertung vorzunehmen ist. Das entspricht nicht dem Prinzip, Klassen zu entkoppeln, sie also von möglichst wenigen anderen Klassen abhängig zu machen.

Aktive Ausdrücke, bei denen die Art ihrer Auswertung in der jeweiligen Klasse spezifiziert ist, entsprechen viel besser den Prinzipien der Kapselung und Wiederverwendbarkeit, die die Grundlage der objektorientierten Programmierung bilden. Deshalb wurde für die Java-Implementierung der t.Sprachen das Prinzip der aktiven Auswertung gewählt.

---

t.Lisp: Listenbasierte Programmierung

In 1960, John McCarthy published a remarkable paper in which he did for programming something like what Euclid did for geometry. (http://www.paulgraham.com/rootsof lisp.html)

2.1 Lisp

Unsere nächste Miniatur-Programmiersprache heißt t.Lisp. Sie hat große Ähnlichkeit mit dem Ur-Lisp, wie es um 1960 von John McCarthy am Massachusetts Institute of Technology geschaffen wurde. Lisp in seiner reinen Form („pure Lisp") ist eine absolut verblüffende Kombination aus Einfachheit und Ausdrucksmächtigkeit.

Lisp (für List Processing) ist, nach Fortran, der gemeinsame Urahn aller höheren Programmiersprachen, die zweitälteste überlebende Programmiersprache. Lisp brachte eine Fülle von neuen Ideen, von denen einige heute ganz selbstverständlich in allen Programmiersprachen ihren Platz haben, während andere noch immer (zu Unrecht) als schwierige oder sogar exotische Konzepte gelten.

Einige der wichtigsten Innovationen von Lisp waren:

- Bedingte Ausdrücke
- Rekursion als zentrale Kontrollstruktur
- der rekursive Datentyp Liste
- Symbole als eigener Datentyp
- Funktionen als Datenobjekte „erster Ordnung"
- Automatische Speicherbereinigung

- Homoikonizität: Eine Programmiersprache ist *homoikonisch* (selbstabbildend), wenn ihre Programme zugleich Datenobjekte in derselben Sprache sind. Homoikonische Sprachen eignen sich besonders gut zur formalen Beschreibung von Programmiersprachen.

Mit diesen Ideen war Lisp die erste Programmiersprache, die radikal vom *Von-Neumann-Modell* der Programmierung abgewichen ist. Dieses Programmiermodell basiert auf dem Zustandsbegriff: Programme beschreiben Objekte, deren Zustand sich während eines Programmablaufs ändert. Das entspricht den wechselnden Zuständen von CPU und Hauptspeicher. Solche Sprachen sind mehr oder weniger eng angelehnt an die klassische Von-Neumann-Architektur der Computerhardware, wie sie bis heute benutzt wird.

In Lisp kommt man weitgehend ohne Zustandsveränderungen aus. Die Sprache ähnelt darin der Sprache der Mathematik. Dort kann man auch nicht durch eine Zuweisung, etwa durch $\pi := 3.0$, den Wert einer Größe nach Belieben ändern. Und man braucht diese Fähigkeit auch nicht. Ein Name, der in einem Kontext eine bestimmte Bedeutung bekommen hat, behält diese Bedeutung bei, bis der Kontext verlassen wird.

t.Lisp hat, wie schon t.Zero, ebenfalls diese Eigenschaft. Tatsächlich ist t.Lisp eine Erweiterung von t.Zero. Neu sind vor allem die Datentypen List und Symbol.

Mit dem Typ List wird ein Hauptmangel von t.Zero behoben: die Unmöglichkeit, zusammengesetzte Objekte zu erzeugen. Die Fähigkeit zur *Aggregation*, zur Zusammensetzung unterschiedlicher Objekte zu einem neuen Objekt, ist etwas sehr Fundamentales. Möglicherweise beruht unser gesamtes abstraktes Denken auf dieser Fähigkeit. Erst dadurch, dass wir in der Lage sind, anstatt vieler Bäume einen Wald zu sehen oder anstelle vieler Noten eine Melodie zu hören, kommt eine begriffliche Ordnung in unsere Denkvorgänge.

In t.Zero kann man die Fläche eines Kreises aus seinem Radius berechnen, aber man kann kein Datenobjekt erzeugen, das den Kreis als ein Ganzes repräsentiert.

Listen repräsentieren Dinge, die eine „innere Struktur" haben. Damit eröffnen sich im Vergleich zu Sprachen, die in erster Linie auf das Rechnen ausgerichtet sind (auch das ursprüngliche Fortran war eine solche Sprache), ganz neue Abstraktions- und Ausdrucksmöglichkeiten.

2.2   Sprachelemente

2.2.1   Listen

Auch in t.Zero hatten wir Listen verwendet. Sie kamen aber ausschließlich in Eingaben vor, wo sie zur Definition und zum Aufruf von Funktionen dienten. Nach der Auswertung waren sie verschwunden.

Im Folgenden geht es um Listen als Resultate von Auswertungen. Wie verschafft man sich Listen als Werte?

Die leere Liste findet man unter dem Namen nil (von lateinisch nihil = nichts):

```
-> nil
()
```

Alle weiteren Listen werden mit dem *Konstruktor* cons aus schon vorhandenen leeren oder nichtleeren Listen konstruiert. Der Aufruf (cons x ls) erwartet ein beliebiges Element x und eine Liste ls:

```
-> (cons 1 nil)
(1)
```

```
-> (cons 1 (cons 2 nil))
(1 2)
-> (cons 1 (cons 2 (cons 3 nil)))
(1 2 3)
-> (cons 1 (cons 2 (cons 3 (cons 4 nil))))
(1 2 3 4)
```

Dabei wird das Element x *vorne* (= links) an die Liste ls angefügt. Es bildet den *Kopf* der Liste. Der Rest ist der *Rumpf* der Liste.

Die Liste (0 1 2) besteht zum Beispiel aus dem Kopf 0 und dem Rumpf (1 2). Dieser ist aus dem Kopf 1 und dem Rumpf (2) zusammengesetzt. Die Liste (2) wiederum besteht aus dem Kopf 2 und dem Rumpf (). Bei der Erzeugung mit cons entstehen Listen also von rechts nach links und beginnen immer mit der leeren Liste.

Elemente von Listen können selbst Listen sein:

```
-> (cons (cons 1 nil) (cons 2 nil))
((1) 2)
-> (cons 1 (cons (cons 2 nil) nil))
(1 (2))
-> (cons (cons 1 nil) (cons (cons 2 nil) nil))
((1) (2))
-> (cons (cons 1 (cons 2 nil)) nil)
((1 2))
```

Die Anzahl der Vorkommen von nil in der Eingabe entspricht der Anzahl der Klammerpaare in der Ausgabe.

Bei längeren Listen kann die Schreibweise mit cons ziemlich lästig werden:

```
-> (cons 1 (cons 2 (cons 3 (cons 4 (cons 5 (cons 6 (cons 7 nil)))))))
(1 2 3 4 5 6 7)
```

Besser ist eine kurze Hilfsfunktion. Grundidee: Für $n > 0$ erhält man die Liste der Zahlen von 1 bis n, indem man n an die Liste der Zahlen von 1 bis $n - 1$ anhängt:

```
-> (define (integers-until n) ; ganze Zahlen von 1 bis n
        (if (= n 0) nil
            (cons n (integers-until (- n 1)))))
-> (integers-until 7)
(7 6 5 4 3 2 1)
```

Leider stimmt die Reihenfolge nicht. Wir hätten die Liste nach rechts verlängern müssen, aber das ist mit cons nicht ganz einfach.

Zur Abhilfe konstruiert man die Liste der ganzen Zahlen von i bis j:

```
;   Ganze Zahlen von i bis j
(define (range i j)
    (if (< j i) nil
        (cons i (range (+ i 1) j))))

;   Ganze Zahlen von 1 bis n
(define (integers-upto n)
    (range 1 n))
```

Jetzt kann man im Tracing-Modus verfolgen, wie die Liste in der richtigen Anordnung konstruiert wird:

```
-> (trace range)
Tracing mode for function[range] is on
-> (integers-upto 7)
    Call        (range 1 7)
    Call        (range 2 7)
    Call        (range 3 7)
    Call        (range 4 7)
    Call        (range 5 7)
    Call        (range 6 7)
    Call        (range 7 7)
    Call        (range 8 7)
    Return      ()          from (range 8 7)
    Return      (7)         from (range 7 7)
    Return      (6 7)         from (range 6 7)
    Return      (5 6 7)        from (range 5 7)
    Return      (4 5 6 7)        from (range 4 7)
    Return      (3 4 5 6 7)        from (range 3 7)
    Return      (2 3 4 5 6 7)        from (range 2 7)
    Return      (1 2 3 4 5 6 7)        from (range 1 7)
(1 2 3 4 5 6 7)
```

Gelegentlich möchte man Listen auch „von Hand" eingeben. Dafür könnte man sich Hilfsfunktionen schreiben:

```
;    Erzeuge eine Liste mit dem Element x
(define (list1 x) (cons x nil))

;    Erzeuge eine Liste mit den Elementen x und y
(define (list2 x y) (cons x (cons y nil)))
```

Für jede Anzahl n von Elementen müsste man sich eine eigene Funktion list$n$ schreiben. Das ist zu mühsam, deshalb gibt es in t.Lisp eine Funktion namens list, die aus beliebig vielen Argumenten eine Liste bildet:

```
-> (list 1 2 3 4 5 6 7)
(1 2 3 4 5 6 7)
-> (list 1 (+ 1 1) (- (* 2 2) 1) (square 2) 5 (* 2 3) 7)
(1 2 3 4 5 6 7)
```

Mit der Funktion list kann man nichts tun, was man nicht auch ohne sie mit cons bewerkstelligen könnte. Sie ist nur „syntaktischer Zucker", der das Leben etwas angenehmer macht: Für eine Liste der Länge n muss man n-mal cons schreiben, aber nur einmal list.

Das, was man mit dem Konstruktor cons zusammengebaut hat, kann man mit den *Selektoren* car und cdr wieder in Einzelteile zerlegen. (car ls) liefert den Kopf von ls, (cdr ls) den Rumpf:

```
-> (car (range 1 7))
1
-> (cdr (range 1 7))
(2 3 4 5 6 7)
```

Die Operatoren car und cdr (gesprochen: kudder) sollten vielleicht besser head und tail heißen. Aber die traditionellen Bezeichnungen halten sich hartnäckig. Sie lassen sich auf die erste Lisp-Implementierung auf einer IBM 704 zurückführen: In der Assemblersprache dieses legendären Urahns einer langen Reihe wissenschaftlicher Rechner von IBM gab es die Befehle car und cdr. Ihre Namen standen für Contents of Address Part of Register und Contents of Decrement Part of Register.

Wenn man sich einen Listenknoten als ein Register vorstellt, das den Listenkopf im Adressteil (linke Hälfte) enthält und die Referenz auf den Rumpf im Dekrement-Teil (rechte Hälfte), dann sind die alten Bezeichner immer noch ganz zutreffend:

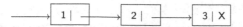

Oft werden auch Zugriffe auf das zweite Element einer Liste bzw. die Elemente dahinter gebraucht:

```
-> (define (cadr ls) (car (cdr ls)))
-> (define (cddr ls) (cdr (cdr ls)))
-> (define (caddr ls) (car (cdr (cdr ls))))
-> (cadr (range 1 5))
2
-> (cddr (range 1 5))
(3 4 5)
-> (caddr (range 1 5))
3
```

Diese und ähnliche Funktionen definiert man sich nach Bedarf. Die Funktionen `cadr`, `cddr`, `caddr` und einige weitere sind schon vordefiniert. Auch der Zugriff auf das n-te Element in einer Liste ist einfach:

```
;   Zugriff auf das n-te Element der Liste ls (Indexanfang 0)
(define (elem n ls)
     (if (= n 0) (car ls)
         (elem (- n 1) (cdr ls))))
```

Es ist ein Fehler, auf nicht existierende Teile von Listen zuzugreifen:

```
-> (elem 0 nil)
Error: op[car] expects a nonempty list
-> (elem -1 nil)
Error: op[cdr] expects a nonempty list
```

Deshalb ist es oft nützlich, mit `nil?` zu testen, ob eine Liste leer ist:

```
-> (nil? (range 0 1))
false
-> (nil? (range 1 0))
true
```

Wäre die Funktion `nil?` nicht schon definiert, könnte man sie leicht nachrüsten:

```
;   Test auf leere Liste
(define (nil? ls) (= nil ls))
```

2.2.2   Symbole, Quotierung und Binden

Symbole sind neben Listen der zweite (fast) neue Datentyp von t.Lisp – nur fast neu, da wir sie in t.Zero ebenfalls schon in der Eingabe verwendet haben. Neu ist, dass in t.Lisp Symbole auch als Werte vorkommen.

Ein Symbol ist ein Name; die Wortwahl soll darauf hinweisen, dass Symbole in ihrer neuen Rolle als Werte nicht immer Namen von etwas sind, sondern sehr oft eigenständige Zeichen.

Um Symbole als Werte zu erhalten, muss man sie *quotieren*, indem man das Quote-Zeichen '
davorstellt:

```
-> 'Symbol
Symbol
-> 't.Lisp
t.Lisp
-> '->
->
```

Bei der letzten Eingabe wurde das Prompt-Symbol quotiert, das Resultat ist dieses Symbol. Was man in der Ausgabe sieht, ist also nicht etwa der Prompt für die nächste Eingabe.

Das Quotierungszeichen ist ein *syntaktisches* Element der Sprache. Man muss dazu die bisher benutzte Grammatik (S. 36) um eine Regel erweitern:

Expression -> ʼ Expression

Das Quote-Zeichen darf vor jedem Ausdruck stehen, nicht nur vor Symbolen. Es bewirkt, dass der nachfolgende Ausdruck nicht ausgewertet wird.

```
-> '(1 2 3 4 5 6 7)
(1 2 3 4 5 6 7)
-> '(* 27 37)
(* 27 37)
-> '(eins zwei drei)
(eins zwei drei)
-> '()
()
-> (= '() nil)
true
```

Gemäß dieser Regel bleiben Quotierungszeichen in quotierten Ausdrücken erhalten:

```
-> '(f '(2 3) (4 5))
(f '(2 3) (4 5))
-> '(() '())
(() '())
-> ''a
'a
-> '''b
''b
```

Der Auswertungsvorgang „verspeist" das erste Quote-Zeichen, die restlichen gehören zum Resultat.

Die Eingabe einer Liste mit dem Quote-Zeichen muss man gut unterscheiden von der Eingabe mit der Funktion list, die wir weiter oben kennengelernt haben. Quotierung verhindert die Auswertung, während die Argumente von list ausgewertet werden (es sei denn, man verhindert das durch Quotierung):

```
-> '(2 (+ 1 1))
(2 (+ 1 1))
-> (list 2 (+ 1 1))
(2 2)
-> (list (+ 1 1) '(+ 1 1))
(2 (+ 1 1))
```

Mit dem Operator bind werden Werte an Symbole gebunden, dadurch wird das Symbol zum Namen für den daran gebundenen Wert. Der Aufruf hat die Form (bind *sym expr*). Der Ausdruck *expr* wird ausgewertet und sein Wert an das Symbol *sym* gebunden. Beim Binden gibt es kein erkennbares Resultat; der Sinn der Aktion ist ausschließlich, dass von jetzt an *sym* einen Wert hat:

```
-> (bind x 3)
-> x
3
```

Das sieht verdächtig so aus wie die Zuweisung an eine Variable. Man kann das gebundene Symbol auch wie eine Variable verwenden:

```
-> (* x x)
9
-> (cons x nil)
(3)
```

In Wahrheit handelt es sich aber um die Deklaration einer Konstanten. Nach dem Binden ist ein Name nämlich nicht mehr änderbar:

```
-> (bind x 4)
Error: Symbol x is already bound
```

Gebundene Namen haben also keineswegs eine variable Bedeutung. Vorläufig ist % der einzige Name, der während eines Laufs von t.Lisp seinen Wert ändern kann. Unter diesem Namen kann man wie in t.Zero das jeweils letzte Resultat weiterverwenden.

Theoretisch könnte man bind auch im Rumpf einer Funktion verwenden. In der Praxis ist das aber meistens keine gute Idee:

```
-> (define (bind-a-name) (bind Name 'Peter_Mustermann))
function[bind-a-name]
-> Name
Error: Unbound symbol Name
-> (bind-a-name)
-> Name
Peter_Mustermann
-> (bind-a-name)
Error: Symbol Name is already bound
```

Die erste Auswertung von Name geht schief, weil bind-a-name zwar definiert, aber noch nicht ausgeführt worden ist. Nach dem Aufruf der Funktion hat das Symbol Name den Wert Peter_Mustermann. Beim zweiten Aufruf von bind-a-name wird wieder versucht, etwas an den Namen Name zu hängen, das ist nicht erlaubt.

2.2.3 Typen

In t.Lisp hat, wie in allen t.Sprachen, jeder Ausdruck einen *Typ*. Man kann ihn mit dem Operator type abfragen, als Ergebnis bekommt man den Namen des Typs, einen Ausdruck vom Typ Symbol:

```
-> (type 37)
Number
-> (type %)
Symbol
```

Wie bei den meisten Operatoren wird auch das Argument von type ausgewertet, das Resultat von (type *expr*) ist der Typ des Wertes von *expr*.

```
-> (type (* 2 3))
Number
-> (type '(* 2 3))
List
-> (type nil)
List
-> (type true)
Boolean
```

In der letzten Abfrage wurde das Symbol true ausgewertet. Es ist in t.Lisp an den booleschen Wert von (= 1 1) gebunden, deshalb ist der Ergebnistyp Boolean. Das ist ein Unterschied zu t.Zero: Dort ist true eine argumentlose Funktion, weil es keine Möglichkeit zum Binden von beliebigen Werten an Symbole gibt. Man muss deshalb in t.Zero (true) eingeben, um den entsprechenden booleschen Wahrheitswert zu erhalten.

Es ist einfach, mit dem Operator type boolesche Funktionen zur Typabfrage zu definieren, zum Beispiel die folgende:

```
;   Ist der Ausdruck e eine Zahl?
(define (number? e)
    (= (type e) 'Number))
```

Beim Start von t.Lisp ist die Funktion number? schon definiert, ebenso die entsprechenden Funktionen boolean?, symbol? und list?. Diese und einige weitere Definitionen stehen in der Initialisierungsdatei von t.Lisp, die zu Beginn automatisch ausgeführt wird.

Mit type kann man einen weiteren Datentyp entdecken:

```
-> (bind a 37)
-> %
-> (type %)
Void
```

Das sieht etwas seltsam aus. Erklärung: Beim Aufruf von bind ist das Resultat unwichtig – deshalb wird scheinbar keine Ausgabe gemacht. Die anschließende Auswertung des Symbols % scheint zu bestätigen, dass bind kein Resultat hatte – es wird wieder nichts ausgegeben. Mit der Eingabe (type %) stellt man aber fest, dass dieses Nichts zumindest einen Typ hat, nämlich Void.

Tatsächlich gibt *jede* Auswertung ein Ergebnis zurück. Das Ergebnis „kein Ergebnis" wird durch ein unsichtbares Objekt mit dem speziellen Datentyp Void repräsentiert. Man kann diesem Objekt auch einen Namen geben und es dann wie jeden anderen Wert verwenden:

```
-> (bind void (bind b 'b))
-> (type void)
Void
-> (list void)
()
-> (nil? %)
false
```

Das Resultat von (list void) ist eine Liste der Länge 1, deren einziges Element unsichtbar ist. Deshalb sieht sie aus wie die leere Liste.

Es gibt keine Möglichkeit, neue Elemente des Typs Void zu erzeugen. Davon gibt es nur ein einziges Exemplar.

2.2.4 Funktionen

Anders als in den meisten klassischen Programmiersprachen sind Funktionen (und ebenso Operatoren) in Lisp eigenständige Werte. Es ist beispielsweise möglich, sie an Namen zu binden oder an andere Funktionen als Parameter zu übergeben.

Eine erste Folge davon ist, dass man Funktionen umbenennen kann. Wer mag, kann sich durch Umbenennungen ein deutschsprachiges Lisp basteln:

```
-> (bind kopf car)
-> (bind rumpf cdr)
-> (kopf (rumpf '(a b c)))
b
```

Ein besonders nützliches Beispiel für die Verwendung von Funktionen als Aufrufparameter ist die Möglichkeit, eine Funktion auf alle Elemente einer Liste anzuwenden:

```
;   Wende f auf jedes Element der Liste ls an
(define (map f ls)
    (if (nil? ls) nil
        (cons (f (car ls)) (map f (cdr ls)))))
```

Für den formalen Parameter f von map darf man beim Aufruf eine Funktion oder einen Operator einsetzen:

```
-> (map square (range 1 10))
(1 4 9 16 25 36 49 64 81 100)
-> (map type (list 37 'a square))
(Number Symbol Function)
-> (map number? '(1 2 drei))
(true true false)
-> (define (f x)
        (list 'f x))
function[f]
-> (map f '(a b c d))
((f a) (f b) (f c) (f d))
```

Wenn Funktionen Eingaben anderer Funktionen sein können, sollte es auch möglich sein, eine neue Funktion auszurechnen und diese als Resultat zurückzugeben. Das ist in t.Lisp wie in allen Lisp-Dialekten tatsächlich möglich.

Das Werkzeug dafür ist der Operator function (in vielen Lisp-Dialekten heißt er lambda). Er hat die Syntax (function *<Parameterliste>* *<Funktionsrumpf>*) und macht aus dem Funktionsrumpf, der ein beliebiger t.Lisp-Ausdruck sein darf, eine Funktion der in der Parameterliste aufgeführten Variablen.

Beispiel: Die Funktion compose berechnet zu zwei einstelligen Funktionen f und g deren Komposition $f \circ g$:

```
;   Komposition der einstelligen Funktionen f und g
(define (compose f g)
    (function (x) (f (g x))))
```

In mathematischer Sprechweise ist das die Funktion $f \circ g : x \mapsto f(g(x))$. Der Resultatwert von (compose f g) kann genauso verwendet werden wie eine mit define erzeugte Funktion:

```
-> ((compose square square) 2)
16
-> (map (compose list type) (list 37 'a square))
((Number) (Symbol) (Function))
```

Eine mit `function` erzeugte Funktion kann man wie jeden Wert an einen Namen binden. Damit ist der Operator `define` eigentlich überflüssig geworden, eine Kombination aus `bind` und `function` leistet dasselbe:

```
-> (bind square-sum (function (a b) (+ (square a) (square b))))
-> (square-sum 3 4)
 25
```

Man könnte argumentieren, dass das eine ziemlich nutzlose Beobachtung ist – es gibt ja nun mal den Operator `define`, den wir auch weiterhin benutzen wollen. Aber es ist zumindest aus Verständnisgründen nützlich, ein Konzept (die Definition einer Funktion) in zwei elementarere Bestandteile zu zerlegen. In Kapitel 4 werden wir sehen, dass der Operator `function` noch ganz andere, ungeahnte Möglichkeiten in sich birgt.

2.2.5 Bedingte Ausdrücke

Bedingte Ausdrücke der Form (`if` *<condition>* *<expr>* *<alt-expr>*) hatten wir schon in t.Zero benutzt.

Häufig möchte man in solchen Ausdrücken zwischen mehr als zwei Alternativen unterscheiden. Dazu dient der Operator `cond`.

Angenommen, wir möchten den Datentyp Number um zwei Werte $-\infty$ und $+\infty$ erweitern. Für diesen erweiterten Zahlbereich müssen wir eine neue Vergleichsrelation einführen. Sie könnte etwa so aussehen:

```
;    Vergleich. x und y müssen Zahlen sein oder
;    einen der Werte -Infinity, +Infinity haben.
(define (less x y)
    (if (= x y) false
        (if (= x '-Infinity) true
            (if (= x '+Infinity) false
                (if (= y '-Infinity) false
                    (if (= y '+Infinity) true
                        (< x y)))))))
```

Hier wird zwischen sechs Alternativen unterschieden. Mit dem Operator `cond` kann man dasselbe klarer ausdrücken:

```
(define (less x y)
    (cond
        (= x y)          false
        (= x '-Infinity) true
        (= x '+Infinity) false
        (= y '-Infinity) false
        (= y '+Infinity) true
        (< x y)))
```

Die Bedeutung ist dieselbe: Die Bedingungen (`= x y`), (`= x '-Infinity`), ..., (`= y '+Infinity`) werden der Reihe nach getestet. Sobald eine von ihnen wahr ist, wird der rechts daneben stehende Ausdruck ausgewertet und sein Wert als Resultat des (`cond` ...)-Ausdrucks zurückgegeben. Wenn keiner dieser Ausdrücke wahr ist, wird der Wert von (`< x y`) zurückgegeben.

Der Operator `cond` darf mit beliebig vielen Argumenten aufgerufen werden: (`cond` c_1 e_1 c_2 e_2 c_3 e_3 ...). Dabei ist zu beachten, dass die Bedingungen c_1, c_2,... boolesche Ausdrücke sein müssen. Sie werden der Reihe nach ausgewertet, bis ein c_k den Wert true hat. Dann wird der zugehörige Ausdruck e_k berechnet, sein Wert ist zugleich der Wert des ganzen cond-Ausdrucks. Wenn keine der Bedingungen c_i wahr ist, hat der cond-Ausdruck den Wert void. Bei ungerader Argumentzahl wird vor dem letzten Argument true eingefügt. Der Ausdruck (cond expr) ist nach dieser Regel äquivalent zu (cond true expr) und damit zu expr.

Man darf cond auch ganz ohne Argumente aufrufen:

```
-> (type (cond))
Void
```

Da es in diesem Ausdruck keine Bedingung mit dem Wert true gibt, ist das Resultat void.

Der Ausdruck (cond condition expr alt-expr) hat offensichtlich dieselbe Bedeutung wie (if condition expr alt-expr). Tatsächlich ist if nur ein Alias für cond, an beide Namen ist derselbe Operator gebunden:

```
-> if
op[cond]
-> (= if cond)
true
```

Es ist wichtig sich klarzumachen, dass in (cond c_1 e_1 c_2 e_2 c_3 e_3 ...) nur einer der Ausdrücke e_i ausgewertet wird. Die nachstehende Eingabe enthält zwei semantisch fehlerhafte Teilausdrücke, trotzdem wird kein Fehler gemeldet:

```
-> (cond false (/ 1 0) true 'ok (+ 1))
ok
```

Man könnte in t.Lisp keine Funktion mit der Eigenschaft definieren, dass nur einige, aber nicht alle ihrer Argumente ausgewertet werden – beim Aufruf einer benutzerdefinierten Funktion werden immer *alle* Argumente ausgewertet. cond ist eine *special form*, ein Operator mit einem anderen Auswertungsverhalten als normale Funktionen.

2.3 Beispiele

2.3.1 Elementare Listenfunktionen

Länge einer Liste

Die folgende Funktion ermittelt die Länge einer Liste:

```
;   Länge der Liste ls
(define (length ls)
    (if (nil? ls) 0
        (+ 1 (length (cdr ls)))))
```

Der Code ist typisch für das nahtlose Zusammenwirken der rekursiven Struktur von Listen mit der rekursiven Definition von Funktionen.

Es gibt zahllose Beispiele mit ähnlicher Struktur. Die folgende Funktion prüft, ob eine Liste ausschließlich Zahlen enthält:

```
;   Enthält die Liste ls nur Zahlen?
(define (numlist? ls)
    (if (nil? ls) true
        (and (number? (car ls)) (numlist? (cdr ls)))))
```

Entsprechende Funktionen kann man sich für jeden anderen Typ definieren.

Summe und Produkt einer Liste von Zahlen

Die Summe und das Produkt einer Liste von Zahlen erhält man so:

```
;   Summe einer Liste ls von Zahlen
(define (sum ls)
     (if (nil? ls) 0
         (+ (car ls) (sum (cdr ls)))))

;   Produkt einer Liste ls von Zahlen
(define (product ls)
     (if (nil? ls) 1
         (* (car ls) (product (cdr ls)))))
```

Dabei ist es wichtig zu verstehen, warum das Produkt der Elemente der leeren Liste als 1 definiert wird und nicht als 0. Würde man (product nil) mit 0 definieren, so wäre das Produkt über jede Liste von Zahlen 0.

Ersetzt man + in der Definition von sum durch –, so bekommt man die alternierende Summe $x_0 - x_1 + x_2 - x_3 + \ldots \pm x_n$ der Listenelemente:

```
;   Alternierende Summe einer Liste ls von Zahlen
(define (alternating-sum ls)
     (if (nil? ls) 0
         (- (car ls) (alternating-sum (cdr ls)))))
```

Boolesche Funktionen auf Listen boolescher Werte

In t.Lisp sind Funktionen and und or vordefiniert. Nach dem obigen Muster kann man sie auf Listen boolescher Werte erweitern:

```
;   liefert true, wenn alle Elemente der Liste ls den Wert true haben
(define (And ls)
     (if (nil? ls) true
         (and (car ls) (And (cdr ls)))))

;   liefert true, wenn mindestens ein Element der Liste ls den Wert true hat
(define (Or ls)
     (if (nil? ls) false
         (or (car ls) (Or (cdr ls)))))
```

Beide Funktionen erwarten, dass die Elemente von ls boolesche Werte haben. Wieder sieht man, dass sich And und Or nicht allein durch die Abstützung auf and und or unterscheiden, sondern auch darin, dass sie im *Basisfall* (für die leere Liste) verschiedene Resultate haben.

Maximum einer Liste von Zahlen

Am wenigsten intuitiv ist der Basiswert bei der Berechnung des Maximums einer Liste von Zahlen. Das Maximum einer leeren Liste kann nicht größer sein als das irgendeiner nichtleeren Liste, weil beim Hinzufügen von Elementen zu einer Liste das Maximum allenfalls größer wird. Also kommt nur der Wert $-\infty$ als Maximum der leeren Liste infrage.

```
;   Maximum von x und y.
;   x und y müssen Zahlen oder eines der Symbole -Infinity, +Infinity sein.
(define (max x y)
     (if (less x y) y x))
```

```
; Größter Wert einer Liste von Zahlen
(define (largest ls)
    (if (nil? ls) '-Infinity
        (max (car ls) (largest (cdr ls)))))
```

Ganz entsprechend muss man $+\infty$ als das Minimum der leeren Liste vereinbaren.

Das gemeinsame Schema

Alle vorangehenden Funktionen für Listen sind nach demselben Muster gestrickt. Aus einer zweistelligen Funktion oder einem zweistelligen Operator op wird eine Funktion gewonnen, die auf Listen beliebiger Länge operiert.

Das dabei verwendete Schema ist offensichtlich immer dasselbe:

```
;   Erweitern der zweistelligen Funktion op auf Listen
(define (extension ls)
    (if (nil? ls) basevalue
        (op (car ls) (extension (cdr ls)))))
```

Damit das funktioniert, müssen natürlich vorher die zweistellige Prozedur op und die Konstante basevalue entsprechend definiert werden. Je nach Definition verhält sich extension wie eine der Funktionen sum, product, max etc.

Mit extension werden die Möglichkeiten von t.Lisp aber nicht wirklich ausgenutzt; die Funktion ist, je nach Definition von op und basevalue, nur ein anderer Name für eine schon vorher definierte Funktion. Besser ist die folgende Variante, bei der op und basevalue als Parameter übergeben werden. Der Name fold der Funktion weist darauf hin, dass das Argument op mehrfach (englisch: n-fold) angewendet wird.

```
;   Erweitern der zweistelligen Funktion op auf Listen
(define (fold op basevalue ls)
    (if (nil? ls) basevalue
        (op (car ls) (fold op basevalue (cdr ls)))))
```

Damit sind die obigen Funktionen zu einer einzigen Funktion vereinigt worden.

```
-> (bind ls '(7 -5 12 22 -20))
-> (list
        (fold max '-Infinity ls)
        (fold + 0 ls)
        (fold - 0 ls))
(22 16 -19)
```

Die Ausgabe enthält Maximum, Summe und alternierende Summe der Liste ls.

Auch die Funktion length passt übrigens in das Erweiterungsschema. Mit

```
-> (fold (function (x y) (+ 1 y)) 0 ls)
5
```

erhält man die Länge der Liste ls.

Allerdings wäre es auf die Dauer höchst unpraktisch, so unterschiedliche Funktionen wie length, sum und product alle unter dem gemeinsamen Namen fold zu benutzen. In Kapitel 4 lernen wir eine bessere Lösung kennen.

2.3.2   Vereinigen und Zerlegen von Listen

Vereinigung

Die Vereinigung von zwei Listen zu einer neuen Liste ähnelt dem Schema aus dem vorigen Abschnitt:

```
;   Vereinigung der beiden Listen ls1 und ls2
(define (join ls1 ls2)
    (if (nil? ls1) ls2
        (cons (car ls1) (join (cdr ls1) ls2))))
```

Die Funktion join behandelt ihre beiden Argumente in ganz unterschiedlicher Weise: Die Liste ls1 wird vollständig durchlaufen, die Liste ls2 wird im Basisfall als Ganzes übergeben. join schaut die Elemente von ls2 gar nicht an.

So findet beispielsweise bei der Eingabe

```
-> (join '(x) '(a b c d e f))
(x a b c d e f)
```

nur *ein* rekursiver Aufruf von join statt, während

```
-> (join '(a b c d e f) '(x))
(a b c d e f x)
```

sechs rekursive Aufrufe von join benötigt, bis der Basisfall erreicht ist. Im Tracing-Modus kann man sich das genauer ansehen. Aus diesem Grund ist die Laufzeit von (join ls1 ls2) proportional zur Länge von ls1 und unabhängig davon, wie lang ls2 ist.

join ist zweistellig. Für zweistellige Funktionen haben wir im vorigen Abschnitt gesehen, wie man sie auf Listen erweitern kann. Im Fall von join bedeutet dies, dass mehrere Listen, die als Elemente einer Liste gegeben sind, zu einer einzigen Liste vereinigt werden:

```
;   Liste von Listen vereinigen
(define (list-join ls)
    (if (nil? ls) nil
        (join (car ls) (list-join (cdr ls)))))
```

Beispiel:

```
-> (list-join '((1 2) (drei vier fünf) () (6)))
(1 2 drei vier fünf 6)
```

Aus der Diskussion im vorigen Abschnitt folgt, dass die Definition von list-join zu der folgenden äquivalent ist:

```
;   Liste von Listen vereinigen
(define (List-join ls)
    (fold join nil))
```

Wenn in den einzelnen Listen selbst wieder Listen als Elemente vorkommen, bleiben diese bei der Vereinigung erhalten:

```
-> (list-join '(((1 2)) (drei (vier fünf)) (()) (6)))
((1 2) drei (vier fünf) () 6)
```

Manchmal ist das nicht ausreichend. Man möchte innerhalb einer Liste ls alle Teillisten beseitigen: Die Liste soll *flach* gemacht werden.

Dabei sind für nichtleere Listen zwei Fälle zu unterscheiden: Wenn der Kopf von ls eine Liste ist, wird diese flach gemacht und mit dem flach gemachten Rumpf vereinigt. Wenn der Kopf keine Liste ist, wird er mit cons an den flach gemachten Rumpf angefügt:

```
;    (flatten ls) beseitigt alle Listen innerhalb der Liste ls
(define (flatten ls)
    (cond
        (nil? ls)        nil
        (list? (car ls)) (join (flatten (car ls)) (flatten (cdr ls)))
        true             (cons (car ls) (flatten (cdr ls))))))
```

Wir probieren das Flachmachen von Listen aus:

```
-> (flatten '(((1 2)) (drei (vier fünf)) (()) (6)))
(1 2 drei vier fünf 6)
-> (flatten '((((())))))
()
```

Die Bedingung true im Code der Funktion flatten ist reine Kosmetik, sie kann ebenso gut weggelassen werden. Wer mag, kann auch else statt true schreiben, wenn vorher (bind else true) vereinbart wurde.

Zerlegung

Die Vereinigung von zwei Listen ls1 und ls2 mit join kann man auf verschiedene Arten umkehren. Eine Möglichkeit besteht darin, die vereinigte Liste beim ersten Vorkommen von (car ls2) auseinanderzuschneiden: (join '(3 7 1) '(4 9 8 8)) ergibt die Liste (3 7 1 4 9 8 8), ein anschließendes (cut 4 '(3 7 1 4 9 8 8)) macht daraus wieder ((3 7 1) (4 9 8 8)). Das Resultat ist eine Liste, die zwei Listen enthält.

Dazu konstruieren wir eine Funktion (cut x ls), mit der man ls beim ersten Vorkommen des Elements x in zwei Listen zerschneidet. Die Idee dazu ist einfach: Wenn ls leer ist, sind die beiden Listen im Resultat ebenfalls leer. Wenn ls mit x beginnt, dann besteht das Resultat aus der leeren Liste und der Liste ls selbst. In allen übrigen Fällen wird der Rumpf von ls mit x aufgeschnitten und der Kopf von ls an die vordere Liste des Resultats angefügt.

Das ergibt den folgenden Code:

```
;    Liste ls bei Element x zerschneiden
(define (cut x ls)
    (cond
        (nil? ls)        (list nil nil)
        (= (car ls) x)   (list nil ls)
        (cons-to-car (car ls) (cut x (cdr ls)))))))

;    Element e an den Kopf einer nichtleeren Liste ls anfügen,
;    deren Kopf eine Liste ist.
(define (cons-to-car e ls)
    (cons (cons e (car ls)) (cdr ls)))
```

Die Hilfsfunktion cons-to-car sollte man sich genau ansehen. Sie setzt voraus, dass ls nicht leer ist (wegen der Zugriffe mit car und cdr) und dass der Kopf der Liste ls selbst eine Liste ist (auf ihn wird mit cons zugegriffen). Beide Voraussetzungen sind in der Anwendung erfüllt.

Das Zerschneiden funktioniert nun problemlos. Mit (cut x ls) wird ls jeweils *vor* dem ersten Auftreten des Elements x zerschnitten:

```
-> (bind li (join '(1 2 2) '(3 3 4 5)))
-> (cut 3 li)
((1 2 2) (3 3 4 5))
-> (cut 1 li)
(() (1 2 2 3 3 4 5))
-> (cut 0 li)
((1 2 2 3 3 4 5) ())
```

Wenn der Kopf von ls2 auch in der Liste ls1 vorkommt, erhält man mit (cut (car ls2) (join ls1 ls2)) nicht wieder die beiden Ausgangslisten:

```
-> (cut 2 (join '(1 2 2) '(2 3 4 5)))
((1) (2 2 2 3 4 5))
```

Man kann sich zur Abhilfe eine Funktion (ncut n ls) schreiben, mit der die Liste ls hinter dem n-ten Element zerschnitten wird. Dann gibt (ncut (length ls1) (join ls1 ls2)) in jedem Fall genau die Listen ls1 und ls2 zurück.

Der Code der Funktion ncut sieht fast genauso aus wie der von cut:

```
;   Liste ls nach dem n-ten Element zerschneiden
(define (ncut n ls)
    (cond
        (nil? ls) (list nil nil)
        (= n 0)   (list nil ls)
        (cons-to-car (car ls) (ncut (- n 1) (cdr ls)))))
```

Der Kopf von ls hat den Index 1 und nicht, wie man von Java her vermuten könnte, den Index 0:

```
-> (ncut 1 '(a b c))
((a) (b c))
```

Was passiert, wenn bei einem Aufruf von (ncut n ls) der Wert von n größer ist als die Länge von ls? Stürzt die Auswertung wegen Zugriffs auf den cdr einer leeren Liste ab? Wer nur durch einen Blick auf den Code der Funktion die richtige Antwort findet, ist schon ziemlich fit im Umgang mit Listen.

2.3.3 Umkehren einer Liste

Umkehren mit join

Eine Funktion, die eine Liste umkehrt, ist in vielen Anwendungen von Nutzen.

Der Basisfall ist klar, die Umkehrung von nil ist wieder die leere Liste. Zu einer nichtleeren Liste erzeugt man die Umkehrung aus Kopf und Rumpf, indem man den Kopf rechts an den umgekehrten Rumpf anfügt. Ist etwa ls = (a b c d), so erhält man die Umkehrung (d c b a), indem man an (d c b) *rechts* den Kopf a anfügt.

Wie fügt man ein Element rechts an eine Liste an? Der Operator cons hängt Elemente immer links an und er ist das einzige Mittel zur Konstruktion neuer Listen, über das wir verfügen.

Die Lösung: Wir machen aus a die einelementige Liste (a) und vereinen (d c b) und (a) mit der Funktion join aus dem vorigen Abschnitt. Das ergibt den folgenden Code:

```
; Liste ls invertieren
(define (reverse-list ls)
    (if (nil? ls) nil
        (join (reverse-list (cdr ls)) (list (car ls)))))
```

Es funktioniert:

```
-> (reverse-list '(a b c d))
(d c b a)
```

Aber es funktioniert nicht gut. Wenn man `(reverse-list (range 1 n))` für wachsende Werte von n testet, stellt man fest, dass mit der Verdoppelung von n die Laufzeit um den Faktor 4 anwächst. Die Funktion `reverse-list` ist erschreckend langsam.

Woran liegt das? Im Tracing-Modus sieht man den Grund sofort:

```
-> (trace join)
Tracing mode for function[join] is on
-> (define (reverse-range n)
       (reverse-list (range 1 n)))
function[reverse-range]
-> (reverse-range 0)
()
-> (reverse-range 1)
    Call     (join () (1))
    Return   (1) from (join () (1))
(1)
-> (reverse-range 2)
    Call     (join () (2))
    Return   (2) from (join () (2))
    Call     (join (2) (1))
    Call     (join () (1))
    Return   (1) from (join () (1))
    Return   (2 1) from (join (2) (1))
(2 1)
-> (reverse-range 3)
    Call     (join () (3))
    Return   (3) from (join () (3))
    Call     (join (3) (2))
    Call     (join () (2))
    Return   (2) from (join () (2))
    Return   (3 2) from (join (3) (2))
    Call     (join (3 2) (1))
    Call     (join (2) (1))
    Call     (join () (1))
    Return   (1) from (join () (1))
    Return   (2 1) from (join (2) (1))
    Return   (3 2 1) from (join (3 2) (1))
(3 2 1)
```

Für das bequeme Anfügen von rechts mit Hilfe von `join` zahlt man offenbar einen Preis: Nach dem Umkehren von `(cdr ls)` wird der umgedrehte Rumpf der Liste von der Funktion `join` noch einmal komplett durchlaufen.

Das Umkehren einer Liste der Länge n kostet also nach dem Umkehren des Rumpfs noch n zusätzliche Aufrufe von `join`. Insgesamt wird `join` deshalb $n + (n-1) + (n-2) + \ldots + 1 = \frac{1}{2}n^2 + \frac{1}{2}n$ mal aufgerufen. Diese vielen rekursiven Aufrufe von `join` sind verantwortlich für die schlechte Laufzeit von `reverse-list`.

Verbesserung durch Endrekursion

Eine effizientere Funktion zum Umkehren von Listen erhält man mit der folgenden Idee. Man arbeitet mit zwei Listen, von denen die erste in umgekehrter Reihenfolge mit der zweiten vereinigt wird. Das kann man mit einer einfachen Rekursion formulieren:

```
;    Umkehrung der Liste ls links an die Liste rs anhängen
(define (reverse-and-join ls rs)
    (if (nil? ls) rs
        (reverse-and-join (cdr ls) (cons (car ls) rs))))
```

Wie schon bei der Funktion join wird nur die Liste ls durchlaufen; die Laufzeit von (reverse-and-join ls rs) ist proportional zur Länge von ls und unabhängig von der Länge von rs.

Die Umkehrung einer Liste ist ein Spezialfall:

```
;    Liste ls umkehren
(define (reverse ls)
    (reverse-and-join ls nil))
```

Ein Blick auf den Code zeigt, dass reverse-and-join endrekursiv ist: Der Wert des rekursiven Aufrufs ist schon der Wert der Funktion. Man sieht im Tracing-Modus, wie der Wert des letzten rekursiven Aufrufs als Wert für alle früheren Aufrufe durchgereicht wird:

```
-> (trace reverse-and-join)
Tracing mode for function[reverse-and-join] is on
-> (reverse (range 1 4))
        Call     (reverse-and-join (1 2 3 4) ())
        Call     (reverse-and-join (2 3 4) (1))
        Call     (reverse-and-join (3 4) (2 1))
        Call     (reverse-and-join (4) (3 2 1))
        Call     (reverse-and-join () (4 3 2 1))
        Return   (4 3 2 1) from (reverse-and-join () (4 3 2 1))
        Return   (4 3 2 1) from (reverse-and-join (4) (3 2 1))
        Return   (4 3 2 1) from (reverse-and-join (3 4) (2 1))
        Return   (4 3 2 1) from (reverse-and-join (2 3 4) (1))
        Return   (4 3 2 1) from (reverse-and-join (1 2 3 4) ())
(4 3 2 1)
```

Mit dieser Funktion zur Umkehrung kann man zufrieden sein, sie ist auch für große Listen verwendbar.

Die Tatsache, dass reverse-list so viel langsamer ist als reverse, obwohl beide Funktionen dasselbe leisten, ist kein Betriebsunfall, sie hat eine tiefere Ursache. In der Funktion reverse-list wird die invertierte Liste durch Anfügen von rechts beschrieben, während reverse die Elemente links anfügt. Beide Beschreibungen sind korrekt, aber die zweite ist viel natürlicher, wenn man berücksichtigt, dass die Konstruktion von Listen immer durch Anhängen von links erfolgt.

2.3.4   Sortieren

Insertsort

Sortieren durch Einfügen ist *das* Standardbeispiel für ein zwar langsames, aber einfach zu implementierendes Sortierverfahren.

Die Methode stammt vom Kartenspielen: Aus einer ungeordneten Eingabe (hier einer Liste von Zahlen) werden die Elemente einzeln in die geordnete Ausgabe (die Resultatliste) einsortiert.

Das Einsortieren von Element x erfolgt immer in eine geordnete Liste ls. Dabei sind drei Fälle zu unterscheiden: Wenn ls leer ist, wird die Liste (x) erzeugt. Wenn x kleiner ist als das vorderste Element von ls (und damit kleiner als alle Elemente von ls, weil die Liste sortiert ist), wird x vorne an ls angefügt. Ansonsten wird x in den Rumpf von ls einsortiert.

```
;    Zahl x in die sortierte Zahlenliste ls einsortieren
(define (insert x ls)
    (cond
        (nil? ls) (list x)
        (< x (car ls)) (cons x ls)
        (cons (car ls) (insert x (cdr ls)))))
```

Genauso einfach ist auch die Beschreibung des gesamten Sortierverfahrens. Entweder ist ls leer, dann ist nichts zu tun, oder der Kopf von ls wird mit insert in den *sortierten* Rumpf von ls einsortiert:

```
;    Sortieren durch Einfügen
(define (insertsort ls)
    (if (nil? ls) nil
        (insert (car ls) (insertsort (cdr ls)))))
```

Üblicherweise werden mit diesem Algorithmus Arrays sortiert, die Grundidee funktioniert aber offensichtlich ebenso gut für Listen. Leider ist das Verfahren bei größeren Eingaben langsam.

Quicksort

Das vermutlich populärste Sortierverfahren ist Quicksort. Bei diesem Algorithmus wird die Eingabe in drei Teile zerlegt. Man wählt eine Zahl x aus der Eingabeliste ls und zerlegt ls in die Listen $ls_{<x}$, $ls_{=x}$ und $ls_{>x}$ aller Elemente y in ls, für die $y < x$, $y = x$ bzw. $y > x$ gilt. Die Listen $ls_{<x}$ und $ls_{>x}$ werden durch rekursive Aufrufe des Verfahrens sortiert und dann mit $ls_{=x}$ zu einer sortierten Gesamtliste vereinigt.

Das Zerlegen der Eingabeliste besorgt eine Funktion elements:

```
;    Alle y in ls mit y << x
(define (elements ls << x)
    (cond
        (nil? ls)         nil
        (<< (car ls) x) (cons (car ls) (elements (cdr ls) << x))
        true              (elements (cdr ls) << x)))
```

Der Funktion werden nicht nur die Eingabeliste und das Vergleichselement x übergeben, sondern mit dem Parameter << auch die Vergleichsrelation. Wenn die Bedingung (<< (car ls) x) erfüllt ist, wird (car ls) an die Liste der Elemente im Rumpf von ls angefügt, die die Bedingung erfüllen, andernfalls wird nur diese letztere Liste zurückgegeben.

In der Anwendung kann man für << verschiedene Vergleichsrelationen einsetzen:

```
-> (elements '(5 3 7 2 5 4 8) < 5)
(3 2 4)
-> (elements '(5 3 7 2 5 4 8) = 5)
(5 5)
-> (elements '(5 3 7 2 5 4 8) > 5)
(7 8)
```

Die Eingabeliste wird natürlich nicht aufgeteilt, wenn sie höchstens ein Element hat. Für die Implementierung von Quicksort wählen wir als Vergleichselement den Kopf der Liste.

```
;    Quicksort
(define (qsort ls)
    (cond
        (nil? ls) nil
        (nil? (cdr ls)) ls
        (join (join
            (qsort (elements ls < (car ls)))
            (elements ls = (car ls)))
            (qsort (elements ls > (car ls)))))))
```

Ein Probelauf:

```
-> (qsort '(2 17 22 3 8 5 0 -4 37 25 9 19))
(-4 0 2 3 5 8 9 17 19 22 25 37)
```

Auf einigermaßen ungeordneten Eingaben ist Quicksort viel schneller als Insertsort. Leider wird das Verfahren langsam, wenn das Vergleichselement in jedem Schritt so unglücklich gewählt wird, dass die beiden Teillisten sehr unterschiedlich groß sind. Das ist zum Beispiel für absteigend geordnete Eingaben der Fall. Am Beispiel der Eingabeliste (reverse (range 1 n)) kann man das verfolgen; im Tracing-Modus sieht man genau, was passiert.

Wir betrachten noch ein weiteres Sortierverfahren, diesmal mit garantiert guter Laufzeit.

Mergesort

Der Mergesort-Algorithmus beruht auf dem *Mischen* von zwei sortierten Listen ls und rs zu einer gemeinsamen sortierten Liste. Dabei werden in jedem Schritt die Köpfe von ls und rs verglichen, der kleinere von beiden ist der Kopf der sortierten Vereinigung beider Listen. Wenn eine der beiden Listen leer ist, dann ist die jeweils andere das Resultat:

```
;    Mischen von zwei sortierten Listen
(define (merge ls rs)
    (cond
        (nil? ls)          rs                    ; linke Liste leer
        (nil? rs)          ls                    ; rechte Liste leer
        (< (car ls) (car rs)) (cons (car ls) (merge (cdr ls) rs))
        true                (cons (car rs) (merge ls (cdr rs))))))
```

Zur Veranschaulichung des Ablaufs bemühen wir wieder den Tracing-Modus:

```
-> (trace merge)
Tracing mode for function[merge] is on
-> (merge '(2 17 22) '(3 5 8))
    Call      (merge (2 17 22) (3 5 8))
    Call      (merge (17 22) (3 5 8))
    Call      (merge (17 22) (5 8))
    Call      (merge (17 22) (8))
    Call      (merge (17 22) ())
    Return    (17 22) from (merge (17 22) ())
    Return    (8 17 22) from (merge (17 22) (8))
    Return    (5 8 17 22) from (merge (17 22) (5 8))
    Return    (3 5 8 17 22) from (merge (17 22) (3 5 8))
    Return    (2 3 5 8 17 22) from (merge (2 17 22) (3 5 8))
(2 3 5 8 17 22)
```

Beim Aufruf (merge (2 17 22) (3 5 8)) ist die 2 das kleinste Element der beiden Argumente. Der rekursive Aufruf (merge (17 22) (3 5 8)) ergibt die Liste (3 5 8 17 22), an diese wird vorne die 2 angefügt; das Ergebnis ist schließlich (2 3 5 8 17 22).

Das Sortieren einer Liste wird damit fast trivial. Für eine leere oder einelementige Liste ist nichts zu tun, eine Liste mit mindestens zwei Elementen zerlegt man in zwei Hälften, sortiert diese in rekursiven Aufrufen und mischt die sortierten Hälften zusammen:

```
;    Sortieren von ls mit Mergesort
(define (mergesort ls)
    (cond
        (nil? ls) nil
        (nil? (cdr ls)) ls
        (merge
            (mergesort (left-half ls))
            (mergesort (right-half ls)))))
```

Die Hilfsfunktionen zum Zerlegen von ls in eine linke und eine rechte Hälfte implementieren wir mit der Funktion ncut (siehe S. 60):

```
;    Halbe Länge von ls
(define (length-div-2 ls)
    (round (/ (length ls) 2) 0))

;    Linke Hälfte von ls
(define (left-half ls)
    (car (ncut (length-div-2 ls) ls)))   ; Erstes Element von (ncut ...)

;    Rechte Hälfte von ls
(define (right-half ls)
    (cadr (ncut (length-div-2 ls) ls)))  ; Zweites Element von (ncut ...)
```

Man kann zeigen, dass das Sortieren einer Liste der Länge n mit mergesort größenordnungsmäßig immer $n \log n$ Schritte benötigt. Der Grund ist, dass die Aufgabe sofort in zwei halb so große Teile zerlegt wird, nach deren rekursiver Bearbeitung nur noch n Schritte für die Berechnung der endgültigen Lösung nötig sind. Solche Algorithmen haben immer eine Laufzeit dieser Größe.

Die hier besprochenen Implementierungen der drei Sortierverfahren sind rein deklarativ – notgedrungen, anders kann man in t.Lisp gar nicht programmieren. Das macht die Formulierung als Programm einfach und sehr lesbar, hat aber auch Nachteile. Unter anderem tendiert man bei diesem Programmierstil dazu, Resultate mehrfach zu berechnen, häufig ohne dass man das überhaupt merkt.

So wird z. B. in den beiden Aufrufen (left-half ls) und (right-half ls) im Rumpf von mergesort jeweils der Ausdruck (length-div-2 ls) berechnet. Dazu wird ls jeweils komplett durchlaufen.

Solche Doppelberechnungen kann man vermeiden; wie, werden wir später sehen. Zunächst sollte man sich aber darüber nicht zu viele Gedanken machen. Andere Gesichtspunkte, wie etwa Korrektheit und Einfachheit der Programme, sind in der Regel viel wichtiger.

2.3.5 Quotierung

Bisher haben wir wenig Gebrauch davon gemacht, dass man in t.Lisp, so wie in allen Abkömmlingen von Lisp, mit Symbolen als Werten arbeiten kann.

Tatsächlich erweitern Symbole die Ausdrucksmöglichkeiten einer Programmiersprache aber in einer Weise, die man auf den ersten Blick gar nicht einschätzen kann. So wie in der Mathematik der Übergang von Zahlenrechnen zum „Rechnen mit Buchstaben" eine ganz neue Welt eröffnet, so erschließt auch das „Programmieren mit Symbolen" ganz neue, ungeahnte Ausdrucksmöglichkeiten.

Der Operator quote

Ausgangspunkt ist die Quotierung von Symbolen (Abschnitt 2.2.2). Wenn wir etwa den Ausdruck (+ a b) bilden wollen, können wir das nicht allein mit cons oder list erreichen. Beispielsweise würde t.Lisp bei der Eingabe von (list + a b) gegen unsere Absicht versuchen, den Namen a auszuwerten.

Quotierung erlaubt es uns, die Auswertung von Namen zu verhindern:

```
-> (list '+ 'a 'b)
(+ a b)
```

Das Quote-Zeichen verhindert immer die Auswertung des nächstfolgenden Ausdrucks. Wenn dieser Ausdruck eine Liste ist, dann bleiben deren Elemente unausgewertet:

```
-> '(+ a b)
(+ a b)
```

Auch Resultate von Auswertungen können quotiert sein. In Abschnitt 2.2.2 hatten wir festgestellt, dass der Interpreter bei jeder quotierten Eingabe ein Quote-Zeichen verbraucht:

```
-> 'a
a
-> ''a
'a
-> '''a
''a
```

Welchen Typ hat so ein quotiertes Resultat? Die Antwort ist etwas überraschend:

```
-> (type %)
List
```

Um das zu erklären, müssen wir den Mechanismus der Quotierung etwas genauer ansehen. Dahinter steckt ein Operator, der – wenig verwunderlich – an den Namen quote gebunden ist:

```
-> quote
op[quote]
```

Jeder Eingabe der Form '<*Ausdruck*> wird beim Einlesen intern in Listenform gebracht: (quote <*Ausdruck*>). Auf das Argument <*Ausdruck*> wird dann der Quote-Operator angewendet. Er hat eine extrem einfache Semantik, der <*Ausdruck*> wird unverändert zurückgegeben. Der Quote-Operator ist also, mathematisch ausgedrückt, die Identitätsfunktion.

Man kann die Umwandlung von quotierten Ausdrücken in Listen sichtbar machen:

```
-> (car ''a)
quote
-> (reverse ''a)
(a quote)
-> (map car '('a 'b))
'quote
```

Bei der letzten Eingabe wird zunächst das Argument '('a 'b) zu der Liste ('a 'b) ausgewertet. Intern hat sie die Form ((quote a) (quote a)). Durch die Anwendung von car auf die beiden Elemente dieser Liste entsteht das Ergebnis (quote quote), das in der Form 'quote ausgegeben wird.

Es wäre im Prinzip möglich, in t.Lisp auf das Quote-Zeichen zu verzichten. Man müsste die Eingaben dann eben entsprechend umschreiben:

```
-> (quote (quote a))
'a
```

Auf den Quote-Operator selbst sollte man allerdings unter keinen Umständen verzichten. Das würde die Ausdrucksmöglichkeiten der Sprache drastisch reduzieren.

Das letzte Beispiel illustriert noch einmal, dass t.Lisp bei der Ausgabe jede Liste (quote *<Ausdruck>*) in die Form '*<Ausdruck>* verwandelt – genau umgekehrt wie beim Einlesen. Deshalb hat ein quotiertes Ergebnis den Typ List: '*<Ausdruck>* ist intern eine zweielementige Liste mit dem Symbol quote als Kopf.

Nachträgliche Quotierung

Quotierung ist ein sehr mächtiges Werkzeug. Es hat als solches aber auch seine Tücken. Ein Beispiel dafür ist die Erzeugung quotierter Ausdrücke. Angenommen, wir möchten eine Liste mit quotierten Symbolen erzeugen, sagen wir ('a 'b 'c). Das ist einfach, wir quotieren die Liste bei der Eingabe:

```
-> '('a 'b 'c)
('a 'b 'c)
```

Man könnte aber auch auf die Idee kommen, mittels map den Quote-Operator auf jedes Element der Liste (a b c) anzuwenden. Das Ergebnis sieht dann ganz anders aus als erwartet:

```
-> (map quote '(a b c))
((car ls) (car ls) (car ls))
```

Was ist passiert? Die Erklärung finden wir in der Definition von map (S. 53). Dort steht der rekursive Aufruf (cons (f (car ls)) (map f (cdr ls))) – und der Parameter f hat bei unserem Aufruf den Quote-Operator als Wert. Deshalb wird jedes Mal der Wert von (quote (car ls)) an die Resultatliste angehängt – und dieser Wert ist (car ls).

Was man hier braucht, damit die Idee doch funktioniert, ist eine Funktion, mit der man den *Wert* von (car ls) quotieren kann. Wir nennen sie postquote, da die Funktion ihr Argument *nach* der Auswertung quotiert.

```
;   (postquote x) wertet x aus und quotiert danach den Wert
(define (postquote x)
    (cons 'quote (cons x nil)))
```

Der Unterschied zwischen quote und postquote ist offensichtlich:

```
-> (quote (+ 2 3))
(+ 2 3)
-> (postquote (+ 2 3))
'5
```

Mit postquote funktioniert die elementweise Quotierung einer Liste von Symbolen:

```
-> (map postquote '(a b c))
('a 'b 'c)
```

2.3.6   Arithmetische Ausdrücke

In der Schule lernt man früh, einfache arithmetische Ausdrücke auszuwerten, wie etwa $1+2-3$, $4+5*6$ oder $7*(8+9)$. In t.Lisp erzeugt die Eingabe eines solchen Ausdrucks wegen der Infix-Stellung der Rechenoperatoren eine Fehlermeldung. Als Übung im Umgang mit Symbolen wollen wir eine Funktion schreiben, die solche arithmetischen Ausdrücke auswerten kann. Wir konstruieren die Funktion schrittweise.

Zwei Operanden

Unsere erste Funktion zur Auswertung arithmetischer Ausdrücke nennen wir `value-simple`, sie kann nur geklammerte Infix-Ausdrücke mit einem Operator und zwei Operanden auswerten, also Terme der Art (27 * 37). Als Operatoren lassen wir die vier Grundrechenarten +, -, * und / zu.

```
;    (value-simple a) ist der Wert eines arithmetischen Ausdrucks a,
;    der die Form (x0 op x1); hat; x0 und x1 seien Zahlen.
(define (value-simple a)
    (cond
        (= '+ (cadr a)) (+ (car a) (caddr a))
        (= '- (cadr a)) (- (car a) (caddr a))
        (= '* (cadr a)) (* (car a) (caddr a))
        (= '/ (cadr a)) (/ (car a) (caddr a))
        'ERROR))
```

Die Funktion geht davon aus, dass die Eingabe eine Liste mit drei Elementen ist, von denen das erste und dritte eine Zahl und das mittlere ein Symbol ist. Das wird nicht kontrolliert, auf Fehlerbehandlung gehen wir erst später ein.

Auf das erste, zweite und dritte Element einer Liste wird mit `car`, `cadr` bzw. `caddr` zugegriffen (S. 49).

Bei korrekten Eingaben liefert `value-simple` korrekte Ergebnisse. Ansonsten kann es Fehler geben:

```
-> (value-simple '(27 * 37))
999
-> (value-simple '(1 + 2 + 3))
3
-> (value-simple '(2 # 3))
ERROR
```

Der für (1 + 2 + 3) berechnete Wert 3 ist nicht wirklich falsch, er entspricht dem Kenntnisstand, den wir der Funktion mitgegeben haben. Der „Wert" von (2 # 3) ist das Symbol ERROR, weil der Operator # unbekannt ist. In einer solchen Situation wäre es sicher sinnvoller, die Funktion abzubrechen, aber das können wir noch nicht.

Das Herzstück der Funktion ist die Verzweigung mit `cond`. Sie stellt den Bezug her zwischen dem quotierten Operatorsymbol und dem Operator selbst, der die Rechnung durchführt. Das Operatorsymbol wird in dem gewünschten Sinn interpretiert – die Funktion ist ein Interpreter für die Sprache, deren Programme Ausdrücke der Form $(x_0 \; op \; x_1)$ sind.

Mehrere Operanden

Der nächste Schritt ist die Auswertung von mehr als zwei Operanden, also von Ausdrücken des Typs $(x_0 \; op_1 \; x_1 \; op_2 \; \ldots \; op_n \; x_n)$. Im Zusammenhang mit Listen ist es naheliegend, den

Wert des ganzen Ausdrucks aus dem Wert von $(x_1 \; op_2 \ldots op_n, x_n)$ rekursiv zu berechnen. Das sähe so aus:

```
;   (value-improved a) ist der Wert des arithmetischen Ausdrucks a
;   der Form (x0 op_1 x1 op_2 ... op_n xn); xi seien Zahlen.
(define (value-improved a)
    (cond
        (nil? (cdr a))  (car a)
        (= '+ (cadr a)) (+ (car a) (value-improved (cddr a)))
        (= '- (cadr a)) (- (car a) (value-improved (cddr a)))
        (= '* (cadr a)) (* (car a) (value-improved (cddr a)))
        (= '/ (cadr a)) (/ (car a) (value-improved (cddr a)))
        'ERROR))
```

Auf den ersten Blick geht alles gut:

```
-> (value-improved '(1 + 27 * 37))
1000
```

Bei genauerem Hinsehen zeigt sich aber, dass man doch ein bisschen sorgfältiger vorgehen muss:

```
-> (value-improved '(1 - 2 + 3))
-4
-> (value-improved '(27 * 37 + 1))
1026
```

Das sieht nicht gut aus. Es gilt eben nicht $1 - 2 + 3 = 1 - (2 + 3)$ und ebenso wenig $27 \cdot 37 + 1 = 27 \cdot (37 + 1)$. So aber rechnet die Funktion value-improved.

Mit zwei Korrekturen kann man das Programm retten:

1. Beim Subtraktions-Operator, d. h. wenn die Eingabe $x_0 - x_1 \; op_2 \ldots op_n \; x_n$ ist, berechnen wir $x_0 + (-x_1) \; op_2 \ldots op_n \; x_n$. Das ist dasselbe wie $x_0 + ((-x_1) \; op_2 \ldots op_n \; x_n)$ und wir dürfen deshalb die Rekursion so ansetzen wie eben. Dazu müssen wir den Kopf x_1 von (cddr a) durch $-x_1$ ersetzen.

2. Bei den Operanden * und / müssen wir die Regel „Punktrechnung vor Strichrechnung" berücksichtigen. Den Ausdruck $x_0 * x_1 \; op_2 \ldots op_n \; x_n$ berechnen wir deshalb in der Form $(x_0 * x_1) \; op_2 \ldots op_n \; x_n$. Dazu wird der Kopf x_1 von (cddr a) ersetzt durch $x_0 * x_1$. Bei der Division gehen wir ebenso vor.

Der korrigierte Code sieht damit folgendermaßen aus:

```
;   (value a) ist der Wert des arithmetischen Ausdrucks a
;   der Form (x0 op_1 x1 op_2 ... op_n xn); xi seien Zahlen.
(define (value a)
    (cond
        (nil? (cdr a))  (car a)
        (= '+ (cadr a)) (+ (car a) (value (cddr a)))
        (= '- (cadr a)) (+ (car a) (value (cons (-- (caddr a)) (cdddr a))))
        (= '* (cadr a)) (value (cons (* (car a) (caddr a)) (cdddr a)))
        (= '/ (cadr a)) (value (cons (/ (car a) (caddr a)) (cdddr a)))
        'ERROR))

;   -x berechnen
(define (-- x) (- 0 x))
```

Jetzt hat das Programm seine Lektion gelernt:

```
-> (value '(1 - 2 + 3))
2
-> (value '(27 * 37 + 1))
1000
```

Die Lektion, die *wir* (hoffentlich) gelernt haben, besagt, dass die Korrektheit eines Programms absolut keine Selbstverständlichkeit ist. Wie sieht es z. B. mit den folgenden Eingaben aus?

```
-> (value '(1 / 3 / 3))
1/9
-> (value '(1 / 3/3))
1
```

Führt hier dieselbe Eingabe zu zwei verschiedenen Resultaten? Keineswegs. Die beiden Eingaben sind sehr verschieden: In dem Ausdruck (1 / 3/3) wird 3/3 vom Lexer völlig korrekt als *eine* Zahl gelesen. Man sieht das an der unterschiedlichen Länge der Listen:

```
-> (map length (list '(1 / 3 / 3) '(1 / 3/3)))
(5 3)
```

Die Funktion `value` hat also in beiden Fällen richtig gerechnet.

Trotzdem hat sie im Rechnen noch nicht einmal Grundschulniveau erreicht. Es ist eine gute Übung, die Funktion so zu erweitern, dass auch Operanden in Klammern richtig berechnet werden, wie beispielsweise (2 * (3 + 4)).

2.3.7 Symbolische Differentiation

Unser nächstes Beispiel gehört definitiv nicht zum Stoff der Grundschule. Als Übung im Umgang mit Symbolen betrachten wir die Differentiation von Funktionen. Wir konstruieren eine Funktion, mit der man ähnlich wie mit einem Computeralgebrasystem Funktionen symbolisch ableiten kann.

Diese Art der Anwendung ist typisch für den Einsatz von Lisp auf dem Gebiet der Künstlichen Intelligenz (KI). In der Frühzeit konzentrierte man sich besonders auf die Simulation solcher „intelligenter" Tätigkeiten, die sich durch die Manipulationen formaler Systeme beschreiben ließen. Dazu gehören Kalküle jeder Art, automatisches Beweisen, Expertensysteme, Computerschach etc. Lisp ist dank der Fähigkeit zum Umgang mit Symbolen für solche Anwendungen besonders gut geeignet.

Im Differentialkalkül, um den es im Folgenden geht, werden Funktionen rein formal abgeleitet, ohne jeden Bezug zur inhaltlichen Bedeutung der Ableitung als Steigung in einem Punkt.

Funktionsausdrücke

Die Funktion, die wir schreiben wollen, soll genau genommen nicht die Ableitung einer Funktion berechnen, also eines t.Lisp-Ausdrucks vom Typ `Function`, sondern die Ableitung eines *Funktionsausdrucks* bzgl. einer Variablen. Das entspricht der üblichen Sprechweise: Wir sagen, die Ableitung von x^n sei nx^{n-1}, und meinen damit die Ableitung der Funktion $x \mapsto x^n$.

Die Funktionsausdrücke, die das Programm zur Differentiation verstehen soll, sind Zahlen, Symbole sowie Listen mit zwei oder drei Elementen. Ein paar einfache Beispiele mit den zugehörigen Ableitungen bzgl. der Variablen x:

37	0
x	1
y	0
(sin x)	(cos x)
(- x)	(- 1)
(ln (sin x))	((cos x) / (sin x))
(1 + (x ^ n))	(n * (x ^ (n - 1)))
((sin x) + (cos y))	(cos x)

Allgemein ausgedrückt: Ein Funktionsausdruck ist eine Zahl, ein Symbol, die Anwendung einer einstelligen Funktion auf einen Funktionsausdruck, die Anwendung eines zweistelligen Operators auf zwei Funktionsausdrücke oder ein Funktionsausdruck in runden Klammern.

An einstelligen Funktionen wollen wir mindestens sin, cos, exp, ln und die (durch das Minuszeichen dargestellte) Negation ableiten, weitere nach Bedarf. Als zweistellige Operatoren wollen wir +, -, *, / und ^ zulassen, wobei ein Ausdruck (a ^ b) für die mathematische Schreibweise a^b steht.

Die Grundstruktur der Funktion derive zur Berechnung der Ableitung ergibt sich daraus in der folgenden Weise:

```
;   Funktionsausdruck a nach x ableiten
(define (derive a x)
    (cond
        (number? a) 0
        (symbol? a) (if (= a x) 1 0)
        (unary? a) (derive-unary (car a) (cadr a) x)
        (binary? a) (derive-binary (car a) (cadr a) (caddr a) x)
        (list 'Error: 'Illegal 'input a)))

;   Ist a ein unärer Funktionsausdruck?
(define (unary? a)
    (if (list? a) (= (length a) 2) false))

;   Ist a ein binärer Funktionsausdruck?
(define (binary? a)
    (if (list? a) (= (length a) 3) false))
```

Die Zeile (list 'Error: 'Illegal 'input a) ist ein Notbehelf, da t.Lisp nicht über einen Mechanismus zum Abbruch bei unsinnigen Eingaben verfügt. Allerdings ist die Abfrage auf Korrektheit der Eingabe nur unzureichend: Wenn für a etwa (function (x) (* x x)) eingesetzt wird, erkennt das Programm an dieser Stelle noch nicht, dass das kein legaler Funktionsausdruck ist.

Ableitung unärer Funktionsausdrücke

Die Funktion derive weiß sehr wenig über Ableitungen. Fast die ganze Arbeit wird von den beiden Hilfsfunktionen derive-unary und derive-binary geleistet. In ihnen steckt die Kenntnis, die das Programm vom Ableitungskalkül besitzt.

Ein Aufruf (derive-unary f a x) hat drei Parameter: das Funktionssymbol f, das Funktionsargument a, das selbst wieder ein Funktionsausdruck ist, und die Ableitungsvariable x, für die ein beliebiges Symbol eingesetzt werden darf.

Wenn beispielsweise der Ausdruck (sin (exp x)) nach x abzuleiten ist, dann hat der Parameter f den Wert sin und a den Wert (exp x). Die Funktion derive-unary benutzt die Ableitungsregel $(\sin a)' = (\cos a) \cdot a'$ und erzeugt den Ausdruck

```
((cos (exp x)) * <Ableitung von (exp x)>).
```

Der Code der Funktion derive-unary ist sehr kurz:

```
;   Unären Funktionsausdruck (f a) nch x ableiten
(define (derive-unary f a x)
    (cond
        (= f '+)   (derive a x)
            (= f '-)   (list '- (derive a x))
            (= f 'sin) (list (list 'cos a) '* (derive a x))
            (= f 'cos) (list (list '- (list 'sin a)) '* (derive a x))
            (= f 'exp) (list (list 'exp a) '* (derive a x))
            (= f 'ln)  (list (derive a x) '/ a)
            (list 'Error: 'Unknown 'function f)))
```

Die Unterscheidung, welche Ableitungsregel zu benutzen ist, wird anhand des Funktionssymbols f getroffen – genauso wie im vorigen Abschnitt die Auswertung der arithmetischen Ausdrücke durch das jeweilige Operatorsymbol gesteuert wurde.

Die Funktion derive-unary kennt offensichtlich folgende Ableitungsregeln (a steht für einen Funktionsausdruck):

$$(-a)' = -a'$$
$$(\sin a)' = (\cos a) \cdot a'$$
$$(\cos a)' = -(\sin a) \cdot a'$$
$$(\exp a)' = (\exp a) \cdot a'$$
$$(\ln a)' = a'/a$$

Durch Hinzufügen weiterer Regeln (die mathematischen Formelsammlungen sind voll davon) kann man die Fähigkeiten des Programms beliebig ausbauen.

Ableitung binärer Funktionsausdrücke

Es bleibt noch die Funktion derive-binary zu implementieren. Sie beruht auf den nachstehenden Regeln, die auch alle aus der Schule bekannt sind:

$$(a + b)' = a' + b'$$
$$(a - b)' = a' - b'$$
$$(a \cdot b)' = a' \cdot b + a \cdot b'$$
$$(a/b)' = (a' \cdot b - a \cdot b')/b^2$$
$$(a^b)' = a^b \cdot (b * (\ln a))'$$

Wir übersetzen die Regeln in t.Lisp-Code, wobei wir zur besseren Übersicht jede einzeln in eine Hilfsfunktion verpacken:

```
;   Binären Funktionsausdruck (a op b) nach x ableiten
(define (derive-binary a op b x)
    (cond
        (= op '+) (derive-add a b x)
        (= op '-) (derive-sub a b x)
        (= op '*) (derive-mul a b x)
        (= op '/) (derive-div a b x)
        (= op '^) (derive-power a b x)
        (list 'Error: 'Unknown 'operator op)))

;   Funktionsausdruck (a + b) nach x ableiten
(define (derive-add a b x)
    (list (derive a x) '+ (derive b x)))
```

```
;   Funktionsausdruck (a - b) nach x ableiten
(define (derive-sub a b x)
     (list (derive a x) '- (derive b x)))

;   Funktionsausdruck (a * b) nach x ableiten
(define (derive-mul a b x)
     (list (list (derive a x) '* b) '+ (list a '* (derive b x))))

;   Funktionsausdruck (a / b) nach x ableiten
(define (derive-div a b x)
     (list
         (list (list (derive a x) '* b) '- (list a '* (derive b x)))
         '/ (list b '^ 2)))

;   Funktionsausdruck a ^ b nach x ableiten
(define (derive-power a b x)
     (list (list a '^ b) '* (derive (list b '* (list 'ln a)) x)))
```

Die von den einzelnen Funktionen konstruierten Listen werden mit `list` erzeugt, weil die Listenelemente ausgewertet werden müssen, sonst kämen keine rekursiven Aufrufe von `derive` zustande. Deshalb müssen dann aber die Funktions- und Operatorsymbole innerhalb der Listen durch Quotierung vor der Auswertung geschützt werden, damit sie selbst und nicht die gleichnamigen Operatoren im Resultat stehen.

Vereinfachung von Funktionsausdrücken

Beim Ausprobieren des Programms zeigt sich schnell, dass die Ableitungen zwar richtig, aber in der Regel viel zu kompliziert sind:

```
-> (define (dx a) (derive a 'x)) ; Ableitung nach x
function[dx]
-> (dx '(exp (1 / x)))
((exp (1 / x)) * (((0 * x) - (1 * 1)) / (x ^ 2)))
-> (dx '(a ^ (1 + x)))
((a ^ (1 + x)) * (((0 + 1) * (ln a)) + ((1 + x) * (0 / a))))
-> (dx '(a ^ 1))
((a ^ 1) * ((0 * (ln a)) + (1 * (0 / a))))
```

Das Programm beherrscht offensichtlich nicht die einfachsten Rechenregeln. Was kann man tun? Offensichtlich genau das, was man in der Schule macht: Das Umformen von Ausdrücken mit dem Ziel der Vereinfachung muss gelernt werden.

Das ist keine ganz triviale Aufgabe. Während es für den Ableitungskalkül eine relativ überschaubare Zahl von Regeln gibt, kann man algebraische Ausdrücke auf äußerst vielfältige und oft trickreiche Weise umformen und vereinfachen. Es ist auch nicht in jedem Fall klar, was dabei unter Vereinfachung zu verstehen ist: weniger Terme oder eine regelmäßigere Struktur? Welcher Ausdruck ist einfacher: $(1 - x^4)/(1 - x)$ oder $1 + x + x^2 + x^3$?

Wir beschränken uns deshalb auf eine ganz kleine Zahl von Umformungen, Trivialitäten wie die Vereinfachung von $0 \cdot x$ zu 0 und Ähnliches.

Gesucht ist eine Funktion `simplify`, die einen Funktionsausdruck a in einen gleichwertigen, vielleicht etwas einfacheren Funktionsausdruck umformt – notfalls lässt sie a unverändert. Die Struktur der Eingaben von `simplify` ist genau dieselbe wie bei `derive`. Daraus ergibt sich derselbe Ansatz:

```
;   Funktionsausdruck a vereinfachen
(define (simplify a)
    (cond
        (number? a) a
        (symbol? a) a
        (unary?  a) (simplify-unary (car a) (cadr a))
        (binary? a) (simplify-dyadic (car a) (cadr a) (caddr a))
        (list 'Error: 'Illegal 'input a)))
```

Wieder wird die eigentliche Arbeit auf zwei Hilfsfunktionen verlagert, die den Aufbau ihres Arguments kennen.

Bei unären Funktionsausdrücken vereinfachen wir das Argument; in Spezialfällen können wir sie sogar komplett zu 0 oder 1 vereinfachen:

```
;   Unären Funktionsausdruck (f a) vereinfachen
(define (simplify-unary f a)
    (cond
        (= f '+)   (simplify a)
        (= f '-)   (if (number? (simplify a)) (- 0 (simplify a))
                       (list '- (simplify a)))
        (= f 'sin) (if (zero? a) 0 (list 'sin (simplify a)))
        (= f 'cos) (if (zero? a) 1 (list 'cos (simplify a)))
        (= f 'exp) (if (zero? a) 1 (list 'exp (simplify a)))
        (= f 'ln)  (if (one?  a) 0 (list 'ln (simplify a)))
        (list 'Error: 'Unknown 'function f)))
```

Am interessantesten ist hier vielleicht der Fall (= f '-): Einen unären Ausdruck (- a), bei dem a sich zu einer Zahl vereinfachen lässt, kann man ausrechnen und damit ebenfalls zu einer Zahl vereinfachen. Ansonsten versucht die Funktion zumindest das Argument zu vereinfachen.

Die Funktionen zero? und one? fragen, ob ihr Argument sich zu 0 oder 1 umformen lässt:

```
;   Hat der Funktionsausdruck a den Wert 0?
(define (zero? a)
    (= (simplify a) 0))
```

```
;   Hat der Funktionsausdruck a den Wert 1?
(define (one? a)
    (= (simplify a) 1))
```

Damit werden Ausdrücke wie etwa (sin (x - x)) behandelt.

Bei der Vereinfachung binärer Ausdrücke der Form (a op b) gehen wir erst einmal genauso vor wie bei ihrer Ableitung: Wir verlagern alle Details in Hilfsfunktionen.

```
;   Binären Funktionsausdruck (a op b) vereinfachen
(define (simplify-binary a op b)
    (cond
        (= op '+) (simplify-add a b)
        (= op '-) (simplify-sub a b)
        (= op '*) (simplify-mul a b)
        (= op '/) (simplify-div a b)
        (= op '^) (simplify-power a b)
        (list 'Error: 'Unknown 'operator 'op)))
```

Die Einzelfunktionen fragen als Erstes, ob die Argumente a und b Zahlen sind. Dann kann man den Ausdruck ausrechnen und somit als Zahl schreiben. Anschließend werden die Fälle (0 + a) und (a + 0) behandelt. Geht auch da nichts, wird versucht, die Argumente zu vereinfachen:

```
;   Funktionsausdruck (a + b) vereinfachen
(define (simplify-add a b)
    (cond
        (and (number? a) (number? b)) (+ a b)
        (zero? a) (simplify b)
        (zero? b) (simplify a)
        (list (simplify a) '+ (simplify b))))
```

Die vier anderen Hilfsfunktionen von `simplify-binary` sehen ganz ähnlich aus:

```
;   Funktionsausdruck (a - b) vereinfachen
(define (simplify-sub a b)
    (cond
        (and (number? a) (number? b)) (- a b)
        (zero? a) (simplify (list '- b))
        (zero? b) (simplify a)
        (list (simplify a) '- (simplify b))))

;   Funktionsausdruck (a * b) vereinfachen
(define (simplify-mul a b)
    (cond
        (and (number? a) (number? b)) (* a b)
        (zero? a) 0
        (one?  a) (simplify b)
        (zero? b) 0
        (one?  b) (simplify a)
        (list (simplify a) '* (simplify b))))

;   Funktionsausdruck (a / b) vereinfachen
(define (simplify-div a b)
    (cond
        (and (number? a) (number? b)) (/ a b)
        (zero? a) 0
        (= (simplify a) (simplify b)) 1
        (list (simplify a) '/ (simplify b))))

;   Funktionsausdruck (a ^ b) vereinfachen
(define (simplify-power a b)
    (cond
        (zero? a) 0            ; (0 ^ b) = 0
        (one?  a) 1            ; (1 ^ b) = 1
        (zero? b) 1            ; (a ^ 0) = 1
        (one?  b) (simplify a) ; (a ^ 1) = a
        (list (simplify a) '^ (simplify b))))
```

In der Funktion `simplify-power` fehlt die Abfrage, ob a und b Zahlen sind. Wir könnten den Ausdruck (a ^ b) sowieso nicht vereinfachen, weil es in t.Lisp keine Exponentialfunktion gibt.

Die Ableitungen der eingangs gerechneten Beispiele sehen jetzt etwas besser aus:

```
-> (simplify (dx '(exp (1 / x))))
(((exp (1 / x)) * -1) / (x ^ 2))
-> (simplify (dx '(a ^ (1 + x))))
((a ^ (1 + x)) * (ln a))
-> (simplify (dx '(a ^ 1)))
0
```

Auch die Ableitung von x^x, die oft für Verwirrung sorgt („Muss man das mit der Formel für x^n oder mit der für a^x rechnen?"), macht keine Probleme:

```
-> (simplify (dx '(x ^ x)))
((x ^ x) * ((ln x) + 1))
```

Aber es bleibt noch genug zu tun, `simplify` kann in der obigen Form nicht einmal (a + a) zu (2 * a) vereinfachen. Die Reduktion von algebraischen Ausdrücken und Funktionsausdrücken ist eine sehr komplexe Aufgabe, deren Schwierigkeitsgrad man hier höchstens andeutungsweise erkennt.

Immerhin haben wir dabei etwas gesehen, was für sich interessant ist: Die Programme `derive` und `simplify`, die beide mit Funktionsausdrücken arbeiten, haben einen sehr ähnlichen Grundaufbau. Bei näherem Nachdenken verwundert das überhaupt nicht: Die Struktur der beiden Programme folgt aus der Struktur ihrer Eingabedaten. Man könnte mit nur wenig Übertreibung sagen, dass *jede* Funktion, die auf Ausdrücken der oben zugrunde gelegten Form operiert, so ähnlich aussehen muss wie `derive` und `simplify`.

Zum Schluss noch ein Wort zur Fehlerbehandlung in den beiden Programmen. Nicht korrekte Eingaben werden zwar in der Regel entdeckt:

```
-> (dx '(f x))
(Error: Unknown function f)
```

– aber diese „Fehlermeldung" ist ein *Wert*, den die Funktion als Ergebnis ausgibt. Im Zweifelsfall arbeitet das Programm mit solchen Werten hemmungslos weiter:

```
-> (dx '(sin (1 + x * x)))
((cos (1 + x * x)) * (Error: Illegal input (1 + x * x)))
-> (simplify %)
((cos (Error: Illegal input (1 + x * x))) * (Error: Illegal
input (1 + x * x))))
```

Der Fehler, dass x * x nicht geklammert ist, wird nicht erkannt.

Dieses Weiterrechnen mit `Error`-Werten nach einem Fehler ist eine „poor man's solution" für ein Problem, das eine bessere Lösung verdient: Was tun, wenn mitten in der Rechnung eine Schwierigkeit auftritt, die die normale Fortsetzung unmöglich macht? Vorläufig schieben wir diese Frage vor uns her, in Abschnitt 4.2.4 gehen wir genauer darauf ein.

2.4   Datenabstraktion

Abstraktion ist, sehr vereinfacht ausgedrückt, das Weglassen von Einzelheiten bei gleichzeitiger Konzentration auf das Wesentliche. In der Informatik ist viel von Datenabstraktion, abstrakten Datentypen, abstrakten Datenstrukturen und Ähnlichem die Rede. Damit ist in der einen oder anderen Ausprägung immer dasselbe gemeint: die Beschreibung von Programmen oder Daten ohne Bezugnahme auf überflüssige Implementierungsdetails.

Die Entwicklung der Programmiersprachen war von Anfang an eine Entwicklung von Abstraktionsmechanismen. Schon Fortran, die um 1955 entstandene erste höhere Programmiersprache, war das Ergebnis einer Abstraktion: Man konnte damit Programme schreiben, ohne auf die unterliegende Maschinensprache Bezug zu nehmen.

Das Aufkommen von Lisp bedeutete einen weiteren großen Abstraktionsschritt, weg von der realen Architektur der um 1960 existierenden Computer hin zu einem sehr viel abstrakteren Umgang mit Rechnern und Daten. Lisp bot allerdings keine Möglichkeit, so etwas wie eigene Datentypen zu definieren. Was immer man programmieren wollte, musste man konkret ausdrücken, es gab keine `private`-Deklarationen, keine Module, keine Typ- oder gar Klassendeklarationen.

Trotzdem kann man auch in Lisp Daten *abstrakt* definieren. Damit ist, genau wie in neueren Sprachen, eine Abstraktion von Implementierungsdetails gemeint.

In Java wird das dadurch erreicht, dass eine Klasse nur gewisse Methoden `public` macht – sie beschreiben, *was* man mit den Objekten dieser Klasse tun kann. *Wie* die Methoden und die Objekte, auf denen sie operieren, implementiert sind, ihre gesamte interne Struktur, das wird in der Klasse verkapselt und sollte für die Benutzung der Klasse ohne Bedeutung sein.

Im Folgenden sehen wir uns an, wie man ganz ohne Klassen, Methoden und Modifier auch in t.Lisp eine klare Trennung zwischen der Außensicht auf Daten und ihrer inneren Struktur erreichen kann. Wenn man es richtig macht, kann man mit den beschränkten Mitteln von t.Lisp genauso gut Datenabstraktionen konstruieren wie mit den viel umfassenderen Konstrukten moderner „großer" Programmiersprachen.

2.4.1 Natürliche Zahlen

Unser erstes Beispiel zur Datenabstraktion sind die natürlichen Zahlen $0, 1, 2, \ldots$ Diese Wahl ist nicht gerade naheliegend: Erstens sind die natürlichen Zahlen in t.Lisp schon vorhanden, warum sollte man sie also nochmal selbst implementieren? Außerdem weiß jeder, was die natürlichen Zahlen sind, man kennt sie einfach. Der Mathematiker Leopold Kronecker hat das 1886 einmal so formuliert: „Die natürlichen Zahlen hat der liebe Gott gemacht, alles andere ist Menschenwerk." Warum also etwas abstrakt ausdrücken, was schon so schön konkret gegeben ist?

Genau darin liegt der Reiz: etwas präzise zu beschreiben, von dem man glaubt, es gut zu kennen. Über die natürlichen Zahlen kennt jeder ein Menge Fakten. Welche davon sind wesentlich, welche sekundär? Die abstrakte Sicht hilft bei der Unterscheidung.

Was also sind die natürlichen Zahlen? (Im Folgenden ist mit „Zahl" immer eine natürliche Zahl gemeint.) Vereinfacht ausgedrückt: 0 ist eine Zahl und es gibt zu jeder Zahl n einen Nachfolger n'. Die Nachfolgerbeziehung muss zwei Eigenschaften erfüllen:

1. Die Null ist kein Nachfolger: Für alle Zahlen n gilt $0 \neq n'$.

2. Verschiedene Zahlen haben verschiedene Nachfolger: $n \neq m \Rightarrow n' \neq m'$.

Man kann also die Menge $\mathbb{N} = \{0, 1, 2, \ldots\}$ der natürlichen Zahlen durch eine konstante Funktion `null` und eine Funktion `next` beschreiben: (`next n`) ist der Nachfolger n' von n. Wie man die Funktionen `null` und `next` implementiert, ist unerheblich, solange nur die beiden obigen Bedingungen eingehalten werden.

Unäre Zahldarstellung

Die einfachste Zahldarstellung ist sicherlich die Strichliste. In t.Lisp realisieren wir das, indem wir die Zahl n als Liste schreiben, die n-mal das Symbol | enthält:

```
;   Null
(define (null) nil)

;   Nachfolger
(define (next n)
    (cons '| n))
```

Jetzt können wir „Zahlen" erzeugen, zum Beispiel die Zahl 3:

```
-> (next (next (next (null))))
(| | |)
```

Damit ist wenig gewonnen, solange wir mit diesen Zahlen nicht rechnen können. Wir könnten jetzt beispielsweise die Addition mit Hilfe der Funktion join zum Verknüpfen von zwei Listen implementieren. Dann würde die Addition aber nur für diese spezielle, für die Praxis völlig ungeeignete Implementierung der natürlichen Zahlen funktionieren.

Wir wählen einen anderen Weg, indem wir die Grundrechenoperationen mit Hilfe der Nachfolgerfunktion next ausdrücken. Das hat den Vorteil, dass wir dann zu einer anderen, besseren Zahldarstellung wechseln können, ohne dass etwaige „Klientenprogramme", die mit Zahlen rechnen, geändert werden müssten.

Rechenoperationen

Für alle Zahlen n, m gilt $n + m = n + (m - 1) + 1$. Wenn man den Vorgänger $m - 1$ einer Zahl m berechnen kann, lässt sich offenbar die Addition in der folgenden Weise ausdrücken:

```
;   Null
(bind zero (null))

;   Addition
(define (add n m)
    (if (= m zero) n
        (next (add n (pred m)))))
```

Dabei ist (pred m) der Vorgänger $m - 1$ von m. Wie findet man ihn? Dazu benutzen wir die Beziehung $n - m = n - (m + 1) + 1$, mit der wir die Subtraktion auf next zurückführen können:

```
;   Subtraktion n - m für n >= m
(define (sub n m)
    (if (= n m) zero
        (next (sub n (next m)))))
```

Damit können wir den Vorgänger einer Zahl n so berechnen:

```
;   Eins
(bind one (next zero))

;   Vorgänger n - 1 von n > 0
(define (pred n)
    (sub n one))
```

Wir haben damit die Addition auf die Subtraktion und diese auf die Nachfolgerfunktion zurückgeführt — nicht gerade eine Vorgehensweise, die man „straightforward" nennen würde. Aber es funktioniert:

```
-> (bind two (next one))
-> (bind three (next two))
-> (add two three)
(| | | | |)
```

Die Null hat bei dieser Implementierung tatsächlich keinen Vorgänger. Wenn man (pred zero) eingibt, wird rekursiv (sub zero m) für immer größere Werte von m aufgerufen, bis irgendwann die Meldung Error: Stack overflow erscheint. Das macht nichts, negative Zahlen wurden in Europa bis in das 17. Jahrhundert sowieso für absurd gehalten und auch so genannt (während sie in China und Indien schon 1000 Jahre früher in Gebrauch waren).

Die Multiplikation ist eine wiederholte Addition. Wir benutzen die Beziehung $n \cdot m = m + (n-1) \cdot m$ auf rekursive Weise:

```
;   Multiplikation
(define (mult n m)
    (if (= n zero) zero
        (add m (mult (pred n) m))))
```

Schließlich definieren wir noch die ganzzahlige Division. Für natürliche Zahlen n und $m > 0$ vereinbaren wir $\frac{n}{m} = 0$, wenn $n < m$ ist, im Fall $n \geq m$ benutzen wir die Beziehung $\frac{n}{m} = \frac{n-m}{m} + 1$. In t.Lisp formuliert sieht das so aus:

```
;   Ganzzahlige Division für m > 0
(define (div n m)
    (if (less? n m) zero
        (next (div (sub n m) m))))
```

Wir müssen noch den Vergleich implementieren. Das ist vergleichsweise einfach:

```
;   n < m ?
(define (less? n m)
    (cond
        (= n m)     false
        (= zero m)  false
        (= zero n)  true
        (less? (pred n) (pred m))))
```

Jetzt stehen alle vier Grundrechenarten zur Verfügung. Die Implementierungen sind nervtötend ineffizient, aber das ist für die Frage „Was ist eine natürliche Zahl?" völlig gleichgültig, da geht es nur um das Prinzip.

Jedenfalls können wir jetzt mit Strichlisten rechnen:

```
-> (add three (mult two two))
(|  |  |  |  |  |  |)
-> (mult % two)
(|  |  |  |  |  |  |  |  |  |  |  |  |  |)
-> (div % (add two three))
(|  |)
```

Man kann aus dieser Abstraktion einiges Nützliche lernen: Die Namen zero, one, two, ... sind nicht die Zahlen selbst. Auch die an diese Namen gebundenen Werte, also (), (|), (| |) etc., sind nur mehr oder weniger gut gewählte Darstellungen der entsprechenden Zahlen. Das Wesen der natürlichen Zahlen wird am besten durch die abstrakte Beschreibung mit Hilfe der beiden Funktionen null und next erfasst.

Stellenwertsysteme

Die Darstellung von Zahlen im Dezimalsystem wurde zuerst um das Jahr 600 in Indien verwendet. Andere Stellenwertsysteme sind erst viel später entstanden; die Binärdarstellung wurde von Gottfried Wilhelm Leibniz 1703 zum ersten Mal ausführlich beschrieben.

Für ein Stellenwertsystem wählt man einen festen Satz von Ziffern. Welche Zeichen man als Ziffern wählt, ist im Grunde gleichgültig. Wir entscheiden uns für b Ziffern $\{0, \dots, b-1\}$. Zu jeder Ziffer mit Ausnahme der letzten muss es jeweils eine nächste Ziffer geben:

```
;    Basis des Zahlensystems
(bind BASE 10)

;    Höchste Ziffer
(bind MAXDIGIT (- BASE 1))

;    Nächste Ziffer
(define (nextdigit d)   (+ d 1))
```

Hier wird zwar mit den Zahlen von t.Lisp gerechnet, aber nur aus Bequemlichkeit. Ebenso gut könnten wir die Funktion nextdigit so definieren:

```
(define (nextdigit d)
    (cond
        (= d 0) 1
        (= d 1) 2
        .....
        (= d 7) 8
        (= d 8) 9))
```

Es kommt überhaupt nicht darauf an, dass die Ziffern kleine ganze Zahlen sind, sondern nur darauf, dass wir b verschiedene Symbole verwenden.

Eine natürliche Zahl n stellen wir als Liste solcher Ziffern dar. Es ist dabei zweckmäßig, die niederwertigen Stellen an den Kopf der Liste zu setzen, weil die Funktion next in den meisten Fällen nur auf die unterste Stelle zugreift. Zum Beispiel erscheint die Dezimalzahl 179 dann in der Form (9 7 1).

In dieser Darstellung lässt sich der Nachfolger einer Zahl so beschreiben: Wenn die niederwertigste Ziffer von MAXDIGIT verschieden ist, wird sie durch die nächstfolgende Ziffer ersetzt. Andernfalls hängt man eine Null an den Nachfolger der Zahl, die durch Weglassen der letzten Ziffer gegeben ist. Beispiel: Der Nachfolger von 179 entsteht aus $17 + 1 = 18$ durch Anhängen der Ziffer 0. Dabei gibt es eine Ausnahme, weil aus einer einstelligen Zahl durch Weglassen der letzten Ziffer keine Zahl entsteht: Der Nachfolger von MAXDIGIT ist 10.

Diese Überlegung führt zu der folgenden Implementierung von null und next:

```
;    Null
(define (null) '(0))

;    Nachfolger
(define (next n)
    (cond
        (< (car n) MAXDIGIT) (cons (nextdigit (car n)) (cdr n))
        (nil? (cdr n)) '(0 1)
        (cons 0 (next (cdr n)))))))
```

Wir haben gegenüber dem vorigen Abschnitt nur diese beiden Funktionen verändert. Trotzdem sehen unsere Zahlen jetzt viel normaler aus. Um sie in der gewohnten Form vor uns zu haben, drehen wir die Listendarstellung auch noch jeweils um, wenn wir sie ansehen wollen:

```
-> (bind a (reverse '(1 7 9)))     ; a = 179
-> (bind view reverse)
-> (view (next a))
(1 8 0)
-> (bind b (reverse '(1 7)))       ; b = 17
-> (view (div a b))                ; 179 div 17 = 10
(1 0)
```

Wir können die Basis der Zahldarstellung beliebig wechseln. Weil die Basis durch die Zuweisung (bind BASE ...) festgelegt ist, muss man dafür jedes Mal eine neue t.Lisp-Sitzung starten.

Eine ähnliche Rechnung wie die vorangehende sieht im Fall der Basis 2 folgendermaßen aus:

```
-> (bind one   (next (null)))
-> (bind two   (next one))
-> (bind three (next two))
-> (bind four  (next three))
-> (bind five  (next four))
-> (bind a (pred (mult two (mult two (mult three (mult three five))))))
-> (view a)
(1 0 1 1 0 0 1 1)
-> (bind b (next (mult four four)))
-> (view b)
(1 0 0 0 1)
-> (view (div a b))
(1 0 1 0)
```

Tatsächlich ist 1010 die Binärdarstellung der Dezimalzahl 10.

Und nun noch genau die gleiche Rechnung bei der Wahl von 20 als Basis (Definitionen von one bis five sowie a und b unverändert):

```
-> (view a)
(8 19)
-> (view b)
(17)
-> (view (div a b))
(10)
```

Wegen $179 = 8 \cdot 20 + 19$ ist das die richtige Darstellung von 179 zur Basis 20. Die Zahlen 0 bis 19 sind in diesem Zusammenhang einzelne Ziffern!

Andere Zahldarstellungen

Unäre Zahldarstellung und Stellenwertsysteme sind keineswegs die einzig möglichen Zahldarstellungen. Es gibt beliebig viele weitere Möglichkeiten. Wir könnten beispielsweise im unären System in der Definition von next das Anfügen eines Strichs, also den Ausdruck (cons '| n), durch (list n) ersetzen. Dann wird die Zahl n dargestellt durch $n+1$ öffnende Klammern, gefolgt von $n+1$ schließenden Klammern – das kann man für kleine n so eben noch lesen:

```
-> four
(((((()))))
```

Völlig unlesbare Zahlen liefert die folgende einfache und legale Definition:

```
;   Nachfolger
(define (next n)
    (list n n))
```

Damit erhält man zum Beispiel

```
-> four
(((((() ()) (() ())) ((() ()) (() ())))  ((((() ()) (() ())) ((() ()) (() ()))))
```

Zur Darstellung der Zahl n sind hier $2^{n+2} - 2$ Klammern nötig. Trotzdem liefern Rechnungen mit diesen Zahlen immer richtige Ergebnisse:

```
-> (div five two)
((() ()) (() ()))
-> (= two %)
true
```

Die Wahl einer guten Zahldarstellung oder, allgemeiner, einer guten Implementierung für einen abstrakt vorgegebenen Datentyp hängt von vielen Faktoren ab – Einfachheit und Korrektheit sind nur zwei davon.

Natürlich sind diese Faktoren besonders wichtig. Wir hatten auf S. 77 den Datentyp „Natürliche Zahl" durch die beiden Funktionen null und next beschrieben, zu denen wir zwei Bedingungen angegeben hatten, die wir von einer korrekten Implementierung verlangen. Die folgende Implementierung verletzt gleich beide Bedingungen:

```
;   Null
(define (null) 0)

;   Nachfolger
(define (next n)
    (if (= n 2) 0 (+ n 1)))
```

Diese „Zahlen" wiederholen sich periodisch:

```
-> (list zero one two three four five six)
(0 1 2 0 1 2 0)
```

Man muss sich bei jeder Implementierung eines abstrakt beschriebenen Datentyps davon überzeugen, dass sie der Spezifikation (den in der abstrakten Beschreibung geforderten Bedingungen) entspricht. Das ist nicht immer einfach.

Abstraktionsebenen

Mindestens ebenso schwierig ist es, den richtigen Abstraktionsgrad zu finden. Oben hatten wir die natürlichen Zahlen mit Hilfe der Basisfunktionen null und next definiert. Darauf aufbauend wurden dann die Grundrechenoperationen eingeführt. Ein Wechsel der Implementierung auf der Basisebene hatte keinen Einfluss auf das Funktionieren der Funktionen add, mult etc. Diese Funktionen bilden eine eigene Abstraktionsebene, die abgeschirmt ist von den Details der darunter liegenden Basisebene.

So wie die Funktionen dieser Zwischenebene nichts von den inneren Details der Basisebene wissen müssen, hängt das Funktionieren weiterer Programme, welche die Funktionen der Zwischenebene benutzen, nicht von deren Implementierungsdetails ab. Diese weiteren Programme bilden eine nächste Abstraktionsebene, die Anwenderebene.

Das Schema nochmals im Überblick:

Basisebene:	Implementierung der Funktionen
	`null` und `next`.
Zwischenebene:	Implementierung der Funktionen
	`add`, `sub`, `mult`, `div` und `less?`
	unter Benutzung von `null` und `next`.
Anwenderebene:	Implementierung von Programmen, die
	`add`, `sub`, `mult`, `div` und `less?` benutzen.

Die strikte Trennung der Abstraktionsebenen wird von der Sprache t.Lisp nicht eingefordert. Sie einzuhalten erfordert einiges an programmiererischer Disziplin und Übung. Nicht immer ist es auch sinnvoll, sich ganz genau an die Trennung zu halten.

Dazu ein Beispiel: In der Zwischenebene hatten wir noch die oben nicht aufgeführte Funktion `pred` definiert, die zu einer Zahl $n > 0$ deren Vorgänger $n-1$ berechnet. Die Implementierung von `pred` unter ausschließlicher Benutzung von `null` und `next` (also ohne irgendwelche Details der Zahldarstellung auszunutzen) ist extrem ineffizient. Man sieht das, wenn man vorher den Tracing-Modus für `sub` einschaltet.

Wenn man sich für eine bestimmte Implementierung der Basisebene entschieden hat, kann man $n-1$ in Kenntnis dieser Details in der Regel viel schneller berechnen. Beispielsweise ist der Vorgänger einer als Strichliste dargestellten Zahl $n = (\mid\ \mid\ \ldots\ \mid)$ einfach der Rumpf der Strichliste. Man muss nur `(bind pred cdr)` definieren und hat eine effizientere Version.

Damit hat man aber die Trennung zu der darunter liegenden Ebene durchbrochen. Das ist kein Problem, solange man weiß, was man tut. Die Einführung einer Zwischenebene zwischen der eigentlichen Implementierung eines Datentyps und den Anwenderprogrammen ist oft gerade dafür sinnvoll, dass man sie als „Schleuse" benutzt.

Lässt man aber erstmal die Details der untersten Ebene sich bis in die Anwenderprogramme ausbreiten, dann kommt man schnell in Teufels Küche – die kleinste Änderung an der Implementierung der Basisebene (die man vielleicht als solche gar nicht genau abgegrenzt hat) schlägt auf alle Anwenderprogramme durch. Dann geht die große Fehlersuche los.

2.4.2 Mengen

Unter einer Menge verstehen wir die Zusammenfassung von bestimmten wohlunterschiedenen Objekten unserer Anschauung oder unseres Denkens zu einem Ganzen. (G. Cantor, 1895)

Wenn wir diese ursprüngliche Definition des Mengenbegriffs der Mathematik wörtlich nehmen, dann ist jede Liste zugleich eine Menge: Eine Liste fasst ihre Elemente zu einem Ganzen zusammen. Trotzdem sind Listen und Mengen natürlich nicht dasselbe – eine Liste kann Elemente mehrfach enthalten, die Reihenfolge spielt eine Rolle und vor allem sind für Listen im Sinne der Lisp-Sprachfamilie spezielle Zugriffsfunktionen gattungstypisch.

Wenn wir uns auf endliche Mengen beschränken, was wir im Folgenden tun wollen, sind Mengen und Listen aber immerhin sehr ähnliche Begriffe.

Eine Schnittstelle für Mengen

Was also ist eine Menge? Die Frage muss im Sinne der Datenabstraktion natürlich lauten: Was sind die spezifischen Zugriffsfunktionen für Mengen?

Gibt es einen Vorrat an grundlegenden Funktionen, mit deren Hilfe man alles das tun kann, was man üblicherweise mit Mengen anstellt: Vereinigungen oder Durchschnitte berechnen, Komplementbildung etc.? Diese Funktionen – ohne Implementierung! – bilden eine „Schnittstelle" für den Mengenbegriff, sie definieren in unserem Zusammenhang, was eine Menge ist.

Eine solche Schnittstelle für endliche Mengen könnte die folgenden Funktionen enthalten:

```
(empty-set)        – gibt die leere Menge zurück.
(element? x A)     – ist x Element der Menge A?
(insert x A)       – gibt die Menge A ∪ {x} zurück.
(remove x A)       – gibt die Menge A \ {x} zurück.
```

Mit insert und remove kann man, ausgehend von der leeren Menge, weitere Mengen konstruieren. Beispielsweise kann man eine Liste in eine Menge umwandeln:

```
;   Liste ls in Menge umwandeln
(define (make-set ls)
    (if (nil? ls) (empty-set)
        (insert (car ls) (make-set (cdr ls)))))
```

Wenn insert korrekt implementiert wird, kommen mehrfach in der Liste stehende Elemente in der Resultatmenge nur einmal vor.

Bei dem analogen Versuch, aus einer Menge eine Liste zu machen, merkt man schnell, dass noch eine wesentliche Zugriffsfunktion fehlt. Der Versuch sieht so aus:

```
;   Menge A in Liste umwandeln
(define (make-list A)
    (if (= A (empty-set)) nil
        (cons <ein x aus A> (make-list (remove x A)))))
```

Dem Code fehlt, in spitzen Klammern angedeutet, ein Zugriff. Um die Liste aufzubauen, müssen wir das Element der Menge herausgreifen, das den Kopf der Liste bilden soll. Es ist völlig gleichgültig, welches Element das ist (bei Mengen gibt es sowieso keine Reihenfolge der Elemente), es muss nur *irgendein* Element erreichbar sein. Also ergänzen wir unsere Schnittstelle:

```
(element A)    – gibt ein Element der nichtleeren Menge A zurück.
```

Die Funktion element spielt für Mengen eine ähnliche Rolle wie car für Listen. Die Anwendung ist nur für nichtleere Mengen sinnvoll. Anders als bei car macht die Beschreibung der Funktion aber keine Aussage darüber, *welches* Element zurückgegeben wird. Es gibt in einer Menge kein erstes oder sonst irgendwie bevorzugtes Element.

Mit Hilfe der Schnittstelle können wir jetzt eine Zwischenebene mit den üblichen Mengenfunktionen definieren:

Zuerst definieren wir zwei Funktionen, mit denen wir uns im Weiteren Schreibarbeit ersparen:

```
;   Ist A leer?
(define (empty? A)
    (= A (empty-set)))

;   Gibt A \ {(element A)} zurück. Die Menge A darf nicht leer sein.
(define (others A)
    (remove (element A) A))
```

Die wichtigsten Mengenoperationen kann man nun ohne Schwierigkeiten ausdrücken:

```
;   A vereinigt mit B
(define (union A B)
    (if (empty? A) B
        (insert (element A) (union (others A) B))))

;   Komplement bzgl. A von B (d.h. A \ B)
(define (complement A B)
    (if (empty? B) A
        (complement (remove (element B) A) (others B))))

;   A geschnitten mit B
(define (intersection A B)
    (complement A (complement A B)))

;   Ist A Teilmenge von B?
(define (subset? A B)
    (if (empty? A) true
        (and (element? (element A) B) (subset? (others A) B))))
```

Das aus Sicht der Datenabstraktion Entscheidende an unserem Vorgehen ist, dass wir uns noch gar nicht festgelegt haben, wie wir die Funktionen der Basisebene implementieren. Trotzdem ist es offenbar möglich, jetzt schon Funktionen für den Umgang mit Mengen zu schreiben. Voraussetzung dafür ist lediglich die *abstrakte* Beschreibung des Begriffs „Menge" mit Hilfe der Funktionen in der Schnittstelle.

Implementierung durch Listen

Die einfachste Implementierung von Mengen in t.Lisp ist natürlich die, bei der eine Menge als Liste ihrer Elemente dargestellt wird. Dafür sind nach unseren Vorüberlegungen nur sehr wenige Details zu ergänzen:

```
;   Leere Menge
(define (empty-set) nil)

;   Ist x Element von A ?
(define (element? x A)
    (if (empty? A) false
        (or (= x (car A)) (element? x (cdr A)))))

;   Ein Element von A   (A nicht leer)
(bind element car)

;   x vereinigt mit A
(define (insert x A)
    (if (element? x A) A
        (cons x A)))

;   A \ {x}
(define (remove x A)
    (cond
        (empty? A) nil
        (= x (car A)) (cdr A)
        (cons (car A) (remove x (cdr A)))))
```

Die Funktion element wird als Aliasname von cdr implementiert. Würden wir insert in gleicher Weise durch (bind insert cons) definieren, dann wäre nicht gesichert, dass jedes Element in einer Menge nur einmal vorkommt; deshalb wird hier eine Abfrage vorgeschaltet. Die Implementierung von remove verlässt sich auf diese Einmaligkeit der Elemente: Wenn

(= x (car A)) gilt, muss x nicht noch zusätzlich durch einen rekursiven Aufruf aus (cdr A) entfernt werden.

Jetzt sind wir imstande, die oben definierten Mengenoperationen auszuprobieren:

```
-> (bind A (make-set '(2 5 3 2 9)))
-> A
(5 3 2 9)
-> (bind B (make-set '(1 3 2 2 2 8 4 5)))
(1 3 2 8 4 5)
-> (union A B)
(9 1 3 2 8 4 5)
-> (intersection A B)
(5 3 2)
-> (complement A B)
(9)
-> (complement B A)
(1 8 4)
```

Die Funktion make-list, die uns auf die Idee gebracht hat, die (viel wichtigere) Funktion element einzuführen, brauchen wir nicht zu testen. Sie gibt nur eine Kopie ihres Arguments zurück; es wäre besser, sie anders zu definieren:

```
;    Menge A in Liste umwandeln
(define (make-list A) A)
```

Wie schon bei den natürlichen Zahlen sieht man auch hier, dass die Abgrenzung zwischen den verschiedenen Abstraktionsebenen nicht dogmatisch eingehalten werden sollte. Aus Gründen der Effizienz kann es sinnvoll sein, in der Zwischenebene Details der Implementierungsebene zu benutzen.

Gleichheit von Mengen

Unser Ausgangspunkt war die Bemerkung, dass Mengen und Listen nicht dasselbe sind – unter anderem deshalb, weil bei Mengen die Reihenfolge der Elemente keine Rolle spielt. Wenn wir das testen, erleben wir eine Enttäuschung:

```
-> (bind C (make-set '(1 2)))
-> (bind D (make-set '(2 1)))
-> (= C D)
false
```

Die beiden so erzeugten Mengen sind zwar *als Mengen* gleich, t.Lisp hat aber trotzdem die richtige Antwort gegeben, weil wir nach der Gleichheit ihrer Repräsentanten (1 2) und (2 1) gefragt haben. Diese sind als t.Lisp-Objekte verschieden, stellen aber beide dieselbe Menge dar.

Echte Mengen im Sinne eines eigenen Datentyps gibt es in t.Lisp nicht. Alles, was irgendeine innere Struktur hat, also aus mehreren Bestandteilen zusammengesetzt ist, muss durch Listen dargestellt werden. Wir behelfen uns deshalb mit einer eigenen Funktion zur Abfrage auf die Gleichheit im Sinne der Mengenlehre:

```
;    Enthalten A und B dieselben Elemente?
(define (same-set? A B)
    (and (subset? A B) (subset? B A)))
```

Das scheint zu funktionieren:

```
-> (same-set? C D)
   true
```

Es funktioniert tatsächlich – aber nur solange wir nicht mit Mengen arbeiten, deren Elemente selbst Mengen sind. Dann gibt es wieder Ärger:

```
-> (bind E (insert C A))
-> E
((1 2) 5 3 2 9)
-> (bind F (insert D A))
-> F
((2 1) 5 3 2 9)
-> (same-set? E F)
   false
```

Da wir E und F erzeugt haben, indem wir dieselbe Menge $\{1, 2\}$ in A eingefügt haben (C und D unterscheiden sich ja als Mengen nicht), sollte die Antwort true lauten. Die Abfrage mit same-set? hat aber über die Funktion subset? zum Aufruf von element? geführt. Im Rumpf dieser Funktion wird mit (= x (car A)) nachgesehen, ob x in A vorhanden ist.

Wir sind wieder in dieselbe Falle getappt: Wenn sowohl x als auch (car A) Mengen sind, müsste die Funktion element? danach fragen, ob (same-set? x (car A)) gilt.

Es wäre keine gute Idee, würden wir jetzt versuchen, die Implementierung zu „verbessern". Die Antwort auf (same-set? E F) war nämlich möglicherweise doch richtig: Was, wenn wir die Elemente (1 2) und (2 1) von E und F tatsächlich als Listen gemeint hätten? Wir haben in A zwei verschiedene Listen eingefügt – davon, dass wir beide als Darstellung derselben Menge erzeugt haben, kann t.Lisp nichts wissen.

Die Abfragefunktionen element? und same-set? funktionieren nur, solange wir mit Elementen operieren, deren Gleichheit wir mit dem Operator = prüfen können. Andere Fälle müssen wir (jedenfalls vorläufig) ausschließen.

Vor allem aber sollten wir aus dem Beispiel lernen, darauf zu achten, dass man mit der Abfrage auf Gleichheit vorsichtig umgehen muss. Sie macht nicht nur in diesem Beispiel Probleme, sondern immer dann, wenn ein und dieselbe Sache auf unterschiedliche Arten dargestellt sein kann. Das gilt übrigens ganz besonders auch für Java. Soll man die Gleichheit zweier Objekte mit == ermitteln oder mit equals? Im letzteren Fall ist die richtige Überlagerung der von der Klasse Object geerbten Methode equals in einer Unterklasse eine Wissenschaft für sich.

Ein anderes Problem bei der Implementierung von Mengen durch Listen ist die Laufzeit. Nehmen wir das Einfügen in eine Menge der Größe n. Das neue Element wird mit allen n Elementen verglichen, um sicherzustellen, dass es nicht bereits vorhanden ist. Zum Aufbau einer n-elementigen Menge sind deshalb $1 + 2 + \ldots + (n-1) = \frac{1}{2}n(n-1)$ Vergleiche nötig.

Eine gewisse Verbesserung kann man dadurch erreichen, dass man die Elemente der Menge *sortiert* aufbewahrt. Am einfachsten erreicht man dies dadurch, dass man die Funktion insert so implementiert wie beim Sortieren durch Einfügen in Abschnitt 2.3.4. Das setzt natürlich voraus, dass die Elemente Zahlen sind.

Je nach den einzufügenden Zahlen ist der Zeitaufwand für die Konstruktion einer Menge dann im besten Fall nur noch proportional zur Anzahl n der Elemente. Im schlechtesten Fall bleibt er aber weiterhin quadratisch – beispielsweise wenn die Zahlen in absteigend sortierter Reihenfolge eintreffen.

2.4.3   Binärbäume

Der Begriff des Baums taucht in der Informatik fast überall auf. Bäume sind Datenstrukturen zur Darstellung von hierarchisch geordneten Strukturen, wie sie im täglichen Leben und in der Computerwelt überall vorkommen – als Stammbäume, Organisationsstrukturen, Syntaxbäume, Dateisysteme und in zahllosen weiteren Zusammenhängen.

Im Folgenden diskutieren wir binäre Suchbäume als Hilfsmittel zur effizienteren Darstellung von Mengen. Das ist nur ein Aspekt eines viel umfassenderen Themas. Uns interessiert vor allem wieder die Trennung der verschiedenen Abstraktionsebenen.

Implementierung von Mengen durch Binärbäume

Die Aufbewahrung der Elemente einer Menge von Zahlen in einer sortierten Liste ist schon deshalb unzulänglich, weil die Listenstruktur es verhindert, die Suche nach einer Zahl woanders als am Kopf der Liste zu beginnen. Jede Suche nach einem Element in der Größenordnung der größten gespeicherten Zahl muss die gesamte Liste durchlaufen.

In einem sortierten Array der Größe n kann man binär suchen: Die Suche nach einer Zahl x beginnt bei dem Element a in der Mitte des Arrays und wird von dort aus in der linken oder rechten Arrayhälfte fortgesetzt, je nachdem, ob x kleiner oder größer ist als a. Dort sucht man dann nach demselben Prinzip weiter. Das erfordert höchstens $\lceil \log_2 n \rceil$ Suchschritte, weil man das Array nicht öfter halbieren kann.

Bei Listen scheint dieses Prinzip auf den ersten Blick nicht anwendbar zu sein, weil nur der Listenkopf unmittelbar erreichbar ist. Es geht aber doch: Anstelle einer geordneten Liste aller Elemente konstruiert man eine Liste mit nur drei Elementen: (L x R). Die Zahl x ersetzt das mittlere Element des Arrays, L enthält alles, was kleiner ist, und R alles, was größer ist als x.

Das ist die Idee des *Binärbaums*. Ein binärer Baum ist entweder der leere Baum oder ein Tripel $B = (L, y, R)$, wobei y ein Element und L, R binäre Bäume sind (die evtl. leer sind). Das Element y ist der *Schlüssel* von B, die Bäume L und R sind der linke bzw. rechte *Teilbaum* von B.

Die Schlüssel im gesamten Baum (d. h. der Schlüssel von B selbst, die Schlüssel von L und R, von deren Teilbäumen etc.) sind die *Elemente* von B. Oft spricht man auch von *den* Schlüsseln in B (im Unterschied zu *dem* Schlüssel y von B).

Binärbäume kann man zur Darstellung von Mengen verwenden. Wirklich nützlich ist diese Repräsentation aber erst dann, wenn die Elemente Zahlen sind. Dann kann man die Bäume nämlich so konstruieren, dass für die Elemente x im linken Teilbaum L von $B = (L, y, R)$ die Relation $x < y$ und für die Elemente z in R die Beziehung $y < z$ gilt. Etwas vereinfachend schreiben wir dafür $L < y < R$. Binärbäume mit dieser Eigenschaft sind binäre *Suchbäume*.

Binärbäume lassen sich durch eine einfache Schnittstelle beschreiben:

(empty-tree)	– gibt den leeren Baum zurück.
(make-tree x l r)	– neuer Baum mit Schlüssel x und den Teilbäumen l, r.
(key t)	– Schlüssel von t.
(left t)	– linker Teilbaum von t.
(right t)	– rechter Teilbaum von t.

Die Selektoren zerlegen einen nichtleeren Baum in die Bestandteile, aus denen er zusammengesetzt wurde.

Mit Hilfe von Listen kann man die Schnittstelle leicht implementieren:

```
;    Leerer Baum
(define (empty-tree) '.)

(bind niltree (empty-tree))

;    Konstruktor
(define (make-tree x l r) (list l x r))

;    Selektoren
(bind left car)
(bind key cadr)
(bind right caddr)

;    Abfrage auf leeren Baum
(define (niltree? t)
    (= t niltree))
```

Der leere Baum wird durch einen Punkt dargestellt; jedes andere Symbol wäre genauso gut geeignet.

Die Implementierung ist für Binärbäume mit beliebigen Elementen verwendbar. Für binäre Suchbäume ergänzen wir sie um die Möglichkeit des sortierten Einfügens. Das setzt voraus, dass die Schlüssel im Baum Zahlen sind:

```
;    Einfügen einer Zahl x in den Suchbaum t
(define (insert-key x t)
    (cond
        (niltree? t) (make-tree x niltree niltree)
        (= x (key t)) t
        (< x (key t)) (make-tree (key t) (insert-key x (left t)) (right t))
        (make-tree (key t) (left t) (insert-key x (right t)))))
```

Wenn der neue Schlüssel x mit dem Schlüssel des Baums übereinstimmt, ist nichts zu tun, andernfalls wird er in den linken bzw. rechten Teilbaum eingefügt, wenn er kleiner bzw. größer ist als der Schlüssel von t. Auf diese Weise entsteht offensichtlich ein Suchbaum.

Die Suche in einem solchen sortierten Baum verläuft ganz analog zum Einfügen. Das ist nicht erstaunlich – das Einfügen ist eine Suche nach der Einfügestelle.

```
;    Enthält der Baum t den Schlüssel x?
(define (contains-key?  x t)
    (cond
        (niltree? t) false
        (= x (key t)) true
        (< x (key t)) (contains-key? x (left t))
        (contains-key? x (right t))))
```

Mit `insert-key` können wir eine Liste von Zahlen in einen Suchbaum umwandeln. Der Kopf der Liste wird dabei zuletzt eingefügt:

```
;    Liste von Zahlen in einen Suchbaum verwandeln
(define (list->tree ls)
    (cond (nil? ls) niltree
        (insert-key (car ls) (list->tree (cdr ls)))))
```

Jetzt können wir auch größere Suchbäume erzeugen. Die Darstellung ist zwar nicht besonders gut lesbar, aber immerhin erkennt man sofort, dass die Schlüssel in sortierter Reihenfolge im Baum stehen:

```
-> (bind ls '(15 11 2 29 19 0 12 10 0 4 7 20)
-> (bind t (list->tree ls))
-> t
(((( . 0 (. 2 .)) 4 .) 7 (. 10 ((. 11 .) 12 ((. 15 .) 19 .)))) 20 (. 29 .))
```

Üblicherweise werden Binärbäume zweidimensional dargestellt, mit dem Schlüssel an der Spitze (die bei den Bäumen der Informatik in einer etwas verdrehten Notation *Wurzel* heißt) und zwei von dort zum rechten und linken Teilbaum verlaufenden Kanten. Dann sieht derselbe Baum so aus:

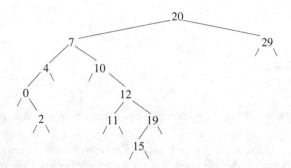

Die leeren Teilbäume sind hier durch kurze Kanten dargestellt, man könnte sie auch ganz weglassen.

Man kann auch mit den beschränkten Mitteln von t.Lisp Bäume zweidimensional darstellen. Allerdings muss man den Kopf zum Betrachten nach links drehen:

```
-> (display-tree t)
      /29
 #20
            /19
               \15
        /12
           \11
     /10
  \7
    \4
       /2
      \0
```

Vor der Besprechung von display-tree soll aber die Implementierung von Mengen durch Suchbäume fertiggestellt werden. Uns fehlt noch eine Funktion (remove-key x t) zum Entfernen eines Schlüssels x aus dem Baum t.

Entfernen bedeutet im Paradigma der deklarativen Programmierung die Konstruktion eines neuen Baums ohne den Schlüssel x. Die Idee dazu lässt sich so formulieren: Man sucht x in t. Die Stelle, an der man x findet, ist die Wurzel eines Teilbaums. Damit reduziert sich das Entfernen eines beliebigen Schlüssels auf das Entfernen des Schlüssels an der Wurzel:

```
;   Entfernen einer Zahl x aus einem Suchbaum t
(define (remove-key x t)
    (cond
        (niltree? t) niltree
        (= x (key t)) (remove-root t)
        (< x (key t)) (make-tree (key t) (remove-key x (left t)) (right t))
        (make-tree (key t) (left t) (remove-key x (right t)))))
```

Wenn t nicht leer und x nicht der Schlüssel an der Wurzel ist, wird ein neuer Baum mit dem Schlüssel (key t) erzeugt, dessen einer Teilbaum unverändert von t übernommen wird, während der andere durch rekursives Entfernen von x aus dem anderen Teilbaum von t entsteht.

Wie entfernt man die Wurzel von t? Wenn der linke Teilbaum leer ist, ist das einfach: Nach dem Entfernen der Wurzel bleibt der rechte Teilbaum übrig. Wenn er nicht leer ist, enthält er ein größtes Element y. Das entfernt man aus (left t) und macht es zur neuen Wurzel. Der rechte Teilbaum bleibt, aus dem linken muss y entfernt werden. Der so konstruierte Baum hat offensichtlich wieder die Eigenschaft, dass alle Schlüssel in seinem linken Teilbaum kleiner und alle im rechten Teilbaum größer sind als der Schlüssel y an der Wurzel.

```
;   Entfernen der Wurzel (t nicht leer)
(define (remove-root t)
    (if (niltree? (left t)) (right t)
        (make-tree (max-key (left t)) (remove-max (left t)) (right t))))

;   Maximaler Schlüssel in t (t nicht leer)
(define (max-key t)
    (if (niltree? (right t)) (key t)
        (max-key (right t))))

;   Entfernen des maximalen Schlüssels (t nicht leer)
(define (remove-max t)
    (if (niltree? (right t)) (left t)
        (make-tree (key t) (left t) (remove-max (right t)))))
```

Das Entfernen der Wurzel 20 des obigen Baums t macht den nächstkleineren Schlüssel 19 (das ist der größte Schlüssel im linken Teilbaum) zur neuen Wurzel:

```
-> (display-tree (remove-key 20 t))
      /29
 #19
                /15
           /12
                \11
        /10
     \7
        \4
             /2
          \0
```

Jetzt können wir Mengen mit Hilfe von Suchbäumen realisieren. Nur die Namen auf der Basisebene werden anders gebunden:

```
(define (empty-set) niltree)
(bind empty? niltree?)
(bind element? contains-key?)
(bind insert insert-key)
(bind remove remove-key)
(bind element key)
```

Anschließend funktionieren alle Mengenoperationen weiterhin korrekt, obwohl die unterliegende Mechanik eine völlig andere ist.

Zweidimensionale Darstellung von Binärbäumen

In der Frühzeit der Programmierung, zur Zeit der Entstehung von Lisp, musste man sich ohne Grafikoberflächen, Fenstersysteme und Multimedia-Ausgabemöglichkeiten behelfen.

Damals entstand als Notbehelf und Sport zugleich das Gebiet der *ASCII-Art*, der Kunst, mit dem Schreibmaschinen-Zeichensatz Illustrationen zu erschaffen:

```
    _____            _____        <>_<>
   (_____)  |_|_|_|_|_|_|| [] [] |  .---|'"`|---.
   '-oo---oo-' '-oo-----oo-' '-o----o-' 'o"0-00-00-0"o'
```

Die Funktion `display-tree`, mit der wir im vorigen Abschnitt Binärbäume dargestellt haben, gehört im weitesten Sinn zur ASCII-Art, da sie zweidimensionale Darstellungen erzeugt, die nur richtig aussehen, wenn sie mit einem nichtproportionalen Font dargestellt werden.

Die zweidimensionale Ausgabe von `display-tree` wird durch eine eindimensionale Zeichenkette – einen String – erzeugt. In t.Lisp gibt es den Typ `String`, aber er ist so wenig wichtig, dass wir ihn bisher nicht benutzt haben.

t.Lisp-Zeichenketten kann man am Prompt eingeben oder mit Hilfe des Operators `str` erzeugen:

```
-> "Ein String"
Ein String
-> (type %)
String
-> "Ein String mit einem \nZeilenvorschub"
Ein String mit einem
Zeilenvorschub
-> (str "1 + 1 = " (+ 1 1))
1 + 1 = 2
-> (str "Die Stringdarstellung des Operators str ist " str ".")
Die Stringdarstellung des Operators str ist op[str].
-> (str 1 2 3 4 5)
12345
```

Man darf `str`, ähnlich wie `list`, beliebig viele Argumente geben. Sie werden einzeln ausgewertet, die Werte werden in Zeichenketten umgewandelt (dieselben, die auch am Prompt ausgegeben würden) und zu einer gemeinsamen Zeichenkette verknüpft.

Mit diesem Hilfsmittel lässt sich ein Binärbaum in eine zweidimensionale Zeichenkette verwandeln. Die Grundidee besteht darin, den Baum (L x R) in die Zeichenkette (str <R> "\n" x "\n" <L>) umzurechnen, wobei <R> und <L> für die rekursiv berechneten Stringdarstellungen von R und L stehen.

Der rechte Teilbaum muss in der Argumentliste von `str` vor dem linken stehen. Wenn man den Kopf nach links dreht, sieht man den Grund: Bei der Drehung der 2D-Darstellung eines Baums um 90 Grad kommt der rechte Teilbaum oben zu liegen – also am Anfang der Zeichenkette.

Es fehlen noch ein paar Details: Die Stringdarstellung der Teilbäume soll gegenüber dem Schlüssel an der Wurzel eingerückt dargestellt werden, nach einem leeren Teilbaum ist kein Zeilenvorschub nötig und zur besseren Lesbarkeit wollen wir vor jeden Schlüssel ein „Richtungszeichen" einfügen, das anzeigt, ob es sich um die Wurzel, einen linken oder einen rechten Teilbaum handelt.

Die Wurzel des ganzen Baums hat die Einrücktiefe 0 und das willkürlich gewählte Richtungszeichen `#`:

```
;    2D-Darstellung eines Suchbaums
(define (display-tree t) (display-indented t 0 "#"))

;    Darstellung von t mit n-stelliger Einrückung und Richtungszeichen dir
(define (display-indented t n dir)
    (if (niltree? t) ""
        (str
            (display-indented (right t) (+ n 1) "/")
            (separate (right t))
            (space n) dir (key t)
            (separate (left t))
            (display-indented (left t) (+ n 1) "\\"))))

;    n-fache Einrückung
(define (space n)
    (if (< 0 n) (str "    " (space (- n 1)))))

;    Zeilenvorschub nach nichtleerem Teilbaum
(define (separate t)
    (if (not (niltree? t)) "\n"))
```

Die Darstellung der Bäume ist alles andere als perfekt, aber die Drehung nach links hat einen großen Vorteil: Binärbäume haben die Tendenz, sehr viel breiter als hoch zu sein. Das ist erwünscht, da die Zeit, die für die Suche im Baum nötig ist, von der Höhe des Baums abhängt: Flache Suchbäume sind schneller. Und gerade solche Bäume kann man mit display-tree auch dann noch einigermaßen gut darstellen, wenn sie sehr viele Elemente haben, weil die Zeilenzahl des Fensters, in dem t.Lisp läuft, im Gegensatz zur Spaltenzahl nicht begrenzt ist.

Balancierte Binärbäume

So wie sie im vorigen Abschnitt implementiert wurden, machen Binärbäume den Zugriff auf einzelne Elemente einer Menge in der Regel deutlich schneller, weil die Dauer eines Zugriffs jetzt nur noch davon abhängt, wie lange die Suche im Binärbaum dauert. Wenn die Elemente der Menge in einigermaßen zufälliger Reihenfolge eingefügt werden, muss man für diese Suche bei einer Menge mit n Elementen nur etwa $\log_2 n$ Kanten im Baum folgen, bis man das Element findet oder feststellt, dass es nicht vorhanden ist. Das soll hier nicht näher begründet werden, ist aber zumindest plausibel, da sich die Anzahl der zu untersuchenden Elemente in jedem Schritt in etwa halbiert.

Leider treffen Elemente auch mal geordnet ein und dann sehen unsere Bäume nicht gut aus. Jedes neue Element wird an der Wurzel eingefügt und der Baum wird zu einer linearen Liste:

```
-> (display-tree (list->tree (range 1 5)))
#5
   \4
     \3
       \2
         \1
```

Vor dieser Degeneration des Baums zur Liste kann man sich mit einem Trick schützen, der schon 1962 von den beiden russischen Mathematikern Adelson-Velski und Landis erfunden worden ist. Man konstruiert die Bäume so, dass an jedem Knoten die Höhe der beiden Teilbäume fast dieselbe ist – sie darf sich höchstens um 1 unterscheiden.

Unter der *Höhe* eines Knotens (eines Elements im Baum) versteht man dabei die Anzahl der Kanten auf der längsten Kantenfolge von diesem Element zu einem Blatt. Ein *Blatt* ist ein

Element, dessen beide Teilbäume leer sind. Die Höhe des Baums ist die Höhe seiner Wurzel. Beispielsweise hat der Baum auf S.90 die Höhe 5, weil der Weg von der Wurzel 20 zu dem Element 15 so viele Kanten hat. Ein Blatt hat die Höhe 0.

Die Höhe eines Binärbaums kann man rekursiv ermitteln:

```
;   Höhe von t
(define (height t)
    (if (niltree? t) -1
        (+ 1 (max (height (left t)) (height (right t))))))
```

Die Höhe des leeren Baums definiert man als -1, damit Blätter die richtige Höhe 0 haben.

Die Funktion height durchsucht bei jedem Aufruf den ganzen Baum. Das ist aber nicht nötig. Man muss die Höhe eines Baums nämlich nur einmal berechnen, bei seiner Erzeugung. Sie wird im Knoten selbst gespeichert und steht dann bei allen weiteren Zugriffen sofort zur Verfügung.

Zu diesem Zweck ändern wir die Funktion make-tree:

```
;   Konstruktor
(define (make-tree x l r)
    (list l x r (+ 1 (max (height l) (height r)))))

;   Höhe
(define (height t)
    (if (niltree? t) -1 (cadddr t)))
```

Damit können wir die Balance eines Binärbaums definieren:

```
;   Balance von t
(define (balance t)
    (if (niltree? t) 0
        (- (height (right t)) (height (left t)))))
```

Ein Binärbaum heißt *balanciert* oder auch (nach den Erfindern dieser Klasse von Bäumen) *AVL-Baum*, wenn alle seine Teilbäume, einschließlich des Baums selbst, die Balance $-1, 0$ oder 1 haben.

```
;   Ist t balanciert?
(define (balanced? t)
    (<= (abs (balance t)) 1))
```

Man kann beweisen, dass diese Bedingung zur Folge hat, dass die Höhe eines AVL-Baums mit n Schlüsseln nicht größer als $1.45 \cdot \log_2 n$ ist. Da die Höhe die Suchzeit im Baum bestimmt, kann man in AVL-Bäumen sehr effizient suchen.

Die Konstruktion von AVL-Bäumen ist einfach. Im Prinzip verläuft das Einfügen und Entfernen genauso wie bei nichtbalancierten Bäumen, nur wird zusätzlich eine *Rebalancierung* durchgeführt:

```
;   Einfügen einer Zahl x in den AVL-Baum t
(define (insert-key x t)
    (cond
        (niltree? t) (make-tree x niltree niltree)
        (= x (key t)) t
        (< x (key t)) (rebalance
            (make-tree (key t) (insert-key x (left t)) (right t)))
        (rebalance (make-tree (key t) (left t) (insert-key x (right t))))))
```

Die Rebalancierung dient dazu, die AVL-Bedingung wiederherzustellen, wenn sie durch das Einfügen verletzt worden ist. Wenn etwa die Balance in dem AVL-Baum mit den Teilbäumen L und R den Wert -1 hat und der neue Schlüssel in den Teilbaum L wandert, dann kann es vorkommen, dass die Höhe von L nach dem Einfügen um 1 gewachsen ist. Dann hat t zunächst die Balance -2, deshalb ist eine Links-Rebalancierung nötig:

```
;   Baum t rebalancieren
(define (rebalance t)
    (cond
        (balanced? t) t
        (= (balance t) -2) (rebalance-left t)
        (rebalance-right t)))
```

Die Rebalancierung wird durch *Rotationen* vorgenommen. Mit einer Rotation kann man Schlüssel im Baum verschieben, ohne die Suchbaumeigenschaft zu verletzen. Eine Rotation ist eine Änderung, an der zwei Schlüssel und drei Teilbäume beteiligt sind. Es gibt sie als Links- und als Rechtsrotation:

Bei der Rechtsrotation wird $((A\ x\ B)\ y\ C)$ ersetzt durch $(A\ x\ (B\ y\ C))$, die Linksrotation verläuft in umgekehrter Richtung.

Man sieht, dass die Reihenfolge $A < x < B < y < C$ der Schlüssel im Baum dabei nicht geändert wird.

Die Rechtsrotation als t.Lisp-Funktion geschrieben:

```
;   Rechtsrotation
(define (rotate-right t)                          ; t = ((A x B) y C)
    (make-tree
        (key (left t))                            ; x
        (left (left t))                           ; A
        (make-tree (key t) (right (left t)) (right t))))  ; (B y C)
```

Die Linksrotation wird ganz analog implementiert.

Eine Rotation verändert die Struktur der Bäume A, B und C nicht, wohl aber ihre Abstände von der Wurzel des Baums t. Wenn nach dem Einfügen eines neuen Schlüssels der Baum $(A\ x\ B)$ die Balance -1 hat, genügt eine Rechtsrotation zur Rebalancierung. Andernfalls hat er die Balance $+1$ und muss erst nach links und dann nach rechts rotiert werden:

```
;   Rebalancieren beim Einfügen, wenn (balance t) = -2 ist
(define (rebalance-left t)
    (if (< (balance (left t)) 0) (rotate-right t)
        (rotate-right (rotate-left t))))
```

Wieder wird `rebalance-right` völlig analog implementiert.

Die so konstruierten AVL-Bäume besitzen tatsächlich immer eine sehr geringe Höhe, so wie man das für schnelles Suchen haben möchte. Auch Eingaben in sortierter Reihenfolge, die ohne Rebalancierung zu listenartigen Bäumen führen, ergeben jetzt gute Resultate:

```
-> (display-tree (list->tree (range 1 8)))
        /8
    /7
        \6
  #5
        /4
    \3
        \2
            \1
```

Die Auswertung von (display-tree (list->tree (range 1 50))) zeigt das noch deutlicher. Aus Platzgründen ist die Ausgabe von t.Lisp um 90 Grad nach rechts gedreht:

Wenn man die Funktion remove-key aus dem vorangehenden Abschnitt analog zu insert-key ebenfalls um eine Rebalancierung erweitert, liefern AVL-Bäume eine effiziente Implementierung der in Abschnitt 2.4.2 besprochenen Basisfunktionen für den Umgang mit Mengen.

2.5   m.Lisp – ein metazirkuläres Lisp

Man kann die Entwicklung der Programmiersprachen von den ersten Maschinensprachen hin zu modernen Hochsprachen mit oft sehr spezifischen Einsatzgebieten als eine Art „Bootstrap-Verfahren" verstehen: Je mehr leistungsfähige Programmiersprachen man hat, umso einfacher ist es, damit weitere Programmiersprachen zu entwickeln. Jedes Werkzeug zur Konstruktion von Programmen ist eben insbesondere ein Werkzeug zur Konstruktion von Programmiersprachen.

Nicht alle Sprachen eignen sich gleich gut zur Implementierung anderer Sprachen. Die Fähigkeit zum Umgang mit Symbolen und die Tatsache, dass Programme und zusammengesetzte Daten dieselbe Listenstruktur haben, prädestiniert Lisp-artige Programmiersprachen ganz besonders für dieses Anwendungsgebiet.

In diesem Abschnitt programmieren wir in t.Lisp einen Interpreter für eine Sprache namens m.Lisp, die in fast allen Punkten mit t.Lisp identisch ist (das seinerseits im Funktionsumfang weitgehend mit dem Ur-Lisp von McCarthy übereinstimmt). Die Idee, ein „Lisp in Lisp" zu programmieren, hatte McCarthy schon 1962. Er nannte einen Interpreter für eine Programmiersprache $\mathcal{P}$, der in $\mathcal{P}$ programmiert ist, *metazirkulär*. Dieses Wort scheint nur im Zusammenhang mit Programmiersprachen in Gebrauch zu sein. Das „m" in m.Lisp steht für metacircular und mini, vielleicht auch für mad und marvelous.

Warum sollte man ein Lisp programmieren, wenn man bereits eines hat? Dafür gibt es mehrere Gründe:

1. Das Projekt ist eine gute Übung im Umgang mit Listen und Symbolen.

2. Man kann daran das Arbeitsprinzip von Lisp studieren: Was passiert bei der Auswertung von Ausdrücken im Detail?

3. Das Programm ist typisch dafür, wie Interpreter gebaut sind.

4. Zwischen m.Lisp und t.Lisp wird es einen wesentlichen Unterschied geben: m.Lisp hat, wie das Ur-Lisp, *dynamische Sichtbarkeit* von Namen. Dahinter steckt ein Konzept, das in Kapitel 4 genauer besprochen wird.

5. Es macht Spaß, vor allem dann, wenn der Interpreter sich selbst ausführt: m.Lisp kann man in m.Lisp interpretieren.

2.5.1 Der m.Lisp-Interpreter im Überblick

Unser Ziel ist es, eine t.Lisp-Funktion `mlisp` zu schreiben, die sich so verhält wie der t.Lisp-Interpreter. Wir können uns deshalb an der Beschreibung dieses Interpreters in Abschnitt 1.5 orientieren.

Die dort geschilderte Grundvorstellung bestand in der *Auswertung* von *Ausdrücken* bzgl. einer *Umgebung*. Dieser Vorgang wird innerhalb einer Endlosschleife, der *Read-Eval-Print-Schleife*, wiederholt.

Die vier kursiv gesetzten Begriffe müssen wir in t.Lisp-Code umsetzen. Schon bei der Read-Eval-Print-Schleife stellt sich das erste Problem: In t.Lisp gibt es keine Möglichkeit zur interaktiven Ausgabe eines Prompts mit anschließendem Warten auf eine Eingabe. Wir umgehen das Problem, indem wir alle Eingaben für eine m.Lisp-Sitzung in eine Liste schreiben. Um sie auszuwerten, braucht m.Lisp genau wie t.Lisp eine globale Umgebung, in der die Namen der Operatoren (`cons`, `car`, `cdr` etc.) an die Operatoren selbst gebunden sind.

Damit haben wir bereits eine Vorstellung davon, wie ein Aufruf der Funktion `mlisp` aussehen wird:

```
-> (bind input '(
      (bind a 27)
      (bind b 37)
      (cons a (cons b '()))
      (- b a)
      (* a b)
      'fertig
   ))
-> (mlisp input initial-env)
((27 37) 10 999 fertig)
```

Die Liste `input` enthält die Eingaben, aus denen m.Lisp eine Liste von Ergebnissen herstellt.

Die Umgebung `initial-env` muss für die erfolgreiche Auswertung der obigen Liste `input` Werte für die Bezeichner `bind`, `cons`, `quote`, `-` und `*` enthalten.

Diese Werte müssen m.Lisp-Ausdrücke sein, die wir natürlich durch t.Lisp-Ausdrücke darstellen werden. Wir wählen für Operatoren die Form einer zweielementigen Liste aus dem Symbol `op` und dem *internen Namen* für den Operator. Beispielsweise könnte der Additionsoperator durch die Liste `(op +)` repräsentiert sein.

Umgebungen werden wir als Listen aus Name-Wert-Paaren realisieren. In dem eben gezeigten Beispiel genügt die folgende Umgebung dafür, dass die Ausdrücke in der `input`-Liste auswertbar sind:

```
(bind initial-env '(
    (bind   (op bind))
    (quote  (op quote))
    (cons   (op cons))
    (-      (op -))
    (*      (op *))
  ))
```

Was brauchen wir noch? Wir müssen planen, wie wir weitere Typen von m.Lisp-Ausdrücken darstellen. Die Festlegung der Details dafür verschieben wir auf die folgenden Abschnitte. Wichtiger ist es, eine Grundvorstellung vom Vorgang der Auswertung zu haben.

In der Java-Implementierung von t.Lisp gibt es ein Interface `Expr.java`, in dem festgelegt ist, dass jede Klasse, die einen bestimmten Typ von Ausdrücken repräsentiert (wie beispielsweise die Klassen `List.java` und `Symbol.java`), ihre eigene Methode eval implementieren muss, mit der man Ausdrücke dieses Typs bzgl. einer Umgebung auswerten kann.

Die Details der Auswertung von m.Lisp-Ausdrücken können wir nicht in analoger Weise auf mehrere Klassen verteilen – in t.Lisp gibt es keine Klassen.

Wir fassen sie stattdessen in einer gemeinsamen Funktion eval zusammen, die als Argument einen Ausdruck `expr` und eine Umgebung `env` erhält. Die Funktion wird in der Form (eval expr env) aufgerufen.

Normalerweise berechnet eval den Wert des Ausdrucks `expr`, wobei sich die Bedeutung der Namen in `expr` aus der Umgebung `env` ergibt. Eine Ausnahme bilden Ausdrücke der Form (bind sym e). In diesem Fall ist das Resultat von eval eine neue Umgebung, die aus `env` durch Hinzufügen der neuen Bindung, also des Paares (sym <*Wert von* e>), erzeugt wird. Die nachfolgenden Auswertungen werden dann mit Hilfe dieser erweiterten Umgebung vorgenommen.

Die „Read-Eval-Print-Schleife"

Mit dieser Vorstellung vom Ablauf des Interpreters können wir die Hauptfunktion von m.Lisp schreiben.

Die nachstehende „Read-Eval-Print-Schleife" ist natürlich *keine* Schleife, sie durchläuft die Eingabeliste `input` und konstruiert daraus die Liste der Resultatwerte. Mit (bind-expression? (car input)) wird abgefragt, ob die nächste Eingabe die Form (bind ...) hat:

```
;   Ist e ein Ausdruck der Form (bind ...)?
(bind bind-expression? (lambda (e)
    (if (= (type e) 'List) (= (car e) 'bind) false)))
```

In diesem Fall ruft sich mlisp rekursiv für die danach folgenden Eingaben auf, wobei anstelle von env die von eval zurückgegebene erweiterte Umgebung für die Auswertung benutzt wird:

```
;   Die 'Read-Eval-Print-Schleife' von m.Lisp
(bind mlisp (lambda (input env)
    (cond
        (nil? input) nil
        (bind-expression? (car input))
            (mlisp (cdr input) (eval (car input) env))
        (cons (eval (car input) env) (mlisp (cdr input) env)))))
```

Damit ist die Implementierung von m.Lisp im Wesentlichen auf die Funktion eval zurückgeführt.

Die Tatsache, dass hier (bind ...) anstelle des in t.Lisp gleichwertigen (define ...) verwendet wird, hat ihren Grund darin, dass wir den nicht unbedingt notwendigen Operator define in m.Lisp nicht implementieren werden. Man könnte das tun, aber wir wollen den Interpreter so klein wie möglich halten.

Funktionen

Wir haben eben schon festgelegt, dass wir Operatoren durch Listen der Form (op <*opname*>) darstellen wollen. Das Symbol op wird dabei als eine Art Typname verwendet.

Bei der m.Lisp-internen Darstellung von Funktionen gehen wir genauso vor: Eine Funktion wird durch eine Liste dargestellt, in deren Kopf als Typname das Symbol function steht. Daneben enthält die Liste die Information, die ihr bei der Erzeugung mit Hilfe eines Ausdrucks der Form (lambda <*formale Parameter*> <*Rumpf*>) mitgegeben wird.

Daraus ergibt sich die folgende sehr einfache Implementierung von m.Lisp-Funktionen. Anstelle von function verwenden wir dabei den traditionellen Lisp-Namen lambda für den Operator, mit dem eine Funktion erzeugt wird. Aus Gründen der Tradition schreiben wir in m.Lisp auch eq anstelle von =. Wer mag, kann sich in initial-env den anderen Namen als Alias definieren.

```
;    Erzeugt eine Funktion
(bind make-function (lambda (formals body)
     (cons 'function (cons formals (cons body nil)))))

;    Bestandteile einer Funktion
(bind formals cadr)
(bind body    caddr)
```

Die m.Lisp-Eingabe (lambda (n) (* n n)) erzeugt also eine Liste, die fast dieselbe Form hat, nämlich (function (n) (* n n)). Der Unterschied liegt darin, dass der lambda-Ausdruck eine unausgewertete Liste zur *Deklaration* einer Funktion ist, während der function-Ausdruck eine m.Lisp-Funktion *ist*.

Tatsächlich könnten wir sogar dieselbe Darstellung verwenden, zum Beispiel in beiden Fällen das Etikett lambda. Der Interpreter könnte die beiden Verwendungsarten trotzdem auseinanderhalten, sie ergeben sich aus den unterschiedlichen Kontexten der Verarbeitung.

Umgebungen

Umgebungen werden in m.Lisp, wie schon gesagt, durch Listen von Name-Wert-Bindungen dargestellt. Die Bindungen selbst sind zweielementige Listen aus Name und Wert.

Die Implementierung solcher Umgebungen ist wieder denkbar einfach:

```
;    Bindet das Symbol sym in der Umgebung env an den Wert x
;    Gibt die so erweiterte Umgebung zurück
(bind bind-symbol (lambda (sym x env)
        (cons (cons sym (cons x nil)) env)))

;    Gibt den in env an das Symbol sym gebundenen Wert zurück
(bind retrieve (lambda (sym env)
     (cond
         (nil? env) 'ERROR_UNBOUND_SYMBOL
         (= sym (caar env)) (cadar env)
         (retrieve sym (cdr env)))))
```

Wenn versucht wird, ein in env nicht gebundenes Symbol auszuwerten, dann gibt retrieve das Fehlersymbol ERROR_UNBOUND_SYMBOL zurück. Nachfolgende Auswertungen, die nicht vom Wert des irrtümlich gesuchten Symbols abhängen, können in einem solchen Fall durchaus noch erfolgreich beendet werden.

Beim Aufruf einer Funktion werden die aktuellen Parameter der Reihe nach ausgewertet und an die jeweiligen formalen Parameter gebunden. Der Mechanismus wurde in Abschnitt 1.5.2 für t.Zero beschrieben, in m.Lisp verläuft er ganz genauso. Für diesen Zweck ist die folgende Funktion gedacht:

```
;    Bindet die Symbole in der Liste keys an die entsprechenden Werte
;    in der gleich langen Liste values und erweitert die Umgebung env damit.
;    Gibt die so erweiterte Umgebung zurück
(bind extend-env (lambda (keys values env)
     (cond
          (nil? keys) env
          (extend-env (cdr keys) (cdr values)
          (bind-symbol (car keys) (car values) env)))))
```

Die Funktion geht davon aus, dass keys eine Liste von Symbolen und values eine gleich lange Liste mit irgendwelchen Werten ist. Diese Voraussetzung wird nicht geprüft; was m.Lisp in einem solchen Fall tut, legen wir nicht fest.

Operatoren

Bevor wir die Einzelheiten der Auswertung in Angriff nehmen, überlegen wir noch, welche Operatoren in m.Lisp vorhanden sein sollen. Wir lassen einige der Operatoren von t.Lisp weg: round, num und den sind nur für nichtganzzahliges Rechnen nötig, trace und str brauchen wir ebenfalls nicht.

Auch der Operator define kann weggelassen werden. Für Ausdrücke wie etwa (define (square n) (* n n)) kann man ebenso gut (bind square (lambda (n) (* n n))) schreiben.

Damit bleiben von t.Lisp noch die folgenden Operatoren übrig: bind, cons, car, cdr, quote, eq, cond, type und lambda sowie die vier Grundrechenarten. Mit diesen wenigen Sprachelementen kann man ein vollständiges Lisp implementieren.

Das ergibt dann als initiale Umgebung für m.Lisp:

```
;    Die initiale Umgebung
(bind initial-env '(
     ; Spezielle Operatoren
     (bind    (op bind))
     (quote   (op quote))
     (lambda  (op lambda))
     (cond    (op cond))

     ; Binäre Operatoren
     (cons    (op cons))
     (eq      (op eq))
     (+       (op +))
     (-       (op -))
     (*       (op *))
     (/       (op /))
     (<       (op <))

     ; Unäre Operatoren
     (car     (op car))
     (cdr     (op cdr))
     (type    (op type))
```

```
; Aliasnamen
(=      (op eq))
(if     (op cond))
(nil    ())

; Funktionen
(nil?   (function (ls) (= ls nil)))
(caar   (function (ls) (car (car ls))))
(cadr   (function (ls) (car (cdr ls))))
(cddr   (function (ls) (cdr (cdr ls))))
(caddr  (function (ls) (car (cddr ls))))
(cadar  (function (ls) (car (cdr (car ls)))))
))
```

Wir werden bei der Definition aller t.Lisp-Funktionen, die zur Implementierung von m.Lisp nötig sind, sorgfältig darauf achten, nur solche t.Lisp-Operatoren zu verwenden, die auch in m.Lisp zur Verfügung stehen, d. h. die in der initialen Umgebung vorkommen. Für die Implementierung von m.Lisp wäre das nicht notwendig, es garantiert aber, dass der Quellcode von m.Lisp selbst wieder vom m.Lisp-Interpreter verstanden wird, und stellt damit die Eigenschaft des Interpreters, metazirkulär zu sein, sicher.

2.5.2   Auswertung: `eval` und `apply`

Die Auswertung von Ausdrücken stützt sich auf die zwei Funktionen eval und apply, die im stetigen Wechsel miteinander arbeiten. Mit eval wird eine *Auswertung* angestoßen; außer in trivialen Fällen führt das zur *Anwendung* einer Prozedur, die dann ihrerseits die Auswertung weiterer Ausdrücke veranlasst.

Es liegt nahe, dabei an chinesische Philosophie zu denken: „*Yin und Yang ergänzen und bedingen einander und lösen einander in rhythmischem Wechsel ab*" (Wikipedia). Das Titelblatt des legendären Buchs [1] von Abelson, Sussman und Sussman illustriert die beinahe magische Wirkung dieses Prinzips:

Auswertung von Ausdrücken

Den Mechanismus der Auswertung eines m.Lisp-Ausdrucks bezüglich einer Umgebung env ist derselbe, den wir schon bei der Auswertung von t.Zero-Ausdrücken kennengelernt haben (Abschnitt 1.5.2). Hier nochmals eine Kurzbeschreibung:

1. Zahlen haben sich selbst als Wert.

2. Symbole haben den in env daran gebundenen Wert.

3. Die Auswertung der leeren Liste ist nicht möglich.

4. Bei zusammengesetzten Ausdrücken (nichtleeren Listen) muss der Wert des Kopfs eine Prozedur (eine Funktion oder ein Operator) sein. Die Prozedur wird auf ihre Argumente (die restlichen Elemente der Liste) *angewendet*.

Das kann man – mit der üblichen Einschränkung, dass es in t.Lisp keine vernünftige Fehlerbehandlung gibt – direkt in t.Lisp-Code umsetzen:

```
;   Auswertung des Ausdrucks expr bzgl. der Umgebung env
(bind eval (lambda (expr env)
    (cond
        (= (type expr) 'Number) expr
        (= (type expr) 'Symbol) (retrieve expr env)
        (nil? expr)       'ERROR_EVAL_EMPTY_LIST
        (apply (eval (car expr) env) (cdr expr) env))))
```

Anwendung von Prozeduren

Die Funktion apply erhält, wie man sieht, als Argumente den *Wert* des Kopfs der Liste (der hoffentlich eine Prozedur ist) und die restlichen Elemente der Liste in *unausgewertetem* Zustand. Es wäre verfrüht, diese Elemente schon jetzt auszuwerten, weil einige Operatoren manche ihrer Argumente gar nicht auswerten sollen.

Die Funktion apply beschreibt die Semantik der aufgerufenen Prozedur. Eigentlich ist aber apply nur ein Verteiler, der anhand des ersten Arguments (der anzuwendenden Prozedur) entscheidet, welche Arbeit zu tun ist. Dieses Argument hat entweder die Form (op <name>), wenn es ein Operator ist, oder die Form (function <formale Parameter> <Rumpf>), wenn es sich um eine Funktion handelt.

Je nach Art der Prozedur werden unterschiedliche apply-Funktionen aufgerufen. Die vier Operatoren bind, quote, lambda und cond besitzen jeweils so spezifische Formen der Anwendung, dass wir ihnen eigene apply-Funktionen geben. Die Semantik der übrigen Operatoren fassen wir in einer gemeinsamen Funktion apply-op zusammen.

```
;   Anwenden der Prozedur proc auf die Argumentliste args bzgl. env
(bind apply (lambda (proc args env)
    (cond
        (= proc '(op bind))   (apply-bind   (car args) (eval (cadr args) env) env)
        (= proc '(op lambda)) (apply-lambda (car args) (cadr args))
        (= proc '(op quote))  (apply-quote  (car args))
        (= proc '(op cond))   (apply-cond   args env)
        (= (car proc) 'op)    (apply-op     (cadr proc) (eval-items args env))
        (= (car proc) 'function) (apply-function proc (eval-items args env) env)
        'ERROR_UNKNOWN_PROCEDURE)))
```

Das weitere Vorgehen ist nun ziemlich einfach. Die apply-Funktionen für bind und lambda kennen wir schon unter den Namen bind-symbol und make-function. Die Semantik des Quote-Operators ist trivial:

```
;   Anwenden des Operators bind
(bind apply-bind bind-symbol)

;   Anwenden des Operators lambda
(bind apply-lambda make-function)

;   Anwenden des Operators quote
(bind apply-quote (lambda (expr) expr))
```

Ein bisschen interessanter ist die Semantik von cond. Sie ist natürlich dieselbe wie die des t.Lisp-Operators cond, aber wir können nicht einfach (cond args) schreiben, sondern müssen wirklich explizit sagen, wie cond funktioniert (vgl. Abschnitt 2.2.5):

```
;   Anwenden des Operators cond
(bind apply-cond (lambda (args env)
    (cond
        (nil? args) (cond)                              ; 0 Argumente
        (nil? (cdr args)) (eval (car args) env)         ; 1 Argument
                                                        ; Mindestens 2 Argumente:
        (eval (car args) env) (eval (cadr args) env) ; Argument 1 wahr
        (apply-cond (cddr args) env))))                 ; ansonsten...
```

Die übrigen Operatoren haben gemeinsam, dass ihre Argumente alle ausgewertet werden. Die Liste der Argumentwerte wird mit der Hilfsfunktion eval-items berechnet. Diese Funktion beschreibt die *elementweise* Auswertung einer Liste, *nicht* die Auswertung einer Liste im Sinne eines Prozeduraufrufs.

```
;   Elementweise Auswertung der Liste ls von Ausdrücken bzgl. env
(bind eval-items (lambda (ls env)
    (if (nil? ls) nil
        (cons (eval (car ls) env)
            (eval-items (cdr ls) env)))))
```

Die Funktion apply-op bekommt also fertig ausgewertete Argumente. Sie untersucht, ob es sich um einen ein- oder zweistelligen Operator handelt, und verteilt die Arbeit weiter. Die Umgebung env spielt dabei keine Rolle mehr.

```
;   Anwenden eines Operators op auf seine Argumente args
(bind apply-op (lambda (op args)
    (if (nil? (cdr args)) (apply-unary-op op (car args))
        (apply-binary-op op (car args) (cadr args)))))
```

Der Rest ist trivial, weil wir jeden Operator mit seinem Gegenstück aus t.Lisp implementieren können:

```
;   Anwenden eines unären Operators
(bind apply-unary-op (lambda (f x)
    (cond
        (= f 'car)  (car x)
        (= f 'cdr)  (cdr x)
        (= f 'type) (type x)
        'ERROR_UNIMPLEMENTED_OPERATOR)))
```

```
;   Anwenden eines binären Operators
(bind apply-binary-op (lambda (f x y)
    (cond
        (= f 'cons) (cons x y)
        (= f 'eq)   (= x y)
        (= f '+)    (+ x y)
        (= f '-)    (- x y)
        (= f '*)    (* x y)
        (= f '/)    (/ x y)
        (= f '<)    (< x y)
        'ERROR_UNIMPLEMENTED_OPERATOR)))
```

Ein Blick in den Rumpf der Funktion `apply` zeigt, dass nur noch die Funktion `apply-function` fehlt. Sie ist ganz kurz:

```
;   Anwenden einer Funktion f auf ihre Argumente args
(bind apply-function (lambda (f args env)
    (eval (body f)
          (extend-env (formals f) args env))))
```

Der Kern der Funktionsanwendung ist die Auswertung des Funktionsrumpfs in einer *erweiterten* Umgebung, in der die formalen Parameter an ihre aktuellen Werte gebunden sind.

Betrachten wir die Auswertung von `(square 5)` bzgl. der Umgebung `((square (function (n) (* n n))) ...)`. Sie veranlasst den Aufruf von `(apply-function f args env)`, wobei `f` an `(function (n) (* n n))` gebunden ist und `args` an die Liste `(5)`. Dabei wird dann der Rumpf `(* n n)` der Funktion bzgl. der erweiterten Umgebung `((n 5) (square (function (n) (* n n))) ...)` ausgewertet.

Die Erweiterung von Umgebungen wird mit Hilfe der Funktion `extend-env` realisiert, die im vorigen Abschnitt besprochen wurde. Sie nimmt sukzessive je einen formalen Parameter `s` und einen Argumentwert `x`, packt beide in eine Liste `(s x)` und hängt diese vorne an die Umgebung an.

Damit ist der Interpreter für m.Lisp fertig.

Anwendungsbeispiele

Wir probieren ein paar Beispiele aus. Die Auswertung jedes der folgenden Ausdrücke funktioniert bereits mit einer minimalen Umgebung, die nur die relevanten Namen enthält:

```
-> (eval '(* 27 37) '((* (op *))))
999
```

Wichtig ist, dass man t.Lisp daran hindert, die Argumente von `eval` auszuwerten. Wer das vergisst, sieht sich möglicherweise mit seltsamen Fehlern konfrontiert:

```
-> (eval '(* 27 37) ((* (op *))))
Error: op[mult] expects 2 arguments
-> (eval (* 27 37) '((* (op *))))
999
```

Im ersten Fall wurde versucht, `(* (op *))` in t.Lisp auszuwerten – das kann nicht gutgehen. Bei der zweiten Eingabe ist trotz des richtigen Resultats auch etwas schiefgelaufen, da hat nämlich schon t.Lisp die Multiplikation durchgeführt, während m.Lisp nur deren Resultat 999 zu sich selbst ausgewertet hat. Das war vermutlich nicht die Absicht.

Wir können die Operatoren nach Belieben umbenennen:

```
-> (eval '(mult 27 37) '((mult (op *))))
999
```

Auch Quotierung klappt problemlos, sogar nach einer Umbenennung des entsprechenden Operators:

```
-> (eval '(quote (* 27 37)) '((quote (op quote))))
(* 27 37)
-> (eval '(Quote (* 27 37)) '((Quote (op quote))))
(* 27 37)
```

Aber man muss mit dem Umbenennen vorsichtig sein. Mit einem anderen Namen für (op quote) funktioniert die Kurzform 'expr anstelle von (quote expr) nicht mehr, weil t.Lisp schon beim Einlesen die erste Form in die zweite umwandelt:

```
-> (eval ''(* 27 37) '((quote (op quote))))
(* 27 37)
-> (eval ''(* 27 37) '((Quote (op quote))))
Error: op[car] expects a list argument
```

Auf inkorrekte Eingabe reagiert eval sehr unterschiedlich:

```
-> (eval '(* 27 37 47) '((* (op *))))
999
-> (eval '(* 27) '((* (op *))))
ERROR_UNIMPLEMENTED_OPERATOR
```

Beim Aufruf von (op *) mit drei Argumenten wird das dritte einfach ignoriert. Ruft man denselben Operator mit nur einem Argument auf, dann sucht eval bzw. die Funktion apply-unary-op nach dem unären Operator (op *) und findet ihn nicht.

Es ist Zeit für einen Versuchslauf von mlisp:

```
-> (bind input-1 '(
      (* 27 37)
      (bind range (lambda (i j)
          (if (< j i) nil
              (cons i (range (+ i 1) j)))))
      (bind n 4)
      (range 1 n)
      'ok
      ))
-> (mlisp input-1 initial-env)
(999 (1 2 3 4) ok)
```

Die beiden bind-Ausdrücke in der Eingabe von m.Lisp haben kein Resultat erzeugt, auch kein Resultat vom Typ Void, wie das t.Lisp tun würde. Man kann den Typ Void trotzdem auch in m.Lisp benutzen, weil (cond) ihn aus t.Lisp durchreicht:

```
-> (bind input-2 '(
      (bind void (cond))
      (bind ls (cons void nil))
      ls
      (nil? ls)
      (type (car ls))
      ))
-> (mlisp input-2 initial-env)
(() false Void)
```

Obwohl die Liste `ls` aussieht, als sei sie leer, enthält sie den an `void` gebundenen Wert.

Auch anonyme Funktionen kann man erzeugen und verwenden wie in t.Lisp:

```
-> (bind input-3 '(
      (lambda (n) (* n n))
      ((lambda (n) (* n n)) 7)
      ))
-> (mlisp input-3 initial-env)
((function (n) (* n n)) 49)
```

m.Lisp sieht aus wie eine getreue Kopie von t.Lisp. Das ist die Sprache aber in Wahrheit, wie wir im übernächsten Abschnitt sehen werden, keineswegs.

2.5.3   Metazirkuläre Anwendung von m.Lisp

Bei etwas laxer Auslegung ist m.Lisp ein in der zu implementierenden Sprache Lisp implementierter Lisp-Interpreter – ein Lisp in Lisp eben. Das beweist aber noch nicht, dass m.Lisp tatsächlich in der Lage ist, *sich selbst* zu interpretieren.

Erst wenn ein Interpreter in der Lage ist, seinen eigenen Quellcode zu interpretieren, ist er ein metazirkulärer Interpreter. Der m.Lisp-Interpreter ist dazu in der Lage. Nehmen wir an, er sei in der Datei `mlisp.tlisp` gespeichert und als Eingabe für die Funktion `mlisp` werde in `mlisp.tlisp` die obige Liste `input` verwendet.

Wir erzeugen eine Kopie dieser Datei unter dem Namen `mlisp-mlisp.tlisp` und ergänzen sie in der folgenden Weise:

```
...Kopie von mlisp.tlisp...

(bind input-mlisp '(

   ...Kopie von mlisp.tlisp...

))
(mlisp input-mlisp initial-env)
```

Hier eine wörtliche Wiedergabe der Auswertung:

```
$ tlisp mlisp-mlisp.tlisp
*** t.Lisp ***
(999 (1 2 3 4) ok)
((999 (1 2 3 4) ok))
```

Der Wert von `(mlisp input initial-env)` ist `(999 (1 2 3 4) ok)`, das erscheint als die erste Liste in der Ausgabe. Der Wert von `(mlisp mlisp initial-env)` ist die Liste `((999 (1 2 3 4) ok))`, die nur ein einziges Element enthält, nämlich die eben schon einmal sehr viel schneller berechnete Liste `(999 (1 2 3 4) ok)`.

Die Zeit, die t.Lisp für die Auswertung der Ausdrücke in der Liste `input` braucht, liegt unter einer Millisekunde (die Messungen kann man mit dem in Kapitel 4 besprochenen Makro `time` vornehmen). Die Rechenzeit des m.Lisp-Interpreters für die erste Ausgabe beträgt etwa 30 ms. Die zweite, vom m.Lisp-in-m.Lisp-Interpreter durchgeführte Auswertung von `(mlisp input initial-env)` dauert bereits 3.5 s, also nochmals um den Faktor 100 länger.

Im Prinzip kann man das Verfahren beliebig fortsetzen. Die nächste Ebene könnte zum Beispiel so aussehen:

```
...Kopie von mlisp.tlisp...

(bind input-mlispmlisp '(

    ...Kopie von mlisp.tlisp...

    (bind input-mlisp '(

        ...Kopie von mlisp.tlisp...

        ))
    (mlisp input-mlisp initial-env)
    ))
(mlisp input-mlispmlisp initial-env)
```

Die Laufzeiten werden mit der Anzahl der Interpretationsebenen schnell sehr groß.

2.5.4   Statischer und dynamischer Scope

Mit m.Lisp kann man ähnlich umgehen wie mit t.Lisp. Die meisten Beispiele dieses Kapitels funktionieren in beiden Sprachen gleichermaßen, wenn man davon absieht, wie langsam m.Lisp ist. Dass sich m.Lisp bei fehlerhaften Eingaben völlig anders verhält, ist offensichtlich; dieser Aspekt wurde bewusst vernachlässigt. Es gibt aber auch bei korrekten Eingaben Unterschiede:

```
-> (type +)
Operator
-> (eval '(type +) initial-env)
List
```

Der type-Operator von m.Lisp gibt immer den t.Lisp-Typ seines Arguments zurück – so haben wir ihn implementiert. Und in t.Lisp ist (op +) nun einmal eine Liste. In m.Lisp „ist" diese Liste ein Operator, das sollte type erkennen. Diesen Fehler kann man reparieren.

Bei genauerem Hinsehen findet man weitere Unterschiede. So kann man in m.Lisp Bindungen überschreiben:

```
-> (mlisp '((bind x 0) x (bind x 1) x) initial-env)
(0 1)
```

Das widerspricht der Grundregel des deklarativen Programmierens, wonach ein Name innerhalb einer Umgebung (also in einem bestimmten Kontext) eine feste Bedeutung haben soll. Namen in t.Lisp sind keine Variablen! In m.Lisp kann man sie aber als solche missbrauchen. Auch dieser Fehler von m.Lisp lässt sich noch ohne größeren Aufwand reparieren.

Ein weiterer Unterschied zwischen den beiden Sprachen ist dagegen viel subtiler und interessanter. Er beruht auf einem Problem mit unserer Implementation, das keineswegs einfach zu beheben ist. Dasselbe Problem hatten alle frühen Lisp-Dialekte, erst mit der Entwicklung von Scheme in den 1970er Jahren wurde es gelöst.

Das Problem betrifft die *Gültigkeit von Bindungen* in den beiden Sprachen. Das ist offensichtlich ein für die Programmierung zentraler Punkt: Welcher Name bedeutet wann was? Tatsächlich kann man das Schreiben eines Programms als die Fabrikation von Bedeutung (Semantik) für Namen betrachten. Ein m.Lisp-Programm besteht ja im Wesentlichen aus einer Folge von Ausdrücken der Form (bind <*Name*> <*Bedeutung*>). Auch ein Java-Programm ist genau betrachtet nichts anderes als ein Text, in dem die Bedeutung gewisser Bezeichner erklärt wird.

Betrachten wir ein Beispiel. Die Fläche eines Kreises mit dem Radius r ist $F = \pi \cdot r^2$, das Volumen eines Zylinders der Höhe h über dem Kreis ist $V = F \cdot h$. Als t.Lisp-Funktionen geschrieben:

```
;   Kreiszahl pi
(bind pi 3.141)

;   Kreisfläche
(bind area (lambda (r) (* pi (* r r))))

;   Volumen eines Zylinders
(bind volume (lambda (r h) (* (area r) h)))
```

Wir definieren in t.Lisp eine Verwendung dieser Funktionen:

```
-> (bind application (lambda (pi) (+ 2 (* pi (volume 1 2)))))
-> (application 3.1)
21.4742
```

Jetzt wiederholen wir diese Definition in m.Lisp:

```
-> (bind program '(
        (bind pi 3.141)
        (bind area (lambda (r) (* pi (* r r))))
        (bind volume (lambda (r h) (* (area r) h)))
        (bind application (lambda (pi) (+ 2 (* pi (volume 1 2)))))
        (application 3.1)
        ))
-> (mlisp program initial-env)
(21.22)
```

Hier ist etwas ziemlich Beunruhigendes passiert: t.Lisp und m.Lisp liefern zwei Resultate, die sich leicht voneinander unterscheiden. Wo steckt der Fehler?

Bemerkenswert an diesem Beispiel ist, dass es keinen Fehler gibt. Beide Programme haben nach ihren Regeln richtig gerechnet. Nur sind die Regeln nicht dieselben. Die beiden Sprachen haben unterschiedliche Vorstellungen von der Bedeutung von Namen – hier des Namens pi im Rumpf der Funktion area – während der Auswertung.

In t.Lisp ergibt sich der Wert von pi im Rumpf von area aus der Umgebung, in der die Definition von area erfolgt. In dieser Umgebung ist pi an 3.141 gebunden. Später wird zwar beim Aufruf von application der formale Parameter pi an den ähnlichen Wert 3.14 gebunden, aber das ist für die Funktion area gleichgültig.

Für m.Lisp gilt etwas anderes: Beim Aufruf von application wird der formale Parameter pi dieser Funktion an den Wert 3.14 gebunden. Dieser Wert für pi wird bei der weiteren Auswertung konsequent benutzt – auch bei der Auswertung des Rumpfs von area.

Auf eine einfache Formel gebracht: In t.Lisp hängt der Gültigkeitsbereich einer Name-Wert-Bindung vom Programm*text* ab, in m.Lisp dagegen vom Programm*ablauf*. Die Sprache t.Lisp folgt einer *statischen* (oder auch *lexikalischen*), m.Lisp einer *dynamischen* Scope-Regel.

Der Bereich, in dem eine Name-Wert-Bindung gültig ist, ist der *Scope* (Gültigkeitsbereich) dieser Bindung.

Die Änderung des Wertes von `pi` in m.Lisp hat sich eher zufällig aus der Tatsache ergeben, dass `area` in einem Zusammenhang aufgerufen wurde, in dem ein formaler Parameter namens `pi` benutzt wurde. Das war bei der Definition von `area` nicht vorhersehbar. Hätten wir dem formalen Parameter einen anderen Namen gegeben, wäre das Problem des Bedeutungswechsels gar nicht erst aufgetreten.

Statischer Scope ist intuitiver. In fast allen heutigen Programmiersprachen ist er der Standard, deshalb erscheint uns der dynamische Scope von m.Lisp als „falsch". Immerhin: auch das ursprüngliche Lisp hatte dynamischen Scope und in manchen Sprachen wird er heute noch benutzt, z. B. in Emacs Lisp oder optional in Perl.

Es folgt noch ein weiteres, ähnliches Beispiel für den Unterschied zwischen dynamischem und lexikalischem Scope:

```
-> (bind n 37)
-> (bind constant (lambda () n))
-> (bind f (lambda (n) (+ 1 (constant))))
-> (f 0)
38
```

Die Funktion `constant` gibt immer die Konstante 37 zurück – auch dann, wenn sie wie hier in einer Umgebung aufgerufen wird, in welcher der Name `n` an einen anderen Wert gebunden ist. In m.Lisp hingegen bewirkt die dynamische Scope-Regel, dass die zuletzt erzeugte Bindung, also der Wert 0, benutzt wird:

```
-> (mlisp '(
      (bind n 37)
      (bind constant (lambda () n))
      (bind f (lambda (n) (+ 1 (constant))))
      (f 0)
    ) initial-env)
 (1)
```

Man sieht, dass t.Lisp zur Berechnung von `(constant)` die Umgebung benutzt, in der diese Funktion *definiert* wurde, während m.Lisp die Umgebung verwendet, in der die Funktion *aufgerufen* wird.

Ganz schlimm wirkt sich dynamischer Scope dann aus, wenn wir die Möglichkeiten von Lisp zur dynamischen Erzeugung von Funktionen ausnutzen wollen. Der folgende Code funktioniert in t.Lisp problemlos:

```
-> (bind add (lambda (x) (lambda (y) (+ x y))))
-> (bind next (add 1))
-> (next 1)
2
```

Mit `(next n)` kann man in t.Lisp den Nachfolger einer natürlichen Zahl n berechnen. Derselbe Programmtext liefert in m.Lisp eine zunächst etwas kryptische Fehlermeldung:

```
-> (mlisp '(
      (bind add (lambda (x) (lambda (y) (+ x y))))
      (bind next (add 1))
      (next 1)
    ) initial-env)
Error: op[plus] expects a number argument
```

Wenn man sich die Funktion next ausgeben lässt, sieht man, dass sie den Wert `(function (y) (+ x y))` hat. Das ergibt natürlich nur dann einen Sinn, wenn zusätzlich die Bindung `(x 1)` gespeichert ist, die bei der Auswertung von `(add 1)` Gültigkeit hatte. Diese Bindung wird aber nirgendwo festgehalten, sie existiert nach dem Ende des Aufrufs `(add 1)` nicht mehr.

Fazit: Bei der Definition einer Funktion sollte die Umgebung, in der die Definition ausgewertet wird, gespeichert werden. Das ist der Weg zu einem statischen Scope. In Kapitel 4 werden wir darauf genauer eingehen.

☕ 2.6   Die Implementierung von t.Lisp

Alle in diesem Buch behandelten Sprachen beruhen auf demselben Interpreter, dessen prinzipielle Arbeitsweise wir schon in Abschnitt 1.5 besprochen haben. Dort wurde er nur als Interpreter für t.Zero vorgestellt, aber tatsächlich benutzen ihn alle t.Sprachen. Er arbeitet mit lexikalischem Scope.

Bevor wir das Innenleben von t.Lisp genauer ansehen, soll erst geklärt werden, wie es möglich ist, dass die verschiedenen t.Sprachen alle auf demselben Interpreter beruhen. Der Schlüssel zu dem unterschiedlichen Verhalten desselben Interpreters sind die *Initialisierungsdateien*, mit deren Hilfe jeweils andere Sprachelemente aktiviert werden.

2.6.1   Initialisierungsdateien

Beim Aufruf einer der t.Sprachen (t.Zero, t.Lisp, t.Pascal, ...) wird immer zuerst ein neutraler, noch nicht auf eine bestimmte Sprache festgelegter Interpreter erzeugt. Er enthält eine nahezu leere Anfangsumgebung, die *globale Umgebung*, welche in einem zweiten Schritt so initialisiert wird, dass anschließend ein Interpreter für eine der t.Sprachen entsteht.

Ohne den Initialisierungsschritt ist der Interpreter ziemlich nutzlos. Man kann ihn in diesem Zustand aufrufen:

```
$ tnoinit
-> 'a
Error: Unbound symbol quote
-> (+ 1 2)
Error: Unbound symbol +
-> op
op[op]
```

Im nicht initialisierten Interpreter ist die globale Umgebung nahezu leer. Es gibt keinen Operator, keine Funktion, keine booleschen Konstanten, nicht einen Namen, der auswertbar wäre – mit einer einzigen Ausnahme: op. Dieser Name ist an einen Operator gebunden, der der Schlüssel zum ganzen weiteren Ablauf ist.

Man kann sich nämlich jeden Operator, der für eine der t.Sprachen definiert ist, mit Hilfe von op verschaffen. Ein Aufruf (op *<Name>*) gibt den Operator mit dem internen Namen *<Name>* zurück:

```
-> (op plus)
op[plus]
-> ((op plus) 1 2)
3
```

Hier wurde (op plus) zu dem Operator op[plus] ausgewertet, der normalerweise während der Initialisierung an den Namen + gebunden wird.

Das Binden eines Namens erfolgt mit dem Operator op[bind], den man sich als Wert von (op bind) verschafft. Es empfiehlt sich, op[bind] an den Namen bind zu binden:

```
-> ((op bind) bind (op bind))
```

Ein klassischer Bootstrap: Jetzt hat schon ein zweiter Name eine Bedeutung. Damit kann man weitere Operatoren zugänglich machen:

```
-> (bind + (op plus))
-> (+ 1 2)
3
```

Die Initialisierungsdatei von t.Zero ist typisch für das weitere Vorgehen:

```
((op bind) bind (op bind))
(bind +        (op plus))
(bind -        (op minus))
      .              .
      .              .
      .              .
(bind define  (op define))
(bind trace   (op trace))

; Keine weiteren Operatoren:
((op delete) bind op)

; Ein Lebenszeichen:
"*** t.Zero ***\nTo quit, type '(quit)'\n"
```

Am Schluss werden mit dem ebenfalls über op erreichbaren Operator delete die Namen bind und op gelöscht. Mit der Entfernung von op ist der Schlüssel zu weiteren, nicht gewünschten Sprachelementen weggeworfen.

Die Initialisierungsdatei definiert die zu initialisierende Sprache. Sie entspricht weitgehend der initialen Umgebung von m.Lisp (S. 100), mit der die in m.Lisp zur Verfügung stehenden Namen festgelegt wurden.

Implementierungstechnisch gibt es allerdings einen wesentlichen Unterschied: Die Umgebung initial-env wurde in der Implementierungssprache (bei m.Lisp war das t.Lisp) formuliert. An die Namen in initial-env werden *ausgewertete* Ausdrücke gebunden. Beispielsweise ist der Bezeichner nil an (function (ls) (= ls nil)) gebunden und nicht etwa an (lambda (ls) (= ls nil)). Die Initialisierungsdateien werden im Gegensatz dazu nach dem Starten des Interpreters ausgewertet. Nur der Name op wird schon in der Implementierungssprache (in diesem Fall Java) an einen Wert gebunden.

Ein Blick in den Java-Quellcode zeigt, wo dies passiert: In der ersten Zeile der Klasse Interpreter findet sich die Zuweisung:

```
0   private static Env globalenv = Env.globalEnv();
```

Die Klassenmethode globalEnv in der Klasse Env erzeugt die Bindung des Namens op an den entsprechenden Operator:

```
0   public static Env globalEnv() {
1       Env env = new Env(new Frame());
```

```
2      env.put(Symbol.forName("op"), Operator.forName("op"));
3      return env;
4  }
```

Ein Frame-Objekt ist im Wesentlichen eine Hashtafel, in der Paare aus Namen und Ausdrücken gespeichert werden:

```
0  public class Frame extends Hashtable<Symbol, Expr>
```

Man könnte schon innerhalb der Methode globalEnv alle gewünschten Operatoren an ihre Namen binden. Das entspräche genau dem Vorgehen bei der Implementierung von m.Lisp. Damit würde man sich den Operator op sparen, aber viel an Flexibilität verlieren.

Initialisierungsdateien können sehr unterschiedlich aussehen. Die Sprache t.Lambda kommt allein mit dem Operator lambda aus, für t.Scheme werden in der Initialisierungsdatei an die 200 Namen definiert.

Diese Dateien sind keine Heiligtümer. Man kann sie sich nach Belieben zurechtkneten, fehlende Operatoren und nützliche Funktionen darin aufnehmen. Allerdings begibt man sich damit auch in eine Gefahr, die in der Entwicklung der Programmiersprachen immer wieder unversehens aufgetaucht ist: Eine kleine, unschuldig aussehende Variation kann den Charakter einer Programmiersprache massiv verändern. Ein Beispiel dafür werden wir im nächsten Kapitel kennenlernen, wenn wir Listen gegen Arrays tauschen.

2.6.2   Entwurf der Implementierung

Der t.Lisp-Interpreter wertet Ausdrücke verschiedenster Art aus. Wir kennen aus Abschnitt 1.5.1 den Rahmen für die Auswertung von Ausdrücken: ein Interpreter mit einer zentralen Read-Eval-Print-Schleife, der bei jedem Schleifenduchlauf von einem Parser einen Ausdruck geliefert bekommt. Zu diesem wird mit Hilfe der globalen Umgebung ein weiterer Ausdruck als sein Wert ermittelt.

Ausdrücke gibt es in vielen Geschmacksrichtungen: Namen, Zahlen, boolesche Werte, Listen, Arrays etc. In Abschnitt 1.5.2 hatten wir überlegt, dass es in einer objektorientierten Sichtweise naheliegend ist, wenn jede dieser Spielarten durch eine eigene Klasse implementiert wird, die festlegt, wie diese Art Ausdruck ausgewertet wird.

Pakete für Syntax und Semantik

Daraus ergibt sich eine natürliche Zweiteilung der Implementierung:

1. Die gemeinsame *Syntax* der t.Sprachen und der *Basismechanismus* eines Interpreters werden mit Hilfe der Klassen Interpreter, Parser und Lexer realisiert, zusammen mit ein paar Hilfsklassen, zum Beispiel der Klasse Token für die Token-Konstanten des Lexers. Diese Klassen sind im Quellcode in dem Paket tanagra zusammengefasst.

2. Die je nach Sprache verschiedene *Semantik* wird durch Ausdrücke und die auf sie anwendbaren Operatoren beschrieben. Sie werden durch entsprechende Klassen (Symbol, List, Array etc.) realisiert. Diese Klassen findet man im Quellcode in dem Paket expressions.

In diesem Abschnitt werden wir uns nicht mit dem ersten Punkt befassen. Er ist zwar nicht völlig trivial, aber die Implementierung dieses Teils gestaltet sich vergleichsweise einfach. (Die wichtigsten Details werden im Anhang B.1 beschrieben).

Die Schnittstelle Expr

Der Entwurf des Pakets expressions ist interessanter. Am Anfang steht die Frage, was ein Ausdruck ist bzw. was wir als Ausdrücke definieren möchten. Die Antwort ist einfach: Alles, was ausgewertet werden kann, ist ein Ausdruck.

Als Resultat einer Auswertung erwarten wir wieder einen Ausdruck. Das ist nicht so natürlich, wie es im ersten Moment klingt. Viele Elemente der Sprache (z. B. boolesche Werte, Funktionen, Operatoren) sind standardmäßig Resultate von Auswertungen, sie werden im Normalfall nicht ausgewertet.

Wir könnten also durchaus eine eigene Klasse Value für Werte einführen, die die möglichen Rückgabewerte von Auswertungen beschreibt. Manche Elemente der Sprache, etwa Listen oder Symbole, sind zugleich auswertbar und Werte. Ausdrücke müssten somit als Unterklasse von Value beschrieben werden.

Im Sinne der Einfachheit ist es deshalb vorzuziehen, keinen Unterschied zwischen Ein- und Ausgabeausdrücken zu machen. Aus dieser Entscheidung ist die Signatur der Methode eval in der Schnittstelle für Ausdrücke abgeleitet:

```
0  public interface Expr {
1
2      // Gibt den Wert dieses Ausdrucks bzgl. der Umgebung env zurück.
3      public Expr eval(Env env) throws Alarm;
4
5      // Gibt den Typ dieses Ausdrucks zurück.
6      public Expr type();
7  }
```

Während einer Auswertung kann es zu Problemen kommen, die es verhindern, dass ein Resultatwert zustande kommt. In diesen Fällen wird eine Exception erzeugt. Die für den Interpreter zuständige Exception-Klasse heißt Alarm, die throws-Klausel in der Schnittstelle signalisiert das mögliche Auftreten einer solchen Exception. (Ein Alarm-Objekt ist in unserem Interpreter ein Ausdruck wie andere auch – die Klasse Alarm implementiert die obige Schnittstelle. Näheres dazu und zur Erzeugung und Verarbeitung von Exceptions wird in Abschnitt 4.7.4 besprochen.)

Die zweite für Ausdrücke obligatorische Methode ist type. Jeder Ausdruck hat einen Typ. In t.Lisp stehen in der Initialisierungsdatei einige Definitionen der folgenden Art:

```
;   Ist der Ausdruck e eine Liste?
(define (list? e) (= (type e) 'List))
```

Der hier verwendete Operator type ist mit Hilfe der obigen Methode type implementiert, die jeder Ausdruck kennt. Beim Entwurf der Schnittstelle Expr wäre es eigentlich naheliegend, die Methode type einen Namen zurückgeben zu lassen. Für t.Lisp würde das genügen. In anderen Situationen möchte man aber vielleicht kompliziertere Typen verwenden, für deren Beschreibung ein einzelner Name nicht genügt. Der Rückgabewert Expr lässt Spielraum für solche Experimente.

Die meisten Klassen, die Expr implementieren, werden in der Praxis auch ihre eigene Methode toString definieren. Um daran zu erinnern, könnte man die Zeile

```
0  // Stringdarstellung des Ausdrucks
1  public String toString();
```

in die Schnittstelle aufnehmen. Da aber auch jede Klasse eine Implementierung dieser Methode von Object erbt, ist das nicht unbedingt nötig.

Im Quellcode des Interpreters sieht der Kopf der Methode eval nicht exakt so aus wie oben angegeben. Es gibt noch einen zweiten Parameter:

```
0        // Gibt den Wert dieses Ausdrucks bzgl. der Umgebung env zurück.
1        // tailPosition sagt dem Ausdruck, ob er in Tailposition steht.
2        public Expr eval(Env env, boolean... tailPosition) throws Alarm;
```

Die Punkte deuten an, dass man den Parameter beim Aufruf weglassen darf. tailPosition ist ein Vararg-Parameter, ein Konzept, das erst mit der Version 1.5 in Java aufgenommen wurde. Wenn tailPosition den Wert true hat, weiß der Ausdruck, dass er in einer *endständigen* Position angewandt wird. Dann kann man die Auswertung in bestimmten Fällen vereinfachen. Endständigkeit hat etwas mit Endrekursion zu tun, der wir in diesem Kapitel mehrfach begegnet sind. Das Konzept wird aber erst in Kapitel 4 behandelt.

Im Moment ist es das Beste, diesen Parameter zu ignorieren. Leider zwingt uns der Java-Compiler, ihn in der Implementierung auch dann in den Methodenkopf aufzunehmen, wenn er im Methodenrumpf nicht benutzt wird. In dem folgenden Beispiel ignorieren wir diese Pedanterie.

Beispiel: Der leere Ausdruck

Um ein konkretes Beispiel für eine Implementierung von Expr vor Augen zu haben, betrachten wir den leeren Ausdruck. Es gibt ihn nur in einem Exemplar, aber er kommt in t.Lisp öfter vor, als man denkt. Jeder Aufruf von bind gibt nämlich den leeren Ausdruck zurück:

```
-> (bind x 'x)
-> (type %)
Void
```

Der Operator bind wird nicht aufgerufen, um ein Resultat zu erzielen, sondern um einer *Nebenwirkung* willen – er verändert die globale Umgebung. Deshalb ist es ganz passend, wenn er nichts zurückgibt. Allerdings hat dieses Nichts Eigenschaften: Es hat einen Typ, eine Darstellung als String, in t.Scheme ist der leere Ausdruck sogar auswertbar. Sein Wert ist er selbst, so wie auch jede Zahl zu sich selbst auswertet.

Die Klasse VoidExpr definiert diesen Typ und stellt sicher, dass es von ihm nur ein Exemplar gibt, indem sie den Konstruktor private macht. Öffentlich zugreifbar ist nur die Konstante VOID:

```
0    public class VoidExpr implements Expr {
1
2        // VOID ist das einzige Objekt dieser Klasse.
3        public final static VoidExpr VOID = new VoidExpr();
4
5        // Konstruktor
6        private VoidExpr() {
7            super();
8        }
9
10       // Typname
11       public Expr type() {
12           return Symbol.forName("Void");
13       }
14
15       // Auswertung
16       public Expr eval(Env env) throws Alarm {
17           return this;
```

```
18        }
19
20        // Stringdarstellung
21        public String toString() {
22            return "";
23        }
24   }
```

In m.Lisp gibt bind nicht den leeren Ausdruck zurück, sondern eine Umgebung. Quizfrage: Wie erhält man trotzdem den leeren Ausdruck als Resultat einer Auswertung?

2.6.3   Die abstrakte Klasse Procedure

Alles, was man in t.Lisp erreicht, wird durch die Anwendung von Prozeduren bewirkt. apply ist so wichtig wie eval, das eine ist vom anderen gar nicht zu trennen (vgl. S. 42 und S. 101).

Will man den Eval-Apply-Mechanismus in Java programmieren, so muss man nach der Frage, was ein Ausdruck ist, sofort die Frage stellen, was eine Prozedur ist. Die Antwort „Alles, was am Kopf einer Liste stehen darf" formuliert die Frage nur um: Was darf am Kopf einer Liste stehen? Für uns sind das bisher ausschließlich Funktionen und Operatoren, aber es wird bald Weiteres hinzukommen. In praktisch jedem Lisp gibt es *Makros*, die Funktionen zum Verwechseln ähnlich sehen. In t.Pascal, t.Java und t.Prolog gibt es darüber hinaus jeweils noch weitere Prozedurtypen. Doch selbst wenn man sich zunächst mit Funktionen und Operatoren zufriedengibt, stellt sich die Frage nach dem Gemeinsamen beider Typen.

Die Antwort kennen wir schon aus der Implementierung von m.Lisp: Man kann beide auf eine Liste von Argumenten *anwenden*. Genau das ist die definierende Eigenschaft, durch die Prozeduren auf abstrakte Weise charakterisiert sind. Wir könnten das mit Hilfe einer Schnittstelle tun, so wie eval in dem Interface Expr vorgegeben ist, verwenden aber lieber eine abstrakte Klasse, weil wir darin gleich einige häufig verwendete Check-Methoden zum Prüfen der richtigen Anzahl von Argumenten beim Anwenden einer Prozedur unterbringen wollen.

Die abstrakte Klasse Procedure ist trotzdem ein direktes Gegenstück zu der Schnittstelle Expr:

```
0   public abstract class Procedure implements Expr {
1
2        // Prozeduren kann man auf eine Argumentliste args
3        // bzgl. einer Umgebung env anwenden.
4        public abstract Expr apply(List args, Env env) throws Alarm;
5        .....
6   }
```

Ein paar Bemerkungen dazu:

1. Die Definition sagt nichts darüber aus, was „Anwenden" inhaltlich bedeutet. In der Tat hat jeder einzelne Operator seine eigene, individuelle Vorstellung davon, was bei seiner Anwendung geschehen soll.

2. Die Signatur von apply enthält (wie schon die von eval) eine throws-Klausel − während der Anwendung der Prozedur wird möglicherweise eval aufgerufen, dabei kann eine Exception ausgelöst werden.

3. Natürlich ist, wie bei eval, auch für apply eine Umgebung notwendig, beispielsweise um einzelne Argumente auszuwerten.

4. Die Klasse Procedure ist von Expr abgeleitet, weil Prozeduren Ausdrücke sind. Sie haben sich selbst als Wert.

Die kreative Freiheit, die uns diese Schnittstelle lässt, werden wir schon im nächsten Kapitel nutzen. Dort kommen Arrays vor. Da wir aufgrund der sehr schlichten Syntax der t.Sprachen das *i*-te Element eines Arrays a nicht durch a[i] bezeichnen können, bietet es sich an, stattdessen (a i) zu schreiben. Das ist möglich, wenn man Arrays zu Prozeduren macht.

Wie schon bei eval sieht auch der Kopf der Methode apply im Quellcode nicht exakt so aus wie oben angegeben. Es gibt auch diesmal einen dritten Parameter:

```
0        public Expr apply(List args, Env env, boolean tailPosition)
1            throws Alarm;
```

Er spielt dieselbe, im Augenblick noch etwas mysteriöse Rolle wie der gleichnamige Parameter von eval, wieder ignorieren wir ihn vorläufig.

Die Klassenstruktur des Interpreters

Bei der Planung des Interpreters teilen wir mit Blick auf die Schnittstelle Expr und die abstrakte Klasse Procedure die Klassen für Ausdrücke in zwei Gruppen auf:

1. Klassen, die Expr direkt implementieren:

> Klassen für Ausdrücke, die in der Grammatik der Sprache (S. 36) vorkommen. Einige Klassennamen wie Boolean, Number, Void etc. sind schon durch java.lang belegt, die entsprechenden t.Scheme-Klassen heißen deshalb etwas anders:

List	Listen
Num	Zahlen
Str	Zeichenketten
Symbol	Namen

> Klassen für Ausdrücke, die in der Grammatik nicht vorkommen:

Bool	Boolesche Werte
VoidExpr	Leerer Ausdruck
Env*	Umgebungen
Alarm*	Fehlerobjekte

2. Klassen, die von Procedure abgeleitet sind:

Operator	Operatoren
Function	Funktionen
Macro	Makros

Zu dieser Gruppe kommen später noch weitere Klassen hinzu.

Die Übersicht gibt den ursprünglichen Entwurf ziemlich genau wieder. Die beiden mit einem Stern markierten Klassen waren im ersten Entwurf des Interpreters noch keine Ausdrücke, erst der Wunsch nach besseren Möglichkeiten der Fehleranalyse hat sie dazu werden lassen.

Daneben gibt es einige weitere Klassen, die wir erst später brauchen. Mit den hier genannten Klassen kann man aber den kompletten t.Lisp-Interpreter realisieren. Alle in der Aufzählung genannten Klassen sind konkret, mit Ausnahme der abstrakten Klasse Operator, der Basisklasse für die einzelnen Operatoren. Im nächsten Abschnitt wird das den Operatoren zugrunde liegende Konzept diskutiert.

2.6.4   Operatoren

In Abschnitt 2.6.1 hatten wir gesehen, dass sich die t.Sprachen vor allem darin unterscheiden, welche Operatoren sie besitzen. In t.Zero kann man nicht mit Listen arbeiten, weil die Operatoren `cons`, `car` und `cdr` nicht zur Verfügung stehen. In t.Lisp gibt es keine Records wie in t.Pascal, weil der Operator `record` zu ihrer Konstruktion fehlt. Was eine Sprache kann, wofür sie besonders geeignet ist, ihr spezifischer Charakter, das alles wird in den t.Sprachen vor allem über Operatoren geregelt.

Operatoren sind die vom System vordefinierten Funktionen einer Programmiersprache, ihre Grundausstattung an Werkzeugen. Die Definition weiterer Funktionen dient letztlich nur dazu, die Erledigung einer Aufgabe auf die zur Verfügung stehenden Basis-Operatoren zurückzuführen. Bei der Konstruktion eines Interpreters, der mehrere verschiedene Sprachen ausführen soll, ist es deshalb besonders wichtig, sich nicht frühzeitig auf eine bestimmte Auswahl von Operatoren festzulegen.

Der Interpreter für die t.Sprachen ist so angelegt, dass man ihn jederzeit um neue Operatoren erweitern kann. Das „jederzeit" ist ganz wörtlich zu nehmen: Sogar während der Interpreter läuft, kann man noch neue Operatoren hinzufügen.

Die abstrakte Klasse `Operator`

Die Klasse `Operator` ist eine abstrakte Unterklasse der abstrakten Klasse `Procedure`:

```
0   public abstract class Operator extends Procedure
```

Man kann also keine Instanzen dieser Klasse erzeugen. Die Klasse fasst das zusammen, was allen Operatoren gemeinsam ist. Entscheidend ist aber in diesem Fall, was die Klasse *nicht* implementiert, nämlich die Methode `apply`. Nur in dieser Methode unterscheiden sich die einzelnen Operatoren voneinander. Sie ist deshalb in der Klasse `Operator` nochmals eigens als `abstract` gekennzeichnet und hat dort keinen Methodenrumpf:

```
0   // Anwendung eines Operators
1   public abstract Expr apply(List args, Env env) throws Alarm;
```

Die Implementierung von `apply` wird in den konkreten Unterklassen für die einzelnen Operatoren nachgeholt.

Die sonstigen Methoden, die ein Objekt der Klasse `Operator` kennen muss, ergeben sich aus den folgenden Überlegungen:

1. Operatoren sind Ausdrücke, deshalb müssen `eval`, `type` und `toString` implementiert werden.

2. Operatoren sollen mit Hilfe des Operators `op` zugreifbar sein. Für diesen Zweck ist eine Methode mit der Signatur

   ```
   0   protected static Operator forName(String name) throws Alarm;
   ```

   vorgesehen. Ein Aufruf `Operator.forName(<name>)` gibt den Operator mit dem Namen `<name>` zurück.

Das ist im Wesentlichen alles, was die Klasse `Operator` leisten muss.

Neben den hier besprochenen sind noch einige weitere Methoden vorhanden, deren Namen alle mit `check` anfangen: `checkSymbol`, `checkList` etc. In den einzelnen konkreten Operatorklassen dienen sie zur Überprüfung von Bedingungen, die für das Funktionieren der Operatoren Voraussetzung sind.

Die Implementierung von eval, type und toString ist einfach: eval gibt this zurück (jeder Operator hat sich selbst als Wert), type gibt das Symbol Operator als Typnamen zurück und toString benutzt ein privates Attribut name des Operators, aus dem die Stringdarstellung erzeugt wird:

```
0   // Stringdarstellung
1   public String toString() {
2       return "op[" + name + "]";
3   }
```

Das Attribut name ist ein unveränderlicher *interner* Name, er muss nicht mit dem Bezeichner identisch sein, unter dem der Operator benutzt wird. Die Namen, unter denen man die Operatoren tatsächlich aufruft, werden in der Regel erst beim Start des Interpreters in der Initialisierungsdatei vergeben, zum Beispiel so:

```
(bind + (op plus))
```

Hier ist + der t.Lisp-Name des Operators mit der Stringdarstellung op[plus] und dem internen Namensattribut plus. Seine apply-Methode ist in der Klasse Operator_plus implementiert.

Die konkreten Operatorklassen

Die Klasse Operator macht es sehr einfach, für die t.Sprachen neue Operatoren zu definieren. Jeder Operator wird als Unterklasse von Operator definiert. Dabei ist die Implementierung der Operator-Methode forName darauf angewiesen, dass ein Operator mit dem internen Namen *name* in einer Klasse mit dem Namen Operator_*name* definiert wird. Zum Beispiel wird op[plus] in der Klasse Operator_plus definiert.

Um nicht dutzende von winzig kleinen Klassendateien für die Operatoren zu haben, fassen wir jeweils mehrere Operatorklassen in einer gemeinsamen Datei zusammen. Diese Dateien stehen im Verzeichnis expressions im Unterverzeichnis Operators. Das Unterverzeichnis definiert jedoch kein eigenes Paket, Operatoren stehen als Ausdrücke auf derselben Ebene wie alle übrigen Ausdrücke.

Java verlangt für den Fall, dass mehrere Klassen in einer .java-Datei zusammengefasst werden, dass höchstens eine der Klassen public ist. Da die Operatorklassen alle gleichberechtigt sind, trägt keine von ihnen den Modifier public.

Die einzelnen Operatorklassen sind fast alle sehr kurz und nach einem festen Schema konstruiert:

```
0   class Operator_name extends Operator {
1       public Expr apply(List args, Env env) throws Alarm {
2           .....
3       }
4   }
```

In dem durch die Punkte angedeuteten Methodenrumpf sind zwei Arten von Aufgaben zu erledigen:

1. Die *Vorbedingungen* für den erfolgreichen Aufruf des Operators sind zu prüfen. Dazu gehört die Frage, ob Anzahl und Typ der aktuellen Operanden stimmen, aber auch speziellere Tests. Zum Beispiel muss vor einer Division geprüft werden, dass nicht durch Null geteilt wird.

2. Die eigentliche *Aktion* des Operators muss ausgeführt werden.

Die Klasse `Operator_plus` in der Datei `NumOp.java` ist typisch für das Vorgehen nach diesem Muster:

```
0   // Additionsoperator
1   class Operator_plus extends Operator {
2       public Expr apply(List args, Env env) throws Alarm {
3           checkArity(args, 2);
4           Num n = checkNum(args.first().eval(env));
5           Num m = checkNum(args.second().eval(env));
6           return n.add(m);
7       }
8   }
```

In diesem Fall wird mit `checkArity(args, 2)` überprüft, dass der Operator binär benutzt wird. Die Methode löst einen Alarm aus, wenn args nicht die Länge 2 hat.

Nachdem sichergestellt ist, dass es genau zwei Argumente gibt, werden diese mit `args.first().eval(env)` bzw. `args.second().eval(env)` ausgewertet. Die Schnittstelle Expr garantiert ja nur, dass eval den Resultattyp Expr hat; deshalb muss noch geprüft werden, ob die Werte Zahlen sind, d. h. den Typ Num haben. In diesem Fall führt checkNum auch die Umwandlung in den Typ Num durch, andernfalls wird die Addition mit einem Alarm abgebrochen.

Nach diesen Kontrollen delegiert `Operator_plus` die eigentliche Addition mit dem Aufruf `n.add(m)` an die Klasse Num.

Zum Vergleich werfen wir noch einmal einen Blick auf die entsprechende Stelle in der Implementierung von mlisp:

```
;   Anwenden eines binären Operators
(bind apply-binary-op
    (lambda (f x y)
        (cond
            (= f '+) (+ x y)
            ..... )))
```

Die Ausführung der Addition in der Implementierungssprache, also (+ x y) in t.Lisp und `n.add(m)` in Java, wird in beiden Programmen ganz analog vorgenommen. Der wesentliche konzeptionelle Unterschied der Implementierungen besteht darin, dass in der Java-Implementierung von t.Lisp zusätzlich die semantischen Prüfroutinen aufgerufen werden. Erst dadurch wird die implementierte Sprache sicher benutzbar.

Die Implementierung des Operators op

Als zweites Beispiel für eine konkrete Operatorklasse betrachten wir die Klasse `Operator_op`, mit der Operatoren in den Interpreter geladen werden. Sie steht in der Datei `BasicOp.java`.

Der Operator op[op] ist nach demselben Schema implementiert, das wir eben besprochen haben:

```
0   class Operator_op extends Operator {
1       public Expr apply(List args, Env env) throws Alarm {
2           checkArity(args, 1);
3           Symbol opname = checkSymbol(args.first());
4           return Operator.forName(opname.toString());
5       }
6   }
```

Mit den Prüfroutinen checkArity und checkSymbol wird sichergestellt, dass Anzahl und Typ der Argumente korrekt sind: Der Operator op erwartet genau ein Argument vom Typ Symbol. Die eigentliche Aktion, das Bereitstellen des Operators, erledigt die Methode forName aus der Klasse Operator.

Allerdings besteht ein wesentlicher Unterschied zu dem vorangehenden Beispiel, den man leicht übersehen kann: Während der Additionsoperator die ihm übergebenen Argumente unter Bezug auf die Umgebung env auswertet, lässt der Operator op sein Argument unausgewertet.

Man muss bei der Implementierung jedes Operators sehr genau planen, welche Argumente auszuwerten sind und welche nicht. So darf etwa bind sein erstes Argument keinesfalls auswerten, das zweite muss aber ausgewertet werden.

Beim Operator op könnte man sich zunächst vorstellen, dass das Argument ausgewertet wird. Dann würde man Operatoren mit einem quotierten Namen ansprechen, etwa als (op 'plus) oder (op 'op), was ganz natürlich erscheint. Damit würde aber der Bootstrap zur Initialisierung einer t.Sprache nicht mehr funktionieren, weil das Laden jedes Operators und insbesondere auch des Operators quote das Vorhandensein des Operators quote voraussetzen würde. Deshalb wird in der Klasse Operator_op das Argument nicht ausgewertet.

Eine andere Möglichkeit wäre es, das Symbol quote schon im Interpreter an op[quote] zu binden, so wie das mit op und op[op] gemacht wird. Dann könnte man den Operator op sein Argument auswerten lassen.

Die Operatortabelle

Die Semantik des Operators op haben wir auf die Methode forName der Klasse Operator zurückgeführt. Die Funktionsweise dieser Methode hängt eng mit der *Operatortabelle* zusammen, die in dieser Klasse deklariert ist:

```
0   private static Hashtable<String, Operator> optable;
```

Das Schlüsselwort static bedeutet, dass diese Tabelle ein Attribut der Klasse Operator ist, nicht eines einzelnen Operators. Sie dient zur Speicherung der in den Interpreter geladenen Operatoren.

Die Operatortabelle ist eine Hashtabelle, in der die Operatoren als Name-Wert-Paare abgelegt werden, wobei der interne Name als Schlüssel benutzt wird. Sie wird mit Hilfe eines Klassenkonstruktors initialisiert:

```
0   // Klassenkonstruktor. Die Operatortabelle hat zu Beginn Platz für 100 Operatoren.
1   static {
2       optable = new Hashtable<String, Operator>(100);
3   }
```

Wenn mit forName(<*name*>) auf einen Operator mit dem internen Namen <*name*> zugegriffen wird, sieht forName in der Tabelle nach, ob der Operator dort schon vorhanden ist. Ist das nicht der Fall, so wird er erzeugt und in die Tabelle eingetragen:

```
0   // Gibt den Operator mit dem Namen name zurück.
1   public static Operator forName(String name) throws Alarm {
2       Operator op = null;
3       if (optable.containsKey(name)) {   // Operator existiert
4           op = optable.get(name);
5       } else {                           // Operator eintragen
6           Class opclass = checkOpclass(name);
7           op = Operator.forClass(opclass);
```

```
8              optable.put(name, op);
9        }
10       return op;
11 }
```

Die Methode checkOpclass prüft, ob die Klasse Operator_*name* existiert und gibt sie als Objekt des Java-Typs Class zurück. Fehlt sie, so wird ein Alarm ausgelöst.

Eine weitere Methode der Klasse Operator erzeugt neue, noch nicht in die Tabelle eingetragene Exemplare dieser Klasse:

```
0  // Gibt einen Operator der Klasse opclass zurück.
1  private static Operator forClass(Class opclass) throws Alarm {
2      try {
3          return (Operator) opclass.newInstance();
4      } catch (InstantiationException ie) {
5      } catch (IllegalAccessException iae) {
6      }
7      throw new Alarm("NEWOP",
8          "Cannot␣instantiate␣class␣" + opclass.getName());
9  }
```

Mit opclass.newInstance() wird ein Objekt der Klasse opclass erzeugt, indem deren argumentloser Konstruktor aufgerufen wird. Im Java-API zu dieser Methode heißt es: „The class is initialized if it has not already been initialized". Damit ist gesichert, dass beim ersten Aufruf von (op <*name*>) die Klasse Operator_*name* in das Java-Laufzeitsystem geladen, ein Operator dieser Klasse erzeugt und in die Operatortabelle eingetragen wird.

Die Klasse java.lang.Class bietet keine Möglichkeit an, einen Konstruktor mit einem Argument aufzurufen. Mit einem solchen Konstruktor könnte man dem neuen Operator seinen internen Namen mitteilen. Da das aber nicht geht, stellt sich die Frage, wie das Attribut name des Operators initialisiert wird. Woher erfährt ein Operator seinen internen Namen?

Die Antwort gibt der Konstruktor der Klasse Operator, den die Unterklasse Operator_*name* erbt. Dieser Konstruktor liest beim Aufruf den Namen seiner eigenen Klasse und holt sich daraus den entsprechenden Operatornamen:

```
0  // Konstruktor
1  protected Operator() {
2      name = namepartFrom(getClass().getName());
3  }
```

Dazu benutzt er die Hilfsmethode namepartFrom, welche aus dem Klassennamen (er lautet vollständig expressions.Operator_*name*) den Namensteil nach dem Unterstrich extrahiert:

```
0  // Gibt den Namensteil von classname zurück.
1  private static String namepartFrom(String classname) {
2      int i = classname.lastIndexOf('_') + 1;
3      return classname.substring(i);
4  }
```

Diese technischen Details überdecken vielleicht ein bisschen die einfache Funktion der Operatortabelle: Wenn mit (op <*name*>) der Operator <*name*> angesprochen wird, dann wird er aus der Tabelle geholt oder, falls er noch nicht vorhanden ist, dort eingetragen. Das ermöglicht es, neue Operatoren dynamisch in den Interpreter zu laden.

2.6.5   Laufzeitprüfungen

Eine wichtige Rolle spielen bei der Implementierung der Operatoren die Prüfroutinen. Um den Interpreter vor Abstürzen zu bewahren, müssen immer wieder Bedingungen abgefragt werden: Ist ein Operator schon in der Operatortabelle vorhanden? Wird er mit der korrekten Anzahl von Argumenten aufgerufen? Haben die Argumente den richtigen Typ?

In t.Lisp müssen alle derartigen Bedingungen zur Laufzeit abgefragt werden. Viele dieser „semantischen Checks" kommen an mehreren Stellen im Programmtext in ähnlicher Form vor.

Die Prüfmethoden haben alle einen Namen, der mit check beginnt, und sind in ihrem Rumpf immer gleich strukturiert. Zum Beispiel enthält die Klasse List die Methode checkNonemptylist, mit der geprüft werden kann, ob ein Ausdruck eine nichtleere Liste ist:

```
0   public class List extends LinkList<Expr> implements Expr {
1       .....
2       // Prüft, ob e eine nichtleere Liste ist. Falls ja, wird diese zurückgegeben,
3       // sonst wird ein Alarm mit den internen Namen EMPTYLIST erzeugt.
4       public static List checkNonemptylist(Expr e, Expr client)
5                                                           throws Alarm {
6           List ls = checkList(e, client);
7           if (!ls.isEmpty()) return ls;
8           String message = client + "␣expects␣a␣nonempty␣list";
9           throw new Alarm("EMPTYLIST", message);
10      }
11      .....
12  }
```

Mit diesem Check stellen die Operatoren car und cdr sicher, dass sie nur auf nichtleere Listen angewendet werden.

Viele Check-Methoden haben ein Argument namens client. Es repräsentiert immer das Objekt, welches die Check-Routine aufruft (den Auftraggeber des Checks), und dient dazu, eine aussagefähige Fehlermeldung zu erzeugen.

Sehr oft ist der Auftraggeber this. Angesichts der Vielzahl von Operatoren wäre es ein bisschen lästig, jedes Mal this als Klienten in die Check-Methode zu schreiben. Deswegen ist in der gemeinsamen Basisklasse aller Operatoren eine Methode checkNonemptylist mit nur einem Argument definiert, welche die Angabe des this überflüssig macht:

```
0   public abstract class Operator extends Procedure {
1       .....
2       // Prüft, ob e eine nichtleere Liste ist.
3       protected List checkNonemptylist(Expr e) throws Alarm {
4           return List.checkNonemptylist(e, this);
5       }
6       .....
7   }
```

Im Quelltext der einzelnen Operatoren werden die Check-Methoden durchweg in dieser abgekürzten Form aufgerufen. Am Beispiel des Operators car sieht der Check dann so aus:

```
0   // Operator car für Listen
1   class Operator_car extends Operator {
2       public Expr apply(List args, Env env) throws Alarm {
3           checkArity(args, 1);
4           List ls = checkNonemptylist(args.first().eval(env));
5           return ls.car();
6       }
7   }
```

In Zeile 4 wird geprüft, dass car mit genau einem Argument aufgerufen wird, dann folgt der Aufruf von checkNonemptylist, bei dem, wenn alles in Ordnung ist, das Argument auch gleich in den Typ List umgewandelt wird.

Wenn das Argument eine leere Liste ist, wird die Fehlermeldung "op[car] expects a nonempty list" ausgegeben. Der Client war in diesem Fall der Operator op[car], weil in der Klasse Operator_car das this eben dieser Operator ist.

Alle Check-Methoden folgen demselben Muster: Sie prüfen eine Bedingung; sofern diese erfüllt ist, terminieren sie ordnungsgemäß, andernfalls wird ein Alarm ausgelöst. Dieser führt in der Regel zu einer Fehlermeldung am Eingabeprompt, die dem Benutzer einen Hinweis auf die Fehlerursache geben soll.

Das Argument "EMPTYLIST" der Alarm-Exception in der Methode checkNonemptylist dient zur Erzeugung einer Marke, mit der man die Exception auffangen kann. Der genaue Mechanismus wird in Abschnitt 4.7.4 erläutert.

Noch eine softwaretechnische Bemerkung zu den Check-Methoden: Es gibt im Quellcode der t.Sprachen mehr als fünfzig von ihnen. Die meisten haben nur die Aufgabe zu prüfen, ob ihr Argument einen bestimmten Typ hat, und es gegebenenfalls in diesen Typ umzuwandeln. Angesichts der Vielzahl solcher Methoden mit ähnlicher Struktur könnte man versucht sein, eine Service-Klasse Check.java einzuführen und alle Prüfroutinen dorthin als statische Methoden auszulagern. Anstelle von checkArity(args, 1) würde man dann zum Beispiel Check.arity(args, 1) schreiben. Das würde die einzelnen Klassen kleiner und lesbarer machen und wäre eigentlich im Sinne der Philosophie des Ockhamschen Rasiermessers (siehe S. 6).

Für die Konstruktion der Software der t.Sprachen wäre ein solches Vorgehen jedoch gar nicht gut. Die Klasse Check wäre mit allen Klassen gekoppelt, die eine Check-Methode aus ihr beziehen. Die Verteilung der Prüfmethoden auf viele Klassen erlaubt es dagegen, den Tanagra-Interpreter zu erweitern, ohne an bestehenden Klassen irgendwelche Eingriffe vorzunehmen. Sie entspricht weit besser dem Prinzip der losen Kopplung der Klassen eines Softwaresystems.

Am Beispiel der Laufzeit-Kontrollen zeigt sich besonders deutlich, warum Interpreter, die wie der Tanagra-Interpreter ohne Vorübersetzung von Funktionsdefinitionen arbeiten, nicht gerade effizient sind. Vieles von dem, was die Check-Methoden zur Laufzeit tun müssen, könnte ein Compiler schon vorher erledigen, womit sich der Ablauf erheblich beschleunigen würde.

2.6.6 Listen

Kann man ein Lisp in Java implementieren, ohne eine Klasse für Listen zu schreiben? Im Prinzip ja: Das Collection-Framework von Java im Paket java.util enthält ein Interface List<E> mit der dazu passenden Implementierung LinkedList<E>. Man setze für E unsere Schnittstelle Expr ein – schon sind die Listen fertig.

Nur eine Zutat fehlt noch: Eine Liste vom Typ LinkedList<Expr> ist selbst kein Ausdruck. Wir könnten aber leicht eine Unterklasse List schreiben, in der die Schnittstelle Expr implementiert wird, und hätten dann tatsächlich eine brauchbare Implementierung unserer Listen. Hier sieht man deutlich die Vorteile der Wiederverwendbarkeit.

Man erbt aber auch deren Nachteile: LinkedList<E> ist ein Fertiggericht mit Zutaten, über die man wenig weiß und die man bei genauerem Hinsehen auch nicht alle zu sich nehmen möchte. Mehr als zwei Dutzend Methoden, unter anderem ein indexorientierter Zugriff, sind keine schlanke Kost.

Im Quellcode des Interpreters ist deshalb `LinkedList<E>` durch eine Klasse `LinkList<E>` ersetzt, die klein und überschaubar ist. Sie hat zunächst nichts mit Ausdrücken oder dergleichen zu tun und kann unabhängig vom Rest des Interpreters entworfen werden.

Die generische Klasse `LinkList<E>`

Eine Liste von Elementen eines Typs E ist, so viel wissen wir aus Lisp, entweder leer oder sie besteht aus einem Element von E (ihrem Kopf einer Liste) und einer weiteren Liste von Elementen (ihrem Rumpf). Das legt es nahe, Kopf und Rumpf als Attribute zu definieren. Als weiteres Attribut speichern wir die Länge der Liste, damit man diese feststellen kann, ohne die Liste zu durchlaufen.

Damit ist bereits ein guter Teil der Klasse `LinkList<E>` fertig:

```
0    // LinkList.java
1    // Eine generische Klasse für Listen
2    public class LinkList<T> {
3
4        private T head;
5        private LinkList<T> tail;
6        private int length;
7
8        // Konstruktor für nichtleere Liste
9        public LinkList(T e, LinkList<T> ls) {
10           head = e;
11           tail = ls;
12           length = 1 + ls.length;
13       }
14
15       // Konstruktor für leere Liste
16       public LinkList() {
17           length = 0;
18       }
19       :
20   }
```

Der Zugriff auf die Attribute ist mit private etwas eng gewählt, man braucht noch Lesemethoden:

```
0    // Zugriff auf head
1    public T head() { return head; }
```

und entsprechende Methoden für `tail` und `length`. Zum Ändern einer Liste (etwas, was in t.Lisp nicht möglich ist, wohl aber in t.Scheme) gibt es in `LinkList<E>` auch Schreibmethoden für head und tail.

Zwei Listen gelten in Lisp als gleich, wenn sie dieselben Elemente enthalten. Deshalb ist es notwendig, die von `Object` geerbte Methode equals zu überschreiben. Die folgende Implementierung vergleicht zwei Listen rekursiv. Das ist im Sinne von Lisp, eine Schleife wäre allerdings effizienter:

```
0    // Gleichheit von Listen ist elementweise definiert.
1    public boolean equals(Object e) {
2        if (!(e instanceof LinkList)) return false;
3        LinkList ls = (LinkList) e;
4        return (length == ls.length) &&
5            (isEmpty() ||
6                (head.equals(ls.head) && tail.equals(ls.tail)));
```

```
7   }
```

Die zweite von `Object` geerbte Methode, die überschrieben werden muss, ist natürlich `toString`. Dazu benutzen wir eine Hilfsmethode `toStringWithoutPar`, welche die Liste in eine Zeichenkette ohne Klammern verwandelt. Die Methode `toStringWithPar` wird in der Unterklasse `List` verwendet.

```
0   // Stringdarstellung
1   public String toString() {
2       return toStringWithPar();
3   }
4
5   // Stringdarstellung mit Klammern
6   protected String toStringWithPar() {
7       return "(" + toStringWithoutPar() + ")";
8   }
9
10  // Stringdarstellung ohne Klammern
11  protected String toStringWithoutPar() {
12      if (isEmpty()) {
13          return "";
14      } else if (tail.isEmpty()) {
15          return head.toString();
16      } else {
17          return head.toString() + "␣" + tail.toStringWithoutPar();
18      }
19  }
```

Würde sich `toString` in seinem Rumpf selbst rekursiv aufrufen, so wie das die Methode `toStringWithoutPar` macht, käme ein schlecht lesbares Klammergebirge heraus.

Die Klasse `List`

Die eben konstruierte Klasse `LinkList<E>` verwenden wir nun exakt so, wie wir das zunächst mit der Klasse `LinkedList<E>` aus dem Java-Collection-Framework angedacht hatten: Die eigentlich interessante Klasse `List` zur Darstellung von Listen, die Ausdrücke enthalten und selbst Ausdrücke sind, wird als Unterklasse von `LinkList<Expr>` deklariert, welche die Schnittstelle `Expr` implementiert:

```
0   public class List extends LinkList<Expr> implements Expr
```

Natürlich stellt sich spätestens hier die Frage, wozu denn überhaupt eine generische Listenklasse nötig ist. Es wäre doch einfacher, sofort die Klasse `List` in der folgenden Form zu vereinbaren:

```
0   public class List implements Expr {
1       private Expr head;
2       private List tail;
3       .....
4   }
```

Dagegen spricht tatsächlich nicht viel. Die hier gewählte Trennung der beiden Klassen hat den marginalen Vorteil, dass man mit wenigen Handgriffen die Klasse `LinkList<E>` gegen `LinkedList<E>` austauschen und damit den Quellcode-Umfang des Interpreters nochmals verkleinern kann. Außerdem werden wir `LinkList<E>` noch bei der Implementierung von Umgebungen verwenden – wofür wir allerdings auch wieder `LinkedList<E>` nehmen könnten.

Wir bleiben bei dem ersten Entwurf von List. Die wichtigste Aufgabe dieser Unterklasse ist die Implementierung der Schnittstelle Expr. Darüber hinaus sind ein paar Routineaufgaben zu erledigen.

Zunächst brauchen wir Konstruktoren:

```
0   // Ein List-Objekt ist eine Liste von Ausdrücken und ein Ausdruck.
1   public class List extends LinkList<Expr> implements Expr {
2
3       // Konstruktor für leere Liste
4       protected List() {
5           super();
6       }
7
8       // Konstruktor für nichtleere Liste
9       protected List(Expr e, List ls) {
10          super(e, ls);
11      }
12      ⋮
13  }
```

Die Konstruktoren sind nicht public, sondern protected, weil Listen im Java-Code des Interpreters außerhalb der Klasse List nicht durch explizite Konstruktoraufrufe erzeugt werden, sondern auf indirekte Art. Die leere Liste ist als Klassenkonstante NIL in List.java definiert, nichtleere Listen werden mit einer Methode cons erzeugt:

```
0   // Gibt die Erweiterung dieser Liste um den Ausdruck e zurück.
1   public List cons(Expr e) {
2       return new List(e, this);
3   }
```

Neben cons gibt es in der Klasse List auch die Methoden car und cdr:

```
0   // Zugriff auf den Listenkopf
1   public Expr car() {
2       return head();
3   }
4
5   // Typsicherer Zugriff auf den Rumpf dieser Liste
6   public List cdr() {
7       return (List) tail();
8   }
```

Während car nur eine Umbenennung von head ist, hat cdr gegenüber tail einen anderen Rückgabetyp: Die Methode tail aus der Klasse LinkList<E> gibt eine LinkList zurück; sie garantiert nicht, dass das Resultat eine Liste vom Typ List ist. Wenn wir aber List-Objekte immer mit cons erzeugen, gibt cdr auch wieder List-Objekte zurück.

Der Umgang mit cons, car und cdr in Java ist anfangs vielleicht etwas gewöhnungsbedürftig: Während man in Lisp ein Element x mit (cons x ls) an eine Liste ls anhängt, kehrt sich in Java die Reihenfolge um, man muss ls.cons(x) schreiben.

Der Kern der Klasse List ist die Implementierung von Expr. Die Methode type ist am einfachsten, sie gibt das Symbol List zurück. toString wurde schon in LinkList<E> implementiert, man muss aber daran denken, dass in t.Lisp eine Liste der Form (quote *expr*) als '*expr* dargestellt wird. Deshalb übernimmt List die Methode toString nicht als Erbschaft, sondern definiert sie selbst:

```
0  // Stringdarstellung mit Sonderform für (quote expr)
1  public String toString() {
2      boolean quoted = (length() == 2) &&
3          car().equals(Symbol.forName("quote"));
4      return quoted ? "'" + cdr().car() : toStringWithPar();
5  }
```

Wieder sieht man die umgedrehte Schreibweise: In Lisp würde man `(car (cdr ls))` für das zweite Element einer Liste `ls` schreiben; in Java erreicht man das zweite Element eines List-Objekts `ls` mit `ls.cdr().car()`, bzw. wenn die Liste `this` ist, einfach mit `cdr().car()`.

Als letzter und wichtigster Punkt bleibt noch die Implementierung der Methode `eval` der Klasse `List`. Schließlich ist es die Auswertung von Listen, die den Eval-Apply-Mechanismus in Gang bringt. Den Ablauf haben wir schon an zwei Stellen besprochen (S. 40 und S. 102): Die Liste darf nicht leer sein, der Kopf muss eine Prozedur sein, diese wird auf die Argumente angewendet. Voilà:

```
0  // Auswertung einer Liste
1  public Expr eval(Env env) throws Alarm {
2      checkEvalnil(this);
3      Procedure proc = checkProcedure(car().eval(env));
4      return proc.apply(cdr(), env);
5  }
```

Mit `checkEvalnil(this)` wird geprüft, dass die Liste nicht leer ist. In der zweiten Zeile wird der Listenkopf ausgewertet und getestet, ob der Wert eine Prozedur ist. Diese Prozedur wird von `checkProcedure` zurückgegeben und in der dritten Zeile auf den (noch nicht ausgewerteten!) Rest der Liste angewendet.

Die obige Implementierung entspricht der Schnittstelle `Expr`, wie sie auf S. 113 wiedergegeben ist. Im Quelltext besitzt `eval` noch ein zweites Argument, das erst später in Abschnitt 4.2.5 besprochen wird.

Damit ist die Klasse vollständig bis auf eine Hilfsmethode, die bei der Anwendung einer Funktion gebraucht wird. Wir hatten schon bei der Implementierung von m.Lisp gesehen, dass eine Funktion ihre Argumente in Form einer Liste überreicht bekommt, deren Elemente ausgewertet werden müssen. Dort wurde das mit der t.Lisp-Funktion `eval-items` gemacht. Das Gegenstück dazu ist die Java-Methode `evalItems`:

```
0  // Alle Elemente der Liste auswerten
1  public List evalItems(Env env) throws Alarm {
2      if (isEmpty()) return this;
3      Expr e = car().eval(env);
4      List ls = cdr().evalItems(env);
5      return ls.cons(e);
6  }
```

Die Listenelemente werden mit dieser Methode *von links nach rechts* ausgewertet. Wir hätten, aus der Sicht von Lisp naheliegend, nach der `if`-Anweisung auch so formulieren können:

```
0  return cdr().evalItems(env).cons(car().eval(env));
```

Dann würden die Elemente der Liste *von rechts nach links* ausgewertet. Für t.Lisp ist die Auswertungsreihenfolge eigentlich gleichgültig, aber in der imperativen Sprache t.Pascal des nächsten Kapitels spielt sie eine ganz wesentliche Rolle.

t.Pascal: Imperative Programmierung

Dem versteckten Imperativ kommt man hier auf die Spur. Auf diesen Seiten kann man sich mit den Erkenntnissen der Internationalen Imperativologischen Gesellschaft beschäftigen. (http://www.imperativ.org/main.htm)

Die Gesellschaft, deren Webseite die obigen Worte entnommen wurden, hat es sich zum löblichen Ziel gesetzt, bislang unerkannte autoritäre Strukturen unserer Sprache zu enttarnen. Das scheinbar unverdächtige Wort „Drucker" wird beispielsweise so geoutet:

„Drucke R! – die Aufforderung des PC-Betriebssystems an den angeschlossenen Drucker, den hexadezimalen Code 52 (laut ISO 8859-1) aufs Papier zu bringen."

Anhänger des deklarativen Programmierstils mögen es beklagen, aber es ist eine Tatsache, dass die überwiegende Mehrheit aller Programme bis heute in einem derartigen Befehlston formuliert wird. Das hat gute Gründe.

Imperative Programme enthalten *Anweisungen* an einen Rechner. Eine Anweisung zielt immer auf eine Wirkung ab: Der *Zustand* des Rechners soll nach Ausführen der Anweisung ein anderer sein als vorher. Diese Zustandsveränderung wird oft auch als *Nebenwirkung* oder als *Seiteneffekt* der Anweisung bezeichnet. In Wahrheit ist sie aber die wesentliche Auswirkung der Anweisung, nur ihretwegen wird der Befehl gegeben. Der Zusatz „Neben" verweist darauf, dass die Wirkung schon während der Ausführung des Befehls oder Programms eintritt, also zeitlich gesehen „nebenher". Im Gegensatz dazu erhält man den Wert einer Funktion erst als *Endergebnis* ihres Aufrufs.

3.1   Imperativer Programmierstil

3.1.1   Rechnen mit Zuständen

Ein digitaler Rechner befindet sich in jedem Moment in einem bestimmten Zustand: Festplatte, Hauptspeicher, Grafikkarte, Mainboard, Geräte-Controller – sie alle können Daten speichern. Die Gesamtheit dieser Daten definiert den jeweiligen Zustand des Computers. Wenn alle Komponenten zusammen N Bit Speicherkapazität haben, dann befindet sich der Rechner zu jedem Zeitpunkt in genau einem von 2^N möglichen Zuständen.

Jede Anweisung an den Rechner, sei es der Aufruf einer Tabellenkalkulation durch einen Mausklick oder ein einzelner Maschinenbefehl zum Kopieren eines Registerinhalts in eine Hauptspeicherzelle, hat den Zweck, den Zustand des Rechners zu verändern.

Sehr formal ausgedrückt, durchläuft ein Computer von dem Moment an, in dem er eingeschaltet wird, eine Folge $z_0, z_1, z_2, \ldots$ von Zuständen. Das hat unmittelbar mit Zeit zu tun: z_i ist der Zustand im Zeitpunkt i.

Imperative Programmierung ist durch zwei Fakten charakterisiert, die man als zwei Seiten derselben Münze verstehen muss:

1. Sie operiert (mehr oder minder explizit, das hängt von der jeweiligen Sprache ab) mit den Begriffen *Zustand* und *Zeit*.

2. Ihre Denkweise ist an der *Hardware* des Computers orientiert.

Anstatt von imperativer könnte man auch von *zustandsabhängiger* Programmierung reden. Das klingt ein bisschen wie „drogenabhängig" und ungefähr so kann man es auch sehen.

Um nur ein Beispiel zu nennen: In der imperativen Programmierung ist es selbstverständlich, mit *Variablen* zu arbeiten. Eine Variable ist ein Behälter für einen Wert, sie kann zu verschiedenen Zeiten als Folge von *Wertzuweisungen* verschiedene Werte enthalten. In der Mathematik käme niemand auf die Idee, der Kreiszahl π per Zuweisung einen neuen Wert zu geben, etwa pi := 3.0. Bei deklarativer Programmierung wäre eine solche Zuweisung ähnlich absurd, aber in imperativen Programmen ist es völlig normal, dass ein Name je nach dem Zeitpunkt seiner Verwendung für unterschiedliche Werte steht.

Die Operation der Zuweisung wird rechnerintern mit Hilfe von Kopierbefehlen realisiert, von denen es auf Hardwareebene meistens eine reiche Auswahl gibt.

Die typischen Merkmale des imperativen Programmierstils sind ohne Ausnahme direkte Konsequenzen aus der Orientierung an der Hardware:

- Die *Zuweisung* von Werten an *Variablen* entspricht den Kopierbefehlen.
- *Sprunganweisungen* („Goto"-Befehle) und *Schleifen* sind Abstraktionen entsprechender Maschinenbefehle.
- *Unterprogramme* mit *sequentieller Anordnung* von Befehlen sind ebenfalls von Sprungbe-fehlen induziert.
- *Arrays* und *Records* zur Darstellung zusammengesetzter Datenobjekte basieren auf dem linear adressierbaren Speichermodell, ebenso wie die
- vom Programm aus zu steuernde *Allokation* (Belegung) und *Deallokation* (Freigabe) von Speicherplätzen sowie die Verwendung von
- *Zeigern* und *Referenzen* als Abstraktion von Adressvariablen.

Diese Merkmale finden sich in leicht abgewandelter Form in allen imperativen Programmiersprachen: in Fortran, Cobol, der Algol- und Pascal-Sprachfamilie, Basic, C, Perl und natürlich auch in objektorientierten Sprachen wie C++ und Java.

Die Orientierung einer Programmiersprache an der Hardware hat einen ganz enormen Vorteil, der dafür gesorgt hat, dass dieser Programmierstil so dominant war und ist und vermutlich auch noch lange bleiben wird: Sie sorgt für Effizienz. Die oben aufgezählten Konstrukte lassen sich alle sehr gut auf der Maschinenebene umsetzen – im Hinblick darauf wurden sie entwickelt.

Sie hat aber auch ein nicht zu unterschätzendes Potential an Problemen und Gefahren:

- Bei jedem Prozeduraufruf, sogar bei einzelnen Anweisungen, muss man immer den momentanen Zustand des Systems berücksichtigen. Dieselbe Anweisung kann je nach ihrem Kontext ganz unterschiedliche Auswirkungen haben.
- Imperative Programme sind oft länger als ihre deklarativen Äquivalente, weil mehr Details explizit anzugeben sind.
- Sie sind oft schwerer zu verstehen, weil Anpassungen an die Erfordernisse der Hardware oft mit der Beschreibung von Problemlösungen vermischt werden.
- *Spezifikation* (die Festlegung, was ein Programm tun soll) und *Verifikation* (die Prüfung, ob die Spezifikation eingehalten wurde) gestalten sich schwieriger als bei deklarativen Programmen.
- Bei undisziplinierter Verwendung von Sprungbefehlen, globalen Variablen, Zeigern oder Referenzen entstehen im imperativen Programmiermodell schnell Programme, die versteckte Fehler enthalten und nur schwer zu warten sind.

Im Wissen um diese Probleme sollte man imperative Programmierkonstrukte durchaus kritisch sehen. Dogmatisch ablehnen sollte man sie trotzdem nicht. Bei entsprechender Sorgfalt kann man auch in imperativen Sprachen gut strukturierte, korrekte Programme schreiben. Die explizite Berücksichtigung des Faktors Zeit in imperativen Programmen kann, beispielsweise für Simulationen, sogar ein Vorteil sein.

3.1.2   Pascal

Die Programmiersprache Pascal wurde um 1970 von dem Schweizer Informatiker Niklaus Wirth entwickelt. In den 1960er Jahren hatten die verschiedenen Versionen von Algol („Algorithmic Language", es gab u. a. Algol 58, Algol 60 und Algol 68) viele neue und interessante Ideen in die damals noch sehr junge Welt der Programmiersprachen eingebracht. Die Algol-Versionen wurden von einem international besetzten Komitee entworfen und mit den Jahren so überfrachtet, dass es für Algol 68 nie eine Implementierung gab, die alle vom Komitee vorgeschriebenen Elemente verwirklichte.

Wirth wollte mit Pascal eine kleine, effiziente Sprache schaffen, die zum Erlernen eines „strukturierten" Programmierstils gut geeignet war. Es gibt keine eindeutige Definition für diesen Begriff, aber insbesondere war damit gemeint, dass Programme aus einzelnen Anweisungen ausschließlich mit Hilfe der Mechanismen Verzweigung, Hintereinanderausführung, Wiederholung und Prozedurdefinition konstruiert werden. Das stand im Gegensatz zu der damals beliebten Technik des „Goto", bei der der Programmablauf durch explizite Sprunganweisungen fast unkontrollierbar gemacht wurde.

Pascal war unter anderem deshalb ein großer Erfolg, weil Pascal-Programme auf einer virtuellen Maschine ausgeführt werden konnten. Um Pascal auf einem Rechnertyp einzuführen, genügte es, diese P-Maschine (ein sehr kleiner Interpreter) lauffähig zu machen. Genau derselbe Trick mit der JVM, der Java Virtual Machine, anstelle der P-Maschine hat ein Vierteljahrhundert später auch die rasante Verbreitung von Java bewirkt.

Im Kern war Pascal eine einfache imperative Sprache mit wenigen, sehr sorgfältig ausgesuchten Sprachelementen – ein Musterbeispiel für den Wert der Philosophie des „less is more".

3.2   Sprachelemente

Die Sprache t.Pascal sieht auf den ersten Blick genauso aus wie t.Lisp. Die Syntax ist unverändert. Auf den zweiten Blick aber ist alles anders: Es gibt keine dynamisch konstruierbaren Listen mehr, cons, car und cdr sind verschwunden.

An ihre Stelle treten Arrays, Records und (mit Ausnahme von Zeigern, die wie in Java durch Referenzen ersetzt sind) alle oben genannten, für imperative Programmierung charakteristischen Elemente. Es gibt globale und lokale Variablen, Zuweisungen, Befehlsfolgen, Unterprogramme, explizite Allokation von Datenobjekten – lauter Dinge, die in t.Lisp nicht vorkamen, weil sie nicht nötig waren.

Man kann in t.Pascal, ähnlich wie in „richtigem" Pascal, auch eigene Typen deklarieren. Es wäre allerdings ein Fehler zu glauben, dass t.Pascal ähnlich eng an Pascal orientiert ist wie t.Lisp an Lisp. Eher ist es eine generische imperative Sprache, es könnte mit gleichem Recht vermutlich auch t.Basic heißen.

Immerhin: Das „t" in t.Pascal bedeutet ja unter anderem „tiny" bzw. „teaching", und auch Pascal war als kleine, kompakte Lehrsprache gedacht. Insofern steht t.Pascal in der Tradition der Ideen des Schöpfers von Pascal.

3.2.1   Arrays und Records

Die Listen von Lisp sind ein Mittel zur *Aggregation*, zur Zusammenfassung von mehreren Objekten zu einer neuen Einheit. Der Mangel an einem Mechanismus zur Aggregation war das Hauptproblem von t.Zero, erst durch die Hinzunahme von Listen wurde aus t.Zero die vielseitig verwendbare Programmiersprache t.Lisp.

In t.Pascal verwenden wir Arrays und Records als Werkzeug zur Zusammenfassung von Werten zu einem neuen Wert. An die Stelle von (1 2 3) tritt [1, 2, 3], wo soll der große Unterschied sein?

Arrays werden in t.Pascal zur Laufzeit *als Ganzes* alloziert. Danach ist ihre Größe nicht mehr zu ändern:

```
-> (bind a (array 3))
-> a
[,,]
-> (length a)
3
-> (type a)
Array
-> (type (a 0))
Void
```

Ein Aufruf (`array n`) reserviert Speicherplatz für ein Array mit der Länge n und dem Typ Array. Seine Länge kann mit `length` abgefragt werden. Die Indizes des Arrays gehen wie in Java von 0 bis $n - 1$. Die Elemente des Arrays sind zu Beginn leer, genauer gesagt, haben sie den Wert void. Den Wert von a an der i-ten Stelle erhält man mit (`a i`).

In der deklarativen Programmierung wären wir nach der Allokation am Ende unseres Lateins, kein Datenobjekt ist dort nach seiner Erzeugung veränderbar. Nicht so in der imperativen Welt. Man kann den einzelnen Arraypositionen Werte zuweisen. In Pascal würde man `a[i] := x` für die Zuweisung von x an das i-te Arrayelement schreiben. Wir sind an unsere Klammer-Syntax gebunden und schreiben für die Zuweisung (`a i x`):

```
-> a
[,,]
-> (a 0 'x)
-> (a 1 (array 1))
-> (a 2 37)
-> a
[x,[],37]
```

Man darf in t.Pascal an einer Arrayposition beliebige Werte speichern. Während in Pascal jedes Array an einen festen Elementtyp gebunden ist, sind t.Pascal-Arrays in Gegensatz dazu nicht typgebunden.

Pascal wäre nicht Pascal gewesen ohne die Möglichkeit, eigene neue Datentypen zu definieren. Es gab Aufzählungstypen, Unterbereichstypen, Array-, Record- und Set-Typen. In t.Pascal kommt man ganz gut ohne diesen Typen-Zoo aus, da es sowieso keinen Compiler gibt, der Typfehler in Programmen schon beim Übersetzen und damit vor der Ausführung der Programme finden kann.

Um aber wenigstens einen Repräsentanten dieser für Pascal sehr charakteristischen Typ-Konstrukte auch in t.Pascal zu haben, kann man in dieser Sprache Record-Typen (Verbund-Datentypen) definieren. Ein Record ist nichts anderes als ein Array mit einem eigenen Typnamen.

Man erzeugt einen Record mit (`record <Typname> <Länge>`):

```
-> (record 'Pair 2)
[,]
-> (type %)
Pair
```

Es gibt keinen wesentlichen Unterschied zwischen einem nicht typgebundenen Array und einem Record. Die Funktion zur Erzeugung von Arrays im Initialisierungsfile von t.Pascal illustriert das. Sie sieht im Prinzip so aus:

```
;   Erzeugung eines Arrays der Länge n
(define (array n)
     (record 'Array n))
```

Allerdings bietet die Funktion `array` im Initialisierungsfile zusätzlich noch die Möglichkeit, das neu erzeugte Array sofort mit Werten zu versehen. Java benutzt (man sollte vielleicht sagen: missbraucht) für diesen Zweck die geschweiften Klammern:

```
0   int[] numbers = {1, 2, 3};
```

Das ist oft praktischer als eine Folge einzelner Zuweisungen. In t.Pascal wird zur Initialisierung von Arrays der Datentyp List verwendet, den es in der Eingabe-Syntax ja weiterhin gibt, der aber eigentlich funktionslos ist. Man darf `array` nicht nur mit einer natürlichen Zahl, sondern auch mit einer Liste als Argument aufrufen:

```
-> (set numbers (array '(1 2 3)))
   [1,2,3]
```

Die Funktion `array` kann man in dieser Variante als Analogon zu der Funktion `list` von t.Lisp sehen. Damit werden keine prinzipiell neuen Möglichkeiten geschaffen, die Verwendung macht aber die Programme lesbarer.

3.2.2   Variablen

Arrays der Länge 1 kann man als Ersatz für Variablen verwenden:

```
-> (bind x (array 1))
-> (x 0 'dies)
-> (x 0)
   dies
-> (x 0 'das)
-> (x 0)
   das
```

Dann kann man offensichtlich ebenso gut auch gleich Variablen in die Sprache einführen. In t.Pascal macht der Zuweisungsoperator `set` aus einem Namen eine Variable. Er wird genauso verwendet wie `bind`, aber man kann den Wert der Variablen jederzeit mit einem neuen Wert überschreiben:

```
-> (set n 100)
   100
-> (set n (+ n 1))
   101
```

Ein auffälliger, aber trotzdem unwesentlicher Unterschied zwischen `set` und `bind` ist die Tatsache, dass `set` kein leeres Resultat zurückgibt, sondern den zugewiesenen Wert. Das ändert nichts daran, dass eine `set`-Anweisung ein imperatives Konstrukt ist. Ihr Zweck ist die Veränderung einer Variablen. Der Resultatwert ist Nebensache, er könnte auch void sein

Aus Sicherheitsgründen protestiert t.Pascal, wenn ein vorher mit `bind` belegter Name überschrieben werden soll:

```
-> (set x (array 10))
   Error: Symbol x is protected
```

Das ist aber nur ein schwacher Protest, da es einen Operator `delete` gibt, mit dem man ein Symbol löschen kann. Danach ist der Name wieder frei für neue Bindungen oder für Zuweisungen mit `set`:

```
-> (delete x)
-> (bind x (array 5))
-> x
   [,,,,]
```

Eine Zuweisung (set x e) könnte man also ersetzen durch die beiden Anweisungen (delete x) und (bind x e). Würde man in t.Lisp den Operator `delete` in den Initialisierungsfile aufnehmen, so hätte man im Wesentlichen bereits das Variablenkonzept mit allen seinen erheblichen Konsequenzen in die Sprache aufgenommen.

Imperative Sprachkonstrukte in einer deklarativen Sprache verhalten sich wie Sicherheitslücken in einem Betriebssystem: Schon ein einziger Schwachpunkt öffnet Tür und Tor für den Angriff der Legionen des Imperators.

Puristen könnten jetzt kritisieren, dass auch bind ein imperatives Konstrukt ist. Das stimmt, jedes Binden eines Namens verändert eine Umgebung. Aber dadurch wird niemals die Bedeutung eines Namens geändert, der Name bekommt nur erstmals eine Bedeutung. Deshalb ist bind auch in deklarativen Sprachen verwendbar.

3.2.3   Schleifen

Wir hatten gesehen, dass man einem Array nach seiner Erzeugung Werte zuweisen muss. Zu diesem Zweck (und für viele weitere) gibt es in allen imperativen Sprachen *Schleifen*. In t.Pascal gibt es eine for- und eine while-Schleife.

Die for-Schleife hat die Gestalt (for i n m e). Dabei ist i eine *lokale Variablen*, n und m müssen Zahlen (aber nicht unbedingt ganze Zahlen) sein und für e darf ein beliebiger Ausdruck stehen:

```
-> (for i 1 3 (println i))
1
2
3
-> (for i (/ 3 2) 3.7 (println i))
3/2
5/2
7/2
```

Die Schleife wird mit den Werten $i = n, n+1, \ldots$ durchlaufen, solange diese Werte nicht größer sind als der Wert von m. Bei jedem Durchlauf wird der Ausdruck e ausgewertet, wobei der jeweilige Wert von i bekannt ist.

Ausdruck ist hier im Sinne der Syntax gemeint – in aller Regel wird man für e eine *Anweisung* einsetzen, einen Befehl, der um seiner Wirkung willen gegeben wird, nicht seines Wertes wegen.

Im obigen Beispiel ist das die Funktion println. Sie wertet ihr Argument aus und schreibt den Wert samt einem Zeilenvorschubzeichen in die Ausgabe.

Die Schleife selbst ist technisch gesehen auch ein Ausdruck (mit leerem Wert), aber sie wird natürlich nicht zur Ermittlung dieses Wertes ausgeführt, sondern zum Zweck der Veränderung ihrer Umgebung.

Die Semantik der Schleife (for i n m e) könnte man in Java in der folgenden Weise ausdrücken:

```
{
    int i = n;
    while (i < m) {
        e;
        i = i + 1;
    }
}
```

Wenn $n \leq m$ gilt, wird die Schleife $(\lfloor m - n \rfloor + 1)$-mal durchlaufen. Das gilt aber nur unter der Voraussetzung, dass die Variable i im Rumpf e der Schleife nicht verändert wird! Wenn man sich daran nicht hält, kann die Anzahl der Schleifendurchläufe davon abweichen:

```
-> (for i 1 10 (println (set i (+ i 1))))
2
4
6
8
10
-> (for i 1 10 (set i (- i 1)))
^C Error: Evaluation interrupted
```

Bei der zweiten Eingabe wurde mit Strg-C abgebrochen, da der Interpreter sonst in einer Endlosschleife versunken wäre.

In Pascal ist vorgeschrieben, dass die Schleifenvariable im Schleifenrumpf nicht verändert werden darf. Der Compiler prüft diese Bedingung und lehnt ein Programm ab, das sie verletzt. Die For-Schleife von t.Pascal ähnelt mehr den Schleifen von C, C++ oder Java, wo solche Tricks erlaubt sind. Sie ist damit eigentlich eine verkappte While-Schleife.

In t.Pascal gibt es natürlich auch eine richtige While-Schleife. Sie hat die Gestalt (while c e). Für c muss ein boolescher Ausdruck stehen, der Ausdruck e darf beliebig sein. Wie bei der For-Schleife geht es nicht um ein Resultat (es ist void), sondern um die Wirkung von e. Beispiel:

```
-> (set i 1)
1
-> (while (<= i 10) (println (set i (+ i 2))))
3
5
7
9
11
```

Diese While-Schleife erhöht immer zuerst i und gibt dann den erhöhten Wert aus, darin unterscheidet sie sich von der obigen For-Schleife. Außerdem ist hier i keine lokale Variable, sondern existiert auch nach Beendigung der Schleife.

3.2.4 Blöcke

In der vorangehenden While-Schleife hatten wir zwei Anweisungen in eine gepackt. Die Schreibweise (println (set i (+ i 2))) macht sich zunutze, dass die Zuweisung ein Resultat zurückgibt. Das ist in vielen imperativen Sprachen so, auch in Java darf man Ausdrücke schreiben, die Zuweisungen enthalten, wie etwa System.out.println("i = " + (i = i + j)). Guter Programmierstil ist das aber nicht. Zwei einzelne Anweisungen in der Form

```
i =   i + j;
System.out.println("i␣=␣" + i);
```

zu schreiben ist gleichwertig und viel übersichtlicher.

In der imperativen Programmierung bestehen der Rumpf einer Schleife, die Alternativen einer If-Anweisung, der Rumpf einer Funktion oder eines Unterprogramms in der Regel aus mehreren Anweisungen.

Zum Zusammenfassen von mehreren Anweisungen gibt es in t.Pascal den Operator block. Er darf beliebig viele Argumente haben, die er zu einem Ausdruck zusammenfasst. Bei der Auswertung von (block ...) werden sie der Reihe nach von links nach rechts ausgewertet.

Das letzte Beispiel aus dem vorigen Abschnitt schreibt man damit so:

```
-> (while (<= i 10)
      (block
           (set i (+ i 2))
           (println i)))
```

Die allgemeine Form ist (block e_1 ...e_n). Der Wert von e_n ist zugleich der Wert des gesamten block-Ausdrucks. Bei $n = 0$ ist der Wert void.

Es ist wichtig sich klarzumachen, dass der Blockoperator ein rein imperatives Konzept ist. Wozu soll man die Ausdrücke e_1 bis e_{n-1} auswerten, wenn der Wert von (block e_1 ...e_n) kein anderer ist als der von e_n? Die Auswertung von e_1 bis e_{n-1} hat nur dann Sinn, wenn sie eine Zustandsänderung bewirkt.

Zum Begriff des Blocks gehört auch, dass er einen *Sichtbarkeitsbereich* definiert. Dieses Konzept gab es erstmals in Algol 60, es existiert in Pascal und auch in Java.

Worum es geht, hatten wir bei der For-Schleife gesehen. In einer Anweisung der Form (for i n m e) ist die Variable i bei der (evtl. mehrfachen) Auswertung von e sichtbar. Wenn die Schleife beendet ist, existiert die Variable i nicht mehr. Sie war *lokal* bzgl. der Schleife.

In t.Pascal kann man lokale Variablen in einem Block mit Hilfe des Operators var vereinbaren. Er hat die Form (var a e). Dabei steht a für einen Namen, e darf ein beliebiger Ausdruck sein. Dessen Wert wird *lokal* an den Namen a gebunden und ist zugleich der Wert des (var ...)-Ausdrucks.

Mit dieser Bindung wird der Rest des Blocks ausgewertet. Der Name a wird dadurch global nicht gebunden. Wenn a außerhalb des Blocks schon gebunden war, wird diese Bindung durch die neue Bindung zwar nicht aufgehoben, aber im restlichen Block *verdeckt*:

```
-> (set a 1)
1
-> (block
        (print a " ")
        (var a 2)
        (print a " ")
        (block
             (var a 3)
             (print a " "))
        a)
1 2 3 2
-> a
1
```

Der Operator print, der hier verwendet wird, ist ein typisch imperatives Element. Er verwandelt seine (beliebig vielen) Argumente in einen String und gibt diesen per Nebenwirkung aus. Sein Resultat ist leer.

Als Beispiel betrachten wir die Vertauschung von zwei Arrayelementen. Dabei wird eine temporäre Hilfsvariable benötigt, die global nicht von Interesse ist. Mit var kann man sie lokal machen:

```
;   Vertausche a[i] und a[j]
(define (swap a i j)
    (block
        (var temp (a i))       ; temp := a[i]
        (a i (a j))            ; a[i] := a[j]
        (a j temp)             ; a[j] := temp
    end))
```

Ein Beispiel dazu:

```
-> (bind temp 'some_value)
-> (set a (array '(1 4 3 2)))
[1,4,3,2]
-> (swap a 1 3)
-> a
[1,2,3,4]
-> temp
some_value
```

Die beiden Variablen mit dem Namen temp sind sich nicht in die Quere gekommen.

Das end am Ende des Blocks ist ein Aliasname für void; es steht da nur, weil es so schön Pascal-mäßig aussieht, könnte aber genauso gut weggelassen werden.

Für alle, die auf Optik Wert legen, gibt es im Initialisierungsfile von t.Pascal noch die Namen program für define und begin für block. Damit kann man fast schon richtiges Pascal schreiben:

```
;   Vertausche a[i] und a[j]
(program (swap a i j)
   (begin
      (var temp (a i))           ; temp := a[i]
      (a i (a j))                ; a[i] := a[j]
      (a j temp)                 ; a[j] := temp
   end))
```

Man darf übrigens var auch außerhalb von Blöcken verwenden, das hat nur nicht viel Sinn. Direkt am Prompt funktioniert das so, als seien alle Eingaben Teil eines Blocks, also genauso wie set. Im Rumpf einer Funktion dagegen wirkt der Operator wieder lokal und hinterlässt keine globalen Spuren:

```
-> (var sym 37)
37
-> (define (foo n) (var sym n))
function[foo]
-> (foo 100)
100
-> sym
37
```

3.2.5   Sprungbefehle

Sprunganweisungen sind *der* Inbegriff der imperativen Programmierung. Sie sind sehr einfach auf Maschinenebene ausführbar: Ein goto $<n>$, wobei n die Nummer eines Befehls ist, wird dadurch realisiert, dass n in den Befehlszähler der CPU kopiert wird.

Etwa um die Zeit, als Pascal entwickelt wurde, gab es eine große Diskussion um die Verwendung von Sprunganweisungen in höheren Programmiersprachen ([10]). Pascal war eine der ersten Sprachen, die konsequent auf eine „strukturierte" Programmierung setzten, bei der Abläufe mit Hilfe von Unterprogrammen, Schleifen, if-then-else-Konstrukten und Ähnlichem gesteuert wurden, unter weitgehender Vermeidung von expliziten Sprüngen.

Aber ganz glaubte man nicht auf das Goto verzichten zu können, deshalb gab es zusätzlich eine Goto-Anweisung und Sprungmarken. Manchmal möchte man ja tatsächlich einen Block in der Mitte oder eine Funktion gleich am Anfang nach einem Test verlassen – oder es ist wegen eines Fehlers einfach keine sinnvolle Fortsetzung möglich. Es war fast ein Standard in Pascal-Programmen, die Marke 99 an das Programmende zu schreiben und in Notfällen mit goto 99 für einen halbwegs geordneten Rückzug zu sorgen.

In t.Pascal gibt es keine Marken und keine Sprünge. Stattdessen gibt es die Operatoren throw und catch, mit denen man den normalen prozeduralen Ablauf sehr weitgehend manipulieren kann.

Mit (throw <*Fehlermeldung*>) kann man ein Programm abbrechen:

```
;   Fakultätsfunktion, iterativ
(program (factorial n)
    (begin
        (if (< n 0) (throw (str "Negative argument " n " for " factorial)))
        (var result 1)
        (for i 1 n (set result (* result i)))
        (return result)
    end))
```

Den im Argument von throw verwendeten Operator str kennen wir schon von t.Lisp, er fasst seine Argumente zu einer Zeichenkette zusammen. Damit kann man beispielsweise zur Laufzeit Fehlermeldungen berechnen.

Wir probieren das Programm aus:

```
-> (factorial 4)
24
-> (factorial 3.99)
6
-> (factorial -3)
Error: Negative argument -3 for function[factorial]
```

Dem Operator throw darf man einen beliebigen Ausdruck als Argument übergeben. Dessen Wert wird als Fehlermeldung verwendet:

```
-> (throw (+ 1 (* 6 6)))
Error: 37
-> (throw void)
Error
-> (throw 'void)
Error: void
```

Der Operator throw erzeugt eine Exception. Man kann ihr ein Symbol als internen Namen mitgeben:

```
-> (throw 'ERROR1 '#1)
Error: #1
```

Anhand des Namens kann man die Exception auffangen. Wenn dem throw kein interner Name mitgegeben wurde, wird als Voreinstellung ERROR benutzt:

```
-> (catch 'ERROR1 (throw 'ERROR1 "Abgebrochen") "Alles ok")
Alles ok
-> (catch 'ERROR1 (throw 'ERROR2 "Abgebrochen") "Alles ok")
Error: Abgebrochen
-> (catch 'ERROR (throw void) "Auch gut")
Auch gut
```

Die allgemeine Form von catch ist (catch name e1 e2). Das erste Argument muss ein Name sein, die beiden anderen sind beliebig. Wenn während der Auswertung von e1 ein Fehler mit dem internen Namen name auftritt, wird die Auswertung von e1 abgebrochen und stattdessen e2 ausgewertet.

Damit kann man Abläufe programmieren, die vom normalen prozeduralen Programmverlauf abweichen. Ein Beispiel sind Return-Anweisungen, mit denen man aus einem begin-Block herausspringen kann:

```
-> (begin
      (println 1)
      (println 2)
      (return "Vorzeitiges Ende")
      (println 3)
      (println 4))
1
2
Vorzeitiges Ende
```

Auch mit (break) kann man einen begin-Block verlassen. (break) ist identisch mit (return void):

```
-> (begin (for i 3 10 (if (= i 5) (break) (println i))))
3
4
```

break und return darf man nur innerhalb eines (begin ...)-Blocks verwenden. Sie sind weniger nützlich, als man meinen sollte, in aller Regel kommt man auch ohne sie aus. Wenn ein begin-Block im Rumpf einer Schleife steht, wird mit break nur der jeweilige Schleifendurchlauf abgebrochen, nicht aber die Schleife selbst.

Man kann Schleifen mit einem expliziten throw verlassen:

```
-> (catch 'Stop
      (while true (throw 'Stop void))
      "Schleife verlassen")
Schleife verlassen
```

Das alles ist nicht gerade Pascal-typisch. In Pascal gab es keine Exceptions, t.Pascal hat sie von dem zugrunde liegenden Tanagra-Interpreter übernommen. Am besten nutzt man die Möglichkeiten von Exceptions in Verbindung mit *Makros*. Makros haben äußerlich eine große Ähnlichkeit mit Funktionen, sind aber semantisch etwas ganz anderes. In t.Pascal gibt es ein paar Makros, zum Beispiel for und while:

```
-> for
macro[for]
```

Makros sind in t.Pascal nur ein Mittel der Implementierung, man kann als Benutzer der Sprache keine eigenen Makros definieren und muss auch nicht wissen, was ein Makro ist. Beide Themen, Exceptions und Makros, werden im nächsten Kapitel ausführlich behandelt.

3.2.6   Sonstiges

In der Initialisierungsdatei von t.Pascal findet man noch einige weitere Dinge, die zwar nichts wesentlich Neues zur Sprache beitragen, aber in manchen Fällen nützlich sind:

1. Der Operator delete zum Löschen von Namen wurde schon erwähnt. Er wertet sein Argument *nicht* aus:

```
-> (bind a 37)
-> (delete 'a)
Error: op[delete] expects a symbol argument
```

2. Mit dem argumentlosen Operator read kann man Zeichenketten interaktiv einlesen. Er liest eine mit Return beendete Eingabe und gibt sie als String zurück:

```
-> (define (read-loop)
       (while true (block
           (print   "Bitte geben Sie etwas ein: ")
           (println (str "Ok, das war " (read))))))
-> (read-loop)
Bitte geben Sie etwas ein: nichts.
Ok, das war nichts.
Bitte geben Sie etwas ein: ^C
Error: Evaluation interrupted
```

Das kann man zum Beispiel verwenden, wenn man in t.Pascal einen Interpreter mit einer Read-Eval-Print-Schleife schreiben will.

3. Mit parse kann man den internen Parser des t.Pascal-Interpreters aufrufen. Der Operator erwartet eine Zeichenkette und behandelt sie so, als ob sie von der Eingabe gelesen worden sei:

```
-> (parse "(+ a b)")
(+ a b)
-> (type %)
List
```

In Abschnitt 3.3.7 wird der Operator beispielsweise dazu benutzt, Typnamen aus anderen Namen auszurechnen.

4. Es gibt drei Operatoren für den Umgang mit Zeichenketten. str wurde schon verwendet. Dieser Operator fasst seine (beliebig vielen) Argumente zu einer Zeichenkette zusammen:

```
-> (bind a 37)
-> (println (str "a hat den Wert " a))
a hat den Wert 37
```

Mit slength ermittelt man die Länge einer Zeichenkette:

```
-> (slength (str))
0
```

Mit sget kann man Teilstrings aus einer Zeichenkette herausgreifen. Der Operator erwartet einen String und ein oder zwei Indizes i, j mit $0 \leq i \leq j < n$, wobei n die Stringlänge ist. Mit (sget s i) erhält man das Zeichen an Position i in dem String s, mit (sget s i j) die Zeichenkette an den Positionen i bis j (der Indexanfang ist 0):

```
-> (set s "t.Pascal")
t.Pascal
-> (sget s 2 (- (slength s) 1))
Pascal
-> (str "\"" (sget s 1) "\"")
"."
-> (block
       (bind ar (array (slength s)))
       (for i 0 (- (slength s) 1) (ar i (sget s i)))
       ar)
[t,.,P,a,s,c,a,l]
```

5. Schließlich gibt es noch den Operator `line`, mit dem man eine Nummerierung der Eingabezeilen ein- und ausschalten kann. Im Interpreter wird die i-te Eingabe unter dem Namen @i gespeichert und ihr Resultat unter %i:

```
-> (line)
---37---> (array '(x y z))
 [x,y,z]
---38---> (line)
-> (str "Das Resultat der Auswertung von " @37 " war " %37)
 Das Resultat der Auswertung von (array '(x y z)) war [x,y,z]
```

Auf diese Weise kann man auf alle früheren Resultate zugreifen. Wer mag, kann (line) in die Initialisierungsdatei von t.Pascal schreiben und immer mit Zeilennummern im Eingabeprompt arbeiten.

3.3   Beispiele

3.3.1   Ducci-Folgen

Der Italiener Enrico Ducci machte in den 1930er Jahren eine merkwürdige Beobachtung. Man schreibe vier Zahlen auf und unter jede der Zahlen den Abstand zu ihrem rechten Nachbarn. Als rechten Nachbarn der letzten Zahl nimmt man die erste Zahl. Wenn man das wiederholt, landet man fast immer nach wenigen Schritten bei vier Nullen.

Ein zufällig gewähltes Beispiel:

$$\begin{array}{cccc} 2 & 6 & 7 & 11 \\ 4 & 1 & 4 & 9 \\ 3 & 3 & 5 & 5 \\ 0 & 2 & 0 & 2 \\ 2 & 2 & 2 & 2 \\ 0 & 0 & 0 & 0 \end{array}$$

Besonders auffallend an diesem Phänomen ist, dass es gleichgültig zu sein scheint, ob man mit großen oder kleinen Zahlen startet, mit ganzen, rationalen oder irrationalen Zahlen – fast immer landet man in wenigen Schritten bei vier Nullen. Aber nicht immer geht es schnell. In sehr seltenen Fällen muss man viele Schritte machen und es gibt sogar ein Quadrupel, von dem aus man die vier Nullen niemals erreicht ([7]).

Wir schreiben uns eine Funktion `ducci`, die für ein Array mit vier Zahlen die jeweiligen Abstände zu deren rechten Nachbarn berechnet:

```
;   Abstand |a[i] - a[j]|
(define (dist a i j)
   (abs (- (a i) (a j))))

    Duccis Abbildung
(define (ducci a)
   (begin (block
        (var b (array 4))
        (b 0 (dist a 0 1))
        (b 1 (dist a 1 2))
        (b 2 (dist a 2 3))
        (b 3 (dist a 3 0))
        (return b))))
```

Damit kann man die Ducci-Folge des Tupels a ermitteln. Das ist diejenige Folge, die man erhält, wenn man die Funktion ducci so lange anwendet, bis man beim Nulltupel angekommen ist.

```
;   Nulltupel
(bind zero (array '(0 0 0 0)))

;   Ducci-Folge zu a ausgeben:
(program (ducci-sequence a)
    (block
        (if (not (= (length a) 4))
            (throw "Eingabe muss Länge 4 haben"))
        (print "\n" a "\n")
        (while (not (= a zero))
            (block
                (set a (ducci a))
                (println a)))))
```

Zwei Probeläufe:

```
-> (ducci-sequence (array '(2 6 7 11)))
        [2,6,7,11]
        [4,1,4,9]
        [3,3,5,5]
        [0,2,0,2]
        [2,2,2,2]
        [0,0,0,0]
-> (ducci-sequence (array '(737345 351147 763 654764)))
        [737345,351147,763,654764]
        [386198,350384,654001,82581]
        [35814,303617,571420,303617]
        [267803,267803,267803,267803]
        [0,0,0,0]
```

Man kann versuchen, durch zufälliges Probieren ein Tupel mit einer sehr langen Ducci-Folge zu finden, sagen wir: Länge mindestens 15. Das wird mit großer Sicherheit scheitern. Aber es gibt solche Solitäre. Von [81,149,274,504] aus erreicht man zum Beispiel erst nach 18-maliger Anwendung von Duccis Abbildung das Nulltupel.

Aus programmiertechnischer Sicht stellt sich insbesondere die Frage, ob die Funktion ducci-sequence überhaupt immer terminiert. Die Antwort lautet ja, jedenfalls für alle rationalen Tupel. In der Praxis terminiert sie nach Duccis Beobachtung für die meisten Tupel sogar sehr bald.

So wie man bei rekursiven Programmen sicherstellen sollte, dass die Rekursion irgendwann endet, sollte man sich bei iterativen Programmen davon überzeugen, dass man nicht eine Endlosschleife programmiert hat (es sei denn, man will genau das tun – die endlose Read-Eval-Print-Schleife ist das Herzstück eines jeden Interpreters).

3.3.2 Vektoren und Matrizen

Vektoren

Mit Arrays von Zahlen kann man Vektoren darstellen. In Pascal wurde oft gar nicht zwischen beiden Konzepten unterschieden. Das werden wir in diesem Abschnitt auch so halten, obwohl es sicherlich besserer Stil ist, einen eigenen Datentyp Vector zu definieren.

Was kann man mit Vektoren tun? Man kann sie mit einer Zahl multiplizieren, zwei Vektoren addieren oder ihr inneres Produkt bilden etc. Jede dieser Operationen implementieren wir mit Hilfe einer Schleife, der Code sieht jedes Mal ähnlich aus:

```
;    Skalare Multiplikation einer Zahl c mit einem Vektor v
(define (scalar-mult c v)
    (block
        (var n (length v))
        (var a (array n))
        (for i 0 (- n 1)
            (a i (* c (v i))))
        a))
```

```
;    Summe von zwei Vektoren. Voraussetzung: Gleiche Länge.
(define (vadd u v)
    (block
        (var n (length v))
        (var a (array n))
        (for i 0 (- n 1)
            (a i (+ (u i) (v i))))
        a))
```

```
;    Inneres Produkt von zwei Vektoren. Voraussetzung: Gleiche Länge.
(define (inner-product u v)
    (block
        (var n (length v))
        (var x 0)
        (for i 0 (- n 1)
            (set x (+ x (* (u i) (v i)))))
        x))
```

Als letzter Ausdruck im Funktionsrumpf steht immer das Resultat, weil der Wert des letzten Ausdrucks in einem Block zugleich der Wert des Blocks ist. Wir könnten ebenso gut (return a) statt a schreiben, aber das ist nicht notwendig.

Wir definieren uns noch eine Ausgabefunktion für Vektoren, bei der die Komponenten des Vektors durch Tabulatorzeichen getrennt sind. Das ist für die Ausgabe von mehreren Vektoren nützlich, deren Elemente man damit stellenrichtig untereinander schreiben kann:

```
;    Vektor als String, mit Tabzeichen, ohne Klammern und Kommas
(define (display-vector v)
    (block
        (var n (length v))
        (var s "")
        (for i 0 (- n 1)
            (set s (str s "⁀" (v i))))
        s))
```

Auch hier ist die Struktur des Funktionsrumpfs dieselbe wie oben. Dieses Muster wiederholt sich immer wieder. Als weiteres Beispiel, das wir gleich gut brauchen können, programmieren wir noch die zyklische Verschiebung eines Vektors um k Stellen nach rechts:

```
;    Vektor um k Positionen nach rechts schieben (zyklisch)
(define (shift v k)
    (block
        (var n (length v))
        (var a (array n))
        (for i 0 (- n 1)
            (a i (v (mod (+ n (- i k)) n))))
        a))
```

Ein kleines Anwendungsbeispiel:

```
-> (set v (array '(1 2 3 4 5)))
[1,2,3,4,5]
-> (shift v 3)
[3,4,5,1,2]
-> (shift v -1)
[2,3,4,5,1]
```

Wir hatten gesehen, dass sich in der Programmierung mit Listen bestimmte für diesen Datentyp charakteristische Muster herausbilden. Offensichtlich verhält es sich mit dem Datentyp Array genauso: Er legt eine feste Programmstruktur so nahe, dass man fast sagen kann, er würde sie erzwingen.

Matrizen

Matrizen kann man als Arrays von Vektoren realisieren. Auch hier folgen wir aus Gründen der Einfachheit der nicht immer vorbildlichen Pascal-Tradition, keinen eigenen Datentyp zu definieren, sondern direkt mit dem Typ Array zu arbeiten. Die folgende Funktion belegt Speicherplatz für eine Matrix der Größe $n \times m$:

```
;   Matrix der Größe nxm (n, m in N)
(define (matrix n m)
    (block
        (var A (array n))
        (for i 0 (- n 1)
            (A i (array m)))
        A))
```

Auf das Element $a_{i,j}$ einer solchen Matrix A kann man mit ((A i) j) zugreifen. Das ist ein bisschen fehleranfällig, deswegen definieren wir für das Schreiben und Lesen von Matrixelementen kleine Hilfsfunktionen:

```
;   Zuweisung A[i, j] := x
(define (mset A i j x)
    ((A i) j x))

;   Zugriff auf A[i, j]
(define (mget A i j)
    ((A i) j))
```

Sobald man anfängt, mit solchen Matrizen zu rechnen, vermisst man weitere Zugriffsfunktionen. Wir geben ein paar Beispiele:

```
;   Zeile i von Matrix A
(define (row A i)
    (A i))

;   Spalte j von Matrix A
(define (column A j)
    (block
        (var n (num-rows A))
        (var v (array n))
        (for i 0 (- n 1)
            (v i (mget A i j)))
        v))
```

```
;   Anzahl der Zeilen von Matrix A
(define (num-rows A)
    (length A))

;   Anzahl der Spalten von Matrix A
(define (num-columns A)
    (length (A 0)))

;   Matrix als (mehrzeiliger) String
(define (display-matrix A)
    (block
        (var n (num-rows A))
        (var s "")
        (for i 0 (- n 1)
            (set s (str s "\n" (display-vector (row A i)))))
        s))
```

Damit sind wir in der Lage, die wichtigsten Matrixoperationen zu formulieren. Wieder soll der Code vor allem zeigen, wie sehr sich im Umgang mit Arrays das immer gleiche Muster aus Allokation von Speicherplatz und anschließender Wertzuweisung durchsetzt:

```
;   Matrixaddition. Voraussetzung:
;   Zeilenzahl(A) = Zeilenzahl(B) und Spaltenzahl(A) = Spaltenzahl(B)
(define (add A B)
    (block
        (var n (num-rows A))
        (var m (num-columns A))
        (var C (matrix n m))
        (for i 0 (- n 1)
            (for j 0 (- m 1)
                (mset C i j (+ (mget A i j) (mget B i j)))))
        C))

;   Matrixmultiplikation. Voraussetzung: Spaltenzahl(A) = Zeilenzahl(B)
(define (mult A B)
    (block
        (if (not (= (num-columns A) (num-rows B)))
            (throw (str "Incompatible matrix sizes in " mult)))
        (var n (num-rows A))
        (var m (num-columns B))
        (var C (matrix n m))
        (for i 0 (- n 1)
            (for j 0 (- m 1)
                (mset C i j (inner-product (row A i) (column B j)))))
        C))

;   Transponierte Matrix
(define (transpose A)
    (block
        (var n (num-rows A))
        (var m (num-columns A))
        (var T (matrix m n))
        (for i 0 (- m 1)
            (for j 0 (- n 1)
                (mset T i j (mget A j i))))
        T))
```

Wir ergänzen diese Operationen noch durch zwei Funktionen, die eine Verbindung zwischen Vektoren und Matrizen herstellen:

```
;   Vektor in einspaltige Matrix umwandeln
(define (matrixNx1 v)
    (block
        (var n (length v))
        (var A (matrix n 1))
        (for i 0 (- n 1)
            (mset A i 0 (v i)))
        A))

;   Vektor in einzeilige Matrix umwandeln
(define (matrix1xN v)
    (block
        (var n (length v))
        (var A (matrix 1 n))
        (for j 0 (- n 1)                     ; nicht (A 0 v)!
            (mset A 0 j (v j)))
        A))
```

Die Versuchung ist groß, den Vektor v einfach mit (A 0 v) in das Resultat von matrix1xN hineinzukopieren. Das wäre riskant, weil damit eine Referenz auf v übergeben würde — Änderungen des Vektors oder seines Gegenstücks als $(1 \times n)$- bzw. $(n \times 1)$-Matrix würden sich jeweils als Nebenwirkung auf die andere Version auswirken.

Jetzt haben wir ein Werkzeug für die einfachsten Operationen der linearen Algebra zur Hand. Ein kurzer Test:

```
-> (bind A (matrix 2 3))
-> (for i 0 1 (for j 0 2 (mset A i j (+ i j))))
-> (display-matrix A)
        0       1       2
        1       2       3
-> (bind v (matrix1xN (array '(4 5))))
-> (display-matrix v)
        4       5
-> (display-matrix (mult v A))
        5      14      23
```

Es wäre ein Fehler zu glauben, dass diese Funktionen für den Umgang mit Vektoren und Matrizen schon fertig seien. In einem halbwegs sicheren Paket zur linearen Algebra würde vor jeder Operation geprüft, ob die Voraussetzungen für die Anwendung gegeben sind, ob also etwa bei der Addition die beiden Operanden gleich groß sind etc. Hier steht stellvertretend für solche Prüfungen nur die Abfrage in mult, ob die Größe der Operanden kompatibel ist.

Wenn man diese Tests ergänzt hat, sollte man Vektoren und Matrizen auch jeweils als eigenen Datentyp definieren. Wir diskutieren das Vorgehen in einer vergleichbaren Situation im Abschnitt über komplexe Zahlen.

Ducci-Folgen

Im Abschnitt 3.3.1 hatten wir Ducci-Folgen nur für Quadrupel betrachtet. Die Frage liegt nahe, ob das von Ducci beobachtete Phänomen auch für Tupel anderer Länge gültig ist. Bei der Antwort helfen die eben definierten Matrixoperationen.

Die von E. Ducci betrachtete Abbildung ist der Spezialfall $n = 4$ der Abbildung

$$(x_1, x_2, \ldots, x_{n-1}, x_n) \mapsto (|x_2 - x_1|, |x_3 - x_2|, \ldots, |x_n - x_{n-1}|, |x_1 - x_n|).$$

In der Schreibweise der linearen Algebra ist das die Abbildung

$$v \mapsto |v \cdot C|,$$

wobei wir v als Zeilenvektor annehmen und C die folgende Matrix ist:

$$C = \begin{pmatrix} -1 & 0 & 0 & \ldots & 0 & 1 \\ 1 & -1 & 0 & \ldots & 0 & 0 \\ 0 & 1 & -1 & \ldots & 0 & 0 \\ \vdots & & & & & \vdots \\ 0 & 0 & 0 & \ldots & 1 & -1 \end{pmatrix}$$

Matrizen, bei denen die einzelnen Zeilen durch zyklische Verschiebung der ersten Zeile entstehen, heißen *zirkulant*. Die Matrix C ist die zirkulante Matrix zum Vektor $(-1, 0, \ldots, 0, 1)$. Wir konstruieren sie mit der Funktion circulant:

```
;   Zirkulante Matrix zum Vektor v
(define (circulant v)
    (block
        (var n (length v))
        (var A (array n))
        (for i 0 (- n 1)
            (A i (shift v i)))
        A))

;   Duccis Vektor der Länge n (erste Zeile von C)
(define (ducci-vector n)
    (block
        (var v (array n))
        (v 0 -1)
        (for i 1 (- n 2) (v i 0))
        (v (- n 1) 1)
        v))

;   Duccis Matrix der Größe nxn (die Matrix C)
(define (ducci-matrix n)
    (circulant (ducci-vector n)))
```

Für den Absolutbetrag der Matrixelemente brauchen wir noch eine Funktion matrix-abs, die zu einer Matrix A die Matrix ihrer Absolutbeträge ausrechnet. Sie ist so einfach ist, dass wir die Implementierung hier weglassen.

Damit schreiben wir das Programm zur Ausgabe einer Ducci-Folge. Wenn nach 100 Schritten das Nulltupel immer noch nicht erreicht ist, bricht das Programm ab.

```
(define (zero-vector? v)
    (block
        (var n (length v))
        (var bool true)
        (for i 0 (- n 1)
            (set bool (and bool (= 0 (v i)))))
        bool))

;   Ducci-Folge für das Tupel ls
(define (ducci-sequence ls)
    (block
        (var iteration-limit 100)
        (var N 0)                       ; Schrittzähler
        (var v (array ls))              ; Eingabe in Vektor verwandeln
```

```
(var u (matrix1xN v))              ; ...daraus 1xn-Matrix machen
(var C (ducci-matrix (length v))) ; Ducci-Matrix
(print "Ducci-Folge zu " u "\n")
(while (not (zero-vector? (row u 0)))
    (block
        (set N (+ N 1))
        (if (< iteration-limit N)
            (throw "Iteration limit reached"))
        (set u (matrix-abs (mult u C)))  ; Ducci anwenden
        (print "N = " N "\t" u "\n")))))
```

Als Anwendungsbeispiel probieren wir ein Tupel der Länge 8. Man kann beweisen, dass die Ducci-Folge für alle rationalzahligen Tupel, deren Länge eine Zweierpotenz ist, beim Nulltupel endet. Die folgende Eingabe illustriert das für ein Tupel der Länge 8:

```
-> (ducci-sequence '(10 8 16 14 2 97 96 3))
Ducci-Folge zu [[10,8,16,14,2,97,96,3]]:
N = 1 [[2,8,2,12,95,1,93,7]]
N = 2 [[6,6,10,83,94,92,86,5]]
N = 3 [[0,4,73,11,2,6,81,1]]
N = 4 [[4,69,62,9,4,75,80,1]]
N = 5 [[65,7,53,5,71,5,79,3]]
N = 6 [[58,46,48,66,66,74,76,62]]
N = 7 [[12,2,18,0,8,2,14,4]]
N = 8 [[10,16,18,8,6,12,10,8]]
N = 9 [[6,2,10,2,6,2,2,2]]
N = 10 [[4,8,8,4,4,0,0,4]]
N = 11 [[4,0,4,0,4,0,4,0]]
N = 12 [[4,4,4,4,4,4,4,4]]
N = 13 [[0,0,0,0,0,0,0,0]]
```

Auch für Tupel anderer Längen zeigen die Ducci-Folgen oft ein interessantes Verhalten, das Nulltupel wird aber keineswegs immer erreicht.

3.3.3 Sortieren von Arrays

In Abschnitt 2.3.4 hatten wir Listen sortiert. Die Algorithmen waren deklarativ, jede Sortierfunktion beschrieb ihr Endergebnis, die sortierte Liste. Beim Sortieren einer Liste wurde jeweils eine neue Liste konstruiert, die zu sortierende Liste blieb unverändert.

Das Sortieren von Arrays funktioniert imperativ, das zu sortierende Array hat nach dem Ablauf des Verfahrens einen anderen Zustand. Wenn man nicht eine Kopie des Arrays sortiert, steht der alte Zustand nachher nicht mehr zur Verfügung.

Insertsort

Die Grundidee ist dieselbe wie im vorigen Kapitel. Unter der Voraussetzung, dass die Elemente $a_0, \ldots, a_{i-1}$ schon sortiert sind, wird a_i so lange mit seinem linken Nachbarn vertauscht, wie dieser größer ist als a_i. Dann sind die Elemente $a_0, \ldots, a_i$ sortiert.

```
;   Sortieren eines Arrays a durch Einfügen
(define (insertsort a)
    (block
        (var n (- (length a) 1))
        (for i 1 n (insert a i))))
```

```
;    Füge a[i] sortiert in a[0]..a[i-1] ein
;    a[0]..a[i-1] muss bereits sortiert sein
(define (insert a i)
    (while (and (< 0 i) (< (a i) (a (- i 1))))
        (block
            (swap a i (- i 1))
            (set i (- i 1))))))
```

Die Funktion swap hatten wir schon auf S. 137 benutzt.

```
-> (set a (array '(3 1 9 2 -4 0 6 5)))
[3,1,9,2,-4,0,6,5]
-> (set b a)                    ; Versuch, eine Kopie von a aufzubewahren
[3,1,9,2,-4,0,6,5]
-> (insertsort a)
-> a
[-4,0,1,2,3,5,6,9]
```

Das Verfahren funktioniert, wenn auch fast immer sehr langsam, mit einer Laufzeit proportional zu n^2, wenn n die Länge des Arrays ist. Aber das war bei Listen genauso.

Was nicht funktioniert hat, ist die Aufbewahrung des alten Zustands. Wir hatten das Array a mit der Zuweisung (set b a) kopiert. Hinterher ist (möglicherweise aus Versehen) auch die Kopie b sortiert, weil mit dieser Zuweisung nur eine Referenz auf den Speicherbereich kopiert wurde, der die Arrayelemente enthält. Natürlich verweist die kopierte Referenz hinterher immer noch auf denselben − inzwischen sortierten − Speicherbereich. Die scheinbare Kopie ist in Wahrheit nur ein Aliasname für dasselbe Array.

Der Unterschied zwischen einer Referenz auf ein Datenobjekt und dem Datenobjekt selbst spielt in der deklarativen Programmierung keine Rolle. In der imperativen Programmierung ist er eine Quelle von vielen, manchmal sehr schwer zu findenden Fehlern.

Richtig wäre es gewesen, mit (set b (arraycopy a)) eine Kopie des Inhalts von a herzustellen:

```
;    Array a kopieren
(define (arraycopy a)
    (block
        (var n (length a))
        (var b (array n))
        (for i 0 (- n 1) (b i (a i)))    ; b[i] := a[i], elementweise Kopie
        b))                              ; Rückgabewert ist das neue Array b
```

Quicksort

Auch das Sortieren mit Quicksort hatten wir für Listen schon in Abschnitt 2.3.4 besprochen. Für Arrays findet man es in fast jedem Buch über Algorithmen ausführlich dargestellt, deshalb fassen wir uns kurz.

Der Kern der Implementierung ist ein Unterprogramm (qsort a left right), mit dem ein Array a von Index left bis zum Index right sortiert wird. Man braucht also einen Aufruf, der das Sortieren des ganzen Arrays anstößt:

```
;    Array a sortieren
(define (quicksort a)
    (qsort a 0 (- (length a) 1)))
```

In qsort wird wie bei Quicksort für Listen zunächst ein Pivot-Element p gewählt. Dort hatten wir den Kopf der Liste als Pivot genommen, weil er am einfachsten zu erreichen ist, jetzt wählen wir das Element in der Mitte zwischen left und right. Dazu dient die folgende Funktion:

```
;   Im Array a ein Pivot-Element zwischen i und j wählen
(define (pivot a i j)
    (block
        (var m (trunc (/ (+ i j) 2)))
        (a m)))
```

Dann wird ein Arrayindex i von left aus nach rechts bis right bewegt, solange $a_i < p$ ist, und ein weiterer Index j von right aus nach links bis left, solange $p < a_j$ ist. Nun hat man entweder zwei Elemente $i < j$ mit $a_i \geq p \geq a_j$ gefunden, die entweder nicht gleich sind (dann werden sie vertauscht), oder es gilt $a_i = p = a_j$ oder die Indizes i und j haben sich getroffen.

Das wird wiederholt, bis die beiden Zeiger aufeinandergetroffen sind. Danach werden i und j noch einmal weitergesetzt, sodass am Schluss $j < i$ gilt und alle Elemente in $a_{\text{left}}, \ldots, a_j$ kleiner oder gleich p sind und alle Elemente in $a_i, \ldots, a_{\text{right}}$ größer oder gleich p sind. Diese beiden Partitionen von $a_{\text{left}}, \ldots, a_{\text{right}}$ werden dann rekursiv weiter sortiert.

```
;   a[left] ... a[right] sortieren
(define (qsort a left right)
    (block
        (var i left)
        (var j right)
        (if (< i j)
            (block
                ;   Pivot-Element wählen
                (var pivot (pivot a i j))

                ;   Partitionen bestimmen
                (while (<= i j)
                    (block
                        ; Element a[i] >= p suchen, ab Index left
                        (while (and (< i right) (< (a i) pivot))
                            (set i (+ i 1)))

                        ; Element a[j] <= p suchen, ab Index right
                        (while (and (< left j) (< pivot (a j)))
                            (set j (- j 1)))

                        ; Elemente vertauschen
                        (if (and (< i j) (not (= (a i) (a j))))
                            (swap a i j))
                        (set i (+ i 1))
                        (set j (- j 1))))

                ;   Linke Partition sortieren
                (if (< left j) (qsort a left j))

                ;   Rechte Partition sortieren
                (if (< i right) (qsort a i right))))))
```

Eine der Annehmlichkeiten der imperativen Programmierung besteht darin, dass man sehr einfach in die Programme Ausgaben einbauen kann, die einzelne Variablenwerte während des Ablaufs zeigen oder auch gleich den gesamten Verlauf einer Rechnung.

Um zu sehen, was bei Quicksort passiert, fügen wir in die Funktion swap eine Zeile ein, die jeweils das Array und die beiden Elemente ausgibt, die gerade vertauscht werden. Wir benutzen wieder die Funktion print:

```
;   a[i] mit a[j] vertauschen
(define (swap a i j)
    (block
        (print "\t swap " (a i) " and " (a j) " in " a "\n")
        (var temp (a i))
        (a i (a j))
        (a j temp)))
```

Damit können wir dem Verlauf des Sortierens zusehen:

```
-> (set a (array '(3 1 9 2 -4 0 6 5)))
[3,1,9,2,-4,0,6,5]
-> (quicksort a)
        swap 3 and 0 in [3,1,9,2,-4,0,6,5]
        swap 9 and -4 in [0,1,9,2,-4,3,6,5]
        swap 1 and -4 in [0,1,-4,2,9,3,6,5]
        swap 0 and -4 in [0,-4,1,2,9,3,6,5]
        swap 9 and 3 in [-4,0,1,2,9,3,6,5]
        swap 9 and 5 in [-4,0,1,2,3,9,6,5]
-> a
[-4,0,1,2,9,3,5,6]
```

Quicksort ist effizient. Zum Vergleich sortieren wir das Array nochmals mit Insertsort, diesmal unter Verwendung der obigen swap-Funktion mit Ausgabe:

```
-> (set a (array '(3 1 9 2 -4 0 6 5)))
[3,1,9,2,-4,0,6,5]
-> (insertsort a)
        swap 1 and 3 in [3,1,9,2,-4,0,6,5]
        swap 2 and 9 in [1,3,9,2,-4,0,6,5]
        swap 2 and 3 in [1,3,2,9,-4,0,6,5]
        swap -4 and 9 in [1,2,3,9,-4,0,6,5]
        swap -4 and 3 in [1,2,3,-4,9,0,6,5]
        swap -4 and 2 in [1,2,-4,3,9,0,6,5]
        swap -4 and 1 in [1,-4,2,3,9,0,6,5]
        swap 0 and 9 in [-4,1,2,3,9,0,6,5]
        swap 0 and 3 in [-4,1,2,3,0,9,6,5]
        swap 0 and 2 in [-4,1,2,0,3,9,6,5]
        swap 0 and 1 in [-4,1,0,2,3,9,6,5]
        swap 6 and 9 in [-4,0,1,2,3,9,6,5]
        swap 5 and 9 in [-4,0,1,2,3,6,9,5]
        swap 5 and 6 in [-4,0,1,2,3,6,5,9]
```

Die Möglichkeit der einfachen Verfolgung des Ablaufs von imperativen Programmen beruht auf der Tatsache, dass die Zustandsveränderung das grundlegende Prinzip dieses Programmierstils ist. Der Preis, den man dafür bezahlt, ist die größere Fehleranfälligkeit solcher Programme. Der explizite Umgang mit Variablen, Adressen (auch Arrayindizes sind Adressen) und all den anderen Konstrukten der imperativen Programmierung birgt ungeahnte Möglichkeiten, Dinge falsch zu machen.

Ein Programm wie das obige Quicksort für Arrays muss sehr sorgfältig konstruiert werden, wenn man Indexfehler vermeiden will. Die entsprechende Variante in deklarativer Formulierung ist in der Regel lesbarer, weniger von Fehlern geplagt – und deutlich langsamer.

3.3.4   Neue Typen: Komplexe Zahlen

In Abschnitt 2.4 hatten wir Listen zur Darstellung von neuen Datentypen (z. B. Mengen) benutzt. Dabei wurde an keiner Stelle explizit ein neuer Typ definiert – in t.Lisp gibt es keine Möglichkeit und wenig Notwendigkeit dafür.

Eine der Neuerungen der Algol-Pascal-Sprachfamilie waren Mechanismen, die es erlaubten, in Programmen neue Datentypen zu verwenden. Solche Konstrukte ermöglichen es dem Compiler, viele Fehler in Programmen frühzeitig zu erkennen, schon bei der Übersetzung der Programme in Maschinencode und nicht erst bei der Ausführung.

Es liegt in der Natur interpretierter Sprachen, dass es eine derartige frühe Fehlererkennung nicht gibt, weil die gesamte Übersetzungsphase einfach fehlt. Trotzdem ist die Deklaration eigener Typen auch in solchen Sprachen nicht nutzlos.

Der Typ Complex

In diesem Abschnitt definieren wir einen Datentyp Complex. Eine komplexe Zahl besteht aus zwei reellen Zahlen und lässt sich deshalb mit einem Array der Länge 2 darstellen. Wir werden sie aber durch einen Record mit dem Typetikett Complex darstellen und uns am Ende fragen, ob die Möglichkeit zur Typdeklaration ein sinnvolles Element der Sprache t.Pascal ist, die ja anders als Pascal ohne eine Übersetzung als Zwischenschritt unmittelbar interpretiert wird.

Wir legen uns bei unserer Implementierung darauf fest, eine komplexe Zahl durch Real- und Imaginärteil darzustellen. Das bedeutet, dass wir eine Funktion (complex x y) schreiben müssen (einen Konstruktor) und daneben Funktionen für die vier Grundrechenarten.

Zunächst also der Konstruktor und die zugehörigen Selektoren:

```
;   Erzeugung von x + i*y
(define (complex x y)
    (block
        (checkreal x)
        (checkreal y)
        (var z (record 'Complex 2))
        (z 0 x)
        (z 1 y)
        z))

;   Realteil von z
(define (re z)
    (z 0))

;   Imaginärteil von z
(define (im z)
    (z 1))
```

Mit checkreal wird geprüft, ob die Argumente zulässig sind:

```
;   Abbruch, falls x nicht reell ist
(define (checkreal x)
    (if (not (number? x)) (throw "Real number expected")))
```

Eine Typabfragefunktion für den neuen Typ können wir genauso vereinbaren wie für die vordefinierten Typen der Sprache:

```
;   Ist z eine komplexe Zahl?
(define (complex? z)
    (= (type z) 'Complex))
```

Die Rechenoperationen schreiben wir so, dass sie reelle oder komplexe Argumente akzeptieren. Vor dem eigentlichen Aufruf der Operation werden die Argumente auf den richtigen Typ geprüft. Bei einem ungeeigneten Argument wird mit einer Fehlermeldung abgebrochen, andernfalls wird das Argument als komplexe Zahl zurückgegeben:

```
;    Typprüfung von u für Rechenoperation op
(define (checknumber u op)
    (cond
        (complex? u) u
        (number? u) (complex u 0)
        (throw (str op " expects a real or complex argument"))))))
```

Die Funktion checknumber bekommt zur Erzeugung einer aussagekräftigen Fehlermeldung als zweites Argument den Namen der Rechenoperation mitgeteilt. Damit sieht die komplexe Addition so aus:

```
;    Addition, u und v reell oder komplex
(define (add u v)
    (block
        (set u (checknumber u add))
        (set v (checknumber v add))
        (complex (+ (re u) (re v)) (+ (im u) (im v)))))
```

Man sollte sich immer bewusst sein, dass Zuweisungen an die formalen Parameter einer Funktion – wie oben in (set u (checknumber u add)) – nur *lokal* wirken und nicht möglicherweise existierende globale Variablen mit demselben Namen verändern.

Die Subtraktion wird ganz entsprechend definiert und auch Multiplikation und Division sehen sehr ähnlich aus:

```
;    Multiplikation, u und v reell oder komplex
(define (mult u v)
    (block
        (set u (checknumber u mult))
        (set v (checknumber v mult))
        (var a (re u))
        (var b (im u))
        (var c (re v))
        (var d (im v))
        (complex (- (* a c) (* b d)) (+ (* b c) (* a d)))))
```

```
;    Division, u und v reell oder komplex
(define (div u v)
    (block
        (set u (checknumber u div))
        (set v (checknumber v div))
        (var a (re u))
        (var b (im u))
        (var c (re v))
        (var d (im v))
        (var e (+ (square c) (square d)))
        (complex
            (/ (+ (* a c) (* b d)) e)
            (/ (- (* b c) (* a d)) e))))
```

Mit diesen Funktionen hat man in t.Pascal einen vollwertigen Typ Complex. Die Funktion checknumber stellt sicher, dass es keine Verwechslungen zwischen der komplexen Zahl [x,y] und einem Array mit denselben Komponenten gibt:

```
-> (set u (complex 2 5))
[2,5]
-> (set v (complex 3 7))
[3,7]
-> (add u v)
[5,12]
```

```
-> (mult u v)
[-29,29]
-> (div % v)
[2,5]
-> (div 1 u)
[2/29,-5/29]
-> (set w (array '(3 7)))
[3,7]
-> (add u w)
Error: function[add] expects a real or complex argument
```

Ein Testprogramm

Als Test der Fähigkeiten im Umgang mit komplexen Zahlen schreiben wir ein imperatives Programm zur Berechnung der Exponentialfunktion mit komplexen Argumenten. Wir hatten die Funktion exp schon einmal für reelle Argumente mit einer deklarativen Implementierung berechnet (S. 27). Die Reihendarstellung $\exp(z) = \sum_{i=0}^{n} z^i/i!$ der Exponentialfunktion setzen wir diesmal nicht rekursiv, sondern mit Hilfe einer Schleife in Code um:

```
;    Exponentialreihe mit komplexem Argument z, Summanden 0...n
(define (exp z n)
    (block
        (var sum 1)            ; Summe
        (var a 1)              ; Summand
        (for i 1 n (block
            (set a (div (mult a z) i))
            (set sum (add sum a))))
        sum))
```

Als Testwert berechnen wir näherungsweise $e^{i\pi}$. Bei exakter Rechnung gilt $e^{i\pi} = -1$. Wir probieren unser Programm mit dem Näherungswert $\pi \approx \frac{355}{113}$ aus:

```
-> (bind pi 355/113)
-> (bind i (complex 0 1))
-> (bind z (exp (mult i pi) 14))
-> (round (re z) 5)
-1.00000
-> (round (im z) 5)
0.00002
```

Kein schlechtes Ergebnis angesichts der Tatsache, dass der Wert von pi nur auf sechs Dezimalstellen genau ist.

Typsicherheit

Das Typsystem von t.Pascal ist alles andere als sicher. Weil Records nicht typgebunden sind, kann man beliebige Werte an jede Position schreiben:

```
-> (u 0 'zwei)
-> u
[zwei,5]
-> (type %)
Complex
-> (add u v)
Error: op[plus] expects a number argument
```

Hier beschwert sich (zu Recht) der Additionsoperator für den Typ Number über ein ungeeignetes Argument. Die Additionsfunktion des Typs Complex konnte die Misshandlung der komplexen Zahl u nicht erkennen.

Auch in Pascal konnte man das Typsystem fast beliebig aushebeln. Das ist kein Problem längst vergangener Zeiten: Mit der Möglichkeit von Typumwandlungen (type casts) und dem Allerweltstyp Object gibt es auch in Java scheunentorgroße Sicherheitslöcher.

Es ist in jedem Fall ratsam, im Umgang mit eigenen Datentypen Disziplin zu üben. Wer Datenobjekte selbst definierter Typen nur mittels der „offiziellen" Konstruktoren erzeugt (beim Typ Complex sind das complex und die daraus abgeleiteten Rechenoperationen) und in ihrem Zustand verändert (bei Complex ist dazu keine Funktion vorgesehen), kann sich zeitaufwendige Typprüfungen sparen.

3.3.5　Rekursive Typen: Listen

Ein „rekursiver Typ" in der Sprechweise von Pascal war ein Datentyp, dessen Datenobjekte wieder Datenobjekte desselben Typs enthielten. Klassische Beispiele dafür sind Listen und Bäume.

In t.Pascal könnte man sich den Listentyp von t.Lisp leicht dadurch verschaffen, dass man die Operatoren cons, car und cdr in der Initialisierungsdatei aktiviert. In Pascal gab es diesen Weg natürlich nicht, man musste sich Listen selbst definieren. Das ist auch in t.Pascal sehr einfach, allerdings nicht ohne Gefahren, wie wir sehen werden.

Listen als Record-Typ

Die leere Liste stellen wir durch einen leeren Record vom Typ List dar:

```
;   Erzeugung der leeren Liste
(define (empty-list)
    (record 'List 0))

;   Die leere Liste
(bind nil (empty-list))

;   Test auf leere Liste
(define (nil? ls) (= ls nil))
```

Eine nichtleere Liste besteht wie üblich aus Kopf und Rumpf, wir stellen sie durch einen Record mit zwei Elementen dar:

```
;   Erzeugung einer nichtleeren Liste
(define (cons x ls)
    (block
        (var r (record 'List 2))
        (r 0 x)
        (r 1 ls)
        r))

;   Kopf einer nichtleeren Liste
(define (car ls) (ls 0))

;   Rumpf einer nichtleeren Liste
(define (cdr ls) (ls 1))

;   Typabfrage
(define (list? e)
    (= (type e) 'List))
```

Damit ist der Typ List schon fertig. Ähnlichkeiten mit der Java-Implementierung in Abschnitt 2.6.6 sind nicht zufällig. Allerdings fehlt unseren Listen das gefällige Aussehen des Originals:

```
-> (cons 1 (cons 2 (cons 3 nil)))
[1,[2,[3,[]]]]
-> (list? %)
true
```

Das ist ein Problem, das wir bei jedem selbst definierten Typ haben. Wir lösen es so ähnlich wie schon bei Binärbäumen dadurch, dass wir eine eigene Funktion zur Darstellung von Objekten dieses Typs schreiben. In diesem Fall entspricht sie der toString-Methode in der Klasse List.java (S. 125).

```
;    Stringdarstellung
(define (display ls)
    (str "(" (display-nopar ls) ")"))

;    Stringdarstellung ohne Klammern
(define (display-nopar ls)
    (cond
        (nil? ls) ""
        (nil? (cdr ls)) (car ls)
                (str (car ls) " " (display-nopar (cdr ls))))))
```

Das ist keine t.Lisp-Funktion, sondern ein t.Pascal-Programm!

Alte und neue Listen

Ein anderes Problem mit selbst definierten Typen ist die Art der Eingabe. Wir hatten schon bei t.Pascal-Arrays (die auch kein Typ sind, der in der Syntax der Sprache vorkommt) gesehen, dass es wünschenswert ist, eine „literale" Form der Eingabe zu haben.

Arrays können wir in der Form (array <*Liste*>) eingeben. Zur Eingabe von Listen unseres selbst definierten Typs List bietet es sich an, unter Benutzung dieser Möglichkeit eine Funktion newlist (der Name list ist schon belegt) zu schreiben:

```
;    Liste neuen Typs aus einer 'echten' Liste ls erzeugen
(define (newlist ls)
    (block
        (var a (array ls))          ; Liste in Array umwandeln
        (var n (length a))
        (var nls nil)               ; Liste neuen Typs erzeugen
        (for i 1 n
            (set nls (cons (a (- n i)) nls))) ; a kopieren
        nls))                       ; Rückgabewert
```

Diese Funktion verwandelt eine „echte" Liste in eine t.Pascal-Liste. Man kommt nicht umhin, das komplette Instrumentarium der imperativen Programmierung zu verwenden: Block, Array, Variablen, Schleife etc.

Die Listen neuen Typs sehen mit display aus wie die von t.Lisp und man kann sie auch genauso verwenden:

```
-> (display (set nls (newlist '(1 2 3 4 5))))
(1 2 3 4 5))
-> (type nls)
List
-> (display (cons 0 nls))
(0 1 2 3 4 5)
```

Die t.Lisp-Programme für Listen kommen mit den neuen Listen gut zurecht. Um das zu testen, laden wir die deklarative Version von Quicksort (siehe S. 63) in den Interpreter und sortieren damit nebenwirkungsfrei:

```
-> (load "qsort.tlisp")
function[join]
function[elements]
function[qsort]
-> (display (set ls (newlist '(2 17 22 3 8 5 0 -4 37 25 9 19 5))))
(2 17 22 3 8 5 0 -4 37 25 9 19 5)
-> (display (qsort ls))
(-4 0 2 3 5 5 8 9 17 19 22 25 37)
-> (display ls)
(2 17 22 3 8 5 0 -4 37 25 9 19 5)
```

Die Eingabeliste ist diesmal unverändert geblieben.

Das t.Lisp-Programm hat auch mit dem neuen Listentyp problemlos funktioniert – was allerdings nicht heißt, dass man jeden t.Lisp-Code unkontrolliert übernehmen kann. Hätten wir zum Beispiel in dem zugeladenen t.Lisp-Programm die Funktion length verwendet, dann wären wir nicht so billig davongekommen:

```
-> (print "Die Länge von " (display ls) " ist " (length ls) "\n")
Die Länge von (2 17 22 3 8 5 0 -4 37 25 9 19 5) ist 2
```

Die Ausgabe stimmt zwar, aber nur im Sinne von t.Pascal, wo der Name length eine andere Bedeutung hat als in t.Lisp. Er gibt die Anzahl der Elemente eines Records zurück und als Record betrachtet hat die Variable ls in der Tat zwei Felder (für Kopf und Rumpf der Liste). Damit t.Pascal die Länge einer Liste neuen Typs richtig berechnet, müssten wir eine eigene Funktion dafür definieren.

Es ist wenig sinnvoll, nebeneinander mit zwei Arten von Listen zu arbeiten, die denselben Typnamen haben. t.Pascal kann zwar Listen mit denselben Elementen auseinanderhalten, nicht aber ihre Typen:

```
-> (= (newlist '(a b c)) '(a b c))
false
-> (= (type (newlist '(a b c))) (type '(1 2 3)))
true
```

Als einfachste Lösung für dieses Problem bietet es sich an, t.Pascal Buch darüber führen zu lassen, welche Typnamen schon in Benutzung sind. Etwas in dieser Art tut jeder Pascal-Compiler.

Noch besser wäre es, wenn der Operator type nicht einen Typnamen zurückgeben würde, sondern ein eigenes Typobjekt. Diese Unterscheidung ist in interpretierten Sprachen wichtiger als in kompilierten. Man findet sie aber auch dort, etwa in Java, wo jeder Typ auch durch ein Laufzeit-Objekt repräsentiert wird.

Das Typsystem von t.Pascal ist, wie einst das von Pascal, zu einfach gestrickt. Am Beispiel von t.Java werden wir sehen, wie man es besser machen kann.

3.3.6 Manipulationen an Listen

Die schwache Typsicherheit von Pascal und t.Pascal lädt geradezu dazu ein, an Daten herumzubasteln:

```
-> (display (set ls (newlist '(a b c d))))
(a b c d)
-> ((cdr ls) 1 nil)              ; Zuweisung!
-> (display ls)
(a b)
```

Die Liste ls wurde durch die Zuweisung nach dem zweiten Element abgeschnitten. Solche Manipulationen könne überraschende und manchmal sehr unerwünschte Auswirkungen haben:

```
-> (display (set ls1 (newlist '(1 2 3))))
(1 2 3)
-> (display (set ls2 (newlist '(4 5 6))))
(4 5 6)
-> (display (set ls3 (join ls1 ls2)))
(1 2 3 4 5 6)
-> (ls2 1 nil)
-> (display ls2)
(4)
-> (display ls3)
(1 2 3 4)
```

Das Abschneiden der Liste ls2 nach dem ersten Element hat als Nebenwirkung – hier ist der Begriff einmal wirklich zutreffend – auch die Liste ls3 gekürzt. Letztere enthält nämlich ls2 als Teilliste. Das liegt daran, dass die Funktion join ihr zweites Argument in ihre Resultatliste *per Referenz* einbaut:

```
;   Vereinigung der beiden Listen ls1 und ls2
(define (join ls1 ls2) (if (nil? ls1) ls2       ; <-- Referenz auf ls2!
        (cons (car ls1) (join (cdr ls1) ls2))))
```

Würde join eine Kopie von ls2 verwenden anstatt des Originals, dann hätte eine Zustandsänderung von ls2 nicht die unbeabsichtigte Nebenwirkung einer Veränderung der Liste ls3. Aber wer kann, wer möchte immer die Details der Implementierung von join im Kopf haben?

Das Beispiel sieht harmlos genug aus, aber es gibt in der imperativen Programmierung zahllose Situationen, in denen aufgrund ähnlicher versteckter Seiteneffekte Programme sich manchmal absolut rätselhaft verhalten. Imperative Programmierung kann extrem tückisch sein.

Mutation von Listen mit setcar und setcdr

Trotzdem gibt es genug Situationen, in denen man eine Liste absichtlich in ihrem Zustand verändern möchte. Beim Sortieren möchte man Elemente vertauschen, bei Simulationen möchte man eine Warteschlange wachsen oder schrumpfen lassen, man möchte Elemente nachträglich einfügen usw.

Bei entsprechender Vorsicht ist der imperative Umgang mit Listen für solche Zwecke ganz gut geeignet. Wir machen also aus der Not eine Tugend und definieren zwei imperative Funktionen für Listen:

```
;   Zuweisung von x an den Kopf der Liste ls
(define (setcar ls x)
    (ls 0 x))

;   Zuweisung der Liste xs an den Rumpf der Liste ls
(define (setcdr ls xs)
    (ls 1 xs))
```

Damit haben wir die Schnittstelle für den Typ List erweitert. Vermutlich wäre es sicherer, für veränderbare Listen gleich einen eigenen Typnamen einzuführen, aber das ersparen wir uns.

Als auf den ersten Blick sinnvolle Anwendung schreiben wir eine Funktion link, mit der zwei Listen zu einer gemeinsamen Liste verknüpft werden sollen. Anders als bei join soll dabei nur der Anfang der zweiten Liste in den letzten Knoten der ersten eingehängt werden. Die erste Liste muss deshalb nichtleer sein, sie wird beim Aufruf (link ls1 ls2) „verbraucht". Der Vorteil ist, dass keine neuen Listenknoten erzeugt werden, das spart Speicherplatz.

Die Funktion muss einmal die Liste ls1 durchlaufen, um deren letztes Element zu finden:

```
;   Verknüpfen von zwei Listen (destruktiv, ls1 muss nichtleer sein)
(define (link ls1 ls2)
    (block
        (if (nil? ls1)
            (throw (str link " expects a nonempty list")))
        (set ls3 ls1)
        (while (not (nil? (cdr ls3)))
            (set ls3 (cdr ls3)))
        (setcdr ls3 ls2)))
```

Am Ende der While-Schleife ist das Ende von ls1 gefunden, dort wird ls1 so abgeändert, dass es mit ls2 weitergeht. Auf den ersten Blick funktioniert das auch:

```
-> (bind ls1 (newlist '(a b c)))
-> (bind ls2 (newlist '(d e)))
-> (display ls1)
(a b c)
-> (link ls1 ls2)
-> (display ls1)
(a b c d e)
```

Wie erwartet wurde die Liste ls verlängert. Wir verlängern sie nochmals:

```
-> (link ls1 ls2)
```

Auch das scheint gutzugehen. Wenn man jetzt aber (display ls1) eingibt oder auch nur ls1, um die „Rohdarstellung" der Liste zu sehen, dann versinkt der Interpreter in Schweigen. Das Ende von ls1 ist nach der ersten link-Operation nämlich identisch mit dem Ende von ls2, und wenn dort ls2 als Rumpf eingetragen wird, macht man gleichzeitig ls1 und ls2 zu zirkulären Listen, die an keiner Stelle die leere Liste enthalten. Der Versuch, sie für die Ausgabe in einen String zu verwandeln, muss schiefgehen. Wie schon gesagt, imperative Programmierung kann tückisch sein.

Als Positivbeispiel betrachten wir noch das Einfügen eines einzelnen Elements x in eine Liste ls. Anstelle einer Adresse geben wir einen Wert a mit, hinter dem x eingehängt werden soll. Wenn ls diesen Wert nicht enthält, wird eine Fehlermeldung ausgegeben:

```
;   Einfügen von x in die Liste ls nach dem Element a
(define (insert-at ls a x)
    (block
        (var xs ls)
        (while (not (or (nil? xs) (= (car xs) a)))
            (set xs (cdr xs)))
        (if (nil? xs)
            (throw (str "No element " a " in " (display ls))))
        (setcdr xs (cons x (cdr xs)))))
```

Das funktioniert wie geplant:

```
-> (bind ls (newlist '(1 2 3 4 5)))
-> (display ls)
(1 2 3 4 5)
-> (for i 1 4 (insert-at ls i '+))
-> (display ls)
(1 + 2 + 3 + 4 + 5)
```

Aber auch hier ist man vor unangenehmen Überraschungen nicht sicher. Man sollte zum Beispiel nicht versuchen, ls selbst in ls einzufügen. Im Gegensatz dazu ist mit einer deklarativen Version von insert-at, die jeweils eine neue Liste zurückgibt, das Einfügen einer Liste in sich selbst ohne Weiteres möglich.

3.3.7   Stapel und Schlangen

Eine sinnvolle Anwendung von veränderbaren Listen sind Stapel (Stacks) und Warteschlangen. Beide Datenstrukturen sehen so ähnlich wie Listen aus, sind aber ihrer ganzen Natur nach Objekte mit einem veränderlichen Zustand.

Von einem Stack sagt man, dass er wächst und schrumpft. Niemand käme auf die Idee zu sagen, dass ein neuer Stack entsteht, wenn man ein weiteres Element auf einen Stack legt. Auch eine Warteschlange wird mal länger, mal kürzer, bleibt aber immer dieselbe Warteschlange.

Der Datentyp Stack

Wir nehmen uns vor, einen Datentyp Stack zu konstruieren, der die üblichen Stackoperationen unterstützt:

(new-stack type)	– gibt leeren Stack mit dem Elementtyp type zurück.
(push stack x)	– legt Element x auf den Stack.
(pop stack)	– nimmt das oberste Element vom Stack.
(empty? stack)	– ist der Stack leer?
(top stack)	– das oberste Element des Stacks.

Ein Stapel operiert nach dem Prinzip „Last in, first out", das heißt, das zuletzt auf den Stapel gelegte Element wird als Erstes wieder entfernt.

Die Implementierung wollen wir mit Hilfe einer Liste vornehmen, die in einem Record gespeichert wird. Der Record dient als Behälter für die Liste und zugleich kann man ihm den passenden Typ geben, den der Stack haben soll.

Welcher Typ sollte das sein? Es könnte nützlich sein, den Stack typgebunden zu programmieren. Ein Stack für Zahlen sollte nur Zahlen aufnehmen, ein Stack für Symbole nur Symbole etc.

In der obigen Schnittstelle ist schon vorgesehen, dass die Erzeugerfunktion newstack einen Typnamen als Argument hat. Mit (new-stack 'Number) könnte dann ein Stack mit dem Typ 'StackOfNumber oder Stack<Number> erzeugt werden. Mit anderen Worten: Wir müssen einen Typnamen errechnen. Dafür ist der auf S. 141 vorgestellte Operator parse gut:

```
;    Gibt den Typnamen eines Stacks mit dem Elementtyp t zurück
(define (stacktypename t)
    (block
        (checktype t 'Symbol new-stack)
        (parse (str "Stack<" t ">")))))
```

Mit (stacktypename 'Number) wird aus dem Symbol Number das Symbol Stack<Number>
erzeugt. Das geht in drei Schritten: Zuerst wird geprüft, ob Number tatsächlich ein Symbol
ist. Dann wird daraus mittels str der String "Stack<Number>" gebildet, der schließlich mit
Hilfe des Parsers in ein Symbol verwandelt wird.

Die Prüfung des Arguments ist eine Verallgemeinerung der Funktion checknumber von S. 154:

```
;   Prüft, ob das Argument x der Funktion fn den erwarteten Typ t hat
(define (checktype x t fn)
    (if (not (= (type x) t))
        (throw (str fn " expects an argument of type " t))))
```

Die Funktion new-stack erzeugt einen Record der Größe 2, der den mit stacktypename
errechneten Typ hat. An der ersten Position des Records wird der Stackinhalt als Liste
gespeichert, zu Beginn ist das nil. An der zweiten Position wird der Basistyp des Stacks
abgelegt. Er wird nachher benutzt, um sicherzustellen, dass nur Elemente dieses Typs auf
dem Stack landen.

Damit sieht die Erzeugerfunktion so aus:

```
;   Erzeuge einen Stack mit dem Basistyp type
(define (new-stack type)
    (block
        (var st (record (stacktypename type) 2))
        (st 0 nil)                          ; Inhalt des Stacks
        (st 1 type)                         ; Elementtyp
        st))                                ; Rückgabewert
```

Wenn ein Element auf den Stack gelegt wird, muss zunächst geprüft werden, ob es den
richtigen Typ hat (den, der in Position 1 des Stacks gespeichert ist). Dann wird die in
Position 0 gespeicherte Liste mit cons verlängert und diese verlängerte Liste wieder in
Position 1 gespeichert. Das ist der Moment, in dem der Stack in seinem Zustand verändert
wird:

```
;   Element x auf den Stack st legen
(define (push st x)
    (block
        (checktype x (st 1) push)
        (st 0 (cons x (st 0)))))
```

Das Entfernen des obersten Elements verkürzt die Liste um ein Element. Vorher muss geprüft
werden, dass sie nichtleer ist:

```
;   Oberstes Element vom Stack nehmen (der Stack darf nicht leer sein)
(define (pop st)
    (block
        (checkempty st pop)
        (st 0 (cdr (st 0)))))

;   Prüfen, ob Funktion fn für leeren Stack st aufgerufen wurde
(define (checkempty st fn)
    (if (empty? st)
        (throw (str fn " called for an empty stack"))))

;   Ist der Stack leer?
(define (empty? st)
    (= (st 0) nil)) ; In (st 0) ist die Liste mit dem Stackinhalt gespeichert
```

Dieselbe Prüfung wird auch beim Lesezugriff auf das oberste Element des Stapels verwendet:

```
; Oberstes Element des Stacks (der Stack darf nicht leer sein)
(define (top st)
    (block
        (checkempty st top)
        (car (st 0))))
```

Das ist alles. Zum Ansehen des Stacks schreiben wir uns noch eine Display-Funktion:

```
; Zustand des Stacks ansehen
(define (display-stack st)
    (display (st 0)))                    ; Elemente als Liste anzeigen
```

Jetzt haben wir eine einigermaßen sichere Implementierung von Stacks. Ein kurzer Testlauf:

```
-> (bind st (new-stack 'Symbol))
-> (type st)
Stack<Symbol>
-> (for i 0 9 (push st (parse (str "a" i))))
-> (display-stack st)
(a9 a8 a7 a6 a5 a4 a3 a2 a1 a0)
-> (for i 0 4 (pop st))
-> (top st)
a4
-> (display-stack st)
(a4 a3 a2 a1 a0)
-> (push st 37)
Error: function[push] expects an argument of type Symbol
```

Wie man sieht, akzeptiert der Stack st ausschließlich Symbole als Elemente. Der Versuch, eine Zahl einzufügen, wird abgewiesen.

Der Datentyp Queue

Im vorigen Abschnitt mussten wir keine Listen mit setcar oder setcdr misshandeln. Das wird jetzt anders.

Wir wollen einen Datentyp für Warteschlangen (Queues) implementieren. Eine Warteschlange ähnelt einem Stack, die Elemente werden aber nach dem Prinzip „First in, first out" eingefügt und entfernt, so wie man das als Kunde beim Anstehen erwartet.

Die Zugriffsfunktionen sehen sehr ähnlich aus wie die für einen Stack:

(new-queue type)	– gibt leere Schlange mit dem Elementtyp type zurück.
(insert queue x)	– fügt Element x hinten in die Schlange ein.
(remove queue)	– entfernt das vorderste Element aus der Schlange.
(isempty? queue)	– ist die Schlange leer?
(top queue)	– das vorderste Element der Schlange.

Es bietet sich natürlich an, eine Warteschlange wie einen Stack intern durch eine Liste darzustellen. Das ist auch möglich, nur muss man dann für die Funktionen top und remove jedes Mal die ganze Liste durchlaufen, weil sie sich auf das *vorderste* Element der Schlange beziehen. Schöner wäre es, wenn man alle Operationen wie schon beim Stack auch bei Warteschlangen so implementieren würde, dass sie in einer Zeit ablaufen, die nicht von der Anzahl der gespeicherten Elemente abhängt.

Die erste Idee, die man für eine solche Implementierung vielleicht hat, besteht darin, zusätzlich einen Zeiger auf das vorderste Element der Schlange mitzuführen. (Zeiger ist die Ausdrucksweise von Pascal, wo explizit mit Adressvariablen gearbeitet wurde. In Java ist der Begriff Referenz gebräuchlicher.) Damit erreicht man dann auch das vorderste Element, aber wenn man es aus der Schlange entfernen will, musste man den Zeiger auf das *vorangehende* Element umsetzen, das jetzt auf die vorderste Position aufrückt. Und dieses Element erreicht man wieder nur, indem man die ganze Liste durchläuft.

Was man eigentlich benutzen möchte, ist eine doppelt verkettete Liste. Dabei gibt es zu jedem Listenelement zwei Zeiger (bzw. Referenzen), je einen auf das vorangehende und das nachfolgende Element. Von außen erreicht man die Liste über zwei Zeiger, je einen auf Anfang und Ende der Liste. Anhand dieser Zeiger kann man die Liste an beiden Enden verlängern oder verkürzen und sie von jedem Element aus in beiden Richtungen durchwandern.

Man kann einen entsprechenden Typ `DoubleList` in t.Pascal mit Records unschwer implementieren. Es gibt aber noch eine Alternative dazu, die mit einfachen Listen auskommt. Sie wird im Folgenden benutzt, um Warteschlangen zu realisieren – nicht weil sie besser wäre als doppelt verkettete Listen (was sie nicht ist), sondern weil sie alle Züge des Pascal-typischen Jonglierens mit Zeigern hat.

Die folgende Abbildung zeigt die Idee:

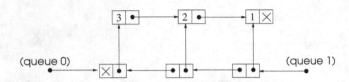

Man erzeugt zwei separate Listen, eine Vorwärtsliste (im Bild oben) und eine Rückwärtsliste (im Bild unten). In der Vorwärtsliste werden die Elemente der Warteschlange gespeichert, die Rückwärtsliste enthält die Teillisten der Vorwärtsliste. Während die Vorwärtsliste wie jede Liste am Kopf verlängert wird, wächst die Rückwärtsliste an ihrem Ende (im Bild links unten), indem der `nil`-Zeiger im letzten Listenelement mit `setcdr` überschrieben wird.

Das letzte Element der Rückwärtsliste enthält demnach als Element immer eine Referenz auf die gesamte Vorwärtsliste. Der Rumpf dieses letzten Elements, der jeweils `nil` ist, wird beim Verlängern der Liste überschrieben.

Beim Einfügen eines Elements entstehen links zwei neue Listenknoten, beim Entfernen aus der Schlange werden rechts zwei Knoten aus den Listen ausgehängt.

Der t.Pascal-Code für das Ganze ist nicht viel länger als der für den Typ `Stack`. Der Record zur Darstellung einer Warteschlange hat ein Element mehr: je einen Eintrag für Vor- und Rückwärtsliste und wieder ein Typfeld.

Die Erzeugung einer Schlange sieht damit so aus:

```
;   Erzeuge Warteschlange mit Basistyp type
(define (new-queue type)
    (block
        (var queue (record (queuetype type) 3))
        (reset queue)
        (queue 2 type)    ; Basistyp der Schlange
        queue))

;   Erzeugt den Typ einer Warteschlange mit dem Elementtyp t
(define (queuetype t)
    (block
        (checktype t 'Symbol new-queue)
        (parse (str "Queue<" t ">")))))
```

```
;   Listen initialisieren
(define (reset queue)
    (block
        (queue 0 nil)        ; Referenz auf den Kopf der (Vorwärts-)Liste
        (queue 1 nil)))      ; Kopf der Rückwärtsliste und der Schlange
```

Die Funktion reset kann dazu benutzt werden, die Schlange auf einen Schlag zu leeren. In der Realität ist so etwas schlechter Service.

Beim Einfügen eines Elements wird zweimal cons aufgerufen, es werden also zwei Listenknoten erzeugt. Wenn man etwas in eine bisher leere Schlange einfügt, muss man darauf achten, auch die Rückwärtsliste entsprechend in Gang zu setzen:

```
;   Element x in die Schlange einfügen
(define (insert queue x)
    (block
        (checktype x (queue 2) insert)
        (if (isempty? queue)
            (block
                (q 0 (cons (cons x nil) nil))
                (q 1 (q 0)))
            (block
                (var short (cons (cons x (car (q 0))) nil))
                (setcdr (q 0) short)
                (q 0 short)))))
```

Das Feld (queue 0) enthält einen Zeiger auf das Ende der Rückwärtsliste. Die Vorwärtsliste erreicht man bei nichtleerer Schlange mit (car (queue 0)).

Das Entfernen eines Elements aus der Schlange wird von (queue 1) aus bewerkstelligt. Der Rumpf dieser Liste ist der neue Wert der Rückwärtsliste, der Kopf ist zugleich das neue Ende der Vorwärtsliste. Deshalb bekommt diese mit setcdr den Rumpf nil zugewiesen:

```
;   Vorderstes Element aus der Schlange entfernen (Schlange nicht leer)
(define (remove queue)
    (block
        (checkempty queue remove)
        (var rl (cdr (queue 1)))             ; Verkürzte Rückwärtsliste
        (if (nil? rl) (reset queue)
            (setcdr (car rl) nil))
        (queue 1 rl)))
```

Wenig Code, aber viel Gelegenheit, Fehler zu machen! Die Art zu denken, die hinter dieser Akrobatik mit Listen steht, ist charakteristisch für den Umgang mit dynamischen Datenstrukturen in der imperativen Programmierung. In Pascal und C verwendet man explizite Zeiger anstelle von Referenzen wie hier und in Java, aber die Vorgehensweise ist dieselbe.

Es ist klar, wie man fragt, ob eine Schlange leer ist:

```
;   Ist die Warteschlange leer?
(define (isempty? queue)
    (= (queue 0) nil))
```

Als „Convenience" schreiben wir uns dazu eine Funktion, die eine Exception erzeugt, wenn remove oder top für eine leere Schlange aufgerufen wird:

```
;   Prüfen, ob Funktion fn mit leerer Schlange aufgerufen wurde
(define (checkempty queue fn)
    (if (isempty? queue) (throw (str fn " called for an empty queue"))))
```

Die Abbildung zeigt den Zustand der Warteschlange aus der obigen Abbildung vor und nach der Anwendung von (remove queue):

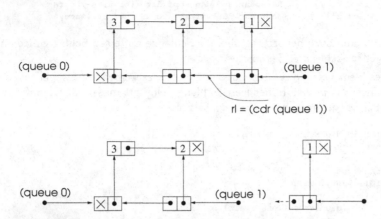

rl = (cdr (queue 1))

Die beiden nicht mehr mit der Schlange verknüpften Knoten werden vom Laufzeitsystem als Restmüll erkannt, ihr Speicherplatz wird vom Garbage Collector wieder freigegeben.

Bevor wir das Programm ausprobieren, vereinbaren wir noch wie bei Listen eine Display-Funktion:

```
;   Warteschlange ansehen
(define (display-queue q)
    (display (if (isempty? q) nil (car (q 0)))))
```

Damit können wir die Funktionen für Warteschlangen testen. Wir erzeugen eine Schlange mit fünf Kunden und lassen dann abwechselnd einen Kunden ankommen und fertigen einen Kunden ab:

```
-> (bind q (new-queue 'Number))
-> (str "Die Queue hat den Typ " (type q))
Die Queue hat den Typ Queue<Number>
-> (for i 1 5 (insert q i))
-> (display-queue q)
(5 4 3 2 1)
-> (for i 6 10 (block
        (insert q i)
        (remove q)
        (println (display-queue q))))
(5 4 3 2 1)
(6 5 4 3 2)
(7 6 5 4 3)
(8 7 6 5 4)
(9 8 7 6 5)
(10 9 8 7 6)
```

Man kann zusehen, wie Kunde Nr. 5 zur Abfertigung vorrückt.

Schlangen und dynamische Arrays

Die eben vorgestellte Implementierung von Warteschlangen benutzt Listen als Haupthilfsmittel. Beim Einfügen eines Elements in eine Warteschlange werden jeweils zwei Listenknoten erzeugt, beim Entfernen werden zwei Knoten freigegeben. Wir hätten diese Konstruktion, obwohl sie auf Listen basiert, in t.Lisp so nicht realisieren können, weil Listen dort aus gutem Grund unveränderbar sind.

Trotzdem würde man in Pascal Warteschlangen vermutlich nicht so wie oben gezeigt implementieren. Es liegt nämlich eigentlich viel näher, die Elemente der Schlange in einem Array aufzubewahren statt in einer (noch dazu auf komplizierte Weise verknüpften) Liste.

Die Grundidee der alternativen Implementierung ist sehr einfach. Man schreibt die Elemente in ein Array a und führt zwei Arrayindizes mit. Der eine, i, zeigt auf den ersten freien Speicherplatz am Ende der Schlange, der andere, j, auf den Kopf der Schlange.

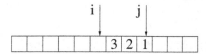

Ein neues Element wird bei a_i eingefügt, dann wird i um 1 verkleinert, damit es wieder auf eine freie Arrayposition zeigt. Zum Entfernen des vordersten Elements in der Schlange wird j um 1 verkleinert. Wenn Position 0 des Arrays besetzt wurde, wandert der Zeiger i an das rechte Arrayende. Das Array wird also als Ring verwendet.

Es gibt ein Problem: Was ist zu tun, wenn die Kapazität des Arrays erschöpft ist? Dann muss das Array durch ein neues, größeres ersetzt werden.

Mit dieser Vorstellung kann man die Schnittstelle für Schlangen aus dem vorigen Abschnitt implementieren. Die Schlange als Ganzes wird durch einen Record $[a, i, j, t]$ mit vier Elementen dargestellt. Dabei ist a das Array, i und j sind die beiden Zeiger und t ist wie eben der für Zwecke der Typprüfung gespeicherte Elementtyp der Schlange.

```
;   Erzeuge Warteschlange mit Basistyp type
(define (new-queue type)
    (block
        (var queue (record (queuetype type) 4))
        (var n 10)              ; Anfängliche Arraygröße
        (queue 0 (array n))     ; Das Array für die Elemente
        (queue 1 (- n 1))       ; Zeiger i auf die aktuelle Einfügestelle
        (queue 2 (- n 1))       ; Zeiger j auf den Kopf der Schlange
        (queue 3 type)          ; Elementtyp der Schlange
        queue))
```

Am Anfang setzt man die Arraygröße willkürlich fest, bei Bedarf wird sie jeweils verdoppelt. Die Anfangsposition der Indizes ist ebenfalls beliebig, wir wählen die letzte Arrayposition, weil die Schlange am linken Ende wachsen soll.

Das Array ist leer, wenn beide Indizes auf dieselbe Position zeigen:

```
;   Ist die Warteschlange leer?
(define (isempty? queue)
    (= (queue 1) (queue 2)))
```

Der Zeiger j auf das vordere Ende kann rechts oder links von j stehen. Wenn $j < i$ ist, haben wir eine Situation der folgenden Form:

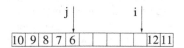

Hier ist i über den linken Rand hinausgewandert und rechts wieder erschienen. Wenn infolge weiterer Einfügungen der Zeiger j direkt neben i steht, dann ist das Array voll. Der genaue Code zur Feststellung dieser Bedingung sieht so aus:

```
;   Ist die Warteschlange voll?
(define (isfull? queue)
    (block
        (var n (capacity queue))
        (var i (queue 1))
        (var j (queue 2))
        (= 1 (mod (- i j) n))))


;   Länge des aktuellen Arrays
(define (capacity queue)
    (length (queue 0)))
```

Das vorderste Element der Warteschlange finden wir beim Index j. Den Fall einer leeren Schlange schließen wir wieder mit der Funktion checkempty aus (S. 165):

```
;   Vorderstes Element (Schlange nicht leer)
(define (top queue)
    (block
        (checkempty queue top)      ; Abbruch, falls queue leer
        (var a (queue 0))           ; das Array
        (var j (queue 2))           ; Index des vordersten Elements
        (a j)))                     ; Rückgabewert
```

Das Entfernen ist unter den beiden Operationen, die den Zustand der Schlange ändern, die einfachere, weil sich dabei die Arraygröße nicht ändern kann. Beim Verkleinern von j um 1 muss man darauf achten, dass der Index nicht negativ wird:

```
;   Vorderstes Element aus der Schlange entfernen (Schlange nicht leer)
(define (remove queue)
    (block
        (checkempty queue remove)       ; Abbruch, falls queue leer
        (var n (capacity queue))
        (var j (mod (- (queue 2) 1) n)) ; Index j verkleinern...
        (queue 2 j)))                   ; ...und speichern
```

Beim Einfügen wird zuerst der Typ des neuen Elements anhand der schon bekannten Funktion checktype kontrolliert, danach wird das Array verdoppelt, falls kein Speicherplatz mehr frei ist.

```
;   Element x in die Schlange einfügen
(define (insert queue x)
    (block
        (checktype x (queue 3) insert)      ; Abbruch bei falschem Elementtyp
        (if (isfull? queue) (double queue)) ; Bei Bedarf Array verdoppeln
        (var i (queue 1))                   ; Einfügeposition
        ((queue 0) i x)                     ; Element einfügen
        (var n (capacity queue))
        (set i (mod (- i 1) n))             ; Index i verkleinern...
        (queue 1 i)))                       ; ...und speichern
```

Das Verdoppeln des Arrays ist eine der für den Umgang mit Arrays typischen fehlerträchtigen Indexrechnereien. Wenn $i < j$ ist, kann man den Inhalt des bisherigen Arrays eins zu eins in das neue Array kopieren. Im Falle $j < i$ kopiert man die Elemente $a_{i+1}, \ldots, a_{n-1}$ an dieselbe Stelle im neuen Array und dahinter die Elemente $a_0, \ldots, a_j$. Der Wert von i ändert sich dabei nicht. Der Wert von j muss im Fall $j < i$ um die Länge n des alten Arrays erhöht werden:

```
; Array (queue 0) verdoppeln
(define (double queue)
    (block
        (var n (capacity queue))
        (var old (queue 0))                           ; altes Array
        (var new (array (* 2 n)))                     ; neues Array
        (var i (queue 1))                             ; Index i
        (var j (queue 2))                             ; Index j
        (if (< i j)
            (for k (+ i 1) j (new k (old k)))         ; Kopieren in 1 Stück
            (block                                    ; Kopieren in 2 Teilen
                (for k (+ i 1) (- n 1) (new k (old k)))
                (for k 0 j (new (+ k n) (old k)))
                (queue 2 (+ j n))))a                  ; Index j berichtigen
        (queue 0 new)))                               ; new wird aktuelles Array
```

Jetzt können wir einen Testlauf probieren:

```
-> (bind q (new-queue 'Number))
-> q
[[,,,,,,,,,],9,9,Number]
-> (for i 1 7 (insert q i))
-> q
[[,,,7,6,5,4,3,2,1],2,9,Number]
-> (for i 1 3 (remove q))
-> q
[[,,,7,6,5,4,,,],2,6,Number]
-> (for i 8 11 (insert q i))
-> q
[[10,9,8,7,6,5,4,,,11],8,6,Number]
-> (block
        (for i 1 3 (remove q))
        (for i 12 14 (insert q i))
        q)
[[10,9,8,7,,,14,13,12,11],5,3,Number]
-> (for i 15 17 (insert q i))
-> q
[[,,,17,16,15,14,13,12,11,10,9,8,7,,,,,,],2,13,Number]
```

Das Einfügen von Element 16 hat die Verdoppelung des Arrays ausgelöst.

Bei diesem Test wurde die Funktion remove um eine Anweisung ergänzt, welche das zu entfernende Element durch void ersetzt. Für das Funktionieren der Schlange ist das unerheblich, aber für die Ausgabe und bei einer Fehlersuche ist es hilfreich.

Natürlich kann und sollte man sich auch für diese Implementierung von Warteschlangen eine Funktion display-queue schreiben, mit der eine Schlange in gut lesbarer Form dargestellt werden kann.

Die Idee des sich selbst vergrößernden Arrays kann man zu einem Datentyp weiterentwickeln, bei dem ein Array immer nur etwa so viel Speicherplatz belegt, wie gerade nötig ist. Im Java-API gibt es einige solcher Klassen, zum Beispiel java.util.Vector und java.util.ArrayList.

3.4   Die Harvard-Maschine

Wir hatten gesehen, dass der imperative Programmierstil eng an der unterliegenden Rechnerhardware orientiert ist. Das Charakteristische dieses Stils sind Befehle, die den Zustand einzelner Komponenten des Rechners verändern (CPU-Register, Speicherplätze, Hardwarecontroller etc.).

Man versteht die Merkmale der imperativen Programmierung besser, wenn man die Funktionsweise der Hardware zumindest im Prinzip kennt und in etwa nachvollziehen kann, was bei der Ausführung eines Befehls einer höheren Programmiersprache auf der Maschinenebene vor sich geht.

Dazu muss man nicht wissen, wie ein realer Rechner mit seinen ganzen Details und Besonderheiten funktioniert. Es genügt, wenn man eine *virtuelle Maschine*, ein einfaches Softwaremodell eines Computers, vor Augen hat. Eine virtuelle Maschine ist ein Interpreter für die Maschinensprache eines (realen oder gedachten) Rechners. Die in Abschnitt 3.1.2 erwähnte P-Maschine für Pascal und die JVM von Java sind Beispiele virtueller Maschinen.

In diesem Abschnitt konstruieren wir eine extrem kleine virtuelle Maschine, die wir *Harvard-Maschine* nennen, weil Befehle und Daten in getrennten Speicherbereichen liegen. Eine solche Struktur wird als *Harvard-Architektur* bezeichnet, da einer der ersten Rechner, der 1944 fertiggestellte Harvard Mark I, so aufgebaut war. Den Mark I selbst sollte man sich allerdings nicht als kleine Maschine vorstellen: Er war 16 Meter lang und wog etwa 5 Tonnen.

Für die Simulation eines Rechners, der von Natur aus wechselnde Zustände durchläuft, ist eine imperative Programmiersprache besser geeignet als eine deklarative Sprache. Bei dem Interpreter für m.Lisp hatten wir ernstliche Probleme, das Speichern einer Name-Wert-Bindung, was ja eine Zustandsänderung ist, zu implementieren. Eine virtuelle Maschine in einer rein deklarativen Sprache zu implementieren, wäre unnatürlich.

Die Harvard-Maschine hat drei Komponenten:

1. Eine CPU mit einem *Programmzähler PC* und drei weiteren *Registern A, B* und *C*. Der Programmzähler enthält jeweils die Speicheradresse des nächsten Befehls, die anderen Register sind für beliebige Zwecke verwendbar.

2. Ein *Programmspeicher*. Er wird mit einem Maschinenprogramm geladen und bleibt danach unverändert.

3. Ein *Datenspeicher*. Beim Start einer Harvard-Maschine kann man die gewünschte Speichergröße angeben.

3.4.1 Befehlssatz

Der Befehlsvorrat der Harvard-Maschine umfasst die folgenden Instruktionen:

```
LDR i R      ; data[i] -> R
LDI S R      ; data[S] -> R
LDC c R      ;       c -> R
STO R i      ; R -> data[i]
ADD S R      ; R + S -> R
SUB S R      ; R - S -> R
JPZ R n      ; if R = 0 then goto n
JMP n        ; goto n
HLT          ; Rechner anhalten
```

Dabei muss i eine gültige Adresse des Datenspeichers sein, R und S sind Registernamen (A, B oder C), c darf eine beliebige t.Pascal-Zahl sein und n bezeichnet eine Adresse des Programmspeichers.

Die Befehlsname soll jeweils an die Wirkung des Befehls erinnern. LDR steht für *load to register*, LDI für *load indirect* (die Adresse des Speicherplatzes, aus dem gelesen wird, steht in Register S), LDC für *load constant*, STO für *store*, ADD addiert den Inhalt des ersten Arguments zum zweiten, SUB subtrahiert den Inhalt des ersten Arguments vom zweiten, JPZ (*jump if zero*) ist ein bedingter Sprung, JMP ein unbedingter Sprung und HLT der Stopp-Befehl.

Der Befehlssatz ist minimal, man kann damit nur sehr wenig anfangen. Um eine Konstante in einen Speicherplatz zu schreiben, sind bereits zwei Befehle erforderlich:

```
LDC 37 A        ; 37 -> A
STO A 3         ; A  -> data[3]
```

Das stört aber nicht weiter, da man mit nur ganz wenigen Handgriffen weitere Befehle einbauen kann und es uns sowieso nur um das Funktionsprinzip geht.

Wir werden Programme für die Harvard-Maschine als Listen solcher Befehle eingeben, da wir eine Liste mit `array` unmittelbar in ein Array umwandeln können. Jedes Programm beenden wir mit einem Stopp-Befehl. Das vorangehende Beispiel geben wir so ein:

```
-> (set simple-program '(
        LDC 37 A        ; 37 -> A
        STO A 3         ; A  -> data[3]
        HLT             ; Ende
    ))
(LDC 37 A STO A 3 HLT)
```

Man könnte, um das Ganze ein bisschen realistischer zu machen, die Befehlsnamen durch Opcodes (Befehlsnummern) verschlüsseln. Das wäre zum Beispiel sinnvoll, wenn wir Programme als Arrays des Basistyps Zahl speichern wollten. Weil t.Pascal-Arrays nicht typgebunden sind, ist eine solche Verschlüsselung aber nicht nötig.

3.4.2 Implementierung

Erzeugung der Rechnerkomponenten

Die Implementierung werden wir im schlichtesten Pascal-Stil vornehmen, unter Verwendung von globalen Variablen, die als Nebenwirkung des Initialisierungsvorgangs erzeugt werden.

Den Rechner stellen wir als Record des Typs `HarvardMachine` mit den drei Komponenten CPU, Daten- und Programmspeicher dar:

```
;    Konstruktor für einen Rechner mit dem Programm p und n Datenspeicherzellen
(define (make-computer p n)
    (block
        (set computer (record 'HarvardMachine 3))
        (make-cpu)
        (make-progstore p)
        (make-datastore n)))
```

In imperativen Programmen unterliegt man ständig der Versuchung, als Nebenwirkung globale Variablen zu erzeugen und zu verändern. Das ist kein guter Programmierstil, war aber lange Zeit üblich. Erst mit dem Aufkommen der objektorientierten Programmiersprachen wuchs ein Bewusstsein für die Notwendigkeit der Kapselung von Informationen.

Implementierung der CPU

Die CPU wird als Array der Länge 4 dargestellt, entsprechend den vier Registern. Die CPU-Register werden wir, wie in der Assembler-Programmierung üblich, mit ihren Namen A, B, C und PC ansprechen:

```
;   CPU mit 4 Registern erzeugen
(define (make-cpu)
    (computer 0 (zero-array 4)))

;   Zugriff auf die CPU
(define (cpu)
    (computer 0))

;   Register R lesen
(define (register R)
    ((cpu) (index-for R)))

;   Register R schreiben
(define (set-register R x)
    ((cpu) (index-for R) x))

;   Programmzähler lesen
(define (program-counter)
    (register 'PC))

;   Programmzähler schreiben
(define (set-program-counter n)
    (set-register 'PC n))

;   Programmzähler um k erhöhen
(define (inc-program-counter k)
    (set-program-counter (+ k (program-counter))))
```

Dabei kommen zwei einfache Hilfsfunktionen zum Einsatz: zero-array erzeugt ein mit Nullen initialisiertes Array; index-for ordnet den Registernamen ihren Index im Array (cpu) zu:

```
;   Array der Länge n, mit 0 initialisiert
(define (zero-array n)
    (block
        (var a (array n))
        (for i 0 (- n 1) (a i 0))
        a))

;   Hilfsfunktion: Index des Registers R
(define (index-for R)
    (cond
        (= R 'PC) 0
        (= R 'A)  1
        (= R 'B)  2
        (= R 'C)  3
        (throw (str "Nonexistent register " R))))
```

Implementierung von Programm- und Datenspeicher

Die Funktionen für den Zugriff auf den Programmspeicher sind extrem einfach:

```
;   Programmspeicher zu einem als Liste gegebenen Programm p erzeugen
(define (make-progstore p)
    (computer 1 (array p)))
```

```
;    Programmspeicher
(define (progstore)
    (computer 1))

;    Programmspeicherzelle k lesen
(define (prog k)
    ((progstore) k))

;    Höchste Adresse im Programmspeicher
(define (max-prog-address)
    (- (length (progstore)) 1))
```

Der Datenspeicher wird genauso einfach realisiert:

```
;    Datenspeicher der Größe n erzeugen
(define (make-datastore n)
    (computer 2 (zero-array n)))

;    Datenspeicher
(define (datastore)
    (computer 2))

;    Speicherplatz i lesen
(define (data i)
    ((datastore) i))

;    Speicherplatz i schreiben
(define (set-data i x)
    ((datastore) i x))
```

Ein Beispiel:

```
-> (make-computer simple-program 4)
-> computer
[[0,0,0,0],[LDC,37,A,STO,A,3,HLT],[0,0,0,0]]
```

Ein einzelner Befehl belegt bis zu drei Speicherplätze.

Der Interpreter für die Maschinensprache

Nach der Erzeugung der Maschine mit make-computer muss die Ausführung des Programms in Gang gesetzt werden. Dazu dient eine While-Schleife, die erst dann abgebrochen wird, wenn im Register PC keine gültige Befehlsadresse mehr steht:

```
;    Maschine laufen lassen
(define (run)
    (while (not (halted?)) (state-transition)))

;    Maschine angehalten?
(define (halted?)
    (or
        (< (program-counter) 0)
        (< (max-prog-address) (program-counter)))))
```

Der zentrale Bestandteil der Simulation der Harvard-Maschine ist der Interpreter für die Maschinensprache. Wie beim Interpreter für m.Lisp wird die Semantik der Befehle in einzelne befehlsspezifische Funktionen ausgelagert:

```
;   Ein Zustandsübergang
(define (state-transition)
    (block
        (var n (program-counter))  ; Nummer des aktuellen Befehls
        (var op  (prog n))          ; Operatorname des aktuellen Befehls
        (cond
            (= op 'LDR) (ldr (prog (+ n 1)) (prog (+ n 2))))
            (= op 'LDI) (ldi (prog (+ n 1)) (prog (+ n 2))))
            (= op 'LDC) (ldc (prog (+ n 1)) (prog (+ n 2))))
            (= op 'STO) (sto (prog (+ n 1)) (prog (+ n 2))))
            (= op 'ADD) (add (prog (+ n 1)) (prog (+ n 2))))
            (= op 'SUB) (sub (prog (+ n 1)) (prog (+ n 2))))
            (= op 'JPZ) (jpz (prog (+ n 1)) (prog (+ n 2))))
            (= op 'JMP) (jmp (prog (+ n 1)))     .
            (= op 'HLT) (hlt)
            (throw (str "Unimplemented instruction " op)))))))
```

Die einzelnen Befehlsfunktionen ergeben sich unmittelbar aus der Beschreibung der jeweiligen Semantik. Sie entsprechen den apply-Funktionen des m.Lisp-Interpreters.

Jede Instruktion muss neben ihrer eigentlichen Wirkung zusätzlich noch den Programmzähler verändern. Wenn ein Befehl k Speicherworte belegt und kein Sprungbefehl ist, muss der Zähler um k heraufgesetzt werden.

Für die drei Funktionen zum Laden sieht das zum Beispiel so aus:

```
;   Lade Daten in Register: data[i] -> R
(define (ldr i R)
    (block
        (set-register R (data i))
        (inc-program-counter 3)))

;   Lade Daten indirekt in Register: data[Q] -> R
(define (ldi Q R)
    (block
        (set-register R (data (register Q)))
        (inc-program-counter 3)))

;   Lade Konstante in Register: c -> R
(define (ldc c R)
    (block
        (set-register R c)
        (inc-program-counter 3)))
```

Die Instruktionen zum Speichern und Rechnen implementiert man entsprechend.

Die Befehle JPZ, JMP und HLT verändern jeweils nur den Programmzähler:

```
;   Sprung nach Befehl n
(define (jmp n)
    (set-program-counter n))

;   Sprung nach Befehl n, falls Register R Null ist
(define (jpz R n)
    (if (= (register R) 0)
        (set-program-counter n)
        (inc-program-counter 3)))

;   Anhalten: Nichtexistente Befehlsnummer in den PC schreiben
(define (hlt)
    (set-program-counter -1))
```

Jetzt sieht man auch, wie einfach es ist, die Maschinensprache um zusätzliche Befehle zu erweitern. Man trägt den neuen Befehl in `state-transition` ein und schreibt die Semantikfunktion dazu – fertig.

3.4.3   Beispielprogramm

Als Beispiel für ein Maschinenprogramm, bei dem ein indirekter Speicherzugriff nötig ist, weil Adressen verwendet werden, die von den Werten anderer Daten abhängen, berechnen wir die Summe `data[1] + ... + data[n]`. Der Wert von n wird aus `data[0]` gelesen, dorthin soll auch die Summe geschrieben werden.

Register A verwenden wir als Zähler, es wird mit n initialisiert und heruntergezählt. In Register B wird die Summe akkumuliert, C wird als Hilfsregister eingesetzt.

In Pseudocode ausgedrückt:

```
data[0] -> A
   0      -> B
while (A > 0) {
     data[A] -> C
     C + B    -> B
     -1       -> C
     C + A    -> A
}
B -> data[0]
```

Das ergibt das nachstehende Programm für die Harvard-Maschine, bei dem zur besseren Lesbarkeit die Programmspeicheradressen danebenstehen, an denen die Befehle beginnen:

```
;   Berechnet data[1] + ... + data[n]    (n = data[0])
(bind sum-program '(
;   Befehl          Befehlsnummer
;-------------------------------
    LDR  0   A    ;       0
    LDC  0   B    ;       3
    JPZ  A 23     ;       6
    LDI  A   C    ;       9
    ADD  C   B    ;      12
    LDC -1   C    ;      15
    ADD  C   A    ;      18
    JMP  6        ;      21
    STO  B   0    ;      23
    HLT           ;      26
))
```

Für die Durchführung definieren wir einen Computer mit $n+1$ Datenspeicherplätzen. `data[0]` wird mit n initialisiert, `data[i]` mit i, für $i = 1, \ldots, 15$.

```
-> (set n 15)
-> (make-computer sum-program (+ n 1))
-> (block (set-data 0 n) (for i 1 n (set-data i i)))
-> (str "\nAnfangszustand:\n" (cpu) " " (datastore))
Anfangszustand:
[0,0,0,0] [15,1,2,3,4,5,6,7,8,9,10,11,12,13,14,15]
-> (run)
-> (str "\nEndzustand:\n" (cpu) " " (datastore))
Endzustand:
[-1,0,120,-1] [120,1,2,3,4,5,6,7,8,9,10,11,12,13,14,15]
```

Man sieht etwas mehr vom Ablauf, wenn man in state-transition eine Ausgabe einbaut, die den auszuführenden Befehl und den CPU-Zustand ausgibt. Zum Beispiel kann man nach der Zeile (var op (prog n)) die Anweisung (print "\t" op "\t" (cpu) "\n") einfügen. Dann kann man die Zustandsänderungen des Rechners im Detail verfolgen.

☕ 3.5 Die Implementierung von t.Pascal

Trotz der beträchtlichen Unterschiede zwischen den beiden Sprachen muss man zum Quellcode von t.Lisp nur sehr wenig hinzufügen, um daraus t.Pascal zu machen: Eine neue Art von Ausdrücken (der Typ Record) und ein paar einfache zusätzliche Operatoren genügen, um eine ganz neue Sprache entstehen zu lassen.

3.5.1 Die Klasse Record und der Operator record

In Abschnitt 2.6.2 hatten wir die Schnittstelle Expr besprochen, die alle Ausdrücke einhalten müssen. Ein t.Pascal-Record ist ein Objekt der Klasse Record aus dem Paket expressions, die diese Schnittstelle implementiert. Ein Record ist wie eine Liste ein zusammengesetztes Objekt.

Tatsächlich ist das die grundlegende Funktion eines Records: mehrere Ausdrücke zu einem einzigen Ausdruck zu machen. Ein Record (oder ein Array, das ist für diese Diskussion dasselbe) ist ein Werkzeug zur *Aggregation* von Dingen.

Man kann die Wichtigkeit der Tatsache gar nicht genug betonen, dass es die Art der Aggregation ist, die den Charakter einer formalen Sprache ausmacht. Unsere bisherigen Sprachbeispiele hatten ihre wesentlichen Unterschiede in genau diesem Punkt:

- t.Zero bietet keine Möglichkeit zur Aggregation.
- t.Lisp erlaubt die Zusammenfassung von Daten zu einer *unveränderlichen* Liste.
- In t.Pascal sind Listen durch Records ersetzt. Ein Record ist *veränderbar*, er wird zuerst erzeugt, d. h. sein Speicherplatz wird reserviert, dann erst können ihm seine Komponenten zugewiesen werden.

Man könnte hier auch den Formalismus der Mathematik zum Vergleich heranziehen, bei dem der grundlegende Aggregationsmechanismus die Zusammenfassung einzelner Elemente zu einer Menge ist, die Operation der Mengenbildung. Sie hat mit der Konstruktion einer Liste gemeinsam, dass beide *unveränderliche* Objekte erzeugen. Anders als Listen enthalten Mengen kein Element doppelt.

Wie implementiert man die Fähigkeit eines Records zur Aggregation? Man führt sie auf die Aggregationsfähigkeit der Implementierungssprache, also der Sprache Java, zurück. Die einfachste Möglichkeit hierfür bieten in Java die Array-Typen. Deshalb enthält ein Record-Objekt als wesentlichen Bestandteil ein Java-Array zur Speicherung seiner Elemente. Außerdem speichert es seinen eigenen Typnamen, da die Schnittstelle Expr die Implementierung einer Methode public Expr type() zur Typabfrage vorschreibt.

Die Klasse Record.java beginnt deshalb so:

```
0    public class Record extends Procedure {
1
2        // Elemente und Typ
```

```
3        private Expr[] element;
4        private Symbol type;
5        .....
6    }
```

Warum ist die Klasse Record von der abstrakten Klasse Procedure abgeleitet? Records sind *prozedurale* Objekte, weil sie am Kopf einer Liste stehen dürfen, die ausgewertet wird. Das i-te Element eines Arrays a wird in t.Pascal mit (a i) angesprochen und die Pascal-Zuweisung a[i] := x hat in t.Pascal die Form (a i x). Damit das möglich ist, muss der in Procedure angegebene Methodenkopf apply implementiert werden.

Es ist keineswegs zwingend, dass ein Record-Ausdruck eine Prozedur ist. Man könnte ebenso gut Operatoren zum Lesen und Schreiben von Elementen eines Records definieren. In der Initialisierungsdatei tpascal.init sind entsprechende Funktionen definiert:

```
;   i-tes Element des Records r lesen
(define (rget r i)
    (r i))


;   Zuweisung von x an das i-te Element des Records r
(define (rset r i x)
    (r i x))
```

Würde man die Klasse Record direkt von Expr ableiten, also nicht über die Klasse Procedure, so müssten diese Funktionen als Operatoren definiert werden. Bei uns liefert stattdessen die Implementierung von apply die entsprechende Funktionalität. Das erlaubt es zusätzlich, einen Record auch ganz ohne Argumente anzuwenden. Damit erhält man die Anzahl seiner Komponenten:

```
-> (set r (record 'T 3))
[,,]
-> (r)   ; argumentlose Anwendung
3
```

In der Praxis wird man diese Möglichkeit selten direkt nutzen. Aber die Funktion length verwendet sie zum Beispiel, um die Länge eines Records festzustellen:

```
;   Länge des Records r
(define (length r) (r))
```

Die Implementierung der apply-Funktion in der Klasse Record zeigt, wie die drei Varianten der Anwendung eines Records realisiert sind:

```
0    // 'Anwenden' eines Records
1    public Expr apply(List args, Env env) throws Alarm {
2        checkArity(this, args, 0, 2);
3        if (args.length() == 0)
4            return new Num(size());
5        int i = checkInt(args.first().eval(env), this);
6        if (args.length() == 1)
7            return elementAt(i);
8        setElementAt(i, args.second().eval(env));
9        return VoidExpr.VOID;
10   }
```

Bei der Erzeugung eines Records werden seine Bestandteile initialisiert:

```
0   // Erzeugt einen Record des Typs t und der Größe n.
1   public Record(Symbol t, int n) {
2       type = t;
3       element = new Expr[(n < 0) ? 0 : n];
4       for (int i = 0; i < size(); i++) {
5           element[i] = VoidExpr.VOID;
6       }
7   }
```

Dieser Konstruktor wird im Quellcode des Interpreters genau einmal verwendet und zwar in der Definition des Operators record:

```
0   // Der Operator record
1   class Operator_record extends Operator {
2       public Expr apply(List args, Env env) throws Alarm {
3           checkArity(args, 2);
4           Symbol sym = checkSymbol(args.first(). eval(env));
5           int size = checkNum(args.second().eval(env)).toInt();
6           return new Record(sym, size);
7       }
8   }
```

Bei der Erzeugung eines Records mit Hilfe des Operators record werden vier Bedingungen überprüft:

1. Es wird sichergestellt, dass genau zwei Argumente vorhanden sind,

2. das erste Argument muss ein Symbol sein,

3. das zweite Argument muss eine Zahl sein und

4. die angegebene Zahl muss eine „kleine" ganze Zahl sein, sie muss sich in einen Wert des Java-Typs int umwandeln lassen. Sie wird nämlich mit der Methode toInt aus der Klasse Num im Paket expressions in eine Java-Ganzzahl umgewandelt, dabei findet ein entsprechender Test statt.

Der Versuch, einen Record mit 0.5 Elementen zu erzeugen, wird dementsprechend mit einer Fehlermeldung quittiert:

```
    -> (record 'FractionType 0.5)
    Error: op[record] expects an integer argument
```

Andererseits betrachtet t.Pascal 10^7 als kleine ganze Zahl, da der Wertebereich von int diese Zahl enthält:

```
    -> (bind r (record 'Big 10000000))
    -> (length r)
    10000000
```

Es wäre keine gute Idee, hier set anstelle von bind zu schreiben. Ein Array der Länge 10^7 ist nicht druckbar.

Wenn die „kleine" ganze Zahl, die man dem Operator record übergibt, zu groß wird, kann die Erzeugung des Records immer noch aus Speicherplatzmangel scheitern:

```
    -> (bind r (record 'Big 30000000))
    Error: Not enough memory
```

Nicht jeder denkbare Fehler kann mit einer der semantischen Prüffunktionen des Interpreters abgefangen werden. Der Ausdruck (record 'Big 30000000) ist eine korrekte t.Pascal-Eingabe, auf einem Rechner mit mehr Speicher wäre er erfolgreich.

Eine Prüffunktion sichert auch, dass beim Lesen und Schreiben von Record-Elementen nur auf existierende Indizes zugegriffen werden kann:

```
0    // Das Element mit dem Index i
1    private Expr elementAt(int i) throws Alarm {
2        checkIndex(i, size());
3        return element[i];
4    }
5
6    // Speichere beim Index i den Ausdruck e.
7    private void setElementAt(int i, Expr e) throws Alarm {
8        checkIndex(i, size());
9        element[i] = e;
10   }
```

Damit haben wir die Implementierung der Klasse Record bis auf ein paar triviale Details vollständig besprochen. Vielleicht sollte man noch einen Blick auf die Methode zum Vergleich eines Records mit einem anderen Wert werfen. Ein Record ist genau dann gleich einem zweiten t.Pascal-Ausdruck e, wenn e ein Record mit derselben Länge und demselben Typnamen ist und beide Records dieselben Elemente enthalten:

```
0    // Records werden elementweise miteinander verglichen.
1    public boolean equals(Object e) {
2        if (!(e instanceof Record)) return false;
3        Record r = (Record) e;
4        if (size() != r.size() || type() != r.type()) return false;
5        boolean res = true;
6        for (int i = 0; res && (i < size()); i++) {
7            res &= element[i].equals(r.element[i]);
8        }
9        return res;
10   }
```

Die For-Schleife in diesem Code ist so geschrieben, dass sie sofort abgebrochen wird, wenn das Resultat res den Wert false annimmt.

3.5.2   Die Operatoren block und var

Die primäre Aufgabe des Operators block ist es dafür zu sorgen, dass seine Argumente der Reihe nach ausgewertet werden. Wenn er ohne Argumente aufgerufen wird, soll er ein leeres Resultat haben, andernfalls ist der Wert seines letzten Arguments zugleich das Ergebnis des ganzen Ausdrucks (block ...).

Das kann man mit einer While-Schleife formulieren, in der bei jedem Schleifendurchlauf die Argumentliste mit args = args.cdr() um ein Element verkürzt wird:

```
0    class Operator_block extends Operator {
1        public Expr apply(List args, Env env) throws Alarm {
2            if(args.length() == 0) return VoidExpr.VOID;
3            while (!args.cdr().isEmpty()) {
4                args.car().eval(env);
5                args = args.cdr();
6            }
```

```
7            return args.car().eval(env);
8      }
9  }
```

Das ist aber noch nicht alles. In der Implementierung findet man vor der Schleife noch die beiden Zeilen

```
0            Frame frame = new Frame();
1            Env newenv = new Env(frame, env);
```

Sie besagen, dass die Umgebung, in der die Einzelausdrücke des Blocks ausgewertet werden, vor Beginn der Auswertung um einen leeren *Bindungsrahmen* erweitert wird. Bindungsrahmen sind ein zentrales Thema des nächsten Kapitels, deshalb sei hier zu Erklärung nur gesagt, dass dieser zusätzliche Bindungsrahmen zur Speicherung der *lokalen Bindungen* des Blocks eingefügt wird. Das sind die Bindungen, die mit var erzeugt werden und nach Beendigung des Blocks nicht weiterbestehen sollen. Mit Hilfe dieses Rahmens wird die Gültigkeit der lokalen Namen des Blocks eingegrenzt.

Auch die Implementierung des Operators var kann man im Detail nur dann nachvollziehen, wenn man das Umgebungsmodell kennt, auf dem der Interpreter beruht. Es wird im folgenden Kapitel ausführlich behandelt.

Trotzdem kann man das Wichtigste aus dem Quellcode ablesen. Es muss genau zwei Argumente geben, von denen das erste ein Symbol sein muss. Dieses Argument wird *nicht ausgewertet* – sonst müsste man (var 'x 37) für eine Zuweisung an die lokale Variable x schreiben.

Aus dem Wert des zweiten Arguments und dem Symbol wird eine Bindung erzeugt, die im *ersten Bindungsrahmen der Auswertungsumgebung* env gespeichert wird. Der Wert dieser Bindung (also des zweiten Arguments) ist zugleich der Wert des var-Ausdrucks:

```
0  class Operator_var extends Operator {
1     public Expr apply(List args, Env env) throws Alarm {
2        checkArity(args, 2);
3        Symbol sym = checkSymbol(args.first());
4        Frame frame = env.first();
5        frame.bind(sym, args.second().eval(env));
6        return args.car().eval(env);
7     }
8  }
```

Wenn var innerhalb eines Blocks angewendet wird, ist damit garantiert, dass nur der erste (jüngste) Bindungsrahmen der Auswertungsumgebung verändert wird. Der genaue Mechanismus des Bindens und die Reihenfolge, in der Bindungen erzeugt und wieder vergessen werden, wird wie gesagt im nächsten Kapitel ausführlich diskutiert.

3.5.3   Weitere Operatoren und Initialisierung

In der Initialisierungsdatei tpascal.init für t.Pascal werden noch einige weitere Operatoren bereitgestellt. Darunter sind manche wichtig, vor allem throw und catch, deren Behandlung wir auf das nächste Kapitel verschieben, andere könnte man weglassen, ohne den Charakter der Sprache wesentlich zu ändern (z. B. sget zum Extrahieren von Teilstrings und slength zur Feststellung der Länge eines Strings).

Wir greifen ein paar typische Beispiele heraus:

Die Operatoren `print` **und** `str`

Der Operator `print` ist prototypisch für das imperative, anweisungsorientierte Element in der Programmierung. In einer deklarativen, ausdrucksorientierten Sprache wie t.Lisp gäbe es keine Verwendung für ihn – sein Resultat ist definitionsgemäß leer. Die Implementierung ist ganz einfach, die Argumentliste wird in einer Schleife abgearbeitet:

```
0    // Die Argumentwerte von print werden gedruckt.
1    class Operator_print extends Operator {
2        public Expr apply(List args, Env env) throws Alarm {
3            while (!args.isEmpty()) {
4                Sys.print(args.car().eval(env));
5                args = args.cdr();
6            }
7            return VoidExpr.VOID;
8        }
9    }
```

Es ist eigentlich unnötig, `print` als Operator mit variabler Argumentzahl zu definieren. Ebenso gut könnte man die Argumente mit dem schon mehrfach verwendeten Operator `str` (S. 92) zu einer Zeichenkette zusammenfassen und als ein einziges Argument an `print` übergeben.

`str` ist im Gegensatz zu `print` ein deklarativer Operator, er wird zur Beschreibung eines Wertes benutzt. Trotzdem sieht die Implementierung fast genauso aus, nur wird eben am Schluss mit `new Str(s)` ein neuer t.Pascal-String erzeugt und per `return` als Ergebnis zurückgegeben:

```
0    // Der Operator str packt seine Argumente in einen gemeinsamen String.
1    class Operator_str extends Operator {
2        public Expr apply(List args, Env env) throws Alarm {
3            String s = "";
4            while (!args.isEmpty()) {
5                s += args.car().eval(env).toString();
6                args = args.cdr();
7            }
8            return new Str(s);
9        }
10   }
```

Bei dieser Implementierung wird bei jeder Zuweisung an `s` ein neuer kleiner String erzeugt. Eine effizientere Implementierung bekäme man, wenn man das Ergebnis als Objekt des Typs `StringBuilder` konstruieren würde.

Die Erzeugung von Arrays

Wir hatten gesehen, dass man ein t.Pascal-Array auf zweierlei Arten erzeugen kann: Wenn n eine ganze Zahl ist, erhält man mit (`array n`) ein Array der Länge n, das an allen Arraypositionen leer ist. Mit (`array ls`) kann man aus einer Liste von Werten ein Array mit denselben Elementen erzeugen. Die Definition von `array` in der Initialisierungsdatei ist sehr kurz:

```
;    Erzeugung eines Arrays
(define (array n)
    (cond
        (= (type n) 'Number) (record 'Array n)
        (= (type n) 'List)   (make-array n)
        (throw "function[array] expects an integer or a list")))
```

Es war schon gesagt worden (S. 133), dass Arrays in t.Pascal einfach Records mit dem Typnamen Array sind. Das erklärt, warum bei einem Argument vom Typ Number der Operator record aufgerufen wird.

Wenn das Argument eine Liste ist, wird die Hilfsfunktion make-array aufgerufen. Deren Implementierung ist ein bisschen tricky. Die Definition der Funktion, also die Zeile (define (make-array ls) ...), wird nicht in der globalen Auswertungsumgebung vorgenommen, sondern in einem Block, in dem die Operatoren car und cdr aus t.Lisp *lokal* bekannt sind. Das ermöglicht der Funktion make-array die aus t.Lisp bekannten Listenzugriffe, obwohl diese in t.Pascal global nicht zur Verfügung gestellt werden.

```
;    (make-array ls) wandelt die Liste ls in ein Array um
(block
     (var car (op car))
     (var cdr (op cdr))
     (define (make-array ls)
          (block
               (var n (part 'len ls))
               (var ar (array n))
               (for i 0 (- n 1)
                    (block
                         (ar i (car ls))
                         (set ls (cdr ls))))
                    ar)))
```

Die Länge der Eingabeliste wird mit dem Operator part festgestellt. Das ist einer der nützlichsten Operatoren des Interpreters, man kann mit ihm von den t.Sprachen aus auf interne Details der Java-Implementierung zugreifen. Seine Implementierung wird in Abschnitt 4.7.6 erläutert.

Man kann die Funktion array mit dem in Abschnitt 3.3.5 konstruierten Listentyp in die Irre führen:

```
-> (set ls (record 'List 2))
[,]
-> (array ls)
Error: No part 'len' in [,]
```

t.Pascal ist nicht in der Lage, zwischen verschiedenen Typen desselben Namens zu unterscheiden. Deshalb wird make-array mit dem Argument ls aufgerufen und dort wie eine echte Liste behandelt.

Außerdem muss man, wie eigentlich bei allen imperativen Sprachkonstrukten, darauf achten, dass die nachträgliche Änderung eines mit array aus einer Liste konstruierten Arrays möglicherweise auch die Ausgangsliste modifiziert:

```
-> (set ls (list 'a (array '(b)) 'c))
(a [b] c)
-> (set ar (array ls))
[a,[b],c]
-> ((ar 1) 0 'X)
-> ar
[a,[X],c]
-> ls
(a [X] c)
```

Das aus der Liste ls erzeugte Array ar enthält eine Referenz auf das zweite Element von ls. Damit kann ls nachträglich verändert werden. Solche manchmal sehr überraschenden und fehlerträchtigen Nebeneffekte sind Folgen der imperativen Art des Programmierens.

t.Scheme: Funktionale Programmierung

Membership of tScheme is actively encouraged across all interested sectors of industry, and a broad range of organisations are already represented and contributing to its development. (http://www.tscheme.org)

4.1 Funktionen als Daten erster Klasse

Die beiden vorangehenden Kapitel hatten in ihrem Ansatz etwas Dogmatisches: t.Lisp war rein deklarativ, während in t.Pascal nur das klassisch-imperative Vorgehen zugelassen war. Die Wirklichkeit der Programmierung ist zum Glück selten so puristisch, sondern viel stärker von pragmatischen Überlegungen und Kompromissen geprägt.

Unsere nächste Programmiersprache ist deshalb eine Obermenge der bisher besprochenen Sprachen; sie enthält als zusätzliche Elemente Funktionen und Makros. Plakativ vereinfacht:

t.Scheme = t.Lisp + t.Pascal + funktionale Elemente

Die Sprache hat nicht zufällig Ähnlichkeit mit Scheme, einer Nachfolgesprache von Lisp, die in der englischen Wikipedia so charakterisiert wird:

Scheme is a multi-paradigm programming language. It is one of the two main dialects of Lisp and supports a number of programming paradigms but is best known for its support of functional programming. [...] Scheme's philosophy is minimalist. Scheme provides as few primitive notions as possible.

t.Scheme folgt derselben Philosophie des „Weniger ist mehr" wie Scheme, versucht aber nicht eine weitere Implementierung des Scheme-Standards (IEEE Std 1178-1990, vgl. [42]) zu sein, sondern ist noch einmal erheblich kleiner.

Trotzdem enthält es die wesentlichen Elemente von Scheme: Funktionen und Makros als *Daten erster Klasse*, Funktionen sind *Closures*, d. h., sie enthalten ihren Definitionskontext, und endrekursive Funktionen können mit konstantem Speicherplatz ausgeführt werden. Eine Einschränkung von t.Scheme gegenüber Scheme liegt darin, dass es *Continuations* nur in der – leichter zu verstehenden, aber nicht ganz so mächtigen – Form von Exceptions (escape continuations) gibt.

Die charakteristische Eigenschaft funktionaler Programmiersprachen wie Scheme, Erlang oder Haskell und eben auch von t.Scheme besteht darin, dass Funktionen und funktionsähnliche Dinge wie Makros völlig gleichberechtigt neben anderen Datentypen wie Zahlen, Booleans etc. stehen, die man in allen Programmiersprachen kennt. Sie können an beliebige Namen gebunden oder an Prozeduren als Parameterwerte übergeben werden, es gibt Mechanismen zur Kombination und Transformation von Funktionen, kurz gesagt: Funktionen sind ganz normale Daten – eben „Daten erster Klasse".

Um nur ein Beispiel zu nennen: Zwei Funktionen $f, g : X \to \mathbb{R}$ kann man elementweise addieren: $(f + g)(x) = f(x) + g(x)$. Das ist eine meistens schon aus der Schule bekannte Operation, die man in t.Scheme durch eine Funktion ausdrücken kann, deren Eingabedaten und deren Wert vom Typ Function sind:

```
;    Addition von zwei Funktionen
(define (add f g)
    (function (x) (+ (f x) (g x))))
```

Wenn man in ähnlicher Weise Funktionen multiplizieren oder vielleicht ihr elementweises Maximum berechnen möchte, dann ist die folgende Funktion praktisch:

```
;    Übertragung des zweistelligen Operators # auf Funktionen
(define (functional #)
    (function (f g)
        (function (x) (# (f x) (g x)))))
```

Sie liefert zu einer binären Verknüpfung # auf einer Menge Y die elementweise Verknüpfung für Funktionen $f, g : X \to Y$, die durch $(f \# g)(x) = f(x) \# g(x)$ gegeben ist. So ist etwa (functional +) gleichwertig zu der eben definierten Funktion add und (functional max) berechnet das elementweise Maximum von Funktionen.

4.2   Sprachelemente

4.2.1   Funktionen

Funktionen als eigenständige Ausdrücke hatten wir schon in t.Lisp kennengelernt (S. 53), allerdings nur ganz kurz, ohne ihr Potential genauer zu untersuchen.

Der dort vorgestellte Operator function kann in zwei Varianten aufgerufen werden:

1. (function *<Name>* *<Parameterliste>* *<Funktionsrumpf>*) oder

2. (function *<Parameterliste>* *<Funktionsrumpf>*).

Anstelle von function kann man auch den Aliasnamen lambda verwenden. Mit der ersten Version wird eine Funktion erzeugt, die den internen Namen *<Name>* hat:

```
-> (function square-sum (a b) (+ (square a) (square b)))
function[square-sum]
```

Der interne Name einer Funktion ist bei Fehlermeldungen nützlich:

```
-> (bind sq-sum %)
-> (sq-sum 3)
Error: function[square-sum] expects 2 arguments
```

Das Resultat der Auswertung von (function square-sum ...) ist die Funktion function[square-sum]. Sie behält den internen Namen auch dann, wenn sie wie hier extern an einen anderen Namen gebunden wird. Den Unterschied zwischen einem externen Namen und dem daran gebundenen Wert kennen wir ja inzwischen von vielen Beispielen. Eine Funktion kann unter mehreren Namen bekannt sein, so wie auch der Operator op[function] extern function und lambda heißt; der interne Name ist unveränderlich.

In der zweiten Variante erzeugt function eine Funktion ohne internen Namen. Wird eine solche anonyme Funktion falsch angewendet, so ist die Fehlermeldung weniger spezifisch:

```
-> (function () 37)
function[]
-> (% 1)
Error: function[] expects 0 arguments
```

Die Anwendung von Funktionen kann in t.Scheme wie in t.Lisp mit trace verfolgt werden:

```
-> (bind fun (function f () 37))
-> (trace fun)
Tracing mode for function[f] is on
-> (fun)
        Call    (f)
        Return  37 from (f)
37
```

Auch dabei wird, wie man sieht, der interne Name der Funktion benutzt. Beim Tracen einer anonymen Funktion wird anstelle des nicht vorhandenen internen Namens der Pseudoname function[] verwendet.

Funktionen mit variabler Argumentzahl

Manche Funktionen haben von Natur aus keine feste Stelligkeit, sondern lassen eine variable Anzahl von Argumenten zu. Bei Operatoren haben wir Beispiele dafür kennengelernt: cond, block, str und print erwarten alle keine feste Anzahl von Argumenten.

Auch in t.Scheme kann mann solche sogenannten *Vararg*-Funktionen definieren. Das Vorgehen ist denkbar einfach: Wird bei der Anwendung von function die Parameterliste, die im Normalfall eine Liste von Namen ist, durch einen einzelnen Namen ersetzt, dann ist das Resultat eine Funktion mit variabler Argumentzahl.

Alle Argumente, die man einer solchen Funktion beim Aufruf übergibt, werden nach ihrer Auswertung zu einer Liste zusammengefasst, diese Liste wird an den Namen gebunden, der an die Stelle der Parameterliste getreten ist und damit wird der Rumpf der Funktion ausgewertet.

Als Beispiel definieren wir eine Funktion +, die ihre Argumente aufaddiert:

```
;   Bisherige Definition von + wird entfernt
(delete +)

;   Neue Definition von + mit variabler Argumentzahl
(block
    (var plus (op plus))
    (var list-sum
        (function list-sum (ls)
            (if (nil? ls) 0
                (plus (car ls) (list-sum (cdr ls))))))
    (bind + (function + ls (list-sum ls))))
```

Zunächst wird die alte Definition von + entfernt. Standardmäßig ist ja + an den entsprechenden zweistelligen Operator gebunden. In dem anschließenden Block lassen wir diesen Operator unter dem *lokalen* Namen plus wiederauferstehen und definieren außerdem eine *lokale* Funktion list-sum zum Aufsummieren einer Liste von Zahlen. Mit deren Hilfe wird in der letzten Zeile der Name + an eine Vararg-Funktion gebunden, welche die Funktion list-sum auf ihre zu einer Liste zusammengefassten Argumente anwendet.

Jetzt darf man + mit beliebig vielen Argumenten aufrufen:

```
-> (+ 1 2 3 4 5)
15
-> (+ 37)
37
```

Die Namen plus und list-sum sind global nicht sichtbar, nur die Funktion + kennt sie und kann sie benutzen. Das liegt daran, dass jede Funktion die Umgebung kennt, in der sie definiert wurde. In Abschnitt 4.2.2 wird das dahinter stehende Umgebungsmodell von t.Scheme näher erläutert.

Eine Vararg-Funktion haben wir schon in t.Lisp vielfach benutzt, nämlich die Funktion list, mit der die Werte beliebig vieler Ausdrücke zu einer Liste zusammengefasst werden können. Sie ist in den Initialisierungsdateien von t.Lisp und t.Scheme auf die denkbar einfachste Weise definiert:

```
;   (list e1 ... en) fasst die Werte von e1 .. en zu einer Liste zusammen
    (bind list (function list ls ls))
```

Aus den Werten der Argumente $e_1 \ldots e_n$ von list wird eine Liste gebildet, die an den Parameternamen ls gebunden wird. Der Rumpf der Funktion besteht nur aus dem Namen ls, deshalb ist dessen Wert, also die Liste der Argumentwerte, das Resultat des Aufrufs von list.

Auch Vararg-Funktionen kann man übrigens mit oder ohne internen Namen definieren.

Die Bestandteile einer Funktion

Wenn eine Funktion erzeugt wird, sei es mit define oder mit function, dann werden ihr interner Name, ihre formalen Parameter und der Funktionsrumpf gespeichert. Man kann sie aus der Funktion wieder heraus holen:

```
-> (define (square-sum a b)
        (+ (square a) (square b)))
function[square-sum]
-> (name square-sum)
square-sum
-> (formals square-sum)
(a b)
-> (body square-sum)
(+ (square a) (square b))
```

Wenn das Argument von name keinen internen Namen hat, bekommt man als Resultat ein leeres Symbol — etwas, was der Parser nicht zulassen würde:

```
-> (set s (name (function () void)))

-> (type s)
Symbol
-> (parse "")
Error: Parsing empty input
```

Neben diesen mehr oder weniger offensichtlichen Bestandteilen enthält eine Funktion als weitere Komponente den Kontext, in dem sie definiert wurde. Er lässt sich ebenfalls auslesen:

```
-> (context square-sum)
({..})
-> (context +)
({list-sum plus} {..})
```

Der Kontext einer Funktion ist die Umgebung, in der ihre Definition stattgefunden hat. Die Tatsache, dass in der Funktion eine Referenz auf diese Umgebung gespeichert wird, macht den Kern dessen aus, was Scheme von Lisp unterscheidet.

Dahinter steckt das Umgebungsmodell der Auswertung, das wir im nächsten Abschnitt kurz vorstellen wollen und das uns in diesem ganzen Kapitel immer wieder beschäftigen wird.

4.2.2 Umgebungen

In den t.Sprachen findet jede Auswertung in einem ganz bestimmten *Kontext* statt, auch *Umgebung* oder *Namensraum* genannt.

Ein Kontext legt fest, welcher Name wofür steht. Kontexte sind keine statischen, ein für alle Mal festgelegten Gebilde, sie ändern sich häufig. Bei der Implementierung von m.Lisp sind sie uns zum ersten Mal in expliziter Form begegnet (S. 99).

Jede Funktion speichert bei ihrer Erzeugung die momentane Auswertungsumgebung. Betrachten wir als Beispiel eine Funktion zur Berechnung der Fläche eines Kreises mit dem Radius r:

```
-> (block
      (var pi 3.14159)
      (define (area r)
         (* pi (square r))))
function[area]
-> (context area)
({pi} {..})
```

Der Kontext der Funktion area besteht aus zwei *Bindungsrahmen*: {pi} und {..}. Im ersten ist die lokale Variable pi mit dem Wert 3.14159 gespeichert, der zweite enthält alle global gebundenen Namen und deren Werte.

Bindungsrahmen

Bindungsrahmen enthalten Paare aus Namen (Symbolen) und Werten (beliebigen Ausdrücken). Innerhalb eines Bindungsrahmens kann ein Name immer nur an einen Wert gebunden sein, kein Name kommt in einem Rahmen doppelt vor. Die in einem Rahmen gebundenen Namen bilden im mathematischen Sinne eine Menge und werden deshalb von t.Scheme in Mengenklammern dargestellt.

Der Bindungsrahmen {..} ist der *globale Rahmen*, er enthält alle Name-Wert-Bindungen, die bei jeder Auswertung sichtbar und damit benutzbar sind. Im globalen Rahmen sind in der Regel weit über hundert Bindungen gespeichert, deshalb wird er in t.Scheme nur in abgekürzter Form dargestellt.

Wer die Namen tatsächlich alle sehen will, kann dazu die Funktion symbols benutzen. Auf einen Kontext angewendet, konstruiert sie zu jedem darin enthaltenen Bindungsrahmen eine

Liste der in diesem Rahmen gebundenen Namen und gibt diese Bindungen als Liste von
Name-Wert-Paaren zurück. Der Kürze halber sehen wir uns nur die Längen der einzelnen
Listen an:

```
-> (map length (symbols (context area)))
(1 132)
```

Die Umgebung ({pi} {..}) ist der Definitionskontext der Funktion area. Der lokale Rahmen
{pi} enthält genau einen Namen, im globalen Rahmen haben im Moment 132 Symbole eine
Bedeutung.

Die Erweiterung von Umgebungen

Jede Umgebung wird vom globalen Rahmen ausgehend wie eine Liste konstruiert. Der globale
Rahmen steht am Anfang jeder Umgebung, also ganz rechts. Die globale Umgebung wird
schrittweise erweitert, wenn neue Bindungsrahmen erzeugt werden. Das geschieht in mehreren
Situationen:

1. Wenn eine block-Anweisung ausgewertet wird, wird ein neuer, zunächst leerer Bindungsrahmen an die Auswertungsumgebung angefügt. In diesem Rahmen können mit var
   Bindungen erzeugt werden.

2. Wird eine Funktion angewandt, dann wird ein neuer Rahmen gebildet, in dem die formalen
   Parameter an ihre aktuellen Werte gebunden sind. Der in der Funktion gespeicherte Definitionskontext wird um diesen Rahmen erweitert und in diesem *erweiterten Definitionskontext*
   wird der Rumpf der Funktion ausgewertet.

3. Auch bei der Anwendung des Operators let und beim Aufruf von Methoden in t.Java
   werden neue Bindungsrahmen erzeugt.

In t.Scheme kann man sich den jeweils aktuellen Kontext einer Auswertung ansehen. Der
Ausdruck (actual-context) hat als Wert immer den Kontext, der an der Stelle seiner
Auswertung besteht. Damit erklärt sich das nachstehende Beispiel:

```
-> (define (dummy x)
       (println (actual-context)))
function[dummy]
-> (context dummy)
({..})
-> (actual-context)
({..})
-> (block
       (println (actual-context))
       (var a 1)
       (println (actual-context))
       (block
           (var a 2)
           (var b 3)
           (println (actual-context))
           (dummy a))
       (delete a)
       (println (actual-context)))
({} {..})
({a} {..})
({a b} {a} {..})
({x} {..})
({} {..})
```

Die Funktion dummy wird im globalen Kontext definiert, den sie als Definitionskontext enthält. Innerhalb des anschließenden Blocks findet man den globalen Kontext zunächst um einen leeren Rahmen erweitert. In diesem Rahmen wird mit (var a 1) die Variable a gebunden. Dann folgt ein weiterer Block innerhalb des ersten mit den Variablen a und b, wobei das innere, später definierte a das äußere a verdeckt. In dem Kontext ({a b} {a} {..}) wird das Argument a des Funktionsaufrufs (dummy a) ausgewertet.

Der Rumpf dieser Funktion wird mit dem Kontext ({x} {..}) ausgewertet, der durch die Erweiterung des Definitionskontexts von dummy um die Bindung von x an den Wert 2 (den Wert von a) entsteht. Weder die Variablen a und b mit den Werten 2 und 3 noch die Variable a mit dem Wert 1 ist bei der Auswertung des Rumpfs von dummy sichtbar.

Schließlich ist nach dem Verlassen des inneren Blocks und Löschen von a wieder der Kontext ({} {..}) gültig. Mit Beendigung des äußeren Blocks kehrt die Auswertung zum globalen Kontext zurück.

Kontextwechsel und statischer Scope

Das vorangehende Beispiel hat unter anderem den Kontextwechsel bei Funktionsaufrufen illustriert. Das ist ein ganz entscheidender Punkt, fast ist man versucht zu sagen, *der* wesentlichste Punkt der Semantik von t.Scheme. Deshalb fassen wir nochmals zusammen:

Wenn eine Funktion f im Kontext c auf ihre Argumente angewendet wird, passiert das Folgende:

1. Die Argumente werden im Kontext c ausgewertet.

2. Aus den formalen Parametern und den Argumentwerten wird ein Bindungsrahmen r erzeugt.

3. Der in f gespeicherte Definitionskontext d wird um den Rahmen r zum Kontext e erweitert.

4. Der Rumpf von f wird im Kontext e ausgewertet.

Der Kontextwechsel von c zu e bei der Anwendung einer Funktion stellt sicher, dass Namen, die im Rumpf der Funktion vorkommen, ihre Bedeutung nicht aus der *Aufrufumgebung*, sondern aus der *Definitionsumgebung* erhalten. In Abschnitt 2.5.4 hatten wir gesehen, dass genau das den Unterschied zwischen statischem und dynamischem Scope ausmacht.

Der Typ eines Kontexts

In einer früheren Version von t.Scheme wurden Umgebungen und Bindungsrahmen durch Listen repräsentiert. Das entsprach der Implementierung von Umgebungen, die wir in Abschnitt 2.5 für m.Lisp gewählt hatten. In der derzeitigen Version haben Kontexte einen eigenen Typ:

```
-> (set global (context square))
({..})
-> (type global)
Context
```

Das ist eine Sicherheitsmaßnahme. Der hier unter dem Namen global gebundene Kontext ist nämlich der „echte" globale Kontext – keine Kopie, sondern eine Referenz auf den im Interpreter vorhandenen Kontext.

Wäre global eine Liste, so könnte man die ganze Maschinerie sehr leicht ruinieren. Es gibt nämlich in t.Scheme Operatoren setcar und setcdr zur Manipulation von Listen.

Sie entsprechen völlig den Operatoren `setcar` und `setcdr` aus t.Pascal (S. 159), nur operieren sie nicht auf den dort konstruierten „Pseudolisten", sondern auf echten Listen. Mit (`setcar global nil`) oder etwas Ähnlichem könnte man dem Interpreter sein gesamtes Wissen nehmen – er würde sofort abstürzen.

Kontexte haben eine komplizierte, vielfach zyklische Struktur. Eine einfache Bindung wie (`pi 3.14159`) kann man noch als Liste ausgeben, aber wie sollte man die Bindung von `global` an den globalen Kontext darstellen? Der globale Kontext enthält ja diese Bindung. Das gäbe eine nicht endende Rekursion.

Was kann man mit Werten des Typs `Context` tun? Ihr wichtigster Daseinszweck ist die Veranschaulichung von Abläufen in t.Scheme, die sonst unsichtbar bleiben würden. Außerdem kann man Kontexte als Argumente des Operators `eval` verwenden. Darauf gehen wir später ein.

4.2.3   Makros

Als *Makro* bezeichnet man in der Programmierung Unterprogramme, die bei ihrem Aufruf vom verarbeitenden System, beispielsweise vom Interpreter oder von einem speziellen Präprozessor, durch ein anderes Programmstück ersetzt werden. Makros sind so etwas wie *Meta-Programme* – Code, der zur Erzeugung von „eigentlich gemeintem" Code dient.

Makros können sehr praktisch und nützlich sein, sie sind aber auch eine notorische Fehlerquelle. Mit Makros kann man eine Sprache um syntaxartige Elemente bereichern. In sehr syntaxarmen Sprachen (dazu zählen alle t.Sprachen) sind Makros deshalb besonders nützlich.

In t.Scheme kann man Makros formal wie Funktionen definieren. An die Stelle von `define` tritt `defmacro`, die Rolle des Operators `function` wird von `macro` übernommen. Ansonsten besteht äußerlich kein großer Unterschied zu Funktionen:

(`defmacro` <*template*> <*body*>)	– erzeugt und bindet ein benanntes Makro.
(`macro` <*name*> <*formals*> <*body*>)	– erzeugt ein benanntes Makro.
(`macro` <*formals*> <*body*>)	– erzeugt ein unbenanntes Makro.

Auch Makros mit variabler Argumentzahl sind möglich. Wie bei Funktionen schreibt man dann anstelle der Parameterliste einen einzelnen Namen.

Zunächst betrachten wir aber Makros mit fester Argumentzahl.

Beispiel: Das Makro `time`

In t.Scheme gibt es einen argumentlosen Operator `clock`, der jeweils die Anzahl der Millisekunden zurückgibt, die seit dem 1. Januar 1970 verflossen sind. Damit kann man messen, wie viele Millisekunden die Auswertung eines Ausdrucks dauert:

```
-> (block
        (var t0 (clock))
        (range 1 10000)
        (- (clock) t0))
   31
```

Will man aus dieser Idee eine wiederverwendbare Funktion machen, so erlebt man eine Überraschung:

```
-> (define (ftime expr)
      (block
          (var t0 (clock))
          expr
          (- (clock) t0)))
function[ftime]
-> (ftime (range 1 10000))
0
```

Warum unterscheiden sich die beiden von (clock) ermittelten Zeiten diesmal nicht? Der Grund ist, dass beim Aufruf einer Funktion zunächst das Argument ausgewertet wird. Dabei ist die Zeit verstrichen, die wir messen wollten. Bei der Auswertung des Rumpfs der Funktion ist zwischen den beiden Aufrufen (clock) nur die sehr kurze Zeit verstrichen, die für das Nachsehen des schon gespeicherten Wertes von e nötig ist.

Wir ersetzen ftime durch ein Makro.

```
;  Zeit für die Auswertung des Ausdrucks expr in Millisekunden
(defmacro (time expr)
      (block
          (var t0 (clock))
          expr
          (- (clock) t0)))
```

Damit funktioniert die Zeitmessung nun tatsächlich so, wie wir uns das vorgestellt hatten:

```
-> (time (range 1 10000))
22
```

Makroexpansion

Der Grund, warum das Makro time funktioniert, liegt in der spezifischen Art, wie Makroaufrufe ausgewertet werden. Anders als bei Funktionen werden bei einem Makroaufruf die Argumente nämlich nicht ausgewertet, sondern in den Rumpf des Makros gewissermaßen eingebaut. Damit ist gemeint, dass jedes Vorkommen eines formalen Parameters ersetzt wird durch den entsprechenden aktuellen Parameter. Dieser Vorgang wird als *Expansion* des Makros bezeichnet. Der so konstruierte Ausdruck wird dann *im Kontext des Makroaufrufs* ausgewertet. Es findet also kein Kontextwechsel wie bei einem Funktionsaufruf statt.

Der schon von Funktionen her bekannte Operator trace ermöglicht es, die Expansion eines Makros zu verfolgen:

```
-> (trace time)
Tracing mode for macro[time] is on
-> (time (range 1 10000))
Tracing macro time
Parameters: (e)
     |---> ((range 1 10000))
Body:       (block (var t0 (clock)) e (- (clock) t0))
     |---> (block (var t0 (clock)) (range 1 10000) (- (clock) t0))
24
```

Die Ausgabe zeigt, wie der Rumpf von time in den Ausdruck (block (var t0 (clock)) (range 1 10000) (- (clock) t0)) umkonstruiert wird. Bei dessen Auswertung finden die beiden Zeitmessungen dann offensichtlich wie gewünscht vor und nach der Auswertung des als Argument übergebenen Ausdrucks statt.

Der Aufruf eines Makros im Kontext c löst die folgenden Aktionen aus:

1. Es wird geprüft, ob die Anzahl der Aufrufargumente mit der Anzahl der formalen Parameter übereinstimmt. Bei einem Vararg-Makro entfällt dieser Schritt natürlich.

2. Aus den formalen und den unausgewerteten aktuellen Parametern wird ein Bindungsrahmen r gebildet.

3. Mit Hilfe von r wird der Makrorumpf b expandiert:

   - Jedes Symbol in b, das in r an einen Wert gebunden ist, wird durch diesen Wert ersetzt.
   - Jede Liste in b wird elementweise mit Hilfe von r expandiert.
   - Alle übrigen Ausdrücke in b bleiben unverändert.

4. Der expandierte Makrorumpf wird im Kontext c ausgewertet.

Diese Expansion wird bei jedem Aufruf des Makros durchgeführt. Das ist nicht gerade effizient, hat aber den Vorteil, dass man sogar rekursive Makros schreiben kann, weil Listen im Makrorumpf elementweise expandiert werden.

In Standard-Scheme sind rekursive Makros nicht erlaubt, weil die Makroexpansion nur einmal, bei der Definition des Makros, stattfindet.

4.2.4 Exceptions

In Abschnitt 3.2.5 hatten wir bereits gesehen, dass man mit (throw e) bzw. (throw name e) eine Exception erzeugen kann. Dabei darf e ein beliebiger Ausdruck sein, während name ein Symbol als Wert haben muss. Es wird als interner Fehlername verwendet. Bei der ersten Form, bei der name fehlt, wird ein Fehler mit dem internen Namen ERROR erzeugt. Der Fehlername kann dazu benutzt werden, den Fehler mit dem Operator catch aufzufangen.

Wenn man eine Exception nicht auffängt, wird durch den Aufruf von throw die weitere Auswertung abgebrochen. Der Interpreter wartet danach auf die nächste Eingabe.

In einem solchen Fall wird die Exception selbst als Ergebnis der abgebrochenen Auswertung verwendet. Wie jedes Resultat ist sie an das Symbol % gebunden. Man kann ihr einen Namen geben oder sie in anderer Weise weiterverarbeiten:

```
-> (define (inverse x)
       (/ 1 x))
function[inverse]
-> (inverse 0)
Error: Division by zero
-> (bind error %)
-> (type error)
Exception
-> (str "Die Fehlermeldung lautete \"" error "\".")
Die Fehlermeldung lautete "Error: Division by zero".
```

Darüber hinaus enthält die Exception weitere Informationen, die man mit dem Operator part sichtbar machen kann:

```
-> (part 'name error)
ZERODIV
-> (part 'content error)
Division by zero
-> (part 'stack error)
(((/ 1 x) ({x} {..})) ((inverse 0) ({..})))
```

Mit (part 'name ...) erhält man den internen Namen der Exception. Sie ist nützlich, wenn man Fehler dieses Typs abfangen möchte. Eine „fehlerlose" Variante von inverse könnte zum Beispiel den Fehler ZERODIV auffangen und als Resultat das Symbol +Infinity zurückgeben (was in der Praxis vermutlich keine gute Idee wäre):

```
-> (delete inverse)  ; alte Version löschen
-> (define (inverse x)
        (catch 'ZERODIV (/ 1 x) '+Infinity))
function[inverse]
-> (inverse 0)
+Infinity
```

In einer mit (throw e) bzw. (throw name e) erzeugten Exception ist der Wert des Arguments e an das Attribut content gebunden. Damit kann man Informationen vom Ort der Erzeugung der Exception dahin transportieren, wo sie endet – also entweder an den Eingabeprompt oder dorthin, wo sie aufgefangen wird:

```
0  -> (throw (str "error number " (- 2 1)))
1  Error: error number 1
2  -> (part 'content %)
3  error number 1
```

Dort, wo eine Exception aufgefangen wird, kann man sie unter ihrem internen Namen ansprechen und dann weiterverarbeiten:

```
-> (define (small x)
        (if (< 99 x) (throw (- x 99)) 'ok))
function[exception]
-> (define (content e)
        (part 'content e))
function[content]
-> (catch 'ERROR (small 100)
        (str "Das war um " (content ERROR) " zu groß"))
Das war um 1 zu groß
```

Da die Exception hier ohne expliziten Namen geworfen wurde, ist der interne Fehlername das Symbol ERROR. Im Alternativteil des catch-Ausdrucks kann man sie unter diesem Namen ansprechen. Dabei muss der Name natürlich unquotiert stehen, er soll ja zu der Exception selbst ausgewertet werden.

Es gibt noch eine weitere Besonderheit von throw: Wenn in einem Ausdruck (throw e) das Argument e bereits eine Exception ist, dann wird keine neue Exception erzeugt, sondern e wird von Neuem geworfen.

So ist es beispielsweise möglich, eine Exception im Alternativteil eines catch-Ausdrucks anzusehen (um irgendetwas damit tun) und sie anschließend weiterzugeben:

```
-> (catch 'ERROR (small 100)
        (block
            (println "Fehler " (content ERROR) " gesehen...")
            (throw ERROR)))
Fehler 1 gesehen...
Error: 1
```

Schließlich enthält jede Exception e als weiteren Bestandteil noch den *Auswertungsstack* zum Zeitpunkt ihrer Erzeugung. Man kann ihn mit (part 'stack e) explizit erhalten. Damit kann man die Ursache eines Fehlers manchmal besser lokalisieren.

4.2.5   Sonstiges

Es gibt in t.Scheme noch eine Reihe weiterer Sprachelemente, die jedes für sich nicht so prägend für den Charakter der Sprache sind, die aber zusammengenommen den Spaß am Umgang mit der Sprache (hoffentlich) deutlich erhöhen.

Der Operator `tail`

Die Tatsache, dass t.Scheme Listen als eigenen Datentyp kennt, hat zur Folge, dass man in dieser Sprache deklarativ und damit rekursiv programmieren kann. Man muss das nicht tun, da die Sprache „multiparadigmatisch" ist, aber meistens sind rekursive t.Scheme-Programme konzeptionell einfacher und leichter nachvollziehbar als ihre imperativen, auf der Verwendung von Schleifen und Zuweisungen beruhenden Gegenstücke. Rekursion und Iteration stehen also in einer gewissen Konkurrenz zueinander.

Als Beispiel betrachten wir das Problem festzustellen, ob ein Element x in einer Liste ls vorhanden ist. Die rekursive Lösung ist einfach zu formulieren und zu verstehen:

```
;   Ist x Element von ls?
(define (member? x ls)
    (cond
        (nil? ls) false
        (= x (car ls)) true
        (member? x (cdr ls))))
```

Anders die iterative Version. Sie funktioniert mit einer booleschen Hilfsvariablen b. Damit die Liste in der While-Schleife nicht komplett durchlaufen wird, muss man daran denken, in der Abbruchbedingung zu fragen, ob b noch den Wert false hat:

```
;   Ist x Element von ls?
(define (member-iter? x ls)
    (block
        (var b false)                ; boolesches Resultat
        (while (not (or b (nil? ls)))
            (block
                (set b (= x (car ls)))
                (set ls (cdr ls))))
        b))
```

Alles in allem keine schöne Lösung. Sie hat aber einen Vorteil: Die rekursive Funktion braucht bei einer Liste der Länge n zusätzlichen Speicherplatz für die bis zu n rekursiven Prozeduraufrufe. Die iterative Funktion kommt ohne diesen Platz aus.

Die rekursive Lösung ist sogar *endrekursiv* (S. 19), weil der rekursive Aufruf von member? in der letzten Zeile nicht in einen weiteren Ausdruck eingebettet ist. In solchen Fällen kann der zusätzliche Speicherplatz durch eine Optimierung vermieden werden, die man in t.Scheme mit einem Operator namens tail zuschalten kann.

Betrachten wir zunächst den normalen Ablauf:

```
-> (bind ls '(c x a u b a))
-> (trace member?)
Tracing mode for function[member?] is on
```

```
-> (member? 'a ls)
      Call     (member? a (c x a u b a))
      Call     (member? a (x a u b a))
      Call     (member? a (a u b a))
      Return    true from (member? a (a u b a))
      Return    true from (member? a (x a u b a))
      Return    true from (member? a (c x a u b a))
   true
```

Man sieht, wie die Rekursion auf- und dann wieder abgebaut wird. Nun dasselbe mit zugeschalteter Optimierung:

```
   -> (tail)
   Tail call elimination is on
   -> (member? 'a ls)
      Call     (member? a (c x a u b a))
      Call*    (member? a (x a u b a))
      Call*    (member? a (a u b a))
      Return   true from (member? a (c x a u b a))
   true
```

Bei eingeschalteter Optimierung bleibt ein *endständiger* Funktionsaufruf (vereinfacht gesagt ein Aufruf, der am Ende der rufenden Funktion steht) nur so lange auf dem Stack, bis sein Rumpf ausgewertet wird. Im Tracing-Modus zeigt t.Scheme solche Aufrufe durch einen Stern hinter dem Call an. So wird verhindert, dass ein großer Stack aufgebaut wird, und das Ergebnis steht sofort nach dem letzten Aufruf von member? zur Verfügung, weil kein Stack abzubauen ist.

Der Operator tail schaltet, wie trace, zwischen zwei Zuständen des Interpreters hin und her. Mit einem zweiten Aufruf kann man die Optimierung wieder ausschalten.

Eigentlich widerspricht tail der Philosophie, die den t.Sprachen zugrunde liegt, nämlich dem Grundsatz, alles so einfach wie möglich zu implementieren. Das Zuschalten einer Optimierung verändert ja auf den ersten Blick nichts an der Semantik der Sprache, warum also die zusätzliche Komplikation?

Bei genauerem Hinsehen haben endrekursive Funktionen jedoch viel mit der Semantik von Scheme zu tun. Sie vermitteln zwischen rekursiver und imperativer Programmierung, man lernt durch die Beschäftigung mit ihnen, dass der Gegensatz zwischen „zustandsfreier" und „zustandsbehafteter" Programmierung nicht so scharf ist, wie es zunächst den Anschein hat. In den Beispielen werden wir diesem Zusammenhang genauer nachgehen.

Der Operator eval

Es gibt in vielen Lisp-Nachfolgesprachen einen Operator, mit dem man Auswertungen erzwingen kann. In t.Scheme heißt dieser Operator eval. Er ist auf zwei Arten aufrufbar:

1. (eval e) wertet den Ausdruck e im gegenwärtigen Kontext aus.

2. (eval e c) wertet den Ausdruck e im Kontext c aus.

Damit kann man beispielsweise frühere Eingaben nochmals auswerten. Die i-te Eingabe wird vom Interpreter an das Symbol @i gebunden. Will man etwa die zweite Eingabe wiederholen, so nützt es wenig, @2 auszuwerten. Das ergibt nur die unausgewertete Form – denn diese ist ja das Resultat der Auswertung von @2. Man muss die Auswertung von @2 mit eval erzwingen:

```
-> (bind ls '(15 18 11 2 29 20 0 12 10 0 4 7 19))
-> (delete ls)
-> (line)
---5---> (block (line) @2)
 (bind ls '(15 18 11 2 29 20 0 12 10 0 4 7 19))
-> ls
Error: Unbound symbol ls
-> (eval @2)
-> ls
 (15 18 11 2 29 20 0 12 10 0 4 7 19)
```

Die Zeilennummern kann man kurzfristig mit (line) ein- und wieder ausblenden.

Mit eval kann man eine Quotierung aufheben:

```
-> (eval 'eval)
op[eval]
```

Die zweistellige Variante von eval ist zum Beispiel nützlich, wenn man auf eine lokale Variable, die ja eigentlich verborgen sein soll, ausnahmsweise doch zugreifen möchte. Dabei ist zu beachten, dass bei einem Aufruf (eval e c) zunächst beide Argumente *im gegenwärtigen Kontext* ausgewertet werden. Erst der Wert von e wird dann in dem Kontext, der sich als Wert von c ergibt, ausgewertet.

Die Funktion area auf S. 187 hatte z. B. eine lokale Variable pi. Mit dem Operator eval kann man ihren Wert aus dem Kontext der Funktion ermitteln:

```
-> (eval 'pi (context area))
3.141529
```

Der Wert von 'pi im Kontext des Aufrufs ist das Symbol pi, das dann im Kontext der Funktion area ausgewertet wird.

Der Protokoll-Modus

Mit dem argumentlosen Befehl (protocol) kann man in den *Protokoll-Modus* umschalten. Dabei werden alle Prozeduraufrufe, also alle Auswertungen von Listen, im Moment des Beginns und der Beendigung angezeigt:

```
-> (protocol)
    /  (protocol)
Protocol mode is on
-> (block (var x 3) (+ x (/ x 2)))
    \  (block (var x 3) (+ x (/ x 2)))
    | \   (var x 3)
    | /   (var x 3)
    | \   (+ x (/ x 2))
    | | \   (/ x 2)
    | | /   (/ x 2)
    | /   (+ x (/ x 2))
    /  (block (var x 3) (+ x (/ x 2)))
  9/2
```

Wird ein Prozeduraufruf gestartet, zeigt das Protokoll den Ausdruck eingerückt und mit einem vorangestellten Backslash an. Bei seiner Beendigung wird er mit dem Präfix / noch einmal angezeigt. Die beiden Zeichen ergeben eine Linie, mit der man das Wachsen und Schrumpfen des internen Auswertungsstacks verfolgen kann.

Ausnahme: Wenn eine Auswertung durch eine Exception abgebrochen wird, kann kein Resultat angezeigt werden. Die senkrechten Linien, die von den Backslash-Zeichen vor den abgebrochenen Ausdrücken nach unten verlaufen, enden dann im Leeren:

```
-> (+ 1 (* 2 (/ 3 0)))
        \  (+ 1 (* 2 (/ 3 0)))
        | \  (* 2 (/ 3 0))
        | | \  (/ 3 0)
Error: Division by zero
-> (protocol)
        \  (protocol)
Protocol mode is off
```

Wird die Exception aufgefangen, zeigt das Protokoll den weiteren Verlauf wieder an. Ein triviales Beispiel illustriert das:

```
-> (define (foo) (catch 'ZERODIV (bar) 'ok))
function[foo]
-> (define (bar) (square (/ 1 0)))
function[bar]
-> (protocol))
    /  (protocol)
Protocol mode is on
-> (foo)
    \  (foo)
    | \  (catch 'ZERODIV (bar) 'ok)
    | | \  'ZERODIV
    | | /  'ZERODIV
    | | \  (bar)
    | | | \  (square (/ 1 0))
    | | | | \  (/ 1 0)
    | | \  'ok
    | | /  'ok
    | /  (catch 'ZERODIV (bar) 'ok)
    /  (foo)
ok
```

Die Auswertung der drei Ausdrücke (bar), (square (/ 1 0)) und (/ 1 0) wird ohne Resultat abgebrochen, entsprechend gibt es zu drei \-Zeichen kein korrespondierendes /.

Dass hier auch die Auswertungen von 'ZERODIV und 'ok angezeigt werden, liegt daran, dass beide Ausdrücke intern Listen mit dem Kopf quote sind.

Was es noch gibt

Ein paar weitere Operatoren seien hier in aller Kürze beschrieben.

1. Die Operatoren setcar und setcdr hatten wir bereits erwähnt (S. 190). Beide arbeiten mit einer Zuweisung und durchbrechen damit das deklarative Prinzip der Listenprogrammierung.

   Wenn man weiß, was man tut, kann man diese Operatoren durchaus sinnvoll verwenden. Unter anderem lassen sich damit zirkuläre Listen erzeugen:

```
-> (set ls '(und noch einmal))
(und noch einmal)
-> (setcdr (cdr (cdr ls)) ls)
-> (for i 1 9
        (block
            (print (car ls) " ")
            (set ls (cdr ls))))
und noch einmal und noch einmal und noch einmal
```

Die Auswertung des Namens ls am Eingabeprompt empfiehlt sich in diesem Fall nicht!

2. In Scheme gibt es den Operator let mit seinen Varianten let* und letrec. Alle drei dienen der Erzeugung lokaler Bindungen in etwas unterschiedlicher Form.

In t.Scheme sind sie in einem gemeinsamen Operator let vereinigt:

$$(\text{let } s_1 \; e_1 \; s_2 \; e_2 \; \ldots \; s_k \; e_k \; e)$$

Dabei wird ein neuer Kontext erzeugt. In diesem wird e_1 ausgewertet und an das Symbol s_1 gebunden. Dann wird e_2 ausgewertet und an s_2 gebunden usw. Zum Schluss wird e ausgewertet und liefert das Resultat des let-Ausdrucks.

```
-> (let
      x 37
      y 27
      dummy (println (actual-context))
      (* x y))
({x y} {..})
999
```

Genau denselben Effekt kann man mit block und var erreichen:

```
-> (block
      (var x 37)
      (var y 27)
      (var dummy (println (actual-context)))
      (* x y))
({x y} {..})
999
```

3. Gelegentlich möchte man eine Folge von Anweisungen ausführen, ohne dass dazu ein neuer Kontext notwendig wäre. Natürlich kann man die Folge mit (block ...) zusammenfassen, die zusätzliche leere Umgebung stört in der Regel nicht. Es gibt aber auch einen eigenen Operator seq mit dem Aliasnamen &, der den überflüssigen Kontext gar nicht erst erzeugt:

```
-> (& (set i 0)
      (while (= i 0) (&
          (println (actual-context))
          (set i (+ i 1)))))
({..})
```

In diesem Beispiel finden alle Auswertungen im globalen Kontext statt.

4. Für Endlosschleifen gibt es den Operator loop. Er erwartet genau ein Argument und wertet es immer wieder von Neuem aus:

```
-> (& (set i 0)
      (loop (set i (+ i 1))))
Error: Evaluation interrupted
-> i
2049484
```

Die Schleife wurde mit Ctrl-C abgebrochen; man sieht, dass sie bis dahin schon einige Mal durchlaufen wurde.

Der loop-Operator scheint ganz nutzlos zu sein, weil man für (loop expr) ja auch (while true expr) schreiben könnte. Tatsächlich ist aber unser while mit Hilfe des einfacheren Operators loop definiert:

```
;   While-Schleife
(defmacro (while c e)
    (catch 'EXIT (loop (if c e (throw 'EXIT void))) void))
```

5. Der Operator `exit` beendet den Interpreter.

   Am Eingabeprompt kann man das auch mit `(quit)`, `Ctrl-D` oder einem ähnlichen Signal erreichen (welches, hängt vom Betriebssystem ab); exit ist aber nützlich, um den Interpreter aus einer Funktion oder Datei heraus zu beenden.

   Zum Beispiel wird man im Protokoll-Modus oft mit Informationen zugeschüttet, die am Bildschirm viel zu schnell vorüberrauschen. In einem solchen Fall ist es sinnvoll, die Eingaben, deren Auswertung man protokollieren will, in eine Datei zu schreiben, die mit `(exit)` abgeschlossen wird. Dann kann man die Ausgabe von `tscheme` <*Dateiname*> in eine weitere Datei umlenken, wo man sie anschließend in Ruhe untersuchen kann.

6. Der wahrscheinlich überflüssigste Operator von t.Scheme ist exec. Man übergibt ihm ein Kommando an das Betriebssystem zur Ausführung. Was dann passiert, hängt vor allem davon ab, welches Betriebssystem man verwendet.

   In einem Unix-System gibt `pwd` (print working directory) das Verzeichnis wieder, in dem t.Scheme aufgerufen wurde:

   ```
   -> (exec "pwd")
   /home/cl/tanagra
   ```

Mit `(exec "clear")` kann man unter Unix den Bildschirm frei machen – der wichtigste Grund für die Existenz des Operators exec.

4.3   Beispiele

4.3.1   Die Collatz-Funktion

Für jede Funktion $f : X \to X$, die eine Menge X in sich selbst abbildet, kann man die Folge der *Iterierten* eines Elements $x \in X$ konstruieren: $x, f(x), f(f(x)), \ldots$

Die entsprechende t.Scheme–Funktion erhält als Parameter neben f und dem Startwert x zusätzlich eine Funktion stop?, mit der festgelegt wird, wann die Berechnung der Iterierten gestoppt werden soll:

```
;   Gibt die Liste (x (f x) (f (f x)) ... a) bis zum ersten
;   Element a mit (stop? a) == true zurück.
(define (iterates f x stop?)
    (if (stop? x) (list x) (cons x (iterates f (f x) stop?))))
```

Collatz-Folgen

Ein prominentes Anwendungsbeispiel für die Iteration von Funktionen ist die Berechnung der nach dem Mathematiker Lothar Collatz benannten *Collatz-Folge* einer natürlichen Zahl n. Das ist die Folge der Iterierten der Funktion $C : \mathbb{N} \to \mathbb{N}$, die durch

$$C(n) = \begin{cases} n/2 & \text{falls } n \text{ gerade,} \\ 3n + 1 & \text{falls } n \text{ ungerade,} \end{cases}$$

gegeben ist.

Man lässt die Folge enden, wenn sie die Eins erreicht hat, weil sie von da an periodisch wird: $1, 4, 2, 1, 4, 2, \ldots$ In t.Scheme kann man Collatz-Folgen sehr einfach berechnen:

```
;    Collatz-Funktion
(define (C n)
    (if (even? n) (/ n 2) (+ (* 3 n) 1)))

;    Collatz-Folge der natürlichen Zahl n
(define (collatz-sequence n)
    (iterates C n (function (a) (= a 1))))
```

Die Abbruchbedingung greift natürlich nur, wenn in der Folge $n, C(n), C(C(n)), \ldots$ irgendwann die Eins vorkommt. Erstaunlicherweise ist es bis heute nicht gelungen zu beweisen, dass das für alle natürlichen Zahlen n der Fall ist.

Wir berechnen die Collatz-Folgen von $n = 1, \ldots, 10$:

```
-> (for n 1 10 (println (collatz-sequence n)))
(1)
(2 1)
(3 10 5 16 8 4 2 1)
(4 2 1)
(5 16 8 4 2 1)
(6 3 10 5 16 8 4 2 1)
(7 22 11 34 17 52 26 13 40 20 10 5 16 8 4 2 1)
(8 4 2 1)
(9 28 14 7 22 11 34 17 52 26 13 40 20 10 5 16 8 4 2 1)
(10 5 16 8 4 2 1)
```

Die Länge der Collatz-Folge einer Zahl n ist ziemlich unvorhersehbar. Für die Zahlen 1 bis 30 findet man die folgenden Werte:

```
-> (map length (map collatz-sequence (range 1 30)))
(1 2 8 3 6 9 17 4 20 7 15 10 10 18 18 5 13 21 21 8 8 16 16 11 24 11 112 19 19 19)
```

Die Collatz-Folge von 27 erreicht erst nach 111 Schritten die Eins! Auffällig ist auch, dass die Collatz-Folgen aufeinander folgender Zahlen oft gleich lang sind.

An der Collatzschen Funktion C ist eigentlich nichts Besonderes. Man kann sie durch andere, ähnlich einfach definierte Funktionen $f : \mathbb{N} \to \mathbb{N}$ ersetzen und damit experimentieren, wie sich die Folgen $n, f(n), f(f(n)), \ldots$ verhalten.

Die Fähigkeit von t.Scheme, Funktionen als Parameter an andere Funktionen zu übergeben, macht solche mathematischen Experimente sehr einfach.

4.3.2   Anwenden von Funktionen auf Listen und Arrays

In Kapitel 2 hatten wir schon einige Male Funktionen als Eingaben für andere Funktionen verwendet. Das einfachste Beispiel (S. 53) war die Anwendung einer einstelligen Prozedur f auf alle Elemente einer Liste ls mit (map f ls). Für f kann man eine Funktion, ein Makro oder einen Operator einsetzen oder was sonst noch an der ersten Stelle einer auszuwertenden Liste stehen darf:

```
-> (map square (range 1 5))
(1 4 9 16 25)
-> (map (function (i) (range 1 i)) (range 1 5))
((1) (1 2) (1 2 3) (1 2 3 4) (1 2 3 4 5))
-> (map reverse %)
((1) (2 1) (3 2 1) (4 3 2 1) (5 4 3 2 1))
-> (map type (list true 'true "true" '(true)))
(Boolean Symbol String List)
```

In t.Scheme sind, wie wir das von t.Pascal kennen, auch Arrays Prozeduren. Man darf ein Array a auf einen Indexwert i anwenden: (a i) ist das *i*-te Element des Arrays. Damit ist map in der Lage, ein Array in eine Liste zu verwandeln:

```
-> (set ar (array '(a b c d e)))
[a,b,c,d,e]
-> (map ar (range 0 4)) ; ar als Prozedur verwendet!
(a b c d e)
```

Wenn schon von Arrays im Zusammenhang mit funktionaler Programmierung die Rede ist: Es ist nichts falsch an der Idee, die Funktionalität von map auch für Arrays zu haben. Man muss sich allerdings entscheiden, ob man als Resultat ein neues Array haben möchte oder ob der Zustand des Arrays geändert werden soll. Im ersten Fall geht man so vor:

```
;   Erzeuge ein Array mit den Elementen (f (ar i)), i = 0, 1, ...
;   ar bleibt unverändert
(define (array-map f ar)
    (let
        n (length ar)
        a (array n)
        : (for i 0 (- n 1) (a i (f (ar i))))
        a))
```

Anstelle von block wird hier let verwendet. Dieser Operator hat immer eine ungerade Anzahl von Argumenten: Paare aus je einem Symbol *s* und einem Ausdruck *e*, dessen Wert an *s* gebunden wird, sowie am Schluss den Resultatausdruck. Deshalb steht vor der For-Schleife ein „Dummy"-Name (der Doppelpunkt ist ein legaler Name).

Wir probieren array-map an dem Array ar aus:

```
-> (array-map (function (x) (list 'f x)) ar)
[(f a),(f b),(f c),(f d),(f e)]
```

Man kann natürlich auch eine map-Funktion für Arrays schreiben, die den Zustand ihres Arguments verändert.

Funktionale Kombination

Mit dem vorangehenden Thema eng verwandt ist die Kombination von Listen mit Hilfe einer zweistelligen Funktion, beispielsweise durch die elementweise Addition von Listenelementen. Das Schema ist einfach:

```
;   Elementweise Kombination zweier Listen mit einer zweistelligen Funktion f
(define (bimap f ls rs)
    (cond
        (nil? ls) nil
        (nil? rs) nil
        (cons (f (car ls) (car rs)) (bimap f (cdr ls) (cdr rs)))))
```

Des Ergebnis ist so lang wie die kürzere der beiden Argumentlisten. Hier zwei Beispiele für die Anwendung von bimap:

```
-> (set xs (range 1 4))
(1 2 3 4)
-> (set ys (range 5 10))
(5 6 7 8 9 10)
-> (bimap + xs ys)
(6 8 10 12)
-> (bimap list xs ys)
((1 5) (2 6) (3 7) (4 8))
```

Filtern

Eine ebenfalls mit map verwandte Standardoperation ist die *Filterung* einer Liste mit einem Prädikat. Wie bei map wird das Prädikat auf jedes Element angewendet, das Resultat ist die Liste aller Elemente, für die das Prädikat wahr ist:

```
;   Filtern einer Liste mit dem Prädikat p?
(define (filter p? ls)
    (cond
        (nil? ls) nil
        (not (p? (car ls))) (filter p? (cdr ls))
        (cons (car ls) (filter p? (cdr ls)))))
```

Wie man sieht, wird (car ls) nur dann in die resultierende Liste aufgenommen, wenn (p? (car ls)) wahr ist. Wir probieren die Funktion an einer trivialen Anwendung aus:

```
-> (filter even? (range -10 10))
(-10 -8 -6 -4 -2 0 2 4 6 8 10)
```

In der Initialisierungsdatei von t.Scheme ist die schon auf S. 187 erwähnte Funktion symbols definiert, mit der man für einen Kontext die darin gebundenen Symbole erhält. Das Resultat ist eine Liste von Symbollisten, eine für jeden Bindungsrahmen. Wir filtern heraus, welche globalen Symbole mit dem Zeichen @ beginnen:

```
-> (filter (function (sym) (= "@" (sget (str sym) 0)))
        (car (symbols (global-context))))
(@2 @ @1 @3 @5 @4)
```

Die *i*-te Eingabe wird vom Laufzeitsystem an den Namen @*i* gebunden (S. 195) und die jeweils letzte Eingabe an @. Man sieht aus dem obigen Ergebnis, dass es vor der Eingabe von (filter ...) in der laufenden t.Scheme-Sitzung fünf andere Eingaben gegeben hat. Zur Bestätigung sehen wir uns die letzte Eingabe nochmals an:

```
-> @6
(filter (function (sym) (= "@" (sget (str sym) 0))) (car (symbols (global-context))))
```

Auch die Funktion filter kann man auf Arrays übertragen.

4.3.3   Erweitern von Funktionen

In Abschnitt 2.3.1 hatten wir mit der Funktion fold eine zweistellige Funktion f auf Listen erweitert. Hier nochmals die Definition:

```
;   Erweitern der zweistelligen Prozedur f auf Listen
(define (fold f basevalue ls)
    (if (nil? ls) basevalue
        (f (car ls) (fold f basevalue (cdr ls)))))
```

Mit einer symbolischen Funktion + kann man sich ansehen, wie fold arbeitet:

```
-> (set ls '(1 2 3 4))
(1 2 3 4)
-> (fold (function (x y) (list '+ x y)) 0 ls)
(+ 1 (+ 2 (+ 3 (+ 4 0))))
-> (eval %)
10
```

Die Funktion `fold` verallgemeinert den Prozess des Aufsummierens einer Liste. Sie macht deutlich, dass hier ein funktionales Schema zugrunde liegt, das in vielen Situationen anwendbar ist.

Wenn man die zweistellige Funktion als Infix-Operator schreibt, sieht man den Effekt noch deutlicher:

```
-> (fold (function (x y) (list x '# y)) 'v0 '(a b c d))
(a # (b # (c # (d # v0))))
```

Die Prozedur # wird zwischen die Elemente der Liste geschoben und das Ganze dann – mit Klammerung von rechts her – ausgewertet.

Einfache Beispiele wie Produkt, Maximum und Minimum der Listenelemente hatten wir schon in Abschnitt 2.3.1 erwähnt. Nicht ganz so naheliegend ist der zweistellige Operator cons. Wir wenden ihn erst einmal symbolisch an:

```
-> (fold (function (x xs) (list 'cons x xs)) '(5 6) ls)
(cons 1 (cons 2 (cons 3 (cons 4 (5 6)))))
```

Die weitere Auswertung dieser Liste mit (eval %) produziert eine Fehlermeldung, weil die Liste (5 6) nicht mehr quotiert ist. Aber die Vereinigung von Listen lässt sich trotzdem mittels fold ausdrücken:

```
;   Vereinigung von zwei Listen
(define (join l1 l2)
    (fold cons l2 l1))
```

Wenn man die so definierte zweistellige Prozedur join mit fold auf eine Liste von Listen anwendet, werden diese miteinander vereinigt:

```
-> (set ls (map (function (i) (range 1 i)) (range 1 5)))
((1) (1 2) (1 2 3) (1 2 3 4) (1 2 3 4 5))
-> (fold join nil ls)
(1 1 2 1 2 3 1 2 3 4 1 2 3 4 5)
```

Das von `fold` verkörperte Prozedurmuster liegt vielen weiteren Operationen auf Listen zugrunde. Unter anderem kann man damit auch die Funktion map beschreiben:

```
;   Definition von map mittels fold
(delete map)
(define (map f ls)
    (fold (function (x xs) (cons (f x) xs)) nil ls))
```

Fold für Arrays: reduce

Die Übertragung von `fold` auf Arrays ist im Prinzip wieder ganz einfach.

Die Programmiersprache APL, einer der heute ausgestorbenen Sprach-Dinosaurier der Frühzeit und so alt wie Lisp, kannte nur Arrays als Mittel zur Zusammenfassung von Daten. Weil es in APL einen Fold-Operator für Arrays unter dem Namen reduce gab, nennen wir die nachfolgende t.Scheme-Funktion auch so:

```
;   Die zu fold analoge Funktion für Arrays
(define (reduce f basevalue ar)
    (let
        n (length ar)
        b basevalue
        : (for i 1 n (set b (f (ar (- n i)) b)))
        b))
```

Die Anwendung von `reduce` entspricht der von `fold`:

```
-> (set ls (range 1 10))
(1 2 3 4 5 6 7 8 9 10)
-> (set ar (array ls))
[1,2,3,4,5,6,7,8,9,10]
-> (reduce + 0 ar)          ; Summe der Arrayelemente
55
-> (reduce * 1 ar)          ; Produkt der Arrayelemente
3628800
```

Es gibt eine kritische Stelle im Code von `reduce`, das ist die Reihenfolge, in der die For-Schleife das Array durchläuft. Bei der Anwendung von `fold` auf eine Liste wird basevalue durch den binären Operator mit dem letzten Listenelement verknüpft. Würde das Array in `reduce` wie gewohnt von links nach rechts durchlaufen, dann würde basevalue mit dem *ersten* Arrayelement verknüpft und man bekäme eine Wirkung analog zur Anwendung von `fold` auf die invertierte Liste:

```
-> (define (reduce-reverse f basevalue ar)
        (let
            n (length ar)
            b basevalue
            : (for i 0 (- n 1) (set b (f (ar i) b)))
            b))
function[reduce-reverse]
-> (define (plus x y)
        (list '+ x y))
function[plus]
-> (reduce-reverse plus 0 ar)
(+ 10 (+ 9 (+ 8 (+ 7 (+ 6 (+ 5 (+ 4 (+ 3 (+ 2 (+ 1 0)))))))))
```

Aus diesem Grund durchläuft `reduce` das Array in umgekehrter Richtung; so verhalten sich `fold` und `reduce` gleich:

```
-> (fold plus 0 ls)
(+ 1 (+ 2 (+ 3 (+ 4 (+ 5 (+ 6 (+ 7 (+ 8 (+ 9 (+ 10 0)))))))))
-> (reduce plus 0 ar)
(+ 1 (+ 2 (+ 3 (+ 4 (+ 5 (+ 6 (+ 7 (+ 8 (+ 9 (+ 10 0)))))))))
```

Wenn man ein Array mit einer nichtkommutativen Prozedur reduziert, ist der Unterschied zwischen den beiden Formen von `reduce` wesentlich. Ein Beispiel dafür ist cons. Die Reduktion eines Arrays mit diesem Operator konstruiert die Liste der Arrayelemente:

```
;    Array in Liste umwandeln
(define (array-to-list ar)
    (reduce cons nil ar))
```

Kurz ausprobiert:

```
-> (array-to-list ar)
(1 2 3 4 5 6 7 8 9 10)
```

Das Beispiel ist etwas akademisch. Mit einem iterativen Durchlaufen des Arrays von rechts könnte man die Liste genauso gut erzeugen und der Code wäre besser lesbar.

Vararg-Funktionen und `fold`

Eine der nützlicheren Anwendungen von `fold` ist die Erzeugung von Vararg-Funktionen. Wir hatten schon gesehen, wie man + so umkonstruieren kann, dass es beliebig viele Argumente akzeptiert (S. 185). Hier die Variante mit `fold`:

```
; Redefinition von '+' als Vararg-Funktion
(let
    plus +                                  ; altes '+' retten
    : (delete +)                            ; globalen Namen '+' löschen
    (bind + (function + ls (fold plus 0 ls)))) ; ...und neu definieren
```

Das neue + trägt den internen Namen +. Die Tatsache, dass es eine Vararg-Funktion ist, erkennt man daran, dass in dem (`function` ...)-Ausdruck rechts von dem internen Namen keine Parameterliste steht, sondern ein einzelnes Symbol. An dieses wird bei der Auswertung des Funktionsrumpfs jeweils die Liste der aktuellen Argumente gebunden.

Das Schema von `fold` ist für die Definition von Vararg-Funktionen deshalb so gut geeignet, weil diese Funktion ja extra zu dem Zweck geschaffen ist, zweistellige Funktionen zu Funktionen auf Listen zu erweitern. Genau das ist es, was bei der Definition von Vararg-Funktionen gebraucht wird.

Man kann dasselbe Vorgehen auf *, max, min und weitere Operatoren anwenden. Manchmal muss man etwas aufpassen, z. B. hat man bei max und min die schon einmal besprochenen Probleme mit dem Basiswert (S. 57):

```
; Vararg-Maximum mit fold
(let
    m max                                   ; altes max retten
    : (delete max)                          ; globalen Namen max löschen
    mx (function (x y)                      ; Korrektur für Vergleich mit -Infinity
        (if (= y '-Infinity) x (m x y)))
    (bind max (function max ls              ; neue Definition
        (fold mx '-Infinity ls))))
```

Dann gilt

```
-> (max 5 17 -3)
17
-> (max -1000000000000)
-1000000000000
-> (max)
-Infinity
```

Einfacher ist es, sich von den Schwierigkeiten mit dem Basiswert dadurch zu befreien, dass man die Vararg-Variante so schreibt, dass sie mindestens zwei Argumente haben muss:

```
; fold für Listen mit mindestens zwei Elementen
(define (fold2 f ls)
    (if (= (length ls) 2)
        (f (car ls) (cadr ls))
        (f (car ls) (fold2 f (cdr ls)))))

; Vararg-Funktion zur zweistelligen Prozedur f
(define (vararg f)
    (let g f
        (function ls (fold2 g ls))))
```

Will man etwa die boolesche Funktion and auf beliebig viele Argumente umstellen, dann erzeugt man zunächst die Vararg-Version, löscht das Symbol and und bindet die neue Funktion an diesen Namen:

```
-> (set And (vararg and))     ; Vararg-Funktion erzeugen
function[]
-> (delete and)               ; altes 'and' löschen
-> (bind and And)             ; Namen neu binden
-> (delete And)               ; 'And' ist nun überflüssig
-> (and true false true true) ; ausprobieren
false
```

Man muss sich klarmachen, dass das Überschreiben des Namens and mit der Vararg-Funktion nur deshalb funktioniert, weil letztere sich lokal unter dem Namen g einen Zugriff auf das ursprüngliche zweistellige and gesichert hat. Damit kann sie es selbst weiterhin benutzen, auch wenn der Name and im globalen Kontext neu definiert wird.

Mit der Funktion vararg sind wir schon bei unserem nächsten Thema: Funktionen als Resultate anderer Funktionen.

4.3.4   Komposition und Iteration von Funktionen

Die Hintereinanderschaltung von zwei Funktionen $f : X \to Y$ und $g : Y \to Z$ ist definiert durch $(g \circ f)(x) = g(f(x))$ bzw.

```
;   Komposition der einstelligen Funktionen f und g
(define (compose g f)
    (function (x) (g (f x))))
```

In Verbindung mit filter angewendet:

```
-> (filter (compose not even?) (range 1 10))
(1 3 5 7 9)
```

Dieselbe Idee, leicht verallgemeinert:

```
;   Negation des Prädikats p?
(define (negate p?)
    (compose not p?))
```

Die Komposition von mehr als zwei Funktionen können wir mit der im vorigen Abschnitt behandelten Funktion vararg definieren:

```
;   Komposition von mehreren einstelligen Funktionen
(bind Compose (vararg compose))
```

Damit kann man sich zum Beispiel fehlende Funktionen aus der Serie cadr, cddr, caddr etc. besorgen. Das vierte Elemente einer Liste erhält man mit cadddr. Dieser Name ist in der Initialisierungsdatei nicht gebunden, aber man kann das ja nachholen:

```
-> (set cadddr (Compose car cdr cdr cdr))   ; 4. Element einer Liste
function[]
-> (cadddr '(1 2 3 4 5 6))
4
```

Mit compose kann man auch Iterierte einer Funktion f erzeugen. Die n-te Iterierte f^n von $f : X \to X$ ist die n-malige Anwendung von f, also die Abbildung $x \mapsto f(f(\ldots f(x)))$. Eine funktionale Beschreibung kann man so geben:

```
;   n-faches Produkt von f
(define (nfold f n)
    (if (= n 0) (function (x) x)
        (compose f (nfold f (- n 1)))))
```

So richtig schön ist diese Lösung jedoch nicht, weil dabei gleich n neue Funktionen erzeugt werden. Mit einer einzigen geht es auch:

```
;   n-fache Anwendung von f auf x
(define (iterate f n x)
    (if (= n 0) x
        (iterate f (- n 1) (f x))))

(delete nfold)
;   n-faches Produkt von f, bessere Version
(define (nfold f n)
    (function (x) (iterate f n x)))
```

Wenn man mit Funktionen als Werten programmiert, steht man oft vor der Alternative, ob man eine Funktion rein funktional, so wie hier in der ersten Version von nfold, beschreiben oder eine andere Funktion (in diesem Beispiel die Funktion iterate) durch Anwenden des Operators function „abstrahieren" soll. Wofür man sich entscheidet, ist letztlich Geschmackssache.

In vielen Fällen will man eine Funktion nicht n-mal mit einem vorher bekannten n anwenden, sondern so lange, bis eine bestimmte Bedingung erfüllt ist.

Für solche Zwecke ist die Funktion iterate-until gedacht. Sie berechnet die Folge $f^i(x), i = 0, 1, \ldots$ so lange, bis für zwei aufeinanderfolgende Glieder $a = f^{i-1}(x)$ und $b = f^i(x)$ die Abbruchbedingung (stop? a b) erfüllt ist.

```
;   Berechne x, (f x), (f (f x)),... bis für zwei aufeinanderfolgende
;   Elemente a, b dieser Folge (stop? a b) gilt.
(define (iterate-until f x stop?)
    (let
        y (f x)
        (if (stop? x y) y
            (iterate-until f y stop?))))
```

4.3.5 Der Ableitungsoperator

Die numerische Berechnung von Ableitungen

Die Ableitung f' einer differenzierbaren Funktion $f : \mathbb{R} \to \mathbb{R}$ ist wieder eine Funktion $\mathbb{R} \to \mathbb{R}$. Die Zuordnung $f \mapsto f'$ kann man in t.Scheme durch eine Funktion D beschreiben, die als Eingabe das t.Scheme-Äquivalent f von f hat und als Wert deren Ableitung in Form einer neuen t.Scheme-Funktion zurückgibt.

In mathematischer Formulierung ist die Ableitung von f die durch $x \mapsto \lim_{h \to 0} \frac{f(x+h)-f(x)}{h}$ definierte reelle Funktion.

Mit Hilfe einer noch zu definierenden t.Scheme-Funktion (lim->0 f), die den Grenzwert $\lim_{x \to 0} f(x)$ berechnet, kann man das direkt in t.Scheme-Code umsetzen:

```
;    Ableitung der Funktion f
(define (D f)
    (function (x)
        (lim->0 (function (h) (/ (- (f (+ x h)) (f x)) h)))))
```

Wie findet man den Grenzwert $\lim_{x \to 0} f(x)$ einer Funktion f an der Stelle $x = 0$? Gesucht ist natürlich nur ein Näherungswert. Wir lassen uns hier auf keine mathematische Diskussion ein, sondern gehen heuristisch vor: Wir nähern uns der Stelle $x = 0$ mit einer Folge $h, h/10, h/10^2, \ldots$ und zwar solange, bis die Funktionswerte an diesen Stellen sich nur noch sehr wenig ändern.

„Wenig ändern" drücken wir durch eine Funktion close? aus:

```
(bind N 4)                         ; gewünschte Anzahl Nachkommastellen
(bind eps (/ 1 (power 10.0 N)))

;    Gilt |x - y| < eps?
(define (close? x y)
    (< (abs (- x y)) eps))
```

Damit können wir die Funktion $h \mapsto h/10$ mit der gewünschten Abbruchbedingung iterieren. Als ersten Wert h wählen wir eps:

```
;    Grenzwert von f an der Stelle 0
(define (lim->0 f)
    (let
        stop? (function (a b) (close? (f a) (f b)))
        x     (iterate-until (function (h) (/ h 10)) eps stop?)
        (round (f x) N)))
```

Das war es schon. Wir probieren unseren Ableitungsoperator aus:

```
-> (set ds (D square))            ; Ableitung von x^2
function[]
-> (list (ds 1) (ds 1.5) (ds 2))
(2.0000 3.0000 4.0000)
-> ((D (compose square square)) 3) ; Ableitung von x^4 an der Stelle x=3
108.0000
-> (* 4 (power 3 3))              ; Kontrolle: 4 * x^3 an der Stelle x=3
108
-> ((D (function (x) (power x 20))) 7) ; Ableitung von x^20 an der Stelle x=7
227977903707462860.0000
-> (* 20 (power 7 19))            ; Kontrolle: 20 * x^19 an der Stelle x=7
227977903707462860
```

Im Rahmen der Rechengenauigkeit stimmt alles. Man darf natürlich keine Wunder erwarten, manchmal passieren aber doch welche. Beispielsweise scheint die Funktion $x \mapsto |x|$ im Punkt $x = 0$ differenzierbar zu sein:

```
-> ((D abs) 0)
1.0000
```

Das liegt daran, dass wir uns bei der Grenzwertberechnung mit lim->0 dem Nullpunkt nur von rechts her (und nur längs einer einzigen Folge!) nähern. Wir bekommen also mit (D f) in Wirklichkeit allenfalls einen Näherungswert für die Rechtsableitung von f. Das könnte man ein bisschen verbessern, aber einen Ableitungsoperator, der tatsächlich prüft, ob bzw. wo sein Argument differenzierbar ist, erhält man mit so einfachen Mitteln auf keinen Fall.

Die Erzeugung von Polynomen

Polynome differenziert man besser formal und wertet die so konstruierte Ableitung dann direkt aus. Um das auszuprobieren, ist ein Konstruktor für Polynome erforderlich.

Dafür gibt es mehrere Möglichkeiten. Man könnte zum Beispiel Operatoren add und mult für die Addition und Multiplikation von Funktionen schreiben, dazu vielleicht noch eine Funktion const, mit der man eine konstante Funktion spezifizieren kann.

Damit könnte man zum Beispiel, ausgehend von der Identitätsfunktion id, das Polynom $x \mapsto 1 - 3x^2$ in der Form (add (const 1) (mult (const -3) (mult id id))) schreiben. Das wäre allerdings nicht besonders gut lesbar.

Zweckmäßiger ist eine Funktion poly, mit der man eine Polynomfunktion durch Angabe einer Liste der Koeffizienten und Grade des Polynoms erzeugen kann. Das Polynom $x \mapsto 1 - 3x^2 = 1 \cdot x^0 + (-3) \cdot x^2$ könnte man damit durch die Eingabe (poly '((1 0) (-3 2))) erzeugen.

Es ist eine einfache Übung, den Rumpf der Polynomfunktion zu konstruieren:

```
;   Polynomterm mit Koeffizient c und Grad d
(define (poly-term c d)
    (cond
        (= d 0) c
        (= c 0) 0
        (let t (list 'power 'x d)
            (if (= c 1) t (list '* c t)))))
;   (poly-expr '((a0 d0) ... (an dn))) erzeugt den Polynomausdruck
;   a0*x^k0 + ... + an*x^kn  (n >= 0)
(define (poly-expr ls)
    (let t (poly-term (caar ls) (cadar ls))
        (if (nil? (cdr ls)) t
            (list '+ t (poly-expr (cdr ls))))))
```

Am obigen Beispiel getestet:

```
-> (poly-expr '((1 0) (-3 2)))
(+ 1 (* -3 (power x 2)))
```

Das ist noch keine Funktion. Der folgende Versuch, daraus eine Funktion zu machen, ist naiv:

```
-> (list 'function '(x) (poly-expr '((1 0) (-3 2))))
(function (x) (+ 1 (* -3 (power x 2))))
```

Die gesuchte Polynomfunktion bekommen wir erst durch die *Auswertung* dieses Ausdrucks. Das erreicht man mit dem Operator eval (S. 195)):

```
-> (eval %)
function[]
-> (body %)
(+ 1 (* -3 (power x 2)))
```

Damit ist die Erzeugung von Polynomen einfach:

```
;   (poly '((a0 k0) ... (an kn))) erzeugt das Polynom
;   a0*x^k0 + ... + an*x^kn  (n >= 0)
(define (poly ls)
    (eval (list 'function 'polynomial '(x) (poly-expr ls))))
```

Das Argument von eval ist die Eingabe, mit der man eine Polynomfunktion mit den gewünschten Koeffizienten erzeugen würde. Das erzeugte Polynom hat den internen Namen polynomial. Wir probieren das aus:

```
-> (set p (poly '((1 0) (-3 2))))
function[polynomial]
-> (body p)
(+ 1 (* -3 (power x 2)))
```

Auf so erzeugte Polynome kann man selbstverständlich auch den numerischen Ableitungsoperator D anwenden (obwohl eine formale Ableitung sinnvoller wäre):

```
-> ((D p) 2)   ; Die Ableitung von p(x) ist -6x
-12.0000
```

4.3.6   Ein Minitutorial zu Makros

Makros sind bei Weitem kein so wesentliches Element von t.Scheme wie Funktionen. Wenn die Charakterisierung (S. 190) stimmt, dass ein Makro Programmcode ist, der zur Erzeugung von anderem, „eigentlich gemeintem" Code dient, dann sind Makros im Grunde sogar überflüssig. Trotzdem sind sie sehr nützlich.

Am Beispiel des Makros time hatten wir gesehen, dass Makros eine Möglichkeit eröffnen, die *Striktheit* von Funktionen zu umgehen. Eine Prozedur heißt *strikt*, wenn ihre sämtlichen aktuellen Argumente beim Aufruf der Prozedur ausgewertet werden.

Funktionen sind in t.Scheme ausnahmslos strikt, das ist in ihrer Semantik fest verankert. Für Operatoren gilt das nicht: Es gibt einige, bei denen wir ganz selbstverständlich davon ausgehen, dass sie nicht strikt sind, etwa bind, cond und let.

Bei einem Makroaufruf wird keines der Argumente ausgewertet. Stattdessen werden die Argumente in den Rumpf des Makros eingebaut – überall, wo ein formaler Parametername steht, wird er durch den Ausdruck, der dem Makro als aktueller Parameter übergeben wird, ersetzt. Der so umkonstruierte Makrorumpf wird anschließend ausgewertet.

Inkrementieren einer Variablen

Das folgende Makro entspricht ungefähr dem Operator ++ von Java. Es wäre als Funktion nutzlos: Zwar würde es den Wert des Parameters x inkrementieren, aber nicht die Variable, die der Funktion beim Aufruf übergeben wird.

```
-> (defmacro (inc x) ; erhöht x um 1
      (set x (+ x 1)))
macro[inc]
-> (seq (set a 1) (inc a) a)
2
```

Maximum

Auch das nächste Beispiel macht den Unterschied zwischen der Semantik von Makros und Funktionen deutlich. Wir definieren versuchsweise die Funktion max als Makro:

```
;   Maximum von zwei Zahlen
(delete max)
(defmacro (max x y)
    (if (< x y) y x))
```

Das funktioniert zunächst genauso gut wie die gleichnamige Funktion:

```
-> (max (/ (+ 1 1/2) 2) (+ 0.5 (/ 2 9)))
3/4
```

Erst im Tracing-Modus sieht man, dass der Makroaufruf intern anders verläuft als der entsprechende Funktionsaufruf:

```
-> (trace max)
Tracing mode for macro[max] is on
-> (max (/ (+ 1 1/2) 2) (+ 0.5 (/ 2 9)))
Tracing macro max
Parameters: (x y)
      |---> ((/ (+ 1 1/2) 2) (+ 0.5 (/ 2 9)))
Body:      (if (< x y) y x)
      |---> (if (< (/ (+ 1 1/2) 2) (+ 0.5 (/ 2 9))) (+ 0.5 (/ 2 9))
             (/ (+ 1 1/2) 2))
3/4
```

Das Makro wird expandiert zu (if (< (/ (+ 1 1/2) 2) (+ 0.5 (/ 2 9))) (+ 0.5 (/ 2 9)) (/ (+ 1 1/2) 2)), dieser Ausdruck wird ausgewertet. Das Argument von max mit dem größeren Wert wird also unnötigerweise zweimal ausgewertet.

Darüber könnte man noch die Achseln zucken und einwenden, dass es in t.Scheme sowieso nicht auf Effizienz ankommt. Wenn aber eines der Argumente eine Nebenwirkung hat, kann der Unterschied fatal werden:

```
-> (trace max)
Tracing mode for macro[max] is off
-> (list (set x 0) (set y 0))
(0 0)
-> (max (inc x) (inc y))
2
```

Der doppelte Aufruf von (inc x) hat die Semantik der Eingabe verändert. In der Praxis sind solche Fehler oft sehr schwer zu finden. In C++ werden Makros ausgiebig verwendet und wer einmal damit zu tun hatte, weiß, wie vorsichtig man damit umgehen muss.

Makros haben dynamischen Scope

Funktionen speichern ihren Definitionskontext und wechseln für die Auswertung ihres Rumpfs in diesen Kontext. Der Rumpf eines Makros wird dagegen im Kontext des Aufrufs ausgewertet. Die Folge davon ist, dass Makros sich nicht unbedingt an die Bedeutung von Namen erinnern, die in der Umgebung ihrer Definition bekannt waren:

```
-> (bind pi 3.1414)
-> (defmacro (area r)
        (* pi (square r)))
macro[area]
-> (let pi (- 0 pi) (area 1))
-3.1414
```

In Abschnitt 2.5.4 hatten wir diese Eigenschaft als *dynamischen Scope* kennengelernt.

Der fehlende Kontextwechsel beim Aufruf eines Makros ist kein Mangel im Entwurf von t.Scheme. Im Gegenteil, viele Makros würden nicht funktionieren, wenn man einen solchen Mechanismus in die Sprache einbauen würde. Er ist aber ein Hinweis darauf, dass Makros nicht einfach „auch irgendwie Funktionen", sondern Prozeduren einer ganz eigenen Art sind.

Die Prozeduren and **und** or mit Kurzschluss-Semantik

In der Initialisierungsdatei von t.Scheme sind die Prozeduren and und or als Makros definiert:

```
;   Logisches 'und'
(defmacro (and x y)
    (if x (if y true false) false))

;   Logisches 'oder'
(defmacro (or x y)
    (cond x true y true false))
```

Eine Verwendung in der Form (if (and (< 0 x) (= (/ 1 x) y))) ist in t.Scheme ohne Weiteres möglich. Wenn x den Wert 0 hat, liefert der if-Ausdruck unmittelbar den Wert false. Das zweite Argument (= (/ 1 x) y) von and wird nicht ausgewertet.

In t.Lisp hatten wir and und or als Funktionen deklariert. Deshalb würde derselbe Ausdruck im Fall $x = 0$ die Fehlermeldung Division by zero liefern, da wegen der Striktheit beide Argumente ausgewertet werden, bevor if in Aktion tritt.

While-Schleife

Die schon aus t.Pascal bekannten While- und For-Schleifen sind als Makros definiert (S. 198). Sie beruhen auf dem Operator loop, der sein Argument in einer Endlosschleife auswertet. Die Java-Implementierung von loop ist extrem einfach:

```
0   class Operator_loop extends Operator {
1       public Expr apply(List args, Env env) throws Alarm {
2           checkArity(args, 1);
3           while (true) args.first().eval(env);
4       }
5   }
```

Der Sprung aus der Endlosschleife wird beim Makro while mit einer Exception bewerkstelligt:

```
;   While-Schleife
(defmacro (while c e)
    (catch 'EXIT (loop (if c e (throw 'EXIT void))) void))
```

Es ist klar, dass man so etwas nicht als Funktion vereinbaren kann. Dann würden die Bedingung c und der Ausdruck e jeweils ein einziges Mal ausgewertet und je nachdem, ob c wahr oder falsch ergibt, würde die Schleife niemals oder sofort beendet.

Natürlich wird das Makro while bei seiner Verwendung nur einmal expandiert und nicht etwa bei jedem Schleifendurchlauf:

```
-> (trace while)
Tracing mode for macro[while] is on
-> (seq (set i 3) (while (< 0 i) (set i (- i 1))) i)
Tracing macro while
Parameters: (c e)
      |---> ((< 0 i) (set i (- i 1)))
Body:      (catch 'EXIT (loop (if c e (throw 'EXIT void))) void)
      |---> (catch 'EXIT (loop (if (< 0 i) (set i (- i 1)) (throw 'EXIT void
            ))) void)
0
```

Die Semantik der Makroauswertung (siehe Abschnitt 4.2.3) legt fest, dass der Makrorumpf im selben Kontext ausgewertet wird, in dem der Aufruf des Makros erfolgt. Die loop-Schleife im Rumpf von while und damit auch die Bedingung und der Rumpf der While-Schleife werden deshalb, genau wie man das intuitiv erwartet, im selben Kontext ausgewertet wie der Aufruf von while. Es findet kein Kontextwechsel statt.

For-Schleife

Auch die For-Schleife ist nur eine durch ein Makro mit etwas syntaktischem Zucker verzierte loop-Schleife. Das Makro for stützt sich sogar auf while, d. h., bei jeder Anwendung von for werden *zwei* Makros expandiert.

```
;   For-Schleife
(defmacro (for i lo hi e)
    (let i lo
        (while (<= i hi)
            (seq e (set i (+ i 1)))))))
```

Die Laufvariable wird mit let lokal gemacht und kommt deshalb mit umgebenden Variablen gleichen Namens nicht in Konflikt. Genau wie bei der For-Schleife von Java ist es möglich, die Laufvariable im Rumpf der Schleife zu verändern:

```
-> (for k 1 10 (seq (println k) (set k 10)))
1
```

Hier wird k gleich im ersten Durchlauf der Schleife auf den aktuellen Wert 10 von hi gesetzt. Die Abbruchbedingung der While-Schleife lautet aber doch (<= i hi), warum wird die Schleife dann nicht wenigstens noch einmal mit $k = 10$ durchlaufen? Im Tracing-Modus erkennt man den Grund sofort:

```
-> (trace for)
Tracing mode for macro[for] is on
-> (for k 1 10 (seq (println k) (set k 10)))
Tracing macro for
Parameters: (i lo hi e)
    |---> (k 1 10 (seq (println k) (set k 10)))
Body:     (let i lo (while (<= i hi) (seq e (set i (+ i 1)))))
    |---> (let k 1 (while (<= k 10) (seq (seq (println k) (set k 10)) (set
          k (+ k 1)))))
1
```

Bei der Makroexpansion wird hinter die Zuweisung (set k 10) ja noch die Inkrementierung von k eingeschoben, deshalb hat k bei der nächsten Auswertung von (<= k 10) bereits den Wert 11.

Natürlich kann man das Makro for auch ohne den Umweg über while direkt mit Hilfe des Operators loop schreiben. Die zweistufige Makroauswertung demonstriert eine Möglichkeit, notwendig ist sie hier nicht.

Vararg-Makros und das Makro COMMENT

Auch Makros kann man so definieren, dass sie mit unterschiedlich vielen Argumenten aufrufbar sind. Ebenso wenig, wie man Vararg-Funktionen mit define erzeugen kann, lässt sich ein solches *Vararg-Makro* mit defmacro definieren. Man erzeugt es mit Hilfe des Operators macro und ersetzt dabei die Liste der formalen Parameter durch einen einzelnen Parameternamen:

```
(macro [<interner Name>] <Parametername> <Rumpf>)
```

Die aktuellen Parameter werden beim Aufruf *unausgewertet* zu einer Liste zusammengefasst und an den Parameternamen gebunden. Damit wird der Rumpf des Makros expandiert, der expandierte Rumpf wird ausgewertet.

Eine einfache und nützliche Anwendung dieses Mechanismus ist das Herauskommentieren größerer Textteile aus einer Eingabedatei mit dem Makro COMMENT. Es ist sehr einfach definiert:

```
;   Mehrzeilige Kommentare
(bind COMMENT (macro COMMENT ls void))
```

Alle Ausdrücke in einer Eingabe der Form (COMMENT $<e_1>$ ... $<e_n>$) werden als Liste an den Parameter ls gebunden. Mehr passiert mit ihnen nicht, weil ls im Rumpf void des Makros nicht vorkommt − keiner der Ausdrücke $<e_i>$ wird ausgewertet. Damit kann man weite Bereiche einer Eingabedatei viel einfacher lahmlegen als mit einem Kommentarzeichen vor jeder einzelnen Zeile.

Es ist liegt auf der Hand, dass man COMMENT unbedingt als *Makro* vereinbaren muss. Mit einer Funktion (function COMMENT ls void) würde man höchstens dem Operator seq Konkurrenz machen.

Boolesche Verknüpfungen als Vararg-Makros

Wo immer im Rumpf eines Vararg-Makros der Parametername vorkommt, ist er nach der Expansion des Makrorumpfs durch die Liste der Aufrufargumente ersetzt. In vielen Fällen möchte man nicht, dass diese Liste als Funktionsaufruf verstanden und ausgewertet wird. Man verhindert das, indem man den Parameternamen im Makrorumpf quotiert, dann ist nach der Expansion die Liste quotiert.

Will man dann doch einzelne Argumente auswerten, kann man das mit dem Operator eval erreichen.

Die Definition von or als Vararg-Makro ist typisch für dieses Vorgehen. Natürlich soll die Kurzschluss-Semantik der zweistelligen Version beibehalten werden. Zu diesem Zweck werden die Argumente im Makro nur so weit ausgewertet, bis eines den Wert true hat:

```
;   Vararg-Version von 'or' mit Kurzschluss-Semantik
(set _or or)                    ; zweistelliges Makro 'or' umbenennen
(delete or)                     ; alten Namen löschen
(bind or (macro or ls          ; ...und neu binden
    (block
        (var args 'ls)          ; Auswertung durch Quotieren verhindern...
        (var res false)
        (while (not (_or (nil? args) res)) (seq
            (set res (_or res (eval (car args))))      ; ...und nachholen.
            (set args (cdr args))))
        res)))
```

Die zweistellige Version von or kann ein Makro nicht in seinem gespeicherten Definitionskontext verstecken, weil es diese praktische Einrichtung nur bei Funktionen gibt.

Funktionstest des Vararg-Makros:

```
-> (define (f bool)
        (seq (print "\tArgument ist " bool "\n") bool))
function[f]
```

```
-> (or (f false) (f false) (f true) (f true) (f false))
        Argument ist false
        Argument ist false
        Argument ist true
   true
```

Man sieht, wie die Auswertung der Argumente stoppt, wenn zum ersten Mal ein Argument den Wert true hat.

Eine Vararg-Version von and kann man in ganz analoger Weise definieren.

Das Makro defmacro

Makros haben wir in der Regel global und dem Operator defmacro vereinbart. Der eigentliche Konstruktor zur Erzeugung von Makros ist aber der Operator macro. Beim Aufruf von defmacro geschieht zweierlei: Ein Ausdruck vom Typ Macro wird erzeugt und an einen externen Namen gebunden.

So könnte man zum Beispiel anstelle von (defmacro (inc x) (set x (+ x 1))) ebenso gut auch (bind inc (macro inc (x) (set x (+ x 1)))) eingeben.

Wenn man mit etwas Erfahrung in Bezug auf Makros die Worte „anstelle von *XX* kann man ebenso gut *YY* eingeben" liest, dann weiß man: Das ist ein Kandidat für ein Makro – schließlich ist das Umkonstruieren von Eingaben der eigentliche Daseinszweck von Makros.

Die Formulierung von defmacro als Makro erfolgt in zwei Schritten: Zuerst wird der eigentlich nötige Eingabeausdruck input konstruiert. Dieser wird mit eval ausgewertet, ganz analog zu dem Vorgehen im vorigen Abschnitt.

```
; Bequeme Erzeugung von Makros
(bind defmacro (macro defmacro (template body)
    (let name (car 'template)
         formals (cdr 'template)
         input (list 'bind name (list 'macro name formals 'body ))
         (eval input))))
```

Der formale Parameter template steht für das Muster des Makroaufrufs. Zum Beispiel wäre (inc x) das Template für das Makro inc.

Bei der Expansion von (defmacro (inc x) (set x (+ x 1))) werden die beiden Vorkommen von template jeweils durch die Liste (inc x) ersetzt. Das Quotierungszeichen schützt diese Liste vor der Auswertung, deshalb erhält die lokale Variable name den Wert inc. Auf dieselbe Weise bekommt formals den Wert (x). Schließlich wird input an (bind inc (macro inc (x) (set x (+ x 1)))) gebunden. Diese Liste wird ausgewertet.

Der Tracing-Modus zeigt den Rumpf von defmacro *nach* der Expansion, *vor* der Auswertung:

```
-> (trace defmacro)
Tracing mode for macro[defmacro] is on
-> (defmacro (inc x) (set x (+ x 1)))
Tracing macro defmacro
Parameters: (template body)
    |---> ((inc x) (set x (+ x 1)))
Body:       (let name (car 'template) formals (cdr 'template) input (list 'bind name
                (list 'macro name formals 'body)) (eval input))
    |---> (let name (car '(inc x)) formals (cdr '(inc x)) input (list 'bind
                name (list 'macro name formals '(set x (+ x 1)))) (eval input))
```

Das Beispiel zeigt, wie schnell man mit Makros in schwieriges Gelände kommen kann.

Tatsächlich gibt es defmacro auch als Operator. In den Initialisierungsdateien von t.Pascal und t.Scheme ist der Name an diesen Operator gebunden und nicht an das obige Makro.

Der aktuelle Kontext

Schon mehrfach haben wir uns in diesem Kapitel den aktuellen Kontext einer Auswertung mit Hilfe des Makros actual-context angesehen. Wie ermittelt man einen Kontext?

Immer dann, wenn mit function oder define eine Funktion erzeugt wird, speichert diese Funktion den momentanen Kontext. Das ist entscheidend dafür, dass sie später bei der Anwendung ihren Funktionsrumpf im Kontext ihrer Definition auswerten kann.

Auf den in der Funktion gespeicherten Kontext kann man wie auf andere Bestandteile der Funktion auch (Name, formale Parameterliste, Rumpf) mit dem Operator part zugreifen. Die Funktion context ist entsprechend definiert:

```
;   Kontext einer Funktion f
(define (context f)
    (part 'context f))
```

Man könnte auf die Idee kommen, den aktuellen Kontext zu ermitteln, indem man mit context den Kontext einer ad hoc definierten Funktion abfragt. Was die Ad-hoc-Funktion tut, ist gleichgültig, sie wird nur als Köder zum Einfangen des Kontexts gebraucht:

```
;   Bisherige Definition löschen
(delete actual-context)

;   Versuch, den aktuellen Kontext zu ermitteln
(define (actual-context)
    (context (function () void)))
```

Leider funktioniert diese schöne Idee nicht:

```
-> (let a 1 (let b 2 (actual-context)))
({} {..})
```

Das Resultat ist offensichtlich falsch, denn der Aufruf von actual-context fand in einem Kontext mit drei Bindungsrahmen statt: einer mit allen global definierten Namen und je ein von let erzeugter Rahmen für die Variablen a und b.

Was ist schiefgelaufen? Wir haben übersehen, dass bei der Anwendung einer Funktion ein Kontextwechsel stattfindet. Der Ausdruck (actual-context) wurde in einem Kontext ausgewertet, der durch Verlängern des Definitionskontexts der Funktion actual-context, also der globalen Umgebung, um einen leeren Bindungsrahmen entsteht. Er ist deshalb leer, weil actual-context eine leere Parameterliste hat.

Um tatsächlich den beim Aufruf (actual-context) gültigen Kontext zu bekommen, müssen wir actual-context als Makro vereinbaren:

```
;   Aktuellen Kontext am Ort der Auswertung
(defmacro (actual-context)
    (context (function () void)))
```

Damit funktioniert die Kontextermittlung:

```
-> (let a 1 (let b 2 (actual-context)))
({b} {a} {..})
```

Bei der Auswertung eines Makros findet eben kein Kontextwechsel statt: Der Rumpf des Makros, in diesem Fall (`context (function () void)`), wird im selben Kontext ausgewertet wie der Aufruf des Makros.

Makros helfen dabei, den Auswertungsmechanismus des Interpreters auf – manchmal sogar subtile Art und Weise – zu manipulieren.

Rekursive Makros

Der Expansionsmechanismus von t.Scheme erlaubt es, rekursive Makros schreiben. Die Vararg-Variante von or hatten wir mit Hilfe einer While-Schleife geschrieben – warum eigentlich? Auf den ersten Blick ist es naheliegend, die Liste der Argumente rekursiv abzuarbeiten.

Der Grund, warum man mit rekursiven Makros vorsichtig sein muss, ist der Expansionsme-chanismus. Bei jedem rekursiven Aufruf eines Makros werden in seinem Rumpf die formalen Argumente des Makros mit den aktuellen expandiert. Dieser Vorgang kann sich bei weiteren rekursiven Aufrufen wiederholen und dabei können sehr große Ausdrücke entstehen.

Wir schauen uns das am Beispiel der Fakultätsfunktion an. Man kann sie als Makro deklarieren:

```
;   Fakultät als Makro
(defmacro (factorial n)
    (if (= n 0) 1 (* n (factorial (- n 1)))))
```

Die Resultate sehen auf den ersten Blick gut aus:

```
-> (for i 0 10 (print (factorial i) " "))
1 1 2 6 24 120 720 5040 40320 362880 3628800
```

Trotzdem sind im Hintergrund geradezu unappetitliche Dinge passiert. Verfolgen wir einmal den Aufruf (`factorial 3`) im Tracing-Modus:

```
-> (trace factorial)
Tracing mode for macro[factorial] is on
-> (factorial 3)
Tracing macro factorial
Parameters: (n)
      |---> (3)
      Body:       (if (= n 0) 1 (* n (factorial (- n 1))))
      |---> (if (= 3 0) 1 (* 3 (factorial (- 3 1))))
Tracing macro factorial
Parameters: (n)
      |---> ((- 3 1))
   Body:      (if (= n 0) 1 (* n (factorial (- n 1))))
      |---> (if (= (- 3 1) 0) 1 (* (- 3 1) (factorial (- (- 3 1) 1))))
Tracing macro factorial
Parameters: (n)
      |---> ((- (- 3 1) 1))
      Body:      (if (= n 0) 1 (* n (factorial (- n 1))))
      |---> (if (= (- (- 3 1) 1) 0) 1 (* (- (- 3 1) 1) (factorial (- (- (- 3 1) 1) 1
))))
Tracing macro factorial
Parameters: (n)
      |---> ((- (- (- 3 1) 1) 1))
Body:      (if (= n 0) 1 (* n (factorial (- n 1))))
      |---> (if (= (- (- (- 3 1) 1) 1) 0) 1 (* (- (- (- 3 1) 1) 1) (factorial (- (
- ( - (- 3 1) 1) 1) 1))))
```

Die Argumente (- 3 1), (- (- 3 1) 1),...,(- (- (- (- 3 1) 1) 1) 1) in den expandierten Rümpfen von factorial werden in umgekehrter Reihenfolge ausgewertet – nur das letzte
nicht, weil vorher die if-Bedingung true ergibt. Dasselbe nochmal im Protokoll-Modus:

```
-> (factorial 3)
  \ (factorial 3)
  | \ (if (= 3 0) 1 (* 3 (factorial (- 3 1))))
  | | \ (= 3 0)
  | | / (= 3 0)
  | | \ (* 3 (factorial (- 3 1)))
  | | | \ (factorial (- 3 1))
  | | | | \ (if (= (- 3 1) 0) 1 (* (- 3 1) (factorial (- (- 3 1) 1))))
  | | | | | \ (= (- 3 1) 0)
  | | | | | | \ (- 3 1)
  | | | | | | / (- 3 1)
  | | | | | / (= (- 3 1) 0)
  | | | | | \ (* (- 3 1) (factorial (- (- 3 1) 1)))
  | | | | | | \ (- 3 1)
  | | | | | | / (- 3 1)
  | | | | | | \ (factorial (- (- 3 1) 1))
  | | | | | | | \ (if (= (- (- 3 1) 1) 0) 1 (* (- (- 3 1) 1) (factorial (- (- (- ...
  | | | | | | | | \ (= (- (- 3 1) 1) 0)
  | | | | | | | | | \ (- (- 3 1) 1)
  | | | | | | | | | | \ (- 3 1)
  | | | | | | | | | | / (- 3 1)
  | | | | | | | | | / (- (- 3 1) 1)
  | | | | | | | | / (= (- (- 3 1) 1) 0)
  | | | | | | | | \ (* (- (- 3 1) 1) (factorial (- (- (- 3 1) 1) 1)))
  | | | | | | | | | \ (- (- 3 1) 1)
  | | | | | | | | | | \ (- 3 1)
  | | | | | | | | | | / (- 3 1)
  | | | | | | | | | / (- (- 3 1) 1)
  | | | | | | | | | \ (factorial (- (- (- 3 1) 1) 1))
  | | | | | | | | | | \ (if (= (- (- (- 3 1) 1) 1) 0) 1 (* (- (- (- 3 1) 1) 1) (f...
  | | | | | | | | | | | \ (= (- (- (- 3 1) 1) 1) 0)
  | | | | | | | | | | | | \ (- (- (- 3 1) 1) 1)
  | | | | | | | | | | | | | \ (- (- 3 1) 1)
  | | | | | | | | | | | | | | \ (- 3 1)
  | | | | | | | | | | | | | | / (- 3 1)
  | | | | | | | | | | | | | / (- (- 3 1) 1)
  | | | | | | | | | | | | / (- (- (- 3 1) 1) 1)
  | | | | | | | | | | | / (= (- (- (- 3 1) 1) 1) 0)
  | | | | | | | | | | / (if (= (- (- (- 3 1) 1) 1) 0) 1 (* (- (- (- 3 1) 1) 1) (f...
  | | | | | | | | | / (factorial (- (- (- 3 1) 1) 1))
  | | | | | | | | / (* (- (- 3 1) 1) (factorial (- (- (- 3 1) 1) 1)))
  | | | | | | | / (if (= (- (- 3 1) 1) 0) 1 (* (- (- 3 1) 1) (factorial (- (- (- ...
  | | | | | | / (factorial (- (- 3 1) 1))
  | | | | | / (* (- 3 1) (factorial (- (- 3 1) 1)))
  | | | | / (if (= (- 3 1) 0) 1 (* (- 3 1) (factorial (- (- 3 1) 1))))
  | | | / (factorial (- 3 1))
  | | / (* 3 (factorial (- 3 1)))
  | / (if (= 3 0) 1 (* 3 (factorial (- 3 1))))
  / (factorial 3)
6
```

Wenn man rekursive Makros definiert, sollte man also genau wissen, was man tut. Eine Faust-
regel, die oft (aber nicht in allen Fällen) ein schlecht entworfenes Makro in ein einigermaßen
akzeptables verwandelt, besagt, dass man keine zusammengesetzten Ausdrücke als aktuelle
Argumente einsetzen sollte.

4.4   Der Kontext einer Funktion

Wir haben uns schon oft die Tatsache zunutze gemacht, dass eine Funktion bei ihrer Erzeugung den momentanen Kontext (ihren Definitionskontext) speichert, und kennen auch den Grund dafür: Das sichert der Funktion den *statischen Scope*, also die Fähigkeit, die in ihrem Rumpf vorkommenden Namen in dem Sinne zu verstehen, den sie dort besaßen, wo die Funktion definiert wurde.

Ohne ihre Definitionsumgebung hätten Funktionen *dynamischen Scope*, sie könnten Namen nur anhand ihrer Aufrufumgebung interpretieren. Was das für seltsame Konsequenzen haben kann, hat der vorangehende Abschnitt über Makros, die ja dynamischen Scope haben, noch einmal deutlich gemacht.

In diesem Abschnitt wollen wir uns etwas genauer mit dem Kontext einer Funktion beschäftigen. Richtig genutzt eröffnet er nämlich ungeahnte Möglichkeiten.

Was ist eigentlich ein Kontext? Wir hatten gesehen (S. 188), dass ein Kontext aus einer Folge von Bindungsrahmen besteht. Ein Kontext wird immer durch Verlängern eines anderen Kontexts erzeugt, entweder mit `let` oder `block` oder beim Aufruf einer Funktion.

4.4.1   Kontexterzeugung mit `let`

Beim Aufruf von `let` und `block` wird der Aufrufkontext zunächst durch einen leeren Rahmen verlängert:

```
-> (seq
      (println (actual-context))
      (let
          a (println (actual-context))
          (actual-context)))
({..})
({} {..})
({a} {..})
```

Man sieht, dass der erste Aufruf von `actual-context` noch im globalen Kontext erfolgt, beim zweiten Aufruf ist ein leerer Rahmen hinzugekommen, in den anschließend durch (`var a ...`) eine Bindung eingefügt wurde.

Zwischen `let` und `block` besteht kein wesentlicher Unterschied. Jeder Aufruf (`let` s_1 e_1 ... s_k e_k e) kann ersetzt werden durch (`block` (`var` s_1 e_1) ... (`var` s_k e_k) e), die Semantik ist dieselbe. Man könnte ein Makro dafür schreiben. Umgekehrt kann (`block` e_1 ... e_k e) ersetzt werden durch (`let` s e_1 ... s e_k e), wobei das Symbol s irgendein sonst nicht verwendetes Symbol ist.

Einen ähnlichen Effekt wie mit (`let` s_1 e_1 ... s_k e_k e) kann man auch mit einem Funktionsaufruf erzielen. Die Auswertung von

```
((function (s₁ ... sₖ) e) e₁ ... eₖ)
```

verläuft im Detail so: Zuerst werden die Argumente e_1, ..., e_k im aktuellen Kontext c ausgewertet zu Werten $v_1, ..., v_k$. Diese werden in einem neuen Rahmen an die formalen Parameter s_1, ..., s_k gebunden. Dann wird der Definitionskontext c der Funktion um diesen Rahmen erweitert zum Kontext c' und schließlich wird der Rumpf e im Kontext c' ausgewertet.

Im Grunde sind `let` und `block` daher überflüssig. Ihre Semantik ist ein Spezialfall der zugegebenermaßen nicht ganz trivialen Semantik von Funktionen.

Es gibt allerdings einen unauffälligen, aber doch wichtigen Unterschied: Bei der Auswertung des Ausdrucks ((function (s$_1$ ... s$_k$) e) e$_1$ ... e$_k$) werden alle Ausdrücke e$_1$, ..., e$_k$ im Aufrufkontext c ausgewertet. Bei der Auswertung von e$_i$ stehen deshalb die Werte v$_1$,...,v$_{i-1}$ noch nicht zur Verfügung, obwohl sie schon berechnet wurden. Das ist bei der Auswertung von (let s$_1$ e$_1$ ... s$_k$ e$_k$ e) anders.

Das originale let von Scheme verwirklicht *genau* den Mechanismus, der auch bei der Auswertung von Funktionen stattfindet. Wir schreiben uns ein Makro scheme-let (der Einfachheit halber ohne variable Argumentzahl, nur für eine Bindung), um daran den Unterschied zu demonstrieren:

```
;   'let' mit der Semantik von Scheme
(defmacro (scheme-let x e a)
    ((function (x) a) e))
```

Wir probieren das anhand der Definition von S. 205 aus, mit der wir + in eine Vararg-Funktion verwandelt haben:

```
;   Redefinition von '+' als Vararg-Funktion
(scheme-let
    plus +
    (seq
        (delete +)
        (bind + (function + ls (fold plus 0 ls)))))
```

Es funktioniert tatsächlich genauso wie mit dem Operator let:

```
-> (+ 1/2 1/3 1/4 -1/12)
1
```

Ein Blick in den Kontext der neuen Funktion + zeigt, dass sie intern weiterhin Zugriff auf den zweistelligen Additions-Operator hat:

```
-> (context +)
({plus} {..})
-> (eval 'plus %)
op[plus]
```

Trotzdem ist der semantische Unterschied zwischen dem let von t.Scheme und dem von Scheme beziehungsweise dem eben definierten Makro scheme-let erheblich, wie der nächste Abschnitt beweist.

4.4.2   Anonyme rekursive Funktionen

Die Schwierigkeiten mit scheme-let treten dann auf, wenn man lokal eine *rekursive* Funktion definiert. Das kommt zum Beispiel sehr oft vor, wenn man eine rekursive Funktion endrekursiv machen möchte.

In Kapitel 1 hatten wir eine Definition der n-ten Fibonacci-Zahl angegeben (S. 35), die sich auf eine endrekursive Hilfsfunktion gestützt hat. Man möchte diese Funktion gerne mit let lokal definieren, weil der globale Namensraum sowieso schon zu viele Namen enthält.

```
;   Fibonacci-Zahlen
(let fibo (function fibo (a b n)
              (cond
                  (= n 0) a
                  (= n 1) b
                  (fibo b (+ a b) (- n 1))))
    (define (fibonacci n)
        (fibo 0 1 n)))
```

Die Lokalisierung der Hilfsfunktion ändert nichts am Funktionieren der globalen Funktion:

```
-> (for i 0 10 (print (fibonacci i) " "))
0 1 1 2 3 5 8 13 21 34 55
```

Nun tauschen wir in der Definition let gegen das Makro scheme-let aus:

```
-> (delete fibonacci)
-> (scheme-let
      fibo (function fibo (a b n)
         (cond
            (= n 0) a
            (= n 1) b
            (fibo b (+ a b) (- n 1))))
      (define (fibonacci n)
         (fibo 0 1 n)))
```

... und jetzt passiert es:

```
-> (fibonacci 1)
1
-> (fibonacci 2)
Error: Unbound symbol fibo
-> (context fibonacci)
({fibo} {..})
```

Die Funktion fibonacci enthält fibo in ihrem Kontext. Das ist nicht das Problem. Nur leider kennt fibo sich selbst nicht und kann sich deshalb auch nicht erfolgreich rekursiv aufrufen:

```
-> (eval 'fibo (context fibonacci))
function[fibo]
-> (context %)
({..})
```

Das Makro scheme-let wertet den Ausdruck, der lokal gebunden wird, in seinem Aufrufkontext aus, in diesem Fall in der globalen Umgebung. Die mit (function fibo (a b n) ...) erzeugte Funktion enthält nur die globale Umgebung, sie kennt ihren eigenen Namen nicht.

Mit einem Trick kann man scheme-let doch noch zum Erfolg verhelfen. Man weist dem Namen fibo zunächst einen beliebigen Wert zu und öffnet dann einen zweiten lokalen Kontext, in dem man die Funktion definiert und dem Namen fibo zuweist. Die Erzeugung der Funktion in einem inneren Kontext bewirkt, dass der Name fibo ihr bekannt ist, die nachträgliche Zuweisung gibt dem Namen seine richtige Bedeutung:

```
; Fibonacci-Zahlen mit scheme-let
(scheme-let
   fibo void                               ; beliebiger Wert
   (scheme-let                             ; neuer lokaler Kontext
      f (set fibo (function fibo (a b n)   ; Seiteneffekt!
         (cond
            (= n 0) a
            (= n 1) b
            (fibo b (+ a b) (- n 1)))))
         (define (fibonacci n)
            (fibo 0 1 n))))
```

Der Name f im inneren Kontext ist auch an function[fibo] gebunden, die Zuweisung erfolgt aber an die Variable fibo im äußeren Kontext. Die lokale Funktion f wird nie benutzt.

Jetzt erinnern wir uns wieder daran, dass wir diese Verrenkungen mit `scheme-let` nur gemacht haben, um nachzuweisen, dass man `let` und `block` nicht wirklich braucht, sondern ihre Wirkung auch mit dem Operator `function` erzielen kann. Mit dem `let` von t.Scheme ist die Formulierung einer lokalen rekursiven Funktion viel einfacher.

Lokale rekursive Funktionen machen es überhaupt erst möglich, anonyme rekursive Funktionen zu definieren. Mit „anonym" ist dabei gemeint, dass die Funktion nicht an einen externen Namen gebunden sein muss.

Eine rekursive Funktion zitiert sich ja in ihrem Rumpf selbst, sie ruft sich mit ihrem Namen auf. So gesehen dürfte es eigentlich gar keine namenlose rekursive Funktion geben. In einem lokalen Kontext, den die Funktion speichert, kann sie aber eben doch an einen Namen gebunden sein:

```
-> (context
     (let f (function (n) (if (= n 0) 1 (* n (f (- n 1)))))
        f))
({f} {..})
```

Der Wert von `(let f (function ...) f)` ist eine anonyme rekursive Fakultätsfunktion. Man kann sie an einen beliebigen Namen binden und sie wird weiterhin funktionieren.

Genauso lässt sich eine anonyme Funktion zur Berechnung der Länge einer Liste definieren. Man kann sie auch ad hoc anwenden, ohne sie überhaupt extern an einen Namen zu binden:

```
-> ((let len (function (ls)
              (if (nil? ls) 0 (+ 1 (len (cdr ls))))) len) '(a b c))
3
```

Den Namen, unter dem eine so definierte Funktion sich selbst rekursiv aufruft, enthält sie in ihrem Definitionskontext.

Es bleibt noch die Frage, ob es dafür auch eine rein funktionale Lösung gibt, ohne den Trick mit `let`, hinter dem letztlich eine Zuweisung steht. Darauf kommen wir in Abschnitt 5.3.3 zurück. Die Frage hat für uns keine praktische Bedeutung, aber die Antwort ist trotzdem interessant.

4.5   Funktionen als Objekte

In der deutschen Wikipedia wird objektorientierte Programmierung so beschrieben:

Die Grundidee der objektorientierten Programmierung ist es, Daten und Funktionen, die auf diese Daten angewandt werden können, möglichst eng in einem sogenannten Objekt zusammenzufassen und nach außen hin zu kapseln, so dass Methoden fremder Objekte diese Daten nicht versehentlich manipulieren können.

In diesem Satz ist nicht von Klassen oder von Vererbung die Rede. Beides sind nützliche und wichtige Konzepte, aber der primäre Zweck der Objektorientierung ist die *Kapselung* von Variablen.

Damit ist der kontrollierte Zugriff gemeint: Man möchte die Vorteile des Umgangs mit zustandsveränderlichen Daten genießen, aber zugleich sicherstellen, dass die Daten nicht durch unsachgemäße Manipulationen beschädigt werden.

Was hat das mit Funktionen zu tun? Sehr viel. Im vorigen Abschnitt haben wir Funktionen vor allem deshalb in einem engeren Kontext als der globalen Umgebung definiert, um Hilfsfunktionen und Konstanten darin zu verbergen, die nur für die Funktion selbst von Bedeutung sind.

Wenn man im Definitionskontext einer Funktion eine oder mehrere lokale Variablen versteckt, macht man die Funktion damit zu einem Objekt im Sinne der obigen Definition. Die Variablen sind von außen nicht zugreifbar, jedenfalls wenn man von der Funktion context absieht, mit der man jede Kapselung durchbrechen kann (das ist dem Transparenzprinzip der t.Sprachen geschuldet).

In diesem Abschnitt werden wir einige wenige typische Beispiele für diesen Aspekt des Funktionsbegriffs betrachten.

4.5.1 Zufallszahlen

In vielen Anwendungen spielen Zufallszahlen eine wichtige Rolle. Man erzeugt eine Folge von (Pseudo-)Zufallszahlen durch iteriertes Anwenden einer Funktion f auf einen Startwert x_0:

$$x_{i+1} = f(x_i), \quad i = 0, 1, 2, \ldots$$

Um die jeweils nächste Zahl zu berechnen, muss man die vorangehende aufbewahren. Wenn man sie in einer globalen Variablen speichert, kann sie in unkontrollierter Weise verändert werden. Um sie vor einer solchen „Korrumpierung" zu schützen, verkapselt man sie am besten.

Wir betrachten das am Beispiel eines *linearen Kongruenzgenerators*, einer Funktion der Form $f(x) = (ax + b) \mod m$. Die Werte für a, b und m stammen aus der GNU-Bibliothek für die Sprache C:

```
;    Generator für Pseudozufallszahlen (aus der glibc)
(let
     a 1103515245
     b 12345
     m (power 2 32)
     rnd (clock)                ; zufällige Initialisierung mit der Systemzeit
     (define (random)
          (set rnd (mod (+ (* a rnd) b) m))))
```

Die Variable rnd ist nach außen hin unsichtbar, sie kann zwischen zwei Aufrufen von random nicht verändert werden.

```
-> (for i 1 5 (print (random) " "))
1784389954 2939286867 2721509008 3782452105 2131136398
```

Die Funktion random ist keine Funktion im Sinne der Mathematik. Auch in der deklarativen Programmierung sind Ausdrücke wie (random) problematisch, weil sie jedes Mal für etwas anderes stehen. In der imperativen Welt ist dieses Verhalten dagegen völlig normal. Die Funktion random ist eine Kapsel für die Variable rnd, sie ist in dem eingangs genannten Sinn ein Objekt.

4.5.2 Stack-Objekte

In Abschnitt 3.3.7 hatten wir einen Datentyp Stack entwickelt, bei dem das Innenleben der Implementierung ungeschützt zugänglich war. Das war in Pascal so üblich und wer wollte, konnte sich zu einem Datentyp eigene zusätzliche Funktionen schreiben, mit denen die Integrität der Daten auch schon mal ruiniert wurde.

Intern könnte ein Stack mit Hilfe einer Liste oder eines Arrays oder auch noch anders realisiert sein. Man kann die Interna der Implementierung auf dieselbe Weise schützen wie im vorigen Abschnitt die Variable res. Die Zugriffsfunktionen für den Stack werden dann alle in demselben lokalen Kontext definiert, der auch die Liste bzw. das Array enthält:

```
;   Stack-Funktionen
(let
    stack nil               ; Liste als Speicher für die Elemente auf dem Stack
    (seq
        (define (empty?) (nil? stack))
        (define (push x) (set stack (cons x stack)))
        (define (pop)    (set stack (cdr stack)))
        (define (top)    (car stack))
        void))
```

Diese Implementierung hat den Nachteil, dass es nur einen einzigen Stack gibt. Er taucht bei den Zugriffsfunktionen gar nicht erst als Argument auf.

In Modula-2, einer Nachfolgesprache von Pascal, gab es eine vergleichbare Art von Objekten: Man definierte einen neuen Typ mit Hilfe eines Moduls, das in seinem Inneren genau ein Exemplar dieses Typs enthielt.

Java-Programmierer sind daran gewöhnt, beliebig viele Objekte eines Typs zu erzeugen. Es ist nicht schwer, dieses Verhalten in t.Scheme mit Hilfe von Funktionen zu simulieren.

Was man dazu braucht, ist eine Art Konstruktor für Stacks, der ungefähr in der Form (set stack (new Stack)) aufgerufen wird. Das „Objekt" stack, das beim einem solchen Aufruf erzeugt wird, soll eine Funktion sein, die von new erzeugt wird und der man als Argumente Methodennamen und bei Bedarf Methodenargumente mitgibt.

Der Umgang damit könnte (nach einer Definition von new) etwa so aussehen:

```
-> (set stack (new Stack))
function[]
-> (for i 1 5 (stack push i))
-> (stack empty?)
false
-> (stack state)
(5 4 3 2 1)
```

Weil die Funktion stack mal mit einem, mal mit zwei Argumenten aufgerufen wird, sollte sie eine Vararg-Funktion sein. Sie sollte ferner einen lokalen Kontext besitzen, der die Liste oder das Array zur Speicherung der Stackelemente einkapselt.

Eine Funktion new, mit der man Objekte unterschiedlichen Typs konstruieren kann, wäre für unser Beispiel zu aufwendig. Es genügt, eine Funktion new-stack zu schreiben, die bei jedem Aufruf einen neuen Stack erzeugt.

Aus diesen Vorüberlegungen ergibt sich das folgende Schema für den Konstruktor:

```
;   Schema für den Stack-Konstruktor
(define (new-stack)
    (let stack nil                          ; lokaler Kontext
        (function Stack-Object args         ; diese Funktion ist der Stack
            (cond
                (nil? args)
                    (throw "Message name missing")
                (= (car args) 'push)
                    (set stack (cons (cadr args) stack))
                .....weitere Methoden.....))))
```

Die von new-stack erzeugten Funktionen haben alle den internen Namen Stack-Object und sind, weil der formale Parameter args nicht in Klammern steht, Vararg-Funktionen. Als erstes Argument erwarten sie einen Namen, den sie dann im cond-Ausdruck als Methodennamen interpretieren. Bei Bedarf holen sie sich aus der Liste args die Argumente für den Methodenaufruf.

Wenn man das Schema so implementiert, muss man dem Stack-Objekt den Namen der gewünschten Methode als Symbol übergeben: (stack 'push 37). Wer sich an der Quotierung stört, kann eine globale Bindung (bind push 'push) einführen, dann ist auch der Aufruf (stack push 37) möglich. Diese Bindung kann man nicht lokal machen, weil die Argumente im Kontext des Funktionsaufrufs ausgewertet werden, nicht im Definitionskontext.

Außerdem ist es mit dem obigen Schema möglich, einem Aufruf zu viele Argumente mitzugeben. Beispielsweise würde bei dem Aufruf (stack 'push 1 2) das Argument 2 einfach ignoriert.

Damit so etwas nicht vorkommt, führen wir eine Prüffunktion checkarity ein, die bei jedem Aufruf die korrekte Anzahl der Argumente überprüft. Das Suffix „arity" soll an „unary", „binary" etc. erinnern. Diese Funktion vereinbaren wir in einem lokalen Kontext, den nur new-stack kennt; es ist nicht nötig und nicht sinnvoll, sie global zu definieren.

Jetzt können wir das Schema mit Code ausfüllen:

```
(let
    checkarity (function (args n name)        ; Test auf richtige Zahl der Argumente
        (if (not (= (length args) (+ n 1)))   ; Argumente plus Methodennamen
            (throw (str "Method " name " expects " n " argument(s)"))))

    checknil (function (stack name)           ; Test auf leeren Stack
        (if (nil? stack)
            (throw (str "Method " name " called for an empty stack"))))

    (define (new-stack)                        ; Konstruktor für Stack-Objekte
        (let stack nil                         ; Liste der Stackelemente
            (function Stack-Object args
                (cond
                    (nil? args)
                        (throw "Message name missing")
                    (= (car args) 'empty?)     ; Methode empty?
                        (seq
                            (checkarity args 0 'empty?)
                            (nil? stack))
                    (= (car args) 'push)                             ; Methode push
                        (seq
                            (checkarity args 1 'push)
                            (set stack (cons (cadr args) stack))
                            void)
                    (= (car args) 'pop)                              ; Methode pop
                        (seq
                            (checkarity args 0 'pop)
                            (checknil stack 'pop)
                            (set stack (cdr stack))
                            void)
                    (= (car args) 'top)                              ; Methode top
                        (seq
                            (checkarity args 0 'top)
                            (checknil stack 'top)
                            (car stack))
                    (= (car args) 'state)                            ; Methode state
                        (seq
                            (checkarity args 0 'state)
                            stack)
                    (throw (str " Invalid message name " (car args)))))))))
```

Das sieht schon beinahe wie die Definition einer Klasse aus – es gibt ein privates Attribut, einen Konstruktor und mehrere Methoden. Trotzdem handelt es sich um klassische funktionale Programmierung: new-stack ist eine Funktion, die eine andere Funktion zurückgibt.

Jetzt können wir Stacks erzeugen, die sich tatsächlich schon ganz so wie Objekte verhalten:

```
-> (set stack1 (new-stack))
function[Stack-Object]
-> (for i 1 6 (stack1 'push i))
-> (str "Der Zustand von Stack 1 ist " (stack1 'state))
Der Zustand von Stack 1 ist (6 5 4 3 2 1)
-> (stack1 'pop)
-> (set stack2 (new-stack))
function[Stack-Object]
-> (while (not (stack1 'empty?))
        (seq
            (stack2 'push (stack1 'top))
            (stack1 'pop)))
-> (str "Der Zustand von Stack 2 ist " (stack2 'state))
Der Zustand von Stack 2 ist (1 2 3 4 5)
```

Auch bei fehlerhaften Aufrufen reagiert ein Stack-Objekt ganz vernünftig:

```
-> (stack1 'pop)
Error: pop called for an empty stack
-> (stack1 'empty)
Error:  Invalid message name empty
-> (stack2 'push)
Error: Method push expects 1 argument(s)
```

In Abschnitt 3.3.7 mussten wir uns bei der Implementierung eines Stacks noch darauf verlassen, dass jedes Programm, das die dort besprochene Implementierung benutzt, die Disziplin aufbringt, ausschließlich über die „offizielle Schnittstelle" auf die Interna der Implementierung zuzugreifen. Durch die Lokalisierung der Implementierung wird diese Disziplin nun erzwungen.

Die von `new-stack` erzeugten Funktionen sehen aus wie kleine Interpreter. Die auf S. 68 gemachte Bemerkung gilt sinngemäß auch hier: Herzstück der Funktion `Stack-Object` ist die Verzweigung, mit der den Methodennamen der entsprechende, zu dem Namen gehörige Code zugeordnet wird.

In der objektorientierten Programmierung ist es ein Grundprinzip, dass zusammen mit den Daten auch die auf ihnen operierenden Methoden gekapselt werden. Das Objekt „entscheidet", wie es einen Methodenaufruf ausführt. Es *interpretiert* den Methodennamen. In diesem, für die Objektorientierung sehr fundamentalen Sinn ist jede von `new-stack` erzeugte Funktion tatsächlich ein Objekt.

Es ist offensichtlich, dass der Grundgedanke dieses Abschnitts sich nicht nur auf Stacks bezieht. Funktionen mit lokalem Kontext sind tatsächlich Objekte im Sinne der objektorientierten Programmierung.

4.5.3   Iteratoren und Mengen

Natürlich muss eine Konstruktorfunktion nicht notwendigerweise eine variable Anzahl von Argumenten haben. Sie muss nicht einmal explizit einen lokalen Kontext bilden. Das nachstehende Beispiel zeigt, wie man den Bindungsrahmen, der beim Aufruf einer Funktion gebildet wird – er enthält die Bindungen der formalen Parameter an die aktuellen Werte –, als lokalen Kontext verwenden kann. Es illustriert zugleich noch einmal die Verwendung von Funktionen als Objekte.

Mit (set iterator (new-iterator ls)) wird ein Iterator über eine Liste ls erzeugt. Er kennt die Methodennamen hasnext? und next. Man benutzt sie genauso wie die

Methoden hasNext und next in der Schnittstelle java.util.Iterator des Java-API:
(iterator 'hasNext?) gibt true zurück, solange die Iteration noch Elemente hat. In
dem Fall liefert (iterator 'next) jeweils das nächste Element.

```
(let
    ;    Test auf leere Liste
    checknil (function (ls)
        (if (nil? ls) (throw "Iteration is already finished")))

    ;    Konstruktor für einen Iterator zur Liste ls
    (define (new-iterator ls)
        (function Iterator (msg)
            (cond
                (= msg 'hasNext?)
                    (not (nil? ls))
                (= msg 'next)
                    (seq
                        (checknil ls)
                        (let
                            x (car ls)
                            : (set ls (cdr ls))
                            x))
                (throw (str " Invalid message name " msg))))))
```

Ein Iterator-Objekt benutzt die ihm beim Aufruf übergebene Liste als verborgene Variable:

```
-> (set iterator (new-iterator (range 1 10)))
function[Iterator]
-> (while (iterator 'hasNext?)
        (print (iterator 'next) " "))
1 2 3 4 5 6 7 8 9 10
-> (context iterator)
({ls} {checknil} {..})
```

Als Anwendung konstruieren wir noch einen Konstruktor für Mengen. Die Implementierung
benutzt intern Listen, so wie in Abschnitt 2.4.2. Der Unterschied ist, dass eine Menge jetzt
durch eine Funktion dargestellt wird, die in ihrem Inneren alle Einzelheiten der Implementierung
kapselt.

```
;    Mengen als Objekte
(let
    ;    Test auf korrekte Anzahl der Argumente
    checkarity (function (args n name)
        (if (not (= (length args) (+ n 1))) ; Methodenname mitzählen
            (throw (str "Method " name " expects " n " argument(s)"))))

    ;    Duplikate aus Liste ls entfernen
    unique (function (ls)
        (cond
            (nil? ls) nil
            (element? (car ls) (cdr ls)) (unique (cdr ls))
            (cons (car ls) (unique (cdr ls)))))

    ;    x in Liste einfügen, falls noch nicht vorhanden
    insert (function (x ls)
        (unique (cons x ls)))

    ;    Listen l1 und l2 ohne Duplikate vereinigen
    union (function (l1 l2)
        (unique (join l1 l2)))
```

```
;   Konstruktor für eine Menge mit den Elementen der Liste ls
(define (new-set ls) (seq
    (set ls (unique ls))
    (function Set-Object args
        (cond
            (nil? args)
                (throw "Message name missing")
            (= (car args) 'empty?)
                (seq
                    (checkarity args 0 'empty?)
                    (nil? ls))
            (= (car args) 'contains?)
                (seq
                    (checkarity args 1 'contains?)
                    (element? (cadr args) ls))
            (= (car args) 'insert)
                (seq
                    (checkarity args 1 'insert)
                    (set ls (insert (cadr args) ls))
                    void)
            (= (car args) 'elements)
                (seq
                    (checkarity args 0 'elements)
                    ls)
            (= (car args) 'union)
                (seq
                    (checkarity args 1 'union)
                    (let
                        xs ((cadr args) 'elements)
                        (new-set (union ls xs))))
            (= (car args) 'iterator)
                (seq
                    (checkarity args 0 'iterator)
                    (new-iterator ls))
            (throw (str " Invalid message name " (car args)))))))))
```

Natürlich sollte man new-set um einige weitere Methoden ergänzen, z. B. remove, intersect und weitere Mengenoperationen.

Die Hilfsfunktionen unique, insert, remove und union sind hier lokal vereinbart, man könnte sie aufgrund ihrer eigenständigen Funktionalität aber auch global deklarieren.

Entscheidend ist die Kapselung der Implementierungsdetails. Ein Programm, das mit Mengen umgeht, muss sich nicht darum kümmern, auf welche Weise sie implementiert sind.

```
-> (set A (new-set '(2 5 3 2 9)))
function[Set-Object]
-> (set B (new-set '(1 3 2 2 2 8 4 5)))
function[Set-Object]
-> (set iter ((A 'union B) 'iterator))
function[Iterator]
-> (while (iter 'hasNext?)
        (print (iter 'next) " "))
9 1 3 2 8 4 5
```

Bei einem Wechsel der Implementierung von Mengen, beispielsweise zu einer solchen, in der Listen durch Binärbäume ersetzt sind, würde sich am Funktionieren dieses Anwendungsprogramms nichts ändern.

4.6 Endrekursive Funktionen

Die Verwendung einer Funktion als Objekt, als Behälter für Variablen, hat gezeigt, dass die scheinbar wenig zueinander passenden funktionalen und imperativen Elemente der Programmierung ganz gut miteinander kooperieren können.

Das Thema dieses Abschnitts unterstreicht diese Feststellung noch einmal aus einer anderen Richtung: Auch der Gegensatz zwischen Rekursion und Iteration, zwei scheinbar grundlegenden Elementen des deklarativen und des imperativen Programmierstils, ist bei Weitem nicht so scharf, wie man meinen könnte.

4.6.1 Endrekursion

Die Brücke zwischen Rekursion und Iteration bildet die *Endrekursion*. Wir haben schon einige Beispiele endrekursiver Funktionen kennengelernt, unter anderem auf S. 19, 62 und 194.

Eine rekursive Funktion f wird *endrekursiv* genannt (englisch *tail recursive*), wenn der rekursive Aufruf in ihrem Rumpf zugleich das Resultat von f ist. Später wird diese Definition noch etwas abgeändert werden (vgl. S. 237).

Endrekursion ist ein zentrales Konzept von Scheme. In der offiziellen Spezifikation ([23]) der Sprache heißt es:

Implementations of Scheme are required to be properly tail-recursive. Procedure calls that occur in certain syntactic contexts defined below are 'tail calls'. A Scheme implementation is properly tail-recursive if it supports an unbounded number of active tail calls. A call is active if the called procedure may still return.

Das klingt im Moment vielleicht etwas mysteriös, unter anderem weil hier von einer endrekursiven Scheme-Implementierung die Rede ist anstatt von endrekursiven Funktionen. Im Folgenden wird erläutert, was mit einer „unbeschränkten Anzahl aktiver endständiger Aufrufe" gemeint ist und warum Endrekursion bzw. endständige Aufrufe (engl. *tail calls*) wichtig sind.

Bevor wir uns mit den Details befassen, sehen wir uns noch einmal ein einfaches Beispiel für Endrekursion an, die Funktion generalized-fibo (S. 35):

```
;   n-te Fibonacci-Zahl bei Start mit a, b anstelle von 0, 1
(define (generalized-fibo a b n)
    (cond
        (= n 0) a
        (= n 1) b
        (generalized-fibo b (+ a b) (- n 1)))))
```

Im Fall $n > 1$ liefert (generalized-fibo b (+ a b) (- n 1)), also der rekursive Aufruf, zugleich den Wert von (generalized-fibo a b n), d. h. den Funktionswert. Deshalb ist die Funktion endrekursiv.

Im Grunde geht die Funktion generalized-fibo gar nicht wirklich rekursiv vor. Der Tracing-Modus zeigt, dass (generalized-fibo a b n) eher sequenziell rechnet:

```
-> (trace generalized-fibo)
Tracing mode for function[generalized-fibo] is on
```

```
-> (generalized-fibo 0 1 5)
      Call      (generalized-fibo 0 1 5)
      Call      (generalized-fibo 1 1 4)
      Call      (generalized-fibo 1 2 3)
      Call      (generalized-fibo 2 3 2)
      Call      (generalized-fibo 3 5 1)
      Return    5 from (generalized-fibo 3 5 1)
      Return    5 from (generalized-fibo 2 3 2)
      Return    5 from (generalized-fibo 1 2 3)
      Return    5 from (generalized-fibo 1 1 4)
      Return    5 from (generalized-fibo 0 1 5)
   5
```

Das erste Argument von `generalized-fibo` (und um eine Position versetzt auch das zweite) durchläuft iterativ die Folge der Fibonacci-Zahlen, genauso wie ein iteratives Programm sie berechnen würde:

```
;   Fibonacci-Zahlen, iterativ berechnet
(define (sequential-fibo a b n)
    (cond
        (= n 0) a
        (= n 1) b
        (seq
            (for i 2 n (seq
                (var next (+ a b))
                (set a b)
                (set b next)))
        b)))
```

In beiden Fällen werden die Fibonacci-Zahlen in der natürlichen Reihenfolge $f_0, f_1, f_0 + f_1 = f_2, f_1 + f_2 = f_3, \ldots, f_{n-1} + f_{n-2} = f_n$ berechnet.

Es gibt zwei Unterschiede zwischen den beiden Programmen `generalized-fibo` und `sequential-fibo`:

1. Die endrekursive Funktion ist deklarativ, sie ist klarer, eleganter formuliert und leichter auf Korrektheit zu überprüfen als die iterative. Bei der Letzteren muss man genau aufpassen: Soll die For-Schleife bis n oder nur bis $n - 1$ gehen? Ist der Return-Wert a oder b? In diesem einfachen Beispiel sieht man die Korrektheit noch einigermaßen, sobald es aber komplizierter wird, sind iterative Programme in der Regel schwerer zu verifizieren.

2. Die endrekursive Funktion benötigt bei ihrem Aufruf intern zusätzlichen Speicherplatz in einer Größenordnung, die proportional zu n ist, da alle angefangenen rekursiven Aufrufe auf den internen Stack gelegt werden. Die iterative Funktion kommt ohne diesen Platz aus. Die Abwicklung des Stacks kostet am Schluss auch noch zusätzliche, für das Ergebnis der Rechnung unnötige Zeit.

Den unter Punkt 2 genannten Nachteil kann man vermeiden, indem man t.Scheme anweist, dass der Interpreter einen endrekursiven Funktionsaufruf vor Auswertung seines Rumpfs vom Stack entfernen soll (vgl. S. 194):

```
-> (tail)
Tail call elimination is on
-> (generalized-fibo 0 1 5)
      Call      (generalized-fibo 0 1 5)
      Call*     (generalized-fibo 1 1 4)
      Call*     (generalized-fibo 1 2 3)
      Call*     (generalized-fibo 2 3 2)
      Call*     (generalized-fibo 3 5 1)
      Return    5 from (generalized-fibo 0 1 5)
   5
```

Jeder rekursive Aufruf von `generalized-fibo` belegt den Stack jetzt nur bis zum nächsten Aufruf dieser Funktion, dann wird er vom Stack entfernt. Im Tracing-Modus zeigt der Stern hinter dem Wort `Call` solche Aufrufe an. Damit wird das Anwachsen des Stacks verhindert – aus der Rekursion ist ein iterativer Ablauf geworden.

Weil beim Aufruf endrekursiver Funktionen der Stack nicht anwächst, kann man sogar relativ unbesorgt nichtterminierende Rekursionen programmieren. Normalerweise würde ein solcher Aufruf irgendwann den Stack überlaufen lassen. Nicht so eine Endrekursion bei eingeschalteter Optimierung:

```
;   Eine sehr einfache Read-Eval-Print-Schleife
(define (reploop)
    (seq
        (print "   $ ")
        (println (eval (parse (read))))
        (reploop)))
```

Damit hat man eine Endlosschleife programmiert – die allerdings beim Auftreten der ersten Exception beendet wird:

```
-> (reploop)
   $ (+ 1 2)
3
   $ ; <Return>
Error: Parsing empty input
```

Für ein genaueres Verständnis der internen Abläufe muss man den Auswertungsstack näher untersuchen.

4.6.2 Der Auswertungsstack

Der Stack ist das zentrale Hilfsmittel zu Verwaltung von prozeduralen Abläufen in fast allen Programmiersprachen (mit Ausnahme der ersten Fortran-Versionen).

Vielleicht ist „der Stack" eine zu ungenaue Bezeichnung. Gemeint ist der Stack, auf dem während der Ausführung einer t.Scheme-Prozedur die dazu notwendigen Informationen liegen, also der Stack der virtuellen Java-Maschine (JVM), auf der der Interpreter läuft. Die JVM selbst ist ein Programm in der Maschinensprache der unterliegenden realen Hardware, die wiederum ihren eigenen Systemstack besitzt. Um die Dinge noch ein wenig komplizierter zu machen, gibt es im t.Scheme-Interpreter noch einen weiteren Stack, den *Auswertungsstack*.

Jeder Prozeduraufruf des Interpreters entspricht der Auswertung einer Liste. Auf dem Auswertungsstack liegen jeweils alle Listen, deren Auswertung schon begonnen, aber noch nicht beendet wurde. Der Auswertungsstack ist damit eine Liste von Listen.

Man kann auf den Auswertungsstack mit der im Initialisierungsfile definierten argumentlosen Funktion `stack` zugreifen. Sie gibt den Zustand des Auswertungsstacks im Moment ihres eigenen Aufrufs zurück:

```
-> (column (block (set s (stack)) s))
        (stack)
        (set s (stack))
        (block (set s (stack)) s)
        (column (block (set s (stack)) s))
-> (type s)
List
```

In diesem Beispiel liegen beim Aufruf von stack vier Listen (angefangene Prozeduraufrufe) auf dem Stack, entsprechend den vier an die Namen column, block, set und stack gebundenen, in Ausführung befindlichen Prozeduren. column ist eine in der Initialisierungsdatei von t.Scheme definierte Funktion, die eine Liste in eine als Spalte formatierte Zeichenkette umwandelt. Der älteste Prozeduraufruf liegt unten, der jüngste, der von stack, steht am Kopf der Liste.

Der Stack pulsiert ständig, er expandiert und kontrahiert im Takt der Auswertungen. Im Protokoll-Modus kann man seine Veränderungen und damit den zeitlichen Ablauf der Interpretation der Eingabe verfolgen:

```
-> (protocol)
        /  (protocol)
 Protocol mode is on
-> (block (set s (stack)) s)
     \  (block (set s (stack)) s)
   | \  (set s (stack))
   | | \  (stack)
   | | | \  (catch 'X (throw 'X 0) (cdr (cdr (part 'stack X))))
   | | | | \  'X
   | | | | /  'X
   | | | | \  (throw 'X 0)
   | | | | | \  'X
   | | | | | /  'X
   | | | | \  (cdr (cdr (part 'stack X)))
   | | | | | \  (cdr (part 'stack X))
   | | | | | | \  (part 'stack X)
   | | | | | | | \  'stack
   | | | | | | | /  'stack
   | | | | | | /  (part 'stack X)
   | | | | | /  (cdr (part 'stack X))
   | | | | /  (cdr (cdr (part 'stack X)))
   | | | /  (catch 'X (throw 'X 0) (cdr (cdr (part 'stack X))))
   | | /  (stack)
   | /  (set s (stack))
   /  (block (set s (stack)) s)
 ((stack) (set s (stack)) (block (set s (stack)) s))
```

Quotierte Elemente sind intern Listen, zum Beispiel wird 'X vom Parser in die Liste (quote X) umgewandelt. Die Auswertung quotierter Ausdrücke wird deshalb protokolliert, während die Auswertung von Namen oder Ausdrücken, die sich selbst als Wert haben, nicht protokolliert wird.

Nach der Eingabe (protocol) ist der Protokoll-Modus sofort aktiv, deswegen wird als Erstes die Entfernung dieses Ausdrucks vom Stack angezeigt. Ansonsten kommt jeder ordnungsgemäß beendete Funktionsaufruf zweimal vor – wenn er auf den Stack gelegt und wenn er vom Stack genommen wird. Werden dazwischen weitere Listen ausgewertet, so sind Anfang und Ende des Aufrufs durch eine Strichliste verbunden. Aufrufe, die durch eine Exception beendet werden, kommen nur einmal vor, da es keinen Rücksprung zur rufenden Prozedur gibt. Deshalb endet die von (throw 'X 0) ausgehende Strichliste „im Leeren" und nicht bei einem /. Der Auswertungsstack hat an dieser Stelle gewissermaßen eine Unstetigkeit.

Das Protokoll ist eine Art Raum-Zeit-Diagramm des internen Ablaufs einer Auswertung. Die Zeitkoordinate erstreckt sich nach unten, die Raumkoordinate (der „Raum" ist der Speicherplatz für den Stackinhalt) nach rechts.

Die Implementierung der Funktion stack wir gleich anschließend erläutert, aber man sieht schon an dem obigen Protokoll, dass der Operator part dabei eine Rolle spielt.

Der komplette Ablauf der Eingabe (`column (block (set s (stack)) s)`) unter Einschluss der Ausgabeformatierung durch `column` ist um einiges länger. Im Querformat dargestellt sieht das Protokoll wie eine Bergkette aus (die Newline- und Tab-Zeichen in den Ausgaben von `column` wurden für dieses Beispiel durch Leerzeichen ersetzt):

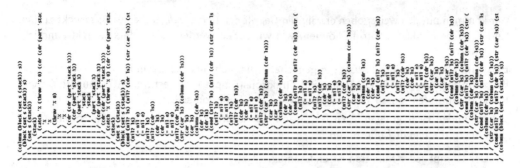

Die unterste waagerechte Linie entspricht der Auswertung der Eingabe. Darüber liegen zwei Linien, eine stellt die Auswertung des Arguments von `column` dar, die andere die anschließende Auswertung des Rumpfs dieser Funktion.

Der Stack wird auch dann ordnungsgemäß abgebaut, wenn eine Auswertung mit einer Exception vorzeitig beendet wird. Das Resultat einer solchen Auswertung ist die Exception selbst. Jede t.Scheme-Exception enthält den Zustand des Auswertungsstacks im Moment ihres Entstehens. Mit dem Operator `part` kann man später darauf zugreifen:

```
-> (+ 1 (* 2 (/ 3 0)))
Error: Division by zero
-> (bind error %)
-> (column (part 'stack error))
      (/ 3 0)
      (* 2 (/ 3 0))
      (+ 1 (* 2 (/ 3 0)))
```

Wenn eine Berechnung mit einem Fehler abbricht, erhält man durch die Untersuchung des in der Exception gespeicherten Ausführungsstacks manchmal nützliche Hinweise auf die Fehlerursache.

Die Fähigkeit von t.Scheme, den Stack beim Auftreten einer Exception zu sichern, macht sich auch die Definition der Funktion `stack` zunutze. Die Funktion erzeugt zunächst mit `throw` eine Exception mit dem Namen X und fängt diese mit `catch` sofort wieder auf. Im Alternativteil der `catch`-Anweisung ist die Exception dann unter diesem Namen bekannt (siehe S. 193) und mit (`part 'stack X`) erhält man den in ihr gespeicherten Auswertungsstack:

```
;    Der Wert von (stack) ist der Stack im Moment des Aufrufs von (stack)
(define (stack)
     (catch 'X (throw 'X 0) (cdr (cdr (part 'stack X)))))
```

Ohne die doppelte Anwendung von `cdr` würden noch ein `catch`- und ein `throw`-Aufruf auf dem Stack liegen.

Es sei nochmals betont, dass der Auswertungsstack nicht identisch ist mit dem Stack der JVM. Er wird im Interpreter als eine Art Spiegelbild des JVM-Stacks geführt, mit dem alleinigen Zweck, den Ablauf der Auswertungen des Interpreters zu verdeutlichen. Auf dem „richtigen"

Stack, dem in der JVM, liegen die Informationen nicht in so expliziter Form wie auf dem Auswertungsstack. Ohne diesen wäre es schwieriger, die Abläufe zu verfolgen.

4.6.3   Endständigkeit

Wir kommen auf den weiter oben erwähnten Begriff der *Endständigkeit* eines Ausdrucks zurück. Endständige Funktionsaufrufe können, wie wir sehen werden, besonders „stackfreundlich" ausgewertet werden.

Endständigkeit ist eine *statische* Eigenschaft, die sich aus der Stellung des Ausdrucks im Programmtext ergibt. Endständig sind Funktionsrümpfe und bestimmte Teilausdrücke von Funktionsrümpfen, deren Wert zugleich Wert der Funktion selbst ist.

Die folgenden Bedingungen legen fest, wann ein Ausdruck e endständig ist. Gleichwertig sagt man auch, e stehe in *Endposition*.

1. Der Rumpf jeder Funktion ist endständig.

2. Wenn (cond c_1 e_1 ... c_k e_k) endständig ist, sind auch e_1, ..., e_k endständig.

3. Wenn (let s_1 e_1 ... s_k e_k e) endständig ist, ist auch e endständig.

4. Mit (seq e_1 ... e_k) oder (block e_1 ... e_k) ist auch e_k endständig.

5. Mit (eval e) oder (eval e <*context*>) ist auch e endständig.

Aus diesen Bedingungen folgt insbesondere, dass ein Ausdruck, der am Prompt eingegeben wird, nicht endständig ist.

Beispielsweise ist in (define (f) (seq (g) (h))) der Ausdruck (h) endständig, nicht aber (g). Das folgt aus den Regeln 1 und 4, nicht etwa daraus, dass (h) am Ende des (define ..)-Ausdrucks steht.

In dem Ausdruck (function () (if (f) (g) (h))) stehen (g) und (h) in Endposition, obwohl (g) nicht am Ende des Funktionsrumpfs steht.

Und schließlich steht in (function () (if (f) (g) (set a (h)))) der Teilausdruck (h) nicht in Endposition, obwohl er am Ende steht. Der Wert von (h) ist zwar, wenn (f) falsch ist, der Wert des Funktionsaufrufs, aber nach der Auswertung von (h) ist die Auswertung des Funktionsrumpfs nicht abgeschlossen, weil der Wert von (h) noch an die Variable a zugewiesen werden muss.

Wenn eine Funktion f in endständiger Position aufgerufen wird (auch im Deutschen wird ein solcher Aufruf meistens als *Tail Call* bezeichnet), dann kann der Aufruf von f beendet und vom Stack entfernt werden, sobald die Auswertung des Rumpfs von f beginnt. Er muss nicht auf dem Stack liegen bleiben und der Kontrollfluss muss nicht zu f zurückkehren, weil der Wert des Rumpfs bereits der Wert des Aufrufs von f ist.

Salopp gesagt: Bei einem Tail Call darf der Funktionsrumpf den Aufruf der Funktion vom Stack werfen. In den t.Sprachen tut er das nur auf Wunsch, wenn mit dem Operator tail die Tail-Call-Optimierung eingeschaltet ist.

Betrachten wir ein triviales Beispiel, zunächst ohne Optimierung:

```
-> (seq
      (define (f) (g))
      (define (g) (h))
      (define (h) 'ok)
      void)
```

```
-> (protocol)
    /  (protocol)
Protocol mode is on
-> (f)
    \   (f)
 |  \   (g)
 |  |  \   (h)
 |  |  |  \   'ok
 |  |  |  /   'ok
 |  |  /   (h)
 |  /   (g)
    /   (f)
ok
```

Die Funktionen f, g und h werden in dieser Reihenfolge gestartet und in umgekehrter Folge beendet – der ganz normale prozedurale Ablauf. Nun wird die Optimierung eingeschaltet:

```
-> (tail)
    \   (tail)
    /   (tail)
Tail call elimination is on
-> (f)
    \   (f)
 |  \   (g)
 |  \   (h)
 |  \   'ok
 |  /   'ok
    /   (f)
ok
```

Ein endständigen Aufrufe (g) und (h) werden nicht ordnungsgemäß beendet, sondern jeweils beim Aufruf ihres Rumpfs vom Stack geworfen. Der Kontrollfluss kehrt nach Auswertung ihres Rumpfs nicht zu ihnen zurück.

Aus dem verschachtelten Ablauf ist damit eine Sequenz geworden, eine lineare Folge von Aufrufen:

(f) → (g) → (h) → (quote ok) → ok.

Nur der ursprüngliche Aufruf (f), der nicht endständig ist, liegt während der ganzen Rechnung auf dem Stack. Er wird ordnungsgemäß beendet.

Tail Calls werden bei eingeschalteter Tail-Call-Optimierung durch eine Exception in dem Augenblick beendet, in dem die Auswertung ihres Rumpfs beginnt. Deshalb wird im Tracing-Modus bei einem Tail Call keine Beendigung angezeigt.

Im obigen Beispiel sieht das, nach dem Ausschalten des Protokoll-Modus und dem Einschalten des Tracing-Modus für f, g und h, dann so aus:

```
-> (f)
    Call    (f)
    Call*   (g)
    Call*   (h)
    Return   ok from (f)
ok
```

Wann ist eine Funktion endrekursiv?

Auf S. 229 hatten wir vereinfachend gesagt, dass eine rekursive Funktion dann endrekursiv sei, wenn das Resultat des rekursiven Aufrufs zugleich der Wert der Funktion ist.

Das stimmt nicht ganz. Bei den beiden folgenden Funktionen f und g ist, bei einem Aufruf mit $n > 0$, der Wert des rekursiven Aufrufs mit dem Argument $n-1$ zugleich das Ergebnis des Aufrufs:

```
;   Für natürliche Zahlen n hat (f n) den Wert 1
(define (f n)
    (if (= n 0) 1 (set a (f ( - n 1)))))

;   Für natürliche Zahlen n hat (g n) den Wert 1
(define (g n)
    (if (= n 0) 1 (seq 0 (g ( - n 1)))))
```

Trotzdem ist nur der rekursive Aufruf von g endständig, aber nicht der von f. Das folgt aus den Regeln für Endständigkeit, im Tracing-Modus kann man es auch sehen:

```
-> (tail)
Tail call elimination is on
-> (f 2)
        Call      (f 2)
        Call      (f 1)
        Call      (f 0)
        Return    1 from (f 0)
        Return    1 from (f 1)
        Return    1 from (f 2)
1
-> (g 2)
        Call      (g 2)
        Call*     (g 1)
        Call*     (g 0)
        Return    1 from (g 2)
1
```

Würde der rekursive Aufruf (f (- n 1)) im Rumpf von f den Aufruf von (f n) vorzeitig beenden, dann käme die Zuweisung des Wertes von (f (- n 1)) an die Variable a nicht zustande.

Im Rumpf von g steht der rekursive Aufruf dagegen in endständiger Position. Sobald das Argument (- n 1) berechnet worden ist, kann der Aufruf von (g n) gestoppt und durch die erneute Auswertung des Rumpfs von g ersetzt werden. Deshalb ist die Funktion g endrekursiv, nicht aber f.

Die ursprüngliche Definition der Endrekursivität ist in einem weiteren Punkt verbesserungsfähig. Eine Funktion wird bekanntlich auch dann rekursiv genannt, wenn sie sich selbst zwar nicht direkt, aber indirekt über andere Funktionen aufruft. Genauso kann es vorkommen, dass eine Funktion sich selbst indirekt über eine Kette von Aufrufen anderer Funktionen in endständiger Position aufruft. Auch dann nennen wir sie endrekursiv.

Ein Standardbeispiel ohne praktische Bedeutung ist das folgende:

```
(define (even? n) ;   Ist n gerade?
    (if (= n 0) true (odd? (- n 1))))

(define (odd? n) ;   Ist n ungerade?
    (if (= n 0) false (even? (- n 1))))
```

Ein Aufruf im Tracing-Modus zeigt die wechselweisen Tail Calls:

```
-> (even? 4)
        Call    (even? 4)
        Call*   (odd? 3)
        Call*   (even? 2)
```

```
          Call*  (odd? 1)
          Call*  (even? 0)
          Return true from (even? 4)
     true
```

In diesem Sinn präzisieren wir die ursprüngliche Definition und nennen eine Funktion *endrekursiv*, wenn sie sich selbst direkt oder indirekt ausschließlich über endständige Funktionsaufrufe (Tail Calls) aufruft.

Es ist durchaus möglich, dass sich eine Funktion in ihrem Rumpf endständig und daneben auch nicht endständig aufruft. Der Aufruf einer solchen Funktion kann wegen der nicht endständigen Rekursion nicht ohne Weiteres durch den Einsatz der Tail-Call-Optimierung in einen linearen Ablauf verwandelt werden. Solche Funktionen sind nicht endrekursiv.

Türme von Hanoi

Das vermutlich bekannteste Beispiel für eine Funktion, die sich selbst endrekursiv und außerdem echt rekursiv aufruft, findet man bei dem Spiel der Türme von Hanoi. Es wurde von 1883 von E. Lucas (s. S. 24 und 35) erfunden.

Bei dem Spiel hat man drei Stäbe A, B und C. Auf Stab A liegen n unterschiedlich große gelochte Scheiben der Größe nach geordnet, die größte zuunterst. Ziel ist es, durch erlaubte Bewegungen die Scheiben nach Stab C zu bringen. Erlaubt sind solche Bewegungen, bei denen die oberste Scheibe eines Stabs auf einen anderen Stab gelegt wird, und zwar so, dass nie eine größere auf eine kleinere Scheibe zu liegen kommt.

Die Lösung lässt sich rekursiv ganz einfach beschreiben. Man transportiert $n - 1$ Scheiben mit erlaubten Bewegungen nach Stab B. Dann bewegt man die unterste Scheibe von A nach C. Schließlich werden die $n - 1$ Scheiben von B nach C transportiert.

Die Funktion hanoi gibt als Seiteneffekt die Zugfolge aus:

```
;    Bewege n Scheiben von a über b nach c
(define (hanoi n a b c)
    (if (< 0 n)
        (seq
            (hanoi (- n 1) a c b)
            (println a " => " c)
            (hanoi (- n 1) b a c))))
```

Der zweite rekursive Aufruf von hanoi ist endständig, der erste nicht. Im Tracing-Modus kann man sehen, wie nur jeweils der vordere Aufruf mit einem Return beendet wird:

```
-> (hanoi 2 'A 'B 'C)
    Call     (hanoi 2 A B C)
    Call     (hanoi 1 A C B)
    Call     (hanoi 0 A B C)
    Return   from (hanoi 0 A B C)
A => B
    Call*    (hanoi 0 C A B)
    Return   from (hanoi 1 A C B)
A => C
    Call*    (hanoi 1 B A C)
    Call     (hanoi 0 B C A)
    Return   from (hanoi 0 B C A)
B => C
    Call*    (hanoi 0 A B C)
    Return   from (hanoi 2 A B C)
```

McCarthys 91-Funktion

Ein nichttriviales Beispiel für eine Funktion, die sich endständig und außerdem echt rekursiv aufruft, stammt von J. McCarthy. Die *McCarthysche 91-Funktion* $M : \mathbb{N} \to \mathbb{N}$ ist auf folgende Weise definiert:

$$M(n) = \begin{cases} n - 10 & \text{falls } n > 100, \\ M(M(n + 11)) & \text{für } n \in \{0, \ldots, 100\}. \end{cases}$$

Die Definition als t.Scheme-Funktion geschrieben:

```
(let N 100
     a 10
     b 11
   ;   McCarthys 91-Funktion
   (define (mccarthy n)
       (if (< N n) (- n a)
           (mccarthy (mccarthy (+ n b))))))
```

Durch Nachrechnen kann man feststellen, dass $M(n)$ für alle $n = 0, \ldots, 100$ denselben Wert 91 hat. Für $n > 100$ verläuft M sowieso linear, mathematisch ist die Funktion also uninteressant. Aber die rekursive Implementierung mccarthy hat es in sich: Je kleiner n ist, desto öfter muss mccarthy sich selbst aufrufen, nur um am Ende herauszufinden, dass das Resultat wieder 91 ist.

```
-> (trace mccarthy)
Tracing mode for function[mccarthy] is on
-> (tail)
Tail call elimination is on
-> (mccarthy 88)
     Call     (mccarthy 88)
     Call     (mccarthy 99)
     Call     (mccarthy 110)
     Return    100 from (mccarthy 110)
     Call*    (mccarthy 100)
     Call     (mccarthy 111)
     Return    101 from (mccarthy 111)
     Call*    (mccarthy 101)
     Return     91 from (mccarthy 99)
     Call*    (mccarthy 91)
     Call     (mccarthy 102)
     Return     92 from (mccarthy 102)
     Call*    (mccarthy 92)
     Call     (mccarthy 103)
     Return     93 from (mccarthy 103)
<....dasselbe Muster für n=104 bis n=109...>
     Return     99 from (mccarthy 109)
     Call*    (mccarthy 99)
     Call     (mccarthy 110)
     Return    100 from (mccarthy 110)
     Call*    (mccarthy 100)
     Call     (mccarthy 111)
     Return    101 from (mccarthy 111)
     Call*    (mccarthy 101)
     Return     91 from (mccarthy 88)
91
```

Deutlich zeigt sich die Mischung aus Tail Calls und echt rekursiven Aufrufen, die dort auftreten, wo (mccarthy (+ n b)) als Argument der Funktion mccarthy steht.

Am längsten braucht (mccarthy 0) mit 202 rekursiven Aufrufen bis zur Terminierung. Es ist keineswegs selbstverständlich, dass mccarthy überhaupt in jedem Fall zu einem Ende kommt. D. Knuth hat die McCarthysche Funktion für andere Konstanten $N \in \mathbb{N}, a, b \in \mathbb{R}^+$ als die oben angegebenen untersucht und bewiesen, dass sie genau dann für alle $n \in \mathbb{N}$ terminiert, wenn $a < b$ ist.

Wenn ein Aufruf nicht terminiert, kann man ihn mit Ctrl-C abbrechen und anschließend mit (length (part 'stack %)) feststellen, wie groß der Auswertungsstack im Moment des Abbruchs war. Dabei zeigt sich, dass die Länge des Stacks bei eingeschalteter Tail-Call-Optimierung mit wachsendem n beschränkt bleibt, während der Stack ohne Optimierung natürlich unbeschränkt wächst.

4.6.4 Die Konstruktion endrekursiver Funktionen

Endrekursive Funktionen bauen keinen großen Stack auf, so viel sollte nach der vorangehenden Diskussion klar sein. Trivialerweise gilt dasselbe für Funktionen, die ihre Hauptarbeit mit Hilfe von Schleifen verrichten. Der Vorteil der endrekursiven Funktionen besteht darin, dass sie das Beste aus beiden Welten vereinen: das ressourcenschonende Verhalten der iterativen mit der Klarheit der deklarativen Programmierung.

Es bleibt die Frage offen, wie man endrekursiv formulierte Funktionen findet. Die Antwort darauf macht noch einmal deutlich, warum endrekursive Funktionen ein wichtiges Bindeglied zwischen zustandsabhängiger und zustandsfreier Programmierung bilden.

Als ein erstes Beispiel betrachten wir die Länge einer Liste. In der Initialisierungsdatei von t.Scheme ist sie mit Hilfe des Operators op[len] definiert, aber wir könnten sie wie in t.Lisp rekursiv formulieren:

```
; Länge der Liste ls, echt rekursiv berechnet
(define (length-recursive ls)
    (if (nil? ls) 0
        (+ 1 (length-recursive (cdr ls)))))
```

Das baut einen Stack auf, dessen Größe proportional zur Länge von ls ist.

In Pascal würde man die Funktion iterativ schreiben:

```
; Länge der Liste ls, iterative Version
(define (length-iter ls)
    (block
        (var a 0)                   ; Länge der schon durchlaufenen Liste
        (while (not (nil? ls))
            (seq
                (set a (+ a 1))
                (set ls (cdr ls)))) ; Noch zu durchlaufender Teil
        a))                         ; Resultat
```

Und nun zur endrekursiven Form. Wir geben ihr einen zweiten Parameter, der die Rolle der Variablen a aus der iterativen Version übernimmt:

```
; Berechnet (a + Länge von ls) endrekursiv
(define (length-tailrec a ls)
    (if (nil? ls) a
        (length-tailrec (+ 1 a) (cdr ls))))
```

Der Tracing-Modus zeigt das iterative Verhalten von length-tailrec:

```
-> (length-tailrec 0 '(a b c d))
    Call      (length-tailrec 0 (a b c d))
    Call*     (length-tailrec 1 (b c d))
    Call*     (length-tailrec 2 (c d))
    Call*     (length-tailrec 3 (d))
    Call*     (length-tailrec 4 ())
    Return    4 from (length-tailrec 0 (a b c d))
  4
```

In jedem Schritt wird mit Hilfe des Parameters a die Länge der bereits durchlaufenen Liste und mit ls der noch abzuarbeitende Listenrest an den rekursiven Aufruf weitergegeben. Das sind genau dieselben Informationen, die bei length-iter von einem Schleifendurchlauf an den nächsten weitergereicht werden.

Das allgemeine Schema

Hinter dieser Weitergabe von schon berechneten Daten und restlicher Eingabe steckt ein allgemein anwendbares Schema. Bei einer iterativen Rechnung hängt der weitere Fortgang immer vom augenblicklichen Zustand z des Programms und von der restlichen Eingabe x ab. Wenn wir (z, x) durch einen Parameter s repräsentieren, dann ist length-iter ein Spezialfall der folgenden Situation:

```
;   Schema einer iterativen Funktion
(define (fun-iter s)
    (block
        (while (not (stop? s))
            (set s (next s)))
        (result s)))
```

Über die Funktionen next, stop? und result setzen wir voraus, dass sie keine Aufrufe von fun-iter enthalten. Das Schema muss man nicht unbedingt wörtlich nehmen, fun-iter darf auch mehrere Parameter haben, wenn man die Details entsprechend variiert.

Offensichtlich ist fun-iter gleichwertig zu der folgenden endrekursiven Funktion:

```
;   Schema einer endrekursiven Funktion
(define (fun-tailrec s)
    (if (stop? s) (result s)
        (fun-tailrec (next s))))
```

Die Auswertungen von (fun-iter s) und (fun-tailrec s) verlaufen gleich:

$$s_0 \to (\text{next } s_0) = s_1 \to (\text{next } s_1) = s_2 \to \ldots \to s_k \to (\text{result } s_k)$$

Damit hat man, zumindest im Prinzip, eine Arbeitsanleitung dafür, wie man eine iterative Funktion in eine endrekursive umschreiben kann (und umgekehrt).

Das hat praktische Konsequenzen, sagt aber auch etwas Grundsätzliches über das Verhältnis von deklarativer und imperativer Programmierung aus: Indem man Zustände einer Rechnung nicht in Variablen (oder Objekten oder was für Behältern mit veränderlichem Zustand auch immer) speichert, sondern sie als Aufrufparameter an rekursive Funktionsaufrufe weitergibt, kann man im Prinzip jedes imperative in ein deklaratives Programm umwandeln.

Die *endrekursive Weitergabe von Zuständen* einer Rechnung ist das entscheidende Bindeglied zwischen imperativer und funktionaler Programmierung.

Berechnung von Summen

Nach dem obigen allgemeinen Schema für endrekursive Funktionen bilden wir die Summe einer Liste von Zahlen:

```
;   Gibt (x + Summe von ls) zurück
(define (listsum-tailrec x ls)
    (if (nil? ls) x
        (listsum-tailrec (+ x (car ls)) (cdr ls))))

;   Gibt die Summe von ls zurück
(define (listsum ls)
    (listsum-tailrec 0 ls))
```

Auch dabei werden in jedem Schritt ein Zustand (die bisher berechnete Teilsumme) und eine restliche Eingabe an den nächsten rekursiven Aufruf weitergegeben. Noch ein bisschen schöner ist es, die endrekursive Funktion lokal zu definieren:

```
(let
    ;   Gibt (x + Summe von ls) zurück
    listsum-tailrec (function (x ls)
        (if (nil? ls) x
            (listsum-tailrec (+ x (car ls)) (cdr ls))))

    ;   Gibt die Summe von ls zurück
    (define (listsum ls)
        (listsum-tailrec 0 ls)))
```

Es sieht nur so aus, als sei dies ein für den Umgang mit Listen typisches Vorgehen. Mit Arrays kann man genauso verfahren. Man muss nur die Abbruchbedingung und den Zugriff auf die restlichen Eingaben anpassen:

```
(let
    ;   Gibt (x + Summe des Arrays ar ab dem Index i) zurück
    arraysum-tailrec (function (x ar i)
        (if (= (length ar) i) x
            (arraysum-tailrec (+ x (ar i)) ar (+ i 1))))

    ;   Gibt die Summe des Arrays ar zurück
    (define (arraysum ar)
        (arraysum-tailrec 0 ar 0)))
```

Der Ansatz lässt sich problemlos auf jeden Datentyp übertragen, dessen Elemente Zahlen sind und für den man einen Iterator wie in Abschnitt 4.5.3 definieren kann. Die Methoden hasNext? und next eines Iterators liefern die Abbruchbedingung und den Einzelschritt:

```
(let
    ;   Gibt (a + Summe ab der Iteratorposition) zurück
    sum-tailrec (function (a iter)
        (if (not (iter 'hasNext?)) a
            (sum-tailrec (+ a (iter 'next)))))

    ;   Gibt die Summe von data zurück
    (define (sum data)
        (let
            iter (new-iterator data)
            (sum-tailrec 0 iter))))
```

Dieses letzte Beispiel illustriert einen weiteren wichtigen Punkt: Während das obige Schema nur etwas über die Transformation einer einzelnen While-Schleife in eine endrekursive Funktion aussagt, sieht man aus dem Beispiel, dass auch mehrere ineinandergeschachtelte Schleifen in eine endrekursive Funktion umformuliert werden können. So könnte man etwa die Elemente einer Matrix mittels einer doppelten Schleife oder alternativ mit einer Iterator-Funktion endrekursiv aufsummieren.

Es ist prinzipiell möglich, jedes iterative Programm in eine endrekursive Form zu transformieren. Allerdings bringt eine solche Umformulierung durchaus nicht in jedem Fall einen Gewinn an Klarheit.

Endrekursion vorwärts und rückwärts

Bei der Berechnung der Summe eines Arrays ist es gleichgültig, ob man die Zahlen von links oder von rechts her aufsummiert. Etwas Ähnliches gilt für viele Probleme bei endrekursiver Formulierung. Wir sehen uns das am Beispiel der Fakultätsfunktion an (vgl. S. 15).

Analog zur Berechnung der Summen im vorangehenden Abschnitt kann man jeweils das schon berechnete Produkt p und das nächste n an den rekursiven Aufruf weitergeben. p und n zusammen repräsentieren den Zustand der Berechnung:

```
(let factorial1-tailrec (function factorial1-tailrec (p n)
      (if (= n 0) p
          (factorial1-tailrec (* n p) (- n 1))))) 


    ;    Fakultät der natürlichen Zahl n, Version 1
    (define (factorial1 n)
       (factorial1-tailrec 1 n)))
```

Die Zahlen werden dabei in der Reihenfolge $n, n-1, \ldots, 1$ an den Startwert $p = 1$ anmultipliziert.

Genauso gut kann man aber auch umgekehrt vorgehen:

```
(let factorial2-tailrec (function factorial2-tailrec (p i n)
      (if (< n i) p
          (factorial2-tailrec (* i p) (+ i 1) n)))


    ;    Fakultät der natürlichen Zahl n, Version 2
    (define (factorial2 n)
       (factorial2-tailrec 1 1 n)))
```

Die „Laufvariable" i wächst hier von 1 bis $n+1$ und das Produkt $1 \cdot 2 \cdot \ldots \cdot n$ wird von links her berechnet. Obwohl die endrekursiven Funktionen eigentlich verborgen sind, kann der Tracing-Modus den Verlauf darstellen:

```
-> (seq (trace factorial2) (trace (eval 'factorial2-tailrec (context factorial2)))
        void)
-> (factorial2 5)
    Call      (factorial2 5)
    Call*     (factorial2-tailrec 1 1 5)
    Call*     (factorial2-tailrec 1 2 5)
    Call*     (factorial2-tailrec 2 3 5)
    Call*     (factorial2-tailrec 6 4 5)
    Call*     (factorial2-tailrec 24 5 5)
    Call*     (factorial2-tailrec 120 6 5)
    Return    120 from (factorial2 5)
    120
```

Mit etwas Phantasie findet man viele Möglichkeiten, den Zustand einer Berechnung weiterzugeben. Beispielsweise kann man gleichzeitig von rechts und links her rechnen:

```
(let
    factorial3-tailrec (function factorial3-tailrec (p i n)
        (cond
            (= i n) (* n p)
            (= i (+ n 1)) p
            (factorial3-tailrec (* (* i p) n) (+ i 1) (- n 1))))

    ;   Fakultät der natürlichen Zahl n, Version 3
    (define (factorial3 n)
        (factorial3-tailrec 1 1 n)))
```

Die Anzahl der rekursiven Aufrufe halbiert sich dabei:

```
-> (seq (trace factorial3) (trace (eval 'factorial3-tailrec (context factorial3)))
        void)
-> (factorial3 5)
    Call    (factorial3 5)
    Call*   (factorial3-tailrec 1 1 5)
    Call*   (factorial3-tailrec 5 2 4)
    Call*   (factorial3-tailrec 40 3 3)
    Return  120 from (factorial3 5)
120
```

Mit noch mehr Phantasie findet man richtiggehend exotische Arten der Weitergabe. In der folgenden Variante der Fakultätsfunktion wird der Zustand jeweils in eine Funktion verpackt:

```
(let
    factorial4-tailrec (function factorial4-tailrec (f n)
        (if (= n 0) (f 1)
            (factorial4-tailrec (function (x) (* n (f x))) (- n 1))))

    ;   Fakultät der natürlichen Zahl n, Version 4
    (define (factorial4 n)
        (factorial4-tailrec (function (m) m) n)))
```

Niemand wird behaupten, dass diese Lösung besonders nützlich wäre, aber sie illustriert einmal mehr, dass Funktionen sich wie Objekte verhalten können.

Endrekursive Funktionen für Listen

Will man Funktionen endrekursiv machen, die Listen als Ein- oder Ausgabe haben, so ist man beim iterativen Vorgehen gezwungen, die von der Liste vorgegebene Richtung der Iteration zu verwenden. Man hat also doch nicht die freie Wahl, ob man vorwärts oder rückwärts iterieren will, wie eben behauptet wurde. Das kann dazu führen, dass die Resultatliste die falsche Reihenfolge der Elemente hat.

Ein typisches Beispiel ist map (S. 200). Bei der echt rekursiven Implementierung hat man kein Richtungsproblem, wohl aber bei der endrekursiven Version:

```
(let
    ;   Erweitere die Liste rs um die Elemente (f x) mit x aus der Liste ls
    map-tailrec (function map-tailrec (f rs ls)
        (if (nil? ls) rs
            (map-tailrec f (cons (f (car ls)) rs) (cdr ls))))

    ;   Wende f auf jedes Element der Liste ls an
    (define (map f ls)
        (reverse (map-tailrec f nil ls))))        ; Liste invertieren!
```

Das Resultat von `map-tailrec` muss man umdrehen, damit das Ergebnis stimmt. Den Ablauf kann man sich wieder im Tracing-Modus ansehen:

```
-> (define (f x) (list 'f x))
function[f]
-> (tail)
Tail call elimination is on
-> (trace (eval 'map-tailrec (context map)))
Tracing mode for function[map-tailrec] is on
-> (map f '(a b c))
    Call     (map-tailrec function[f] () (a b c))
    Call*    (map-tailrec function[f] ((f a)) (b c))
    Call*    (map-tailrec function[f] ((f b) (f a)) (c))
    Call*    (map-tailrec function[f] ((f c) (f b) (f a)) ())
    Return   ((f c) (f b) (f a)) from (map-tailrec function[f] () (a b c))
((f a) (f b) (f c))
```

Man könnte die Liste alternativ auch am Anfang umdrehen, also die Funktion `map` durch `(map-tailrec f nil (reverse ls))` definieren. Dann wäre schon der erste Aufruf von `map-tailrec` ein Tail Call.

Auf jeden Fall aber muss man einmal invertieren, weil Iteration über eine Liste nur vom Kopf her möglich ist. Das erzeugt jedoch nicht etwa durch die Hintertür wieder ein echt rekursives Verhalten von `map`, die Funktion `reverse` ist nämlich ebenfalls endrekursiv implementiert, baut also keinen großen Stack auf.

In ähnlicher Weise lässt sich jede Funktion, die eine Liste als Ein- oder Ausgabe hat und die nach dem in Abschnitt 2.3.1 besprochenen Muster geschrieben ist, in eine endrekursive Funktion umschreiben.

Wenn nur die Eingabe oder nur die Ausgabe eine Liste ist, kommt man auch ohne das Umdrehen aus. Bei der Berechnung von Länge und Summe von Listen hatten wir das schon gesehen. Etwas genauer muss man hinsehen, wenn man die Funktion `range` endrekursiv machen will. Zuerst kurz die naive Umsetzung:

```
-> (define (range-tailrec ls i j)
       (if (< j i) ls
           (range-tailrec (cons i ls) (+ i 1) j)))
function[range-tailrec]
-> (range-tailrec nil 1 5)
(5 4 3 2 1)
```

Hier verläuft die Iteration so, als würde eine Liste (i i+1 ... j) kopiert. Dabei ließe sich das Umdrehen der Liste tatsächlich nicht vermeiden. Die nur gedachte Liste (i i+1 ... j) kann man aber auch vom rechten Ende her durchlaufen:

```
(delete range)                              ; Originalversion löschen
(let
    ;   Konstruiere (i i+1 ... j ls_1 ... ls_k)
    range-tailrec (function (ls i j)
    (if (< j i) ls
        (range-tailrec (cons j ls) i (- j 1)))))

    ;   Konstruiere (i i+1 ... j)
    (define (range i j)
        (range-tailrec nil i j)))
```

Diese Funktion `range` verhält sich intern genauso wie die echt rekursive Originalversion.

☕ 4.7 Die Implementierung von t.Scheme

Für eine einigermaßen vollständige Übersicht über die Implementierung der bisher besprochenen t.Sprachen fehlt uns nicht mehr sehr viel. Das Wichtigste sind die folgenden drei Java-Klassen:

1. Die Klasse `Env` (für Environment) implementiert Kontexte. Sie ist wie die Klasse `List` von der generischen Listenklasse `LinkList` (S. 124) abgeleitet und stützt sich auf eine Klasse `Frame` für die Bindungsrahmen. Diese ist ihrerseits eine Unterklasse von `java.util.Hashtable`. `Env` und `Frame` sind beide einfach zu realisieren.

2. Die Klasse `Function` zur Realisierung von Funktionen ist der Kern des Ganzen. Sie implementiert, da Funktionen am Kopf einer auswertbaren Liste stehen dürfen, die abstrakte Klasse `Procedure`.

   Eine ausgewertete Funktion, im Scheme-Jargon auch *Closure* genannt, besteht aus den Komponenten

   - formale Parameter (eine Liste aus Symbolen),
   - Rumpf (ein beliebiger Ausdruck) und
   - Kontext (eine Liste aus Bindungsrahmen).

   Diese drei Bestandteile werden bei der Erzeugung eines Closures an einen der t.Scheme-Operatoren `define` oder `function` übergeben, der dann einen Konstruktor der Klasse `Function` aufruft.

3. Die Klasse `Alarm` zur Realisierung von Exceptions. Sie heißt so, weil `TSchemeException` zu lang wäre und weil man beim Auftreten einer Exception immer ein bisschen alarmiert ist oder sein sollte. `Alarm` ist, wie viele Exception-Klassen in Java, eine triviale Unterklasse von `java.lang.Exception`.[1]

Neben Funktionen, Umgebungen und Exceptions sind noch ein paar weitere, nicht ganz so lebenswichtige Dinge zu implementieren, zum Beispiel Makros und die Tail-Call-Optimierung.

Letztere ist vermutlich der am wenigsten triviale Teil der Implementierung von t.Scheme, unter anderem deshalb, weil sie nicht von Anfang an eingeplant war. Ihre nachträgliche Einführung erforderte nicht nur eine neue Klasse `TailCall`, sondern Änderungen an einer ganzen Reihe anderer Klassen.

Da das aber eine typische Situation in der Softwareentwicklung ist – wenn man meint, fertig zu sein, kommen neue Anforderungen –, werden wir zunächst so vorgehen, als gäbe es keine Tail-Call-Optimierung, und dann zeigen, wie sie im Nachhinein in den Code einmontiert wird.

4.7.1 Umgebungen und zugehörige Operatoren

In diesem Abschnitt wird die Implementierung von Umgebungen mit Hilfe der Klassen `Frame` und `Env` beschrieben und dazu die der Operatoren, mit denen Bindungsrahmen oder Bindungen erzeugt werden: `bind`, `set`, `let`, `block` und `var`.

---

[1] Von allen Klassen der Implementierung kommt `Alarm` übrigens am häufigsten im Quellcode vor. Während zum Beispiel die Klasse `Function` nur in drei anderen Klassen verwendet wird, gibt es mehr als 200 Vorkommen von `Alarm` – meistens in der Form „`throws Alarm`" in einem Methodenkopf.

Die Klasse Frame

Umgebungen sind Listen von Bindungsrahmen. Rahmen (Frames) enthalten Zuordnungen der Form <*Name*> → <*Ausdruck*>. Jedem Namen darf höchstens ein Ausdruck zugeordnet sein. Objekte dieses Typs werden oft auch *Dictionaries* genannt.

Für den abstrakten Datentyp Dictionary gibt es im Java-API die parametrisierte Schnittstelle java.util.Map<K, V> mit diversen Implementierungen. In t.Scheme wird java.util.HashMap<K, V> als Basisklasse der Implementierung von Bindungsrahmen verwendet. Ebenso gut könnte man auch java.util.Hashtable<K, V> verwenden.

```
0   public class Frame extends HashMap<Symbol, Expr>
```

Rahmen werden im Interpreter an mehreren Stellen benutzt: Bei der Initialisierung wird ein Rahmen erzeugt, in den die globalen Bindungen eingetragen werden. Die Operatoren let und block erzeugen jeweils leere Rahmen und beim Aufruf einer Funktion wird ein Rahmen konstruiert, in dem die Bindungen zwischen den formalen Parametern der Funktion und den Aufrufwerten gespeichert werden.

Deshalb geben wir der Klasse Frame zwei Konstruktoren: einen für einen leeren Rahmen und einen, in dem ein Rahmen aus einer Liste von Symbolen und einer gleich langen Liste von Werten erzeugt wird:

```
0   // Erzeugt einen leeren Frame
1   public Frame() {
2       super();
3   }
4
5   // Erzeugt einen Frame aus einer Liste lsym von Symbolen und einer Liste ls
6   // von Werten. Der Aufrufer muss sicherstellen, dass lsym eine Symbolliste ist
7   // und dass lsym und ls dieselbe Länge haben.
8   public Frame(List lsym, List ls) {
9       super(4);       // erzeugt eine Hashtabelle mit der anfänglichen Größe 4
10      while (!lsym.isEmpty()) {
11          put((Symbol) lsym.car(), ls.car());
12          lsym = lsym.cdr();
13          ls   = ls.cdr();
14      }
15  }
```

Die Zusicherung für den Konstruktor für nichtleere Rahmen ist wichtig: Vor dem Aufruf einer Funktion muss geprüft werden, dass die richtige Anzahl aktueller Parameter vorhanden ist. Dass die formalen Parameter Symbole sind, wird erst bei der Erzeugung der Funktion geprüft. Es wäre nicht sinnvoll, eine solche Prüfung nochmals im Konstruktor eines Frames durchzuführen, also wird die Verantwortung dafür an den Anwender des Konstruktors weitergegeben.

Als Nächstes ist zu überlegen, welche Zugriffsmethoden für Rahmen gebraucht werden. Nachstehend die Köpfe der wichtigsten drei Methoden in Kurzform:

```
0   public void bind(Symbol sym, Expr val)  // bindet an Symbol sym den Wert val
1   public Expr retrieve(Symbol sym)        // gibt Wert von sym zurück oder null
2   public void delete(Symbol sym)          // entfernt Symbol sym aus dem Rahmen
```

Alle drei kann man mit entsprechenden Methodenaufrufen der Oberklasse Hashtable sehr leicht implementieren.

Für die Ausgabe des Kontexts einer Funktion muss die Klasse Frame eine toString-Methode besitzen. Sie benutzt eine Methode zur Auflistung der im Frame gebundenen Namen:

```
0  // Liste der Symbole in diesem Rahmen.
1  public List symbols() {
2      Set<Symbol> keys = keySet();
3      List ls = List.NIL;
4      for (Symbol key : keys) ls = new List(key, ls);
5      return ls;
6  }
```

Wenn wir Frame von `java.util.Hashtable` abgeleitet hätten, müssten wir hier eine While-Schleife programmieren. Die obige Form der For-Schleife funktioniert nur, wenn die Schlüsselmenge die Schnittstelle `java.lang.Iterable` implementiert und Hashtable keine entsprechende Zugriffsmethode auf die Schlüssel besitzt.

Die Stringdarstellung ist nun sehr einfach. Vor allem im Hinblick auf den globalen Frame des Interpreters, der sehr viele Namen enthalten kann, wird die Liste bei großen Frames abgekürzt:

```
0  // Stringdarstellung: Nur die Schlüssel; Punkte, wenn der Rahmen zu groß ist.
1  private static int BIG = 16;
2  public String toString() {
3      String items =
4          (size() < BIG) ? symbols().toStringWithout() : "..";
5      return "{" + items + "}";
6  }
```

Damit ist die Implementierung der Klasse Frame im Wesentlichen schon fertig. Im Lauf der Entwicklung kam dann noch der Wunsch auf, mit bind erzeugte Bindungen vor dem Überschreiben zu schützen. Daraus ergaben sich zwei weitere Methoden:

```
0  public void protect(Symbol sym)       // Symbol sym schützen
1  public boolean protects(Symbol sym)  // ist sym ein geschütztes Symbol?
```

Zu jedem Frame, der geschützte Namen enthält, wird eine Tabelle für diese Namen angelegt. Die meisten Frames sind aber nur sehr kurzlebig und enthalten keine geschützten Namen, für sie wird keine Tabelle erzeugt.

Die Klasse Env

Der Entwurf dieser Klasse ist nicht ganz so einfach wie man annehmen könnte. Der Grund dafür ist, dass in t.Scheme Umgebungen Ausdrücke sein sollen, damit man sie anschauen, untersuchen und insbesondere als Argumente an den Operator eval übergeben kann.

Auf den ersten Blick gibt es dafür eine einfache Lösung: Bindungen implementiert man als Listen der Länge 2 (so wie in m.Lisp), Frame wird eine Unterklasse von List und Env ebenfalls. Bindungen, Frames, Kontexte – alles nur Listen.

Bei näherem Hinsehen erkennt man, dass das keine gute Idee ist. Zunächst ist diese Lösung nicht sehr effizient: Die Auswertung eines global definierten Namens würde umso länger dauern, je mehr solcher Namen es gibt. Das wäre noch zu tolerieren, da wir an Effizienz nicht sonderlich interessiert sind. Dazu kommt aber, dass Listen in t.Scheme veränderbar sind. Was, wenn versehentlich der globale Rahmen gelöscht wird? Dann stürzt der Interpreter unweigerlich ab.

Ineffizient und unsicher – keine wünschenswerte Kombination. Welche Alternativen gibt es? Kontexte sind ihrem Wesen nach Listen, sie werden wie Listen nur am Kopf verlängert. Will man sie als t.Scheme-Listen und damit als Resultate von Auswertungen beibehalten, so muss man Frames zu einem Typ der Sprache machen.

Das ist kein abwegiger Gedanke und wäre leicht zu realisieren. Einen Dictionary-Typ, wie er abstrakt durch java.util.Map beschrieben wird, gibt es in vielen Programmiersprachen, etwa in Python und Ruby. Gegen diese Lösung spricht aber, dass man weiterhin den globalen Rahmen zerstören könnte – ein Sicherheitsrisiko erster Ordnung.

Als dritte Möglichkeit könnte man Umgebungen zu einem eigenen t.Scheme-Typ machen. Ein Typ Context wirkt weniger natürlich als ein Typ Dictionary, hat aber den Vorteil, dass man solche Kontexte von t.Scheme aus nicht durch unsachgemäße Manipulationen ruinieren kann. Diese Implementierung wird im Folgenden beschrieben.

Sobald man sich einmal entschieden hat, einen eigenen Typ für Umgebungen in t.Scheme einzuführen, ist das weitere Vorgehen vorgezeichnet. Umgebungen sind intern Listen von Frames (aber keine t.Scheme-Listen!) und als t.Scheme-Typen zugleich Ausdrücke. Daraus folgt für den Kopf der Klasse:

```
0   public class Env extends LinkList<Frame> implements Expr
```

Die Erzeugung von Umgebungen erbt man von der Klasse LinkList. Den leeren Kontext soll es nur einmal geben, deshalb wird sein Konstruktor private gemacht. Damit von außerhalb der Klasse keine leeren Umgebungen erzeugt werden können, macht man den Konstruktor für einen leeren Kontext private.

Was braucht die Klasse Env an Methoden? Man möchte Symbole binden, löschen und ihren Wert feststellen. Die Frage ist, in welchem der Rahmen das jeweils geschehen soll.

Wenn man ein Symbol mit bind oder set in einem Kontext bindet, werden die Rahmen von links nach rechts nach diesem Symbol durchsucht, ebenso bei der Auswertung eines Symbols. Diese Suche erledigt eine einfache Hilfsmethode:

```
0   // frameFor(sym) ist der erste (innerste) Rahmen in dieser Umgebung,
1   // in dem sym gebunden ist, sonst der globale (äußerste) Rahmen.
2   private Frame frameFor(Symbol sym) {
3       Env env = this;
4       Frame frame = car();
5       while (!env.cdr().isEmpty()) {
6           if (frame.containsKey(sym)) break;
7           env = env.cdr();
8           frame = env.car();
9       }
10      return frame;
11  }
```

Damit könnten die Methoden für das Binden, Löschen und Auswerten von Symbolen ihren Auftrag an die Klasse Frame weiterreichen. Am Beispiel von bind sieht das so aus:

```
0   // Bindung sym - value in dieser Umgebung erzeugen.
1   public void bind(Symbol sym, Expr value) throws Alarm {
2       frameFor(sym).bind(sym, value);
3   }
```

Die Methoden retrieve und delete gehen genauso vor.

Den Operator var erzeugt lokale Bindungen, er bindet Symbole im ersten Rahmen der Umgebung, in der er aufgerufen wird. Dafür ist in der Klasse Env eine weitere Methode vorgesehen:

```
0   // Bindet sym im ersten Frame der Umgebung an value.
1   public void put(Symbol sym, Expr val) {
2       this.car().put(sym, val);
3   }
```

Die Konstruktoren von Env sind so geschützt, dass außerhalb der Klasse kein leerer Kontext erzeugt werden kann. Deshalb muss put nicht abfragen, ob this möglicherweise leer ist.

Die Methoden zur Implementierung der Schnittstelle Expr bieten keinerlei Schwierigkeiten. Der Wert eines Kontexts ist der Kontext selbst, der Typ ist das Symbol Context und die Stringdarstellung ist schon in der Oberklasse LinkList definiert.

Zum Schluss erhält die Klasse noch zwei Methoden, die nicht unbedingt notwendig, aber praktisch sind.

Mit Env.globalEnv() wird in der Klasse Interpreter der anfängliche globale Kontext erzeugt. Er enthält nur den Operator op, mit dessen Hilfe in den Initialisierungsdateien die weiteren Bindungen konstruiert werden:

```
0    // Gibt eine globale Umgebung zurück
1    public static Env globalEnv() {
2        Env env = new Env(new Frame());
3        try {
4            Symbol op = Symbol.forName("op");
5            env.put(op, Operator.forName("op"));
6        env.protect(op);
7        } catch (Alarm alarm) {
8            // Thrown when the operator op is not accessible
9        }
10       return env;
11   }
```

Wenn aus irgendwelchen Gründen der Operator op nicht gefunden wird, löst die Anweisung Operator.forName("op") einen Alarm aus. Er wird ohne weitere Aktion abgefangen, die globale Umgebung wird trotzdem erzeugt, sie bleibt dann leer (und der Interpreter ziemlich nutzlos).

Die zweite „Convenience"-Methode der Klasse Env gibt eine Liste aus, die für jeden Rahmen des Kontexts eine Liste der darin gebundenen Symbole enthält:

```
0    // Liste der in diesem Kontext gebundenen Symbole
1    public List symbols() {
2        if (isEmpty()) return List.NIL;
3        return cdr().symbols().cons(car().symbols());
4    }
```

Sie benutzt die Methode symbols der Klasse Frame. Damit kann man zum Beispiel eine Umgebung in die Form umwandeln, die wir am Anfang dieses Abschnitts kurz für die Implementierung erwogen hatten: als Liste von Listen von Bindungen, die wiederum als Paare aus Name und Wert dargestellt sind.

Operatoren, die auf Umgebungen zugreifen

Die wichtigsten Operatoren für den Umgang mit Umgebungen sind bind und set. Sie unterscheiden sich nur in wenigen Details, im Wesentlichen tun beide dasselbe:

1. Prüfung von Argumentzahl und -typ
2. Auswerten des zweiten Arguments
3. Binden des Wertes an das unausgewertete erste Argument in der Auswertungsumgebung

Beim Operator bind wird zusätzlich geprüft, ob das Symbol schon gebunden ist, und nach dem Binden wird es vor weiteren Zuweisungen geschützt:

```
0   // Implementierung des Operators (bind sym expr)
1   class Operator_bind extends Operator {
2       public Expr apply(List args, Env env) throws Alarm {
3           checkArity(args, 2);
4           Symbol sym = checkSymbol(args.first());
5           checkUnbound(sym, env);
6           Expr e = args.second().eval(env);
7           env.bind(sym, e);
8           env.protect(sym);
9           return VoidExpr.VOID;
10      }
11  }
```

In der Implementierung von set wird anstelle von VOID der Wert e des zweiten Arguments
zurückgegeben.

Zwei weitere Operatoren erzeugen neue Umgebungen, let und block. Sie sind sich ebenfalls
sehr ähnlich, deshalb beschränken wir uns auf die Besprechung von let. Hier nochmals die
Semantik in Kurzform:

1. Die Anzahl der Argumente muss ungerade sein.

2. Die Umgebung, in der die Auswertung von (let ...) stattfindet, wird um einen leeren
   Bindungsrahmen frame erweitert.

3. Für jedes Argumentpaar s_i, e_i wird geprüft, ob s_i ein Symbol ist. e_i wird in der erweiterten
   Umgebung ausgewertet und sein Wert im Rahmen frame an s_i gebunden.

4. Schließlich wird das letzte Argument e (wegen der Ungeradzahligkeit der Argumente
   existiert es) ausgewertet, dieser Wert ist das Resultat des let-Aufrufs.

In Java lässt sich das sehr kompakt formulieren (der nachfolgende Programmcode ändert sich
noch ganz geringfügig bei der nachträglichen Einführung der Tail-Call-Optimierung):

```
0   // Implementierung des Operators (let s1 e1 ... sk ek e)
1   class Operator_let extends Operator {
2       public Expr apply(List args, Env env) throws Alarm {
3           checkArityOdd(args);
4           Frame frame = new Frame();
5           Env newenv = new Env(frame, env);
6           while (args.length() >= 3) {
7               Symbol sym = checkSymbol(args.first());
8               frame.bind(sym, args.second().eval(newenv));
9               args = args.cdr().cdr();
10          }
11          return args.car().eval(newenv);
12      }
13  }
```

Die Implementierung des Operators block sieht fast genauso aus. Auch dabei wird ein
neuer Frame erzeugt und die Aufrufargumente werden in der um diesen Rahmen erweiterten
Auswertungsumgebung nacheinander ausgewertet.

Oft wird ein Block dazu benutzt, um mit var lokale Variablen zu erzeugen. Trotzdem
darf man den Operator var nicht nur innerhalb einer Anweisung der Form (block ...)
benutzen, sondern an beliebiger Stelle. Die beiden Operatoren var und block sind voneinander
unabhängig.

Mit var wird eine ungeschützte Bindung im vordersten Rahmen der jeweiligen Umgebung
erzeugt:

```
 0   // Implementierung des Operators (var sym expr)
 1   class Operator_var extends Operator {
 2       public Expr apply(List args, Env env) throws Alarm {
 3           checkArity(args, 2);
 4           Symbol sym = checkSymbol(args.first());
 5           Frame frame = env.first();
 6           frame.checkProtected(sym);
 7           Expr e = args.second().eval(env);
 8           frame.bind(sym, e);
 9           return e;
10       }
11   }
```

Im globalen Kontext hat var damit dieselbe Wirkung wie set.

Mit der Zeile frame.checkProtected(sym) wird geprüft, ob sym ein im Rahmen frame geschütztes Symbol ist. Bei dem Versuch, ein solches Symbol zu überschreiben, wird die Operation abgebrochen:

```
 0   public class Frame extends HashMap<Symbol, Expr> {
 1       .....
 2       // Prüft, ob Symbol sym in diesem Frame geschützt ist.
 3       public void checkProtected(Symbol sym) throws Alarm {
 4           if (!this.protects(sym)) return;
 5           throw new Alarm("PROTECT", "Symbol " + sym + " is protected");
 6       }
 7   }
```

4.7.2   Die Klassen Function und Macro

Die Klasse Function

Funktionen werden auf Argumente angewendet und sind deshalb Prozeduren. Technisch bedeutet dies, dass die Klasse Function als Unterklasse von Procedure realisiert wird. Außerdem kann man Funktionen in einen Tracing-Modus versetzen. Das drückt sich im Entwurf der Klasse darin aus, dass sie die Schnittstelle Traceable implementiert (mehr dazu ab S. 254).

Die Bestandteile einer Funktion hatten wir schon am Anfang dieses Kapitels genannt (S. 186). Aus ihrer Auflistung ergeben sich unmittelbar die Attribute der Klasse Function:

```
 0   public class Function extends Procedure implements Traceable {
 1
 2       // Komponenten
 3       private List formals;          // formale Parameter
 4       private Expr body;             // Funktionsrumpf
 5       private Env context;           // Definitionskontext der Funktion
 6       private Symbol name;           // interner Name
 7       private boolean vararg;        // ist dies eine Vararg-Funktion?
 8       .....
 9   }
```

Zwei Konstruktoren sind nötig: für Funktionen mit fester und variabler Stelligkeit. Der erste ist ganz trivial, in ihm werden genau die eben genannten Attribute übergeben. Der Konstruktor für Vararg-Funktionen erzeugt intern eine einstellige Funktion mit einer Parameterliste, die das Symbol enthält, welches bei solchen Funktionen an der Stelle der Liste formaler Parameter steht:

```
0      // Funktion mit variabler Argumentzahl erzeugen
1      public Function(Symbol s, Expr b, Env e, Symbol nm) {
2          super();
3          formals =  new List(s, List.NIL);
4          body = b;
5          context = e;
6          name = nm;
7          vararg = true;
8      }
9   }
```

Der entscheidende Punkt bei der Erzeugung einer Funktion, ob mit fester oder variabler Stelligkeit, ist das Speichern der Umgebung, in der die Funktion definiert aufgerufen wird. Die Umgebung wird im Attribut context gespeichert.

t.Scheme-Funktionen sind strikt, jedes Argument wird – mit Hilfe der Methode evalItems aus der Klasse List (S. 127) – ausgewertet. Der folgende Programmcode stellt die Semantik von Funktionen ohne Berücksichtigung der Tail-Call-Optimierung dar.

```
0    // Diese Funktion in der Umgebung env auf die Argumentliste args anwenden
1    public Expr apply(List args, Env env) throws Alarm {
2        if (!vararg) {
3            checkArity(this, args, formals.length());
4        }
5        List values = args.evalItems(env);
6        if (tracing) traceCall(values);
7        Expr res = call(values);
8        if (tracing) traceReturn(res, values);
9        return res;
10   }
```

Die anschließende Auswertung des Funktionsrumpfs, der eigentliche Call, wird von der Methode call durchgeführt.

Beim Aufruf einer Vararg-Funktion wird die Liste der Argumentwerte nochmals in eine einelementige Liste verpackt, die der einelementigen Liste der formalen Parameter entspricht. Aus den Listen der formalen Parameter und der Argumentwerte, die nun mit Sicherheit gleich lang sind, wird der Kontext für die Auswertung des Funktionsrumpfs gebildet:

```
0    // Aufruf der Funktion mit ausgewerteten Argumenten
1    private Expr call(List values) throws Alarm {
2        if (vararg) {
3            values = List.NIL.cons(values);
4        }
5        Frame frame = new Frame(formals, values);
6        Env newenv = new Env(frame, context);      // Kontextwechsel!
7        return body.eval(newenv);
8    }
```

Zur Vervollständigung der Klasse fehlen jetzt nur noch einige Einzeiler. Neben den Methoden traceCall und traceReturn sind das vor allem die Methoden der Schnittstelle Expr.

Der Operator function

Den Operator function kann man mit zwei oder drei Argumenten verwenden, je nachdem, ob man eine Funktion ohne oder mit internem Namen erzeugen will (S. 184). Das erklärt schon die erste Hälfte seiner Implementierung: Bei drei Argumenten muss das erste ein Name sein. Dieser wird gespeichert, woraufhin man die Argumentliste um eine Position nach links rücken lässt. Sind nur zwei Argumente vorhanden, wird der leere String an name zugewiesen.

Die beiden nächsten Argumente sind die formalen Parameter und der Rumpf der Funktion. Je nach dem Typ des zweiten Arguments wird der Konstruktor für Funktionen fester oder variabler Stelligkeit aufgerufen:

```
0   // Implementierung des Operators function
1   class Operator_function extends Operator {
2       public Expr apply(List args, Env env) throws Alarm {
3           checkArity(args, 2, 3);
4           Symbol name = Symbol.forName("");
5           if (args.length() == 3) {
6               name = checkSymbol(args.first());
7               args = args.cdr();
8           }
9           Expr body = args.second();
10          Expr e = null;
11          if (args.first() instanceof Symbol) {
12              Symbol sym = (Symbol) args.first();
13              e = new Function(sym, body, env, name);
14          } else {
15              List formals = checkSymlist(args.first());
16              e = new Function(formals, body, env, name);
17          }
18          return e;
19      }
20  }
```

Keines der Argumente wird ausgewertet, trotzdem spielt die Umgebung env, in der der Operator ausgewertet wird, eine ganz wesentliche Rolle, da sie als Definitionsumgebung in den erzeugten Closure gespeichert wird. Man könnte gute Gründe dafür angeben, dass bei drei Argumenten das erste, der interne Name, ausgewertet werden sollte. Das würde es ermöglichen, interne Funktionsnamen zur Laufzeit zu errechnen.

Die Klasse Makro

Diese Klasse hat auf den ersten Blick große Ähnlichkeit mit der Klasse Function. Die Attribute sind dieselben, wenn man von dem Attribut context absieht, das nicht gebraucht wird. Dementsprechend sehen auch die beiden Konstruktoren für Makros mit fester und variabler Stelligkeit fast genauso aus wie die für Funktionen. Dasselbe gilt für die Methoden zur Implementierung der Schnittstelle Expr, man kann sie mit minimalen Änderungen aus dem Quelltext der Klasse Function übernehmen.

Die wesentlichen Unterschiede liegen in der Art, wie Makros angewandt werden. Aus den *unausgewerteten* Argumenten und den formalen Parametern wird ein Bindungsrahmen erzeugt, mit dessen Hilfe der Rumpf des Makros expandiert wird. Der expandierte Rumpf wird dann *ohne einen Wechsel des Kontexts* ausgewertet:

```
0   // Anwenden dieses Makros auf die Argumentliste args
1   public Expr apply(List args, Env env) throws Alarm {
2       if (vararg) {
3           args = List.NIL.cons(args);        // wie bei Vararg-Funktionen
4       } else {
5           checkArity(this, args, formals.length());
6       }
7       Frame frame = new Frame(formals, args);
```

```
 8        Expr xbody = expand(body, frame);
 9        if (tracing) trace(args, xbody);
10        return xbody.eval(env);
11  }
```

Bei der Expansion des Makrorumpfs mit Hilfe eines Bindungsrahmens werden alle in diesem Rahmen gebundenen Namen durch den jeweiligen Wert ersetzt:

```
 0  // Expandieren des Ausdrucks e mit Hilfe des Rahmens frame
 1  private static Expr expand(Expr e, Frame frame) {
 2      Expr res = null;
 3      if (e instanceof Symbol) {
 4          Expr val = frame.retrieve((Symbol) e);
 5          res = (val != null) ? val : e;
 6      } else if (e instanceof List) {
 7          res = expandItems((List) e, frame);
 8      } else {
 9          res = e;
10      };
11      return res;
12  }
```

Zusammengesetzte Teilausdrücke – also Listen – im Rumpf des Makros werden elementweise ebenfalls expandiert:

```
 0  // Expandiert die Elemente einer Liste
 1  private static List expandItems(List ls, Frame frame) {
 2      List res = List.NIL;
 3      if (!ls.isEmpty()) {
 4          Expr car = expand(ls.car(), frame);
 5          List cdr = expandItems(ls.cdr(), frame);
 6          res = cdr.cons(car);
 7      };
 8      return res;
 9  }
```

Der Vergleich mit der Beschreibung der Semantik von Makros auf S. 191 zeigt, dass der obige Java-Code eine fast wörtliche Umsetzung der dortigen Darstellung des Expansionsvorgangs ist.

4.7.3   Tracing-Modus und Protokoll-Modus

Die beiden Modi zur Verfolgung von internen Abläufen des Interpreters sind auf ganz unterschiedliche Weise realisiert. Die Tracing-Ausgaben werden von den Klassen Function und Macro aus veranlasst, während die Protokollausgabe in der Klasse EvalStack residiert.

Tracing von Funktionen und Makros

Die Klassen Function und Macro implementieren die Schnittstelle Traceable:

```
 0  public interface Traceable {
 1
 2      // Gibt den Tracing-Modus dieses Ausdrucks zurück.
 3      public boolean tracing();
 4
 5      // Wechselt den Tracing-Modus zwischen an und aus.
 6      public boolean toggleTracingMode();
 7  }
```

Jede Klasse kann `Traceable` auf ihre ganz eigene Weise implementieren. Das Interface ist im Grunde nur dazu da, dass der Operator `trace` feststellen kann, ob sein Argument über einen Tracing-Modus verfügt.

Die Klassen `Function` und `Macro` implementieren das Interface beide auf dieselbe, sehr einfache Weise. Ein boolesches Attribut `tracing` in jedem `Function`- oder `Macro`-Objekt wird gelesen bzw. geändert:

```
0   public boolean tracing() {
1       return tracing;
2   }
3
4   public boolean toggleTracingMode() {
5       return tracing = !tracing;
6   }
```

Ein Aufruf `(trace f)` bewirkt nur ein Umschalten des Attributs `tracing` in der Funktion bzw. dem Makro `f`. Der Operator `trace` gibt zusätzlich eine kurze Meldung über den neuen Tracing-Modus aus.

Bei der Anwendung einer Funktion, die sich im Tracing-Modus befindet, wird unmittelbar vor und nach der Auswertung des Funktionsrumpfs eine Ausgabe gemacht (vgl. das Listing der Methode `apply` auf S. 252, Zeilen 6 und 8). Die Ausgabe `Call (f ...)` zeigt also keineswegs den Beginn der Auswertung von `(f ...)` an, sondern den Beginn der Auswertung des Funktionsrumpfs. Wenn man gleichzeitig den Protokoll-Modus einschaltet, kann man den Unterschied sehen.

Der Operator `trace` interessiert sich nicht dafür, ob seine Argumente Funktionen oder Makros sind. Man kann ihm beliebig viele Argumente geben:

```
0   // Implementierung des Operators trace
1   class Operator_trace extends Operator {
2       public Expr apply(List args, Env env) throws Alarm {
3           while (!args.isEmpty()) {
4               Traceable traceable = checkTraceable(args.first().eval(env));
5               boolean tracingMode = traceable.toggleTracingMode();
6               Sys.println("Tracing␣mode␣for" + traceable + "␣is␣" +
7                   (tracingMode ? "on" : "off"));
8               args = args.cdr();
9           }
10          return VoidExpr.VOID;
11      }
12  }
```

Die Implementierung der Ausgaben im Tracing-Modus ist bei den Klassen `Function` und `Macro` einfach. Bei Makros sorgt zum Beispiel in der Methode `apply` (S. 253) die Anweisung `if (tracing) trace(args, xbody)` für den Aufruf der entsprechenden Ausgabemethode:

```
0   public class Macro extends Procedure implements Traceable {
1       .....
2       // Tracing-Information über dieses Makro ausgeben
3       private void  trace(List values, Expr expandedBody) {
4           Sys.println("Tracing␣macro␣" + name +
5                   "\nParameters:␣" + formals +
6                   "\n␣␣␣␣␣␣␣|--->␣" + values +
7                   "\nBody:␣␣␣␣␣␣␣" + body +
8                   "\n␣␣␣␣␣␣␣|--->␣" + expandedBody);
9       }
10      .....
11  }
```

Der Aufwand für die Ausgaben beim Tracing von Funktionen ist auch nicht größer.

Der Protokoll-Modus und die Klasse `EvalStack`

Im Protokoll-Modus werden Beginn und Ende jeder Auswertung einer Liste angezeigt. Man könnte ihn in der Klasse `List` implementieren. Auswertungen werden intern aber sowieso schon auf andere Weise protokolliert, nämlich vom Auswertungsstack.

Es genügt deshalb, die Stackoperationen in der eval-Methode für Listen (S. 127) aufzurufen. Dazu wird `eval` um zwei Anweisungen erweitert:

```
0   public class List extends ListOf<Expr> implements Expr {
1       .....
2       // Auswertung dieser Liste im Kontext env
3       // Der Listenkopf muss eine Prozedur sein
4       public Expr eval(Env env) throws Alarm {
5           checkNonemptylist(this);
6           EvalStack.push(this);              // Beginn des Prozeduraufrufs
7           Procedure proc = checkProcedure(car.eval(env));
8           Expr expr = proc.apply(cdr(), env);
9           EvalStack.pop();                   // Ende des Prozeduraufrufs
10          return expr;
11      }
12      .....
13  }
```

Die Ausgabe des Protokolls kann man auf diese Weise in die Klasse `EvalStack` verlegen. Der Name Auswertungsstack ist vielleicht etwas irreführend. Tatsächlich ist die Protokollierung aller Auswertungen von Listen – also aller Prozeduranwendungen – der einzige Daseinszweck dieses Stacks.

Der eigentliche Stack, auf dem die für einen Aufruf nötigen Daten liegen, ist in der JVM verborgen. Anstatt ihn anzuzapfen, wird im Interpreter der Auswertungsstack mitgeführt. Für den Ablauf der Auswertungen ist der Auswertungsstack ohne Bedeutung.

Die Klasse `EvalStack` ist eine ziemlich triviale Unterklasse von `List`. Die eben benutzten Methoden `push` und `pop` verlängern bzw. verkürzen den Stack, zusätzlich wird bei Bedarf jeweils eine Protokollzeile geschrieben.

Die Zeichen „\" für den Beginn und „/" für die Beendigung eines Prozeduraufrufs ergeben bei richtiger Einrückung die Silhouette des Stackgebirges. Die Einrücktiefe ist von der Größe des Stacks abhängig:

```
0   public class EvalStack extends List {
1       .....
2       // Schreibt eine Protokollzeile
3       private static void write(Expr e, boolean start) {
4           String indent = "\t";
5           int depth = stack.length() + (start ? 0 : -1);
6           for (int i = 0; i < depth; i++) indent += "|␣";
7           indent += start ? "\\␣␣" : "/␣␣";
8           Sys.println(indent + e);
9       }
10      .....
11  }
```

Das Umschalten des Protokoll-Modus erfolgt wie beim Tracing-Modus mit Hilfe einer boole-schen Variablen, die in diesem Fall eine Klassenvariable ist, weil es nur einen Auswertungsstack gibt. Der Operator `protocol` ändert bei jedem Aufruf den Wert dieser Variablen.

4.7.4   Der Exception-Mechanismus

Die Klasse `Alarm`

t.Scheme-Exceptions werden mit `throw` erzeugt und können mit `catch` aufgefangen werden. Intern werden sie mit der Klasse `Alarm` realisiert, die von `java.lang.Exception` abgeleitet ist. `Alarm`-Objekte sind t.Scheme-Ausdrücke:

```
0   public class Alarm extends Exception implements Expr
```

Beim Auffangen unterscheidet t.Scheme Ausdrücke des Typs `Alarm` nach dem Namen, der ihnen bei ihrer Erzeugung mitgegeben wird (S. 192):

```
    -> (catch 'ZERODIV (/ 1 0) 'Infinity)
    Infinity
```

Die vom Interpreter ausgelösten Exceptions sind `Alarm`-Ausdrücke derselben Art wie die mit `throw` erzeugten. Wenn man ihre Namen kennt, kann man sie mit `catch` auffangen.

Neben seinem Namen hat jeder Alarm einen „Inhalt" oder genauer: ein Attribut `content`, das ein beliebiger t.Scheme-Ausdruck sein darf. Wenn man den Alarm nicht mit `catch` abfängt, benutzt der Interpreter den Inhalt für die Fehlermeldung.

Der Inhalt kann aber auch für beliebige andere Zwecke verwendet werden. Ein abgefangener Alarm ist nämlich im Alternativteil eines `catch`-Ausdrucks an seinen Namen gebunden, mit dem `part`-Operator kann man auf den Inhalt des Alarms zugreifen. Durch diesen Mechanismus ist es möglich, Informationen vom Ort der Erzeugung eines Alarms an die Stelle weiterzugeben, wo er aufgefangen wird.

Wird ein Alarm mit (`throw` `expr`) erzeugt, also mit nur einem Argument, dann gibt der Interpreter ihm den Standardnamen `ERROR`. Der Wert von `expr` wird als Inhalt gespeichert und als Fehlermeldung verwendet, wenn der Alarm nicht abgefangen wird. Ausnahme: Wenn `expr` eine Exception ist, dann wird keine neue Exception erzeugt, sondern diese Exception von Neuem ausgelöst (S. 193).

Außer `name` und `content` hat jeder Alarm noch ein drittes Attribut `stack`, das den Auswertungsstack im Augenblick der Erzeugung des Alarms speichert. Damit ist zum Beispiel die Funktion `stack` implementiert (S. 233).

Die drei Attribute im Quellcode der Klasse `Alarm`:

```
0   private Symbol name;
1   private Expr content;
2   private EvalStack stack;
```

Der zugehörige Konstruktor ist trivial. Aus Bequemlichkeitsgründen gibt es noch einen zweiten Konstruktor, der den ersten zitiert:

```
0   // Erzeugt einen Alarm mit Namen nm und Inhalt con
1   public Alarm(Symbol nm, Expr con) {
2       name    = nm;
3       content = con;
4       stack = EvalStack.stack();
5   }
6
7   // Für die vielen internen Checks
8   public Alarm(String name, String msg) {
9       this(Symbol.forName(name), new Str(msg));
10  }
```

Wie das bei Exception-Klassen in Java häufig der Fall ist, enthält die Klasse Alarm kaum interessanten Code. Für den Zugriff auf die privaten Attribute von t.Scheme aus gibt es drei kleine Methoden. Der Zugriffsmechanismus wird in Abschnitt 4.7.6 erläutert.

Die Operatoren throw und catch

Der größere Anteil der Semantik des Exception-Mechanismus von t.Scheme steckt in den apply-Methoden der Operatoren throw und catch.

Für throw gibt es drei leicht unterschiedliche Arten des Aufrufs:

1. Aufruf mit einem Argument des Java-Typs Alarm. Dieser Alarm wird ausgelöst.

2. Aufruf mit einem Argument eines anderen Typs. Ein Alarm mit dem Namen ERROR und dem Argumentwert als Inhalt wird erzeugt.

3. Aufruf mit zwei Argumenten. Dann muss das erste Argument ein Name sein. Es wird ein Alarm mit diesem Namen und dem Wert des zweiten Arguments als Inhalt erzeugt.

Der entsprechende Programmtext ist genauer als die verbale Beschreibung und kaum länger:

```
0    // Implementierung von throw
1    class Operator_throw extends Operator {
2        public Expr apply(List args, Env env) throws Alarm {
3            checkArity(args, 1, 2);        // 1 oder 2 Argumente sind zulässig
4            boolean onearg = args.length() == 1;
5            Expr arg1 = args.first().eval(env);
6            Symbol name;
7            Expr value;
8            if (onearg && (arg1 instanceof Alarm)) {        // Fall 1
9                throw (Alarm) arg1;
10           } else if (onearg) {                            // Fall 2
11               name = Symbol.forName("ERROR");
12               value = arg1;
13           } else {                                        // Fall 3
14               name = checkSymbol(arg1);
15               value = args.second().eval(env);
16           }
17           throw new Alarm(name, value);
18       }
19   }
```

Das Auffangen einer Exception mit catch ist ebenfalls mit Worten umständlicher zu beschreiben als durch den Quelltext. Der Operator erwartet genau drei Argumente:

1. Der Wert des ersten Arguments ist der Name der Exception, die aufgefangen werden soll.

2. Wenn während der Auswertung des zweiten Arguments keine Exception mit genau diesem Namen auftritt, wird der Wert des zweiten Arguments zurückgegeben. Andernfalls werden in einem solchen Fall alle angefangenen Auswertungen bis hinunter zu dem catch-Ausdruck abgebrochen.

3. Im zuletzt genannten Fall wird das dritte Argument ausgewertet und sein Wert zum Resultat des catch-Aufrufs. Die Auswertung erfolgt in einer Umgebung, die aus der Aufrufumgebung von catch durch Erweiterung um einen Bindungsrahmen entsteht, in dem die aufgetretene Exception an ihren eigenen Namen gebunden ist.

Die Implementierung des Operators catch ist nicht schwierig:

```
 0   class Operator_catch extends Operator {
 1       public Expr apply(List args, Env env) throws Alarm {
 2           checkArity(args, 3);
 3           Symbol name = checkSymbol(args.first().eval(env));
 4           Expr e;
 5           try {
 6               e = args.second().eval(env);
 7           } catch (Alarm alarm) {        // ...aber nur, falls der Name passt
 8               if (!name.equals(alarm.name())) throw alarm;
 9               Frame frame = new Frame();
10               frame.bind(name, alarm);
11               env = new Env(frame, env);   // Umgebung erweitern
12               e = args.third().eval(env);
13           }
14           return e;
15       }
16   }
```

Exceptions, die nicht mit einer `catch`-Anweisung aufgefangen werden, fängt der Interpreter in seiner Read-Eval-Print-Schleife ab, mit Ausnahme von Exceptions, deren interner Name EOF (end of file) lautet. Der Parser erzeugt eine solche Exception, wenn er seine Eingaben aus einer Datei liest und dabei das Dateiende erreicht.

Eine mit `throw` erzeugte EOF-Exception hat dieselbe Wirkung. Das nutzt die Funktion `quit` aus, mit der man das Lesen aus einer Datei beenden kann, bevor das Dateiende erreicht ist:

```
;   Den aktuellen Interpreter beenden
(define (quit)
    (throw 'EOF 0))
```

Für jede Datei, aus der t.Scheme liest, wird eine eigene Instanz der Klasse `Interpreter` erzeugt. Nur dieser Interpreter wird durch `(quit)` beendet. Die sofortige Beendigung auch der interaktiven t.Scheme-Sitzung aus einer Datei heraus erreicht man mit dem Operator `exit`. Er benutzt die Methode `exit` der Java-Klasse `System`.

4.7.5 Die Verarbeitung von Tail Calls

In den bisherigen Erläuterungen zur Implementierung hatten wir auf die Tail-Call-Optimierung keine Rücksicht genommen und den Quelltext so dargestellt, als gebe es diese Möglichkeit nicht. Das entspricht der Entstehungsgeschichte von t.Scheme, die erste Version musste noch ohne Berücksichtigung von Endständigkeit auskommen.

In diesem Abschnitt soll gezeigt werden, wie die Elimination endständiger Funktionsaufrufe funktioniert und welche Änderungen notwendig waren, um sie nachträglich in die Implementierung aufzunehmen.

Der t.Scheme-Interpreter ist kein statisches Stück Software. Man kann ihn in viele Richtungen erweitern, und zwar in der Regel mit minimalen Eingriffen in den schon vorhandenen Programmtext.

Im einfachsten Fall fügt man nur einen einzelnen Operator hinzu, dazu muss der Quelltext des Gesamtsystems nicht neu übersetzt werden. Kaum aufwendiger ist es, einen neuen Typ von Ausdrücken hinzuzufügen. Auch dazu ist normalerweise keine Neuübersetzung notwendig. Zum Beispiel musste für t.Pascal der Typ `Record` mit dem Operator `record` geschrieben werden. Dieser neue Typ macht aber keine Änderungen an bestehendem Programmtext notwendig, er kommt darin nirgendwo vor. Ähnlich verhält es sich mit den Erweiterungen, die zur Implementierung von t.Java notwendig sind. Auch sie berühren den Rest des Interpreters nicht.

Anders ist die Situation bei der Optimierung von Tail Calls. Das ist eine Änderung des grundlegenden Auswertungsmechanismus, die Auswirkungen an mehr Stellen hat, als man zunächst vermuten könnte. Im Folgenden werden das Problem und die gewählte Lösung diskutiert.

Das Prinzip der Tail-Call-Optimierung

Die Grundidee ist einfach: Ein endständiger Funktionsaufruf löst nach der Auswertung seiner Argumente eine spezielle t.Scheme-Exception aus, einen *Tail Call*. Damit ersetzt er sich selbst durch seinen Rumpf, der dann in der Folge ausgewertet wird.

Für die Umsetzung dieses Gedankens sind zwei Fragen zu klären:

1. Wie wird ein Tail Call verarbeitet?

   Dieses Problem betrifft vor allem die Klasse Function. Wenn eine Funktion einen Tail Call auslöst, muss sichergestellt sein, dass er aufgefangen wird. Die für diesen Mechanismus nötigen Änderungen betreffen die Methode apply in der Klasse Function.

2. Wie erkennt der Interpreter, ob ein Funktionsaufruf endständig ist?

   Die Endständigkeit eines Ausdrucks hängt davon ab, wo er steht. Deshalb wird jedem Ausdruck bei seiner Auswertung mit Hilfe eines booleschen Parameters mitgeteilt, ob er in Endposition steht. Dafür muss die Schnittstelle Expr geändert werden.

   Da sich bei einem Funktionsaufruf die Methoden eval und apply abwechseln (Abschnitt 2.5.2), muss neben Expr auch die Methode apply in der Schnittstelle Procedure um einen booleschen Parameter erweitert werden, mit dem einer Prozedur bei ihrem Aufruf mitgeteilt wird, ob sie in Endposition steht, damit sie diese Information an weitere von ihr veranlasste Auswertungen durchreichen kann.

Die meisten Scheme-Systeme eliminieren endständige Funktionsaufrufe auf eine ganz andere Art.

Endständigkeit ist eine statische Eigenschaft, sie kann aus dem Text der Funktionsdefinition erschlossen werden (S. 234). Normalerweise werden Funktionen intern nicht ganz so schlicht wie in t.Scheme gespeichert (S. 251), sondern in einer übersetzten Form, einer Art Bytecode. Bei dieser Vorverarbeitung können endständige Funktionsaufrufe erkannt und in Sprungbefehle im Bytecode umgewandelt werden.

Da in t.Scheme alle Eingaben unmittelbar interpretiert werden, ohne einen vorherigen Übersetzungsschritt, müssen wir anders vorgehen. Endständige Funktionsaufrufe müssen zur Laufzeit erkannt werden.

In den nächsten Abschnitten wird die Implementierung dieser Idee erläutert.

Die Klasse TailCall

Ein Tail Call ist zunächst eine Exception wie jede andere t.Scheme-Exception auch, also ein Objekt vom typ Alarm. Als internen Namen geben wir ihr das Symbol TAILCALL. Der Inhalt, den sie dahin transportieren soll, wo sie aufgefangen wird und wo die Auswertung des Funktionsrumpfs stattfinden soll, besteht aus der Funktion, deren Anwendung abgebrochen wird, und den soeben ermittelten Werten ihrer Argumente. Ein Tail Call findet ja unmittelbar nach der Auswertung der Argumente statt.

Wir könnten diese beiden Informationen – die Funktion und ihre Argumentwerte – in eine Liste packen und diese einem Alarm-Objekt als Inhalt (im Attribut content) mitgeben. Etwas lesbarer wird der Programmcode aber, wenn wir zu der Exception-Klasse Alarm eine Unterklasse TailCall definieren, in der die Funktion und die Argumentliste als Attribute vorkommen. Das Attribut content der Klasse Alarm bleibt bei einem TailCall-Alarm unbenutzt, es wird mit dem leeren Ausdruck initialisiert:

```
0   // Ein Tail Call findet bei einem endständigen Funktionsaufruf statt.
1   // Er enthält die Funktion, die Argumentwerte und die Auswertungsumgebung.
2   public class TailCall extends Alarm {
3
4       private static Symbol TAIL = Symbol.forName("TAILCALL");
5
6       final Function function;
7       final List values;
8       final Env context;
9
10      // Erzeugt einen Tail Call
11      public TailCall(Function f, List v, Env e) {
12          super(TAIL, VoidExpr.VOID);
13          function = f;
14          values = v;
15          context = e;
16      }
17  }
```

Die Vereinbarung einer eigenen Klasse für Tail Calls anstelle einer speziell markierten t.Scheme-Exception vom Typ Alarm hat neben der besseren Übersichtlichkeit den zusätzlichen Vorteil, dass von t.Scheme aus keine „unechten" Tail Calls missbräuchlich ausgelöst werden können.

Änderungen an der Klasse Function

Die Erzeugung und das Auffangen von Tail Calls erfordern nur an einer einzigen Stelle im Quellcode Änderungen, in der Implementierung der Methode apply in der Klasse Function.

Die Tail-Call-freie erste Version dieser Methode war sehr einfach (S. 252): Argumente auswerten und an die Methode call übergeben – fertig.

Jetzt muss unterschieden werden, ob der Aufruf in Endposition erfolgt oder nicht. Das wird der Methode apply mit Hilfe eines booleschen Parameters mitgeteilt. Wenn der Aufruf in endständiger Position steht, wird eine TailCall-Exception ausgelöst. Ein nicht endständiger Aufruf betritt eine Endlosschleife, die er nur über eine return-Anweisung verlassen kann:

```
0   // Anwendung dieser Funktion auf die Argumente args in der Umgebung env
1   // unter Berücksichtigung von Endständigkeit des Aufrufs.
2   // context ist der Kontext für die Auswertung des Funktionsrumpfs.
3   public Expr apply(List args, Env env, boolean tailPosition,
4                                       Env context) throws Alarm {
5
6       if (!vararg) checkArity(args, formals.length(), this);
7       Function fun = this;
8       List values = args.evalItems(env);
9       if (tailPosition) throw new TailCall(fun, values, context);
10      while (true) {
11          try {
```

```
12              return fun.call(values, context);
13          } catch (TailCall tc) {
14              fun     = tc.function;
15              values  = tc.values;
16              context = tc.context;
17          }
18      }
19  }
```

Mit `fun.call(values, context)` wird der Rumpf der Funktion ausgewertet. Wenn dabei ein Tail Call einer anderen (oder derselben) Funktion f stattfindet, wird die Schleife mit f als neuem Wert von `fun` durchlaufen. In der Schleife wird mit `fun.call(values, context)` jetzt also der Rumpf von f ausgewertet. Das wiederholt sich so lange, bis der Rumpf einer dieser endständig aufgerufenen Funktionen keinen Tail Call mehr auslöst, sondern seine `call`-Methode erfolgreich beendet. Deren Wert wird dann mit der Return-Anweisung in Zeile 12 zum Wert des ursprünglichen Funktionsaufrufs.

Für die rekursiven Aufrufe wird dabei kein Stack aufgebaut, sie finden alle innerhalb der While-Schleife von Zeile 10 bis 18 statt. Wenn keiner der rekursiven Aufrufe normal terminiert, wird die While-Schleife tatsächlich zur Endlosschleife.

Man kann das anhand nicht terminierender endrekursiver Funktionen ausprobieren, zum Beispiel mit der auf S. 231 definierten Funktion `reploop`.

Die Methode `call` für die Auswertung des Rumpfs von `fun` bekommt keine Information darüber, ob die Auswertung in Endposition stattfindet. Ein Funktionsrumpf steht definitionsgemäß immer in Endposition (S. 234):

```
0   private Expr call(List values, Env env) throws Alarm {
1       if (vararg) values = List.NIL.cons(values);
2       Env newenv = new Env(new Frame(formals, values), env);
3       return body.eval(newenv, Sys.tailCallElimination());
4   }
```

Trotzdem wird der Parameter `tailPosition` beim Aufruf von `eval` in Zeile 3 nicht einfach auf `true` gesetzt. `Sys.tailCallElimination()` ist nur dann wahr, wenn die Tail-Call-Optimierung mit Hilfe des Operators `tail` eingeschaltet wurde. Solange die entsprechende Systemvariable auf `false` gesetzt ist, wird kein `TailCall`-Alarm ausgelöst.

Mit der t.Scheme-Eingabe `(tail)` kann man die Optimierung jederzeit an- und abschalten – wenn man will, sogar während der Auswertung einer endrekursiven Funktion!

Änderungen an der Schnittstelle `Expr`

Wir hatten im vorigen Abschnitt den Methoden `eval` und `apply` über einen booleschen Parameter mitgeteilt, ob ihr Aufruf in Endposition erfolgt.

Damit das möglich ist, muss man die beiden wichtigsten Schnittstellen der ganzen Implementierung ändern. Änderungen an so grundlegenden Teilen der Implementierung sollte man nicht leichtfertig vornehmen.

Wenn man bedenkt, dass die Phrase `eval(env)` im Quelltext von t.Scheme an weit über hundert Stellen, verteilt über fast alle Klassen, vorkommt und dass die Methode `apply` von über 60 Operatorklassen und einigen weiteren Klassen implementiert wird, dann ist klar, dass man sich nachträgliche Korrekturen an so grundlegenden Entwurfsentscheidungen gut überlegen sollte.

Es wäre keine besonders gute Idee, an mehr als 160 Stellen im Quellcode nachträglich herumzudoktern. Tatsächlich ist das auch nicht nötig. Nur die Auswertung einer Liste (also die Implementierung der Methode eval in der Klasse List) und die Anwendung einer Funktion, eines Makros oder eines der in der Definition der Endständigkeit auf S. 234 erwähnten Operatoren machen wirklich Gebrauch von dem Parameter tailPosition. An anderen Stellen sollte man den Code möglichst so lassen, wie er ist.

Das kann man erreichen, indem man den Parameter tailPosition optional macht. Wo er gebraucht wird, gibt man ihn an, sonst darf man ihn weglassen.

Der Kopf der Methode eval in der Schnittstelle Env wird dazu folgendermaßen abgeändert:

```
0   // Gibt den Wert dieses Ausdrucks bzgl. der Umgebung env zurück.
1   // Der optionale Parameter tailPosition gibt an, ob dieser Ausdruck
2   // in Endposition steht.
3   public Expr eval(Env env, boolean... tailPosition) throws Alarm;
```

Genau genommen sind optionale Argumente in Java nicht vorgesehen. Seit Java 1.5 gibt es aber die Möglichkeit, Vararg-Parameter zu deklarieren. Sie repräsentieren Argumente, die man beim Aufruf beliebig oft (evtl. auch gar nicht) übergeben darf. Ein Vararg-Parameter muss an letzter Stelle im Kopf einer Methode stehen. Er wird dadurch gekennzeichnet, dass man drei Punkte hinter den Typnamen schreibt.

Dann darf man eval im Prinzip mit $0, 1, 2, \ldots$ booleschen Argumenten aufrufen:

```
expr.eval(env);
expr.eval(env, true);
expr.eval(env, true, false);
.....
```

Solange man sich selbst die Disziplin auferlegt, das Argument tailPosition höchstens einmal anzugeben, kann man es wie ein optionales Argument verwenden. Das ist zwar ein etwas übler Hack, der aber dadurch gerechtfertigt ist, dass in Java optionale Argumente nicht zum Sprachumfang gehören.

Die Benutzung ähnelt der einer Vararg-Funktion in t.Scheme: Ein Vararg-Parameter x, der mit foo(T... x) spezifiziert ist, hat im Rumpf von foo den Typ T[]; er steht für ein Array, so wie in t.Scheme der formale Parameter einer Vararg-Funktion in deren Rumpf für eine Liste steht.

Änderungen an der Klasse List

Tatsächlich gibt es nur eine einzige Unterklasse von Expr, die den optionalen Parameter von eval wirklich benutzt, die Klasse List. Nur die Auswertung einer Liste in Endposition muss bei der Tail-Call-Optimierung gesondert behandelt werden. In allen anderen Klassen für t.Scheme-Ausdrücke ändert sich zwar der Kopf der Methode eval, aber der Rumpf bleibt gleich.

Die Methode eval von List hatten wir ohne das Argument tailPosition schon einmal angesehen (S. 127). Hier nun die geänderte Version:

```
0   // Auswertung einer Liste
1   public Expr eval(Env env, boolean... tailPosition) throws Alarm {
2       checkEvalnil(this);
3       boolean tail = (tailPosition.length != 0) ? tailPosition[0] : false;
4       Procedure proc = checkProcedure(car().eval(env));
5       return proc.apply(cdr(), env, tail);
6   }
```

In diesem Listing sind die Anweisungen zur Protokollausgabe weggelassen.

In Zeile 3 wird abgefragt, ob der optionale Parameter beim Aufruf benutzt wurde. In diesem Fall enthält `tailPosition[0]` dessen aktuellen Wert, der in der booleschen Variablen `tail` notiert wird. Bei der Verwendung von eval ohne optionalen Parameter erhält `tail` den Wert false.

Zeile 4 ist die Auswertung des Listenkopfs einschließlich der Prüfung, ob das Ergebnis eine Prozedur ist. Anschließend wird diese Prozedur auf die Argumente angewendet. Dabei wird die in `tail` gespeicherte Information über die Endständigkeit des Aufrufs an apply weitergereicht.

Änderungen an der Klasse Procedure

Auch in der abstrakten Klasse Procedure könnte man das zweite Argument von apply optional machen. Das würde aber bedeuten, dass etwa 50 Methodenköpfe in ebenso vielen Operatorklassen geändert werden müssten. Um das zu vermeiden, gehen wir einen anderen Weg. Der Parameter `tailPosition` der Methode apply ist weiterhin erforderlich:

```
0  public Expr apply(List args, Env env, boolean tailPosition)
1                                                throws Alarm;
```

Diese Methode wird in der abstrakten Klasse Operator, der Basisklasse aller Operatoren, sehr trivial implementiert:

```
0  // Anwenden eines Operators. Wird in TailCallOp.java überschrieben.
1  public Expr apply(List args, Env env, boolean tailPosition)
2                                                throws Alarm {
3      return apply(args, env);
4  }
```

Dann kann man die Unterklassen für die fast 60 Operatoren, die keine Tail-Call-Operatoren sind, unangetastet lassen. Sie ignorieren einfach das Argument `tailPosition`.

Die vier Tail-Call-Operatoren cond, let, seq und eval (S. 234) müssen den Parameter `tailPosition` weiterreichen. Dazu überschreiben sie die triviale Implementierung der Methode apply aus der Klasse Operator. Am Beispiel des Operators seq sieht das so aus:

```
0   // Implementierung des Operators seq
1   class Operator_seq extends Operator {
2       public Expr apply(List args, Env env, boolean tailPosition)
3                                                throws Alarm {
4           if(args.length() == 0) return VoidExpr.VOID;
5           while (!args.cdr().isEmpty()) {
6               args.car().eval(env);
7               args = args.cdr();
8           }
9           return args.car().eval(env, tailPosition);
10      }
11  }
```

Nur die Auswertung in Zeile 9 muss wissen, ob sie in Endposition erfolgt, nicht die in Zeile 6.

Damit ist das Problem des nachträglichen Einbaus der Erkennung endständiger Funktionsaufrufe mit so wenigen Eingriffen in den bestehenden Quellcode des Interpreters wie möglich gelöst.

4.7.6   Der Operator part

Dieser Operator ist ein Beispiel für *Introspektion*, den Vorgang des Hineinsehens in den Code eines laufenden Programms. Er ermöglicht es, auf Bestandteile von Ausdrücken zuzugreifen, die selbst wieder Ausdrücke sind.

Eine typische Anwendung ist die Zerlegung einer Funktion in ihre Einzelteile: formale Parameter, Funktionsrumpf und Definitionskontext. Darauf beruht zum Beispiel die Fragezeichen-Funktion, mit der man sich Informationen über Ausdrücke holen kann:

```
-> (? context)
Type:    Function
Value:   function[context]
Formals: (f)
Body:    (part 'context f)
Context: ({..})
```

Java ist eine der Programmiersprachen mit sehr guter Unterstützung für Introspektion. Mit den Mitteln des Pakets `java.lang.reflect` kann man sich Informationen über Objekte eines laufenden Programms verschaffen – ihren Typ, Attribute, Methoden, Zugriffsrechte und vieles mehr.

Allerdings setzen die Sicherheitsmechanismen der JVM dem Zugriff Grenzen. Zum Beispiel ist es nicht möglich, Attribute eines Objekts zu lesen, die als `private` deklariert sind.

Deshalb ist `part` so konstruiert, dass es parameterlose Methoden aufruft, die `public` sind. Typischerweise gibt es in Java-Programmen zu vielen privaten Attributen öffentliche sogenannte Getter-Methoden. Es ist schade, dass die Autoren von Java keinen Modifizierer `readonly` vorgesehen haben, das hätte der Java-Community ungezählte überflüssige Getter-Methoden erspart.

Die Implementierung von `part` gestaltet sich relativ einfach. Ein Aufruf (`part name expr`) wird im Prinzip realisiert durch Code der folgenden Art:

```
expr.getClass().getMethod(name).invoke(expr)
```

Mit `getClass` kann man jedes Java-Objekt *obj* nach seinem Klassenobjekt fragen, einem Objekt der Klasse `java.lang.Class`, das innerhalb der JVM während der Laufzeit eines Programms die Klasse des Objekts *obj* repräsentiert.

Von diesem Klassenobjekt holt man sich mit `getMethod(`*name*`)` ein Objekt der Klasse `java.lang.reflect.Method`, welches die Methode mit dem Namen *name* von *obj* in allgemeiner Form darstellt – Parameteranzahl und -typen, Rückgabetyp, Zugriffsrechte etc.

Die Methode wird schließlich mittels `invoke(`*obj*`)` für das Objekt aufgerufen. Dann prüft `part`, ob das Resultat ein t.Scheme-Ausdruck ist, und wenn alles gutgeht, erhält man diesen Ausdruck als Resultat.

Der Operator `part` ist sehr flexibel. Eigentlich macht er mindestens ein Dutzend anderer Operatoren überflüssig. Mit (`part 'type` *<expr>*) findet man den Typ eines beliebigen Ausdrucks heraus, das macht im Prinzip den Operator `type` arbeitslos. (`part 'num x`) und (`part 'den x`) liefern Zähler und Nenner einer Zahl `x`, schon sind die Operatoren `num` und `den` aus dem Spiel.

Warum gibt es diese anderen Operatoren trotzdem? Nicht deshalb, weil der Zugriff über die Reflection-Methoden langsamer ist. Das würde dem Prinzip der t.Sprachen zuwiderlaufen, die Implementierung so klein wie möglich zu halten, ohne Rücksicht auf Effizienz. Der Grund sind die kryptischen Fehlermeldungen, die `op[part]` liefert:

```
-> (part 'num "2/3")
Error: No part 'num' in 2/3
-> (num "2/3")
Error: op[num] expects a number argument
```

Die zweite Fehlermeldung ist deutlich informativer.

Operatoren, die nur eine Aufgabe haben, können in der Regel genauere und damit nützlichere Fehlerbeschreibungen erzeugen.

Selektiver Zugriff

Aus softwaretechnischer Sicht ist es etwas unbefriedigend, dass man mit dem Operator part von t.Scheme aus *alle* argumentlosen Methoden in der Implementierung von t.Scheme aufrufen kann, die public sind und einen Ausdruck zurückgeben. Das verletzt das Prinzip der Kapselung.

Man könnte sich fragen, ob es nicht einen Weg gibt, nur einzelne Methoden selektiv für den Zugriff mit part freizugeben und so das Geheimnisprinzip, eine der Grundfesten der objektorientierten Programmierung, besser zu respektieren. Das wäre tatsächlich leicht machbar. Man definiert eine *Annotation* (erkennbar an dem @ vor dem Schlüsselwort interface):

```
0   /*
1       Access.java
2
3       Die Annotation Access kennzeichnet Methoden, auf
4       die von den t.Sprachen aus zugegriffen werden darf.
5   */
6   import java.lang.annotation.Retention;
7   import java.lang.annotation.RetentionPolicy;
8
9   @Retention(RetentionPolicy.RUNTIME)
10  public @interface Access {}
```

Vor jede Methode, die man für den Zugriff freigeben möchte, schreibt man die Annotation @Access. In der Implementierung von part muss dann abgefragt werden, ob die Methode diese Zugriffs-Annotation hat: m.isAnnotationPresent(Access.class). Dabei ist m das mit getMethod(name) aus dem Namen der Methode ermittelte Objekt der Klasse java.lang.reflect.Method, das die Methode zur Laufzeit repräsentiert.

Die Annotation @Retention(RetentionPolicy.RUNTIME) ist eine *Meta-Annotation*: Sie weist den Java-Compiler an, die Access-Annotationen an die JVM weiterzugeben, sodass sie zur Laufzeit benutzt werden können.

In der Implementierung der t.Sprachen wurde zugunsten der Lesbarkeit des Quellcodes auf diesen verbesserten Schutzmechanismus verzichtet.

t.Lambda: Rein funktionale Programmierung

Basierend auf den langjährigen Erfahrungen mit den Erfolgsserien 1.0 und 72E wurde Lambda auch im Hinblick auf die technischen Eigenschaften konsequent weiterentwickelt und bis ins Detail durchdacht. (http://www.horst-hasselbacher.de/html/lambda.html)

5.1 Der Lambda-Kalkül

Die Sprache t.Scheme des vorigen Kapitels war ein Hybrid aus imperativen und funktionalen Sprachkonstrukten. Das ist keine unsaubere Vermischung schlecht zusammenpassender Programmierstile – im Gegenteil: Das Vorgehen in Abschnitt 4.5, in dem Funktionen wie Objekte benutzt wurden, funktionierte gerade *wegen* der Kombination von funktionalen Elementen und Nebenwirkungen.

Üblicherweise wird funktionale Programmierung aber trotzdem als eine dem imperativen Stil entgegengesetzte Art des Programmierens angesehen. Man definiert Funktionen und wendet sie auf Daten an, um neue Daten zu erhalten. Zuweisungen und Variablen sind dabei nicht nötig. In den Kapiteln 1 und 2 hatten wir diesen Stil als deklarative Programmierung kennengelernt.

In diesem Kapitel geht es darum, wie weit man mit der rein deklarativen Anwendung von Funktionen *und nur von Funktionen* kommt. Genügt es, wenn man nur den Operator function hat? Kein if, keine Zahlen, keine Rechenoperationen, kein define, keine Wahrheitswerte, keine Listen oder Arrays, nur Funktionen? Mit anderen Worten: Wie mächtig ist der Funktionsbegriff?

Schon in den 1930er Jahren untersuchten die Mathematiker Alonzo Church und Stephen Kleene anhand des (erst später so genannten) *Lambda-Kalküls* diese Frage.

Ohne es zu wissen, haben sie dabei wesentliche Grundlagen der Theoretischen Informatik gelegt – Jahre, bevor der erste Computer gebaut wurde. Es hat sich später gezeigt, dass man mit einem Computer, der über unbeschränkt viel Rechenzeit und Speicherplatz verfügt, genau dasselbe berechnen kann, was die Funktionen des Lambda-Kalküls berechnen können.

Der Lambda-Kalkül ist aus verschiedenen Gründen interessant:

- Er definiert eine Grenze zwischen dem, was Computer leisten können, und dem, was ihnen prinzipiell unmöglich ist,
- er zeigt, wie man das Mögliche mit minimalen konzeptionellen Mitteln beschreiben kann,
- und er ist der Urahn aller funktionalen Programmiersprachen.

Es ist eine bemerkenswerte Koinzidenz, dass in den Monaten, in denen Church und Kleene in den Vereinigten Staaten den Lambda-Kalkül untersuchten, der 23-jährige Student Alan Turing in England die Turingmaschine erfand, einen gedachten Computer mit CPU und Hauptspeicher (bei Turing hießen sie *machine* und *tape*, [45]). Die „Sprache" der Turingmaschinen ist durch und durch imperativ, während der Lambda-Kalkül rein funktional ist. Trotzdem sind beide gleich mächtig. Fairerweise sollte man erwähnen, dass schon 1929 Kurt Gödel in Wien einen Formalismus entwickelt hatte, der ebenfalls die berechenbaren Funktionen charakterisiert. Auch Gödel war damals erst 23 Jahre alt. Seinen legendären Unvollständigkeitssatz bewies er zwei Jahre später.

Die ersten Konzepte der funktionalen und der imperativen Programmierung entstanden also um 1935/36 unabhängig voneinander nahezu gleichzeitig – noch dazu zur selben Zeit, als in Berlin Konrad Zuse mit dem Entwurf der Z1 begann, des ersten programmgesteuerten Computers, der je gebaut wurde.

5.1.1   Lambda-Ausdrücke

Der Lambda-Kalkül operiert mit *Lambda-Ausdrücken*. Ein Lambda-Ausdruck ist eine Notation zur Beschreibung einer einstelligen Funktion. Es gibt drei Arten von Lambda-Ausdrücken:

1. Symbole
2. Funktionsdefinitionen: $(\lambda$ x e$)$ (x ein Symbol, e ein Lambda-Ausdruck)
3. Funktionsanwendungen: (f a) (f und a Lambda-Ausdrücke)

Ein Beispiel ist der Ausdruck $L = ((\lambda$ x $((\lambda$ y $((f$ x$)$ y$))$ b$))$ a$)$.

Die Syntax der Lambda-Ausdrücke ist nicht zufällig sehr ähnlich zu der von t.Scheme. Wenn man λ durch lambda ersetzt und die Argumente bei Funktionsdefinitionen in Klammern setzt, erhält man gültige t.Scheme-Ausdrücke.

Der t.Scheme-Ausdruck ((lambda (x) ((lambda (y) ((f x) y)) b)) a), der dem obigen Lambda-Ausdruck L entspricht, ist in t.Scheme gleichwertig mit ((f a) b). Auswerten kann ihn der Interpreter natürlich nur, wenn die Symbole a, b und f an geeignete Werte gebunden sind.

Im Lambda-Kalkül hat L als „Wert" den Ausdruck ((f a) b). Im Zusammenhang mit dem Lambda-Kalkül wird allerdings nicht von Auswertung gesprochen, man sagt stattdessen, der Lambda-Ausdruck sei *reduzierbar* zu ((f a) b).

5.1.2   Reduktion

Lambda-Ausdrücke dürfen nach gewissen *Reduktionsregeln* in andere Lambda-Ausdrücke umgeformt werden. Die Umformung soll möglichst eine Vereinfachung sein und natürlich soll sich die von dem Lambda-Ausdruck beschriebene Funktion nicht ändern.

Die beiden wichtigsten Reduktionen sind

- α-**Reduktion**: Parameter dürfen umbenannt werden. Dabei ist darauf zu achten, dass es nicht zu einem Konflikt mit anderen in dem Ausdruck benutzten Namen kommt. (λ a (f a)) $\rightarrow$ (λ x (f x)) ist erlaubt, aber (λ a (f a)) $\rightarrow$ (λ f (f f)) nicht.

- β-**Reduktion**: Eine Funktionsanwendung ((λ x e) a) darf in e[x$\rightarrow$a] umgeformt werden, wobei e[x$\rightarrow$a] der Lambda-Ausdruck ist, den man erhält, wenn alle Vorkommen von x in e durch a ersetzt werden. Auch dabei muss man auf Namenskonflikte achten.

Den Ausdruck L kann man mit zwei β-Reduktionen vereinfachen:

```
((λ x ((λ y ((f x) y)) b)) a)   →
((λ x ((f x) b)) a)             →
((f a) b)
```

Dabei haben wir „von innen nach außen" reduziert: Der innere Parameter y wurde vor dem weiter außen stehenden x wegreduziert. Ebenso gut hätten wir von außen nach innen reduzieren können. Wenn mehrere Reduktionen möglich sind, legt der Lambda-Kalkül keine Reihenfolge dafür fest.

Bei der β-Reduktion ((λ x e) a) $\rightarrow$ e[x$\rightarrow$a] ist darauf zu achten, dass nicht Namen in a mit Namen in e in Konflikt kommen:

Der Ausdruck $L' =$((λ x (λ y (x y))) y) würde durch direkte Anwendung einer β-Reduktion in (λ y (y y)) transformiert. Das äußere y von L' ist aber zugleich der Parametername von (λ y (x y)). Für eine semantikerhaltende β-Reduktion muss man vorher den Parameter y des inneren λ in L' mittels α-Reduktion umbenennen:

```
((λ x (λ y (x y))) y)   →
((λ x (λ z (x z))) y)   →
(λ z (y z))
```

Wenn ein Lambda-Ausdruck durch β-Reduktion nicht mehr weiter vereinfacht werden kann, ist er in *Normalform*. Nicht jeden Lambda-Ausdruck kann man in eine Normalform bringen.

Es gilt aber der *Satz von Church-Rosser*, wonach die Normalform eines Lambda-Ausdrucks, so sie existiert, bis auf Parameterumbenennungen eindeutig bestimmt ist und immer durch Reduktion „von außen nach innen" gefunden werden kann.

Die Einzelheiten des Lambda-Kalküls sind für uns nicht so wichtig. Wir schreiben im Folgenden (lambda (x) e) anstelle von (λ x e) und wenden einfach den Auswertungsmechanismus unseres Interpreters an. Damit wird aus dem Lambda-Kalkül die Programmiersprache t.Lambda.

t.Lambda ist nicht identisch mit dem Lambda-Kalkül, so wie t.Pascal nicht Pascal ist und t.Scheme nicht Scheme.

Beide Formalismen – der Lambda-Kalkül und t.Lambda – machen jedoch auf ganz ähnliche Weise deutlich, dass man *allein mit dem Datentyp Funktion* alles ausdrücken kann, was überhaupt mit Computern berechenbar ist.

5.2   `Function` **als universeller Typ**

5.2.1   Spielregeln

Das Prinzip von t.Lambda ist einfach: Die Auswertungsregeln des t.Scheme-Interpreters werden beibehalten, aber in der Initialisierungsdatei wird als einziges Symbol der Name `lambda` an den Operator `op[function]` gebunden.

Im Vergleich zum Lambda-Kalkül leisten wir uns in t.Lambda drei Freiheiten:

1. Mehrstellige Funktionen in der Art von `(lambda (x y z) ...)` sind zulässig. Diesen Luxus erlauben wir uns aber nur, nachdem wir uns davon überzeugt haben, dass man mehrstellige Funktionen durch einstellige ausdrücken kann. Das tun wir gleich im nächsten Abschnitt.

2. In t.Lambda dürfen Funktionen mit `bind` an Namen gebunden werden. Auch im Lambda-Kalkül kann man Funktionen benennen, aber nur dadurch, dass man sie als Argument einer anderen Funktion verwendet, also so: `((λ f e) fun)`. Im Rumpf `e` des Lambda-Ausdrucks ist der Lambda-Ausdruck `fun` dann an den Namen `f` gebunden.

   Allerdings ist der Name `f` auf diese Weise nur in `e` bekannt, nicht in dem Lambda-Ausdruck `fun`. (Dasselbe Problem ist uns schon begegnet, als wir den Unterschied zwischen dem `let` in t.Scheme und in Scheme diskutiert haben, vgl. S. 220.) Daraus folgt für t.Lambda, dass wir mit `bind` keine rekursiven Funktionen binden dürfen, wenn wir uns am Lambda-Kalkül orientieren wollen.

3. Die Verwendung von *nichtrekursiven* Makros ist in t.Lambda erlaubt. Dadurch kommt offensichtlich nichts hinzu, was nicht auch ohne Makros ausgedrückt werden könnte: Überall dort, wo ein Makroaufruf steht, könnte man ihn vor der Auswertung durch den entsprechend expandierten Makrorumpf ersetzen.

Wirklich notwendig ist für das Funktionieren von t.Lambda nur die Zeile

```
((op bind) lambda (op function))
```

in der Initialisierungsdatei. Die ebenfalls definierten Operatoren `bind` und `macro` könnte man, wie gesagt, auch weglassen. Sie dienen nur der besseren Lesbarkeit.

Currying

Dasselbe gilt für die Verwendung mehrstelliger Funktionen. Man kann zum Beispiel jede zweistellige Funktion durch die Hintereinanderausführung von zwei einstelligen Funktionen ersetzen (das Folgende ist t.Scheme-Code):

```
-> (define (cons-with x)
      (lambda (ls) (cons x ls)))
function[cons-with]
-> ((cons-with 'a) '(b c d))
(a b c d)
```

Hier wird zunächst die Funktion `cons-with` auf `'a` angewendet. Das Resultat ist eine Funktion, die eine Liste um das Symbol a verlängert, sie wird auf `'(b c d)` angewendet.

Die Funktion `cons-with` ist die „gecurryte" einstellige Version der zweistelligen Funktion `cons`. Das etwas seltsame Wort erinnert an den Logiker Haskell B. Curry, nach dem auch die Programmiersprache Haskell benannt ist.

In analoger Weise kann man jede beliebige Anwendung (f x y) einer zweistelligen Funktion f darstellen in der Form (((curry f) x) y), wobei curry wie folgt definiert ist:

```
;   Gecurryte Version der zweistelligen Funktion f
(bind curry (lambda (f) (lambda (x) (lambda (y) (f x y)))))
```

Mit dieser Notation können wir cons-with durch (curry cons) definieren.

Ganz entsprechend macht Currying aus einer n-stelligen eine $(n-1)$-stellige Funktion. Dabei wird das erste Argument verbraucht, um eine Funktion der restlichen Argumente zu erzeugen.

Man kann das Currying auch rückgängig machen:

```
;   Gecurryte Funktion f in ihre zweistellige Form zurückverwandeln
(bind uncurry (lambda (f) (lambda x y) ((f x) y)))
```

Damit erhält man cons aus cons-with.

5.2.2 Boolesche Werte

Was nun folgt, ist eine Art Bootstrap. Wir müssen die Standardtypen wie boolesche Werte, Zahlen und Listen ausschließlich durch Funktionen ausdrücken, wobei wir darauf zu achten haben, keine rekursiven Funktionen zu benutzen.

Als Erstes verschaffen wir uns Wahrheitswerte und bedingte Ausdrücke:

```
;   boolesche Konstanten und bedingte Ausdrücke
(bind true  (lambda true (x y) x))
(bind false (lambda false (x y) y))
(bind if    (lambda (c x y) (c x y)))
```

Mathematisch gesehen sind true und false *zweistellige Projektionen*. Im Prinzip könnten wir als Wahrheitswerte beliebige Funktionen wählen. Hier sind sie keineswegs willkürlich festgelegt, sondern sorgfältig auf die Implementierung von if abgestimmt: Wenn cond wahr ist, führt (if cond e_1 e_2) zu dem Aufruf (true v_1 v_2), wobei v_i der Wert von e_i sei. Die Funktion true gibt ihr erstes Argument, also v_1, zurück. Analog ergibt (if cond e_1 e_2) den Wert v_2, wenn cond falsch ist.

Wir probieren das im t.Lambda-Interpreter aus:

```
-> (bind a (function a (x) x))
-> (bind b (function b (x) x))
-> (if true a b)
function[a]
-> (if false a b)
function[b]
```

Als Argumente haben wir hier zwei beliebige Funktionen gewählt. Die internen Namen helfen, sie im Resultat wiederzuerkennen, haben aber natürlich auf den Verlauf der Auswertung keinerlei Einfluss.

Die booleschen Funktionen and, or und not definieren wir ganz „Lambda-funktional":

```
;   boolesche Funktionen
(bind and (lambda (x y) (x y x)))
(bind or  (lambda (x y) (x x y)))
(bind not (lambda (x)   (x false true)))
```

Natürlich ist an eine Kurzschluss-Semantik bei dieser Darstellung nicht zu denken: and und or werten immer ihre beiden Argumente aus. Das tut im Moment auch noch die Funktion if. Nach der Auswertung beider Argumente wirft sie einfach eines der Resultate weg.

5.2.3   Church-Listen

So wie die Darstellung boolescher Werte auf den zweistelligen Projektionen $(x, y) \mapsto x$ und $(x, y) \mapsto y$ beruht, werden Listen mit Hilfe von *dreistelligen Projektionen* definiert. Die Idee dazu geht auf Church zurück.

Wir geben den Projektionen Namen:

```
;   Dreistellige Projektionen
(bind first  (lambda (x y z) x))
(bind second (lambda (x y z) y))
(bind third  (lambda (x y z) z))
```

Zur Definition von Listen benutzen wir die Tatsache, dass jede Funktion ihre Argumente kennt:

```
;   Konstruktor für Listen
(bind cons (lambda (x ls) (lambda (f) (f x ls false))))
```

Wenn man eine so konstruierte Liste auf eine der dreistelligen Projektionen anwendet, erhält man eines der drei Argumente x, ls oder false als Wert. Das erklärt die nächsten Definitionen:

```
(bind nil  (lambda nil  (f)  (f error error true)))
(bind car  (lambda (ls) (ls first)))
(bind cdr  (lambda (ls) (ls second)))
(bind nil? (lambda (ls) (ls third)))


;   Fehlerkonstante
(bind error (lambda error (x) false))
```

Die Definition von nil? mit Hilfe der Projektion auf das dritte Argument ist so gewählt, dass (nil? ls) für eine mit cons erzeugte Liste ls den Wert function[false] zurückgibt, während die leere Liste als dritte Komponente true hat, sodass (nil? nil) zu function[true] auswertet.

Für die leere Liste sind Kopf und Rumpf nicht spezifiziert. Da es in t.Lambda den Operator throw nicht gibt, wird eine willkürlich gewählte Fehlerfunktion zurückgegeben:

```
-> (car nil)
function[error]
```

Ansonsten funktionieren diese Listen weitgehend so wie gewohnt:

```
-> (bind ls (cons a (cons b nil)))
-> (car ls)
function[a])
-> (car (cdr ls))
function[b]
-> (cdr (cdr ls))
function[nil]
```

Allerdings können wir nicht sehr viel damit anfangen, da es zu den Spielregeln von t.Lambda gehört, dass keine rekursiven Funktionen definiert werden. Nur dadurch ist die Kompatibilität zum Lambda-Kalkül gesichert. Um dieses Problem werden wir uns in Abschnitt 5.4.2 kümmern.

5.2.4 Church-Zahlen

Funktionen als Zahlen

Als Nächstes verschaffen wir uns natürliche Zahlen. Aus Abschnitt 2.4.1 wissen wir, dass man dazu eine beliebige Repräsentation der Null und eine Nachfolgerfunktion next braucht:

```
;   Hintereinanderausführung
(bind compose (lambda (f g) (lambda (x) (f (g x)))))


;   Basisfunktionen für natürliche Zahlen
(bind zero  (lambda zero (f) (lambda (x) x)))
(bind next  (lambda (n) (lambda (f) (compose f (n f)))))
```

Eine natürliche Zahl n wird dabei durch die n-fache Funktionsanwendung dargestellt, d. h. durch einen Lambda-Ausdruck der Gestalt

```
(lambda (f) fⁿ).
```

Einigen Zahlen geben wir Namen:

```
(bind one    (next zero))
(bind two    (next one))
(bind three (next two))
```

Alle Church-Zahlen außer der Null haben dieselbe Stringdarstellung function[]. Um den Zahlenwert in Dezimaldarstellung zu sehen, springen wir für einen Moment aus dem Lambda-Kalkül heraus und erlauben uns, die (in der Initialisierungsdatei von t.Lambda definierte) Funktion inc zu benutzen:

```
-> (bind decimal (lambda (n) ((n inc) 0)))
-> (decimal two)
2
```

inc inkrementiert eine „Standard"-Zahl um 1. Eine Anzeigefunktion wie decimal ist nur eine Sache der Bequemlichkeit. t.Lambda ist nicht „Wysiwyg" (what you see is what you get). Es wäre im Sinne einer Simulation des Lambda-Kalküls auch akzeptabel, wenn alle Werte nach außen gleich aussehen würden. In t.Scheme hat es uns auch nicht gestört, dass die unterschiedlichsten anonymen Funktionen dieselbe externe Darstellung haben. Trotzdem ist es natürlich hilfreich, wenn Resultate lesbar sind.

Addition und Multiplikation

Das Besondere an den Church-Zahlen ist, wie einfach man die meisten Rechenoperationen implementieren kann. Aus der für alle natürlichen Zahlen n, m gültigen Beziehung $f^m \circ f^n = f^{n+m}$ folgt unmittelbar:

```
;   Addition von Church-Zahlen
(bind plus (lambda (m n) (lambda (f) (compose (m f) (n f)))))
```

Wer mag, kann dafür auch einen Lambda-Ausdruck ohne extern gebundene Namen schreiben:

```
;   Addition von Church-Zahlen
(bind plus (lambda (n m) (lambda (f) (lambda (x) ((m f) ((n f) x))))))
```

Multiplikation und Potenzen bekommt man noch deutlich einfacher:

```
;   Multiplikation von Church-Zahlen
(bind mult compose)

;   Potenz n^m für Church-Zahlen
(bind power (lambda (n m) (m n)))
```

Kurzes Ausprobieren:

```
-> (decimal (power two (mult two (plus two three))))
1024
```

Man verliert schnell das Gefühl dafür, dass Church-Zahlen Funktionen sind – es ist ja auch der Sinn von Programmiersprachen, ihre Benutzer von den Details darunter liegender Abstraktionsebenen abzuschirmen. Trotzdem möchte man manchmal in die von t.Lambda erzeugten Funktionen hineinsehen. Dafür stellt die Initialisierungsdatei ein paar Hilfen zur Verfügung:

```
-> (relambda three)           ; Darstellung von three als Lambda-Ausdruck
(lambda (f) (compose f (n f)))
-> (context three)            ; Kontext der Funktion three
({n} {..})
-> (decimal (value n three))  ; n im Kontext von three hat den Wert two
2
```

relambda ist aus den t.Scheme-Funktionen formals und body zusammengeschraubt, value ist ein Makro, das eval aufruft – alles einfacher Code, der von t.Scheme geborgt ist.

Subtraktion

Die Subtraktion macht mehr Mühe. In t.Lisp hatten wir sie rekursiv definiert (S. 78), das geht nach den Spielregeln von t.Lambda nicht. Es hält sich ein hartnäckiges Gerücht, wonach Church selber zunächst an der Subtraktion gescheitert sei. Die folgende (im Nachhinein einfach aussehende) Idee stammt von Kleene.

Es genügt, eine Vorgängerfunktion zu finden, dann ist die Subtraktion trivial. Das macht man mit Hilfe von Paaren natürlicher Zahlen:

$$(0,0) \to (0,1) \to (1,2) \to \ldots \to (n-1,n).$$

Hier wird von $(0,0)$ ausgehend n-mal die Funktion $(x,y) \mapsto (y,y+1)$ angewendet. Die erste Komponente des Endresultats ist der gesuchte Vorgänger von n.

Die Umsetzung in t.Lambda-Code:

```
;   Paar (x y) erzeugen
(bind pair (lambda (x y) (cons x (cons y nil))))

;   Linkes Element eines Paares p
(bind left car)

;   Rechtes Element eines Paares p
(bind right (lambda (p) (car (cdr p))))

;   Kleenes Abbildung: (x, y) |--> (y, y+1)
(bind kleene (lambda (p) (pair (right p) (next (right p)))))

;   Vorgängerfunktion
(bind pred (lambda (n) (left ((n kleene) (pair zero zero)))))

;   Subtraktion m - n
(bind minus (lambda (m n) ((n pred) m)))
```

Der Vorgänger (pred zero) der Null ist bei dieser Definition wieder die Null, (minus m n) berechnet also $\max(m - n, 0)$.

Relationen

Für einen „normalen" Umgang mit Church-Zahlen fehlen noch die Vergleichsrelationen. Im Lambda-Kalkül gibt es den Operator = nicht. Eine Implementierung, die entscheidet, ob zwei Funktionen für jede Eingabe dasselbe Resultat liefern, kann es im Lambda-Kalkül nicht geben. (Das ist eine Folge der Unentscheidbarkeit des Halteproblems.)

Ein Vergleich von Church-Zahlen oder -Listen ist aber möglich. Für die Entscheidung, ob zwei Church-Zahlen gleich sind, genügt eine Funktion zero?, die testet, ob ihr Argument null ist. Darauf kann man dann die Vergleichsrelationen zurückführen:

```
;    Vergleichsrelationen für Church-Zahlen
(bind less? (lambda (m n) (not (zero? (minus n m)))))
(bind leq?  (lambda (m n) (zero? (minus m n))))
(bind eq?   (lambda (m n) (and (leq? m n) (not (less? m n)))))
```

Die Implementierung von (zero? n) beruht auf der n-fachen Anwendung der konstanten Funktion mit dem Wert false auf das Argument true. Wenn $n = 0$ ist, die Funktion also keinmal angewendet wird, erhält man true, bei mindestens einmaliger Anwendung dagegen den Wert der Konstanten, also false:

```
;    Entscheidet n = 0
(bind zero? (lambda (n) ((n (lambda (x) false)) true)))
```

Damit können wir auch die Gleichheit von Church-Zahlen testen.

5.3   Rekursion in t.Lambda

5.3.1   Primitive Rekursion

In t.Lambda ist Rekursion nicht erlaubt (dieses Verbot gehört zu den Spielregeln des Lambda-Kalküls) und Iteration nicht möglich. Zumindest sieht es auf den ersten Blick so aus. Eine gewisse Form der Iteration kann man aber mit dem Trick, den wir für die Funktion zero? benutzt haben, doch verwirklichen:

Einen iterativen Ablauf der Form

$$x \to f(x) \to f(f(x)) \to \ldots \to f^n(x)$$

kann man mit Hilfe von Church-Zahlen durch ((n f) x) beschreiben, weil (n f) für eine Church-Zahl n und eine Funktion f genau die n-fache Anwendung von f bedeutet.

Auf diese Weise lassen sich viele Funktionen auf den natürlichen Zahlen implementieren, die üblicherweise rekursiv beschrieben werden. Ein Standardbeispiel für Rekursion ist die Fakultätsfunktion. Nichtrekursiv lässt sich $n!$ in der folgenden Weise berechnen:

$$(n, 1) \to (n-1, n) \to (n-2, n\cdot(n-1)) \to (n-3, n\cdot(n-1)\cdot(n-2)) \to \ldots \to (0, n!)$$

Die Schrittfunktion f ist dabei $f(x, y) = (x - 1, x \cdot y)$. In t.Lambda sieht das dann so aus:

```
;    Schrittfunktion
(bind step (lambda (p) (pair (pred (left p)) (mult (left p) (right p)))))

;    Fakultät
(bind factorial (lambda (n) (right ((n step) (pair n one)))))
```

Damit haben wir eine deklarative, nichtrekursive Implementierung der Fakultätsfunktion. Sie funktioniert:

```
-> (decimal (factorial (mult two three)))
   720
```

Niemand behauptet, dass diese Implementierung effizient ist. Im Protokoll-Modus kann man feststellen, dass bei der Berechnung von `(factorial (mult two three))` insgesamt 1588 Listen ausgewertet werden.

Die Grundidee erinnert an das iterative Schema, das hinter der Auswertung einer endrekursiven Funktion steckt (S. 240). Bei endrekursiven Abläufen wird der Zustand einer Rechnung ebenfalls schrittweise weitergegeben; damit hat man die Möglichkeit, iterative Berechnungen endrekursiv und damit auch zustandsfrei zu beschreiben.

Besteht Hoffnung, mit der obigen Idee eine Form der Endrekursion in t.Lambda zustande zu bringen? Leider nicht. Was man mit dem eben skizzierten Vorgehen erreicht, sind nur iterative Berechnungen, bei denen die Anzahl der Schleifendurchläufe vor der ersten Ausführung des Schleifenrumpfs bereits feststeht. Damit kann man genau die Klasse der *primitiv rekursiven Funktionen* implementieren. Das sind die Funktionen, die in einer imperativen Sprache wie t.Pascal mit Schleifen des Typs `(for i 1 n expr)` als einziger Wiederholungsmöglichkeit beschreibbar sind, ohne While-Schleifen und ohne Rekursion.

Es gibt viele Funktionen, die nicht primitiv rekursiv sind. Wie kann man sie in t.Lambda programmieren?

5.3.2 Bedingte Ausdrücke und Rekursion

Warum soll man eigentlich in t.Lambda keine Rekursion zulassen? Was geschieht, wenn man es doch tut? Probieren wir es aus:

```
;   gibt die Länge der Church-Liste ls zurück
(bind length (lambda (ls)
       (if (nil? ls) zero (next (length (cdr ls))))))
```

Die Ausführung ergibt einen etwas kryptischen Fehler:

```
-> (bind ls (cons two (cons one nil)))
-> (length ls)
Error: function[false] expects 2 arguments
```

Verantwortlich für diesen Fehler ist die Definition von `if` (S. 271). Sie sieht so schön einfach aus:

```
;   Lambda-Ausdruck für if
(bind if (lambda (c x y) (c x y)))
```

Wenn wir uns aber vor Augen halten, dass Funktionen *strikt* sind, also ihre sämtlichen Argumente auswerten, bevor mit der Auswertung des Rumpfs begonnen wird, klärt sich das Problem: Die Striktheit führt dazu, dass beide Argumente, `two` und `(next (length (cdr ls)))`, ausgewertet werden. Das ergibt den nächsten Aufruf von `length` etc. Es könnte einen Stack-Überlauf geben, aber vorher wird schon `(cdr nil)` berechnet. Das geht eher zufällig noch gut, der Wert ist `function[error]`. Aber nach zwei weiteren Anwendungen von `cdr` geht die Auswertung nicht weiter – lange bevor der Stack voll ist.

Bevor an Rekursion in t.Lambda ernsthaft zu denken ist, müssen wir dieses Problem lösen. Im mathematischen Lambda-Kalkül existiert es nicht, weil man (c x y) immer zu x oder y reduzieren kann, aber in t.Lambda, das die strikte Semantik der Funktionen von seiner Muttersprache t.Scheme geerbt hat, scheint es auf den ersten Blick unüberwindlich zu sein, weil ja alles auf Funktionen zurückgeführt wird.

Die Lösung besteht darin, jedes Vorkommen von (if c x y) durch den Ausdruck ((c (lambda () x) (lambda () y))) zu ersetzen. Bei dieser Formulierung werden immer noch beide Argumente von c ausgewertet, aber das führt nicht zu weiteren Auswertungen, weil Funktionen ihren Rumpf unausgewertet speichern. Die Bedingung c ist true oder false, selektiert also einen der Lambda-Ausdrücke – die Wahrheitswerte von t.Lambda sind ja Projektionsfunktionen. Das umgebende äußere Klammerpaar sorgt schließlich dafür, dass der gewählte Lambda-Ausdruck ausgewertet wird.

Damit ist gezeigt, wie man trotz der Striktheit in t.Lambda bedingte Ausdrücke formulieren kann. Die Umformulierung von (if c x y) in ((c (lambda () x) (lambda () y))) muss man nicht von Hand vornehmen, genau für solche Zwecke gibt es Makros:

```
;   Neue Definition für if
(delete if)                          ; bisherige Definition von if löschen
(bind if (macro if (c x y) ((c (lambda () x) (lambda () y)))))
```

Jetzt funktioniert die rekursive Funktion length in t.Lambda:

```
-> (length ls)
function[]
-> (eq? % two)
function[true]
```

5.3.3   Elimination von Rekursion

Trotzdem bleibt die Frage offen, wie man mit Lambda-Ausdrücken das zuwege bringt, was üblicherweise durch Rekursion erreicht wird. Im Lambda-Kalkül der Mathematik gibt es keinen bind-Mechanismus und damit auch nicht die Möglichkeit, dass eine Funktion sich unter ihrem eigenen Namen aufruft. Wenn t.Lambda diesen Kalkül in Form einer Programmiersprache zum Leben erwecken soll, müssen wir uns schon an die Vorgabe halten und rekursive Definitionen vermeiden.

Wie kann man eine rekursive Funktion nichtrekursiv umformulieren? Diese Frage ist nicht nur im Zusammenhang mit dem Lambda-Kalkül von Interesse.

Die Elimination von Rekursion

Die Elimination jeder Form von Rekursion ist erstaunlich einfach, wenn man das Prinzip einmal gesehen hat. Sie funktioniert in allen Programmiersprachen, die Funktionen als Daten erster Klasse behandeln, insbesondere natürlich auch in t.Lambda.

Wir bleiben bei dem einfachen Beispiel der Berechnung der Länge einer Liste. In der Definition am Anfang des vorigen Abschnitts kommt im Rumpf der Funktion length der Name length vor. Dieser Name ist in dem Lambda-Ausdruck (lambda (ls) (if (nil? ls) zero (next (length (cdr ls))))) *frei* in dem Sinn, dass er nicht durch ein Lambda gebunden ist.

Damit wird erreicht, dass der Lambda-Ausdruck sich selbst kennt und aufrufen kann. Wie kann man einem Lambda-Ausdruck noch Kenntnis von einer Funktion geben? Natürlich indem man f als *zusätzlichen Parameter* übergibt. Der rekursive Aufruf, in dem der externe Name benutzt wird, muss dann eben durch die Benutzung des zusätzlichen Funktionsparameters ersetzt werden.

Diese Überlegung führt im ersten Versuch auf den folgenden Code:

```
;   Funktioniert so noch nicht
(bind length* (lambda (f ls)
    (if (nil? ls) zero (plus one (f (cdr ls)))))))
```

In der Anwendung übergibt man die Funktion `length*` an sich selbst als Argument: `(length* length* ls)`. Damit wird `length*` zwar mit der richtigen Art und Anzahl von Argumenten aufgerufen, aber dem Aufruf `(f (cdr ls))` im Rumpf von `length*` fehlt das Funktionsargument.

In der korrigierten Definition von `length*` wird deshalb f *mit sich selbst als zusätzlichem Argument* aufgerufen, genauso wie `length*` bei dem Aufruf `(length* length* ls)`:

```
;   Korrigierte Version
(bind length* (lambda (f ls)
    (if (nil? ls) zero (plus one (f f (cdr ls))))))

;   Länge der Church-Liste ls, ohne Rekursion formuliert:
(bind length (lambda (ls)
    (length* length* ls)))
```

Auf diese Weise wird der Funktionsparameter im Rumpf des Lambda-Ausdrucks nicht nur angewendet, sondern zusätzlich als Wert weitergegeben. Es funktioniert tatsächlich:

```
-> (bind ls (cons two (cons one (cons zero nil))))
-> (decimal (length ls))
3
```

Um es nochmals deutlich zu sagen: „Rekursionsfrei" bedeutet nicht, dass im Verlauf der Rechnung kein Stack aufgebaut würde. Im Protokoll-Modus kann man sehen, dass die Auswertung von `(length* length* ls)` einen genauso großen Stack aufbaut wie die rekursive Berechnung.

Mit Rekursion ist die Abhängigkeit einer Funktion von einer externen Bindung an ihren eigenen Funktionsnamen gemeint. Die Funktion `length` ist davon frei, sie funktioniert auch als anonymer Lambda-Ausdruck (vgl. S. 222). In der Definition könnten wir diesen Ausdruck jeweils einsetzen, anstatt ihn mit seinem Namen zu nennen:

```
;   Länge der Church-Liste ls, äquivalent zu der vorangehenden Definition
(bind length (lambda (ls)
    ((lambda (f ls) (if (nil? ls) zero (plus one (f f (cdr ls)))))
     (lambda (f ls) (if (nil? ls) zero (plus one (f f (cdr ls))))) ls)))
```

Damit hängt `length` nur von den Namen einiger nichtrekursiver Funktionen, Operatoren und Konstanten ab, die wir im Lambda-Kalkül alle schon mit Hilfe von Lambda-Ausdrücken implementiert haben.

Als zweites Beispiel überführen wir die Listenfunktion `map` in eine nichtrekursive Form. Die rekursive Definition sieht in Lambda-Schreibweise so aus:

```
;   Einstellige Funktion g auf jedes Element der Church-Liste ls anwenden
(bind map (lambda (g ls)
    (if (nil? ls) nil (cons (g (car ls)) (map g (cdr ls))))))
```

Bei der „Entrekursifizierung" muss man wieder darauf achten, dass der Funktionsparameter f, der in der nichtrekursiven Version die rekursive Benutzung von map ersetzt, doppelt vorkommt. Das erste Auftreten von f in der folgenden Definition ersetzt die Anwendung von map, das zweite dient der Übergabe von f als Parameter an sich selbst:

```
;   (map* map* g ls) tut dasselbe wie (map g ls), aber ohne Rekursion
(bind map* (lambda (f g ls)
    (if (nil? ls) nil (cons (g (car ls)) (f f g (cdr ls))))))

;   Rekursionsfreie Version von map
(bind map (lambda (g ls)
    (map* map* g ls)))
```

Es ist hilfreich, die obigen Definitionen in t.Scheme mit „richtigen" Zahlen und Listen an einigen Beispielen zu testen.

Entfernen von mehrfacher und indirekter Rekursion

Das Verfahren, Rekursion durch einen Funktionsparameter zu eliminieren, ist nicht auf einfache Rekursion beschränkt. Wir können uns davon am Beispiel der Fibonacci-Zahlen überzeugen. Die rekursive Definition (S. 34) sieht als Lambda-Ausdruck so aus:

```
;   n-te Fibonacci-Zahl in t.Lambda
(bind fibo (lambda (n)
    (if (less? n two) n (plus (fibo (minus n two)) (fibo (minus n one))))))
```

Das Einfügen eines Funktionsparameters ergibt die nichtrekursive Form:

```
;   Rekursionsfreie Berechnung der Fibonacci-Zahlen in t.Lambda
(bind fibo* (lambda (f n)
    (if (less? n two) n (plus (f f (minus n two)) (f f (minus n one))))))
```

Wir probieren das anhand der Berechnung der 15. Fibonacci-Zahl:

```
-> (bind fifteen (mult three five))
-> (fibo* fibo* fifteen)
function[]
-> (decimal %)
610
```

Die Auswertung von (fibo* fibo* fifteen) dauert schon einen merklichen Sekundenbruchteil. Dies liegt daran, dass die nichtrekursive Funktion fibo* selbstverständlich kein bisschen schneller ist als die hoffnungslos ineffiziente, doppeltrekursive Originalversion. Wer sich davon überzeugen möchte, dass hier rein funktionale Programmierung stattfindet, gebe vor der Auswertung (trace fibo*) ein.

Auch indirekte Rekursion kann man nach demselben Prinzip loswerden. In Kapitel 4 hatten wir die Elimination von indirekter Endrekursion an den Funktionen even? und odd? demonstriert (S. 236). Wir übersetzen die beiden Funktionen nach t.Lambda:

```
;   Ist n gerade?
(bind even? (lambda (n)
    (if (zero? n) true (odd? (minus n one)))))

;   Ist n ungerade?
(bind odd? (lambda (n)
    (if (zero? n) false (even? (minus n one)))))
```

Der einzige Unterschied im Vorgehen ist, dass wir jetzt *zwei* zusätzliche Funktionsparameter übergeben müssen, die jeweils beide weitergereicht werden:

```
(bind even* (lambda (f g n)
    (if (zero? n) true (g f g (minus n one)))))

(bind odd* (lambda (f g n)
    (if (zero? n) false (f f g (minus n one)))))
```

Die beiden Parameter f und g müssen bei der Anwendung mit even* bzw. odd* initialisiert werden:

```
;   Ist n gerade?
(bind even? (lambda (n) (even* even* odd* n)))

;   Ist n ungerade?
(bind odd? (lambda (n) (odd* even* odd* n)))
```

Auch dieses Beispiel hat ganz offensichtlich nur theoretische Bedeutung. Es macht aber nochmals die Behauptung glaubhaft, dass man auf diese Weise tatsächlich jede rekursive Funktion rekursionsfrei machen kann.

Damit sind wir im Prinzip fertig mit dem Nachweis, dass man allein mit Hilfe von Funktionen alles berechnen kann, was überhaupt berechenbar ist: Wir haben boolesche Werte, ganze Zahlen und Listen definiert und wissen, wie man ohne das Mittel der Rekursion jede Funktion implementieren kann, auch solche, die normalerweise rekursiv formuliert werden.

Rekursion und Fixpunkteigenschaft

Man versteht den theoretischen Hintergrund der Elimination von Rekursion möglicherweise etwas besser, wenn man der Tradition des Lambda-Kalküls folgt und den zusätzlichen Parameter f mittels Currying in einen eigenen Lambda-Ausdruck auslagert. Zur Erinnerung: Beim Currying wird eine Funktion von zwei Argumenten durch zwei Funktionen von je einem Argument ersetzt, aus (f x y) wird dann ((f x) y).

Wir schreiben die Funktion length* noch einmal, diesmal in „gecurryter" Form:

```
;   length* mit Currying
(bind length* (lambda (f) (lambda (ls)
    (if (nil? ls) zero (next ((f f) (cdr ls)))))))
```

Man beachte, dass im Rumpf von length* jetzt ((f f) (cdr ls)) anstelle von bisher (f f (cdr ls)) steht: Der Funktionsparameter f wird auf sich selbst angewendet. Die Definition von length in gecurryter Schreibung wird ebenfalls zu einer Selbstanwendung:

```
;   Länge der Church-Liste ls
(bind length (length* length*))
```

Anstatt die Funktion length* zu bilden, hätte es eigentlich näher gelegen, die folgende Funktion zu definieren:

```
;   'Funktionale Abstraktion' der rekursiven Funktion length
(bind LENGTH
    (lambda (f) (lambda (ls) (if (nil? ls) zero (next (f (cdr ls)))))))
```

Bei dieser Funktion ist nur der freie Name `length` in dem ursprünglichen Lambda-Ausdruck in den Funktionsparameter `f` umgewandelt worden. Diese Umwandlung einer rekursiven Funktion in einen Lambda-Ausdruck wird manchmal als *funktionale Abstraktion* bezeichnet.

Die Funktionen `LENGTH` und `length` hängen eng zusammen: `length` ist ein Fixpunkt von `LENGTH`. (Ein Punkt $x \in X$ heißt *Fixpunkt* einer Funktion $f : X \to X$, wenn $f(x) = x$ gilt.) Bei der Auswertung von (`LENGTH length`) wird nämlich eine Funktion L erzeugt, deren Rumpf der Ausdruck

```
(lambda (ls) (if (nil? ls) zero (next (f (cdr ls)))))
```

ist und in deren Kontext der formale Parameter `f` an den Wert von `length` gebunden ist. Wenn (`length (cdr ls)`) die Länge von (`cdr ls`) ist, dann ist demnach (L `ls`) die Länge von `ls`. Wenn also `length` die Länge einer Liste korrekt berechnet, dann tut (`LENGTH length`) das offenbar auch.

Man kann das am Beispiel ausprobieren:

```
-> (bind ls (cons two (cons one (cons zero nil))))
-> (decimal ((LENGTH length) ls))
3
```

Das gilt ganz allgemein: Jede einstellige Funktion f, ob rekursiv oder nicht, ist Fixpunkt ihrer funktionalen Abstraktion F. Das ist keine tiefgreifende Aussage, sondern fast trivial: Wenn e der Lambda-Ausdruck ist, durch den f erzeugt wird, dann ist F das Resultat der Auswertung von (`lambda (f)` e$[f\to f]$).

Oben wurde zum Beispiel in e = (`lambda (ls) (if (nil? ls) ...)`) der Name `length` durch `f` ersetzt, dadurch entstand die funktionale Abstraktion F = `LENGTH`.

Die Anwendung (F f) erzeugt in t.Lambda also eine Funktion g mit dem Rumpf e$[f\to f]$, deren Kontext gegenüber f um einen Rahmen größer ist, in dem `f` an die Funktion f gebunden ist. Daraus erkennt man, dass sich die beiden Funktionen $g = (F$ $f)$ und f nicht unterscheiden.

Natürlich gilt das erst recht für nichtrekursive Funktionen f. In diesem Fall kommt f in e nicht vor; es ist nichts auszutauschen.

Auch dafür ein t.Lambda-Beispiel:

```
-> (bind square (lambda (n) (mult n n)))
-> (bind SQUARE (lambda (f) (lambda (n) (mult n n)))) ; Abstraktion
-> (bind g (SQUARE square))
-> (relambda g)
(lambda (n) (mult n n))
-> (decimal (g five))
25
```

Das wirklich Erstaunliche in diesem Zusammenhang ist nicht die Fixpunkteigenschaft, sondern die Tatsache, dass man im Lambda-Kalkül zu der funktionalen Abstraktion F einer beliebigen rekursiv definierten Funktion immer einen Fixpunkt finden und diese Konstruktion durch einen Lambda-Ausdruck beschreiben kann. Das werden wir uns im nächsten Abschnitt genauer ansehen.

5.4   m.Lambda – ein makrobasierter Lambda-Kalkül

5.4.1   Funktionale Programmierung ohne Funktionen

Mit dem Lambda-Kalkül selbst haben wir uns in diesem Kapitel wenig beschäftigt. Der wesentliche Unterschied zwischen dem Lambda-Kalkül und t.Lambda liegt darin, dass t.Lambda eine auf Auswertung beruhende Programmiersprache ist, bei der genau festgelegt ist, was jeweils als Nächstes ausgewertet wird, während im Lambda-Kalkül Lambda-Ausdrücke durch Termersetzungen in andere Lambda-Ausdrücke umgeformt werden, wobei es keineswegs festliegt, welche Umformungsregel jeweils angewandt wird – bei komplexeren Lambda-Ausdrücken gibt es viele Möglichkeiten.

Hinter dieser Unbestimmtheit des Lambda-Kalküls steht die Absicht, alle denkbaren Interpretationen des Begriffs „Funktion" zu berücksichtigen, indem die Annahmen über das, was genau eine Funktion ist, so schwach wie möglich gehalten werden.

In unserem Interpreter stehen uns zwei funktionsartige Konstrukte zur Verfügung, die Typen Function und Makro. Wenn es stimmt, dass der Lambda-Kalkül den Funktionsbegriff weitgehend voraussetzungsfrei modelliert, dann sollte es möglich sein, unseren simulierten Lambda-Kalkül mit Makros anstelle von Funktionen durchzuspielen.

Es zeigt sich, dass das nicht nur möglich ist, sondern dass sich Makros – deren Semantik ja ähnlich wie die des Lambda-Kalküls auf einem Ersetzungsprozess beruht – sehr gut für diesen Zweck eignen.

Um aus t.Lambda den makrobasierten Lambda-Kalkül m.Lambda zu machen, genügt eine winzig kleine Änderung in der Initialisierungsdatei. Der Name lambda, bisher an den Operator function gebunden, steht nun für den Operator macro.

Für die Initialisierung von m.Lambda genügen die beiden Zeilen

```
;   Initialisierungsfile für m.Lambda
((op bind) bind (op bind))
(bind lambda (op macro))
```

Der gesamte „Bootstrap" – die Definitionen von booleschen Konstanten, Listen, Zahlen und die Elimination von Rekursion – bleibt unverändert.

Eine Änderung nehmen wir freiwillig vor: Die Definition von if in t.Lambda mussten wir gegenüber dem Lambda-Kalkül ändern (S. 277). Der Grund für die Änderung war die Striktheit von Funktionen. Makros sind nicht strikt, deshalb kehren wir zu der Definition zurück, die auch im Lambda-Kalkül verwendet wird:

```
;   Bedingte Ausdrücke
(bind if (lambda (c x y) (c x y)))
```

Wir steigen gleich mutig in die m.Lambda-Programmierung ein – sie unterscheidet sich in nichts von der in t.Lambda:

```
;   Intervall n..m
(bind RANGE (lambda (f)
    (lambda (n m) (if (less? m n) nil (cons n (f (next n) m))))))
(bind range* (lambda (f)
    (lambda (n m) (if (less? m n) nil (cons n ((f f) (next n) m))))))
(bind range (range* range*))
```

```
;   Reduktion einer Liste mit einer zweistelligen Funktion g
(bind REDUCE (lambda (f)
    (lambda (g default ls)
        (if (nil? ls) default (g (car ls) (f g default (cdr ls)))))))
(bind reduce* (lambda (f)
    (lambda (g default ls)
        (if (nil? ls) default (g (car ls) ((f f) g default (cdr ls)))))))
(bind reduce (reduce* reduce*))
```

Damit summieren wir die Zahlen von 1 bis 10 auf:

```
-> (bind ten (mult two five))
-> (reduce plus zero (range one ten))
macro[]
-> (decimal %)
55
```

Es scheint tatsächlich so, als sei es völlig gleichgültig, ob man mit Funktionen oder Makros rechnet – trotz der völlig unterschiedlichen Art der Auswertung funktioniert der Mechanismus des Lambda-Kalküls in beiden Fällen zuverlässig.

Dass die Auswertung von Lambda-Ausdrücken in m.Lambda in Wirklichkeit komplett anders verläuft als mit t.Lambda, zeigt sich, wenn man den Protokoll-Modus einschaltet. Im obigen Beispiel sind die Makros schnell erzeugt. Die eigentliche Makroexpansion findet erst bei der Auswertung von (decimal %) statt. Bei der Auswertung derselben Eingaben mit t.Lambda werden die Church-Zahlen und -Listen in einem viel früheren Zeitpunkt erzeugt.

Die späte Makroexpansion hat ihren Preis, es werden in vielen Fällen riesige Ausdrücke erzeugt. Mit m.Lambda kommt man noch einmal deutlich schneller an Zeit- und Platzgrenzen als mit t.Lambda. Aber hier geht es ja glücklicherweise nur um einen „proof of concept".

Neben der anderen Arbeitsweise im Hintergrund gibt es auch sichtbare Unterschiede: Man kann in m.Lambda Funktionen ausdrücken, die in t.Lambda nicht ohne Weiteres machbar sind. Der nächste Abschnitt behandelt ein wichtiges Beispiel dafür.

5.4.2   Der Fixpunkt-Kombinator

Die Elimination von Rekursion, so wie sie in Abschnitt 5.3.3 behandelt wurde, erreicht man in zwei Schritten:

1. Ausgangspunkt ist die funktionale Abstraktion FUN = (lambda (f) e) einer Funktion *fun*. Daraus wird fun* gebildet, indem jedes Vorkommen des Parameters f in e durch (f f) ersetzt wird.

2. Die rekursionsfreie Form von *fun* erhält man durch die Selbstanwendung (fun* fun*).

Das Wort „ersetzen" in Schritt 1 lässt aufhorchen: Man kann diesen Schritt durch ein Makro beschreiben. Schritt 2 ist einfach die Anwendung einer Funktion und damit auch durch einen Lambda-Ausdruck darstellbar.

Die Umsetzung dieser Idee führt auf den folgenden Lambda-Ausdruck, der im Lambda-Kalkül als „Fixpunkt-Kombinator" oder „Y-Kombinator" bezeichnet wird. Ein *Kombinator* ist ein Lambda-Ausdruck, bei dem alle vorkommenden Namen durch Lambdas gebunden sind. Der Name Y weist auf die Verdoppelungen in beiden Schritten hin:

```
;   Der Fixpunkt-Kombinator Y
(bind Y (lambda (F)
    ((lambda (f) (F (f f))) (lambda (f) (F (f f))))))
```

Mit `fun = (Y FUN)` gewinnt man aus der funktionalen Abstraktion `FUN` einer rekursiven Funktion in einem Schritt einen Fixpunkt `fun` von `FUN` und damit eine nichtrekursive Implementierung der rekursiven Funktion. Die Anwendung von `Y` fasst offensichtlich die beiden obigen Schritte in einer Funktion zusammen.

Wir probieren das an einem nichttrivialen Beispiel aus, der hochgradig rekursiven McCarthyschen 91-Funktion (S. 238):

```
;   Die Konstanten
(bind ten       (mult two five))
(bind eleven    (next ten))
(bind hundred   (mult ten ten))

;   McCarthys 91-Funktion
(bind MCCARTHY (lambda (f) (lambda (n)
    (if (less? hundred n) (minus n ten) (f (f (plus n eleven))))))))
(bind mccarthy (Y MCCARTHY))
```

Die Auswertung funktioniert:

```
-> (bind ninetynine (minus hundred one))
-> (mccarthy ninetynine)
macro[]
-> (decimal %)
91
```

Mit sehr viel Zeit und Speicherplatz lässt sich sogar (`mccarthy one`) erfolgreich auswerten – eine wahrhaft luxuriöse Methode zur Berechnung der Zahl 91. Dabei werden knapp 30 Millionen Listen ausgewertet. Man sollte nicht versuchen, sich das im Protokoll-Modus anzusehen.

Der springende Punkt an der obigen Implementierung des Fixpunkt-Kombinators ist, dass sie einen Vorteil von m.Lambda gegenüber t.Lambda zeigt: t.Lambda würde sofort mit der Auswertung aller Argumente beginnen und damit in eine nicht endende Rekursion laufen. Die Makro-Semantik ist in diesem Punkt näher am Lambda-Kalkül als die Semantik von Funktionen, so wie auch schon bei der Implementierung von `if`.

Wer es unbedingt ausprobieren möchte: Es ist möglich, den Fixpunkt-Kombinator auch in t.Lambda einzubauen. Man muss ihn als Makro definieren und die Eingaben von `Y` (die funktionalen Abstraktionen) als Makros schreiben. Dann ist man im Wesentlichen in der Situation von m.Lambda und kann `Y` auch in t.Lambda nutzen.

KAPITEL 6

---

t.Java: Objektorientierte Programmierung

Object-oriented programming is an exceptionally bad idea which could only have originated in California. (Edsger Dijkstra, `http://harmful.cat-v.org/software/OO_programming`)

6.1 Objektorientierung

6.1.1 Grundkonzepte

In den Kapiteln 2 bis 4 hatten wir die Themen Datenabstraktion, Konstruktion neuer Typen und Datenkapselung besprochen. Objektorientierte Programmierung ist eine Programmiermethodik, die diese Aspekte zu einem einheitlichen Ganzen verbindet.

Die wichtigsten Elemente dieser Technik findet man in nahezu allen objektorientierten Programmiersprachen:

- Objekte: „Datenkapseln", in denen Datenfelder (*Attribute*) verborgen sind, die nur über bestimmte *Methoden* gelesen und geändert werden können.
- Klassen: Zusammenfassungen von Objekten mit denselben Datenfeldern und Methoden. Jede Klasse definiert einen eigenen *Datentyp*.
- Vererbung: Objekte einer Klasse B, die Unterklasse einer anderen Klasse A ist, „erben" von A deren Attribute und Methoden. Zusätzlich können sie aber über weitere Attribute und Methoden verfügen und Methoden der Klasse A modifizieren. Ein Objekt des Typs B ist immer auch ein Objekt des Typs A, nicht aber umgekehrt.

Die Aufzählung gibt keine Erklärung dafür, warum sich die Idee der objektorientierten Programmierung so universell durchgesetzt hat. Den tieferen Grund für den Erfolg der Objektorientierung kann man vielleicht darin sehen, dass diese Art des Programmierens es erleichtert, *neue Abstraktionsebenen* zu definieren.

Man könnte das salopp so ausdrücken: In der imperativen Programmierung wird der Rechner als direkter Ansprechpartner herumkommandiert: (println "Hallo Welt") ist eine Anweisung, die sich unmittelbar an ihn richtet. Die objektorientierte Form (System println "Hallo Welt") ist immer noch ein Imperativ, aber einer, der sich an eine Abstraktion namens System richtet. Dieses „Anheben der Abstraktionsebenen" hat einen tiefen Einfluss auf die Art, wie Software entwickelt wird.

Programmiersprachen sind immer Werkzeuge der Abstraktion und damit der Modellierung. Es scheint so zu sein, dass sich objektorientierte Sprachen besonders gut dafür eignen, Objekte der Wirklichkeit oder unseres Denkens im Computer zu modellieren. Die Zusammenfassung von Daten und den auf ihnen operierenden Zugriffsfunktionen zu konzeptionellen Einheiten schafft in der Programmierung Ausdrucksmöglichkeiten, die den Anforderungen des Menschen – Lesbarkeit, Korrektheit, Wartbarkeit von Programmen – und des Computers gleichermaßen gerecht werden.

6.1.2   t.Java – erste Schritte

Die Sprache dieses Kapitels, t.Java, ist kein Mini-Java, sondern der Versuch, t.Scheme mit minimalem Aufwand zu einer objektorientierten Sprache zu erweitern. Anders als Java ist t.Java nicht ausschließlich objektorientiert, sondern multiparadigmatisch. Wir müssen außerdem ohne Typprüfungen durch einen Compiler auskommen und die Interaktivität einer direkt interpretierten Sprache stellt ebenfalls besondere Anforderungen.

Trotzdem gibt es in bescheidenem Umfang Ähnlichkeiten mit Java. Man kann in t.Java zum Beispiel lokale und abstrakte Klassen definieren.

„Mein erstes t.Java-Programm"

Zum Einstieg betrachten wir eine t.Java-Klasse Counter, die einen Zähler modelliert.

```
;    Klassendeklaration
(defclass Counter '(value))

;    Konstruktor
(method Counter (init)
    (set value 0))

;    Getter-Methode
(method Counter (value) value)

;    Setter-Methode
(method Counter (set n)
    (set value n))

;    Zählen
(method Counter (count)
    (set value (+ value 1)))

;    Zähler zurücksetzen
(method Counter (reset)
    (self init))

;    Keine weiteren Methoden
(seal Counter)
```

Zweckmäßigerweise schreibt man diesen Text in eine Datei, man kann ihn aber natürlich auch interaktiv eingeben.

Wer Java kennt, wird es nicht schwer haben, den Quelltext zu verstehen: Mit (defclass Counter '(value)) wird eine neue Klasse mit dem Namen Counter und einem Attribut namens value definiert. Jedes Counter-Objekt besitzt intern eine Variable dieses Namens.

Während in Java Methodendeklarationen Teil der Klasse sind, stehen sie in t.Java „frei in der Landschaft". Mit dem Operator method kann man Methoden an beliebiger Stelle definieren. Er erwartet als erstes Argument die Angabe der Klasse, zu der die neue Methode gehören soll.

Diese Möglichkeit, zu einer existierenden Klasse nachträglich Methoden hinzuzufügen, passt zum interaktiven Modus der t.Sprachen; sie erlaubt es, Klassen schrittweise einzuführen. Mit (seal <*Klasse*>) kann man eine Klasse versiegeln, die Deklaration weiterer Methoden ist danach nicht mehr möglich.

Konstruktoren tragen in t.Java nicht den Namen ihrer Klasse, sondern sie müssen init heißen. Für init-Methoden gilt wie für alle Methoden, dass derselbe Name mehrfach definiert werden kann, solange sich die Definitionen in der Anzahl ihrer Argumente voneinander unterscheiden. Eine Unterscheidung nach dem Typ der Argumente wie in Java ist nicht möglich.

Die Getter- und Setter-Methoden value und set dienen dazu, den Zählerwert zu lesen oder zu setzen.

Die Methode reset ruft die Methode init aus derselben Klasse auf. Das Objekt, an das der Aufruf geht, ist self, das Objekt selbst. Der Bezeichner self entspricht dem this von Java, ist aber kein reserviertes Wort der Sprache, sondern ein Attribut, das jedes Objekt automatisch besitzt und dessen Wert das Objekt selbst ist.

Objekte werden wie in Java mit new erzeugt:

```
-> (set counter (new Counter))
object[Counter]
-> (counter value)
0
-> (for i 1 100 (counter count))
-> (counter value)
100
-> (seq (counter set 37) (counter value))
37
-> (seq (counter reset) (counter value))
0
```

Methodenaufrufe haben die Gestalt (<*Objekt*> <*Methodenname*> <*Argumente*>). Dabei werden das Objekt und die Argumente ausgewertet, nicht aber der Methodenname. Man kann Methoden nicht einfach durch Zuweisung umbenennen – sie existieren nicht im globalen Kontext, sondern innerhalb ihrer jeweiligen Klasse und sind dort (weitgehend, nicht ganz) unerreichbar.

Objekte dürfen am Kopf von auswertbaren Listen stehen. Sie sind so gesehen Prozeduren, nicht anders als Funktionen und Makros. Allerdings können sie nicht allein stehen, für jedes Objekt obj ergibt der Aufruf (obj) einen Fehler. Erst ein nachfolgender Methodenname und eventuell daran anschließende Argumente sagen dem Objekt, was zu tun ist.

„Mein zweites t.Java-Programm"

Wir setzen das Zähler-Beispiel noch ein bisschen fort. Manche Zähler, beispielsweise Küchentimer, funktionieren so, dass man einen Wert einstellen kann, von dem aus heruntergezählt wird. Wenn die Null erreicht ist, wird irgendeine Aktivität ausgelöst, vielleicht piepst der Timer. Die Unterklasse Timer der Klasse Counter modelliert einen solchen Rückwärtszähler (er läuft allerdings nicht wie ein Küchentimer von alleine):

```
;    Deklaration einer Unterklasse Timer der Klasse Counter
(defclass Timer Counter)

;    Konstruktor der Klasse Timer
(method Timer (init n)
    (set value n))

;    Redeklaration der geerbten Methode count
(method Timer (count)
    (if (< 0 value) (seq (print (str value " ")) (set value (- value 1)))
        (throw 'TIMER "Timer already at 0")))
```

In der Klassendeklaration folgt hier auf den Klassennamen der Name der Oberklasse; die entsprechende Zeile würde in Java noch das Schlüsselwort extends enthalten:

```
class Timer extends Counter     // Deklaration einer Unterklasse in Java
```

Anschließend wird ein Konstruktor mit einem Argument deklariert. Mit (new Timer 60) wird zum Beispiel ein Timer erzeugt, dessen value auf den Wert 60 eingestellt ist. Wenn der Operator new mit k Argumenten benutzt wird, ruft er automatisch die Methode init mit k Argumenten auf.

Die Neudeklaration der Methode count überschreibt das von Counter geerbte Verhalten des Zählers, indem sie ihn rückwärts laufen lässt. Ist die eingestellte Zeit (der Wert von value) abgelaufen, löst der Timer einen Alarm aus. Ein Testprogramm dazu:

```
-> (define (timertest n)
        (let timer (new Timer n)
            (catch 'TIMER (for i 0 n (timer count)) (str "Beep"))))
function[timertest]
-> (timertest 20)
20 19 18 17 16 15 14 13 12 11 10 9 8 7 6 5 4 3 2 1 Beep
```

Die beiden Klassen Counter und Timer illustrieren, dass t.Java eine Mittelstellung zwischen t.Scheme und Java einnimmt. In der Initialisierungsdatei von t.Java sieht man, dass alle Initialisierungen von t.Scheme weiterhin in Kraft sind. Zugleich aber gibt es jetzt Klassen, Objekte, Methoden und weitere Elemente der objektorientierten Programmierung.

6.2   Sprachelemente

6.2.1   Klassen

Im vorangehenden Abschnitt hatten wir schon gesehen, dass die Deklaration von Klassen in t.Java extrem einfach ist – Klassenname, Name der Oberklasse (falls gewünscht), Liste der Attributnamen (falls gewünscht), fertig. Danach existiert eine neue Klasse, die man anschließend durch die Zugabe von Methoden weiter ausbauen kann.

defclass ist übrigens nur ein im Initialisierungsfile definiertes Makro. Der Ausdruck (defclass A ...) steht für (bind A (class A ...)). Die Erzeugung einer Klasse geschieht immer mit Hilfe des Operators class. Er kann in mehreren Formen aufgerufen werden:

- (class A) erzeugt eine Klasse A ohne Oberklasse und ohne Attribute.
- (class B A) erzeugt eine Unterklasse B einer Klasse A ohne Attribute.

Bei beiden Formen darf zusätzlich eine Liste mit Attributnamen angegeben werden:

- (class A '(a b)) erzeugt eine Klasse A ohne Oberklasse, bei der jedes Objekt die beiden Attribute a und b hat.
- (class B A '(c d e)) erzeugt eine Unterklasse B von A, bei der jedes Objekt zusätzlich die Attribute c, d und e hat.

Mit class erzeugte Klassen haben immer einen internen Namen, das als erstes Argument angegebene Symbol. Sie können wie alle Werte an globale oder lokale Namen gebunden und als Ein- und Ausgaben von Funktionen, Makros oder Methoden verwendet werden. t.Java-Klassen sind, anders als Klassen in Java, Daten erster Klasse.

Ein weiterer Unterschied zu Java ist, dass es in t.Java keine gemeinsame Oberklasse für alle Klassen gibt. In Java ist Object die einzige Klasse ohne eine Oberklasse. In t.Java sind Klassen, die mit (class <Name>) oder (class <Name> <Attributliste>) erzeugt wurden, sogenannte *Wurzelklassen*. Anders als in Java hat in t.Java jede Klasse eine Oberklasse. Wurzelklassen erkennt man daran, dass sie ihre eigene Oberklasse sind:

```
-> (set A (class A))
class[A]
-> (= A (superclass A))
true
```

Der Operator class wertet sein erstes Argument, den internen Namen der neuen Klasse, nicht aus. Die beiden anderen Argumente werden ausgewertet. Man kann damit beispielsweise eine Unterklasse einer nicht an einen Namen gebundenen Klasse erzeugen:

```
-> (class B (class A))
class[B]
```

Verschiedene Klassen dürfen, genauso wie Funktionen, denselben internen Namen haben. Deshalb ist die folgende Funktion möglich:

```
-> (define (nestedclass n)
       (if (= n 0) (class A) (class A (nestedclass (- n 1))))) 
-> (set A (nestedclass 5))
class[A]
-> (superclasses A)
(class[A] class[A] class[A] class[A] class[A] class[A])
-> (unique %)      ; (unique ls) entfernt alle Duplikate aus einer Liste ls
(class[A] class[A] class[A] class[A] class[A] class[A])
```

Die mit (nestedclass 5) erzeugte Klasse A hat fünf von ihr selbst und voneinander verschiedene Oberklassen, die alle intern A heißen.

Die Funktionen superclass, superclasses und einige weitere sind mit Hilfe des Operators part in der Initialisierungsdatei von t.Java definiert. Jede t.Java-Klasse hat vier Attribute: className, superClass, fields und methods, auf die man mit part zugreifen kann.

Damit lassen sich weitere Funktionen definieren, die von Java her vertraut sind. Zum Beispiel gibt es einen einfachen Ersatz für den Java-Operator instanceof:

```
;   Ist Objekt obj eine Instanz der Klasse class?
(define (instanceof? obj class)
    (element? class (superclasses (type obj))))
```

Der von dem Operator type zurückgegebene Typ eines Objekts obj ist das Klassenobjekt von obj. Das wird im folgenden Abschnitt näher erläutert.

6.2.2   Objekte

Objekte einer Klasse werden mit dem Operator new erzeugt. Man kann ihn mit unterschiedlich vielen Argumenten aufrufen. Erfolg hat man nur, wenn es einen Konstruktor, also eine Methode namens init, mit der entsprechenden Anzahl von Argumenten gibt.

Einzige Ausnahme: Wenn gar kein Konstruktor definiert ist, macht der Interpreter bei einem Aufruf (new <*class*>) auch keinen Versuch, eine Methode init aufzurufen. Er gibt dann ein Objekt zurück, dessen Attribute mit Ausnahme von self alle void sind.

Der Operator new wertet seine Argumente aus. Deshalb kann man sogar Objekte erzeugen, deren Klasse keinen (externen) Namen hat. Wie jeder Ausdruck hat auch ein solches Objekt einen Typ:

```
-> (set a (new (class A)))
object[A]
-> (type a)
class[A]
```

Ein Objekt hat wie jeder Ausdruck in den t.Sprachen einen Typ. In t.Java gilt: *Der Typ eines Objekts ist seine zugehörige Klasse.* Solange ein Objekt einer Klasse existiert, gibt es auch die Klasse, selbst dann, wenn die Bindung an ihren Namen versehentlich oder mit Absicht gelöscht wurde.

Ein t.Java-Objekt hat wie eine Funktion einen eigenen, privaten Kontext. Ganz so privat ist er aber doch nicht, man kann ihn abfragen:

```
-> (defclass A '(a b))
class[A]
-> (set a (new A))
object[A]
-> (context a)
({a b self} {..})
```

Der Kontext eines Objekts einer Klasse A ist eine Umgebung, in welcher die Attribute der Klasse gespeichert sind. Normalerweise bekommt man ihn so wenig zu sehen wie den Kontext einer Funktion. Das spezielle Attribut self ist immer Teil des Objektkontexts, es wird automatisch erzeugt und mit dem Objekt selbst als Wert initialisiert.

Wenn Objekte von Unterklassen erzeugt werden, für die in der Klassendeklaration weitere Attribute vereinbart sind, dann verlängert sich der Kontext entsprechend um weitere Bindungsrahmen. Die Attribute der Unterklasse dürfen auch Attributnamen von Oberklassen verdecken:

```
-> (defclass B A '(c d e))
class[B]
-> (context (set b (new B)))
({e c d} {b a self} {..})
-> (defclass C B '(a c))
class[C]
-> (context (set c (new C)))
({c a} {e c d} {b a self} {..})
```

In gewisser Weise ist das Objekt mit seinem Kontext identisch. Er speichert die Daten, die in dem Objekt gekapselt werden sollen.

In den meisten objektorientierten Sprachen werden Methoden beim Einlesen ihrer Deklaration kompiliert. Bei diesem Vorgang werden die Attributnamen eliminiert, ein Objekt kann dann im Speicher als zusammenhängender Bereich dargestellt werden, der die Attributwerte enthält:

Klasse A	Klasse B	Klasse C
self	self	self
a	a	a
b	b	b
	c	c
	d	d
	e	e
		a
		c

Offensichtlich „ist" ein Objekt der Klasse C auch ein Objekt der Klasse B und dies wieder eines der Klasse A – man muss nur davon absehen, dass noch weitere Attribute folgen.

Die Darstellung von Objekten durch Kontexte unterscheidet sich von dieser kompakteren Repräsentation dadurch, dass nicht nur Werte, sondern auch Paare aus Name und Wert gespeichert werden. Die Verwaltung solcher Objekte kostet etwas mehr Platz und Laufzeit, ermöglicht aber auch eine größere Flexibilität.

Klassen als Objekte

Es wurde schon gesagt, dass auch Klassen Objekte sind. Daraus folgt, dass sie einen Typ und einen eigenen Kontext haben. Probieren wir es aus:

```
-> (type A)
class[Class]
```

Die Klasse class[Class] (sie wird in der Initialisierungsdatei an den Namen Class gebunden) ist die „Mutter aller Klassen". Auch sie ist ein Objekt. Sie hat sich selbst als Typ, eine nochmalige Meta-Klasse gibt es nicht.

Der Kontext einer Klasse hängt davon ab, wo die Klasse deklariert, d. h. mit class erzeugt wird. Genau wie bei der Erzeugung einer Funktion wird nämlich auch bei der Erzeugung einer Klasse ihr Definitionskontext gespeichert. Das ist dann der Kontext der Klasse als Objekt, aber zugleich auch der Kontext, von dem aus die Objekte dieser Klasse erzeugt werden.

Wenn eine Wurzelklasse in einem lokalen Kontext erzeugt wird, bewahrt sie diesen auf:

```
-> (bind L (let x 0 (class L '(11 12))))
```

```
-> (context L)
({x} {..})
-> (context (new L))
({l1 l2 self} {x} {..})
```

Ein Objekt der Klasse L kennt sich selbst in Form des Attributs self, es kennt seine eigenen Attribute l1 und l2 und die lokale Umgebung, in welcher die Klasse L erzeugt wurde.

Ein Problem entsteht, wenn eine Unterklasse in einer anderen lokalen Umgebung erzeugt wird als ihre Oberklasse:

```
-> (let y 1 (defclass K L '(k1 k2 k3)))
-> (context K)    ; nachsehen, ob y im Kontext von K vorkommt
({x} {..})
```

Es stellt sich die Frage, ob eine Unterklasse ihren Definitionskontext speichern oder den Kontext der Oberklasse übernehmen sollte. Kurzes Nachdenken genügt für die Antwort: Wenn ein Objekt der Unterklasse zur Oberklasse in der „ist ein"-Beziehung stehen soll, dann *muss* die Unterklasse den Kontext der Oberklasse bekommen. Im obigen Beispiel: Jedes K-Objekt ist ein L-Objekt und muss deshalb wie ein solches die Variable x kennen. So ist es denn auch in t.Java geregelt: Unterklassen erben den Definitionskontext ihrer Oberklasse.

Der Kontext eines Objekts der Klasse K besteht damit aus vier Bindungsrahmen:

```
-> (context (new K))
({k1 k2 k3} {l1 l2 self} {x} {..})
```

Den Nutzen des Kontexts von Klassen versteht man besser, wenn man die Arbeitsweise von Methoden genauer untersucht. Das tun wir im nächsten Abschnitt.

6.2.3 Methoden

Aus der Initialisierungsdatei von t.Java erkennt man, dass drei Operatoren den Kern der Sprache ausmachen: class, new und method. Sie dienen der Erzeugung von Klassen, Objekten und Methoden.

Der Operator method ist unter diesen der einzige ohne ein direktes Gegenstück in Java. Methoden werden in Java innerhalb einer Klasse deklariert. Die Vorstellung, sie nachträglich, also nach Erzeugung der Klasse, hinzuzufügen, ist auf den ersten Blick auch widersinnig: Klassen sind Zusammenfassungen von Daten und den auf sie operierenden Algorithmen zu einer Einheit, in diesem Sinn gehört die Deklaration von Attributen und Methoden in die Klassendeklaration.

Man kann eine Einheit aber auch stückweise konstruieren. Ein Auto wird nicht aus einem einzigen Stück Blech gestanzt, ein Haus wird vielleicht aus Fertigteilen, aber bestimmt nicht in einem Arbeitsgang erbaut und t.Java-Klassen entstehen eben auch in mehreren Schritten. Um das Ungewohnte dieses Vorgehens abzumildern, gibt es den Operator seal, mit dem man verhindern kann, dass eine Klasse noch weitere Methoden bekommt. Semantisch hat er keine weitere Bedeutung.

Methodendeklaration

Die syntaktische Form der Methodendeklaration in t.Java ist

    (method *<Klasse>* *<Namensliste>* *<Rumpf>*).

Das erste Argument, das die Klasse angibt, wird ausgewertet. Die Liste mit dem Methodennamen und den Namen der formalen Parameter sowie der Methodenrumpf werden unausgewertet abgespeichert.

Die Wirkung einer Methodendeklaration ist, dass die Methode in ihrer Klasse eingetragen wird. Man kann sich die Methoden einer Klasse ansehen:

```
-> (defclass A '(a))
-> (method A (set x) (set a x))    ; Schreiben von Attribut a
-> (method A (get) a)             ; Lesen von Attribut a
-> (set methods-of-A (methods A))
({get_0 set_1})
```

Die Funktion methods gibt die Namen der Methoden relativ zu ihrer Klasse wieder. Da es in einer Klasse mehrere Methoden mit demselben Namen geben kann, die sich aber in der Stelligkeit unterscheiden müssen, ist die Stelligkeit Teil des Namens.

Der volle Name einer Methode besteht aus dem internen Namen der Klasse, dem Methodennamen und der Anzahl der Argumente. Es ist normalerweise weder erforderlich noch sinnvoll, Methoden als eigenständige Werte losgelöst von ihrer Klasse zu betrachten. Wer es unbedingt möchte, kann eine Methode aber aus ihrer Klasse isolieren. Die Funktion methods gibt nämlich einen Kontext zurück und durch Auswertung der darin gebundenen Namen erhält man die Methoden der Klasse:

```
-> (type methods-of-A)
Context
-> (eval 'set_1 methods-of-A)
A_set_1
-> (type %)
Function
```

Demnach sind t.Java-Methoden im Grunde gewöhnliche Funktionen. Aber es sind eben doch Funktionen, die einer Klasse zugeordnet sind und auf eine besondere Art definiert und aufgerufen werden.

Methodenaufruf

Der Aufruf einer Methode hat die Form

(*<Objekt>* *<Methodenname>* [*<Argumente>*]) .

Dabei wird der Methodenname nicht ausgewertet. Ein Aufruf wie etwa (a set 37) führt dazu, dass in der Klasse von a und deren Oberklassen nach einer Methode set_1 gesucht wird. Es kann in einer Klasse mehrere Methoden mit demselben Namen geben, wenn sie sich in der Anzahl der Argumente unterscheiden.

Die Suche nach der passenden Methode beginnt in der eigenen Klasse und wird über die Oberklassen zur Wurzelklasse hin fortgesetzt. Bei erfolgloser Suche erscheint eine Fehlermeldung:

```
-> (defclass B A)
-> (bind b (new B))
-> (b set 37)  ; Methode set_1 wird ab B gesucht und in A gefunden
37
-> (b get)     ; Methode get_0 wird ab B gesucht und in A gefunden
37
-> (b get 100) ; Methode get_1 wird ab B gesucht und nicht gefunden
Error: No method get_1 in class[B] or in a superclass
-> (methods B)
({} {get_0 set_1})
```

Der Aufruf einer Methode und einer Funktion haben große Ähnlichkeit, aber es bestehen zwei wesentliche Unterschiede:

1. Die auszuführende Methode ergibt sich nicht wie bei einer Funktion aus einem einzelnen Namen, sondern sie wird aus Objekt, Methodenname und Zahl der Aufrufargumente ermittelt.

2. Der Rumpf der Methode wird anschließend *im Kontext des Objekts* ausgewertet. Bei dieser Auswertung sind alle Attribute des Objekts und dazu die im Kontext der Klasse enthaltenen Variablen bekannt.

Manchmal möchte man innerhalb einer Methode die Methode einer Oberklasse aufrufen. In Java gibt es dazu das Schlüsselwort super, in t.Java ist der Mechanismus ein bisschen anders: Man gibt den internen Namen der Oberklasse und der Methode als Liste an:

(*<Objekt>* (*<Oberklasse>* *<Methodenname>*) [*<Argumente>*]).

So könnte man im obigen Beispiel anstelle von (b set 37) auch (b (A set) 37) schreiben. Die Methodensuche beginnt dann erst in der angegebenen Oberklasse.

Konstruktoren

Die Initialisierung von neu erzeugten Objekten dient dazu, sie in einen wohldefinierten Grundzustand zu versetzen. In der Regel geschieht das durch die Zuweisung bestimmter Startwerte an die Attribute des Objekts. Dieser Vorgang soll möglichst „transparent" ablaufen, am besten automatisch sofort nach der Erzeugung des Objekts.

In t.Java haben die Attribute eines neuen Objekts zunächst alle den Wert void. Wenn in einer Klasse A keine Methode mit dem Namen init definiert ist, kann man Objekte der Klasse mit (new A) erzeugen, deren sämtliche Attribute dann void sind. Sonst wird bei der Auswertung von (new A x_1 ... x_k) automatisch die Methode init_k auf das Objekt angewendet. Resultat dieser Anwendung von init_k ist allerdings nicht das Ergebnis des Methodenaufrufs, sondern das neue Objekt.

In den init-Methoden von Unterklassen wird normalerweise als Erstes eine init-Methode der direkten Oberklasse aufgerufen. Damit ist gewährleistet, dass das Objekt self als Objekt der Oberklasse ordnungsgemäß initialisiert ist, und man kann sich auf die Initialisierung der hinzugekommenen Attribute beschränken. Die Reihenfolge der Konstruktoraufrufe wird aber nicht wie in Java erzwungen, sie liegt in der Verantwortung des Programmierenden.

Wir betrachten ein ziemlich konstruiertes Beispiel für dieses Vorgehen:

```
-> (seq (defclass A) (defclass B A) (defclass C B))
-> (method A (init n)
       (seq (print "\t") (for i 1 n (print "...")) (println "initializing A")))
-> (method B (init)
       (seq (self (A init) 1) (println "\tinitializing B")))
-> (method C (init)
       (seq (self (B init)) (println "\tinitializing C")))
-> (new C)
   ...initializing A
   initializing B
   initializing C
object[C]
-> (new C 0)
   initializing A
object[C]
```

Die Eingabe (new C) veranlasst die Suche nach einer Methode init_0 in Klasse C. Die Suche hat Erfolg, was zum Aufruf von (self (B init)) und darüber zum Aufruf von (self (A init) 1) führt. Das erklärt die drei Punkte bei ...initializing A. Die Ausführung von (new C 0) veranlasst die Suche nach einer Methode init_1 in der Klasse C: Sie wird erst in Klasse A fündig, deshalb wird nur der Konstruktor init_1 von A mit dem Argument 0 aufgerufen, es werden keine Punkte ausgegeben und keine weiteren Konstruktoren aufgerufen.

Die Aufrufe (self (A init) 1) und (self (B init)) in den Konstruktoren der Klassen B und C entsprechen jeweils einem Java-Aufruf von super().

Wird kein passender Konstruktor gefunden, erhält man eine Fehlermeldung:

```
-> (new A)
Error: No method init_0 in class[A]
```

Mit der Definition einer init-Methode in A wurde der Default-Konstruktor dieser Klasse unwirksam gemacht.

Die Methode str

Bei jeder Implementierung eines neuen Datentyps stellt sich die Frage, wie die Elemente dieses Typs aussehen sollen. In früheren Kapiteln hatten wir uns mit Funktionen beholfen, die speziell zur Darstellung eines neuen Typs dienten (z. B. display-tree für Binärbäume, siehe S. 92).

Java bietet die Bequemlichkeit der Methode toString an, die bei jeder Umwandlung eines Objekts in eine Zeichenkette automatisch aufgerufen wird. Das Gegenstück dazu in t.Java ist die Definition einer argumentlosen Methode str. Wenn in einer Klasse eine solche Methode definiert ist, wird sie bei jeder Umwandlung des Objekts in einen String angewendet – etwa wenn das Objekt Argument der Operatoren str oder print ist oder bei der Bildschirmausgabe.

```
-> (defclass Funny)
-> (method Funny (str) "*** a funny object ***")
-> (str "An object of type Funny is " (new Funny))
An object of type Funny is *** a funny object ***
```

Selbstverständlich können Unterklassen jeweils ihre eigene Stringmethode definieren, die passende Methode str_0 wird beim Aufruf wie jede andere Methode auch gesucht.

Klassenmethoden und -variablen

Informationen, die sich nicht auf einzelne Objekte einer Klasse beziehen, sondern auf die Klasse als Ganzes, werden in Klassenvariablen und mit Hilfe von Klassenmethoden verwaltet. In Java gibt es dafür das Schlüsselwort static. Damit wird deklariert, dass ein Attribut kein Objekt, sondern ein Klassenattribut ist bzw. dass eine Methode nicht für ein Objekt, sondern für die Klasse aufzurufen ist.

Klassenvariable erhält man in t.Java ohne ein spezielles Schlüsselwort ganz einfach dadurch, dass man sie im privaten Teil des Kontexts einer Klasse anlegt. Da jede Klasse ihren Definitionskontext speichert, sind solche Variablen für alle Methoden der Klasse sichtbar.

Eine Klasse könnte zum Beispiel zählen, wie viele Objekte ihres Typs erzeugt werden:

```
(block
    (var n 0)                             ; Anzahl der Elemente von A
    (defclass A)
    (method A (init) (set n (+ n 1))) ; Konstruktor inkrementiert n
    (method A (howmany) (str "This is a class with " n " elements")))
```

Die Kontexte der Klasse und jedes einzelnen Objekts enthalten die global nicht sichtbare Variable n:

```
-> (context A)
({n} {..})
-> (context (new A))
({self} {n} {..})
```

Deshalb darf man die Methode howmany sowohl für die Klasse A als auch für einzelne Objekte der Klasse aufrufen:

```
-> (for i 1 10 (new A))
-> (A howmany)                            ; Aufruf als Klassenmethode
This is a class with 10 elements
-> ((new A) howmany)                      ; Aufruf als Objektmethode
This is a class with 11 elements
```

Eine *Klassenvariable* ist in t.Java jede nichtglobale Variable, die in der Klasse sichtbar ist, aber nicht zum lokalen Bindungsrahmen eines einzelnen Objekts gehört.

Eine *Klassenmethode* ist jede Methode einer Klasse, die nicht auf in der Definition der Klasse oder einer ihrer Oberklassen deklarierte Attribute einzelner Objekte zugreift.

In Java kann man im Kopf einer Klassendefinition einen static-Block deklarieren, der beim Laden der Klasse einmalig ausgeführt wird, um die Klassenvariablen zu initialisieren. In der Implementierung des Interpreters der t.Sprachen besitzen zum Beispiel die Klassen Operator.java und ClassObj.java einen solchen Klassenkonstruktor. Wenn es in t.Java nötig ist, Klassenvariablen zu initialisieren, kann man das im Vorspann der Klasse – dem Block, in dem die Klassenvariablen deklariert sind – erledigen, entweder durch einzelne Zuweisungen oder auch mit einer speziell dafür ebenfalls im Vorspann definierten Funktion.

Mit demselben Mechanismus ist auch eine gemeinsame Nutzung von Variablen durch mehrere Klassen möglich. Man muss dazu nur die Klassen innerhalb eines gemeinsamen lokalen Kontexts definieren, der die entsprechenden Variablen enthält.

Duck Typing

Von *Duck Typing* spricht man in der objektorientierten Programmierung, wenn die Anwendbarkeit einer Methode auf ein Objekt nicht vom Typ des Objekts abhängt, sondern ausschließlich davon, ob das Objekt eine Methode dieses Namens kennt: *Wenn es quakt wie eine Ente, wird es schon eine Ente sein.*

Anhängern statischer Typsysteme, bei denen ein Compiler umfangreiche Typprüfungen vornimmt, bevor ein Stück Code auf die Menschheit losgelassen (sprich: übersetzt) wird, ist das eher undisziplinierte Duck Typing meistens nicht ganz geheuer. In Skriptsprachen wie Python oder Ruby ist es der Normalfall.

In t.Java passiert *alles* zur Laufzeit – klar, dass da nur Duck Typing möglich ist. Das folgende Beispiel illustriert dies:

```
;   Enten können quaken
(defclass Duck)
(method Duck (quak) "quak!")
(method Duck (str) "duck")
```

```
;    Frösche quaken auch
(defclass Frog)
(method Frog (quak) "quaaaak!")
(method Frog (str) "frog")

;    Entenküken quaken ein bisschen wie ihre Mütter
(defclass Duckling Duck '(mother))
(method Duckling (init m) (set mother m))      ; erzeugt ein Küken mit der Mutter m
(method Duckling (quak) (str "quik " (mother quak))) ; Küken imitiert seine Mutter
```

Wir lassen zwei Enten zu Wasser:

```
-> (set mother-duck (new Duck))
duck
-> (set duckling (new Duckling mother-duck))
duck
-> (mother-duck quak)
quak!
-> (duckling quak)
quik quak!
```

Das wunderbar dynamische Enten-Typsystem von t.Java schützt uns aber nicht vor Verirrungen der folgenden Art:

```
-> (set frog (new Frog))
frog
-> (set odd-duckling (new Duckling frog))
duck
-> (odd-duckling quak)
quik quaaaak
```

Hier hat das Küken einen Frosch als Mutter bekommen und weil dieser zufällig auch quaken kann, quakt es wie ein Frosch. In Java hätte man dem Parameter m des Konstruktors der Klasse Duckling den Typ Duck gegeben und damit diese seltsame Mutterschaft verhindert. In t.Java helfen nur Laufzeit-Typprüfungen gegen solche Fehler:

```
;    Verbesserter Konstruktor für Küken
(method Duckling (init m)
    (if (not (instanceof? m Duck))              ; Ist die Mutter m keine Ente?
        (throw (str "The " m " should be a duck"))
        (set mother m)))
```

Jetzt sind keine genetisch veränderten Enten mehr möglich:

```
-> ((new Duckling frog) quak)
Error: The frog should be a duck
```

Die vollständig dynamische Methodensuche von t.Java schafft viel Flexibilität, birgt aber, wie man sieht, auch gewisse Risiken in sich.

Tracing von Methodenaufrufen

Methoden sind in t.Java nahe Verwandte von Funktionen. Wie diese sind sie *strikt* (alle Argumente werden ausgewertet) und wie bei diesen findet zwischen der Auswertung der Argumente und des Rumpfs ein Kontextwechsel statt. Der wesentliche Unterschied besteht darin, dass sich ein Methodenaufruf an ein Objekt richtet. Objekt und Methodenname bestimmen gemeinsam die aufzurufende Methode, das Objekt liefert den Kontext für die Auswertung des Rumpfs.

Ansonsten verhalten sich Methoden wie Funktionen. Insbesondere ist es möglich, Methoden-aufrufe im Tracing-Modus zu verfolgen. Dazu teilt man dem Klassenobjekt mit, dass man die Klasse in den Tracing-Modus versetzen möchte.

Im Tracing-Modus sieht ein Methodenaufruf wie ein Funktionsaufruf aus. Das zugehörige Objekt wird nicht angezeigt:

```
-> (seq (defclass A '(n))                              ; Basisklasse
        (method A (init x) (set n x))
        (method A (init) (self init 0))
        (method A (m)
           (seq (println self " has called method m from A") self))
        (defclass B A)                                 ; Unterklasse von A
        (defclass C B)                                 ; Unterklasse von B
        (method C (init) (self (B init)))
        (method C (m)
            (seq (println self " has called method m from C") self))
        void)
-> (trace A B C)
 Tracing mode for class[A] is on
 Tracing mode for class[B] is on
 Tracing mode for class[C] is on
-> (((new C) m) (B m))
     Call      (C_init_0)
     Call      (A_init_0)
     Call      (A_init_1 0)
     Return    0 from (A_init_1 0)
     Return    0 from (A_init_0)
     Return    0 from (C_init_0)
     Call      (C_m_0)
 object[C] has called method m from C
     Return    object[C] from (C_m_0)
     Call      (A_m_0)
 object[C] has called method m from A
     Return    object[C] from (A_m_0)
 object[C]
```

Die Ausgaben zeigen zunächst die Reihenfolge der Konstruktoraufrufe: Der im Konstruktor init der Klasse C benutzte Konstruktoraufruf (self (B init)) sucht init_0 ab Klasse B und findet die Methode in Klasse A, wo init_0 dann den weiteren Konstruktor init_1 der Klasse A aufruft.

Das neu erzeugte C-Objekt erhält einen Aufruf der Methode m mit dem Resultat self. An dieses Objekt der Klasse C ist dann auch der Aufruf der Methode (B m) gerichtet. Die Suche nach dieser Methode beginnt in Klasse B und wird in A fündig.

6.3   Beispiele

6.3.1   Dynamische Arrays

Im Java-API gibt es eine Klasse java.util.Vector, deren Objekte sich wie Arrays verhalten, die keine bestimmte Größe haben. Man kann jede Arrayposition benutzen, deren Index eine natürliche Zahl ist, solange der verfügbare Speicher ausreicht. Eine Vector-Objekt speichert seine Elemente intern in einem Array einer festen Größe. Wenn ein Index angesprochen wird, der diese Größe überschreitet, wird das Array so lange verdoppelt, bis genug Platz da ist.

Der Name `Vector` für diesen Datentyp ist nicht ganz zutreffend, weil Vektoren im Sinne der Mathematik immer eine feste Länge haben. (Seit Java 1.2 gibt es die weitgehend gleichwertige Klasse `ArrayList`.) Wir übernehmen trotzdem die ursprüngliche Bezeichnung und verschaffen uns eine entsprechende t.Java-Klasse.

Damit beim Lesen in einem `Vector` an jeder Position ein Wert definiert ist, werden `Vector`-Objekte mit einem Vorgabewert erzeugt. Damit kann man konstante Vektoren beliebiger Länge erzeugen, ohne dass der Speicherplatz für jede Position alloziert sein muss. Erst wenn man in einem Vektor an Position i explizit einen Wert zuweist, wird Speicherplatz für die Indizes $0, \ldots, i$ und evtl. noch etwas mehr belegt.

Ein `Vector`-Objekt hat zu diesem Zweck als Attribut ein Array `content` mit den bisher zugewiesenen Werten. Diese Werte müssen nicht an aufeinander folgenden Indizes liegen, nicht zugewiesene Positionen dazwischen haben den Vorgabewert.

Für die Stringdarstellung ist es nützlich, den größten benutzten Index zu speichern.

Daraus ergibt sich die Klassendeklaration:

```
;   Klasse Vector
;   Ein Vector-Objekt ist ein Array, das bei Bedarf wächst.
(defclass Vector '(
    content   ; Elemente des Vektors
    default   ; Vorgabewert
    top       ; Maximale bisher verwendete Arrayposition
    ))
```

Der Konstruktor (`init n value`) erzeugt ein Array `content` der Länge n und initialisiert es mit dem Vorgabewert. Wir leisten uns noch den Luxus von zwei weiteren Konstruktoren, die auf den ersten Konstruktor zurückgreifen:

```
;   Erzeugt ein Vector-Objekt der Länge n mit dem Vorgabewert value
(method Vector (init n value)
    (seq
        (if (= n 0) (set n 1))            ; Mindestlänge 1
        (set content (array n))          ; Array erzeugen
        (set default value)
        (for i 0 (- n 1) (content i value)) ; Array mit Vorgabewerten belegen
        (set top 0)
        ))

;   Erzeugt ein Vector-Objekt der Länge n mit dem Vorgabewert 0
(method Vector (init n)
    (self init n 0))

;   Erzeugt ein Vector-Objekt der Länge 4 mit dem Vorgabewert 0
(method Vector (init)
    (self init 4 0))
```

Die Zuweisungsmethode `set` ist die einzige nicht ganz triviale Operation. Da sie sich bei Bedarf rekursiv aufruft, wird automatisch so lange verdoppelt, bis der Platz ausreicht:

```
      ;    Zuweisung: Dieser Vektor speichert an Position i den Wert x
      (method Vector (set i x)
          (seq
              (if (< top i) (set top i))
              (if (< i (length content))
                  (content i x)
                  (seq
                      (self double)
                      (self set i x)))))

      ;    Speicher bei Bedarf verdoppeln
      (method Vector (double)
          (block
              (var old-content content)                    ; content retten
              (var n (length content))
              (set content (array (* 2 n)))
              (for i 0 (- n 1) (content i (old-content i))) ; content wiederherstellen
              (for i n (- (* 2 n) 1) (content i default))))
```

Lesen an Position i ergibt den Vorgabewert, wenn content[i] noch nicht mit set gesetzt
wurde:

```
      ;    Wert an Position i
      (method Vector (get i)
          (if (< top i) default (content i)))
```

Eine typische Getter-Methode:

```
      ;    Zugriff auf Attribut top
      (method Vector (top) top)
```

Jetzt fehlt nur noch die Stringdarstellung:

```
      ;    Stringdarstellung
      (method Vector (str)
          (str "[" (self str-no-brackets) "]"))

      ;    Stringdarstellung ohne Klammern
      (method Vector (str-no-brackets)
          (block
              (var s (content 0))
              (for i 1 top (set s (str s "," (content i))))
              s))
```

Man kann das alles mehr oder weniger eins zu eins in Java-Code umsetzen. Dort würde man
in einem Konstruktor einen anderen Konstruktor derselben Klasse mit this(...) aufrufen.

Der Tracing-Modus zeigt die beiden Konstruktoraufrufe:

```
      -> (trace Vector)
      Tracing mode for class[Vector] is on
      -> (new Vector)
          Call     (method[Vector_init_0])
          Call     (method[Vector_init_2] 4 0)
          Return   0 from (method[Vector_init_2] 4 0)
          Return   0 from (method[Vector_init_0])
          Call     (method[Vector_str_0])
          Call     (method[Vector_str-no-brackets_0])
          Return   0 from (method[Vector_str-no-brackets_0])
          Return   [0] from (method[Vector_str_0])
      [0]
```

Bivektoren

Manchmal möchte man Vektoren verwenden, die auf beiden Seiten unbegrenzt sind, also auch negative Indizes zulassen. In Abschnitt 6.3.2 werden wir damit zum Beispiel das Band einer Turingmaschine implementieren.

Ein solcher zweiseitiger Vektor lässt sich aus zwei Vektoren zusammensetzen. Man kann ihn als Unterklasse von Vector schreiben:

```
; Ein Bivector ist ein Vektor, der auch negative Adressen zulässt.
(defclass Bivector Vector '(
    left  ; Vektor der Elemente mit Adressen < 0
    ))
```

Die Implementierung der Klasse Bivector macht keine Probleme, nur bei der Stringdarstellung muss man ein bisschen aufpassen:

```
; Konstruktor
(method Bivector (init)
    (self init 4))

; Konstruktor für einen Bivector mit Mindestlänge n
(method Bivector (init n)
    (block
        (var m (+ 1 (floor (/ n 2))))
        (self (Vector init) m)
        (set left (new Vector m))))

; Zuweisung
(method Bivector (set i x)
    (if (< i 0) (left set (- 0 i) x)
        (self (Vector set) i x)))

; Wert an Position i
(method Bivector (get i)
    (if (< i 0) (left get (- 0 i))
        (self (Vector get) i)))

; Stringdarstellung ohne Klammern
(method Bivector (str-no-brackets)
    (block
        (var s (self (Vector str-no-brackets)))
        (for i 1 (left top) (set s (str (left get i) "," s)))
        s))
```

Den Konstruktor (init n) darf man nicht weglassen. Sonst würde die Klasse Bivector den gleichnamigen Konstruktor der Klasse Vector erben, der das Attribut left nicht initialisiert.

Einmal kurz ausprobiert:

```
-> (seq (set bivec (new Bivector)) (for i -7 4 (bivec set i i)) bivec)
[-7,-6,-5,-4,-3,-2,-1,0,1,2,3,4]
```

6.3.2   Turingmaschinen

Der Sinn der objektorientierten Programmierung erschließt sich anhand von isolierten Beispielen einzelner Klassen nicht wirklich. Erst bei größeren Softwareprojekten, im Zusammenwirken vieler Klassen, werden die Vorteile deutlich.

Um ein solches Projekt zumindest anzudeuten, betrachten wir in diesem Abschnitt die Simulation einer Turingmaschine. Das ist natürlich in Wahrheit immer noch ein winziger Schnipsel an Software, aber es erlaubt immerhin eine Aufteilung in mehrere miteinander kooperierende Unterklassen.

Die Turingmaschine ist ein Computermodell mit einem besonders einfachen Aufbau: Ein Schreib-/Lesekopf bewegt sich an einem Band hin und her. Das Band dient als Speicher. Es ist in Zellen unterteilt, in denen jeweils ein Symbol aus einer endlichen Menge von Zeichen stehen kann.

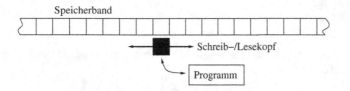

Zum Kopf der Maschine gehört ein Befehlszähler z und ein tabellenförmiges Programm, das die Arbeit der Turingmaschine steuert. Bei jedem Einzelschritt passiert Folgendes:

1. Der Kopf liest ein Symbol x vom Band.

2. Aus Zeile z (z ist die Nummer im Befehlszähler) und Spalte x der Tabelle wird ein Tripel (y m z') gelesen.

3. y wird auf das Band geschrieben.

4. m ist eines der drei Symbole L, R und H. Entsprechend wird der Kopf nach links oder rechts bewegt oder die Maschine hält an.

5. z' wird der neue Wert des Befehlszählers.

Fleißige Biber

Wir interessieren uns für Turingmaschinen mit dem Bandalphabet $\{0,1\}$, bei denen das Band zu Anfang lauter Nullen enthält. Wir setzen außerdem voraus, dass der Befehlszähler zu Beginn den Wert 0 hat.

Eine solche Turingmaschine mit einem Programm der Länge n ist ein n-*Biber*. Wenn sie losläuft, dann flitzt der Kopf eine Weile auf dem Band hin und her und schreibt dabei Einsen und Nullen. Mit etwas Glück, wenn auch sicher nicht in jedem Fall, hält der Biber irgendwann an. Dann werden die Hölzchen gezählt, die der Biber angeschleppt hat. Das sind die Einsen, die er auf dem Band hinterlässt; je mehr es sind, umso fleißiger war der Biber. Da es zu fest gewähltem n nur endlich viele n-Biber gibt, muss unter ihnen ein fleißigster sein. Die Anzahl der Hölzchen, die der fleißigste n-Biber auf das Band bringt, ist der Wert $\Sigma(n)$ der *Biber-Funktion* an der Stelle n.

Der amerikanisch-ungarische Mathematiker Tibor Radó (1895–1965) hat bewiesen, dass die Funktion Σ schneller wächst als jede mit einem Computer berechenbare Funktion. Man kann sich eine beliebige, noch so komplizierte Formel ausdenken, etwa n^n oder n^{n^n}, wie schnell wachsend auch immer: Von einem gewissen n an ist $\Sigma(n)$ größer. Trivialerweise folgt daraus natürlich auch, dass die Funktion Σ selber nicht computerberechenbar ist.

Immerhin sind die Werte von $\Sigma(n)$ für $n = 1, \ldots, 4$ bekannt und man wird vermutlich eines Tages auch $\Sigma(5)$ kennen. Für kleine n gibt es so wenige n-Biber, dass man einzeln analysieren kann, ob sie anhalten und wie viele Einsen sie dann auf dem Band hinterlassen.

Die an der Simulation beteiligten Klassen

Unsere Simulation einer Turingmaschine in t.Java besteht aus vier Klassen: Beaver, Head, Tape und Table. Zunächst überlegen wir informell, welche Attribute und Methoden diese Klassen besitzen müssen:

- Ein Beaver besteht aus Kopf und Band. Er kennt die folgenden Methoden:
  1. (run) startet den Biber.
  2. (ones) und (steps) geben die Anzahl der erzeugten Einsen und der Schritte an, die der Biber gemacht hat.
- Ein Objekt der Klasse Head enthält die Steuertabelle, einen Zustand z und einen Zähler steps für die Anzahl der Zustandsübergänge, die dieser Steuerkopf bisher gemacht hat. Die Klasse Head stellt dem Benutzer drei Methoden zur Verfügung:
  1. (step x) gibt eine Liste (y m) mit der Ausgabe y und der Bewegung m zurück, die zum Symbol x und dem Zustand z des Steuerkopfs gehören. Zugleich ändert step den internen Zustand des Kopfs entsprechend der Tabelle.
  2. (isHalted) gibt an, ob der Stopp-Zustand erreicht wurde.
  3. (steps) gibt den Wert des Zählers steps an.
- Ein Tape-Objekt ist ein Turingband mit einer aktuellen Position pos. Die Klasse Tape besitzt folgende Methoden:
  1. (symbol) liefert das Bandsymbol an der aktuellen Position.
  2. (move m) ändert die Position pos.
  3. (write y) überschreibt das Band an der aktuellen Position mit dem Symbol y.
- Die Klasse Table definiert die Steuertabelle; sie ist das Programm der Turingmaschine. Ein Table-Objekt wird mit (new Table k) erzeugt, wobei k die Nummer einer Tabelle ist, die vom Konstruktor in das Attribut table des Table-Objekts geladen wird. Die Klasse kennt folgende Methoden:
  1. (symbol x z) liefert das Symbol zur Eingabe x beim Zustand z.
  2. (move x z) liefert das Move-Symbol zu x und z.
  3. (state x z) liefert den Nachfolgezustand zu x und z.

Jede Klasse besitzt außerdem mindestens einen Konstruktor. Die Implementierung dieser vier Klassen bereitet keine großen Probleme, der Code wird nachfolgend kurz dargestellt und kommentiert.

Die Klasse Table

Die Klasse Table wird so definiert, dass sie eine lokale Variable beaverlist besitzt, in der die einzelnen Biberprogramme stehen.

Diese Biberliste enthält beliebig viele Steuertabellen, von denen bei der Initialisierung des Bibers eine als aktuelle Bibertabelle ausgewählt wird.

Die Tabelle für einen n-Biber hat n Zeilen, entsprechend den n möglichen Zuständen $z = 0, \ldots, n-1$. Jede Zeile hat zwei Spalten, entsprechend den Bandsymbolen $x = 0, 1$. In Zeile z und Spalte x steht jeweils ein Tripel (y m z'). Zum Einlesen ist es praktisch, diese Werte in Listenform anzugeben; eine Hilfsfunktion toarray wandelt das Biberprogramm bei der Initialisierung des Bibers in ein Array um:

```
;   Bibertabellen
(let beaverlist (list

        ;   13 Schritte, 6 Einsen
        '((1 R 2) (1 L 1)
          (1 L 2) (1 H 1)
          (1 L 0) (1 R 2))

        ;   14 Schritte, 6 Einsen
        '((1 R 1) (1 R H)
          (0 R 2) (1 R 1)
          (1 L 2) (1 L 0))

        ;...beliebig viele weitere Biber-Programme...
)   ; Ende der Biber-Liste

;   wandelt eine Bibertabelle in ein Array um
toarray (function (ls)
    (block
        (var n (/ (length ls) 2))    ; ls enthält 2*n Tripel der Form (y m z')
        (var a (array n))
        (for i 0 (- n 1)
            (block
                (var b (array 2))
                (b 0 (array (element (* i 2) ls)))
                (b 1 (array (element (+ (* i 2) 1) ls)))
                (a i b)))                    ; a[i] = b
    a))

;   Klasse Table
(defclass Table '(table)))
```

Die Methoden der Klasse Table greifen nach der Initialisierung des Arrays table mit der aktuellen Bibertabelle nur noch auf dieses zu, nicht mehr auf beaverlist:

```
;   Konstruktor: k-te Bibertabelle laden
(method Table (init k)
    (set table (toarray (element k beaverlist))))

;   Nächstes Bandsymbol
(method Table (symbol x z)
    (((table z) x) 0))                       ; in Java-Notation: table[z, x, 0]

;   Nächste Bandbewegung
(method Table (move x z)
    (((table z) x) 1))

;   Nächster Zustand
(method Table (state x z)
    (((table z) x) 2))
```

Eine Bibertabelle für einen Steuerkopf mit n möglichen Zuständen sieht in Arrayform fast so aus wie als Liste. Wir sehen uns das am Beispiel der Bibertabelle an Position 0 von beaverlist an:

```
-> (set t (new Table 0))
object[Table]
-> (eval 'table (context t))
[[[1,R,2],[1,L,1]],[[1,L,2],[1,H,1]],[[1,L,0],[1,R,2]]]
```

Etwas lesbarer dargestellt:

```
[      ; x = 0    x = 1
    [[1,R,2], [1,L,1]],    ; z = 0
    [[1,L,2], [1,H,1]],    ; z = 1
    [[1,L,0], [1,R,2]]     ; z = 2
]
```

Mit ((table z) x) erhält man ein Tripel [y,m,z'] aus Folgesymbol, Bandbewegung und Folgezustand. Da das Bandalphabet eines Bibers $\{0, 1\}$ ist, darf an der ersten Stelle eines solchen Tripels nur 0 oder 1 stehen. In der mittleren Position sind die Move-Symbole L, R und H (für Halt) erlaubt. An der dritten Stelle darf bei einer Bibertabelle mit n Zeilen eine der Zahlen $0, \ldots, n - 1$ stehen. Manche Bibertabellen in der Literatur erlauben auch ein Stopp-Symbol als Nachfolgezustand. Unsere Implementierung lässt deshalb auch ein H an der dritten Stelle des Tripels zu.

Die Klasse Tape

Die Klasse Tape könnte man mit einem Attribut vom Typ Array implementieren, das hinreichend groß gemacht wird. Was hinreichend ist, muss man dann durch Experimente herausfinden. Bequemer ist es, Tape von der Klasse Bivector abzuleiten (S. 301):

```
;    Band für eine Turingmaschine
(defclass Tape Bivector '(
    pos    ; Aktuelle Position
    ))

;    Konstruktor für ein Band der Mindestlänge m
(method Tape (init m)
    (block
        (self (Bivector init) m)
        (set pos 0)))                    ; Startposition des Steuerkopfs
```

Den argumentlosen Konstruktor (init) aus der Oberklasse Bivector benutzen wir nicht, weil die Länge des sichtbaren Turingbandes sich sonst gelegentlich selbsttätig ändern würde. Wenn man dem Biber bei der Arbeit zuschaut, ist eine solche Änderung irritierend. Da ist es besser, einen Konstruktor mit einem Argument m zu verwenden, das eine Mindestlänge für das Band vorgibt.

Die Implementierung der Methoden ist einfach:

```
;    Steuerkopf bewegen
(method Tape (move m)
    (cond
        (= m 'L) (set pos (- pos 1))
        (= m 'R) (set pos (+ pos 1))
        (= m 'H) void
        (throw "fehlerhafte Tabelle")))

;    Liefert das Symbol, das an Position pos auf dem Band steht
(method Tape (symbol)
    (self get pos))
```

```
;   Schreibt das Symbol y an Position pos auf das Band
(method Tape (write y)
    (self set pos y))
```

Zusätzlich definieren wir noch eine Methode zum Zählen der Einsen auf dem Band. Das kann man in t.Java als Nachtrag zu den Oberklassen Vector und Bivector gestalten:

```
;   Anzahl der Einsen in einem Vector-Objekt
(method Vector (ones)
    (block
        (var num 0)
        (var n (length content))
        (for i 0 (- n 1)
            (if (= 1 (content i)) (set num (+ num 1))))
        num))

;   Anzahl der Einsen in einem Bivector
(method Bivector (ones)
    (+ (self (Vector ones)) (left ones)))
```

Nun fehlt uns noch die Methode zur Ausgabe eines Tape-Objekts. Im Prinzip könnte man dafür die str-Methode der Oberklasse verwenden, aber das würde die Position pos nicht anzeigen. Außerdem ist es manchmal ausreichend, wenn nur die Position des Steuerkopfs angezeigt wird, ohne den Bandinhalt.

Deshalb definieren wir eine Display-Methode mit drei verschiedenen Anzeigemodi. Der Modus none macht keine Ausgabe, pos zeigt nur die Position an und tape gibt Band und Positionsmarke untereinander aus:

```
;   Anzeige entsprechend Modus mode
(method Tape (display mode)
    (cond
        (= mode 'none) void
        (= mode 'pos)  (println (self position))
        (= mode 'tape) (println " " self "\n" (self position))
        (throw "displayMode muss none, pos or tape sein")))
```

Die Methode position schreibt $2\,(N + pos)$ Leerzeichen und dahinter eine Marke, wobei N die Länge der linken Hälfte des Bivektors ist. Der Faktor 2 ist notwendig, da in der Stringdarstellung des Bivektors pro Arrayposition zwei Zeichen geschrieben werden. Damit steht die Marke an der richtigen Stelle, unabhängig davon, ob *pos* negativ oder positiv ist:

```
;   Leerer String mit Marke an Position pos
(method Tape (position)
    (str (blanks (+ 2 (+ (left length) (* 2 pos)))) "#"))

;   n Leerzeichen
(define (blanks n)
    (block (var s "") (for i 1 n (set s (str s " "))) s))
```

Die Klasse Head

Der Steuerkopf einer Turingmaschine enthält die Steuertabelle und zwei variable Attribute, den jeweiligen Zustand z und einen Schrittzähler:

```
;   Steuerkopf einer Turingmaschine
(defclass Head '(
    table           ; Steuertabelle
    z               ; Aktueller Zustand
    steps           ; Schrittzähler
    ))
```

```
;   Konstruktor für Kopf mit Tabelle tb
(method Head (init tb)
    (seq
        (set table tb)   ; Tabelle laden
        (set z 0)        ; Startzustand ist 0
        (set steps 0)))  ; Zähler auf Null setzen
```

Die Methode step liest zum Bandsymbol x und dem Zustand z das Ausgabesymbol y, das Move-Symbol m und den Nachfolgezustand. Falls m $\neq$ H ist, speichert der Steuerkopf den neuen Zustand, andernfalls geht er in den Haltezustand. y und m werden gemeinsam als Resultat zurückgegeben:

```
;   Zustandsübergang bei Eingabesymbol x
(method Head (step x)
    (block
        (set steps (+ steps 1))
        (var y (table symbol x z))
        (var m   (table move x z))
        (if (= m 'H) (set z 'H)
            (set z (table state x z)))   ; Zustandswechsel
        (list y m)))
```

Die beiden weiteren Methoden der Klasse sind Einzeiler:

```
;   Fertig?
(method Head (isHalted) (= z 'H))

;   Zugriff auf den Zähler
(method Head (steps) steps)
```

Damit stehen alle Bauteile für einen Biber bereit. Jetzt müssen wir sie noch zusammensetzen.

Die Klasse Beaver

Die wesentlichen Bestandteile sind Steuerkopf und Turingband; als weiteres Attribut speichern wir noch den Anzeigemodus für die Simulation:

```
;   Ein Biber besteht aus Steuerkopf und Band, außerdem hat er einen Anzeigemodus.
(defclass Beaver '(
    head        ; Steuerkopf
    tape        ; Turingband
    mode        ; Anzeigemodus
    ))

;   Erzeugt den k-ten Biber.
;   Die anfängliche Bandlänge ist N, der Anzeigemodus m ist none, pos oder tape.
(method Beaver (init k N m)
    (seq
        (set head (new Head (new Table k)))  ; Kopf mit k-ter Tabelle
        (set tape (new Tape N))              ; Band mit Anfangslänge N
        (set mode m)))
```

Die Methode run, die den Biber zum Laufen bringt, erinnert an die zentrale Schleife eines Interpreters – und genau das ist sie ja auch:

```
;   Den Biber laufen lassen
(method Beaver (run)
    (while (not (head isHalted))
        (self step)))
```

Die Methode step implementiert einen einzelnen Schritt einer Turingmaschine: vom Band
lesen, Zustandsübergang des Steuerkopfs veranlassen, auf das Band schreiben und den Kopf
bewegen. In unserer Simulation gibt sie außerdem den neuen Zustand des Bandes aus:

```
;    Zustandsübergang der Turingmaschine
(method Beaver (step)
    (block
        (var x (tape symbol))    ; aktuelles Symbol lesen
        (var yz (head step x))   ; Zustandsübergang, ergibt Liste (y z)
        (tape write (car yz))    ; nächstes Symbol schreiben
        (tape move (cadr yz))    ; Kopf bewegen
        (tape display mode)      ; Bandanzeige entsprechend mode
    ))
```

Zusätzlich definieren wir noch zwei triviale Methoden:

```
;    Anzahl der Einzelschritte
(method Beaver (steps) (head steps))

;    Anzahl der Einsen auf dem Band
(method Beaver (ones) (tape ones))
```

... und als Luxus eine Methode main, die ebenso gut als Funktion vereinbart werden könnte:

```
;    Hauptprogramm: Simulation des k-ten Bibers
;    Bandlänge mindestens N, Anzeigemodus mode
(method Beaver (main k N mode)
    (block
        (var beaver (new Beaver k N mode))
        (println "Der Biber startet...")
        (tape display mode)              ; Je nach Anzeigemodus Startposition anzeigen
        (beaver run)
        (println "...und stoppt nach "
            (beaver steps) " Schritten mit "
            (beaver ones) " Einsen auf dem Band.")))
```

Biber, die nicht nach ein paar tausend Schritten fertig sind, lässt man besser ohne Anzeige
vor sich hinarbeiten:

```
-> (Beaver main 3 1000 'none)
Der Biber startet...
...und stoppt nach 134467 Schritten mit 501 Einsen auf dem Band.
```

Das Programm ist nicht gerade schnell, man könnte auch sagen: sehr langsam. Für die 134.467
Schritte braucht t.Java mehr als eine Sekunde. Dasselbe Programm, in Java geschrieben,
schafft einige Millionen Schritte pro Sekunde. Wenn man sich den Aufwand vor Augen hält,
den der Interpreter bei jedem Methodenaufruf treibt, ist der Unterschied nicht verwunderlich.

Aber man lernt sowieso mehr, wenn man den Bibern bei der Arbeit zusieht, und da muss man
die Simulation eher noch bremsen, damit der Biber nicht zu fleißig ist. Zum Verlangsamen
gibt es übrigens einen Operator (sleep n), der n Millisekunden lang Pause macht.

Im Display-Modus pos wird die Position des Bibers angezeigt, aber nicht der Bandinhalt.
Wenn man die Geschwindigkeit passend einstellt – nicht zu schnell, nicht zu träge –, macht
es richtig Spaß, den Biber werkeln zu sehen.

Die folgende Abbildung zeigt die 107 Schritte des Bibers mit der Nummer 2, aus Platzgründen im Querformat wiedergegeben:

Wie der sehr kleine Biber mit der Nummer 0 arbeitet, kann man mit allen Details nachvollziehen. Zu diesem Zweck wird der Biber im tape-Modus gestartet, bei dem der Bandinhalt und die Position des Steuerkopfs angezeigt werden:

```
-> (Beaver main 0 6 'tape)
Der Biber startet...
[0,0,0,0,0,0,0,0,0]
        #
[0,0,0,0,1,0,0,0,0]
            #
[0,0,0,0,1,1,0,0,0]
        #
[0,0,0,0,1,1,0,0,0]
      #
[0,0,0,1,1,1,0,0,0]
    #
[0,0,1,1,1,1,0,0,0]
  #
[0,1,1,1,1,1,0,0,0]
    #
[0,1,1,1,1,1,0,0,0]
      #
[0,1,1,1,1,1,0,0,0]
        #
[0,1,1,1,1,1,0,0,0]
          #
[0,1,1,1,1,1,0,0,0]
            #
[0,1,1,1,1,1,1,0,0]
          #
[0,1,1,1,1,1,1,0,0]
            #
[0,1,1,1,1,1,1,0,0]
            #
```
...und stoppt nach 13 Schritten mit 6 Einsen auf dem Band.

6.3.3   Private Attribute und Methoden

Das Prinzip der Kapselung ist eine der wichtigsten Grundlagen des objektorientierten Programmierparadigmas. Es wird in vielen Sprachen durch Modifikatoren wie private oder protected unterstützt, mit denen man detailliert regeln kann, auf welche Elemente von wo aus zugegriffen werden darf.

In t.Java gibt es solche Modifizierer nicht. Attribute einer Klasse sind dadurch vor einem versehentlichen Zugriff geschützt, dass man auf sie nur indirekt über Methoden zugreifen kann:

```
-> (defclass A '(field))
-> (set a (new A))
object[A]
-> (a field)
Error: No method field_0 in class[A]
```

Es gibt also kein direktes Äquivalent zu Zugriffen auf Attribute in der Form a.field, wie sie in Java erlaubt sind.

Es wäre allerdings ein Irrtum zu glauben, dass Attribute in t.Java deshalb vor dem Zugriff von außen geschützt seien. Der Operator part (die Funktion context ist damit implementiert) durchbricht in Kombination mit eval alle Schranken:

```
-> (method A (setfield x) (seq (set field x) void))
-> (method A (getfield) field)
-> (a setfield 'value)               ; Attributwert auf legale Weise ändern
-> (eval 'field (context a))
value
-> (eval '(set field 'changed) (context a))  ; Umgehung der Methode setfield
changed
-> (a getfield)
changed
```

Diese Verletzung des Kapselungsprinzips ist gewollt, denn in t.Java soll es möglich sein, auf das Innenleben aller Klassen und Objekte zuzugreifen.

Privatheit in Java

In Java ist das etwas anderes. Wenn eine Methode oder ein Attribut als private markiert ist, dann sollte ein Zugriff von außen eigentlich nicht möglich sein.

Sollte: Was nämlich part für t.Java ist, das ist das Paket java.lang.reflect für Java. Es durchkreuzt fast alle Sicherheitsmaßnahmen. Beispielsweise ist es damit möglich, private Methoden von außerhalb einer Klasse aufzurufen.

Für ein Objekt safe der nachfolgenden Klasse Safe würde der Aufruf safe.open() von außerhalb der Klasse durch den Compiler verhindert:

```
0  public class Safe {
1
2      // Nur damit kann der Safe geöffnet werden.
3      private void open() {
4          System.out.println("Der␣Safe␣ist␣offen.");
5      }
6  }
```

Trotzdem kann ein Panzerknacker den Safe mit Leichtigkeit knacken:

```
0   import java.lang.reflect.Field;
1   import java.lang.reflect.Method;
2
3   // Ein BeagleBoy kann den Safe öffnen.
4   public class BeagleBoy {
5
6       public static void main(String[] args) {
7           BeagleBoy.open(new Safe());
8       }
9
10      // Ruft die private Methode open() der Klasse Safe auf.
11      public static void open(Safe safe) {
```

```
12          try {
13              Method open =
14                  safe.getClass().getDeclaredMethod("open", null);
15              open.setAccessible(true);
16              open.invoke(safe, null);
17          } catch (Exception e) {
18          }
19      }
20  }
```

Beim Übersetzen von BeagleBoy.java gibt der Compiler (Sun Java SE 1.6.0) zwar ein paar Warnungen aus, aber der Panzerknacker kommt trotzdem an das Innere des Safes heran:

```
$ java BeagleBoy
Der Safe ist offen.
```

Genauso einfach lassen sich in Java auch Details privater Attribute und Klassen offenlegen. Wichtig ist, dass man die Methoden getDeclaredMethod oder getDeclaredMethods der Klasse java.lang.Class verwendet: getMethod bzw. getMethods geben nur die public-Methoden zurück.

Zugriffsschutz durch Delegation

Natürlich sollte man trotzdem über Zugriffsschutz nachdenken. Aus Sicht der objektorientierten Programmierung ist die maximale Schutzstufe private bei näherem Hinschauen nicht unbedingt sinnvoll, da sie die „ist ein"-Relation zwischen Ober- und Unterklasse verletzt. Jedes Objekt einer Klasse B, die von einer Klasse A abgeleitet ist, ist zugleich ein Objekt der Klasse A. Als solches sollte es die Methoden aus A aufrufen können. Genau dies ist für private Methoden aber nicht erlaubt.

Einen Ersatz für private Methoden einer Oberklasse kann man sich durch Delegation verschaffen: Anstatt eine Klasse B von einer Oberklasse A abzuleiten und damit alle Methoden von A zu erben, gibt man der Klasse B ein Attribut vom Typ A, an das sie die Ausführung gewisser Methoden *delegiert*.

Ein Beispiel für den sinnvollen Einsatz von Delegation ist die Klasse Bivector (S. 301). Wir hatten sie als Unterklasse von Vector definiert:

```
;  Ein Bivector ist ein Vector, der auch negative Adressen zulässt.
(defclass Bivector Vector '(
    left  ;  Vector der Elemente mit Adressen < 0
    ))
```

Damit erbt sie das Attribut content der Oberklasse und deren Methoden. Mit gleichem Recht könnte man Bivector aber auch als Wurzelklasse mit zwei Attributen des Typs Vector definieren:

```
;  Ein Bivector ist ein dynamisches Array,
;    das Zahlen n aus N als Adressen zulässt.
(defclass Bivector '(
    right ;  Vector der Elemente mit Adressen >= 0
    left  ;  Vector der Elemente mit Adressen < 0
    ))
```

Jetzt ist ein Bivector zwar kein Vector mehr, aber man hat die Freiheit, ihm genau so viel vom Verhalten eines Vector-Objekts zu geben, wie man für richtig hält.

Ein Beispiel zeigt die Grundidee:

```
(defclass A)                    ; Basisklasse A
(method A (f) "A_f_0")
(method A (g) "A_g_0")
(defclass B A)                  ; Unterklasse, erbt alle Methoden
(defclass C '(a))               ; Klasse C delegiert an Klasse A
(method C (init)
    (set a (new A)))
(method C (f) (a f))            ; C kennt nur die Methode f
(defclass D)                    ; D hat Methoden mit denselben Namen wie A
(method D (f) "D_f_0")
(method D (g) "D_g_0")
```

Die Suche nach Methode f ist in allen vier Klassen erfolgreich:

```
-> (bind abcd (list (new A) (new B) (new C) (new D)))
-> (map (function (x) (x f)) abcd)
(A_f_0 A_f_0 A_f_0 D_f_0)
```

Die Klasse C hat keine Delegation der Methode g an die Klasse A vorgesehen, deshalb scheitert der entsprechende Aufruf:

```
-> (map (function (x) (catch 'MSEARCH (x g) "[Unbekannte Methode g]")) abcd)
(A_g_0 A_g_0 [Unbekannte Methode g] D_g_0)
```

Würde man auch g an A delegieren, so gäbe es keinen Unterschied im Verhalten zwischen den Klassen B und C mehr.

Zugriffsschutz durch Typprüfung

Eine andere Möglichkeit für die Realisierung privater Methoden in t.Java besteht darin, den Typ des Objekts zu prüfen, an das der Methodenaufruf gerichtet ist:

```
-> (defclass F)
-> (method F (f)
        (if (= (type self) F) "F_f_0"
            (throw (str "No method f_0 in " (type self)))))
-> ((new F) f)
F_f_0
-> (defclass G F)
-> ((new G) f)
Error: No method f_0 in class[G]
```

Damit ist die Benutzung der Methode F_f_0 auf Objekte der Klasse F beschränkt.

Es wäre mühsam, den Code für die Typkontrolle und die Fehlermeldung jedes Mal zu schreiben, wenn eine private Methode definiert werden soll. Ein Makro nimmt uns diese Arbeit ab:

```
;   (private-method A m body) definiert eine private Methode m der Klasse A
(defmacro (private-method A m body)
    (method A m
        (if (= A (type self)) body
            (throw 'MSEARCH (str "No method " (car 'm) "_" (- (length 'm) 1)
                " in " (type self))))))
```

Das Makro berechnet jeweils die passende Fehlermeldung:

```
-> (defclass A)
-> (private-method A (f) "Methode A_f_0 aufgerufen")
-> (private-method A (f x) (str "Methode A_f_1 mit x = " x " aufgerufen"))
-> (defclass B A)
-> (defclass C B)
```

```
-> ((new A) f)
Methode A_f_0 aufgerufen
-> ((new A) f 37)
Methode A_f_1 mit x = 37 aufgerufen
-> ((new B) f)
Error: No method f_0 in class[B]
-> ((new C) f 37)
Error: No method f_1 in class[C]
```

Damit ist (private-method ...) ein gewisser Ersatz für den Modifizierer private vor einer Methodendeklaration. Allerdings verhindert (private-method X m ...) nicht, dass die Methode m *an jeder beliebigen Stelle* für ein Objekt der Klasse X aufgerufen wird. Die Privatheit ist also sehr begrenzt.

6.3.4 Innere Klassen

In Java waren alle Klassendeklarationen ursprünglich „top level": Ein Java-Programm bestand aus einer Abfolge von Klassendeklarationen, die gleichwertig nebeneinander standen.

Inzwischen gibt es zusätzlich verschiedene Arten von inneren Klassen: statische und nicht-statische Elementklassen, lokale und anonyme Klassen.

In t.Java darf eine Klassendefinition überall stehen – jedenfalls überall dort, wo ein Ausdruck ausgewertet wird. Damit kann man Klassen lokal vereinbaren wie andere Variablen auch. Klassen haben in t.Java einen viel stärkeren Ad-hoc-Charakter als in Java, schon allein deshalb, weil man sie nach ihrer Erzeugung durch Hinzufügen von Methoden noch ändern kann.

Im Folgenden betrachten wir einige Möglichkeiten, wie man lokale Klassen in t.Java definieren kann. Wie schon im vorigen Abschnitt gilt: Nicht alles, was man machen kann, ist auch sinnvoll.

Elementklassen

In Java kann man innerhalb einer Klasse nicht nur Attribute und Methoden deklarieren, sondern auch Klassen. Solche sogenannten *Elementklassen* können je nach dem Zugriffsschutz, den man für sie festlegt, auch außerhalb der umgebenden Klasse verwendet werden. Objekte einer Elementklasse können aber immer nur über Objekte der umgebenden Klasse erzeugt werden.

Das folgende Beispiel demonstriert, wie man ein ähnliches Verhalten in t.Java erreicht. Wir definieren eine Klasse Box mit einer inneren Klasse Book. Eine Box wird mit einer Anzahl Büchern und einem Namensaufkleber angeliefert (d. h. erzeugt) und enthält Bücher. Man kann mit den Büchern umgehen, aber die Klasse Book existiert nicht als globale Klasse, sodass man nicht anders an Bücher kommt als durch Auspacken aus einer Kiste:

```
(block
  ;   Ein Buch gehört in eine Box, hat einen Titel und eine Seitenzahl.
  (var Book (class Book '(box title pages)))

  ;   Bei der Erzeugung werden Kiste und Titel mitgeteilt,
  ;   die Seitenzahl ist zufällig
  (method Book (init b t)
    (seq
      (set box b)
      (if (box full) (throw (str box " ist voll")))
      (set title t)
      (set pages (+ 50 (mod (random) 500)))))
```

```
        ;    Stringdarstellung
        (method Book (str) (str "Buch " title " in " box))

        ;    Seitenzahl
        (method Book (pages) pages)

        ;    Eine Box hat einen Aufkleber, einen Inhalt und kann voll sein.
        ;    Als Titel der Bücher werden hier Nummern verwendet.
        (defclass Box '(name content full))

        ;    Box mit Aufkleber nm und n Büchern erzeugen
        (method Box (init nm n)
            (seq
                (set full false)
                (set name nm)
                (set content (map (function (i) (new Book self i)) (range 0 n)))
                (set full true)))

        ;    Stringdarstellung
        (method Box (str) name)

        ; Ist die Box voll?
        (method Box (full) full)

        ;    i-tes Buch aus der Kiste holen
        (method Box (book i) (element i content)))
    end)
```

Die Klasse Book ist lokal zur Klasse Box, die selbst aufgrund ihrer Definition mit defclass global existiert.

Im globalen Namensraum kann man Bücherkisten erzeugen, einzelne Bücher aus Kisten herausholen und mit ihnen arbeiten, indem man ihnen Methodenaufrufe schickt, aber man kann keine neuen Bücher erzeugen:

```
-> (set box1 (new Box "Kiste A" 50))
Kiste A
-> (set box2 (new Box "Kiste B" 50))
Kiste B
-> (block
        (var book1 (box1 book 37))
        (var book2 (box2 book 10))
        (var p (+ (book1 pages) (book2 pages)))
        (str book1 " und " book2 " haben zusammen " p " Seiten."))
Buch 37 in Kiste A und Buch 10 in Kiste B haben zusammen 720 Seiten.
-> (bind Book (type (box1 book 0)))   ; Man kann die Klasse Book global machen...
-> (new Book box1 1)                  ; ...aber das hilft nicht weiter.
Error: Kiste A ist voll
```

Die Klasse Book ist enthalten im Kontext der Klasse Box. Auch die Klasse Book selbst hat diesen Kontext; einzelne Exemplare beider Klassen verlängern ihn jeweils um ihren individuellen Bindungsrahmen:

```
-> (context Box)                           ; Kontext der Klasse Box
({Book} {..})
-> (context (type (box1 book 37)))         ; Kontext der Klasse Book
({Book} {..})
-> (context box1)                          ; Kontext einer Box
({name full self content} {Book} {..})
-> (context (box1 book 37))                ; Kontext eines Buchs
({self box pages title} {Book} {..})
```

Anders als in Java kennt die innere Klasse Book nicht automatisch die Attribute der äußeren Klasse Box; man muss einem Buch die Box, zu der es gehört, in seinem Konstruktor mitteilen.

Lokale Klassen

In dem vorangehenden Beispiel ist die Klasse Box nicht von der lokalen Klasse Book abgeleitet. Eine nur lokal bekannte Klasse kann aber durchaus auch Oberklasse einer öffentlich (also global) definierten Klasse sein. Die globale Klasse kennt trotzdem die Methoden ihrer lokalen Oberklasse:

```
-> (block
        (var L (class L '(lo)))
        (method L (hi) "Hi aus Klasse L")
        (defclass A L '(a))
        (method A (f) (str "Der Kontext von L ist " (context L)))
        (method A (g) (str "Der Kontext eines L-Objekts ist " (context (new L))))
        (method A (h) (L hi))
        (method A (i) (str "Der Kontext von A ist " (context A)))
        (method A (j) (str "Der Kontext eines A-Objekts ist " (context (new A))))
        (method A (h) (L hi))
        void)
-> (set a (new A))
object[A]
-> (a f)
Der Kontext von L ist ({L} {..})
-> (a g)
Der Kontext eines L-Objekts ist ({lo self} {L} {..})
-> (a h)
Hi aus Klasse L
-> (A i)
Der Kontext von A ist ({L} {..})
-> (A j)
Der Kontext eines A-Objekts ist ({a} {lo self} {L} {..})
```

Die Klasse L ist eine lokale Klasse im Kontext der global definierten Klasse A und zugleich Oberklasse von A. Jedes A-Objekt hat damit einen Zugriff auf die Attribute und Methoden, die es von L erbt. Die Klasse A speichert ihren Definitionskontext wie eine t.Scheme-Funktion, deshalb enthält sie die Bindung des Namens L an die entsprechende Klasse in ihrem Klassenkontext.

Wenn eine Unterklasse ebenfalls ihren Definitionskontext speichern würde, dann hätten von A abgeleitete Klassen keine Kenntnis von L. Deshalb erben in t.Java Unterklassen ihren Klassenkontext von der Oberklasse:

```
-> (defclass B A '(b))
-> (context B)
({L} {..})
-> (context (set b (new B)))
({b} {a} {lo self} {L} {..})
-> (b h)
Hi aus Klasse L
```

Dadurch ist gesichert, dass B-Objekte von A geerbte Methoden nicht nur finden, sondern auch ausführen können.

Anonyme Klassen

Anonyme Klassen in Java sind lokale Klassen ohne einen Namen, von denen am Ort der Klassendefinition ein Objekt erzeugt wird. Solche gewissermaßen pfandfreien Einwegklassen sind in t.Java offensichtlich nicht nur möglich, sie entsprechen sogar in besonderem Maße dem Sprachkonzept, bei dem es ja um das Ausprobieren programmiersprachlicher Möglichkeiten geht.

Ein Trivialbeispiel einer solchen Klasse könnte so aussehen:

```
-> (block
        (var A (class A))
        (method A (info)
            (str "Name dieser Klasse: " (classname A)
                 "\nMethoden diese Klasse: " (methods A)))
        ((new A) info))
Name dieser Klasse: A
Methoden diese Klasse: ({info_0})
```

Hier wird für ein einzelnes Objekt einer lokalen Klasse A die einzige vorhandene Methode der Klasse einmal aufgerufen. Die Klasse selbst überlebt nicht, sie existiert nur für den Moment der Erzeugung ihres Objekts, das seinerseits nach dem Methodenaufruf auch nicht mehr ohne Weiteres zugreifbar ist.

Puristen stören sich vielleicht daran, dass diese anonyme Klasse einen internen Namen hat. Interne Namen sind in t.Java aber wirklich Schall und Rauch, sie haben keinerlei semantische Bedeutung. Trotzdem, für ganz Hartnäckige: Man kann mit einem Trick Klassen ohne internen Namen erzeugen. Dazu benutzt man den „Namen" einer Funktion ohne internen Namen:

```
;   Liefert eine namenlose Klasse
(bind anonymous-class (macro ls
    (eval (cons 'class (cons (name (function () 0)) 'ls)))))
```

Der Ausdruck `(name (function () 0))` liefert ein Symbol, dessen Stringdarstellung leer ist. Die Auswertung der mit `(cons 'class (cons (name (function () 0)) 'ls))` erzeugten Liste ergibt die gesuchte anonyme Klasse:

```
-> (anonymous-class)          ; anonyme Klasse ohne Attribute
class[]
-> (anonymous-class '(a b))   ; anonyme Klasse mit zwei Attributen
class[]
```

Mit dem Makro anonymous-class kann man genauso umgehen wie mit class; nur der Name der erzeugten Klasse bleibt leer. Man kann eine mit anonymous-class erzeugte Klasse an einen externen Namen binden und dann wie mit einer benannten Klasse arbeiten:

```
-> (bind A (anonymous-class '(a)))
-> A
class[]
-> (method A (init x) (set a x))
-> (method A (get) a)
-> ((new A 37) get)
37
```

Wer will, kann auch namenlose Unterklassen von namenlosen Klassen bilden:

```
-> (anonymous-class A '(b))    ; anonyme Unterklasse der (intern) anonymen Klasse A
class[]
-> (new % 100)
object[]
-> (type %)
class[]
```

Anonyme Klassen dieser Art sind nicht dasselbe wie anonyme Klassen in Java. Tatsächlich spielt in Java der Name einer Klasse eine ganz andere Rolle als in t.Java, wo Objekte nicht ihren Klassennamen als Typ haben, sondern die Klasse selbst. Während man in Java dazu neigt, eine Klasse als etwas dauerhaft Existierendes anzusehen, sind t.Java-Klassen reine Laufzeitobjekte. Eine Anweisung wie etwa (for i 1 100 (anonymous-class)) erzeugt nicht etwa 100-mal dieselbe Klasse, sondern 100 verschiedene anonyme Klassen – mit denen vermutlich nur der Garbage-Kollektor etwas anfangen kann. In Java gibt es kein Analogon zu solchen Konstruktionen.

6.4 Ströme

In Java gibt es zwar keine Klasse und kein Interface namens Stream, aber mehr als 150 Klassen, die dieses Wort im Namen enthalten. Die meisten, wenn auch nicht alle, sind Unterklassen von java.io.InputStream oder java.io.OutputStream.

Solchen Stream-Klassen ist gemeinsam, dass sie potentiell unendliche Folgen von Bytes, Zahlen oder anderen Objekten repräsentieren. InputStream-Objekte sind Datenquellen, etwa Dateien oder eine Tastatur, man kann aus ihnen zumindest im Prinzip beliebig oft Daten lesen – in der Praxis allerdings nur so lange, bis eine IOException auftritt. In ähnlicher Weise sind OutputStream-Objekte Datensenken, in die man beliebig viel schreiben kann.

In t.Java und den anderen t.Sprachen befassen wir uns wenig mit dem Thema Ein-/Ausgabe. Trotzdem sind die Ströme, um die es in diesem Abschnitt geht, Verwandte der Stream-Typen von Java.

Ein Strom ist in t.Java ebenso wie in Java ein Datenobjekt, das unendlich viele Werte repräsentiert, auf die man nacheinander zugreifen kann. Man kann sich einen Strom als indizierte Folge $(x_0\ x_1\ x_2\ \ldots)$ vorstellen, aber man erreicht ein Element x_i genau wie bei Listen nur über seine Vorgänger $x_0, \ldots, x_{i-1}$, nicht direkt wie ein Element in einem Array.

Im Unterschied zu einer Liste hat ein Strom kein Ende: *Jedes* Element x_i hat einen Nachfolger x_{i+1}. Mathematisch gesehen ist ein Strom damit eine Funktion auf der Menge $\mathbb{N}$ der natürlichen Zahlen. Mit dieser rein funktionalen Sicht wird man dem Begriff des Stroms aber nicht gerecht, so wenig wie man eine Liste nur als eine Funktion auf der Menge $\{1, \ldots, n\}$ ansehen sollte.

6.4.1 Der Typ Stream

Ströme sind in t.Java als Klasse implementiert. Für den Einstieg ist es am einfachsten, das zu ignorieren und sie wie unendliche Listen zu behandeln. Ein Strom wird mit (Cons x s) aus einem beliebigen Element x und einem Strom s konstruiert.

Ein erstes Beispiel sind die natürlichen Zahlen:

```
-> (load "stream.tjava")           ; Definition der Klasse Stream laden
-> (define (IntegersFrom n)        ; Folge n, n+1, n+2, ...
      (Cons n (IntegersFrom (+ n 1))))
function[IntegersFrom]
```

```
-> (set integers (IntegersFrom 0))
(0 1 2 3 4 5 6 7 8 9 10 11 ...)
-> (type integers)
class[Stream]
```

Die Namen von Funktionen für den Umgang mit Strömen schreiben wir in der Regel mit großen Anfangsbuchstaben, um sie von ihren Verwandten zu unterscheiden, die auf Listen operieren.

Das Konstruktionsprinzip des Stroms der natürlichen Zahlen lässt sich sofort auf beliebige Folgen $(x_0\ x_1\ x_2\ ...)$ übertragen:

```
-> (define (SequenceFrom x n)                  ; Folge (x n), (x (+ n 1)), ...
        (Cons (x n) (SequenceFrom x (+ n 1))))
function[SequenceFrom]
-> (set squares (SequenceFrom square 0))       ; Quadratzahlen
(0 1 4 9 16 25 36 49 64 81 100 121 ...)
-> (SequenceFrom (function (n) (power 2 n)) 0) ; Potenzen von 2
(1 2 4 8 16 32 64 128 256 512 1024 2048 ...)
```

Mit den Selektoren Car und Cdr kann man auf die Bestandteile eines Stroms zugreifen:

```
-> (Car integers)
0
-> (Cdr integers)
(1 2 3 4 5 6 7 8 9 10 11 12 ...)
-> (Cdr %)
(2 3 4 5 6 7 8 9 10 11 12 13 ...)
```

Ströme sind also tatsächlich so etwas wie unendliche Listen. Der Datentyp Stream ist durch die Zugriffsfunktionen Cons, Car und Cdr in fast genau derselben Weise definiert wie der Typ List durch cons, car und cdr.

Der wesentliche Unterschied zwischen beiden Typen ist die Tatsache, dass es keinen leeren Strom gibt. Ein Strom ist definitionsgemäß niemals leer, er besteht aus seinem Kopf und einem weiteren Strom, seinem Rumpf. Damit sind Ströme immer endlos.

Die Frage ist, wie das funktioniert. Jede Liste wird von der leeren Liste aus konstruiert, dagegen hatten wir den Strom (0 1 2 ...) mittels Cons aus dem Strom (1 2 3 ...) erzeugt, diesen aus (2 3 4 ...) usw. – ohne einen Abbruch der Rekursion.

Bei der Definition einer Folge durch sich selbst ist das noch frappierender:

```
-> (set ones (Cons 1 ones))
(1 1 1 1 1 1 1 1 1 1 1 ...)
```

Man sollte meinen, dass schon bei der Auswertung von (Cons 1 ones) die Fehlermeldung „Unbound symbol ones" erscheinen würde. Die Tatsache, dass sie nicht kommt, beweist geradezu, dass Cons gar nicht erst versucht, sein zweites Argument auszuwerten. Ein Blick auf die Definition erklärt das:

```
-> (? Cons)
Type:    Macro
Value:   macro[Cons]
Formals: (x s)
Body:    (new Stream x (delay s))

-> (? delay)
Type:    Macro
Value:   macro[delay]
Formals: (expr)
Body:    (lambda () expr)
```

Ein Aufruf (Cons x s) führt demnach zur Auswertung von (new Stream x (delay s)), wobei (delay s) bewirkt, dass s in eine argumentlose Funktion verpackt wird. Damit wird s zunächst einmal nicht ausgewertet. Erst wenn mit Cdr auf den so erzeugten Strom zugegriffen wird, muss dessen Rumpf ausgewertet werden. Es ist wichtig, dass Cons und delay Makros sind – Funktionen würden ihre Argumente auswerten.

Um die Auswertung des Rumpfs im richtigen Moment kümmert sich die Klasse Stream. Zum Verständnis von Strömen genügt es für den Anfang zu wissen, dass keine endlose Rekursion in Gang gesetzt wird.

Die durch delay bewirkte Nichtauswertung des zweiten Arguments von Cons hat zur Folge, dass hier jeder beliebige Ausdruck stehen kann:

```
-> (bind twos (Cons 2 two))
-> (Car twos)
2
-> (Cdr twos)
Error: Unbound symbol two
```

Bei der Definition von twos wird der Schreibfehler (two statt twos) vom Interpreter nicht bemerkt. Erst beim Zugriff auf den Rumpf stellt sich heraus, dass twos kein wohldefinierter Strom ist.

Wenn ein Strom ausgegeben wird, werden standardmäßig die ersten zwölf Elemente angezeigt:

```
-> (Cdr integers)
(1 2 3 4 5 6 7 8 9 10 11 12 ...)
```

Die Anzahl der angezeigten Elemente kann man bei Bedarf auch ändern. Sie ist eine Klassenvariable der Klasse Stream, die man mit (Stream show) abfragen und mit (Stream show n) setzen kann:

```
-> (Stream show 4)
4
-> integers
(0 1 2 3 ...)
```

Das ist beispielsweise dann nützlich, wenn man Ströme definiert, deren Elemente selbst wieder Ströme sind. Mit der Voreinstellung von zwölf angezeigten Werten wäre das Folgende ziemlich unübersichtlich:

```
-> (set doubleIntStream (Cons integers doubleIntStream))
((0 1 2 3 ...) (0 1 2 3 ...) (0 1 2 3 ...) (0 1 2 3 ...) ...)
```

Die Änderung der Anzeige ändert selbstverständlich nichts an dem Strom selbst.

Noch eine weitere Anmerkung zum Typ Stream ist notwendig: Man sollte Ströme nicht miteinander vergleichen. Es geht, aber es ist sinnlos:

```
-> (= (IntegersFrom 0) (IntegersFrom 0))
false
```

Jeder Strom ist in t.Java nur zu sich selbst gleich. Auch wenn man mathematisch beweisen könnte, dass zwei zu verschiedenen Zeiten erzeugte Ströme elementweise gleich sind, so kann dies der Interpreter doch nicht feststellen. Deshalb verzichtet man am besten ganz auf den Vergleich von Strömen.

6.4.2   Beispiele

Zugriff auf Elemente von Strömen

Das n-te Element eines Stroms s erreicht man mit (s element n). Die Definition erinnert an Listen:

```
;   n-tes Element dieses Stroms (der Kopf hat den Index 0)
(method Stream (element n)
    (if (= n 0) (self car) ((self cdr) element (- n 1))))
```

Bei dieser und allen folgenden Zugriffsfunktionen hat man immer die Wahl, sie als Methode der Klasse Stream oder als selbständige Funktion zu schreiben, die Entscheidung ist weitgehend Geschmackssache. Allerdings sollte man sich bei der Definition von Funktionen an die Konvention halten, dass die Namen von Funktionen auf Strömen mit Großbuchstaben beginnen:

```
;   n-tes Element des Stroms s
(define (Element n s)
    (if (= n 0) (Car s) (Element (- n 1) (Cdr s))))
```

Auch die beiden folgenden Methoden sind schon in der Klasse Stream definiert:

```
;   Die ersten n Elemente dieses Stroms als Liste
(method Stream (first n)
    (if (= n 0) nil (cons head ((self cdr) first (- n 1)))))

;   Strom der Elemente dieses Stroms vom n-ten Element an
(method Stream (from n)
    (if (= n 0) self ((self cdr) from (- n 1))))
```

Die Anwendung ist ganz intuitiv:

```
-> (integers element 100)
100
-> (squares first 10)
(0 1 4 9 16 25 36 49 64 81)
-> (squares from 10)
(100 121 144 169 196 225 256 289 324 361 400 441 ...)
```

Fibonacci-Zahlen

Mit Strömen kann man die „ultimative" Definition der Folge der Fibonacci-Zahlen formulieren:

```
-> (set fibonacci (Cons 0 (Cons 1 (fibonacci + (Cdr fibonacci)))))
(0 1 1 2 3 5 8 13 21 34 55 89 ...)
-> (fibonacci element 100)
354224848179261915075
```

Filtern von Strömen

Ähnlich wie für Listen entwickelt man mit der Zeit auch für Ströme einen Werkzeugkasten an Methoden. Ein echtes, natürlich ebenfalls den Listen abgeschautes Multitool ist dabei das Filtern. Mit einem Prädikat pred? sucht man aus einem Strom den Teilstrom der Elemente heraus, die das Prädikat erfüllen:

```
;   Strom der Elemente x in diesem Strom, für die (pred? x) gilt
(method Stream (filter pred?)
    (if (pred? head) (Cons head ((self cdr) filter pred?))
        ((self cdr) filter pred?)))
```

Natürlich muss man darauf achten, dass es in dem zu filternden Strom genügend viele Elemente x gibt, für die (pred? x) gilt:

```
-> (set s (integers filter (function (n) (< n 20))))
(0 1 2 3 4 5 6 7 8 9 10 11 ...)
-> (s element 19)
19
-> (s from 20)
Error: Evaluation interrupted
```

Der Versuch, nach der 19 noch eine weitere Zahl $n \in \mathbb{N}$ mit $n < 20$ zu finden, muss offensichtlich scheitern. Er wurde mit Strg-C abgebrochen.

Der Strom der Primzahlen

In Abschnitt 1.2.4 hatten wir ein Prädikat prime? definiert. Weil t.Zero nur über sehr eingeschränkte Ausdrucksmöglichkeiten verfügt, schreiben wir es hier nochmals in der Notation von t.Java bzw. t.Scheme:

```
(let
    ; ist m Teiler von n?
    factor? (function (m n) (= 0 (mod n m)))

    ; enthält [x, x+2, x+4,...,y] einen Teiler von n?
    factor-in-range? (function (x y n)
        (cond (< y x) false
            (factor? x n) true
            (factor-in-range? (+ x 2) y n)))

    ; Ist n eine Primzahl?
    (define (prime? n)
        (cond
            (= n 1) false
            (= n 2) true
            (factor? 2 n) false
            (not (factor-in-range? 3 (isqrt n) n)))))
```

Es hat etwas von Magie, wenn man sieht, wie t.Java ohne merklichen Zeitaufwand die Folge aller Primzahlen berechnet:

```
-> (set primes ((IntegersFrom 2) filter prime?))
(2 3 5 7 11 13 17 19 23 29 31 37 ...)
-> (primes element 1000)
7927
```

Es dauert allerdings einen wahrnehmbaren Moment, bis die tausendste Primzahl erscheint. Dafür gibt der Interpreter anschließend die Liste (primes first 1000) der ersten 1000 Primzahlen praktisch verzögerungsfrei aus. Die schon einmal berechneten Elemente eines Stroms werden intern gespeichert und nicht ein zweites Mal berechnet. Deswegen erfolgt auch diese Auswertung sehr schnell:

```
-> (primes from 1000)
(7927 7933 7937 7949 7951 7963 7993 8009 8011 8017 8039 8053 ...)
```

Der Strom primes wird jeweils so weit wie nötig berechnet. Die Eingabe (set primes ((IntegersFrom 2) filter prime?)) erforderte die Berechnung der ersten zwölf Primzahlen, weil diese Zahl als Größe der Stringdarstellung in der Klasse Stream voreingestellt ist. Die Auswertung von (primes first 1000) löst die Berechnung von weiteren 988 Primzahlen aus. Mit (primes from 1000) werden weitere zwölf Primzahlen ermittelt.

Um sich den Strom der Primzahlen sehr weit draußen anzusehen, ist die Methode from nicht das richtige Mittel. Man beginnt einfach erst später:

```
;   Primzahlen >= n
(define (Primes-greater-than n)
((IntegersFrom n) filter prime?))
```

Selbst für sehr große Werte von n dauert es damit nicht lange, den bei n beginnenden Teil der Primzahlfolge zu berechnen. Aus Platzgründen verkürzen wir bei der folgenden Auswertung die Ausgabe auf jeweils fünf Elemente:

```
-> (Stream show 5)
5
-> (for i 1 10  (println (Primes-greater-than (power 10 i))))
(11 13 17 19 23 ...)
(101 103 107 109 113 ...)
(1009 1013 1019 1021 1031 ...)
(10007 10009 10037 10039 10061 ...)
(100003 100019 100043 100049 100057 ...)
(1000003 1000033 1000037 1000039 1000081 ...)
(10000019 10000079 10000103 10000121 10000139 ...)
(100000007 100000037 100000039 100000049 100000073 ...)
(1000000007 1000000009 1000000021 1000000033 1000000087 ...)
(10000000019 10000000033 10000000061 10000000069 10000000097 ...)
```

Schon in der Schule lernt man, dass sich die Primzahlen auch mit dem *Sieb des Eratosthenes* berechnen lassen: Von der Folge (2 3 4 5 6 7 8 9 10 ...) behält man den Kopf, also die 2, und streicht alle echten Vielfachen davon. Das ergibt (2 3 5 7 9 ...). Vom Rumpf (3 5 7 9 ...) dieser Folge behält man wieder den Kopf (die 3) und streicht die echten Vielfachen davon heraus. Das wiederholt man ad infinitum. Was übrig bleibt, sind die Primzahlen.

Das Streichen der Vielfachen kann man durch Herausfiltern der Nicht-Vielfachen erledigen:

```
;   Ergibt true, wenn das Argument kein Vielfaches von n ist
(define (not-a-multiple-of n)
    (function (m) (< 0 (mod m n))))
```

Damit lässt sich das Sieb des Eratosthenes als Funktion auf Strömen in extrem kompakter Form schreiben:

```
;   Sieb des Eratosthenes, angewandt auf den Strom s
(define (Sieve s)
    (Cons (s car) (Sieve ((s cdr) filter (not-a-multiple-of (s car))))))
```

Die Folge der Primzahlen entsteht durch das Sieben der ganzen Zahlen ≥ 2:

```
-> (set primes (Sieve (IntegersFrom 2)))
(2 3 5 7 11 13 17 19 23 29 31 37 ...)
```

Das Sieb des Eratosthenes in dieser Form sieht elegant und einfach aus. Zur Berechnung größerer Primzahlen ist es dem davor besprochenen Verfahren aber aus zwei Gründen klar unterlegen:

1. Es zwingt dazu, die Berechnung der Primzahlen bei 2 zu beginnen.
2. Die Laufzeit für die Berechnung der ersten n Primzahlen mit der Funktion Sieve ist proportional zu n^2. Für größere n ist das Verfahren damit ungeeignet.

Erweitern von Funktionen auf Ströme: map und bimap

Die Methode filter war der entsprechenden Funktion für Listen abgeschaut. Auch viele weitere Listenfunktionen lassen sich auf Ströme übertragen, beispielsweise map (S. 53):

```
;   Wende unäres f auf jedes Element dieses Stroms an
(method Stream (map f)
        (Cons (f head) ((self cdr) map f)))
```

Mit map und einem kleinen Trick kann man sich Ströme verschaffen, deren Elemente Symbole sind:

```
;   ((symbol a) i) ist das Symbol ai
(define (symbol a)
    (function (i) (parse (str a i))))

;   (symbol-stream s) liefert den Strom (s0 s1 s2 ...)
(define (Symbol-stream s)
    (integers map (symbol s)))
```

Damit bekommt man den gewünschten Strom von Symbolen:

```
-> (set s (Symbol-stream 's))
(s0 s1 s2 s3 s4 s5 s6 s7 s8 s9 s10 s11 ...)
-> (set t (Symbol-stream 't))
(t0 t1 t2 t3 t4 t5 t6 t7 t8 t9 t10 t11 ...)
```

Eng verwandt mit map ist die Methode bimap zur Verknüpfung von zwei Strömen mit Hilfe einer binären Funktion:

```
;   Wende binäres f auf jedes Paar von Elementen an
(method Stream (bimap f s)
    (Cons (f head (s car)) ((self cdr) bimap f (s cdr))))
```

Mit (s bimap f t) erzeugt man aus zwei Strömen $(s_0\ s_1\ s_2\ ...)$ und $(t_0\ t_1\ t_2\ ...)$ den Strom $((f\ s_0\ t_0)\ (f\ s_1\ t_1)\ (f\ s_2\ t_2)\ ...)$. In t.Java formuliert:

```
-> (Stream show 3)
3
-> (s bimap (function (x y) (list 'f x y)) t)
((f s0 t0) (f s1 t1) (f s2 t2) ...)
```

Das ermöglicht es unter anderem, auf einfache Weise die Grundrechenarten auf Ströme von Zahlen zu erweitern. Am Beispiel der Addition:

```
;   Addition von Strom s zu diesem Strom
(method Stream (+ s)
    (self bimap + s))
```

Kurz ausprobiert:

```
-> (integers + primes)
(2 4 7 ...)
-> (seq (Stream show 12) %)
(2 4 7 10 15 18 23 26 31 38 41 48 ...)
```

Wir hatten eben die Länge der Darstellung von Strömen auf 3 heruntergesetzt. Wie zu sehen ist, kann man aber die Darstellung auch nachträglich noch ändern.

Ströme flach machen

Manchmal trifft man auf Ströme, deren Elemente Listen sind, und möchte diese Listen auflösen. Ein Beispiel ist die Kombination von zwei Strömen $(s_0\ s_1\ s_2\ ...)$ und $(t_0\ t_1\ t_2\ ...)$ zu dem Strom $(s_0\ t_0\ s_1\ t_1\ s_2\ ...)$. Mit (s bimap list t) erhält man den Strom $((s_0\ t_0)\ (s_1\ t_1)\ (s_2\ t_2)\ ...)$, aus dem man nur noch die Klammern entfernen muss.

Dazu dient die folgende Methode. Im Unterschied zur Funktion flatten für Listen (S. 59) entfernt sie nur eine Klammerebene:

```
;   Diesen Strom, dessen Elemente Listen sind, eine Ebene flacher machen.
(method Stream (flatten-one-level)
    (let ls (self car)
        (if (nil? ls) ((self cdr) flatten-one-level)
            (Cons (car ls) ((Cons (cdr ls) (self cdr)) flatten-one-level)))))
```

Damit definiert man die Reißverschluss-Kombination:

```
;   Reißverschluss-Kombination von zwei Strömen
(define (Zip s t)
    ((s bimap list t) flatten-one-level))
```

Mit den symbolischen Strömen s und t ausprobiert:

```
-> (Zip s t)
(s0 t0 s1 t1 s2 t2 s3 t3 s4 t4 s5 t5 ...)
```

In diesem Fall hätten wir uns das Leben auch einfacher machen können:

```
;   Kombination von zwei Strömen
(define (Zip s t)
    (Cons (Car s) (Zip t (Cdr s))))
```

Für das nächste Beispiel ist flatten-one-level aber sehr nützlich.

Kartesisches Produkt von Strömen

Das kartesische Produkt der beiden Ströme $(s_0\ s_1\ s_2\ ...)$ und $(t_0\ t_1\ t_2\ ...)$ ist der Strom $((s_0\ t_0)\ (s_0\ t_1)\ (s_1\ t_0)\ (s_0\ t_2)\ (s_1\ t_1)\ (s_2\ t_0)\ ...)$ aller möglichen Paare von Elementen aus s und t.

Man kann die Menge dieser Paare mit dem Cantorschen Diagonalverfahren aufzählen. Dazu bildet man für jedes $n \in \mathbb{N}$ die n-te Diagonale des Kreuzpodukts: $((s_0\ t_n)\ (s_1\ t_{n-1})\ ...$ $(s_{n-1}\ t_1)\ (s_n\ t_0))$. Die erste Klammerebene des Stroms dieser Diagonalen entfernt man mit flatten-one-level, schon hat man den Strom aller Paare aus s und t. Die Diagonalen berechnet man mit der im Initialisierungsfile definierten Funktion bimap für Listen:

```
;   n-te Diagonale von zwei Strömen
(define (diagonal n s t)
    (bimap list (s first n) (reverse (t first n))))

;   Strom aller Paare aus den Strömen s und t
(define (Pairs s t)
    ((integers map (function (n) (diagonal n s t))) flatten-one-level))
```

Hier das Resultat:

```
-> (Pairs s t)
((s0 t0) (s0 t1) (s1 t0) (s0 t2) (s1 t1) (s2 t0) ...)
```

Faltung von Strömen

Einem Strom $(x_0\ x_1\ x_2\ \dots)$ von Zahlen kann man seine Teilsummen zuordnen: $(x_0\ x_0+x_1$ $x_0+x_1+x_2\ \dots)$, ebenso den Strom seiner Teilprodukte: $(x_0\ x_0*x_1\ x_0*x_1*x_2\ \dots)$ oder allgemein für eine binäre Funktion f den Strom $(x_0\ (f\ x_0\ x_1)\ (f\ (f\ x_0\ x_1)\ x_2)\ \dots)$.

Die entsprechende Operation für Listen hatten wir unter dem Namen fold in Kapitel 2 kennengelernt. Sie war deshalb etwas problematisch, weil man immer einen Voreinstellungswert für die Anwendung auf die leere Liste festlegen musste. Mit einer falschen Wahl dieses Wertes funktioniert die Faltung nicht. Bei Strömen entfällt diese Schwierigkeit erfreulicherweise, es gibt schließlich keinen leeren Strom. Die Faltung von Strömen ist deshalb eine sehr einfache Operation:

```
;    Diesen Strom mit der binären Funktion f falten
(method Stream (fold f)
    (Cons (self car) ((self fold f) bimap f (self cdr))))
```

Das ist deklarative Programmierung vom Feinsten: Der aus $(x_0\ x_1\ x_2\ \dots)$ berechnete Strom $(s_0\ s_1\ s_2\ \dots)$ ist $(x_0\ (f\ s_0\ x_1)\ (f\ s_1\ x_2)\ \dots)$, was sich unmittelbar in die obige Formulierung der Methode fold übersetzen lässt. Wir probieren das an zwei symbolischen Funktionen aus:

```
-> (seq (Stream show 4) (set xs (Symbol-stream 'x)))
(x0 x1 x2 x3 ...)
-> (xs fold (function (i j) (list i '+ j)))
(x0 (x0 + x1) ((x0 + x1) + x2) (((x0 + x1) + x2) + x3) ...)
-> (xs fold (function (i j) (list 'f i j)))
(x0 (f x0 x1) (f (f x0 x1) x2) (f (f (f x0 x1) x2) x3) ...)
```

Mit fold kann man die ganzen Zahlen erzeugen, die Fakultäten und mit ein wenig Phantasie noch vieles mehr:

```
-> (seq (Stream show 12) (ones fold +))
(1 2 3 4 5 6 7 8 9 10 11 12 ...)
-> (% fold *)
(1 2 6 24 120 720 5040 40320 362880 3628800 39916800 479001600 ...)
-> (define (coefficient n) (str "x^" n "/" n "!"))
function[coefficient]
-> (define (symbolic-plus i j) (str i " + " j))
function[symbolic-plus]
-> (bind partial-sums ((integers map coefficient) fold symbolic-plus))
-> (partial-sums element 8)
x^0/0! + x^1/1! + x^2/2! + x^3/3! + x^4/4! + x^5/5! + x^6/6! + x^7/7! + x^8/8!
```

Der Strom partial-sums enthält die Partialsummen der Taylorreihe von e^x in symbolischer Form.

6.4.3   Die Thue-Morse-Folge

Programmierung mit Strömen hat ein gewisses Suchtpotential. Nur deshalb folgt hier noch ein weiteres Beispiel, bevor wir uns mit dem befassen, was hinter den Kulissen in der Klasse Stream abläuft.

Die *Thue-Morse-Folge*, 1906 von A. Thue und ein zweites Mal 1921 von M. Morse entdeckt, ist eine sehr einfach definierte 0-1-Folge mit zahlreichen interessanten Anwendungen. Eine von vielen möglichen Beschreibungen lautet wie folgt:

1. Das erste Element der Folge ist 0.
2. Aus den ersten 2^n Folgengliedern erhält man die nächsten 2^n Elemente durch bitweise Negation.

Die Anfangsstücke der Länge 2^n für $n = 0, 1, 2, \ldots$ kann man daher stückweise konstruieren:

$$0 \to 01 \to 0110 \to 01101001 \to 0110100110010110 \to \ldots$$

Das lässt sich leicht in eine Funktion übersetzen, die zu n die ersten 2^n Elemente als Liste erzeugt. Man kann mit Hilfe einer solchen Funktion die Thue-Morse-Folge erzeugen, der Code sieht allerdings nicht besonders elegant aus.

Schöner wird er, wenn man beobachtet, dass die Folge sich selbst enthält: Die Elemente mit geradem Index bilden wieder die Thue-Morse-Folge, die mit ungeradem Index ihre bitweise Negation:

```
0110100110010110 ...
0 1 1 0 1 0 0 1 ...
 1 0 0 1 0 1 1 0 ...
```

Daraus leitet sich unmittelbar die folgende Beschreibung der Thue-Morse-Folge als Strom ab:

```
-> (define (Negate s)                  ; Bitweise Negation eines 0-1-Stroms
        (s map (function (n) (- 1 n))))
-> (Stream show 36)
36
-> (set thue
        (Cons 0 (Cons 1 (Zip (Cdr thue) (Negate (Cdr thue))))))
(0 1 1 0 1 0 0 1 1 0 0 1 0 1 1 0 1 0 0 1 0 1 1 0 0 1 1 0 1 0 0 1 1 0 0 1 ...)
```

Noch einmal derselbe Anfang der Thue-Morse-Folge, wobei jetzt 0 und 1 als schwarze bzw. weiße Quadrate dargestellt sind:

 ...

Diese Darstellung wurde, nebenbei bemerkt, mit Hilfe der Klasse Stream berechnet. Das vorliegende Buch ist in LATEX gesetzt. Um in der Ausgabe ein schwarzes bzw. weißes Quadrat zu produzieren, gibt man bei diesem Satzsystem „\blacksquare" bzw. „\square" ein. Mit der Funktion

```
;   Erzeugt den LaTeX-Code zur Thue-Morse-Folge
(define (latex x)
    (if (= x 0) "\blacksquare" "\square"))
```

und der Auswertung von (thue map latex) errechnet man die korrekte LATEX-Eingabe für die Kästchendarstellung der Thue-Morse-Folge auf sehr bequeme Weise.

Wir haben weiter oben gesehen, dass man auch Ströme definieren kann, deren Elemente Ströme sind. Damit kann man die Konstruktion der Thue-Morse-Folge auf die zweite Dimension erweitern. Die Grafik zeigt die Idee:

    •••

Die zweidimensionale Thue-Morse-Folge entsteht aus der Thue-Morse-Folge in derselben Weise wie diese aus der 0:

```
;   Elementweise Negation eines Stroms von 0-1-Strömen
(define (NEGATE s)
    (s map Negate))

;   Zweidimensionale Thue-Morse-Folge
(bind morse (Cons thue
    (Cons (Negate thue) (Zip (Cdr morse) (NEGATE (Cdr morse)))))))
```

Beim Testen dieses Codes müssten wir wieder eine Formatierfunktion anwenden, um eine halbwegs lesbare zweidimensionale Darstellung zu bekommen. Zweckmäßiger ist es, eine Unterklasse Morse von Stream zu schreiben, der wir diese Formatierung als Methode mitgeben. Im Konstruktor der Klasse verwenden wir nicht das Makro Cons (S. 318), da es immer (new Stream ..) aufrufen und deshalb keine Objekte des Typs class[Morse] erzeugen würde.

```
;   Ein Morse-Objekt ist eine zweidimensionale Thue-Morse-Folge
(defclass Morse Stream)

;   Konstruktor
(method Morse (init)
    (self (Stream init) thue
        (delay (new Morse (Negate thue)
            (delay (Zip (Cdr self) (NEGATE (Cdr self))))))))

;   Stringdarstellung
(method Morse (str)
    (self map (function (s) (str s "\n"))))
```

Der Konstruktor hat kein Argument, da die Klasse nur eine einzige Art von Objekten erzeugt.

```
-> (Stream show 12)
12
-> (new Morse)
((0 1 1 0 1 0 0 1 1 0 0 1 ...)
 (1 0 0 1 0 1 1 0 0 1 1 0 ...)
 (1 0 0 1 0 1 1 0 0 1 1 0 ...)
 (0 1 1 0 1 0 0 1 1 0 0 1 ...)
 (1 0 0 1 0 1 1 0 0 1 1 0 ...)
 (0 1 1 0 1 0 0 1 1 0 0 1 ...)
 (0 1 1 0 1 0 0 1 1 0 0 1 ...)
 (1 0 0 1 0 1 1 0 0 1 1 0 ...)
 (1 0 0 1 0 1 1 0 0 1 1 0 ...)
 (0 1 1 0 1 0 0 1 1 0 0 1 ...)
 (0 1 1 0 1 0 0 1 1 0 0 1 ...)
 (1 0 0 1 0 1 1 0 0 1 1 0 ...)
 ...)
```

Der zweifache Aufruf des Makros delay im Konstruktor der Klasse Morse ist nicht besonders schön, aber unvermeidlich. Er ist notwendig, um die verfrühte Auswertung eines Arguments und damit eine nicht endende Rekursion zu unterbinden. Was es damit genau auf sich hat, erläutert der nachfolgende Abschnitt über Laziness.

Zum Schluss noch eine Denksportaufgabe. Die eingangs gegebene Beschreibung der Thue-Morse-Folge, wonach sie aus einer Kopie von sich selbst und deren Negation besteht, könnte man doch eigentlich auch in die folgende Definition umsetzen:

```
-> (set thue (Cons 0 (Zip (Negate thue) (Cdr thue))))
Error: Evaluation interrupted
```

Die Deklaration von thue sieht ganz ähnlich aus wie die des konstanten Stroms ones auf
S. 318. Warum funktioniert sie nicht, die von ones aber doch?

6.4.4   Laziness und die t.Java-Klasse Stream

Laziness

Mit *Laziness* oder *lazy evaluation* bezeichnet man in der Programmierung eine Strategie, bei
der Ausdrücke nur soweit berechnet werden wie unbedingt erforderlich. Alle Auswertungen, die
zur Ermittlung eines Resultats nicht absolut notwendig sind, werden auf später verschoben.

Es gibt vielfältige Gründe für ein solches Vorgehen, zum Beispiel

1. den Wunsch, möglichst schnell zu Resultaten zu gelangen,
2. die Hoffnung, dass sich einige der aufgeschobenen Berechnungen im weiteren Verlauf als
   überflüssig erweisen, und
3. die Notwendigkeit, nicht endende Rekursionen im Zusammenhang mit nicht endlichen
   Datenobjekten (zum Beispiel Strömen) zu verhindern.

Das Gegenstück zur Laziness ist *Striktheit*. Funktionen sind in den t.Sprachen wie in den
meisten Programmiersprachen strikt, alle Argumente einer Funktion werden ausgewertet, bevor
mit der Auswertung des Rumpfs begonnen wird. Für die Methoden von t.Java gilt dasselbe.

Dass Laziness auch im Umgang mit endlichen Datenobjekten sinnvoll sein kann, sieht man
schon an sehr einfachen Beispielen. Wenn (get-first pred? ls) das erste Element x in
einer Liste ls liefert, für das (pred? x) wahr ist, dann gilt für alle $n \geq 2$:

```
-> (get-first prime? (range 1 n))
2
```

Bevor get-first sein triviales Resultat findet, wird aber in jedem Fall die Liste (1 2 ...n)
erzeugt, was Zeit proportional zu n erfordert – auch dann, wenn n riesengroß ist. Sinnvoller
und völlig ausreichend wäre es, die Liste (range 1 n) nur bis zum Element 2 zu erzeugen. In
einer Programmiersprache, die alle Auswertungen lazy erledigt, würde das auch so ablaufen.

Wir beschränken die Anwendung von Laziness auf die Klasse Stream. Es gibt dafür verschiedene
Möglichkeiten, die einfachste ist das auf S. 318 besprochene Makro delay. Es friert sein
Argument gewissermaßen ein, das Ergebnis kann später mit release aufgetaut werden:

```
;   Auswertung verzögern
(defmacro (delay expr)
    (lambda () expr))

;   Auswertung erzwingen
;   delayed sollte ein mittels delay erzeugter Ausdruck sein
(defmacro (release delayed)
    (delayed))
```

Es ist offensichtlich von zentraler Bedeutung, dass delay ein Makro ist. Nur so wird die
Auswertung verhindert.

Warum nehmen wir nicht quote und eval zum Verhindern und Erzwingen der Auswertung?
Der Grund ist derselbe, aus dem Funktionen ihren Kontext speichern. Bei der späteren

Auswertung soll die Bedeutung der Bezeichner in dem gespeicherten Ausdruck nicht von dem Kontext abhängen, in dem die Auswertung erfolgt, sondern sie soll sich daraus ergeben, an welcher Stelle der Ausdruck im Programmtext steht.

Die Klasse `Stream`

Ströme haben mit Listen gemeinsam, dass sie aus Kopf und Rumpf bestehen. Das sind die wesentlichen Attribute eines Stream-Objekts. Wegen der verzögerten Auswertung des Rumpfs definieren wir als weiteres Attribut noch eine boolesche Variable evaluated, die angibt, ob der Rumpf schon ausgewertet wurde.

Schließlich geben wir der Klasse `Stream` als klassenweit sichtbares Attribut noch die Vorein-stellung dafür mit, wie weit man einen Strom angezeigt bekommen möchte:

```
;    Klasse Stream
(let SHOW 12                              ; Größe der Stringdarstellung
     (defclass Stream '(head tail evaluated)))

;    Konstruktor
;    s muss verzögert sein, deshalb Cons oder cons benutzen
(method Stream (init x s)
     (seq
          (set head x)
          (set tail s)
          (set evaluated false)))

;    Element x vorne anfügen
(method Stream (cons x)
     (new Stream x (delay self)))

;    Kopf dieses Stroms
(method Stream (car)
     head)

;    Rumpf dieses Stroms
(method Stream (cdr)
     (if evaluated
          tail
          (seq
               (set tail (release tail))
               (set evaluated true)))))
```

Bei der Erzeugung eines Stream-Objekts mit (new Stream x s) muss für s ein Ausdruck eingesetzt werden, der *später* bei seiner Auswertung ein Stream-Objekt ergibt. Diese Bedingung wird geprüft; sie kann ohne ein System der statischen Typprüfung, das es in den t.Sprachen nicht gibt, gar nicht geprüft werden. Der den Rumpf des Stroms definierende Ausdruck könnte bei tausend Auswertungen einen Strom erzeugen und bei der tausendundersten doch etwas anderes.

Diese Bemerkung erklärt das folgende Verhalten:

```
-> (bind s (new Stream 1 2))
-> (s car)
1
-> (s cdr)
Error: List head 2 is not a procedure
```

Auf den Kopf des so erzeugten `Stream`-Objekts kann man zugreifen. Der Rumpf, das Attribut `tail`, ist die Zahl 2. Der Aufruf (`s cdr`) führt zur Auswertung von (2) und das verursacht den Fehler.

Wenn man als zweites Argument von (`new Stream x s`) eine argumentlose Funktion angibt, ist das System hilflos. Es erkennt gar keinen Fehler mehr:

```
-> (bind t (new Stream 1 (function () "ist kein Strom")))
-> (t cdr)
ist kein Strom
```

Natürlich ist der Rumpf von t kein Strom, die Auswertung von ((t cdr) cdr) würde scheitern.

Die Moral des Ganzen ist, dass man `Stream`-Objekte tunlichst mit verzögerten Ausdrücken erzeugen sollte, deren Wert wieder ein Objekt voN Typ `Stream` ist.

Die Verzögerung kann man dadurch sicherstellen, dass man `new` nicht direkt aufruft, sondern entweder einen Strom mit der Methode `cons` verlängert oder das Makro `Cons` benutzt:

```
;   Element x an Strom s anfügen
(defmacro (Cons x s)
    (new Stream x (delay s)))
```

Wenn man mit Unterklassen von `Stream` arbeitet, sollte man `Cons` vermeiden, weil diese Funktion immer ein `Stream`-Objekt zurückgibt. Dann sollte man `delay` explizit angeben (vgl. S. 327).

Beim Zugriff auf den Rumpf eines Stroms wird der Wert von `tail` zurückgegeben, wenn das Attribut `evaluated` schon den Wert `true` hat. Andernfalls wird mit der Zuweisung (`set tail (release tail)`) die verzögerte Auswertung nachgeholt und `evaluated` auf `true` gesetzt. Das passiert nur einmal, danach behält `evaluated` diesen Wert.

Mit Hilfe des evaluated-Bits ist insbesondere sichergestellt, dass der Rumpf eines Stroms kein zweites Mal ausgewertet wird. Wenn einmal (`primes element n`) ausgewertet wurde, dann ist `primes` intern eine Liste, die mindestens die Länge n hat und die ersten n Primzahlen enthält.

Man sieht einem Strom nicht an, wie weit er schon ausgewertet wurde. Man kann das aber abfragen:

```
;   Gibt an, wie weit der Strom bekannt ist
(method Stream (known)
    (if (not evaluated) 0 (+ 1 (tail known))))
```

Ein Strom hat also zumindest ein inoffizielles Ende. Nun ja, nicht jeder Strom. Ströme dürfen nämlich, wegen der Laziness bei ihrer Auswertung, durchaus zirkulär sein, sich also selbst direkt oder indirekt enthalten. Ein Beispiel war der Strom ones:

```
-> (set ones (Cons 1 ones))
(1 1 1 1 1 1 1 1 1 1 1 ...)
```

Dieser Strom besteht nur aus einem einzigen `Stream`-Objekt, dessen Auswertungsbit schon bei der Umwandlung in einen String auf `true` gesetzt wird. Deswegen gibt es kein Ende:

```
-> (ones known)
Error: Stack overflow
```

Das ist ganz in Ordnung. Wenn man einen Strom s mit (s filter pred?) durchsucht, bei dem (pred? x) nur für endlich viele x erfüllt ist, passiert dasselbe. Auf eine falsch gestellte Frage gibt es keine richtige Antwort.

Zur Vervollständigung der Klasse Stream fehlt im Wesentlichen noch die Stringdarstellung. Für die Ausgabe wird ein Strom so weit ausgewertet, wie die Klassenvariable SHOW angibt. Die Werte werden wie bei Listen durch Leerzeichen voneinander getrennt und dann geklammert. Der nicht dargestellte Teil des Stroms wird durch „..." angedeutet:

```
;  Stringdarstellung, Länge N
(method Stream (str)
    (str "(" (self str-without SHOW) ")"))

;  Stringdarstellung ohne Klammern, Länge n
(method Stream (str-without n)
    (if (= n 0) "..."
        (str (self car) " " ((self cdr) str-without (- n 1)))))
```

Den Wert von SHOW kann man mit (Stream show) abfragen und mit (Stream show n) ändern.

In den Beispielen in Abschnitt 6.4.2 haben wir gesehen, wie man die Klasse Stream um viele nützliche Methoden erweitern kann. Der Typ Stream ist mit den hier besprochenen wenigen Methoden jedoch hinreichend festgelegt.

Laziness und Nebenwirkungen

There ain't no such thing as a free lunch sagt eine amerikanische Redewendung. Auch das eigentlich sehr klare und einfache Konzept der verzögerten Auswertung, Grundlage der Klasse Stream, hat seinen Preis.

Wenn eine Auswertung auf später verschoben wird, speichert sie in Form des Kontexts der von delay erzeugten argumentlosen Funktion die Bedeutung der Namen, aus denen der verzögerte Ausdruck gebildet ist. Es gibt aber in einer nichtdeklarativen Sprache wie t.Java keine Garantie dafür, dass sich die Bedeutung dieser Namen nicht nachträglich als Folge von Zuweisungen ändert.

Einfacher gesagt: Wenn der Zeitpunkt einer Auswertung eine Rolle spielt, kann seine Verschiebung zu Überraschungen führen. Das folgende Beispiel zeigt dies:

```
-> (define (stream-of-a) (Cons a (stream-of-a)))
function[stream-of-a]
-> (seq (Stream show 4) (set a 0) (set s (stream-of-a)))
(0 0 0 0 ...)
-> (seq (set a 1) (s from 3))
(0 0 1 1 ...)
-> (seq (set a (array 1)) (a 0 2) (Stream show 12) s)
(0 0 0 0 1 1 1 [2] [2] [2] [2] ...)
-> (seq (a 0 'X) s)
(0 0 0 0 1 1 1 [X] [X] [X] [X] ...)
-> (seq (delete a) (s element 15))       ; Auswertung unmöglich
Error: Unbound symbol a
-> (seq (set a 'ok) (s from 3))          ; Fehler ist repariert
(0 0 1 1 1 [X] [X] [X] [X] [X] ok ok ...)
```

Der Strom s ist definitionsgemäß eine Folge von Werten der Variablen a. Die Definition sagt nichts darüber, *wann* a ausgewertet wird. Sicher ist nur, dass Cons in Bezug auf sein erstes Argument nicht lazy ist – die Variable wird also immer wieder von Neuem ausgewertet.

Wenn der Wert von a ein Array ist, das an einzelnen Positionen nachträglich seinen Inhalt ändern kann, dann scheinen sich Elemente des Stroms sogar nach ihrer Berechnung noch zu ändern – in unserem Beispiel von [2] zu [X].

Tatsächlich hat sich nicht der Wert irgendwelcher Elemente des Stroms geändert, sondern der Zustand des von dort aus referenzierten Arrays. Und dieser ist es, der bei der Ausgabe von s dargestellt wird.

In rein deklarativen Programmiersprachen wie beispielsweise Haskell, in denen es keine Zustandsveränderungen von einmal erzeugten Daten gibt, treten solche Probleme nicht auf. Dort spielt Laziness eine weitaus wichtigere Rolle als in objektorientierten Sprachen, die in ganz fundamentaler Weise auf der Nutzung von Nebenwirkungen beruhen.

6.4.5 Die Java-Klasse Stream

Wenn man eine Zeit lang mit Strömen arbeitet, kann man leicht vergessen, dass man in t.Java programmiert. Der Typ class[Stream] verhält sich wie ein in den Interpreter fest eingebauter Typ. Die Tatsache, dass Ströme als t.Java-Klasse definiert sind, spielt eigentlich keine Rolle.

Trotzdem kann man fragen, wie viel Aufwand es verursachen würde, wollte man Ströme tatsächlich in die Basistypen des Interpreters mit aufnehmen. Antwort: sehr wenig. Man kann die Klasse Stream nahezu eins zu eins von t.Java nach Java übersetzen.

Abgesehen von ein paar Details sieht die Datei Stream.java so aus:

```
0   public class Stream implements Expr {
1
2       private Expr head;          // Kopf dieses Stroms
3       private Expr tail;          // Rumpf dieses Stroms
4       private boolean evaluated;  // Wurde der Rumpf schon ausgewertet?
5       private Env env;            // Kontext für die Auswertung des Rumpfs
6
7       // Konstruktor
8       public Stream(Expr x, Expr s, Env context) {
9           head = x;
10          tail = s;
11          evaluated = false;
12          env = context;
13      }
14
15      // Gibt den Rumpf dieses Stroms zurück
16      public Stream cdr() throws Alarm {
17          if (!evaluated) {
18              tail = checkStream(tail.eval(env));
19              evaluated = true;
20          }
21          return (Stream) tail;  // Sicherer Cast, wegen checkStream in Z. 18
22      }
23
24      // Gibt den Kopf dieses Stroms zurück
25      public Expr car() {
26          return head;
27      }
28
29      // Typ dieser Klasse
30      public Expr type() {
31          return Symbol.forName("Stream");
32      }
33      .....
34  }
```

Die Attribute sind dieselben wie in t.Java, mit Ausnahme des zusätzlichen Attributs env, das für die spätere Auswertung gebraucht wird. Der Konstruktor kann von den t.Sprachen aus natürlich nicht direkt aufgerufen werden, zu diesem Zweck wird noch ein Operator Cons definiert.

Cons wertet sein erstes Argument aus, aber nicht das zweite. Das entspricht der Verwendung von delay in t.Java. Damit später bei einem Aufruf von Cdr der Rumpf im richtigen Kontext ausgewertet wird, muss dieser anders als in t.Java explizit gespeichert werden.

Den Rest der Implementierung findet man in der Datei StreamOps.java:

```
0   // Operator scons (intern auch Cons)
1   class Operator_scons extends Operator {
2       public Expr apply(List args, Env env) throws Alarm {
3           checkArity(args, 2);
4           Expr head = args.first().eval(env);
5           Expr tail = args.second();                // Ohne Auswertung!
6           return new Stream(head, tail, env);
7       }
8   }
9
10  // Operator scar (intern auch Car)
11  class Operator_scar extends Operator {
12      public Expr apply(List args, Env env) throws Alarm {
13          checkArity(args, 1);
14          Stream s = checkStream(args.first().eval(env));
15          return s.car();
16      }
17  }
18
19  // Operator scdr (intern auch Cdr)
20  class Operator_scdr extends Operator {
21      public Expr apply(List args, Env env) throws Alarm {
22          checkArity(args, 1);
23          Stream s = checkStream(args.first().eval(env));
24          return s.cdr();
25      }
26  }
```

Die Klassen für die drei Operatoren heißen Operator_scons, Operator_scar und Operator_scdr. Eigentlich sollten sie Operator_Cons, Operator_Car und Operator_Cdr heißen, da der Compiler aus dem Namensteil nach dem Unterstrich den internen Operatornamen ableitet (siehe S. 118). Leider können manche Betriebssysteme nicht zwischen Groß- und Kleinbuchstaben unterscheiden, deshalb sind die Namen der Stromoperatoren durch ein vorangestelltes s gekennzeichnet.

Mit diesen Operatoren kann man praktisch genauso umgehen wie mit ihren t.Java definierten Gegenstücken. Das Folgende funktioniert in t.Scheme und damit auch in t.Java, das ja eine Erweiterung von t.Scheme ist:

```
-> (define (IntegersFrom n)                    ; Folge n, n+1, n+2, ...
     (scons n (IntegersFrom (+ n 1))))
function[IntegersFrom]
-> (set integers (IntegersFrom 0))
(0 1 2 3 4 5 6 7 8 9 10 11 ...)
-> (type integers)
Stream
```

Eine fast identische Definition haben wir schon auf S. 318 gesehen. Nur ein genauer Blick auf das letzte Resultat lässt erkennen, dass hier mit einem anderen Stream-Typ gearbeitet wird.

Jetzt kann man anfangen, die Beispiele aus Abschnitt 6.4.2 zu übertragen. Natürlich ist es nicht möglich, die Tools map, bimap, filter etc. als Methoden der Klasse Stream zu definieren – in t.Scheme gibt es keine Klassen. Aber sie lassen sich ohne Aufwand als Funktionen umschreiben. Das Beispiel map ist typisch:

```
;    Wende unäres f auf jedes Element des Stroms s an
(define (Map f s)
        (scons (f (scar s)) (Map f (scdr s))))
```

Die direkte Integration von Strömen in die zugrunde liegende Sprache bedingt natürlich einen gewissen Laufzeitvorteil. Die Verbesserung ist aber unerheblich.

Die Java-Version des Typs Stream zeigt vor allem, wie man mit einfachsten Mitteln eine Programmiersprache erweitern kann. Zugleich sieht man aber auch, dass gerade in objektorientierten Sprachen solche Erweiterungen sehr einfach innerhalb der Sprache möglich sind. In dieser Flexibilität zeigt sich die Mächtigkeit des Konzepts der Objektorientierung.

6.5   Die Implementierung von t.Java

6.5.1   Entwurfsüberlegungen

Wie schon in der Einleitung zu diesem Kapitel bemerkt, ist t.Java der Versuch, t.Scheme mit möglichst geringem Aufwand zu einer objektorientierten Sprache zu erweitern. Nimmt man den Umfang der Implementierung als Maß für den Aufwand, so scheint das gelungen zu sein: Kommentare nicht mitgerechnet, sind weniger als 300 Zeilen Code dazugekommen.

Neben der Einfachheit der Implementierung gab es noch ein zweites, ebenso wichtiges Ziel: Die neuen Sprachelemente sollten sich möglichst nahtlos in das Bisherige einfügen. Der Umstieg von t.Scheme nach t.Java soll auch für in der objektorientierten Programmierung nicht bewanderte Benutzer keine große Hürde darstellen.

Beide Ziele erreicht man auf demselben Weg, durch *Code Reuse*, die möglichst ausgiebige Verwendung bereits vorhandener Programmbestandteile. In der Unterstützung der Wiederverwendbarkeit von Code liegt eine der großen Stärken der Objektorientierung. Die Nutzung vorhandener Klassen hat in unseren Fall also einen doppelten Vorteil: Sie hält den Arbeitsaufwand klein und sorgt dafür, dass die neuen Sprachelemente mit den bisherigen gut zusammenarbeiten.

Objekte und Klassen

Was ist nun konkret für die objektorientierte Erweiterung von t.Scheme nötig? Einfache Antwort: Objekte, Klassen und Methoden. Und daraus ergibt sich eigentlich schon der ganze Entwurf der Implementierung. Jedem dieser drei Grundbegriffe wird eine Java-Klasse zugeordnet: Obj.java[1], ClassObj.java und Method.java.

Aus der Philosophie der t.Sprachen, möglichst alles zu einem Ausdruck zu machen, ergibt sich, dass diese Klassen die Schnittstelle Expr implementieren. Sie sind deshalb im Paket expressions anzusiedeln.

---

[1] Der Name Object.java für diese Klasse wäre schöner, ist aber im Kontext des Pakets java.lang schon belegt – und der nach den Konventionen von Java naheliegende Name TJavaObject.java zeichnet sich nicht durch besondere Lesbarkeit aus. Außerdem müsste man dann konsequenterweise auch den Namen TJavaClassObject.java einführen, was noch weniger lesbar ist.

Wo genau sie dort eingebaut werden, ergibt sich mehr oder weniger zwangsläufig daraus, dass wir an die Syntax der t.Sprachen gebunden sind. Der Aufruf einer Methode m für ein Objekt obj, der in Java etwa als obj.m(x, y) geschrieben würde, kann in unserer auf Listen basierenden Syntax eigentlich nur die Form (obj m x y) haben. Damit ist klar, dass die Klasse Obj eine Unterklasse der abstrakten Klasse Procedure sein muss. Das folgt daraus, dass bei der Auswertung einer Liste zunächst immer deren Kopf ausgewertet wird und dessen Wert eine Procedure sein muss (S. 115).

Die beiden wichtigsten Prozedurtypen von t.Scheme, die Typen Function und Macro, implementieren die Schnittstelle Traceable. Damit wir Methodenaufrufe im Tracing-Modus verfolgen können, implementiert auch die Klasse Obj dieses Interface.

Wenn Objekte Prozeduren sind, stellt sich die Frage, wie die Klasse Obj die von Procedure vorgeschriebene Methode apply implementiert. Aus der Antwort darauf ergeben sich fast alle Details der Klasse Obj. Das wird im nächsten Abschnitt besprochen.

Die Einordnung der Klasse ClassObj in die Hierarchie der Expr-Klassen leitet sich aus der Entwurfsanforderung ab, dass auch Klassen Objekte sein sollen. Deshalb werden wir ClassObj als Unterklasse von Obj deklarieren. Das hat den Vorteil, dass man eine Klassenmethode foo einer Klasse A in der Form (A foo) aufrufen kann, in Analogie zu der entsprechenden Schreibweise A.foo() von Java.

Methoden

Nicht ganz so eindeutig ist die Frage zu beantworten, wie und wo die Klasse Method einzuordnen ist.

Methoden sind so etwas wie Funktionen, die einer Klasse zugeordnet sind. Beim Aufruf einer Methode, sagen wir (obj m x y), wird in der Klasse von obj die dem Namen und der Argumentzahl entsprechende Methode gesucht, in diesem Fall m_2. Diese Methode wird dann fast genauso wie eine Funktion auf die Argumente angewendet: Die Argumente werden ausgewertet, aus den Parameternamen, den Argumentwerten und dem Kontext des Objekts wird ein neuer Kontext gebildet und in diesem wird der Methodenrumpf ausgewertet.

Das ist nahezu derselbe Mechanismus wie bei Funktionen. Die Ähnlichkeit erlaubt es, die Java-Klasse Method von der Klasse Function abzuleiten.

Operatoren

Der Rest ist einfach. Zur Erzeugung von Objekten, Klassen und Methoden werden die Operatoren class, new und method benötigt. Das kennen wir schon von anderen Typen der t.Sprachen: Strings werden mit str erzeugt, Listen mit cons, Records mit record, Ströme mit scons. Alle diese Operatoren arbeiten nach demselben Strickmuster: Sie rufen in ihrer apply-Methode einen Konstruktor der jeweils zugehörigen Klasse auf. Dieser Teil der Implementierung macht wenig Kopfzerbrechen.

Die wenigen für t.Java hinzukommenden Operatoren werden in der Datei ObjectOp.java definiert. Für ihre Implementierung sind zwei neue Check-Methoden nötig. Es wäre nicht sinnvoll, diese in der Basisklasse Operator aller Operatoren zu definieren; damit würden wir nur erreichen, dass diese Klasse von den t.Java-Erweiterungen abhängig wird. Deshalb wird in ObjectOp.java eine Klasse ObjectOp definiert. In den bisherigen Operator-Dateien war das nicht notwendig, weil jeder Operator direkt von der Klasse Operator abgeleitet war. In diesem Fall ist eine solche Zwischenklasse aber sinnvoll, weil dadurch die objektorientierte

Erweiterung vollständig vom Quellcode der anderen t.Sprachen abgekoppelt wird:

```
0    public abstract class ObjectOp extends Operator {
1
2        // Prüft, ob e ein t.Java-Klassenobjekt ist.
3        protected ClassObj checkClassobj(Expr e) throws Alarm ...
4
5        // Stellt sicher, dass e nicht das Objekt CLASS ist.
6        protected static void checkNotCLASS(Expr e) throws Alarm ...
7    }
8
9    class Operator_new extends ObjectOp {
10
11       .....    // Der Operator new kann die Check-Methoden aus ObjectOp benutzen
12   }
```

6.5.2   Die Klasse Obj

In Abschnitt 6.2.2 hatten wir gesehen (S. 291), dass ein Objekt durch seine Klasse und seinen Kontext bestimmt ist. Mehr Attribute benötigt ein t.Java-Objekt nicht:

```
0    public class Obj extends Procedure {
1
2        // Ein Objekt besteht aus seiner Klasse und seinem Kontext.
3        protected ClassObj classObj;
4        protected Env       context;
5
6        .....
7    }
```

Über welche Funktionalität muss die Klasse Obj verfügen? Die Antwort ergibt sich aus den obigen Vorüberlegungen. Offensichtlich unerlässlich sind

1. mindestens ein Konstruktor,

2. eine Methode apply zur Implementierung der Schnittstelle Procedure und

3. die in allen Expr-Klassen nötigen Methoden eval, type und toString.

Das ist dann aber auch schon alles. Die Klasse Obj hat eine ziemlich einfache Struktur.

Untersuchen wir zunächst die Anforderungen an den Konstruktor. Er wird an genau einer Stelle im Quellcode des Interpreters aufgerufen, nämlich von dem t.Java-Operator new.

Der Operator new

new hat eine variable Stelligkeit, muss aber mindestens ein Argument haben. Dieses erste Argument wird ausgewertet. Alle weiteren Argumente werden als Argumente eines t.Java-Konstruktors betrachtet, beispielsweise bei der Erzeugung eines Timer-Objekts:

```
    -> (new Timer 60)
    object[Timer]
```

Die Implementierung von new ergibt sich aus dieser Überlegung:

```
0    // Der t.Java-Ausdruck (new C x y ...) erzeugt ein t.Java-Objekt
1    // vom Typ C und ruft für dieses Objekt (init x y ...) auf.
2    class Operator_new extends ObjectOp {
```

```
3      public Expr apply(List args, Env env) throws Alarm {
4          checkAritymin(args, 1);
5          ClassObj classObj = checkClassobj(args.first().eval(env));
6          checkNotCLASS(classObj);   // No new classes with op[new].
7          return new Obj(classObj, args.cdr(), env);
8      }
9  }
```

Der erste Semantik-Check stellt sicher, dass new ein Argument vorfindet. In Zeile 5 wird dieses Argument ausgewertet, zugleich wird mit einem weiteren Check sichergestellt, dass das Ergebnis eine Klasse, also ein Objekt der Klasse ClassObj ist. Mit new sollen keine Klassen erzeugt werden, weil dafür Operator class vorgesehen ist; die Einhaltung dieser Bedingung wird in Zeile 6 geprüft. In Zeile 7 wird schließlich durch den Aufruf der Konstruktors der Klasse Obj das neue Objekt erzeugt.

Die Konstruktoren der Klasse Obj

Die Klasse hat drei Konstruktoren: je einen für normale und für Klassenobjekte sowie einen weiteren, der zusammenfasst, was bei der Erzeugung beider Objektarten gleich abläuft. Dieser letztere Konstruktor ist trivial:

```
0  // Gemeinsamer Konstruktor für Objekte und Klassenobjekte
1  protected Obj(ClassObj classobj, Env env) {
2      classObj = classobj;
3      context = env;
4  }
```

Er ist aber nicht public, da bei der Erzeugung eines t.Java-Objekts noch die Existenz einer init-Methode berücksichtigt werden muss. Die Argumente von beispielsweise (new A x y) müssen zusammen mit der Auswertungsumgebung an einen Aufruf der Methode init_2 weitergereicht werden.

Der öffentliche Konstruktor für Objekte kümmert sich um diesen Aufruf. Er tut das auf denkbar einfache Art:

```
0  // t.Java-Konstruktoren heißen init
1  private final static Symbol init = Symbol.forName("init");
2
3  // Konstruktor für t.Java-Objekte, inklusive Aufruf des t.Java-Konstruktors
4  public Obj(ClassObj classobj, List args, Env env) throws Alarm {
5      this(classobj, null);
6      context = contextForClass(classobj);
7      if ((args.length > 0) || classObj.hasInitMethod()) {
8          apply(args.cons(init), env, false);
9      }
10  }
```

Das Argument classobj, die t.Java-Klasse des zu erzeugenden Objekts, wird dem Attribut classObj zugewiesen. Der Kontext bleibt in Zeile 5 noch undefiniert, er wird anschließend mit Hilfe der privaten Methode contextForClass erzeugt.

Es ist nebenbei bemerkt nicht möglich, die Zeilen 5 und 6 zu einer einzigen Anweisung this(classobj, contextForClass(classobj)) zusammenzufassen, obwohl das eigentlich genau die erwünschte Wirkung haben sollte. Der Grund dafür: Im Kontext des Objekts soll an den Namen self das neue Objekt selbst (in Java hat es den Namen this) gebunden werden. Der Java-Compiler bemerkt dazu: „cannot reference this before supertype constructor has been called". Es kommt also sehr genau darauf an, wann an this bzw. in t.Java an self die Objektreferenz zugewiesen wird.

Die Methode contextForClass holt sich aus dem Klassenobjekt die Liste der Attributnamen dieser Klasse und bildet daraus den Kontext für das zu erzeugende t.Java-Objekt, bei dem jedes Attribut, mit Ausnahme von self, an den Wert void gebunden ist. So ist garantiert, dass alle Attribute eines mit new erzeugten Objekts initialisiert sind.

Der neue Kontext wird rekursiv erzeugt: Wenn es eine echte Oberklasse von classobj gibt, wird zuerst der Kontext für das Objekt, *betrachtet als Instanz der Oberklasse*, erzeugt, dann wird aus den Attributnamen classobj.fields() der Klasse classobj ein neuer Rahmen gebildet. Der Konstruktor der Klasse Frame bindet alle Namen an void:

```
0    // Erzeugt einen Kontext für dieses Objekt.
1    private Env contextForClass(ClassObj classobj) {
2        Frame frame = new Frame(classobj.fields());
3        if (classobj.isRoot()) {
4            frame.put(self, this);      // Hier bekommt das Objekt seine Identität.
5            return new Env(frame, classobj.context());
6        } else {
7            return new Env(frame, contextForClass(classobj.superClass()));
8        }
9    }
```

Nach der Erzeugung seines Kontexts ist das neue t.Java-Objekt unter Umständen immer noch nicht fertig: Wenn die Klasse classObj einen t.Java-Konstruktor besitzt, also eine Methode mit dem Namen init_n, muss dieser aufgerufen werden. Zu diesem Zweck wird im public-Konstruktor von Obj vor die Argumentliste args das Symbol init „geconst" und auf diese Liste die Methode apply angewendet. In dieser steckt die eigentliche Intelligenz der Klasse Obj, sie wird im Folgenden erläutert.

Die Methode apply

So wie die Semantik jedes Operators in seiner spezifischen apply-Methode steckt, konzentriert sich auch die Semantik der Klasse Obj und damit der eigentliche Kern von t.Java in der Implementierung der Methode apply der Klasse Obj. Ein Aufruf (obj m x_1 ...x_n) erfolgt grob gesagt in zwei Schritten, aus denen sich die Implementierung von apply ableitet:

1. Zuerst sucht obj nach einer Methode namens m_n. Für diese Suche verfügt die Klasse Obj über eine eigene Methode getMethod.

2. Die von getMethod gefundene Methode wird wie eine Funktion auf die Argumente x_1 ...x_n angewendet, mit dem Unterschied, dass der Methodenrumpf im Kontext des Objekts obj anstatt in einem intern gespeicherten Definitionskontext ausgewertet wird.

Schritt 1 wird dadurch ein bisschen komplizierter gemacht, dass als Bezeichner der gesuchten Methode auch eine Liste mit dem Namen einer Oberklasse und einem Methodennamen stehen darf:

```
-> (seq (defclass A) (method A (foo) "foo in A"))
-> (seq (defclass B A) (method B (foo) "foo in B"))  ; selber Name wie in A
-> ((new B) (A foo))                      ; Aufruf der Methode foo aus Klasse A
   foo in A
```

Das ist aber ein eher technisches Detail. Es erklärt, warum der Parameter m im Kopf von getMethod als Typ nicht Symbol, sondern Expr hat:

```
0   // Methodensuche
1   // Der Ausdruck m muss ein Methodenname oder eine Liste der Form (A m) sein.
2   protected Method getMethod(Expr m, int arity) throws Alarm {
3       return classObj.getMethod(m, arity);
4   }
```

Expr ist der gemeinsame Obertyp von Symbol und List. Man könnte sich vorstellen, hier einen eigenen Typ MethodDescriptor zu definieren, aber das wäre zu viel Aufwand. Die Implementierung von apply ist ansonsten ziemlich kurz:

```
0   // Wendet dieses Objekt auf seine Argumente an
1   public Expr apply(List args, Env env, boolean tailPosition)
2                                                   throws Alarm {
3       checkArityNotnull(this, args);
4       int ar = args.length() - 1;
5       Method m = getMethod(args.first(), ar);
6       Env bodycontext = contextForMethod(m);
7       return m.apply(args.cdr(), env, tailPosition, bodycontext);
8   }
```

In Zeile 7 wird die gefundene Methode m mit Hilfe der apply-Methode der Klasse Method auf ihre Argumente angewendet. Dabei wird der in Zeile 6 ermittelte Kontext für die Auswertung des Methodenrumpfs als Parameter übergeben.

Der Auswertungskontext

Im ersten Moment könnte man meinen, dass der Auswertungskontext einer von einem Objekt obj aufgerufenen Methode m immer der in obj als Attribut context gespeicherte Kontext ist. Das ist aber nur dann der Fall, wenn die Methode unmittelbar in der Klasse von obj gefunden wird. Wenn sie zu einer Oberklasse gehört, ist der Auswertungskontext kürzer. Das ist kein t.Java-spezifisches Problem. Betrachten wir zum Beispiel das folgende Java-Programm:

```
0   class A {
1       int a;
2       int get() { return a; }
3   }
4
5   class B extends A {
6       int a;
7       void set(int x) { a = x; }
8
9   }
10
11  class Test {
12      public static void main(String[] args) {
13          B b = new B();
14          b.set(3);
15          System.out.println( b.get() );
16      }
17  }
```

Die beiden Klassen A und B haben jeweils ein int-Attribut a. Natürlich wird durch b.set(3) dem Attribut a der Klasse B der Wert 3 zugewiesen. Aber dann wird die Methode get der Klasse A auf ein Objekt der Unterklasse B angewendet. Worauf bezieht sich return a im Rumpf dieser Methode: auf das a der Klasse, für die get *aufgerufen* wird, oder auf das Attribut der Klasse, in der get *definiert* wurde?

Das Programm Test gibt den Wert 0 aus, mit dem die int-Variable a in Java standardmäßig initialisiert wird. Die Bedeutung von a im Rumpf von get ist lexikalisch definiert. Im Kontext der Methode get der Klasse A existiert das Attribut B.a nicht.

Das entsprechende Beispiel in t.Java verhält sich genauso:

```
-> (seq
       (defclass A '(a))
       (method A (get) a)
       (defclass B A '(a))
       (method B (set x) (set a x)))
-> (bind b (new B))
-> (b set 3)
3
-> (b get)
-> (type %)
Void
```

In t.Java gibt (b get) ebenfalls den Wert zurück, mit dem das Attribut a als Voreinstellung initialisiert wurde. Anders als in Java ist das der Wert void.

Würde get einfach den Kontext von b verwenden, so wäre der Rückgabewert 3. Da die Methode get aber eine Klasse weiter oben angesiedelt ist, muss der Kontext von b um einen Rahmen verkürzt werden. Genau das besorgt die in apply benutzte Methode contextForMethod:

```
0   // Gibt den Kontext für die Anwendung von Methode m zurück
1   private Env contextForMethod(Method m) {
2       int delta = classObj.depth() - m.classObj().depth();
3       Env env = context;
4       for (int i = 0;  i < delta; i++) {
5           env = env.cdr();
6       }
7       return env;
8   }
```

Jede t.Java-Klasse hat eine *Tiefe*: Wurzelklassen haben Tiefe 0, direkte Unterklassen von Wurzelklassen Tiefe 1, usw. Die Variable delta gibt an, wie viele Klassen weiter oben die Methode m definiert ist, als das Objekt obj, für das sie aufgerufen wird. Um so viele Rahmen muss der Kontext von obj gekürzt werden.

Im obigen Beispiel hatte B die Tiefe 1 und A die Tiefe 0. Deshalb verkürzt t.Java den Kontext von b für die Anwendung von get um einen Rahmen.

```
-> (context b)
({a} {a self} {..})
-> (eval 'a %)
3
```

Ohne die Verkürzung des Kontexts wäre das a im ersten Frame ausgewertet worden. Das ist genau der Rahmen, in dem a den Wert 3 hat, der *nicht* das Resultat sein soll.

Objekte als Ausdrücke

Von den auf S. 336 genannten Punkten ist noch der dritte und letzte zu erledigen, die Implementierung der Schnittstelle Expr. Am einfachsten ist die Methode eval zu realisieren: Jedes Objekt hat sich selbst als Wert.

Aus Sicht der Implementierung ist auch die Definition des Typs eines t.Java-Objekts trivial. Das zugehörige Klassenobjekt dient als Typ:

```
0   // t.Java-Typ dieser Klasse
1   public Expr type() {
2       return classObj;
3   }
```

Diese Definition ist aber im Hinblick auf das Konzept der Sprache keineswegs selbstverständlich. In den t.Sprachen wurden bisher alle Typen durch Namen dargestellt, (type e) war für jeden Ausdruck e ein Symbol.

Das Interface Expr schrieb dies im ersten Entwurf auch vor. Es enthielt den Methodenkopf

```
0   // Gibt den Typ dieses Ausdrucks zurück
1   public Symbol type();
```

In der derzeitigen Version ist der Rückgabetyp Symbol durch Expr ersetzt. Die alte Festlegung wurde schon in t.Pascal problematisch. Der für diese Sprache typische Operator record erwartet ein Symbol als erstes Argument, das den Typ des erzeugten Records definiert. Dieser Operator ist übrigens auch Teil von t.Scheme und damit von t.Java:

```
-> (set ls (record 'List 5))
[,,,,]
-> (type ls)
List
-> (= (type ls) (type nil))
true
```

Die Verwendung solcher schon vorher definierter Typnamen für neue Typen ist offensichtlich grober Unfug. Man sollte die Möglichkeit zur Definition neuer Typen nicht dazu missbrauchen, Typnamen doppelt zu belegen.

Es wäre kein großes Problem, den Operator record so umzuschreiben, dass schon benutzte Typnamen kein zweites Mal vergeben werden. Aber Namen sind in den t.Sprachen etwas sehr Flüchtiges. Man kann sie nahezu beliebig ändern oder mit Aliasnamen überlagern. Eine t.Java-interne Verwaltung von Typnamen würde schlecht zum Gesamtcharakter der Sprache passen. Die obige Lösung, jede Klasse zum Typ ihrer Objekte zu machen, umschifft viele Klippen, die sich aus der unnötigen Festlegung ergeben, nur Namen als Typen zuzulassen.

Bleibt noch die Implementierung der Methode toString. Die naheliegendste Implementierung ist die Version, die der Interpreter standardmäßig benutzt: Ein Objekt der Klasse X wird dargestellt als object[X], sein Default-Name.

Man möchte aber auch die Möglichkeit haben, wie in Java eine Stringdarstellung von Objekten selbst festzulegen. In t.Java wird dafür die argumentlose Methode str benutzt. Wenn eine Klasse eine solche Methode besitzt, wird diese immer dann für das Objekt aufgerufen, wenn das Objekt im Interpreter in einen String verwandelt wird, also beim Aufruf der Methode toString der Klasse Obj.

Ob es eine solche individuelle Formatierungsmethode gibt, weiß das Klassenobjekt. Es kennt auch den für alle Objekte der Klasse gleichen Default-Namen:

```
0   // Stringdarstellung dieses Objekts
1   public String toString() {
2       return classObj.hasFormatMethod() ?
3           format() : classObj.genericObjectName();
4   }
```

Wenn das Klassenobjekt grünes Licht für eine Formatierung gibt, wird sie vom Objekt selbst mit der privaten Methode format durchgeführt.

Was passiert, wenn beim Aufruf der Methode str für das Objekt ein Fehler auftritt? Die Methode, mit der das von der Java-Klasse Object geerbte toString überschrieben wird, darf keine throws-Klausel haben, da würde sich der Compiler beschweren. Also muss jeder Alarm entweder innerhalb von toString oder vorzugsweise schon in der Methode format abgefangen werden:

```
0    // Liste mit dem Symbol str
1    private final static List str =
2        List.NIL.cons(Symbol.forName("str"));
3
4    // Formatierte Darstellung dieses Objekts
5    private String format() {
6        try {
7            return apply(str, context, false).toString();
8        } catch (Alarm alarm) {
9            notice(alarm.content());
10           return classObj.genericObjectName();
11       }
12   }
```

Bei Problemen mit der Formatierung wird also nicht abgebrochen, sondern auf den vom Klassennamen abgeleiteten generischen Objektnamen zurückgegriffen. Damit ein solcher Fehler nicht gänzlich unbemerkt bleibt, wird ein Hinweis ausgegeben (Zeile 9). Sehen wir uns das einmal an:

```
-> (seq (defclass X) (method X (str) (throw "format error")))
-> (new X)
       Non-fatal error "format error" occured while formatting object.
   object[X]
```

Die Auswertung von (new X) ist in diesem Beispiel erfolgreich gewesen, nur die Formatierung ist gescheitert. Der Interpreter betrachtet das Problem mit einem gewissen Recht als nicht so schwerwiegend. In der Praxis ist das Erscheinen einer solchen Meldung aber schon ein Hinweis, dessen Ursache man nachgehen sollte.

Der Fehler tritt zum Beispiel auf, wenn man einen Strom fehlerhaft definiert:

```
-> (set ones (Cons 1 Ones))
       Non-fatal error "Unbound symbol Ones" occured while formatting object.
   object[Stream]
```

Entsprechend der Lazy-Semantik von Cons erzeugt die Eingabe (Cons 1 Ones) keinen Fehler. Damit hat ones einen definierten Wert. Die Auswertung des Rumpfs des Stroms im Rahmen der Ausgabeformatierung merkt aber, dass das Symbol Ones irrtümlich nicht gebunden wurde.

6.5.3   Die Klasse ClassObj

Was ist eigentlich eine Klasse in t.Java? Wir hatten schon gesehen, dass Klassen selbst wieder Objekte sind und dass sie der Typ ihrer eigenen Instanzen sind. Trotzdem sollte man vor Implementierung der Klasse ClassObj etwas genauer der Frage nachgehen, was die wesentlichen Aufgaben einer t.Java-Klasse sind. Aus der Antwort leiten sich die Entwurfsdetails der Java-Klasse ClassObj ab.

Aufgaben einer t.Java-Klasse

Die beiden wichtigsten Aufgaben einer Klasse aus Sicht der Implementierung sind:

1. Als *Blaupause für die Objekte der Klasse* zu dienen. Zu diesem Zweck speichert die Klasse die Listen mit den Namen ihrer Attribute und den Kontext, in dem die Klasse erzeugt wurde. Klassenkontext und Attributliste zusammen legen fest, wie die Objekte der Klasse strukturiert sind.

2. *Behälter für Methoden* zu sein. Wir hatten oben gesehen, dass beim Aufruf einer Methode diese mit getMethod im Klassenobjekt gesucht wird. Als Ergänzung zu getMethod gibt es putMethod zur Installation neuer Methoden im Klassenobjekt. Mit putMethod wird der t.Java-Operator method implementiert. Eine t.Java-Klasse ist so gesehen ein Container, der mit Methoden gefüllt wird.

Die Attributnamen werden so gespeichert, wie sie bei der Erzeugung der Klasse angegeben werden, in Form einer Liste. Als Datenstruktur zur Speicherung von Methoden bietet sich die Klasse Frame an, eine Unterklasse von java.util.HashMap, mit der wir auch schon Kontexte implementiert haben. Ein Frame-Objekt stellt die Beziehung zwischen den Methodennamen und den Methoden der Klasse her. Zusammen mit den Frames für die Methoden der Oberklassen bilden die Frames einer Klasse damit einen Kontext:

```
-> (seq (defclass A) (method A (m) 'a) (method A (m x) x) void)
-> (seq (defclass B A) (method B (m) 'b) void)
-> (methods B)
({m_0} {m_0 m_1})
-> (type %)
Context
```

Die Länge des Methodenkontexts einer Klasse entspricht deren Tiefe, dem Abstand zu ihrer Wurzelklasse.

Die Attribute von ClassObj

Damit haben wir die Attribute der Klasse ClassObj im Wesentlichen festgelegt:

```
0   public class ClassObj extends Obj {
1
2       // Attribute eines Klassenobjekts
3       private Symbol className;          // Name dieser t.Java-Klasse
4       private ClassObj superClass;       // Oberklasse
5       private List fields;               // Liste der Attributnamen
6       private Env methods;               // Methoden
7
8       .....
9   }
```

Für jedes dieser privaten Attribute wird in ClassObj eine öffentliche Zugriffsmethode gleichen Namens definiert. Als Beispiel der Zugriff auf den Methodenkontext:

```
0   public Env methods() {
1       return methods;
2   }
```

Die Möglichkeit, auf Attribute von t.Java-Objekten lesend zuzugreifen, ist die Voraussetzung dafür, dass man solche Attribute von t.Java aus mit dem Operator part erreichen kann. Am Beispiel des Attributs methods probiert:

```
;   Methoden der Klasse A
(define (methods A)
    (part 'methods A))
```

Die Implementierung des Operators part wird in Abschnitt 4.7.6 besprochen.

Ein weiteres Attribut eines Klassenobjekts gibt an, ob die Klasse versiegelt ist (S. 287):

```
0   private boolean sealed;      // false, solange neue Methoden erlaubt sind
```

Mit (seal *<Klasse>*) wird dieses Attribut auf true gesetzt. Beim Aufruf von putMethod wird der Wert abgefragt und gegebenenfalls die Eintragung einer neuen Methode in das Klassenobjekt verhindert.

Schließlich gibt es noch ein boolesches Attribut hasInit, das angibt, ob die Klasse mindestens eine init-Methode besitzt. Es kommt im Konstruktor der Klasse Obj zum Einsatz (S. 337).

Konstruktoren

In der Klasse ClassObj gibt es zwei öffentliche Konstruktoren, für Klassen ohne und mit Oberklasse.

Beide Arten von Klassen werden aus einem Klassennamen name, einer Liste attributes mit den Attributnamen und einem Definitionskontext env erzeugt. Eine Unterklasse bekommt zusätzlich den Namen ihrer Oberklasse mitgeteilt. Wurzelklassen haben sich selbst als Oberklasse:

```
0   // Konstruktor für Wurzelklassen
1   // Der Aufrufer muss sicherstellen, dass attributes nur Symbole enthält
2   public ClassObj(Symbol name, List attributes, Env env) {
3       this(attributes, name, env);
4       superClass = this;
5       methods = new Env(new Frame());
6   }
7
8   // Konstruktor für abgeleitete Klassen
9   public ClassObj(Symbol name, ClassObj sclass, List attributes, Env env) {
10      this(attributes, name, env);
11      superClass = sclass;
12      methods = new Env(new Frame(), sclass.methods);
13  }
```

Der Konstruktor für Wurzelklassen erzeugt einen neuen Methodenkontext, der für Unterklassen verlängert den Methodenkontext seiner Oberklasse.

Die Prüfung, ob die Attributliste tatsächlich nur Namen enthält, wird dem Aufrufer der Methode, dem Operator class überlassen, weil so bei Bedarf eine informativere Fehlermeldung erzeugt werden kann:

```
    -> (class A '(37))
    Error: op[class] expects a symbol list argument
```

Beide Konstruktoren verhalten sich ansonsten weitgehend gleich, weshalb sie jeweils zuerst mit this(...) denselben privaten Konstruktor aufrufen:

```
0   // Unvollständiger Konstruktor
1   private ClassObj(List attributes, Symbol name, Env env) {
2       super(CLASS, env);
3       className = name;
4       fields = attributes;
5       sealed = false;
6       hasInit = false;
7   }
```

Dieser ruft seinerseits als Erstes den Konstruktor der Oberklasse Obj auf, in dem die Attribute classObj und context gesetzt werden. Das Klassenobjekt einer Klasse ist keine triviale Angelegenheit, es wird im nächsten Abschnitt diskutiert.

Der gemeinsame private Konstruktor hat dieselben Parameter wie der Konstruktor für Wurzelklassen. Damit würde es einen Namenskonflikt zwischen den beiden geben, weil in Java keine zwei Konstruktoren mit denselben Parametern in derselben Anordnung erlaubt sind. Zur Unterscheidung wurde bei dem privaten Konstruktor die Reihenfolge der beiden ersten Parameter vertauscht. Das ist legal, wenn auch ein etwas unschöner Hack.

Der Operator class

Die Konstruktoren der Klasse ClassObj werden im Java-Code für die Implementierung des Operators class benutzt. Dort sind die vier auf S. 289 genannten Fälle (mit/ohne Angabe einer Oberklasse, mit/ohne Angabe einer Liste von Attributnamen) zu unterscheiden. Der Operator kann also mit ein bis drei Argumenten aufgerufen werden, wobei im Fall von zwei Argumenten zu unterscheiden ist, ob das zweite eine Attributliste oder eine Oberklasse ist. In jedem Fall läuft die Auswertung von (class ...) immer auf den Einsatz eines der beiden öffentlichen Konstruktoren der Klasse ClassObj hinaus.

Das erste Argument von op[class] ist immer der Name der neuen Klasse. Er wird nicht ausgewertet. Über diese Festlegung kann man diskutieren, weil sie es erschwert, die Namen neuer Klassen zur Laufzeit zu berechnen. Die Lesbarkeit des t.Java-Codes wird dadurch aber etwas erhöht und mit Makros kann man Klassennamen im Bedarfsfall trotzdem dynamisch (zur Laufzeit) errechnen.

```
0    // Der Operator class zur Erzeugung neuer t.Java-Klassen.
1    // Eine Wurzelklasse wird durch den Aufruf (class name fields) erzeugt oder
2    // durch (class name), wenn sie keine Attribute hat. Eine Unterklasse einer
3    // Klasse superclass wird durch (class name superclass fields) erzeugt.
4    // Das erste Argument, der Klassenname, wird nicht ausgewertet.
5    class Operator_class extends ObjectOp {
6
7        // Anwendung von op[class]
8        public Expr apply(List args, Env env) throws Alarm {
9            checkArity(args, 1, 3);                    // 1...3 Argumente
10           Symbol name = checkSymbol(args.first());   // Name der Klasse
11           ClassObj sclass = null;                    // Oberklasse
12           List fields = null;
13           Expr classObj = null;
14           switch (args.length()) {
15           case 1:                                    // (class name)
16               classObj = new ClassObj(name, NIL, env);
17               break;
18           case 2:                                    // (class name arg2)
19               Expr arg2 = args.second().eval(env);
20               if (arg2 instanceof ClassObj) {        // (class name sclass)
21                   sclass = checkClassobj(args.second().eval(env));
22                   checkNotCLASS(sclass);             // sclass != CLASS?
23                   classObj =
24                       new ClassObj(name, sclass, NIL, sclass.context);
25               } else {                               // (class name fields)
26                   fields = checkSymlist(args.second().eval(env));
27                   classObj = new ClassObj(name, fields, env);
28               }
29               break;
30           case 3:                                    // (class name sclass fields)
```

```
31              sclass = checkClassobj(args.second().eval(env));
32              checkNotCLASS(sclass);
33              fields = checkSymlist(args.third().eval(env));
34              classObj =
35                  new ClassObj(name, sclass, fields, sclass.context);
36              break;
37          default :
38              // Unerreichbar
39          }
40          return classObj;
41      }
42  }
```

Die Abfrage in Zeile 22 stellt sicher, dass die Oberklasse einer neuen Klasse nicht die „Urklasse" class[Class] ist (vgl. S. 291). Deren Funktion und Implementierung wird im Folgenden genauer besprochen.

Die t.Java-Klasse Class

„I'm Huey", „I'm Dewey", „I'm Louie" — „I'm confused".
(Die drei Neffen und Donald Duck bei ihrer ersten Begegnung)

In diesem Abschnitt könnte es der Leserin oder dem Leser gehen wie Donald Duck, als überraschend Drillinge vor seiner Tür stehen – anfängliche Verwirrung ist nicht auszuschließen. Es geht um eine Klasse namens class[Class], die in Java und t.Java vorkommt, im Java-Quellcode CLASS heißt, in t.Java aber Class, und die zusätzlich den internen Namen Class hat, der nicht mit ihrem externen Namen Class verwechselt werden sollte. Alles klar?

Die Frage ist, welchen Typ Klassen in t.Java haben. Da eine t.Java-Klasse A ein Objekt ist, muss A ein Klassenobjekt als Typ haben. Dieser Typ ist die auf S. 291 schon einmal erwähnte Urklasse class[Class]. Ihren t.Java-Namen bekommt sie in der Initialisierungsdatei von t.Java:

```
;   Der Typ jeder Klasse ist class[Class]
(bind Class (type (class Class)))
```

Anstelle des letzten Class könnte ebenso gut ein beliebiges anderes Symbol stehen. Mit (class <*Name*>) wird eine Klasse erzeugt und alle Klassen haben denselben Typ.

Die Klasse Class hat keine echte Oberklasse:

```
-> Class
class[Class]
-> (rootclass? Class)
true
```

Von Class darf man keine Unterklassen und keine Instanzen erzeugen:

```
-> (class ContainerClass Class)
Error: Illegal use of op[class]
-> (new Class)
Error: Illegal use of op[new]
```

Bevor in t.Java ein Objekt irgendeiner Klasse A erzeugt wird, muss diese Klasse erst einmal existieren. Klassen sind Objekte der Klasse Class. Daraus folgt zweierlei:

1. dass Class vor allen anderen Klassen erzeugt werden muss und

2. dass es unmöglich ist, die Klasse `Class` in t.Java zu erzeugen, etwa in der Initialisierungsdatei, weil sie sonst schon vor ihrer eigenen Erzeugung existieren müsste.

Die Urklasse wird im Interpreter erzeugt, wenn die Klasse `ClassObj` geladen wird. Diese Erzeugung ist neben den im vorigen Abschnitt genannten Aufgaben eine weitere Verantwortlichkeit
von `ClassObj`.

Im Quellcode von `ClassObj` wird `class[Class]` einem statischen Attribut namens `CLASS`
zugewiesen.

```
0   // CLASS ist der Typ einer t.Java-Klasse
1   private final static ClassObj CLASS;
```

Die Erzeugung der statischen Attribute einer Klasse erfolgt normalerweise im Klassenkonstruktor. Er wird in Java durch das Schlüsselwort `static` gekennzeichnet. Im Quelltext von
`ClassObj` sieht er folgendermaßen aus:

```
0   // Klassenkonstruktor der Klasse ClassObj
1   static {
2       Env globalenv = Interpreter.globalenv();
3       CLASS = new ClassObj(Symbol.forName("Class"), List.NIL, globalenv);
4       CLASS.classObj = CLASS;
5       CLASS.sealed = true;
6   }
```

In Zeile 3 wird `CLASS` als t.Java-Klassenobjekt mit dem internen Namen `Class`, einer leeren
Attributliste und dem globalen Kontext erzeugt. Dazu wird der Konstruktor für Wurzelklassen
verwendet. Anschließend wird die neue Klasse zu ihrem eigenen Typ gemacht.

Mit der Zuweisung in Zeile 5 wird verhindert, dass für die Urklasse irgendwann Methoden
definiert werden. Das wäre zwar nicht notwendigerweise schädlich, ist aber auf jeden Fall
unnötig, weil `class[Class]` ausschließlich als Typ der t.Java-Klassen benötigt wird.

Der Klassenkonstruktor von `ClassObj` wird ausgeführt, wenn die erste t.Java-Klasse erzeugt,
d. h. zum ersten Mal der Operator `op[class]` angewendet wird. Erst dann wird die Klasse
`ClassObj` in die virtuelle Java-Maschine geladen.

Methodenmanagement

Auf S. 343 wurde gesagt, dass eine t.Java-Klasse so etwas wie ein Behälter für Methoden ist.
Wenn man in t.Java mit `(method A ...)` zur Klasse A eine Methode hinzufügt, kommt die
Methode `putMethod` des entsprechenden Klassenobjekts zum Einsatz:

```
0   // Erzeugt und speichert eine Methode dieser t.Java-Klasse mit
1   // der formalen Parameterliste f, dem Rumpf body und dem Namen nm.
2   public Method putMethod(List f, Expr body, Symbol nm) throws Alarm
```

Damit wird die gewünschte Methode erzeugt und im Methodenkontext ihres Klassenobjekts
gespeichert. Beim Aufruf für ein Objekt der Klasse A wird sie dort wieder gesucht (S. 338):

```
0   // Findet die Methode m mit n Parametern.
1   // m ist entweder ein Methodenname oder hat die Form (A m).
2   public Method getMethod(Expr m, int n) throws Alarm
```

`putMethod` und `getMethod` bilden zusammen das „Methodenmanagement" der Klasse
`ClassObj`. Daneben gibt es noch zwei weitere, triviale Abfragemöglichkeiten:

```
0   // Hat diese Klasse eine Methode str_0?
1   public boolean hasFormatMethod()
```

und

```
0    // Hat diese Klasse eine Methode init_n für ein n >= 0?
1    public boolean hasInitMethod()
```

Alle vier Methoden sind leicht zu implementieren. In putMethod kommt der Konstruktor der Klasse Method zum Einsatz:

```
0    public Method putMethod(List formals, Expr body, Symbol nm)
1                                                    throws Alarm {
2        checkSealed(this);   // Keine neuen Methoden für versiegelte Klassen!
3        int n = formals.length();                   // das 'n' in nm_n
4        Symbol name = nameWithUnderscore(nm, formals.length());
5        Method m = new Method(this, formals, body, context, name);
6        methods.put(name, m);
7        return m;
8    }
```

Die in Zeile 4 benutzte Hilfsmethode nameWithUnderscore erzeugt aus einem Namen und einer Zahl einen erweiterten Namen, etwa aus foo und 2 den Namen foo_2.

Die Implementierung von getMethod muss sich mit dem Problem herumschlagen, dass Methoden in t.Java entweder mit ihrem Namen oder mit einer Kombination aus dem Namen einer Oberklasse und einem Namen aufgerufen werden (vgl. S. 294). Im ersten Fall kann die Methodensuche in der eigenen Klasse beginnen, im letzteren muss erst die passende Oberklasse gesucht werden, in der die Suche startet. Der Test in Zeile 1 des folgenden Codes stellt sicher, dass einer dieser beiden Fälle vorliegt:

```
0    public Method getMethod(Expr m, int n) throws Alarm {
1        checkMethodcallSyntax(m);
2        Symbol nm = null;                       // Name ohne 'n'
3        ClassObj cls = null;                    // Suche startet hier
4        if (m instanceof Symbol) {              // Fall 1: (a foo x y)
5            nm = (Symbol) m;
6            cls = this;
7        } else {                                // Fall 2: (a (C foo) x y)
8            List ls = (List) m;
9            Symbol className = (Symbol) ls.first();
10           nm = (Symbol) ls.second();
11           cls = getSuperclass(className);
12       }
13       Symbol name = nameWithUnderscore(nm, n);
14       Method method = cls.retrieve(name);
15       checkNotnull(method, name, this);       // Methode gefunden?
16       return method;
17   }
```

An dieser Stelle könnte man den Interpreter durch die Einführung eines Caches für einmal gefundene Methoden oder etwas Ähnliches deutlich schneller machen. Wir bleiben aber bei unserer Strategie eines möglichst einfachen und lesbaren Programmcodes.

6.5.4   Die Klasse Method

Man kann die Klassen Obj und ClassObj entwerfen und sogar weitgehend programmieren, ohne eine endgültige Entscheidung darüber zu treffen, wie man t.Java-Methoden im Einzelnen realisieren möchte. Der Grund dafür ist, dass Methoden im Wesentlichen nichts anderes sind als Funktionen.

Methoden sind Funktionen

Tatsächlich wird in vielen objektorientierten Programmiersprachen (zum Beispiel in Python) kaum ein Unterschied zwischen Funktionen und Methoden gemacht. Die Implementierung von t.Java folgt dieser Philosophie. Ein Blick auf den Quellcode zeigt, dass die Klasse Method eine ganz einfache Unterklasse der Klasse Function ist: Jedes Method-Objekt hat zusätzlich zu seinen Attributen als Funktion ein Attribut classObj, das angibt, zu welcher Klasse die Methode gehört. Es wird zum Beispiel in der Stringdarstellung der Methode verwendet:

```
0   public class Method extends Function {
1
2       // Die Klasse, zu der diese Methode gehört
3       private ClassObj classObj;
4
5       // Konstruktor
6       public Method(ClassObj c, List formals, Expr body, Env env,
7                                                   Symbol name) {
8           super(formals, body, env, name);
9           classObj = c;
10      }
11      .....
12      // Stringdarstellung
13      public String toString() {
14          return "method[" + classObj.className() + "_" + name + "]";
15      }
16  }
```

Aus dem Code, auch aus dem hier ausgelassenen Rest, geht aber nicht hervor, wie Methoden diese Kenntnis ihres Klassenobjekts *in wesentlicher Weise* benutzen. Was macht den Unterschied zwischen Funktionen und Methoden aus?

Der Unterschied besteht ausschließlich in der Art, wie sie angewendet werden. Die Anwendung von Methoden hatten wir schon auf S. 339 besprochen. Funktionen wechseln nach der Auswertung ihrer Argumente wie Funktionen den Auswertungskontext. Dabei wechseln Funktionen zu ihrem gespeicherten Definitionskontext, Methoden zum Kontext ihrer Klasse. In beiden Fällen wird der Kontextwechsel von der apply-Methode der Klasse Function vorgenommen.

Ansonsten besteht kein wesentlicher Unterschied. Methoden sind Funktionen. Die Übereinstimmung geht so weit, dass man t.Java-Methoden tatsächlich auch als Funktionen aufrufen kann:

```
-> (let a "A"                     ; Klassenattribut a
       (defclass A '(a)))         ; Objektattribut a
-> (method A (init) (set a "a"))  ; Konstruktor
-> (method A (get) a)             ; Zugriff auf a
-> ((new A) get)                  ; Aufruf als Objektmethode
a
-> (A get)                        ; Aufruf als Klassenmethode
A

-> (methods A)
({init_0 get_0})
-> (eval 'get_0 %)                ; Methode get extrahieren
method[A_get_0]
-> (bind get %)
-> (get)                          ; Aufruf als Funktion
A
-> (= (context A) (context get))
true
```

Eine t.Java-Methode ist eine Funktion, die als Definitionskontext den Kontext ihrer Klasse enthält. Wenn sie von einem Objekt aufgerufen wird, wird ihr Kontext um die Attribute des Objekts erweitert.

Mit Hilfe von eval kann man, wie das obige Beispiel zeigt, eine Methode aus ihrer Klasse extrahieren, sie kennt dann weiterhin ihren Klassenkontext. Ein Aufruf einer in dieser Weise isolierten Methode kennt aber natürlich keine Objektattribute.

Methoden und Funktionen benutzen denselben Apply-Mechanismus. Er ist in der Klasse Function definiert:

```
0    // Diese Funktion auf die Argumente args anwenden.
1    // env ist der Auswertungskontext für die Argumente, context der für den Rumpf.
2    public Expr apply(List args, Env env, boolean tailPosition, Env context)
3                                                    throws Alarm { ... }
```

Das Verhalten einer von einem Objekt aus aufgerufenen Methode wird in der apply-Methode der Klasse Obj auf die obige Methode apply der Klasse Function zurückgeführt. Die Einzelheiten hatten wir schon auf S. 339 besprochen.

Der Operator method

Die Implementierung des Operators method, mit dem neue Methoden für eine Klasse definiert werden, ist jetzt eine leichte Übung. Im Wesentlichen wird nur der Konstruktor der Klasse Method aufgerufen:

```
0    // (method class namelist body) fügt eine Methode zur Klasse class hinzu
1    class Operator_method extends ObjectOp {
2        public Expr apply(List args, Env env) throws Alarm {
3            checkArity(args, 3);
4            ClassObj classObj = checkClassobj(args.first().eval(env));
5            List proto    = checkNonemptysymlist(args.second());
6            Symbol name   = (Symbol) proto.car();
7            List formals = proto.cdr();
8            Expr body     = args.third();
9            classObj.putMethod(formals, body, name);
10           return VoidExpr.VOID;
11       }
12   }
```

Es ist sehr wichtig darauf zu achten, dass in Zeile 4 das erste Argument ausgewertet wird. Das Resultat ist die Klasse, zu der die neue Methode gehören soll. Diese Auswertung macht Klassen von ihrem externen Namen unabhängig. Man kann Klassen deshalb an beliebige Namen binden:

```
    -> (bind B (class A))
    -> (method B (foo) 'bar)      ; definiert eine Methode der Klasse mit dem internen
                                  ; Namen A, die extern an den Namen B gebunden ist.
    -> ((new B) foo)
    bar
```

Das zweite und dritte Argument des Operators method werden genauso verarbeitet wie die entsprechenden Argumente des Operators function. Sie bleiben unausgewertet.

t.Prolog: Logische Programmierung

Die Logik, mit der man jetzt Missbrauch treibt, dient mehr dazu, die in den gewöhnlichen Begriffen steckenden Irrtümer zu befestigen, als die Wahrheit zu erforschen; sie ist deshalb mehr schädlich als nützlich. (Francis Bacon, `http://www.zeno.org/Philosophie/M /Bacon,+Francis`)

Der Logik fehlt es gar zu sehr an Ambivalenz. Deshalb eignet sie sich auch nicht sonderlich zur Konfliktlösung oder überhaupt zu irgendetwas. (Jostein Gaarder, `http://www.philolex.de /logik.htm`)

7.1 Einführung

Das deutsche Wort Prolog stammt vom griechischen prologos (Vorrede) ab. Da könnte man fragen, warum ausgerechnet t.Prolog als letzte der t.Sprachen behandelt wird. Sollte die Sprache dann nicht wenigstens t.Epilog heißen? Das sollte sie natürlich nicht – schon deshalb nicht, weil der Name der Programmiersprache Prolog für „programmation en logique" steht und nichts mit dem Griechischen zu tun hat.

Wenn man aber bedenkt, dass die Sprache nicht gerade taufrisch ist – sie entstand in den frühen 1970er Jahren, ungefähr zur selben Zeit wie Pascal –, dann stellt sich zumindest die Frage, warum wir das Konzept der logischen Programmierung in diesem Buch erst zuletzt betrachten. Vielleicht sogar, ob man es nicht besser ganz weglassen sollte. Prolog hat nicht viele Nachfolgesprachen angeregt, es ist eine Art Solitär geblieben – im Wesentlichen die einzige logikbasierte Programmiersprache, die eine breitere Akzeptanz gefunden hat.

Aber genau die Tatsache, dass die Sprache so eigen ist, macht Prolog interessant. Prolog-Programme sind Fragen an den Computer. Der gibt eine Antwort, die er mit Hilfe der

Prädikatenlogik gewissermaßen selbständig findet. In manchen Fällen, etwa beim Lösen von Rätseln, sieht das dann so aus, als ob das Prolog-System eine Art von Intelligenz besäße.

(Die *Aussagenlogik* befasst sich mit der Verknüpfung von Aussagen durch $\wedge$, $\vee$, und $\neg$, also „Und", „Oder" und „Nicht". In der *Prädikatenlogik* sind zusätzlich der Allquantor $\forall$ und der Existenzquantor $\exists$ zugelassen, wobei $\forall X$ die Bedeutung „für alle X" hat und $\exists X$ die Bedeutung „es existiert ein X".)

7.1.1   Syllogismen

Den ersten Versuch, logisches Denken zu formalisieren, hat im 4. Jahrhundert v. Chr. der griechische Philosoph Aristoteles mit seiner Theorie der Syllogismen unternommen. Vereinfacht ausgedrückt ist ein Syllogismus der Schluss von zwei *Prämissen* auf eine sich daraus logisch ergebende Folgerung, die *Konklusion*.

Beispiel:

> 1. Sokrates ist ein Mensch,
> 2. alle Menschen sind sterblich, $\Big\}$ also ist Sokrates sterblich.

Die beiden Voraussetzungen haben nicht genau denselben Charakter: Prämisse 1 ist eine Aussage, die als richtig angenommen wird, Prämisse 2 eine Regel zur Herleitung neuer Aussagen: „Wenn X ein Mensch ist, dann ist X sterblich." Das X in dieser Regel darf beliebig gewählt werden.

Aristoteles ging es darum zu erklären, wie aus Fakten und Regeln *auf rein formale Weise* logische Schlussfolgerungen gezogen werden können. Im Beispiel heißt dies, dass für die Folgerung „also ist Sokrates sterblich" außer den Prämissen nur noch die Regeln der Logik verwendet werden, keine inhaltlichen Voraussetzungen. Der Syllogismus „Knut ist ein Eisbär, alle Eisbären sind zottelig, also ist Knut zottelig" benutzt denselben Mechanismus. Dieses formale, von Bedeutungen unabhängige Hantieren mit Symbolen ist Gegenstand der formalen Logik und auch der logischen Programmierung.

Wenn man $A(X)$ für die Aussage „X ist ein Mensch", $B(X)$ für die Aussage „X ist sterblich" und S für Sokrates schreibt, kann man den obigen Syllogismus mathematisch so formulieren:

$$A(S) \wedge (\forall X : A(X) \Rightarrow B(X)) \Rightarrow B(S).$$

Aus den jeweiligen speziellen Voraussetzungen kann man also mit den Gesetzen der Prädikatenlogik auf die Wahrheit weiterer Aussagen schließen. In Prolog-Systemen wird dieser Vorgang automatisiert. Man gibt die Prämissen – Fakten und Regeln – ein, sie bilden die jeweilige *Regelbasis*. Dann kann man für weitere Aussagen fragen, ob diese aus der Regelbasis ableitbar sind.

Ein Syllogismus in t.Prolog

Das aristotelische Beispiel sieht in t.Prolog folgendermaßen aus (der Prompt ist in diesem Kapitel natürlich der von t.Prolog):

```
-> (fact (human Sokrates))
-> (rule (X) (mortal X) :- (human X))
-> (ask (mortal Sokrates))
   true
```

Der Term (human X) repräsentiert die Aussage „X ist ein Mensch", analog steht (mortal X) für „X ist sterblich".

Das Zeichen :- ist als $\Leftarrow$ zu lesen. In t.Prolog werden wie in allen Prolog-Dialekten Folgerungen $A \Rightarrow B$ von rechts nach links in der Form B :- A geschrieben. Man liest das am besten als „B folgt aus A".

Das vorangestellte (X) in (rule (X) ...) formalisiert den Allquantor $\forall X$. Damit wird t.Prolog mitgeteilt, dass das in (mortal X) :- (human X) vorkommende X kein konkreter Name ist, sondern eine *logische Unbestimmte*, ähnlich einem Parameter in einer Funktion, und dass die Regel für alle konkreten Werte von X gilt.

t.Prolog hat aus den eingegebenen Prämissen selbständig gefolgert, dass Sokrates sterblich ist. Das ist nicht ganz so trivial, wie es aussieht. Von der Sterblichkeit anderer Menschen hat das System keine Ahnung, es verneint sie trotzdem:

```
-> (ask (mortal Aristoteles))
   false
```

Die Wahrheitswerte, die eine t.Prolog-Anfrage zurückgibt, beantworten immer nur die Frage, ob die Wahrheit der eingegebenen Aussage sich *aus der momentanen Regelbasis* ableiten lässt. Von allem, was sonst auf der Welt los ist, hat das System keine Ahnung. In der logischen Programmierung wird diese Tatsache als *closed-world assumption* bezeichnet.

Nachts ist es kälter als draußen ...

... weil die Häuser im Freien stehen. Mit Prolog kann man beliebigen Unsinn „beweisen". Die formale Herleitung aus den Voraussetzungen ist zwar immer korrekt im Sinne der klassischen Logik, wenn aber die Prämissen entsprechend gewählt werden, kann man trotzdem beweisen, dass jeder Frosch dreieckig ist.

Versuchen wir, einen Beweis für den Spruch aus der Überschrift dieses Abschnitts zu geben:

```
-> (rule (X Y Z) (ist_es_kälter_als X Y) :- (stehen_im_Freien Z))
```

Die Regel enthält drei logische Unbestimmte: X, Y und Z. Sie ist zu lesen als „Für alle X, Y, Z gilt: 'X ist es kälter als Y' folgt aus 'Z stehen im Freien'". Das genügt nicht, um die Behauptung herzuleiten:

```
-> (ask (ist_es_kälter_als nachts draußen))
   false
```

Wenn wir aber zusätzlich t.Prolog mitteilen, dass Häuser im Freien stehen, dann funktioniert der Syllogismus:

```
-> (fact (stehen_im_Freien Häuser))
-> (ask (ist_es_kälter_als nachts draußen))
   true
```

Offensichtlich hängt die Wahrheit der Aussage „nachts ist es kälter als draußen" tatsächlich davon ab, wo die Häuser stehen. Oder? So viel zur Verlässlichkeit von Syllogismen.

7.1.2 Familienbeziehungen

In den Syllogismen des Aristoteles haben alle Regeln die Gestalt $A \Rightarrow B$. Das ist zu einschränkend. Oft hängt die Gültigkeit einer Aussage B von mehreren Bedingungen ab:

$$A_1 \wedge A_2 \wedge \ldots \wedge A_n \Rightarrow B.$$

Die Aussage, dass X der Großvater einer Person Z ist, kann man beispielsweise so definieren:

X ist Vater von Y $\wedge$ Y ist Elternteil von Z $\Rightarrow$ X ist Großvater von Z.

In t.Prolog werden auch Regeln mit mehr als einer Prämisse in umgekehrter Richtung geschrieben. Die $\wedge$-Zeichen werden weggelassen:

B :- A$_1$ A$_2$ ...A$_n$.

Die Großvaterbeziehung kann man damit in t.Prolog in der folgenden Weise beschreiben:

```
-> (rule (X Y Z) (grandfather X Z) :- (father X Y) (parent Y Z))
-> (rule (X Y) (parent X Y) :- (father X Y))
-> (rule (X Y) (parent X Y) :- (mother X Y))
```

Die beiden Regeln zur Definition eines Elternteils beschreiben eine Alternative: X ist Elternteil von Y, wenn X Vater von Y ist oder wenn X Mutter von Y ist.

Wir teilen t.Prolog ein paar Fakten mit:

```
-> (fact (father Peter Johanna))
-> (fact (father Hans Adrian))
-> (fact (father Adrian Lisa))
-> (fact (mother Johanna Lisa))
-> (fact (father Adrian Jens))
-> (fact (mother Johanna Jens))
-> (fact (father Jens Eva))
```

Offensichtlich ist Peter der Großvater von Jens:

```
-> (ask (grandfather Peter Jens))
   true
```

Anfragen können auch logische Unbestimmte enthalten:

```
-> (ask (X) : (grandfather X Jens)) ; Kennt t.Prolog einen Großvater von Jens?
   true
-> (ask (X) : (grandfather X Adrian))
   false
```

Die Anfrage (ask (X) : (grandfather X Jens)) bedeutet: Kennt t.Prolog ein X, sodass X Großvater von Jens ist? Oder, etwas formaler aufgeschrieben:

$$\exists X : \mathrm{grandfather}(X, \mathrm{Jens}) \; ?$$

Die Antwort false auf die Frage (ask (X) : (grandfather X Adrian)) bedeutet nicht, dass Adrian keinen Großvater hat. Sie ist eine Folge der closed-world assumption: t.Prolog kennt kein X, das den Term (grandfather X Adrian) zu einer wahren Aussage macht.

Anfragen mit Ausgabe

Vielleicht möchte man ja auch wissen, wer Großvater von Jens ist. Dafür ist das Pseudoprädikat print nützlich:

```
-> (ask (X) : (grandfather X Jens) (print X))
        Peter
   true
```

Es gibt als Nebeneffekt das gefundene X aus. Das Resultat von (print X) ist immer true. Um alle Großväter von Jens zu ermitteln, hängt man zusätzlich das Folgezeichen „.." an:

```
-> (ask (X) : (grandfather X Jens) (print X) ..)
        Peter
        Hans
   false
```

Den genauen Mechanismus dahinter besprechen wir später (S. 373). Vereinfacht dargestellt passiert das Folgende: Sobald das erste zu der Anfrage (grandfather X Jens) (print X) passende X = Peter gefunden und ausgegeben worden ist, wird die Frage von Neuem gestellt. Nachdem auch der zweite Großvater von Jens gefunden und ausgegeben wurde, wird die Frage ein drittes Mal gestellt. Nun lautet die Antwort false, da Jens keine weiteren Großväter hat. So kommt die Ausgabe false zustande.

Ganz ähnlich fragt man, wer Großvater von wem ist:

```
-> (ask (X Y) : (grandfather X Y) (print (X Y)) ..)
        (Peter Lisa)
        (Peter Jens)
        (Hans Lisa)
        (Hans Jens)
        (Adrian Eva)
   false
```

Das Prädikat print erwartet nur ein Argument, das aber eine Liste sein darf.

Mathematisch gesehen, ist (ask (X) : (grandfather X Y)) die Frage nach der Ableitbarkeit einer Existenzaussage:

$$\exists X, \exists Y : grandfather(X, Y) \ ?$$

Logische Unbestimmte in Prolog-Anfragen sind, ohne dass dies explizit hingeschrieben werden muss, immer existentiell quantifiziert. Das (ask (X Y) ...) in einer Anfrage sollte man als $\exists X, \exists Y \ldots$ lesen. Das sollte man ebenso im Kopf haben wie die schon erwähnte Tatsache, dass alle logischen Unbestimmten in Regeln und Fakten all-quantifiziert sind. Eine Regeldefinition (rule (X Y) ...) muss man mathematisch als Aussage der Form $\forall X, \forall Y \ldots$ verstehen.

Die Ausgabe, die wir eben bekamen, war eine Liste von „Zeugen", von Werten der logischen Unbestimmten, mit denen t.Prolog die in der Anfrage genannte Aussage beweisen kann.

Rekursiv definierte Verwandschaftsbeziehungen

Wie erklärt man in t.Prolog, dass jemand Vorfahr einer anderen Person ist? Man könnte definieren, was ein Großelternteil ist, ein Urgroßelternteil usw., aber mit einer endlichen Anzahl von Regeln kommt man so nicht zum Ziel. Der Ausweg sind rekursiv definierte Beziehungen:

```
-> (rule (X Y) (ancestor X Y) :- (parent X Y))
-> (rule (X Y Z) (ancestor X Y) :- (parent X Z) (ancestor Z Y))
```

Die Aussage (ancestor X Y) ist wahr, wenn X ein Elternteil von Y ist oder es eine Person Z von Y gibt, sodass X Elternteil von Z und Z Vorfahr von Y ist. Dabei ist zu beachten, dass auch Z eine logische Unbestimmte ist, die am Anfang der Regel aufgeführt werden muss.

Damit können wir nach Vorfahren und Nachkommen einer Person suchen:

```
-> (ask (X) : (ancestor X Adrian) (print X) ..) ; Welche Vorfahren hat Adrian?
        Hans
   false
-> (ask (X) : (ancestor Adrian X) (print X) ..) ; Welche Nachkommen hat Adrian?
        Lisa
        Jens
        Eva
   false
```

Natürlich kann man für die Beziehung „X ist Nachkomme von Y" auch eine eigene Regel einführen:

```
-> (rule (X Y) (descendant X Y) :- (ancestor Y X))
```

Regelbasen

Unsere „Datenbank" für Verwandtschaftsbeziehungen ist sehr klein. Trotzdem kann man bereits den Überblick verlieren und möchte vielleicht gelegentlich nachsehen, was genau darin enthalten ist.

Die Regeln, mit denen t.Prolog jeweils arbeitet, kann man sich anschauen:

```
-> (rules Prolog)
      0:    (print X*) :- (! (println tab 'X*))
      1:    (grandfather X* Z*) :- (father X* Y*) (parent Y* Z*)
      2:    (parent X* Y*) :- (father X* Y*)
      3:    (parent X* Y*) :- (mother X* Y*)
      4:    (father Peter Johanna)
      5:    (father Hans Adrian)
      6:    (father Adrian Lisa)
      7:    (father Adrian Jens)
      8:    (father Jens Eva)
      9:    (mother Johanna Lisa)
     10:    (mother Johanna Jens)
     11:    (ancestor X* Y*) :- (parent X* Y*)
     12:    (ancestor X* Y*) :- (parent X* Z*) (ancestor Z* Y*)
     13:    (descendant X* Y*) :- (ancestor Y* X*)
```

Regeln und Fakten werden in *Regelbasen* zusammengefasst. Eine Regelbasis ist das Prolog-Äquivalent zu dem, was in anderen Programmiersprachen ein Programm ist. Wenn man mit rule bzw. fact Regeln und Fakten definiert, werden diese standardmäßig in eine Regelbasis namens Prolog eingetragen.

Die Sterne in der Darstellung der Regelbasis dienen zur Unterscheidung zwischen Symbolen und logischen Unbestimmten.

Die Regel print

Die Zeile 0 in der Ausgabe von (rules Prolog) enthält die Regel für das Prädikat print. Es wurde schon in der Initialisierungsdatei von t.Prolog definiert.

Die Aussage (print A) wird auch als Pseudoaussage bezeichnet, weil sie immer wahr ist und deshalb in keiner Anfrage das Resultat verändert. Als Seiteneffekt ihres „Beweises" gibt t.Prolog jedoch A aus. Wir hatten das schon benutzt:

```
-> (ask (X Y) : (ancestor X Y) (print (X Y)))
      (Johanna Lisa)
   true
```

Es gibt mehrere Möglichkeiten dafür, anhand der in unserer Regelbasis momentan enthaltenen Fakten und Regeln die Aussage $\exists X, \exists Y$: ancestor(X, Y) zu beweisen. t.Prolog findet als Erstes einen Beweis für die Aussage ancestor(Johanna, Lisa). Anschließend wird die Aussage (print (X Y)) bewiesen. Sie ist definitionsgemäß wahr; ihre Abarbeitung bewirkt als Nebeneffekt die Ausgabe der Liste (X Y) = (Johanna Lisa).

Man kann an dieser Stelle übrigens einen ersten Blick in den internen Mechanismus von t.Prolog werfen. Wenn in einer Anfrage mehr als eine Aussage auf einmal zu beweisen ist, so wie in (ask (X Y) : (ancestor X Y) (print (X Y))), dann geht t.Prolog von links nach rechts vor: Es wird versucht, die Aussagen nacheinander in der vom Text der Anfrage vorgegebenen Reihenfolge zu beweisen.

Deshalb muss (print (X Y)) rechts von der Aussage (ancestor X Y) stehen, andernfalls wäre die Ausgabe nutzlos:

```
-> (ask (X Y) : (print (X Y)) (ancestor X Y))
        (X* Y*)
    true
```

Da (print (X Y))

Der „Beweis" der Aussage (print (X Y)) gelingt auch ohne die Ersetzung von X und Y durch irgendwelche konkreten Werte. Deshalb werden die beiden Unbestimmten unverändert ausgegeben.

7.1.3 Färbung von Graphen

Der legendäre Vierfarbensatz, nach dessen Beweis mehr als hundert Jahre lang gesucht wurde, sagt, dass man jede ebene Landkarte mit höchstens vier Farben so einfärben kann, dass benachbarte Länder unterschiedliche Farben bekommen. Dabei wird jedes Land als zusammenhängendes Gebiet vorausgesetzt; als benachbart gelten nur solche Länder, die ein Stück gemeinsame Grenze haben. Berührung nur in einzelnen Punkten ist keine Nachbarschaft.

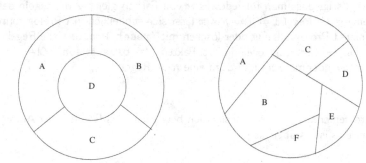

Die linke Karte zeigt, dass drei Farben nicht genügen. Das ist offensichtlich, weil jedes der vier Gebiete zu jedem anderen benachbart ist. Die rechte Karte dagegen kann man mit drei Farben einfärben.

Die Aussage, dass eine bestimmte Karte so färbbar ist, dass je zwei Nachbargebiete unterschiedliche Farben haben, lässt sich leicht in t.Prolog formulieren. Wenn sie wahr ist, kann t.Prolog einen Beweis finden und mit print eine zulässige Färbung ausgeben.

Am Beispiel der rechten Karte formulieren wir die Aussage so:

```
-> (rule (A B C D E F) (exists-coloring) :-
        (!= A B) (!= A C) (!= B C) (!= B D) (!= B E) (!= B F) (!= C D) (!= D E) (!= E F)
        (print (A B C D E F)))
```

Dabei repräsentieren die Unbestimmten die Farben der entsprechenden Länder. Die Beziehung (!= X Y) ist als „X und Y sind verschieden" zu interpretieren. Mit dem Ungleichheitszeichen von Java hat das nichts zu tun; damit t.Prolog die Aussage beweisen kann, muss man zusätzlich die Verschiedenheit der Farben als Fakten festlegen:

```
-> (fact (!= blue green))
-> (fact (!= green blue))
-> (fact (!= blue red))
-> (fact (!= red blue))
-> (fact (!= red green))
-> (fact (!= green red))
```

Jetzt können wir fragen, ob die Karte mit diesen Farben zulässig färbbar ist:

```
-> (ask (exists-coloring))
      (blue green red blue red blue)
   true
```

Die ausgegebenen Werte (blue green red blue red blue) sind Farben für die in der Regel exists-coloring vorkommenden Unbestimmten (A B C D E F), mit denen die Karte zulässig gefärbt ist.

Prolog kann, das muss man sich immer wieder klarmachen, nur das beweisen, was aus seinen Regeln und Fakten folgt. Die Anfrage, ob (!= red black) gilt, würde t.Prolog mit false beantworten, weil diese Aussage nicht aus der aktuellen Regelbasis folgt. Das bedeutet nicht, dass t.Prolog die beiden Farben für gleich hält. Auch die Frage nach der Beweisbarkeit von (= red black) würde t.Prolog mit false beantworten.

Zirkelschlüsse

Es ist ein bisschen lästig, dass man für jedes Paar von Farben gleich zwei Regeln definieren muss. Die mathematische Regel $x \neq y \Rightarrow y \neq x$ lässt sich schließlich in t.Prolog formulieren. Wir starten eine neue t.Prolog-Sitzung oder löschen mit (reset Prolog) alle Regeln, geben dann die Regel exists-coloring sowie die drei Fakten (!= blue green), (!= blue red) und (!= red green) nochmals ein und dazu eine neue Regel:

```
-> (rule (X Y) (!= X Y) :- (!= Y X))
```

Damit sind die drei fehlenden Fakten offensichtlich beweisbar, das Resultat der Anfrage sollte also dasselbe sein. Das ist es aber nicht:

```
-> (ask (exists-coloring))
   Error: Recursion limit 256 exceeded
```

Automatische Beweissysteme sind leider nicht unfehlbar. t.Prolog gerät bei dem Versuch, die Aussage zu beweisen, in einen Zirkel: Zum Beweis von (!= A B) versucht es (!= B A) zu beweisen, dies wiederum wird mit derselben Regel aus (!= A B) gefolgert usw., bis der Interpreter die Lust verliert und eine Fehlermeldung auswirft.

Für solche Situationen gibt es in t.Prolog die Möglichkeit, eine Schleifenerkennung zu aktivieren. Dazu weist man einer Variablen loopThreshold einen kleinen ganzzahligen Wert zu. Das hilft dem System oft, wenn auch nicht immer, aus einer Schleife herauszufinden:

```
-> (bind loopThreshold 3)
-> (ask (exists-coloring))
      (blue green red blue red blue)
   true
```

In manchen Fällen muss man mit verschiedenen Werten von loopThreshold experimentieren, bis man Erfolg hat.

7.2   Grundbegriffe der logischen Programmierung

Das Prinzip von Prolog besteht nach dem bisher Gesagten darin, aus einer Menge von Regeln neue Aussagen abzuleiten. Eine Aussage, die man zum Zweck des Beweises in ein Prolog-System eingibt, wird of als *Ziel* bezeichnet.

Regeln sind Aussagen der Form

$$B \Leftarrow A_1 \wedge A_2 \wedge \ldots \wedge A_n,$$

wobei A_i und B irgendwelche Aussagen sind, die logische Unbestimmte enthalten können. Solche Aussagen nennen wir *Terme*. In mathematischer Notation schreibt man Terme oft in der Form $t = f(X_1, \ldots, X_k)$, wobei f der Name des Terms ist und $X_1, \ldots, X_k$ die in t vorkommenden Unbestimmten oder weitere Terme sind.

Terme können demnach andere Terme enthalten: $f(g(X_1), h(X_2, X_3)) = t(X_1, X_2, X_3)$ ist ein Term. Wir benötigen im Folgenden keine präzise mathematische Definition des Begriffs. Auch die Phrase „X ist sterblich" mit der Unbestimmten X ist für uns ein Term, den wir bei Bedarf vielleicht formaler als $mortal(X)$ schreiben würden. Was in t.Prolog ein Term ist, werden wir (auf S. 366) natürlich genau definieren.

Fakten sind in unserer Definition des Begriffs Regel als der Spezialfall $n = 0$ enthalten. Syntaktisch sehen Fakten und Terme deshalb völlig gleich aus. Wir bezeichnen einen Term aber nur dann als Faktum, wenn er als Regel mit $n = 0$, also ohne rechte Seite, in der jeweils aktuellen Regelbasis vorkommt.

7.2.1   Implizite Quantoren

Die Terme in einer Regelbasis $\mathcal{R}$ enthalten keine Quantoren $\exists$ oder $\forall$. Stattdessen setzen wir voraus, dass jede Regel in $\mathcal{R}$ *implizit all-quantifiziert* und jede zu beweisende Aussage *implizit existenz-quantifiziert* ist. Damit ist Folgendes gemeint:

1. Jede Regel $B \Leftarrow A_1 \wedge A_2 \wedge \ldots \wedge A_n$, bei der in B und $A_1, \ldots, A_n$ die Unbestimmten $X_1, \ldots, X_m$ vorkommen, steht für die Aussage

   $$\forall X_1 \forall X_2 \ldots \forall X_m : B \Leftarrow A_1 \wedge A_2 \wedge \ldots \wedge A_n.$$

2. Jedes Ziel $A_1 \wedge A_2 \wedge \ldots \wedge A_n$, in dem die Unbestimmten $X_1, \ldots, X_m$ vorkommen, steht für die Aussage

   $$\exists X_1 \exists X_2 \ldots \exists X_m : A_1 \wedge A_2 \wedge \ldots \wedge A_n.$$

Wenn in $\mathcal{R}$ die beiden Regeln $mortal(X) \Leftarrow human(X)$ und $human(Sokrates)$ enthalten sind, kann Prolog daraus $mortal(X)$ folgern. Warum? Aus $human(Sokrates)$ und $\forall X : mortal(X) \Leftarrow human(X)$ folgt $mortal(Sokrates)$. Damit ist auch $\exists X : mortal(X)$ wahr.

Kurz gesagt: Regeln in $\mathcal{R}$ gelten *allgemein*, was immer man für die darin vorkommenden Unbestimmten einsetzt. Anfragen müssen nur *speziell* bewiesen werden, für mindestens eine Kombination der darin vorkommenden Unbestimmten.

7.2.2   Resolution

Wenn eine Menge $\mathcal{R}$ von Regeln gegeben ist, welche Aussagen folgen daraus?

Ignoriert man die Quantoren einmal mutig, so ist die Antwort einfach: Ein Ziel C kann aus $\mathcal{R}$ abgeleitet werden, wenn es in $\mathcal{R}$ mindestens eine Regel $B \Leftarrow A_1 \wedge A_2 \wedge \ldots \wedge A_n$ gibt, sodass gilt:

1. $C \Leftarrow B$ und

2. $A_1, \ldots, A_n$ sind aus $\mathcal{R}$ ableitbar.

Man muss also zu einem Ziel C die Regeln aus $\mathcal{R}$ daraufhin durchsuchen, ob eine von ihnen diese Bedingung erfüllt. Dieser Suchvorgang wird *Resolution* der Aussage C bzgl. $\mathcal{R}$ genannt.

In Pseudocode kann man das eben Gesagte mit Hilfe einer rekursiven Methode `resolve` in der folgenden Weise formulieren:

```
0    // Resolution der Aussage C bzgl. der Regelbasis R.
1    // Das Resultat ist true, wenn C aus R ableitbar ist, sonst false.
2    boolean resolve(C, R) {
3        for (jede Regel B ⇐ A₁ ∧ A₂ ∧ ... ∧ Aₙ in R) {
4            if (C folgt aus B && ∀i ∈ {1,...,n}: resolve(Aᵢ, R)) {
5                return true                              // Erfolg
6            }
7        }
8        return false                                    // Misserfolg
9    }
```

An diesem Algorithmus gibt es noch viele Einzelheiten zu konkretisieren:

Die Reihenfolge, in der die Regeln in $\mathcal{R}$ durchprobiert werden, ist nicht vorgeschrieben und ebenso wenig, dass die rekursiven Aufrufe `resolve($A_i$)` unbedingt in der Ordnung $i = 1, \ldots, n$ erfolgen müssen. Vor allem aber ist in Zeile 4 nicht klar gesagt, was mit „C *folgt aus* B" gemeint ist. Die genaue Formulierung dieser Relation muss berücksichtigen, dass Anfragen implizit existenz-quantifiziert sind, während Regeln implizit all-quantifiziert sind.

Der Algorithmus ist in der obigen Form offenbar noch unfertig. Trotzdem ist er eine brauchbare erste Annäherung an den Resolutionsalgorithmus, der ein ganz zentraler Bestandteil der Maschinerie von Prolog ist. In der Resolution steckt letztlich die eigentliche „Intelligenz" der Sprache. Anders als in den meisten Programmiersprachen wird bei Berechnungen in Prolog von Benutzerseite nämlich kein Ablauf vorgegeben. Der Verlauf der Rechnung wird ganz vom Resolutionsalgorithmus bestimmt.

Beispiel: Resolution ohne Unbestimmte

Zum besseren Verständnis des Verlaufs der Resolution betrachten wir eine t.Prolog-Regelbasis $\mathcal{R}$, in der keine Unbestimmten vorkommen. Die Bedingung „C *folgt aus* B" in Zeile 4 ist in diesem Fall gleichwertig mit $C = B$.

In dem folgenden Beispiel verwenden wir Buchstaben als Terme. In t.Prolog ist jeder Ausdruck ein Term, auch ein einzelnes Symbol. Obwohl wir normalerweise benannte Regeln benutzen, also Regeln, deren linke Seite die Form (<*Name*> ...) hat, darf man auch unbenannte Regeln vereinbaren. Die Eingabe (`rule a :- ...`) erzeugt eine anonyme Regel zur Ableitung des Symbols a.

Kommen wir zu unserem Beispiel. Man liest es wie eigentlich alle Regelbasen am besten mit (`load` <*Dateiname*>) aus einer Datei ein:

```
;   Eine Regelbasis ohne logische Unbestimmte
(rule a :- b c d)
(rule a :- d e)
(rule b :- c d)
(rule b :- e)
(rule c :- d)
(rule d :- f)
(fact d)
(rule e :- a b)
```

Man sieht sehr leicht, dass aus $\mathcal{R}$ genau die Symbole a, b, c, d und e ableitbar sind. Nur sie sind auf das einzige Faktum d zurückführbar, alle anderen Anfragen ergeben false. Zum Verständnis des Resolutionsalgorithmus ist es trotzdem wichtig zu wissen, *auf welchem Weg* diese Aussagen abgeleitet werden.

In t.Prolog kann man sich den Verlauf einer Resolution anzeigen lassen. Wir versetzen dafür die aktuelle Regelbasis namens Prolog in den Tracing-Modus und sehen uns einen Ablauf an. Wenn im Tracing-Modus die senkrechte Linie unter einem Term oder einer Liste von Termen mit einem Pluszeichen endet, hat die Resolution dieser Terme true ergeben. Ein Minuszeichen signalisiert false:

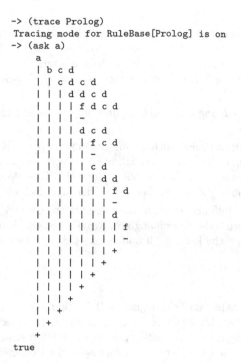

```
-> (trace Prolog)
Tracing mode for RuleBase[Prolog] is on
-> (ask a)
    a
    | b c d
    | | c d c d
    | | | d d c d
    | | | | f d c d
    | | | | -
    | | | | d c d
    | | | | | f c d
    | | | | | -
    | | | | | c d
    | | | | | | d d
    | | | | | | | f d
    | | | | | | | -
    | | | | | | | d
    | | | | | | | | f
    | | | | | | | | -
    | | | | | | | | +
    | | | | | | | +
    | | | | | | +
    | | | | | +
    | | | | +
    | | | +
    | | +
    | +
    +
    true
```

Die erste anwendbare Regel ist a :- b c d. Also sind für a die Aussagen b, c und d zu beweisen. Die erste Regel für b ist b :- c d, somit sind die Aussagen c d c d abzuleiten usw. Die Tracing-Ausgabe zeigt für jeden Schritt alle noch abzuleitenden Aussagen an.

Etwas später wird d :- f für den Beweis von d d c d benutzt und dann erfolglos ein Beweis für f gesucht. Das Minuszeichen direkt unter dem f weist auf den gescheiterten Aufruf von resolve(f, $\mathcal{R}$) hin.

Anschließend wird die zweite Regel für d angewendet. Sie besagt, dass d ein Faktum ist, und ist erfolgreich, wie das Pluszeichen unter dem d andeutet.

Man sieht, dass t.Prolog die Regeln immer in der Reihenfolge benutzt, in der sie in der Regelbasis stehen. Der Erfolg des Resolutionsalgorithmus von S. 360 hängt stark davon ab, in welcher Abfolge die Regeln durchsucht werden.

Wenn wir in unserem Beispiel die beiden Regeln für b miteinander vertauschen, findet t.Prolog keinen Beweis. Der Tracing-Modus zeigt, warum:

```
-> (set recursionLimit 8)
8
-> (ask a)
   a
   | b c d
   | | e c d
   | | | a b c d
   | | | | b c d b c d
   | | | | | e c d b c d
   | | | | | | a b c d b c d
   | | | | | | | b c d b c d b c d
   | | | | | | | | e c d b c d b c d
Error: Recursion limit 8 exceeded
```

Um nicht zu viele Tracing-Ausgaben zu bekommen, wurde hier die maximale Rekursionstiefe auf 8 heruntergesetzt. Man sieht auch so schon, wie sich die Resolution in eine Endlosschleife verstrickt, weil das Ziel a jeweils nach drei Schritten durch die Ziele a b c d ersetzt wird, ohne dass eines der übrigen Ziele verschwindet. Solche Zirkelschlüsse können in jedem Prolog-System auftreten.

t.Prolog kann die Aussage a *bei dieser Anordnung der Regeln* nicht ableiten, obwohl das bei einer anderen Reihenfolge möglich wäre.

Mit einem `loopThreshold`-Wert von 4 findet t.Prolog auch bei dieser Reihenfolge der Regeln einen Beweis. Der Tracing-Modus zeigt aber, dass dazu deutlich mehr Schritte erforderlich sind. (Der Parameter `loopThreshold` wurde schon auf S. 358 vorgestellt. Den Wert für `recursionLimit` sollte man sicherheitshalber gleich anschließend wieder heraufsetzen.)

Es ist für das Verständnis der Resolution sehr hilfreich, ein paar Varianten der obigen Regelbasis durchzuspielen. Man sieht dann besser, warum die Anordnung von Regeln, anders als in der mathematischen Logik, in Prolog eine wesentliche Rolle spielt und wie sie sich auswirken kann.

7.2.3 Substitution

Aus einer endlichen Menge von Regeln und Fakten, die keine logischen Unbestimmten enthalten, kann man nur endlich viele Aussagen ableiten. Man könnte diese Aussagen vorausberechnen und käme dann für alle weiteren Anfragen sogar ohne Resolution aus. Wirklich interessant wird Resolution offensichtlich erst im Zusammenhang mit Regeln und Aussagen, die Unbestimmte enthalten. Erst dann wirkt sich die implizite Quantifizierung aus.

Nehmen wir an, es sei die Aussage $C = f(X, b)$ zu beweisen und es gebe eine Regel $f(a, Y) \Leftarrow g(Y)$. Im Hinblick auf die implizite Quantifizierung von Prolog heißt das: Man möchte die Aussage $\exists X : f(X, b)$ mit Hilfe der Regel $\forall Y : f(a, Y) \Leftarrow g(Y)$ beweisen.

Dazu kann man $X = a$ und $Y = b$ wählen. Das Ziel $C = f(X, b)$ wird auf diese Weise durch das Ziel $C' = f(a, b)$ ersetzt und die Regel $f(a, Y) \Leftarrow g(Y)$ durch die Regel $f(a, b) \Leftarrow g(b)$. So wird der Beweis von C auf den Beweis des neuen Ziels $g(b)$ zurückgeführt. Falls $g(b)$ zu den Fakten in $\mathcal{R}$ gehört, ist damit C bewiesen.

Der Term C' in diesem Beispiel entsteht aus C durch *Substitution*: Die Unbestimmte X wird durch den Term a ersetzt. Die Regel $f(a, b) \Leftarrow g(b)$ entsteht aus $f(a, Y) \Leftarrow g(Y)$, indem man Y durch b substituiert.

Substitutionen stellen eine *Ordnung* zwischen Termen her. Ein Term t', der durch Substitution aus einem anderen Term t hervorgeht, ist, als Aussage betrachtet, *spezieller* als t.

Im obigen Beispiel macht die Substitution aus $C = f(X, b)$ das speziellere Ziel $C' = f(a, b)$ und aus der Regel $f(a, Y) \Leftarrow g(Y)$ die speziellere Regel $f(a, b) \Leftarrow g(b)$. Die Möglichkeit, durch

Substitution von Unbestimmten Ziel und linke Regelseite gleich zu machen, ist entscheidend für die Anwendbarkeit einer Regel auf eine zu beweisende Aussage.

Definition

Eine *Substitution* S ist eine endliche, möglicherweise leere Menge von Paaren (X, t), wobei jeweils X eine Unbestimmte und t ein Term ist, in dem X nicht vorkommt. Kein X darf auf der linken Seite von mehr als einem Paar der Substitution vorkommen. Statt (X, t) schreiben wir $X \rightarrow t$. Eine Substitution hat also die Form

$$S = \{X_1 \rightarrow t_1, \ldots, X_n \rightarrow t_n\}$$

mit n verschiedenen Unbestimmten X_i.

Substitutionen haben Ähnlichkeit mit Bindungsrahmen. Ein Bindungsrahmen ist eine Zuordnung zwischen Namen und Werten, eine Substitution ist eine Zuordnung zwischen Unbestimmten und Termen.

Anwendung und Produkt von Substitutionen

Man kann eine Substitution S auf einen Term t *anwenden*, indem man in t alle Vorkommen von X_i durch t_i ersetzt $(i = 1, \ldots, n)$. Dadurch entsteht ein neuer Term $t' = t|S$, der auch als *Instanz* von t bezeichnet wird.

Beispielsweise erhält man aus dem Term $t = g(X, h(Y))$ durch die Substitution $S = \{X \rightarrow a, Y \rightarrow b\}$ die Instanz $t' = t|S = g(a, h(b))$ von t.

Wenn $\mathcal{T}$ die Menge aller Terme bezeichnet, so definiert jede Substitution auf diese Weise eine Funktion von $\mathcal{T}$ nach $\mathcal{T}$: $S(t) = t|S$.

Für zwei Substitutionen

$$\mathcal{A} = \{A_1 \rightarrow a_1, \ldots, A_m \rightarrow a_m\},$$
$$\mathcal{B} = \{B_1 \rightarrow b_1, \ldots, B_n \rightarrow b_n\}$$

erhält man ihr *Produkt* $\mathcal{AB}$, indem man aus der Menge

$$\{A_1 \rightarrow a'_1, \ldots, A_m \rightarrow a'_m, B_1 \rightarrow b_1, \ldots, B_n \rightarrow b_n\}$$

mit $a'_i = a_i|\mathcal{B}$ $(i = 1, \ldots, n)$ alle $A_i \rightarrow a'_i$ mit $A_i = a'_i$ und alle $B_j \rightarrow b_j$ mit $B_j \in \{A_1, \ldots, A_m\}$ entfernt.

Es sei zum Beispiel

$$\mathcal{A} = \{X \rightarrow f(Z, U), Y \rightarrow U\} \text{ und } \mathcal{B} = \{X \rightarrow f(c, Z), Z \rightarrow c, U \rightarrow Y\}.$$

Dann gilt $a'_1 = f(c, Y)$, $a'_2 = Y$ und das Produkt der Substitutionen $\mathcal{A}$ und $\mathcal{B}$ ist

$$\mathcal{AB} = \{X \rightarrow f(c, Y), Z \rightarrow c, U \rightarrow Y\}.$$

7.2.4 Unifikation

Im Resolutionsalgorithmus auf S. 360 muss man, um das Ziel C zu beweisen, eine Regel $B \Leftarrow A_1 \wedge \ldots \wedge A_n$ in der Regelbasis $\mathcal{R}$ finden, die für die Herleitung von C infrage kommt. Wir hatten dafür vereinfachend „C folgt aus B" geschrieben. Das bedeutet bei genauerem Hinsehen, dass es eine Substitution S gibt, sodass $C|S = B|S$ gilt. Solche und nur solche Regeln, deren linke Seite B in dieser Weise zum jeweiligen Ziel C passen, kommen für den Beweis von C infrage.

Unifikatoren

Eine Substitution $\mathcal{S}$, die zwei Terme t_1 und t_2 gleich macht, d. h. die aus ihnen eine gemeinsame Instanz $t_1|\mathcal{S} = t_2|\mathcal{S}$ erzeugt, ist ein *Unifikator* dieser Terme. Terme, zu denen es einen Unifikator gibt, heißen *unifizierbar*. Einige Beispiele:

1. Die beiden Terme $element(1, cons(X, cons(1, nil)))$ und $element(Y, cons(2, L))$ sind unifizierbar mittels

$$\mathcal{S} = \{X \to 2, Y \to 1, L \to cons(1, nil)\}.$$

   Als gemeinsame Instanz erhält man damit den Term $element(1, cons(2, cons(1, nil)))$.

2. Die Terme $element(Z, cons(X, cons(1, nil)))$ und $element(Y, cons(2, L))$ können durch

$$\mathcal{S} = \{X \to 2, Y \to Z, L \to cons(1, nil)\}$$

   unifiziert werden. Die gemeinsame Instanz ist $element(Z, cons(2, cons(1, nil)))$. Wir hätten auch $Y \to 7$ wählen können, das hätte dann $element(7, cons(2, cons(1, nil)))$ als speziellere gemeinsame Instanz ergeben.

3. Die Terme $cons(X, cons(1, nil))$ und $cons(2, cons(X, nil))$ sind nicht unifizierbar, weil keine Substitution die Unbestimmte X durch 1 und zugleich durch 2 ersetzen kann.

Der Resolutionsalgorithmus sucht zu jedem Ziel C eine Regel $B \Leftarrow A_1 \wedge \ldots \wedge A_n$ in $\mathcal{R}$, deren linke Seite mit C unifizierbar ist. Das ist, wenn man so will, der Kern von Prolog: die Unifikation von Zielen mit linken Seiten der Regelbasis. Hat man eine Regel $B \Leftarrow A_1 \wedge \ldots \wedge A_n$ und eine Substitution $\mathcal{S}$ mit $C|\mathcal{S} = B|\mathcal{S}$ gefunden, so sind rekursiv die auf der rechten Seite auftretenden Aussagen A_i oder, genauer gesagt, die Aussagen $A_i' = A_i|\mathcal{S}$ zu beweisen, die man durch Anwenden der Substitution $\mathcal{S}$ auf die Aussagen A_i erhält. Das geschieht natürlich wieder durch Unifikation. Im Erfolgsfall endet das Verfahren irgendwann bei Fakten in $\mathcal{R}$; dann ist C bewiesen.

Der Unifikationsalgorithmus

Der zentrale Punkt in Prolog ist also die Unifikation von Termen. Wie kann man feststellen, ob zwei Terme unifizierbar sind?

Bevor wir uns dem Algorithmus zuwenden, der diese Entscheidung trifft, ist noch eine Bemerkung nötig. Wenn Prolog zu einem Ziel C eine Regel sucht, deren linke Seite B mit C unifizierbar ist, dann sucht es nach einem *möglichst allgemeinen* Unifikator.

Ein Beispiel soll erklären, warum das sinnvoll ist. Wenn eine Anfrage $C = f(X, Y)$ mit Hilfe einer Regel $f(a, Z) \Leftarrow g(Z)$ bewiesen werden soll, dann liefert die spezielle Substitution $\{X \to a, Y \to b, Z \to b\}$ die gemeinsame Instanz $f(a, b)$ von $C = f(X, Y)$ und $B = f(a, Z)$. Die Regel kann jetzt nur noch in der Spezialisierung $f(a, b) \Leftarrow g(b)$ angewandt werden, weil $Z \to b$ substituiert wurde. Falls nun $\mathcal{R}$ das Faktum $g(c)$, aber nicht das Faktum $g(b)$ enthält, dann scheitert der Beweis – und zwar ganz unnötigerweise. Die allgemeinere Substitution $\{X \to a, Y \to Z\}$ hätte die gemeinsame Instanz $f(a, Z)$ von C und B erzeugt, die aus $f(a, Z) \Leftarrow g(Z)$ und $g(c)$ ableitbar gewesen wäre.

Zu zwei unifizierbaren Termen s und t gibt es immer einen *allgemeinsten Unifikator* $\mathcal{S}$ (MGU, most general unifier) und eine *allgemeinste gemeinsame Instanz* $t' = s|\mathcal{S} = t|\mathcal{S}$. Beide, $\mathcal{S}$ und t', sind bis auf die Umbenennung von Unbestimmten eindeutig bestimmt.

Der nachfolgende Algorithmus berechnet zu zwei Termen s und t deren allgemeinsten Unifikator. Das soll hier nicht bewiesen werden, ist aber gut zu wissen, weil daraus folgt, dass bei der Resolution keine Beweismöglichkeiten ausgelassen werden.

Der Algorithmus unterscheidet fünf Fälle:

1. Gleiche Terme werden durch die leere Substitution (ohne Ersetzung) unifiziert.

2. Wenn s eine Unbestimmte ist, die in t vorkommt, dann sind die Terme nicht unifizierbar. In dem Fall wird null zurückgegeben.

3. Die Situation, in der t eine Unbestimmte ist, wird auf den zweiten Fall zurückgeführt.

4. Sind s und t zusammengesetzte Terme, dann müssen sie denselben Kopf und dieselbe Länge haben. Ist das der Fall, werden die Teil-Terme von s und t paarweise unifiziert. Als Resultat erhält man die Substitution, die durch Hintereinanderausführen der Einzelresultate entsteht.

5. Ansonsten sind s und t nicht zusammengesetzte, voneinander verschiedene Terme. Sie sind nicht unifizierbar.

In Java-ähnlichem Pseudocode ausgedrückt sieht der Algorithmus so aus:

```
0    // Gibt den MGU (allgemeinste unifizierende Substitution) der Terme s und t zurück
1    // oder null, falls s und t nicht unifizierbar sind.
2    Substitution unify(Term s, Term t) {
3        if (s und t sind gleich) {                   // Fall 1
4            return leere Menge
5        }
6        if (s ist eine Unbestimmte) {                // Fall 2
7            if (s kommt im Term t vor) return null;  // Occurs-Check
8            return Substitution s -> t
9        }
10       if (t ist eine Unbestimmte) {                // Fall 3
11           return unify(t, s)
12       }
13       if (s und t sind zusammengesetzte Terme) {   // Fall 4
14           return unifyCompoundTerms(s, t)
15       }
16       return null                                  // Fall 5
17   }
```

Die Unifikation von zusammengesetzten Termen $s = f(s_1, \ldots, s_n)$ und $t = g(t_1, \ldots, t_n)$ gelingt nur, wenn ihre Köpfe und Längen gleich sind:

```
0    // Gibt den MGU von zwei zusammengesetzten Termen s = f(s₁ ... sₙ) und
1    // t = g(t₁ ... tₘ) zurück, oder null, falls s und t nicht unifizierbar sind.
2    Substitution unifyCompoundTerms(Term s, term t) {
3        int n = length(s)
4        int m = length(t)
5        if ((f != g) || (n != m)) {
6            return null
7        }
8        for (i = 1 ... n) {
9            Substitution Sᵢ = unify(sᵢ, tᵢ)
10       }
11       return Produkt der Substitutionen S₁ ... Sₙ
12   }
```

Das Produkt von n Substitutionen $\mathcal{S}_1, \ldots, \mathcal{S}_n$ ist dabei deren Hintereinanderausführung: Für zwei Substitutionen $\mathcal{S}_1 = \{X_1 \to s_1, \ldots, X_m \to s_m\}$ und $\mathcal{S}_2 = \{Y_1 \to t_1, \ldots, Y_n \to t_n\}$ ist ihr Produkt gegeben durch

$$\{X_i \to s_i | \mathcal{S}_2 : i \in \{1, \ldots, m\}, X_i \neq s_i | \mathcal{S}_2\} \cup \{Y_j \to t_j : j \in \{1, \ldots, n\}, Y_j \notin \{X_1, \ldots, X_n\}\};$$

für $n > 2$ Substitutionen ist deren Produkt definiert durch $\mathcal{S}_1 \ldots \mathcal{S}_n = (\mathcal{S}_1 \ldots \mathcal{S}_{n-1}) \mathcal{S}_n$.

Das „Produkt" einer einzelnen Substitution S_1 ist sie selbst, das leere Produkt (der Fall $n = 0$ im obigen Algorithmus) ist die leere Substitution.

Um ein Gefühl für die Unifikation von Termen zu bekommen, muss man Beispiele betrachten. Wir beenden deshalb unseren Ausflug in die mathematische Logik und kehren zur konkreten Realisierung der Konzepte in t.Prolog zurück.

7.3   Sprachelemente

7.3.1   Unbestimmte und Terme

Terme sind Objekte der mathematischen Logik, die zur Darstellung von Aussagen dienen. In mathematischen Texten werden Terme üblicherweise ähnlich wie Funktionen geschrieben: $parent(X, Y)$ und $not(X)$ sind Terme, aber auch $A \Rightarrow B$. Man könnte ja anstelle von $A \Rightarrow B$ auch $implies(A, B)$ schreiben. Typisch für Terme ist, dass sie logische Unbestimmte enthalten können.

In t.Prolog ist jeder Ausdruck ein Term, es gibt keinen eigenen Typ Term in der Sprache. Zusammengesetzte Terme wie etwa $f(a, X)$ werden durch Listen dargestellt, in diesem Fall als (f a X*). Deren Kopf ist in aller Regel ein Symbol; im Prinzip darf dort aber auch ein beliebiger anderer Wert stehen.

Es ist wichtig, zwischen Symbolen und Unbestimmten zu unterscheiden. In der logischen Programmierung werden sie oft Konstanten bzw. Variablen genannt und die Unterscheidung wird durch Groß-/Kleinschreibung getroffen: Bezeichner, die mit einem Großbuchstaben beginnen, sind Variablen, alle anderen sind Konstanten.

t.Prolog teilt seine Syntax mit den anderen t.Sprachen, schon aus Gewohnheit würde man Konstanten immer wieder einmal mit großen Buchstaben anfangen lassen. Es ist einfach sehr naheliegend, die Aussage „Sokrates ist ein Mensch" durch den Term (human Sokrates) darzustellen – warum sollte man Eigennamen kleinschreiben?

Deshalb gibt es in t.Prolog keine syntaktische Unterscheidung zwischen Konstanten und Unbestimmten, sondern man kann beliebige Symbole als Unbestimmte *deklarieren*. Dafür gibt es den Operator term:

```
    -> (term (X) '(f a X))
    (f a X*)
```

Er erwartet eine Liste von Namen und einen beliebigen Ausdruck, der zunächst ausgewertet wird. Im Resultat der Auswertung werden die in der Liste vorkommenden Namen durch entsprechend benannte Unbestimmte ersetzt.

Unbestimmte sind mit einem Stern markiert. Er ist nicht Teil ihres Namens, sondern dient nur der leichteren Erkennbarkeit. In dem Ausdruck (f a X*) kommt die Unbestimmte X vor, nicht eine Unbestimmte X*.

Unbestimmte haben ihren eigenen Typ:

```
    -> (set t (term (a B) '(1 a b ( foo A B))))
    (1 a* b (foo A B*))
    -> (map type t)
    (Number Indeterminate Symbol List)
```

Den Unterstrich sollte man als Name von Unbestimmten zunächst vermeiden. Er spielt in t.Prolog eine Sonderrolle als „Don't care"-Symbol. Wir kommen später noch darauf zurück.

Terme sind also in t.Prolog, um es noch einmal zu sagen, Ausdrücke, die logische Unbestimmte vom Typ Indeterminate enthalten können, aber nicht müssen. Dieser Typ hat nur in t.Prolog Bedeutung, er kommt in den anderen t.Sprachen nicht vor.

Einzelne Unbestimmte kann man sich auch direkt verschaffen:

```
-> (indet A)
A*
-> (? indet)
Type:    Macro
Value:   macro[indet]
Formals: (X)
Body:    (term (X) 'X)
```

Wie man sieht, ist indet ein einfaches Makro, das den Operator term benutzt.

7.3.2 Die Operatoren unify und substitute

Der Operator unify

Damit man die Unifikation von Termen ausprobieren kann, gibt es in t.Prolog den Operator unify. Unifikation kommt in Prolog-Systemen normalerweise nur implizit vor, während der Resolution einer Anfrage. Aber da es nicht immer ganz einfach ist, das Wechselspiel zwischen Unifikation und Resolution zu verstehen, lohnt es sich, den Operator unify zu Beginn unabhängig vom Resolutionsalgorithmus zu betrachten:

```
-> (set t1 (term (Y) '(f a Y)))
(f a Y*)
-> (set t2 (term (X) '(f X b)))
(f X* b)
-> (unify t1 t2)
{X*=a, Y*=b}
```

Das Resultat von (unify t1 t2) ist die gesuchte Substitution. Ersetzungen $X \rightarrow t$ werden in der Form X*=t dargestellt.

Wenn keine Unifikation möglich ist, gibt unify das Symbol fail zurück:

```
-> (unify '(f a) '(f b))
fail
```

Die Unifikation eines Ausdrucks mit sich selbst ergibt eine leere Substitution:

```
-> (unify t1 t1)
{}
```

Auch zusammengesetzte Terme, die nicht mit einem Namen beginnen, sind unifizierbar:

```
-> (unify (term (A B C) '(A (37 B) C)) (term (A B C) '(B (37 C) A)))
{B*=C*, A*=C*}
```

Weitere Beispiele zur Unifikation findet man in Abschnitt 7.4.1.

Der Typ Substitution **und der Operator** substitute

Die von unify zurückgegebenen Substitutionen sehen zwar aus wie Mengen, haben aber ihren eigenen t.Prolog-Typ:

```
-> (type %)
Substitution
```

Werte dieses Typs kann man mit dem Operator substitute auf beliebige t.Prolog-Ausdrücke anwenden. Die allgemeine Form dieses Operators ist

(substitute <*Term*> <*Substitution*>).

Das Resultat von (substitute t S) ist der Term, den wir in mathematischer Notation mit $t|S$ bezeichnet haben.

Die eben berechnete Substitution S unifiziert die Terme t_1 und t_2. Wir prüfen das nach:

```
-> (set S (unify t1 t2))
{X*=a, Y*=b}
-> (substitute t1 S)
(f a b)
-> (substitute t2 S)
(f a b)
```

Wendet man eine Substitution auf eine der in ihr vorkommenden Unbestimmten an, so erhält man die entsprechende rechte Seite:

```
-> (substitute (indet X) S)
a
-> (substitute (indet Y) S)
b
```

Der explizite Umgang mit Substitutionen und dem Operator substitute ist in t.Prolog nur zu Übungszwecken nötig. Normalerweise werden Substitutionen vom Interpreter während der Bearbeitung einer Anfrage im Hintergrund vorgenommen, ohne dass man als Benutzer etwas davon merkt.

7.3.3 Regelbasen

Die wichtigsten Elemente im Umgang mit t.Prolog hatten wir in Abschnitt 7.1.1 kennengelernt: die Definition von Regeln und Fakten sowie die Auswertung von Anfragen. Den dahinter stehenden Mechanismus betrachten wir jetzt etwas genauer.

Regeln und Fakten hatten wir mit rule bzw. fact definiert, Anfragen mit ask gestellt:

```
-> (rule "Die Straße ist nass" :- "Es regnet")
-> (ask "Die Straße ist nass")
false
-> (fact "Es regnet")
-> (ask "Die Straße ist nass")
true
```

Die Prozedur rule ist ein Makro, das zwei Dinge erledigt – die Erzeugung einer Regel und ihre Eintragung in eine t.Prolog-*Regelbasis*, eine Art Datenbank aus Regeln und Fakten. Die Datenbank heißt Prolog:

```
-> Prolog
RuleBase[Prolog]
-> (type %)
Rulebase
```

Regelbasen bilden einen eigenen t.Prolog-Typ. Eine Regelbasis ist in t.Prolog das Äquivalent zu dem, was in anderen Programmiersprachen ein Programm ist.

Mit dem Operator `rulebase` kann man Regelbasen erzeugen:

```
-> (rulebase MyRules)
RuleBase[MyRules]
```

Das Argument von `rulebase` wird nicht ausgewertet. Es muss ein Name sein, der dann als interner Name der neuen Regelbasis verwendet wird. Wie der interne Name einer Funktion oder eines Makros hat er keine semantische Bedeutung, er dient nur zur Identifikation, vor allem in Fehlermeldungen. Eine mit `rulebase` erzeugte Regelbasis ist anfangs leer.

Die Regelbasis Prolog wird in der Initialisierungsdatei `tprolog.init` erzeugt und dann mit `bind` an den globalen Namen Prolog gebunden. Das erfolgt bei der Initialisierung durch den Aufruf von `(reset Prolog)`. Das Makro `reset` ist in `tprolog.init` so definiert:

```
;    Bringt die Regelbasis rb in den Grundzustand.
(defmacro (reset rb)
     (seq
          (delete rb)
          (bind rb (rulebase rb))))
```

Den jeweiligen Inhalt einer Regelbasis kann man sich mit der Funktion `rules` ansehen:

```
-> (rules Prolog)
     0:       (print X*) :- (! (println tab 'X*))
     1:       Die Straße ist nass :- Es regnet
     2:       Es regnet
```

Sie basiert auf einer weiteren Hilfsfunktion `content`, welche die Regeln einer Regelbasis in Listenform zurückgibt. Sie ist mit Hilfe des Operators `part` definiert:

```
;    Gibt die Regeln in der Regelbasis rb als Liste aus.
(define (content rb)
     (reverse (part 'content rb)))
```

Weil `content` den Inhalt als Liste zurückgibt, kann man auf die Regeln auch einzeln zugreifen. Man sieht so unter anderem, dass Regeln einen eigenen Typ haben:

```
-> (element 1 (content Prolog))
Die Straße ist nass :- Es regnet
-> (type %)
Rule
```

Anstelle von `(element i (content Prolog))` darf man auch `(getrule i)` schreiben.

Die extrahierten Regeln könnte man in eine weitere Regelbasis eingeben, zum Beispiel, um eine andere Reihenfolge auszuprobieren. Für das Hinzufügen von Regeln zu einer Regelbasis gibt es den Operator `addrule`. Er wird in der Form `(addrule <rulebase> <rule>)` aufgerufen, wobei *<rulebase>* eine Regelbasis und *<rule>* eine Regel sein muss. Ein triviales Beispiel:

```
-> (reset Prolog)              ; Grundzustand herstellen
-> (rule a :- b c)             ; Regel 0
-> (rule a :- b)               ; Regel 1
-> (rules Prolog)              ; Regelbasis Prolog
      0:        a :- b c
      1:        a :- b
-> (bind r0 (getrule 0))       ; Regel 0 extrahieren
-> (bind r1 (getrule 1))       ; Regel 1 extrahieren
-> (bind R (rulebase R))       ; Neue Regelbasis R
-> (addrule R r1)              ; Regel r1 in R einfügen
-> (addrule R r0)              ; Regel r0 in R einfügen
-> (rules R)                   ; Neue Reihenfolge
      0:        a :- b
      1:        a :- b c
```

Dass die Reihenfolge der Regeln in einer Regelbasis bei der Resolution einer Anfrage wesentlich sein kann, wissen wir schon aus Abschnitt 7.1.2. Weiter unten werden wir das noch mehrfach an Beispielen sehen.

7.3.4   Regeln

Die Definition einer neuen Regel mit `rule` ist in zwei Formen möglich:

(rule $<e_0>$:- $<e_1>$ ... $<e_n>$) und
(rule $<U>$ $<e_0>$:- $<e_1>$ ... $<e_n>$).

Dabei ist $<U>$ eine Liste von Namen, die in den Ausdrücken $<e_i>$ als logische Unbestimmte deklariert werden. In der ersten Variante wird für $<U>$ die leere Liste eingesetzt, in diesem Fall enthält die Regel keine Unbestimmten. Die $<e_i>$ dürfen beliebige Ausdrücke sein.

Eine Regel-Deklaration verläuft in drei Schritten:

1. Die Ausdrücke $<e_i>$ werden mit dem Operator `term` in Terme verwandelt (siehe S. 366). Dabei wird die Liste $<U>$ der Unbestimmten verwendet.

2. Aus den Termen wird eine Regel erzeugt, also ein Ausdruck vom Typ `Rule`. Das geschieht mit Hilfe des Operators `torule`.

3. Die neue Regel wird in die Regelbasis `Prolog` eingetragen. Dazu dient der im vorigen Abschnitt behandelte Operator `addrule`.

Wir müssen uns nur noch den Operator `torule` ansehen, der Rest wurde schon besprochen. Der interne Name von `torule` ist `op[rule]`, nicht `op[torule]`. Der Operator heißt so in Analogie zu Operatoren wie `op[function]`, `op[macro]` und ähnlichen, die auch jeweils den Konstruktor der entsprechenden Klasse aufrufen. Als externer Name für `op[rule]` ist `rule` aber schon belegt.

`torule` verwandelt eine nichtleere Liste `ls` von Termen in eine Regel, ohne diese schon in eine Regelbasis einzutragen. Den Kopf von `ls` macht er zur linken Seite der Regel, der Rumpf liefert die rechte Seite. Ist er leer, so entsteht ein Faktum.

Ein paar einfache Beispiele zur Illustration:

```
-> (torule '(a b))
 a :- b
-> (torule (term (X) '((mortal X) (human X))))
 (mortal X*) :- (human X*)
-> (torule '((human Sokrates)))
 (human Sokrates)
```

```
-> (torule (list (indet A)))
A*
-> (type %)
Rule
```

Eine Regel mit nichtleerer rechter Seite erkennt man am Implikationssymbol „:-" von t.Prolog in der Ausgabedarstellung. Ein Faktum sieht genauso aus wie der Term, aus dem es erzeugt wurde, hat aber den Typ Rule. Fakten sind Regeln, nur eben mit leerer rechter Seite.

Die Bestandteile einer Regel kann man mit lhs (left hand side) und rhs (right hand side) zurückgewinnen:

```
-> (set r (torule (term (X Y) '((f X) (g X) (h Y)))))
(f X*) :- (g X*) (h Y*)
-> (lhs r)
(f X*)
-> (rhs r)
((g X*) (h Y*))
```

Natürlich kann man die Regel r auch in die Regelbasis eintragen:

```
-> (addrule Prolog r)
-> (rules Prolog)
RuleBase[Prolog]
    0:      (print X*) :- (! (println tab 'X*))
    1:      (f X*) :- (g X*) (h Y*)
```

Mit (addrule Prolog (torule (term (X Y) '((f X) (g X) (h Y))))) hätten wir diese Regel auch in einem Schritt erzeugen und in die Regelbasis eintragen können. Das ist der Ausdruck, der bei der Makro-Expansion aus (rule (X Y) (f X) :- (g X) (h Y)) erzeugt wird. Fast genauso arbeitet auch das Makro fact, nur erwartet es kein Implikationssymbol und keine rechte Seite.

Was passiert, wenn man dieselbe Regel mehrfach einträgt? Probieren wir es aus:

```
-> (rule (X Y) (f X) :- (g X) (h Y))
-> (addrule Prolog (torule (term (X Y) '((f X) (g X) (h Y)))))
-> (rules Prolog)
RuleBase[Prolog]
    0:      (print X*) :- (! (println tab 'X*))
    1:      (f X*) :- (g X*) (h Y*)
```

Beim Eintragen mit addrule wird geprüft, ob die neue Regel schon vorhanden ist. In dem Fall wird sie nicht nochmals gespeichert. Der Test benutzt den Vergleichsoperator „=" für Regeln. Dieser wiederum betrachtet zwei Regeln als gleich, wenn sie dieselben linken und rechten Seiten haben.

Damit ist fast alles Wichtige über t.Prolog-Regeln gesagt, außer dass jede Regel auch einen internen Namen hat:

```
-> (getrule 1)
(f X*) :- (g X*) (h Y*)
-> (name %)
f/1
```

Der Name wird bei der Resolution von Anfragen intern benutzt.

7.3.5   Anfragen

Das wesentliche Werkzeug zum Stellen einer Anfrage an t.Prolog ist das Makro ask. Genau wie rule kann man es in zwei Formen aufrufen:

(ask $<e>$)
(ask $<U>$: $<e_1>$ $<e_2>$ ... $<e_n>$)

Wieder ist $<U>$ eine (möglicherweise leere) Liste von logischen Unbestimmten. Wenn ask mit nur einem Argument aufgerufen wird, nimmt das Makro an, dass $U = ()$ gemeint ist, die erste Form ist also gleichwertig mit (ask () : $<e>$).

Eine Anfrage der Form (ask U : e_1 ... e_n) wird bei der Expansion von ask in die Eingabe (resolve Prolog U e_1 ... e_n) umgewandelt.

Der Operator resolve setzt den Resolutionsmechanismus in Gang. Er erwartet mindestens drei Argumente:

1. Das erste Argument wird ausgewertet, der Wert muss eine Regelbasis R sein.

2. Das zweite Argument muss eine Liste U von logischen Unbestimmten sein. Es wird ebenso wie die weiteren Argumente nicht ausgewertet.

3. Alle weiteren Argumente sind Ausdrücke, die mit Hilfe von U in Terme verwandelt werden, die Ziele des Aufrufs von resolve. Das Ergebnis der Resolution ist true, wenn alle Terme mit Hilfe der Fakten und Regeln in R beweisbar sind.

Der Resolutionsmechanismus wurde in Abschnitt 7.2.2 schon skizziert. Die Besprechung der Details verschieben wir auf Abschnitt 7.5.4, in dem die Implementierung der Klasse RuleBase behandelt wird. Die Methode resolve dieser Klasse wird vom Operator resolve aufgerufen.

Für die Anwendung ist es wichtig zu beachten, dass die Ziele e_0 ... e_n von links nach rechts abgearbeitet werden. Man kann das anhand der Pseudoaussage print nachprüfen, die immer true ergibt (S. 356).

In dem folgenden Beispiel steht hinter ask eine leere Liste. Sie teilt t.Prolog mit, dass keine Unbestimmten in den drei zu beweisenden Aussagen vorkommen. Sie darf weggelassen werden, wenn auf den Doppelpunkt nur ein einziges Argument folgt.

```
-> (ask () : (print 1) (print 2) (print 3))
   1
   2
   3
true
```

Nicht nur die Aussagen, die als Argumente von ask eingegeben werden, sondern auch die Aussagen auf der rechten Seite einer Regel werden von links nach rechts „resolviert". Das nächste Beispiel illustriert das:

```
-> (rule (f) :- (print f1) (print f2))
-> (rule (g) :- (print g1) (f) (print g2))
-> (ask (g))
   g1
   f1
   f2
   g2
true
```

Sobald die Ableitung einer Aussage false ergibt, wird die Resolution beendet. Mit den beiden Regeln für (f) und (g) kann man beispielsweise nicht das Ziel (h) ableiten, es ergibt false.

Die Resolutionsreihenfolge von links nach rechts hat aber zur Folge, dass t.Prolog dies je nach der Position von (h) unterschiedlich schnell bemerkt:

```
-> (ask () : (f) (g) (h))
     f1
     f2
     g1
     f1
     f2
     g2
 false
-> (ask () : (f) (h) (g))
     f1
     f2
 false
```

Im ersten Fall wurden (f) und (g) abgeleitet, bevor mit der Resolution von (h) begonnen wurde, im zweiten Fall nur (f).

Fortsetzen einer Anfrage

Bei einer Anfrage mit einer oder mehreren Unbestimmten möchte man oft nicht nur wissen, ob sie beweisbar ist, sondern auch welche Belegung der Unbestimmten sie wahr sein lässt. Wir hatten gesehen, dass man sich mit print und dem Symbol „. ." diese Werte ausgeben lassen kann (S. 356). Noch ein Beispiel dazu:

```
-> (fact (Philosoph Sokrates))
-> (fact (Philosoph Plato))
-> (fact (Philosoph Aristoteles))
-> (ask (X) : (Philosoph X) (print X) ..)
     Sokrates
     Plato
     Aristoteles
 true
```

Tatsächlich genügt es, irgendein Symbol, das nicht als Faktum in Prolog steht, an (print X) anzuhängen. Nachdem der Resolutionsalgorithmus einen Term gefunden hat, der für X eingesetzt die Aussage (Philosoph X) wahr macht, „beweist" er (print X) und versucht anschließend das Symbol „. ." zu beweisen, was misslingt, weil es kein Faktum ist.

Deshalb probiert der Algorithmus die nächste Regel aus, deren linke Seite zu dem Ziel (Philosoph X) passt, in dem Sinn, dass sie damit unifizierbar ist. Im Beispiel ist dies das Faktum (Philosoph Plato).

Der bei der Unifikation für X substituierte Name wird ausgegeben und das Spiel wiederholt sich noch einmal mit X = Aristoteles. Weitere Regeln, die zu der Anfrage passen, findet der Algorithmus nicht, er gibt deshalb als Endresultat false zurück.

7.3.6 Escape nach t.Scheme

Die Argumente von fact, rule und ask werden nicht ausgewertet. Wenn man (ask (+ 1 2)) oder irgendeinen anderen Term an ask übergibt, so wird durch Resolution festgestellt, ob dieser Term, wortwörtlich so wie er dasteht, anhand der Regeln in der Basis Prolog aus den Fakten von Prolog gefolgert werden kann. Mit einer Auswertung im Sinne der bisher besprochenen t.Sprachen hat das nichts zu tun.

Trotzdem möchte man hin und wieder eine Auswertung in eine t.Prolog-Regel oder -Anfrage hineinschmuggeln. Das naheliegendste Beispiel ist das Prädikat print, das mit Hilfe der Funktion println aus t.Scheme definiert ist.

Für solche Zwecke gibt es eine Fluchtmöglichkeit aus der Enge von t.Prolog in die weite Welt von t.Scheme, den „Escape to t.Scheme". Das ist eine im Quellcode definierte, nicht in der Regelbasis enthaltene Regel mit dem Namen „!". Sie hat zwei Formen der Anwendung:

> (! *<Term>*)

> (! *<Term>* *<Unbestimmte>*)

Es gibt noch eine dritte Variante, nämlich (!) ganz ohne Argumente. Das ist jedoch kein Escape nach t.Scheme, sondern der sogenannte *Cut*, der in Abschnitt 7.3.7 erläutert wird.

Escape mit einem Argument

In der ersten Version des Escape-Prädikats wird der auf das Fluchtzeichen folgende Term an t.Scheme übergeben und dort in der Umgebung ausgewertet, in der die Resolution stattfindet.

Ein Beispiel dafür ist das schon mehrfach benutzte Pseudoprädikat print. Es wird bei der Initialisierung durch (rule (X) (print X) :- (! (println tab 'X))) definiert. Das tab-Zeichen sorgt für die Einrückung um eine Tabulatorposition, die Quotierung vor dem X verhindert die Auswertung des momentan für die Unbestimmte X substituierten Terms.

Die Resolution von (! *<term>*) ergibt standardmäßig true, mit einer Ausnahme: Wenn *<term>* von t.Scheme zu false ausgewertet wurde, dann ist das Resultat der Resolution von (! *<term>*) auch false. Das folgende Beispiel zeigt, wie man das verwenden kann:

```
-> (rule (X) (number? X) :- (! (number? 'X)))
-> (ask (number? 37))
true
-> (ask (X) : (number? X))
false
```

Die Regelbasis Prolog verhält sich so, als enthielte sie für jede Zahl x das Faktum (number x). Dieses Verhalten ist nicht unproblematisch: Die Anfrage (ask (X) : (number? X)) bedeutet ja „gibt es ein X mit (number? X)". Sie müsste eigentlich true ergeben, wenn auch nur für eine Zahl x das Faktum (number x) beweisbar ist.

Eine weitere Anwendung dieses Escape-Mechanismus sind Vergleichsprädikate:

```
-> (rule (X Y) (< X Y) :- (! (< 'X 'Y)))
```

Nehmen wir an, wir müssten eine Personal-Datenbank führen, in der für jede Person eine Personalnummer sowie ihr Name, Vorname und das Geburtsdatum einzutragen sind. Diese Informationen kann man als Fakten eingeben:

```
-> (fact (Person 1 "Horstmann"        "Otto"  (geb 10  3 1989)))
-> (fact (Person 2 "Schneider"        "Hans"  (geb 17 12 1988)))
-> (fact (Person 3 "Meier"            "Anne"  (geb 27 10 1988)))
-> (fact (Person 4 "Meier zur Heide" "Petra" (geb  5  6 1990)))
-> (fact (Person 5 "Meier"            "Ernst" (geb 22  4 1985)))
```

Um die Personalnummern aller Personen festzustellen, die nach 1988 geboren sind, kann man so vorgehen:

```
-> (ask (Nr Name Vn Tag Monat Jahr) :
        (Person Nr Name Vn (geb Tag Monat Jahr)) (< 1988 Jahr) (print Nr) ..)
        1
        4
   false
```

Optionales Fortsetzen von Anfragen

Eine nützliche Anwendung des Escape-Mechanismus ist die optionale Fortsetzung von Anfragen. Wir hatten gesehen, dass man durch Anhängen des Folgesymbols „.." – oder irgendeiner anderen Aussage, die false ergibt – alle Substitutionen für die Unbestimmten in einer Anfrage finden kann, welche die Anfrage wahr werden lassen.

Manchmal möchte man sich nicht alle Werte ausgeben lassen, sondern interaktiv entscheiden, ob noch weitere Ausgaben gemacht werden sollen oder ob man genug gesehen hat. Das erreicht man mit „continue?" anstelle von „..". Dieses Symbol muss man als Kopf einer Regel explizit definieren.

Beispielsweise kann man sich die Namen einiger in unserer Datenbank gespeicherter Personen so ausgeben lassen:

```
-> (define-continue-rule)    ; definiert eine Regel continue? :- ...
-> (ask (X) : (Person _ X _ _) (print X) continue?)
        Horstmann
                <Hit ENTER to continue, key+ENTER to stop>
        Schneider
                <Hit ENTER to continue, key+ENTER to stop>
        Meier
                <Hit ENTER to continue, key+ENTER to stop>q
   true
```

Nach jeder Ausgabe steht man vor der Wahl weiterzumachen, indem man die Enter-Taste drückt, oder durch Eingabe eines beliebigen Zeichens die Ausgaben zu beenden.

Dahinter steht wieder der Escape nach t.Scheme. Mit der Funktion define-continue-rule wird nämlich die folgende Regel zu Prolog hinzugefügt:

```
;   Definiert das Symbol continue? als Kopf einer t.Prolog-Regel.
(define (define-continue-rule)
    (rule continue? :- (! (seq
        (print "\t\t<Hit ENTER to continue, key+ENTER to stop>")
        (not (= "" (read)))))))
```

Jedes Mal wenn t.Prolog die Aussage continue? zu beweisen versucht, werden die Ausdrücke (print ...) und (not (= "" (read))) in t.Scheme ausgewertet. Mit (read) wird eine Zeichenkette eingelesen. Ist diese leer, weil nur die Enter-Taste gedrückt wurde, so ist das Resultat false, andernfalls ist es true. In diesem Fall ist die Anfrage bewiesen und der Resolutionsalgorithmus von t.Prolog sucht nicht nach weiteren Antworten. Ansonsten geht die Suche weiter.

Escape mit zwei Argumenten

In der zweiten Version des Escape-Prädikats folgt auf den Term noch eine Unbestimmte. Das kann man dazu benutzen, den von t.Scheme gefundenen Wert des Terms nach t.Prolog zurückzuholen, um ihn dort weiterzuverwenden.

Wie beim Escape mit einem Argument ist die Aussage (! term X) falsch, wenn die Auswertung von term in t.Scheme den Wert false ergibt. Ansonsten ist sie wahr und zusätzlich wird in allen auf (! term X) folgenden Termen einer Anfrage, in denen X vorkommt, diese Unbestimmte von nun an durch den t.Scheme-Wert von term ersetzt. Beispiel:

```
-> (rule (X Y Z) (plus X Y Z) :- (! (+ X Y) Z))
-> (ask (N) : (plus 1 2 N) (print N))
    3
  true
```

Die Frage, ob es ein N gibt, für welches (plus 1 2 N) gilt, wird also mit true beantwortet. Man erwartet vielleicht, dass Prolog auch die Frage beantworten kann, ob es ein N gibt, für das (plus 1 N 3) gilt. Das geht aber leider nicht:

```
-> (ask (N) : (plus 1 N 3))
  Error: op[plus] expects a number argument
```

Die Auswertung von (+ 1 N) durch t.Scheme erzeugt einen Fehler, weil N keine Zahl ist.

Alle Regeln, die mit Hilfe des Escape-Mechanismus definiert sind, sollte man als Pseudoprädikate und deshalb mit besonderer Vorsicht betrachten. Sie gehören nicht zum rein logischen Kern von Prolog, sondern benutzen Nebenwirkungen.

Die Rolle der Auswertungsumgebung

Ein kurzes Beispiel soll noch die Rolle der Auswertungsumgebung illustrieren. In der Praxis wird das vermutlich in den meisten Fällen die globale Umgebung sein, man kann aber sehr einfach Fälle konstruieren, in denen der Erfolg des Escape nach t.Scheme von der Umgebung abhängt, in der eine Anfrage gestartet wird:

```
-> (rule (X) (foo) :- (! a X) (print X))
-> (ask (foo))
  Error: Unbound symbol a
-> (let a 37 (ask (foo)))
    37
  true
```

In der globalen Umgebung scheitert die Frage nach der Beweisbarkeit von (foo), weil beim Escape der Ausdruck a nicht auswertbar ist. In der von let erzeugten lokalen Umgebung ist (foo) beweisbar, weil dort a einen definierten Wert hat.

Halbwahrheiten

Mit etwas Phantasie lässt sich der Escape-Mechanismus zu allen möglichen Seltsamkeiten verwenden – oder missbrauchen, wie man will. So ist es zum Beispiel möglich auszuwürfeln, ob eine Aussage wahr ist:

```
-> (rule (throw-coin) :- (! (< 0.5 (random_01))))
-> (rule (ist-zuhause Peter) :- (throw-coin))
-> (ask (ist-zuhause Peter))
  true
-> (ask (ist-zuhause Peter))
  false
```

Die t.Scheme-Funktion (random_01) erzeugt eine im Intervall $[0, 1]$ gleichverteilte Zufallszahl x. Das Ziel (throw-coin) ist immer dann true, wenn $x < 0.5$ ist. Peter ist also mit 50-prozentiger Wahrscheinlichkeit zuhause.

Als abschließende Bemerkung zum Escape-Mechanismus sei noch gesagt, dass dieser nicht durch Einführung anderer Regeln der Form (`rule (X) : (! X) :- ...`) oder auf ähnliche Weise überschreibbar ist. Bei der Resolution eines Terms der Gestalt (`f ...`) wird immer als Erstes geprüft, ob `f` das Fluchtzeichen ist, und gegebenenfalls nach t.Scheme verzweigt, sodass eigene Regeln mit dem Kopf „`!`" gar nicht erst zum Zug kommen können.

7.3.7   Der Cut-Mechanismus

Mit einem Cut schneidet man bei der Resolution Teile der Suche ab – daher der Name.

Der Cut ist, genau wie der Escape-Mechanismus, ein prozedurales Element. Es gibt ihn in fast jedem Prolog-System. Er wird zur Feinsteuerung von Abläufen verwendet, bei denen der fest eingebaute Resolutionsalgorithmus möglicherweise zu ineffizient ist. Wenn sich dabei die Resultate selbst nicht ändern, spricht man von einem „grünen" Cut. Man kann damit aber auch den Ablauf einer Resolution so verändern, dass Prolog weniger Resultate auf eine Anfrage liefert oder einen Beweis nicht findet, den es ohne Cut finden würde. Das ist dann ein „roter" Cut. In beiden Fällen sollte man wissen, was man tut.

In t.Prolog hat der Cut die Form (`!`). Er ist wie `print` ein Pseudoprädikat, das immer wahr ist. Seine Wirkung hängt von der momentanen Rekursionstiefe d ab, also davon, über wie viele Ebenen sich `resolve` im Moment der Ausführung des Cut rekursiv selbst aufgerufen hat: Nach dem Cut werden bei der Resolution der gerade in Arbeit befindlichen Anfrage keine Aufrufe von `resolve` mehr ausgeführt, die eine Rekursionstiefe d' mit $d' < d$ haben. Man kann das als ein Abschneiden einiger Äste des Suchbaums ansehen.

Ein einfaches Beispiel:

```
-> (rule a :- (!) b)
-> (rule a :- c)
-> (fact c)
-> (ask a)
false
```

Natürlich ist die Aussage a aus der Regel a `:- c` und dem Faktum c beweisbar. Trotzdem findet t.Prolog diesen Beweis nicht, weil die erste Regel für a vor der zweiten probiert wird und sie einen Cut in Tiefe 1 enthält, der verhindert, dass anschließend Regel a `:- c` in Rekursionstiefe 0 probiert wird – was ohne den Cut zum Erfolg geführt hätte.

Dieser Cut ist rot, er verändert das Verhalten von t.Prolog. Es folgt ein Beispiel für einen grünen Cut, also einen, bei dem eine unnötige Suche verhindert wird. Wir definieren eine Relation (`max X Y Z`), die wahr sein soll, wenn $max(X,Y) = Z$ gilt:

```
-> (rule (X Y) (< X Y)   :- (! (< 'X 'Y)))
-> (rule (X Y) (<= X Y) :- (! (<= 'X 'Y)))
-> (rule (X Y) (max X Y X) :- (< Y X) (!))      ; max(X, Y) = X, wenn Y < X
-> (rule (X Y) (max X Y Y) :- (<= X Y))         ; max(X, Y) = Y, wenn X <= Y
```

Der Cut am Ende der ersten Regel für max sorgt dafür, dass bei erfolgreicher Resolution von (`< Y X`) nicht noch die zweite Regel für max ausprobiert wird. Bei einem Ziel, in dem auf den max-Term ein nicht erfüllter Term folgt, wäre das sonst der Fall. Da wir aber wissen, dass sich (`< Y X`) und (`<= X Y`) ausschließen, ist klar, dass das Ausprobieren der zweiten Regel für max scheitern muss und deshalb unnötig ist.

Im Tracing-Modus kann man das verfolgen (vgl. S. 361):

```
-> (trace Prolog)
Tracing mode for RuleBase[Prolog] is on
-> (ask (X) : (max 3 2 X) (print X) ..)   ; .. ist kein Faktum
    (max 3 2 X*) (print X*) ..
    | (< 2 3) (!) (print 3) ..
    | | (! (< '2 '3)) (!) (print 3) ..
    | | | | (!) (print 3) ..
    | | | | | | (print 3) ..
    | | | | | | | | (! (println tab '3)) ..
    3
    | | | | | | | | | ..
    | | | | | | | | | | - no rule
    | | | | | | | | | -
    | | | | | | | -
    | | | | | | -
    | | | -
    | -
    -
    false
```

Das Maximum 3 wurde anhand der ersten Regel richtig erkannt; das abschließende Zeichen „.." führt aber dazu, dass die Anfrage selbst trotzdem erfolglos bleibt.

Mit genau denselben Regeln, nur ohne den Cut, erhält man:

```
-> (ask (X) : (max 3 2 X) (print X) ..)   ; .. ist kein Faktum
    (max 3 2 X*) (print X*) ..
    | (< 2 3) (print 3) ..
    | | (! (< '2 '3)) (print 3) ..
    | | | | (print 3) ..
    | | | | | (! (println tab '3)) ..
    3
    | | | | | | | ..
    | | | | | | | | - no rule
    | | | | | | | -
    | | | | -
    | | | -
    | -
    | (<= 3 2) (print 2) ..
    | | (! (<= '3 '2)) (print 2) ..
    | | | - from '!'
    | -
    -
    false
```

Des Ergebnis ist dasselbe, man sieht aber, wie diesmal unnötigerweise noch ein Versuch mit der zweiten Regel gestartet wird.

Der Cut ist ein nichttriviales Werkzeug. Man kommt in den meisten Fällen auch ganz gut ohne ihn aus.

7.3.8   Wildcards

Auf S. 374 hatten wir eine kleine Datenbank erstellt, in der man Informationen über Personen im Format (Person Nummer Name Vorname Geburtsdatum) speichern kann. Dabei ist Person der Name der Relation, er steht bei jedem Datensatz als Erstes. Geburtsdatum ist ein Eintrag der Form (geb Tag Monat Jahr), wobei geb der Name der Geburtstagsrelation ist.

Mit der Eingabe

```
(ask (Nr Name Vn Tag Monat Jahr) :
    (Person Nr Name Vn (geb Tag Monat Jahr)) (< 1988 Jahr) (print Nr) ..)
```

hatten wir nach allen Personen in der Datenbank gefragt, die später als 1988 geboren sind.

Die vielen Unbestimmten in dieser Abfrage sind ein bisschen störend, eigentlich sind ja nur Jahr und Nr von Interesse. Die übrigen Unbestimmten muss man in t.Prolog nicht als solche deklarieren, man kann sie durch einen Platzhalter (Wildcard) ersetzen. Als Platzhalter dient der Unterstrich:

```
(ask (Nr Jahr) : (Person Nr _ _ (geb _ _ Jahr)) (< 1988 Jahr) (print Nr) ..)
```

Durch die Verwendung von Wildcards lässt sich die Lesbarkeit von Anfragen in vielen Fällen verbessern.

Was dabei im Hintergrund passiert, kann man mit dem Operator term sichtbar machen. Immer wenn mit seiner Hilfe ein Ausdruck in einen Term umgewandelt wird – insbesondere bei der Definition von Fakten und Regeln –, werden die in dem Ausdruck vorkommenden Unterstriche in fortlaufend nummerierte Unbestimmte verwandelt:

```
-> (term (Nr Jahr) '(Person Nr _ _ (geb _ _ Jahr)))
   (Person Nr* #1* #2* (geb #3* #4* Jahr*))
```

Es ist nicht nötig, diese Unbestimmten zu deklarieren.

Wildcards sind praktisch, sie erhöhen die Lesbarkeit, aber natürlich nicht die Fähigkeiten von t.Prolog. Alles, was man mit Wildcards schreibt, kann man mit etwas mehr Aufwand auch ohne sie ausdrücken.

7.3.9 Schleifenerkennung

Den Ablauf einer t.Prolog-Anfrage kann man auch durch das Setzen der Variablen loopThreshold beeinflussen. Im Normalfall probiert t.Prolog die Regeln zu einer Anfrage in genau der Reihenfolge, wie sie in der Regelbasis stehen. Das kann bei rekursiven Regeln leicht zu nicht terminierenden Anfragen führen.

Nehmen wir an, wir möchten ein Prädikat $married(X, Y)$ definieren, das die Tatsache „X ist mit Y verheiratet" ausdrücken soll. Dann könnte so etwas vorkommen:

```
-> (rule (X Y) (married X Y) :- (married Y X))
-> (fact (married Fritz Anne))
-> (ask (married Anne Fritz))
   Error: Recursion limit 256 exceeded
```

t.Prolog lässt, um in solchen Situationen eine Endlosrekursion zu vermeiden, nur rekursive Aufrufe der internen Resolution bis zu einer Tiefe von 256 zu. Durch Setzen der Variablen recursionLimit kann man die maximale Tiefe der Rekursion ändern, was vor allem im Tracing-Modus hilfreich ist:

```
-> (seq (set recursionLimit 4) (trace Prolog))
   Tracing mode for RuleBase[Prolog] is on
-> (ask (married Anne Fritz))
     (married Anne Fritz)
   | (married Fritz Anne)
   | | (married Anne Fritz)
   | | | (married Fritz Anne)
   | | | | (married Anne Fritz)
   Error: Recursion limit 4 exceeded
```

Man sieht, dass diese Rechnung nicht terminieren kann. Die Regel für (married X Y) ruft sich auf der rechten Seite selbst als Erstes auf. Solche linksrekursiven Regeln sind in Prolog oft der Grund für Endlosrekursionen.

In unserem Beispiel gibt es den einfachen Ausweg, das Faktum (married Fritz Anne) vor die Regel (married :- ...) in die Regelbasis zu setzen.

Nicht immer findet man aber beim Auftreten einer Endlosrekursion so leicht eine Abhilfe. Deshalb enthält t.Prolog eine Heuristik zu Erkennung von zyklischen Ableitungen. Wenn die globale Variable loopThreshold einen Wert $k \in \mathbb{N}$ hat, dann wird bei jedem k-ten Ableitungsschritt geprüft, ob t.Prolog sich in einem Zykel befindet. Ist das der Fall, so wird mit der nächsten infrage kommenden Regel weitergearbeitet.

Im obigen Beispiel sieht das so aus:

```
-> (seq (set recursionLimit 256) (set loopThreshold 1))
1
-> (ask (married Anne Fritz))
    (married Anne Fritz)
    | (married Fritz Anne)
    | | (married Anne Fritz)
    | | - loop
    | +
    +
   true
```

Sobald das ursprüngliche Ziel (married Anne Fritz) wieder auftaucht, erkennt die Resolution dies und erklärt das Ziel für gescheitert. Im Tracing-Modus wird dies durch den Kommentar „loop" hinter dem Minuszeichen angezeigt. Das in der Rekursion darüber liegende Ziel (married Fritz Anne) wird mit der zweiten passenden Regel, dem Faktum (married Fritz Anne) anschließend bewiesen. Damit ist auch die ursprüngliche Anfrage (married Anne Fritz) erfolgreich.

Wenn man größere Zahlen für loopThreshold einsetzt, ist der Aufwand für die Schleifenerkennung weniger groß, weil die Liste der Ziele seltener durchlaufen werden muss. Manche Schleifen, die über mehrere Zwischenschritte gehen, zeigen sich auch erst ab einer bestimmten Rekursionstiefe. Etwas größere Werte von loopThreshold sind deshalb meistens sinnvoller.

7.4   Beispiele

7.4.1   Unifikation

Der Occurs-Check

Bei der Unifikation zweier Terme s und t hatten wir im Wesentlichen drei Fälle unterschieden:

1. Beide Terme sind gleich,

2. s oder t ist eine Unbestimmte,

3. s und t sind Listen.

Nur Terme, die diese Bedingungen erfüllen, sind miteinander unifizierbar.

Fall 1 ist trivial: Um gleiche Terme gleich zu machen, ist nichts zu tun, deshalb wird die leere Substitution zurückgegeben. Fall 2 ist eigentlich genauso einfach: Wenn man t für s substituiert, sind beide Terme anschließend gleich:

```
-> (set ls (list (set s (indet X)) (set t (list 'f (indet Y)))))
(X* (f Y*))
-> (unify s t)
{X*=(f Y*)}
```

```
-> (substitute ls %)
((f Y*) (f Y*))
```

Das gilt allerdings nur, wenn die Unbestimmte s in dem Term t nicht vorkommt. Angenommen, es sei $s = $ X* und $t = $ (f X*). Dann müsste entsprechend dem eben gerechneten Beispiel die Substitution {X*=(f X*)} die Terme s und t unifizieren. Das tut sie aber nicht: Aus s entsteht (f X*) und t wird zu (f (f X*)). Deshalb darf bei einer Ersetzung $X \to t$ die Unbestimmte X nicht in dem Term t vorkommen. In diesem Fall ist keine Unifikation möglich, sofern $t \neq X$ ist:

```
-> (unify s (term (X) '(f X)))
fail
```

Unifikation von Listen

Zusammengesetzte Terme werden in t.Prolog durch Listen dargestellt. Die Bedingung für die Unifizierbarkeit von zwei Listen ist, dass sie gleich lang und elementweise unifizierbar sind. Trotzdem ist das Resultat nicht immer leicht zu erraten:

```
-> (set s (term (X Y) '(g X Y X)))
(g X* Y* X*)
-> (set t (term (X Z) '(g a (g X) Z)))
(g a (g X*) Z*)
-> (unify s t)
{X*=a, Z*=a, Y*=(g a)}
-> (substitute (list s t) %)
((g a (g a) a) (g a (g a) a))
```

Auf den ersten Blick sieht das etwas gaga aus, aber auf den zweiten ist es einleuchtend: Die Listen sind gleich lang und haben denselben Kopf. X wird mit a durch die Substitution {X*=a} unifiziert. Diese wird auf die restlichen Listen angewendet, somit ist (Y a) mit ((g a) Z) zu unifizieren. Das ergibt die beiden anderen Substitutionen {Y*=(g a)} und {Z*=a}.

Weitere Beispiele

Wir betrachten noch ein paar elementare Beispiele. Zur Abkürzung schreiben wir uns eine Funktion, die den allgemeinsten Unifikator und die allgemeinste gemeinsame Instanz (vgl. S. 364) von zwei Termen ausgibt:

```
;   Gibt MGU und MGI von s und t aus, oder 'fail'.
(define (common s t)
   (let S (unify s t)
      (if (= S 'fail) 'fail
         (str "Unifikator: " S ", gemeinsame Instanz: " (substitute t S)))))
```

1. Unifikation von $f(a, Y)$ und $f(X, b)$:

```
-> (common (term (Y) '(f a Y)) (term (X) '(f X b)))
Unifikator: {X*=a, Y*=b}, gemeinsame Instanz: (f a b)
```

2. Unifikation von $f(a, X)$ und $f(Y, g(Z, b))$:

```
-> (common (term (X) '(f a X)) (term (Y Z) '(f Y (g Z b))))
Unifikator: {Y*=a, X*=(g Z* b)}, gemeinsame Instanz: (f a (g Z* b))
```

3. Unifikation von $f(a, X)$ und $f(Y, g(X, b))$:

```
-> (common (term (X) '(f a X)) (term (X Y) '(f Y (g X b))))
fail
```

4. Unifikation von $f(X, Y, Z)$ und $f(a, g(X, X), g(Y, Y))$:

```
-> (common (term (X Y Z) '(f X Y Z)) (term (X Y Z) '(f a (g X X) (g Y Y))))
Unifikator: {Y*=(g a a), Z*=(g (g a a) (g a a)), X*=a}, gemeinsame Instanz:
(f a (g a a) (g (g a a) (g a a)))
```

Unifikation von mehr als zwei Termen

Wir hatten auf S. 364 gesehen, dass der Term $t_1 = element(1, cons(X, cons(1, nil)))$ mit den Termen $t_2 = element(Y, cons(2, L))$ und $t_3 = element(Z, cons(X, cons(1, nil)))$ unifizierbar ist. Wir lassen uns das von t.Prolog bestätigen:

```
-> (column (list
        (set t1 (term (X)   '(element 1 (cons X (cons 2 nil)))))
        (set t2 (term (Y L) '(element Y (cons 2 L))))
        (set t3 (term (X Z) '(element Z (cons X (cons 1 nil)))))))
   (element 1 (cons X* (cons 2 nil)))
   (element Y* (cons 2 L*))
   (element Z* (cons X* (cons 1 nil)))
-> (set t12 (substitute t2 (unify t1 t2)))
  (element 1 (cons 2 (cons 2 nil)))
-> (set t23 (substitute t2 (unify t2 t3)))
  (element Z* (cons 2 (cons 1 nil)))
```

t12 ist die t.Prolog-Darstellung der allgemeinsten gemeinsamen Instanz $t_{1,2}$ von t_1 und t_2, ebenso entspricht t23 der allgemeinsten gemeinsamen Instanz $t_{2,3}$ von t_2 und t_3. Beide Terme, $t_{1,2}$ und $t_{2,3}$, sind Instanzen von t_2. Sie besitzen jedoch selbst keine gemeinsame Instanz:

```
-> (unify t12 t23)
fail
```

Der Grund dafür ist: Die beiden Listen t12 und t23 sind zwar gleich lang und an den ersten beiden Elementen unifizierbar, die Elemente an Position 3 sind aber voneinander verschieden und keine Unbestimmten, sodass man sie nicht unifizieren kann.

Notwendige Randbemerkung: Die Symbole element, cons und nil in diesem Beispiel haben erst einmal nichts mit den gleichnamigen Prozeduren in t.Lisp oder t.Scheme zu tun. In t.Prolog werden Terme nicht ausgewertet! Mit dem Escape nach t.Scheme kann man aber bei Bedarf die Auswertung erzwingen:

```
-> (ask (X) : (! t12 X)
        (! (println "\tDer Term t12 ist " 'X))
        (! (println "\tDer Wert von t12 ist " X)))
     Der Term t12 ist (element 1 (cons 2 (cons 2 nil)))
     Der Wert von t12 ist 2
   true
```

Der erste Escape führt zur Substitution von (element 1 (cons 2 (cons 2 nil))) für die Unbestimmte X, der zweite veranlasst die Ausgabe von $t_{1,2}$. Der dritte Escape bewirkt die Auswertung dieses Terms.

Zurück zum Thema des Abschnitts. Wir hatten indirekt festgestellt, dass es keine gemeinsame Instanz der drei Terme t_1, t_2 und t_3 gibt. Das kann man auch leicht direkt nachprüfen.

Die Unifikation von mehr als zwei Termen lässt sich nämlich in einfacher Weise auf die Unifikation von zwei Termen zurückführen. Dazu schreibt man die Terme in eine Liste und unifiziert diese mit einer Liste aus ebenso vielen Exemplaren einer Unbestimmten, die unter den Unbestimmten der ersten Liste nicht vorkommt.

Wenn wir zum Beispiel $t_4 = element(Z, U)$ setzen, dann haben t_1, t_2 und t_4 eine gemeinsame Instanz:

```
-> (seq (set t4 (term (Z U) '(element Z U)))
        (set A (indet A))
        (column (set ls (list t1 t2 t4))))
    (element 1 (cons X* (cons 2 nil)))
    (element Y* (cons 2 L*))
    (element Z* U*)
-> (set Sub (unify ls (list A A A)))
   {A*=(element 1 (cons 2 (cons 2 nil))), U*=(cons 2 (cons 2 nil)), Y*=1, L*=(cons 2
   nil), Z*=1, X*=2}
```

Der in dieser Substitution an A* gebundene Ausdruck ist zugleich die allgemeinste gemeinsame Instanz von t_1, t_2 und t_4. Zur Kontrolle:

```
-> (column (substitute ls Sub))
    (element 1 (cons 2 (cons 2 nil)))
    (element 1 (cons 2 (cons 2 nil)))
    (element 1 (cons 2 (cons 2 nil)))
```

Zum Schluss überprüfen wir mit dieser Methode noch, ob t_1, t_2 und t_3 unifizierbar sind:

```
-> (unify (list t1 t2 t3) (list A A A))
   fail
```

Das Ergebnis entspricht den Erwartungen.

Das Anwachsen von Termen bei der Unifikation

Es ist klar, dass eine gemeinsame Instanz von Termen nicht kleiner sein kann als die einzelnen Terme, weil bei einer Substitution nie etwas entfernt, wohl aber möglicherweise eine Unbestimmte durch einen zusammengesetzten Ausdruck ersetzt wird. Dabei können schnell sehr große Terme entstehen:

Die Terme $t_1 = (X_1, X_2, \ldots, X_n)$ und $t_2 = (a, (X_1, X_1), \ldots, (X_{n-1}, X_{n_1}))$ werden offensichtlich durch die folgende Substitution unifiziert: $X_1 \rightarrow a$, $X_2 \rightarrow (a, a)$, $X_3 \rightarrow ((a, a), (a, a)), \ldots$

Um das auszuprobieren, definieren wir zwei Funktionen (single n) und (double n) zur Erzeugung der beiden folgenden Terme (bei denen n für eine natürliche Zahl steht): $t_1(n) = (X_1* \ldots X_n*)$ sowie $t_2(n) = (a \ (X_1* \ X_1*) \ldots (X_{n-1}* \ X_{n-1}*))$.

```
-> (let
        x (function (n) (parse (str 'X n)))

        xlist (function (ls n)
            (if (= n 0) ls (xlist (cons (x n) ls) (- n 1))))

        single (define (single n) ;   gibt (X1 ... Xn) zurück:
            (let ls (xlist nil n)
                (eval (list 'term ls (cons 'quote (list ls))))))

        dbl (function (x) (list x x))

        (define (double n) ;   gibt (a (X1 X1) ... (Xn Xn)) zurück:
            (cons 'a (map dbl (single (- n 1)))))))
```

Damit kann man das exponentielle Wachstum der gemeinsamen Instanzen von (single n) und (double n) beobachten:

```
-> (set t1 (single 5))
(X1* X2* X3* X4* X5*)
-> (set t2 (double 5))
(a (X1* X1*) (X2* X2*) (X3* X3*) (X4* X4*))
-> (substitute t1 (unify t1 t2))
(a (a a) ((a a) (a a)) (((a a) (a a)) ((a a) (a a))) ((((a a) (a a)) ((a a) (a a)))
(((a a) (a a)) ((a a) (a a)))))
-> (let
        t1 (single 20)
        t2 (double 20)
        Sub (unify t1 t2)
        (length (str (substitute t1 Sub))))
4194261
```

Die Stringdarstellung der gemeinsamen Instanz von (single 20) und (double 20) ist bereits über 4 Millionen Zeichen lang.

Glücklicherweise tritt dieses Wachstumsphänomen bei der Unifikation von Termen nur in Ausnahmefällen auf. Sonst wäre Prolog keine praktikable Programmiersprache.

7.4.2 Relationen

Die Darstellung von Relationen zwischen Daten ist eines der klassischen Anwendungsgebiete von Prolog-Systemen, das wir hier noch etwas ausführlicher behandeln wollen als in Abschnitt 7.1.2. Wir bleiben aber bei dem dort behandelten Thema der verwandtschaftlichen Beziehungen.

Faktensammlungen

Das Rohmaterial vieler Relationen sind Faktensammlungen. In Datenbanken werden sie üblicherweise als Tabellen gespeichert, in Prolog-Systemen sind sie Bestandteil einer Regelbasis.

Fakten lassen sich in der Form (<*Eigenschaft*> <*Datum$_1$*> ... <*Datum$_n$*>) speichern. Wir hatten schon einige Beispiele gesehen: (human Sokrates), (father Georg Anna) etc. Meistens wählt man als <*Eigenschaft*> einen suggestiven Namen. Als <*Datum*> kommen auch zusammengesetzte Terme vor, zum Beispiel (Person "Hans Meier" (geb 7 April 1972)).

Für die schnelle Eingabe von mehreren Fakten mit demselben Kopf und je einem <*Datum*> ist das folgende Makro nützlich:

```
;   Für jedes x in der Liste ls wird (fact head x) ausgeführt.
(defmacro (facts head ls)
    (if (nil? ls) void
        (seq (eval (list 'fact (list head (car ls))))
             (facts head (cdr ls)))))
```

Damit erzeugen wir eine neue Datensammlung mit Familienbeziehungen:

```
;   (male X): X ist männlich.
(facts 'male '(Ulrich Wilhelm Karl Justus Gregor Aslan Jonas Andreas Bernd Hans
    Theo Peter Gerd))

;   (female X): X ist weiblich.
(facts 'female '(Martina Ottilie Helene Gina Johanna Beate Eva Sybille Sabrina
    Silke Lisa))
```

```
;    (child (X Y Z)): X ist Kind des Vaters Y und der Mutter Z.
(facts 'child '(
      (Gregor Wilhelm Ottilie)  (Jonas Ulrich Martina)  (Johanna Karl Helene)
      (Sybille Justus Beate)     (Eva Justus Beate)      (Andreas Gregor Johanna)
      (Bernd Gregor Johanna)     (Hans Gregor Johanna)   (Sabrina Gregor Johanna)
      (Theo Andreas Sybille)     (Silke Aslan Gina)      (Lisa Hans Gina)
      (Peter Jonas Eva)          (Gerd Jonas Eva)))
```

Es empfiehlt sich, zu jeder Relation in Kommentarform eine Interpretation zu notieren. Man sollte sich aber auch immer darüber im Klaren sein, dass der Rechner absolut nichts von dieser Interpretation weiß. Dass Gregor männlich ist und Silke weiblich, muss man ihm bei Bedarf in Form eines Faktums mitteilen.

Nach dem Einlesen der obigen Datensammlung kennt t.Prolog die entsprechenden Fakten:

```
-> (rules Prolog)
RuleBase[Prolog]
      0:        (print X*) :- (! (println tab 'X*))
      1:        (male Ulrich)
      2:        (male Wilhelm)
      .....
      14:       (female Martina)
      15:       (female Ottilie)
      .....
      25:       (child (Gregor Wilhelm Ottilie))
      26:       (child (Jonas Ulrich Martina))
      .....
      38:       (child (Gerd Jonas Eva))
```

Mit dem Fortsetzungssymbol am Ende einer Anfrage können wir uns alle dem System bekannten männlichen Namen ausgeben lassen:

```
-> (ask (X) : (male X) (print X) ..)
   Ulrich
   Wilhelm
   .....
false
```

Wir können nach allen Paaren aus weiblichen und männlichen Namen fragen:

```
-> (ask (X Y) : (female X) (male Y) (print (X Y)) ..)
   (Martina Ulrich)
   (Martina Wilhelm)
   .....
   (Lisa Peter)
   (Lisa Gerd)
```

Die Ausgabe enthält $11 \cdot 13 = 143$ Kombinationen aus Frauen- und Männernamen. Interessantere Informationen lassen sich aus unseren Daten erst ableiten, nachdem wir einige Verwandtschaftsbeziehungen definiert haben:

```
;    (child X Y): X ist Kind von Y.
(rule (X Y) (child X Y) :- (child (X Y _)))
(rule (X Y) (child X Y) :- (child (X _ Y)))

;    (parent X Y): X ist Elternteil von Y.
(rule (X Y) (parent X Y) :- (child Y X))

;    (father X Y): X ist Vater von Y.
(rule (X Y) (father X Y) :- (child Y X _))
```

```
;   (mother X Y): X ist Mutter von Y.
(rule (X Y) (mother X Y) :- (child Y _ X))

;   (son X Y): X ist Sohn von Y.
(rule (X Y) (son X Y) :- (male X) (child X Y))

;   (daughter X Y): X ist Tochter von Y.
(rule (X Y) (daughter X Y) :- (female X) (child X Y))
```

t.Prolog hat kein Problem damit, die zweistellige Relation (child X Y) von der einstelligen Relation (child (X Y Z)) zu unterscheiden.

In diesem wie in allen Beispielen sollte man sorgfältig darauf achten, alle Unbestimmten zu deklarieren. Wenn man das vergisst, funktioniert die Regel nicht wie geplant – man bekommt aber keinerlei Fehlermeldung, weil t.Prolog die Unbestimmten als Symbole versteht. Im Zweifelsfall erhält man bei einer Anfrage nur ein false anstelle eines true. Das ist ein Verhalten, das bei allen Prolog-Systemen gelegentlich für Verwirrung sorgt: Was nicht beweisbar ist, gilt als falsch.

Relationen lassen sich in vielen Fällen auf mehr als eine Weise definieren. Die father-Beziehung könnte man z. B. auch durch (rule (X Y) (father X Y) :- (parent X Y) (male X)) beschreiben.

Die Geschwisterbeziehung ist im Prinzip genauso einfach zu modellieren. Geschwister haben mindestens ein gemeinsames Elternteil:

```
;   (sibling X Y): X ist Geschwister von Y.
(rule (X Y Z) (sibling X Y) :- (child X Z) (child Y Z))
```

Allerdings wäre nach dieser Regel jede Person Geschwister von sich selbst. Wir müssen deshalb zusätzlich zum Ausdruck bringen, dass X und Y verschieden sind, und das ist nicht ganz trivial, weil es in Prolog standardmäßig keine Prädikate zur Abfrage auf Gleichheit oder Ungleichheit gibt. Der Mechanismus von Prolog schließt sie aus guten Gründen (die wir hier nicht erläutern wollen) aus. Mit dem Escape nach t.Scheme kann man sich im vorliegenden Fall aber ganz gut behelfen:

```
;   (unequal X Y): X ist ungleich Y.
(rule (X Y) (unequal X Y) :- (! (not (= 'X 'Y))))
```

Die richtige Regel zur Definition von „X ist Geschwister von Y" lautet damit:

```
;   (sibling X Y): X ist Geschwister von Y.
(rule (X Y Z) (sibling X Y) :- (child X Z) (child Y Z) (unequal X Y))
```

Beispielsweise findet man die Geschwister von Gerd mit der Abfrage:

```
-> (ask (X) : (sibling Gerd X) (print X) ..)
   Peter
   Peter
false
```

Das doppelte Vorkommen der Antwort hat seinen Grund darin, dass die Regel für sibling nach einem gemeinsamen Elternteil fragt. Davon gibt es normalerweise zwei Exemplare und weil das Fortsetzungszeichen t.Prolog nach der ersten Antwort zum Weitersuchen zwingt, erscheint die Antwort Peter ein zweites Mal.

Mit einem Trick kann man solche Mehrfachantworten verhindern. Man schreibt die Antworten zunächst in eine Liste und entfernt aus dieser mit der t.Scheme-Funktion unique alle Duplikate, bevor man sie ausgibt:

```
-> (rule (X) (save X) :- (! (set siblings (cons 'X siblings))))
-> (block (var siblings nil)
         (ask (X) : (sibling Andreas X) (save X) ..)
         (unique siblings))
(Sabrina Hans Bernd)
```

Das sind genau die drei Geschwister von Andreas, die unsere Datenbank kennt. An dieser Stelle kann man die Einbettung von t.Prolog in t.Scheme noch ein bisschen besser ausnutzen, indem man die Frage nach den Geschwistern einer Person als t.Scheme-Prozedur programmiert. Um vorzeitige Auswertungen zu vermeiden, wird diese als Makro geschrieben:

```
;   Gibt die Liste aller Geschwister von Person p zurück.
(defmacro (siblings p)
    (block (var siblings nil)
           (ask (X) : (sibling p X) (save X) ..)
           (unique siblings)))
```

Bei der Anwendung des Makros muss man darauf achten, das Argument ohne Quotierung anzugeben. Der Parameter p wird ja bei der Expansion des Makros durch das unausgewertete Argument ersetzt, sodass der Rumpf anschließend genauso aussieht wie eben, als anstelle des Parameters der Name Andreas stand. Probieren wir es aus:

```
-> (siblings Sabrina)
(Hans Bernd Andreas)
-> (siblings 'Sabrina)
()
```

Wenn man das Argument versehentlich doch quotiert, erscheint keineswegs eine Fehlermeldung, wie man das von t.Scheme eigentlich erwarten würde. Bei der Resolution findet t.Prolog lediglich keine Geschwister zu dem Term 'Sabrina und die Liste siblings bleibt leer.

Die Funktion siblings zeigt exemplarisch, dass man das den t.Sprachen zugrunde liegende Prinzip der Auswertung mit den scheinbar dazu inkompatiblen Mechanismen der logischen Programmierung ganz gut kombinieren kann.

Rekursive Regeln

Wie man alle Vorfahren einer Person findet, hatten wir schon auf S. 355 gesehen:

```
-> (rule (X Y) (ancestor X Y) :- (parent X Y))
-> (rule (X Y Z) (ancestor X Y) :- (parent X Z) (ancestor Z Y))
```

Bei solchen rekursiven Regeln muss man vorsichtig sein. Es kann leicht passieren, dass man t.Prolog damit versehentlich in eine Endlosschleife schickt. Wir hätten zum Beispiel rein logisch gesehen die zweite Regel auch so schreiben können:

```
-> (rule (X Y Z) (ancestor X Y) :- (ancestor Z Y) (parent X Z))
```

Dann findet t.Prolog immer noch alle Vorfahren einer Person:

```
-> (ask (X) : (ancestor X Hans) (print X) ..)
        Gregor
        Johanna
        Wilhelm
        Ottilie
        Karl
        Helene
Error: An unrecoverable loop was found
```

Im Anschluss an die Ausgabe der Vorfahren versucht der Resolutionsalgorithmus immer wieder die Frage (ancestor X Hans) zu beantworten, obwohl es keine weiteren Vorfahren gibt. Im Tracing-Modus kann man sich den genauen Verlauf ansehen.

Ein false wäre deshalb eine genauso sinnvolle Antwort. Wer mag, kann den Fehler mit Hilfe des internen Fehlernamens LOOP abfangen:

```
-> (catch 'LOOP (ask (X) : (ancestor X Hans) (print X) ..) false)
        Gregor
        Johanna
        Wilhelm
        Ottilie
        Karl
        Helene
false
```

Die allgemeinste rekursiv definierte Verwandtschaftsbeziehung ist die Verwandtschaft selbst:

```
;   (relative X Y): X ist Verwandter von Y.
(rule (X Y Z) (relative X Y) :- (ancestor Z X) (ancestor Z Y))
```

In Worten: X und Y sind miteinander verwandt, wenn sie einen gemeinsamen Vorfahr Z haben. Sind Lisa und Eva miteinander verwandt? Offenbar nicht:

```
-> (ask (relative Lisa Peter))
false
```

Weitere Ahnenforschung ergibt vielleicht, dass Karl und Ulrich Brüder sind:

```
-> (fact (child (Karl Eduard Helene)))
-> (fact (child (Ulrich Eduard Helene)))
-> (ask (relative Lisa Peter))
true
```

Es hätte nichts genützt, (brother Karl Ulrich) als ein Faktum nachzutragen. Unsere Regeln hätten die Verwandtschaft trotzdem nicht erkannt, weil wir relative ausschließlich über die Relation parent definiert haben.

7.4.3   Suche in Graphen

Wolf, Ziege und Kohlkopf

Der Abt Alkuin war einer der wichtigsten Ratgeber Karls des Großen. Auf ihn geht das folgende Rätsel zurück: Ein Bauer hat auf dem Markt eine Ziege, einen Wolf und einen riesigen Kohlkopf gekauft. Auf dem Heimweg kommt er an einen Fluss, wo er ein kleines Boot zum Übersetzen vorfindet. Es ist so klein, dass er immer nur einen seiner drei Einkäufe mitnehmen kann. Wie muss er vorgehen, damit nicht die Ziege vom Wolf gefressen wird, wenn die beiden am Ufer allein sind, und auch nicht der Kohlkopf von der Ziege?

Das Problem ist eines von mehreren bekannten Flussüberquerungs-Problemen. Etwas schwieriger ist das Problem, bei dem drei Kannibalen und drei Missionare einen Fluss mit einem Boot überqueren wollen, das nur Platz für zwei Personen hat. Dabei lautet die Bedingung, dass nie mehr Kannibalen als Missionare an einem Ufer sein dürfen, das würde den Missionaren schlecht bekommen.

Solche Probleme lassen sich in Prolog lösen, indem man den jeweiligen Zustand an den Ufern des Flusses vor und nach einer Bootsfahrt durch Regeln miteinander in Beziehung setzt. Im Wolf-Ziege-Kohlkopf-Problem sieht der Startzustand so aus:

```
(state (W Z K B) ())
```

Das B steht für den Bauern; die linke bzw. rechte Liste enthält alles, was sich auf dem linken bzw. rechten Ufer befindet. Ein Zustand wird durch eine Flussüberquerung mit einem Folgezustand in Beziehung gesetzt. Beispielsweise bringt die Regel

```
(rule (state (W K) (Z B)) :- (state (W Z K B) ()))
```

zum Ausdruck, dass vom Startzustand aus der Zustand (state (W K) (Z B)) erreichbar ist: Der Bauer hat die Ziege ans andere Ufer gebracht.

Die Buchstaben W, K, Z und B sind keine logischen Unbestimmten, sondern Symbole; die weiter unten angegebene Lösung kommt ganz ohne Unbestimmte aus.

Um alle erlaubten Flussüberquerungen zu beschreiben, stellen wir die folgenden Regeln auf:

```
; Anfangszustand
(fact (state (W Z K B) ()))

; W bewegen
(rule (state (Z) (W K B))   :- (state (W Z B) (K)))
(rule (state (W Z B) (K))   :- (state (Z) (W K B)))
(rule (state (K) (W Z B))   :- (state (W K B) (Z)))
(rule (state (W K B) (Z))   :- (state (K) (W Z B)))

; K bewegen
(rule (state (W) (Z K B))   :- (state (W K B) (Z)))
(rule (state (W K B) (Z))   :- (state (W) (Z K B)))
(rule (state (Z) (W K B))   :- (state (Z K B) (W)))
(rule (state (Z K B) (W))   :- (state (Z) (W K B)))

; Z bewegen
(rule (state (W Z K B) ())  :- (state (W K) (Z B)))
(rule (state () (W Z K B))  :- (state (Z B) (W K)))
(rule (state (W K) (Z B))   :- (state (W Z K B) ()))
(rule (state (W) (Z K B))   :- (state (W Z B) (K)))
(rule (state (W Z B) (K))   :- (state (W) (Z K B)))
(rule (state (K) (W Z B))   :- (state (Z K B) (W)))
(rule (state (Z K B) (W))   :- (state (K) (W Z B)))
(rule (state (Z B) (W K))   :- (state () (W Z K B)))

; Nur B bewegen
(rule (state (W K) (Z B))   :- (state (W K B) (Z)))
(rule (state (W K B) (Z))   :- (state (W K) (Z B)))
(rule (state (Z) (W K B))   :- (state (Z B) (W K)))
(rule (state (Z B) (W K))   :- (state (Z) (W K B)))
```

Wir wollen nicht nur wissen, ob der gewünschte Endzustand erreichbar ist, sondern auch wie. Zu diesem Zweck erweitern wir jede Regel um eine Ausgabe des erreichten Zustands. Beispielsweise lautet die letzte Regel dann:

```
(rule (state (Z B) (W K))   :- (state (Z) (W K B)) (print "Z B ~~~~ W K")),
```

wobei die kleinen Wellen den Fluss darstellen. Der Startzustand bekommt ebenfalls eine Ausgabe:

```
(rule (state (W Z K B) ()) :- (print "W Z K B ~~~~"))
```

Nun können wir fragen, ob der gewünschte Endzustand erreichbar ist. Der erste Versuch endet mit einer Enttäuschung:

```
-> (ask (state () (W Z K B)))
Error: Recursion limit 256 exceeded
```

Offenbar hat t.Prolog sich in einer Schleife verfangen. Wir schalten die Schleifenerkennung (S. 379) ein und wiederholen die Frage:

```
-> (seq (set loopThreshold 1)  (ask (state () (W Z K B))))
     W Z K B ~~~~
     W K       ~~~~ Z B
     W K B   ~~~~ Z
     W       ~~~~ Z K B
     W Z B   ~~~~ K
     Z       ~~~~ W K B
     Z B     ~~~~ W K
             ~~~~ W Z K B
   true
```

Mit sieben Bootsfahrten bringt der Bauer seine Besitztümer tatsächlich wohlbehalten über den Fluss, wobei die Ziege dreimal übergesetzt werden muss.

Mit einem höheren Wert für `loopThreshold` kann man herausfinden, wo das Programm in eine Schleife gerät:

```
-> (seq (set loopThreshold 2)  (ask (state () (W Z K B))))
     W Z K B ~~~~
     W K       ~~~~ Z B
     W K B   ~~~~ Z
     K       ~~~~ W Z B
     W K B   ~~~~ Z
     W       ~~~~ Z K B
     W Z B   ~~~~ K
     Z       ~~~~ W K B
     W Z B   ~~~~ K
     Z       ~~~~ W K B
     Z B     ~~~~ W K
             ~~~~ W Z K B
     Z B     ~~~~ W K
             ~~~~ W Z K B
   true
```

Die beiden Zustände (state (Z B) (W K)) und (state () (W Z K B)) sind wechselseitig voneinander erreichbar und die Anordnung unserer Regeln hat t.Prolog veranlasst, zwischen beiden hin- und herzuspringen.

Die zweite Lösung ist offensichtlich schlechter als die erste – der Bauer macht mindestens sechs Fahrten mehr als nötig. Der Resolutionsalgorithmus garantiert nicht, dass in irgendeinem Sinne beste Lösungen gefunden werden. Das entspricht der landläufigen Vorstellung, dass jeder Beweis für eine Aussage gleich gut sei – ob lang oder kurz, Hauptsache, er ist richtig. Das Beispiel zeigt aber, dass ein Beweis auch eine Handlungsanweisung sein kann, und da kommt es sehr wohl auf Effizienz an.

Labyrinthe

Die Zustände im Wolf-Ziege-Kohlkopf-Beispiel kann man als Ecken eines Graphen auffassen und die durch die Regeln definierten Übergänge zwischen den Zuständen als Verbindungskanten.

Diese Betrachtungsweise legt es nahe, auch andere Suchprobleme in Graphen mit logischer Programmierung zu lösen.

Schon Theseus hat Ariadne im Labyrinth des Minotaurus gesucht. Das war vermutlich nicht ganz so einfach zu überblicken wie das folgende Labyrinth:

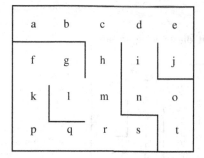

Wir können dieses Labyrinth beschreiben, indem wir benachbarte, wechselseitig erreichbare Orte als Fakten darstellen:

```
;   waagerecht:              ;   senkrecht:
(fact (edge a b))            (fact (edge f k))
(fact (edge b c))            (fact (edge k p))
(fact (edge c d))            (fact (edge g l))
(fact (edge d e))            (fact (edge h m))
(fact (edge f g))            (fact (edge m r))
(fact (edge l m))            (fact (edge c h))
(fact (edge n o))            (fact (edge i n))
(fact (edge p q))            (fact (edge d i))
(fact (edge q r))            (fact (edge e j))
(fact (edge r s))            (fact (edge o t))
```

Die Kanten haben keine Richtung, deshalb führen wir noch die folgende Regel ein:

```
;   Der Graph ist ungerichtet.
(rule (X Y) (edge Y X) :- (edge X Y))
```

Nun definieren wir eine Relation (joined X Y), die dann erfüllt ist, wenn es einen Weg von X nach Y im Labyrinth gibt.

```
;   (joined X Y): Es gibt einen Weg von X nach Y.
(rule (X Y)   (joined X Y) :- (edge X Y) (pr X))
(rule (X Y Z) (joined X Y) :- (edge X Z) (joined Z Y) (pr X))
```

In Worten: X ist mit Y entweder direkt durch eine Kante verbunden oder es gibt eine Ecke Z, die mit X durch eine Kante verbunden ist und von der aus es einen Weg nach Y gibt.

Wenn (joined X Y) gilt, wird zusätzlich der Startpunkt X ausgegeben – aus Gründen der besseren Lesbarkeit ohne Zeilenvorschub:

```
;   Gibt X ohne Zeilenvorschub aus.
(rule (X) (pr X) :- (! (print 'X " ")))
```

Nun fehlt nur noch ein wenig Kosmetik zur Ausgabe des Endpunkts eines Weges im Labyrinth:

```
;   (path X Y): Gibt einen Weg von X nach Y mit Startpunkt aus.
(rule (X Y) (path X Y) :- (pr "\t") (pr X) (joined Y X) (pr "\n"))
```

Damit können wir nach Wegen suchen. Sicherheitshalber schalten wir gleich die Schleifenerkennung ein – wenn es symmetrische Regeln wie (edge Y X) :- (edge X Y) gibt, ist das
fast immer nötig:

```
-> (seq (set loopThreshold 1) (ask (path p t)))
   p q r m h c d i n o t
true
```

In das Labyrinth eingezeichnet sieht dieser Weg so aus:

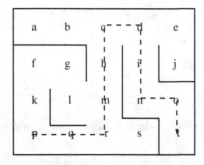

Wie man sieht, hätte Theseus aus einem Prolog-System durchaus Nutzen ziehen können.

Welcher Weg gefunden wird, hängt von der Reihenfolge ab, in der die Kanten in der Regelbasis
stehen. Bei anderer Anordnung der Kanten findet t.Prolog den Weg p k f g l m ... o t
als Ersten.

Man könnte anstelle von (joined X Y) :- (edge X Z) (joined Z Y) natürlich ebenso
gut (joined X Y) :- (joined X Z) (edge Z Y) schreiben. Dann erhält man auch bei
eingeschalteter Schleifenerkennung immer eine Fehlermeldung. Im Tracing-Modus kann man
sich den Grund dafür ansehen.

7.4.4 Einstein-Rätsel

Das Lösen von Rätseln ist eines der Gebiete, auf denen Prolog seit jeher eine besondere
Stärke hat. Das trifft ganz speziell für die Klasse von Rätseln zu, die unter dem Namen
Einstein-Rätsel laufen. In der Literatur werden sie gelegentlich Albert Einstein zugeschrieben,
der gesagt haben soll, nur zwei Prozent der Weltbevölkerung könnten sie lösen. Auch der
Mathematiker Lewis Carroll, Verfasser von „Alice im Wunderland", wird als Erfinder dieser
Rätselgattung genannt. Für beide Urheberschaften gibt es keinerlei Belege. Sicher ist, dass
das unten besprochene Zebrarätsel zum ersten Mal 1962 in dem Magazin „Life" veröffentlicht
wurde.

Zunächst betrachten wir eine einfachere Variante.

Das Sportlerrätsel

*Drei Studenten betreiben jeweils eine unterschiedliche Sportart: Patrick spielt Fußball und ist
größer als der Anglistikstudent. Der Handballspieler ist kleiner als Gerd. Der Basketballspieler
ist größer als die beiden anderen. Wie heißt der Medizinstudent? Welchen Sport betreibt
Peter?*

Solche Aufgaben löst man – von Hand und in Prolog – am besten mit Hilfe von Tabellen. In diesem Fall wählen wir als Tabelle einen zusammengesetzten Term mit den drei Studenten, die wir nach fallender Körpergröße anordnen wollen. Jeder Student wird darin wiederum dargestellt durch einen zusammengesetzten Term der Form

    (*<Name> <Sportart> <Studienfach>*).

Eine Aussage wie etwa „Patrick spielt Fußball" lässt sich dann ausdrücken durch das Faktum

    (element (Patrick Fußball _) T),

wobei T eine Unbestimmte ist, die den Lösungsterm (die Tabelle mit den drei Studenten) repräsentiert. In dieser Aussage ist nichts darüber gesagt, welches Fach Patrick studiert, deshalb wird für das Studienfach an Position 3 ein Platzhalter eingesetzt.

Die Angabe „Patrick ist größer als der Anglistikstudent" bedeutet, dass der Term, der den Studenten Patrick repräsentiert, im Lösungstupel T links von dem Term steht, der den Anglistikstudenten darstellt (die Studenten sollen in T der Größe nach angeordnet sein):

    (left (Patrick _ _) (_ _ Anglistik) T).

Mit den beiden Prädikaten element und left lassen sich tatsächlich alle Bedingungen der Aufgabe zum Ausdruck bringen. Bevor wir das tun, definieren wir element und left als Fakten. Wir beginnen mit element:

```
;    (element X T): T ist ein Tripel und X ein Element von T.
(fact (X) (element X (X _ _)))
(fact (X) (element X (_ X _)))
(fact (X) (element X (_ _ X)))
```

Das hat nichts mit der gleichnamigen Funktion element aus t.Scheme zu tun, mit der man abfragen kann, ob ein Element in einer Liste enthalten ist. Es besagt, dass für beliebiges X die Aussage (element X (X _ _)) wahr ist. Für das Vorkommen an zweiter und dritter Stelle gilt Entsprechendes.

Ganz entsprechend definieren wir die Relation (left X Y T) für Tripel T:

```
;    (left X Y T): T ist ein Tripel, X, Y sind Elemente von T
;    und X steht links von Y.
(fact (X Y) (left X Y (X Y _)))
(fact (X Y) (left X Y (X _ Y)))
(fact (X Y) (left X Y (_ X Y)))
```

Jetzt sind wir in der Lage, die Bedingungen des Rätsels in eine Aussage (conditions X Y T) zu packen:

```
;    (conditions X Y T) ist erfüllt, wenn T ein Tripel aus drei Studenten ist, das
;    den Bedingungen des Sportlerrätsels genügt. X ist der Name des Medizinstudenten,
;    Y ist die Sportart von Peter.
(rule (X Y T) (conditions X Y T) :-
    (element (Patrick Fußball _) T)
    (left    (Patrick _ _) (_ _ Anglistik) T)
    (left    (Gerd _ _) (_ Handball _) T)
    (left    (_ Basketball _) (_ Handball _) T)
    (left    (_ Basketball _) (_ Fußball _) T)
    (element (X _ Medizin) T)
    (element (Peter Y _) T)
)
```

Wenn (conditions X Y T) aus unseren Regeln ableitbar ist, hat die Aufgabe eine Lösung. Für eine ordentlich formatierte Ausgabe spendieren wir noch ein zweistelliges print-Prädikat. Es funktioniert genauso wie das einstellige print:

```
;   Ausgabe
(rule (X Y) (print X Y) :- (! (println tab 'X 'Y)))
```

Am besten schreibt man sich alle Fakten und Regeln in eine Datei, nach deren Einlesen man nach der Lösung fragen kann:

```
-> (ask (X Y T) :
      (conditions X Y T)
      (print "\nDer Medizinstudent heißt " X)
      (print "Peter spielt " Y))

      Der Medizinstudent heißt Gerd
      Peter spielt Handball
   true
```

Das ist deklarative Programmierung vom Feinsten: Wir haben nur die Angaben des Rätsels in eine übersichtliche Form gebracht – den Rest hat t.Prolog erledigt. Und das sogar relativ schnell, die Antwort kommt ohne merkliche Verzögerung.

Typisch für Prolog ist es aber auch, dass wir nichts über den internen Ablauf der Suche erfahren haben. Man kann die Frage im Tracing-Modus stellen, dann sieht man mehr – vor allem, dass die Rekursionstiefe einstellig bleibt und nur wenige Ziele mehrfach probiert werden. Die nachfolgende Tracing-Ausgabe ist aus Platzgründen quergestellt und alle Zeilen sind bei Spalte 32 abgeschnitten:

```
(conditions X* Y* T*)
(element (Patrick Fussball #1
(left (Patrick #2_0* #3_0*)
(left (Gerd #6_0* #7_0*)
(left (#10_0* Basketball
(left (#14_0* Baskett
  |
  |
(left (Gerd #6_0* #7_0*)
(left (#10_0* Basketball
(left (#14_0* Baskett
  |
  |
(left (Patrick #2_0* #3_0*)
(left (Gerd #6_0* #7_0*)
(left (Gerd #6_0* #7_0*)
(left (Gerd #6_0* #7_0*)
(left (#10_0* Basketball
(left (#14_0* Baskett
(element (X_0* #18_
(element (Peter Y
```

Man kann sich natürlich auch das Lösungstupel als Ganzes ausgeben lassen. Dabei stößt man auf ein interessantes Detail:

```
-> (ask (X Y T) : (conditions X Y T) (! (println (column 'T))))
      (Gerd Basketball Medizin)
      (Patrick Fußball #17_0*)
      (Peter Handball Anglistik)
   true
```

Das Studienfach von Patrick wird durch eine intern erzeugte Unbestimmte namens #17_0 angegeben (sie steht für eine der Wildcards in den Angaben). Tatsächlich kommt Patricks Fach in dem Rätsel auch gar nicht vor, es spielt für die Herleitung der Lösung keine Rolle.

Das Zebrarätsel

Das Zebrarätsel findet man in den verschiedensten Verpackungen. Es hat sogar einen eigenen Eintrag in der Wikipedia (de.wikipedia.org/wiki/Zebrarätsel). Wir lösen es in der folgenden, wegen der Zigaretten gesundheitspolitisch nicht ganz korrekten Form:

Es gibt fünf Häuser in verschiedenen Farben. In jedem Haus wohnt eine Frau. Jede Bewohnerin hat ein Haustier, eine Vorliebe für eine Zigarettenmarke und ein Lieblingsgetränk.

Brigitte lebt im roten Haus. Sabine hat einen Hund. Annika trinkt Tee. Das grüne Haus steht links vom weißen Haus. Die Frau im grünen Haus trinkt Kaffee. Die Bewohnerin, die Pall Mall raucht, hat einen Vogel. Die Frau im mittleren Haus trinkt Milch. Die Bewohnerin des gelben Hauses raucht Dunhill. Katrin wohnt im ersten Haus und neben dem blauen Haus. Die Marlboro-Raucherin wohnt neben der, die eine Katze hält. Die Frau, die ein Pferd besitzt, wohnt neben der Dunhill-Raucherin. Die Winfield-Raucherin trinkt gern Bier. Nicole raucht Rothmans. Die Marlboro-Raucherin hat eine Nachbarin, die Wasser trinkt. Einer der Frauen gehört ein Zebra. Wie heißt sie?

Das ist ohne Computer nur mit einer gut organisierten Strategie lösbar. Eine t.Prolog-Regelbasis für dieses Rätsel unterscheidet sich dagegen von der für das vorangehende nur unwesentlich; der Aufwand zum Finden der Lösung ist kaum größer, wenn man davon absieht, dass wir es jetzt mit fünf Personen und fünf Attributen zu tun haben.

Wir repräsentieren jede Frau durch ein 5-Tupel:

$$(<Name> \quad <Farbe> \quad <Getränk> \quad <Zigarettenmarke> \quad <Haustier>)$$

Die Lösung ist ein Term T, der fünf solcher Tupel enthält. Die Aussagen über die Lösung formulieren wir wieder mit Prädikaten, die sich auf solche Lösungstupel T beziehen. Zunächst passen wir die Relationen element und left aus dem Sportlerrätsel entsprechend an:

```
;    (element X T): T ist ein 5-Tupel und X ein Element von T.
(fact (X) (element X (X _ _ _ _)))
(fact (X) (element X (_ X _ _ _)))
(fact (X) (element X (_ _ X _ _)))
(fact (X) (element X (_ _ _ X _)))
(fact (X) (element X (_ _ _ _ X)))

;    (left X Y T): T ist ein 5-Tupel, X, Y sind Elemente von T und
;    X ist direkter linker Nachbar von Y.
(fact (X Y) (left X Y (X Y _ _ _)))
(fact (X Y) (left X Y (_ X Y _ _)))
(fact (X Y) (left X Y (_ _ X Y _)))
(fact (X Y) (left X Y (_ _ _ X Y)))
```

Die Relation (left X Y) bedeutet dieses Mal, dass X direkter linker Nachbar von Y ist; eben war das anders. Die Nachbarschaftsbeziehung lässt sich auf left zurückführen:

```
;    (neighbor X Y T): T ist ein 5-Tupel und X, Y sind Nachbarn in T.
(rule (X Y T) (neighbor X Y T) :- (left X Y T))
(rule (X Y T) (neighbor X Y T) :- (left Y X T))
```

Die folgende Relation legt fest, welches Element von T in der Mitte liegt:

```
;    (middle X T): T ist ein 5-Tupel und X ist das mittlere Element.
(fact (X) (middle X (_ _ X _ _)))
```

Schließlich müssen wir uns noch entscheiden, was mit dem „ersten Haus" gemeint ist – das Element am linken oder am rechten Ende von T? Wir wählen das linke:

```
;    (first X T): T ist ein 5-Tupel und X ist das erste Element.
(fact (X) (first X (X _ _ _ _)))
```

Damit können wir die Bedingungen des Zebrarätsels in einer Aussage zusammenfassen:

```
;   Bedingungen des Zebrarätsels

(rule (X T) (conditions X T) :-
     (element (Brigitte rot _ _ _) T)              ; Brigitte lebt im roten Haus.
     (element (Sabine _ _ _ Hund) T)               ; Sabine hat einen Hund.
     (element (Annika _ Tee _ _) T)                ; Annika trinkt Tee.
     (left (_ grün _ _ _) (_ weiss _ _ _) T)       ; Das grüne Haus steht links
                                                   ; vom weißen Haus.

     (element (_ grün Kaffee _ _) T)               ; Im grünen Haus trinkt man Kaffee.
     (element (_ _ _ PallMall Vogel) T)            ; Die Pall-Mall-Raucherin hat
                                                   ; einen Vogel.
     (middle (_ _ Milch _ _) T)                    ; Im mittleren Haus trinkt man Milch.
     (element (_ gelb _ Dunhill _) T)              ; Die Bewohnerin des gelben Hauses
                                                   ; raucht Dunhill.
     (first (Katrin _ _ _ _) T)                    ; Katrin wohnt im ersten Haus.
     (neighbor (Katrin _ _ _ _) (_ blau _ _ _) T)  ; Katrin wohnt neben dem blauen Haus.
     (neighbor (_ _ _ Marlboro _) (_ _ _ _ Katze) T) ; Die Marlboro-Raucherin wohnt neben
                                                   ; der Katzenliebhaberin.

     (neighbor (_ _ _ _ Pferd) (_ _ _ Dunhill _) T) ; Die Frau, die ein Pferd hält, wohnt
                                                   ; neben der Dunhill-Raucherin.
     (element (_ _ Bier Winfield _) T)             ; Die Winfield-Raucherin trinkt Bier.
     (element (Nicole _ _ Rothmans _) T)           ; Nicole raucht Rothmans.
     (neighbor (_ _ _ Marlboro _) (_ _ Wasser _ _) T) ; Die Marlboro-Raucherin hat eine
                                                   ; Nachbarin, die Wasser trinkt.

     (element (X _ _ _ Zebra) T)                   ; Eine der Frauen hat ein Zebra.
)
```

Das Ganze schreibt man natürlich in eine eigene Datei. Nach deren Einlesen können wir unsere Anfrage starten. Für die Ausgabe benutzen wir das zweistellige Prädikat print aus dem vorangehenden Rätsel:

```
-> (ask (X T) : (conditions X T) (print "\tDas Zebra gehört " X)
        Das Zebra gehört Nicole
   true
```

Zur Kontrolle sehen wir uns das Lösungstupel an:

```
-> (ask (X T) : (conditions X T) (! (println (column 'T))))
        (Katrin gelb Wasser Dunhill Katze)
        (Annika blau Tee Marlboro Pferd)
        (Brigitte rot Milch PallMall Vogel)
        (Nicole grün Kaffee Rothmans Zebra)
        (Sabine weiss Bier Winfield Hund)
   true
```

Die 16 Bedingungen des Rätsels sind tatsächlich alle erfüllt. Es ist interessant auszuprobieren, was passiert, wenn wir einige davon etwas abändern. Wenn wir zum Beispiel Brigitte in das gelbe Haus umziehen lassen, dann findet t.Prolog zu der Anfrage (ask (X T) : (conditions X T) (! (println (column 'T))) ..) sieben verschiedene Lösungen. In fünf davon kommen zwei Häuser mit derselben Farbe vor – das ist durch keine unserer Regeln ausgeschlossen, stand aber in der Angabe. In einer der beiden restlichen Lösungen gehört das Zebra wieder Nicole. Die siebte Lösung sieht so aus:

```
        (Katrin #70_0* Wasser PallMall Vogel)
        (Annika blau Tee Marlboro Zebra)
        (Brigitte gelb Milch Dunhill Katze)
        (Nicole grün Kaffee Rothmans Pferd)
        (Sabine weiss Bier Winfield Hund)
```

Die Unbestimmte #70_0* können wir rot sein lassen – diese Farbe kommt jetzt im Rätsel nicht mehr vor. Damit haben wir ein neues Zebrarätsel mit einer eindeutigen Lösung, bei der jedes Haus seine eigene Farbe hat und das Zebra Annika gehört.

Man sieht, dass Prolog-Systeme nicht nur für das Lösen, sondern auch für das Stellen von Rätseln ganz nützliche Werkzeuge sein können.

7.4.5 Datenstrukturen

Die Erzeugung und weitere Manipulation von Datenstrukturen scheint auf den ersten Blick nicht zu den sinnvollen Einsatzgebieten einer logischen Programmiersprache zu gehören. Prolog-Systeme sind dazu da, Aussagen zu beweisen.

Tatsächlich möchte man aber sehr oft Aussagen über Sachverhalte machen, die sich am besten durch Datenstrukturen wie Listen, Bäume oder andere Graphen darstellen lassen. Deshalb bietet jedes Prolog die Möglichkeit zum Umgang mit strukturierten Daten an – allerdings auf eine sehr Prolog-spezifische Art und Weise.

Datenstrukturen werden in t.Prolog nicht, wie wir das von den anderen t.Sprachen gewohnt sind, durch Auswertung von Eingaben konstruiert. In t.Prolog werden, abgesehen vom Escape-Mechanismus, keine Terme ausgewertet. Der richtige Weg zum Umgang mit Datenstrukturen in t.Prolog führt ausschließlich über Unifikation und Resolution.

Im Folgenden untersuchen wir die besondere Art, mit Datenstrukturen „logisch" umzugehen, zunächst an unserem Standardbeispiel, der Liste.

Listen

Wenn in t.Prolog keine Terme ausgewertet werden, wie kann man dann dynamisch Listen konstruieren? Wie kommt man auf rein logische Weise, ohne den Umweg über t.Scheme, von dem Term (cons 1 (cons 2 (cons 3 nil))) zu der Liste (1 2 3)? Klare Antwort: Gar nicht. Auswertung ist in „reinem" t.Prolog schlichtweg nicht vorgesehen. Sie ist auch nicht notwendig.

Die meisten Prolog-Systeme stellen unausgewertete Listen in eckigen Klammern dar, zum Beispiel (cons 1 (cons 2 (cons 3 nil))) als [1, 2, 3]. Das ist aber nur eine besondere Stringdarstellung von Termen mit dem Kopf cons bzw. von nil, keine Auswertung.

Wir verzichten im Folgenden auf die spezielle Darstellung von Listen (die ohne großen Aufwand zu implementieren wäre), damit der charakteristische Unterschied zwischen unausgewerteten Listen in t.Prolog und den durch Auswertung entstandenen Listen der anderen t.Sprachen deutlich wird.

Eine t.Prolog-Liste ist entweder das Symbol nil oder ein Term (cons x L), wobei x beliebig und L ebenfalls eine t.Prolog-Liste ist. Letztlich haben also alle t.Prolog-Listen die Form (cons x_1 (cons x_2 (cons x_3 ... nil))).

Die Symbole nil und cons spielen dabei keine besondere Rolle. Sie müssen nicht an irgendwelche Werte gebunden sein und man könnte sie durch beliebige andere Symbole ersetzen. Zugehörige Selektoren wie car und cdr kommen gar nicht erst vor.

Wie kann man feststellen, ob ein Term eine Liste ist? Das leistet das Prädikat list:

```
;   (list L): L ist eine Liste der Form (cons x1 (cons x2 ... nil)).
(fact (list nil))
(rule (X L) (list (cons X L)) :- (list L))
```

Einen eigenen Typ für Listen gibt es in t.Prolog demnach nicht, die obige Abfrage ist aber ein gewisser Ersatz für den fehlenden Typ.

Mit den beiden folgenden Regeln kann man prüfen, ob eine Liste ein bestimmtes Element enthält:

```
;   (element X L): X ist Element der Liste L.
(fact (X L) (element X (cons X L)))
(rule (X Y L) (element X (cons Y L)) :- (element X L))
```

Die Prädikate list und element haben in t.Scheme die Gegenstücke list? und element?. In t.Prolog werden die Fragezeichen am Ende von Prädikaten weggelassen, weil ja sowieso alle Regeln Prädikate definieren. Weniger natürlich als list und element sind dagegen Prädikate zur Manipulation von Listen. Einige davon betrachten wir im Folgenden.

Umkehren von Listen

In t.Prolog definiert man zur Listenmanipulation Prädikate, in denen das Funktionsresultat durch eine Unbestimmte dargestellt wird. An die Stelle einer Funktion (reverse ls), die deklarativ für ihr Resultat steht, tritt beispielsweise das Prädikat (reverse L R) mit den Unbestimmten L und R, das genau dann wahr ist, wenn R die Umkehrung der Liste L ist:

```
;   (reverse L R): R ist die umgekehrte Liste zur Liste L.
(fact (reverse nil nil))
(rule (X L M N) (reverse (cons X L) M) :- (reverse L N) (extend N X M))
```

Dabei ist (extend L X M) ein weiteres Prädikat, das erfüllt ist, wenn die Erweiterung der Liste L nach rechts um X mit der Liste M übereinstimmt:

```
;   (extend L X M): M ist die Liste L, nach rechts erweitert um X.
(fact (X) (extend nil X (cons X nil)))
(rule (X Y L M) (extend (cons Y L) X (cons Y M)) :- (extend L X M))
```

Die Berechnung der inversen Liste benutzt eine Unbestimmte als zweites Argument:

```
-> (ask (R) : (reverse (cons 1 (cons 2 (cons 3 nil))) R) (print R))
        (cons 3 (cons 2 (cons 1 nil)))
   true
```

Umgekehrt kann man aber auch fragen, zu welcher Liste (cons 3 (cons 2 (cons 1 nil))) invers ist:

```
-> (ask (L) : (reverse L (cons 3 (cons 2 (cons 1 nil)))) (print L))
        (cons 1 (cons 2 (cons 3 nil)))
   true
```

Hier zeigt sich ein wichtiger Unterschied zwischen funktionaler und logischer Programmierung: Eine Funktion f ist in der funktionalen Programmierung letztlich eine Vorschrift dafür, wie man von einem Wert x zu einem anderen Wert $y = f(x)$ gelangt. Aus Sicht der logischen Programmierung ist eine Funktion eine Relation, die für gewisse Paare (x, y) erfüllt ist, für andere nicht. Deshalb kann man auch zu vorgegebenem y nach einem x mit $y = f(x)$ fragen.

Vereinigen von Listen

Eine weitere, häufig vorkommende Listenmanipulation ist die Vereinigung (vgl. S. 58). In t.Prolog stellen wir die Frage: „Ist die Vereinigung der Listen L1 und L2 die Liste L?", und formulieren das wieder durch zwei einfache Regeln:

```
;    (join L1 L2 L): L ist die Vereinigung der Listen L1 und L2.
(fact (L) (join nil L L))
(rule (X L1 L2 L)
      (join (cons X L1) L2 (cons X L)) :- (join L1 L2 L))
```

In Worten lautet die zweite Regel: Wenn L die Vereinigung von L1 und L2 ist, dann ist (cons X L) die Vereinigung von (cons X L1) und L2, und zwar für beliebiges X.

Damit können wir zum Beispiel nach allen Zerlegungen einer Liste suchen:

```
-> (ask (L M) :
      (join L M (cons 1 (cons 2 (cons 3 nil))))
      (! (println "\t\t" 'L "\t\t\t" 'M)) ..)
      nil                  (cons 1 (cons 2 (cons 3 nil)))
      (cons 1 nil)              (cons 2 (cons 3 nil))
      (cons 1 (cons 2 nil))            (cons 3 nil)
      (cons 1 (cons 2 (cons 3 nil)))            nil
false
```

Mit dem Prädikat join kann man eine alternative Definition für die Abfrage (element X L) formulieren:

```
;    (element X L): X ist Element der Liste L.
(rule (X L A)
      (element X L) :- (join (cons X nil) _ A) (join _ A L))
```

Die Aussage (join (cons X nil) _ A) ist offenbar genau dann erfüllt, wenn A eine Liste ist, die mit dem Element X beginnt. Die zweite Aussage (join _ A L) ist gültig, wenn L die Vereinigung einer beliebigen Liste mit der Liste A ist. Beides zusammen gilt also genau dann, wenn L das Element X enthält.

Permutationen

Eine Liste M ist eine *Permutation* einer Liste L, wenn sie dieselben Elemente enthält wie L, aber nicht unbedingt in derselben Anordnung. Wie kann man diese Eigenschaft in t.Prolog beschreiben?

Das zugehörige Prädikat (permutation L M) für Listen beruht auf den folgenden Aussagen:

1. Die leere Liste ist eine Permutation von sich selbst.

2. Die Liste M ist eine Permutation der nichtleeren Liste (cons X L), wenn es eine Zerlegung von M in zwei Listen A und (cons X B) gibt, sodass die Vereinigung von A und B (also die Liste M ohne das Element X) eine Permutation von L ist.

Das lässt sich leicht in t.Prolog-Code umsetzen:

```
;    (permutation L M): M ist eine Permutation der Liste L.
(fact (permutation nil nil))
(rule (X L M A B N) (permutation (cons X L) M) :-
      (join A (cons X B) M) (join A B N) (permutation L N))
```

Damit kann man alle Permutationen einer Liste erzeugen:

```
-> (ask (L M) :
      (permutation L (cons 1 (cons 2 (cons 3 nil)))) (! L M) (print M) ..)
         (1 2 3)
         (1 3 2)
         (2 1 3)
         (2 3 1)
         (3 1 2)
         (3 2 1)
   false
```

Das Ziel (! L M) bewirkt, dass die Liste L in t.Scheme ausgewertet und ihr Wert für M substituiert wird. Es dient in diesem Beispiel nur der besseren Lesbarkeit der Ausgaben.

Sortieren

In ähnlicher Weise, wie hier die Permutationen einer Liste berechnet werden, kann man auch Listen sortieren oder andere Algorithmen für Listen implementieren – und das alles ohne jemals eine Liste auszuwerten!

Ein sehr einfaches Sortierverfahren benutzt das Prädikat sorted, das feststellt, ob eine Liste sortiert ist:

```
;   (sorted L): L ist eine aufsteigend sortierte Liste.
(fact (sorted nil))
(fact (X) (sorted (cons X nil)))
(rule (X Y L)
      (sorted (cons X (cons Y L))) :- (! (<= X Y)) (sorted (cons Y L)))
```

Das Prädikat „M *ist eine Sortierung von* L, *wenn* M *eine Permutation von* L *und sortiert ist"* beschreibt, in t.Prolog-Notation aufgeschrieben, einen Sortieralgorithmus:

```
;   (sort L M): M ist eine aufsteigend sortierte Version von L.
(rule (L M)
      (sort L M) :- (permutation M L) (sorted M))
```

Damit kann man tatsächlich Listen sortieren:

```
-> (ask (M) :
      (sort (cons 3 (cons 2 (cons 1 (cons 4 nil)))) M) (print M))
         (cons 1 (cons 2 (cons 3 (cons 4 nil))))
   true
```

Das ist die Grundidee von Prolog in schönster Form: Man fragt das System nach einer sortierten Umordnung der Eingabe, ohne sich im Geringsten darum zu kümmern, wie es diese findet. Bequemlichkeit kann allerdings leicht zu Dummheit werden. Hier durchsucht t.Prolog einfach alle Permutationen der Eingabe, bis es eine findet, die sortiert ist. Eine Liste der Länge n hat $n!$ Permutationen, im schlechtesten Fall ist erst die letzte unter diesen sortiert. Die Laufzeit von sort ist horrend schlecht.

Natürlich kann man auch in Prolog effizient sortieren. In Abschnitt 3.3.3 hatten wir Quicksort als einen für das imperative Denken typischen Algorithmus besprochen. Man kann ihn aber trotzdem auch im Paradigma der logischen Programmierung formulieren. Der Kernpunkt von Quicksort ist die Zerlegung einer Liste l mittels eines „Pivot-Elements" p in zwei Teillisten: $a = (x \in l : x \le p)$ und $b = (x \in l : x > p)$.

Das kann man durch ein Prädikat ausdrücken: (partition P L A B) ist dann wahr, wenn A
die Liste aller Elemente in L ist, die kleiner oder gleich P sind, und B die Liste aller Elemente
größer als P:

```
;   (partition P L A B): P ist eine Zahl, L eine Liste von Zahlen,
;     A ist die Liste der X aus L mit X <= P.
;     B ist die Liste der X aus L mit X > P.
(fact (P) (partition P nil nil nil))
(rule (P X L A B)
    (partition P (cons X L) (cons X A) B) :- (! (<= X P)) (partition P L A B))
(rule (P X L A B)
    (partition P (cons X L) A (cons X B)) :- (! (<  P X)) (partition P L A B))
```

Es sieht beinahe so aus, als sei (partition P L A B) ein Funktionsaufruf, der zu P und L
zwei Resultatwerte A und B erzeugt. Tatsächlich handelt es sich aber um eine Aussage über
Listen, die auch in umgekehrter Richtung benutzt werden kann, also zum Finden einer Liste
zu einer vorgegebenen Zerlegung:

```
-> (ask (L) : (partition 8 L
        (cons 2 (cons 8 (cons 3 (cons 5 nil)))) (cons 17 (cons 11 (cons 12 nil))))
        (print L))
     (cons 2 (cons 8 (cons 3 (cons 5 (cons 17 (cons 11 (cons 12 nil)))))))
   true
```

Außerdem sollte man sich klarmachen, dass das cons an dieser Stelle absolut nichts mit Listen
im üblichen Sinn zu tun hat. Mit jedem anderen Namen anstelle von cons würde die Abfrage
genauso funktionieren.

Mit dem Prädikat partition lässt sich nun sehr kompakt beschreiben, wann eine Liste M
eine Sortierung einer Liste L ist. Wir unterscheiden die beiden Fälle, dass L leer bzw. nichtleer
ist. Im letzteren Fall wird der Kopf von L als Pivot-Element genommen:

```
;   (qsort L LS): LS ist eine aufsteigend sortierte Permutation von L.
(fact (qsort nil nil))
(rule (X L LS A AS B BS)
    (qsort (cons X L) LS) :-
        (partition X L A B)         ; A, B ist die Zerlegung von L bzgl. X
        (qsort A AS)                ; AS ist eine sortierte Permutation von A
        (qsort B BS)                ; BS ist eine sortierte Permutation von B
        (join AS (cons X BS) LS))   ; LS ist eine sortierte Permutation von L
```

Da es ziemlich mühsam ist, größere t.Prolog-Listen „von Hand", also mit allen cons und den
Klammern einzugeben, schreiben wir uns dafür eine Hilfsfunktion:

```
;   Wandelt eine t.Scheme-Liste in eine t.Prolog-Liste um.
(define (tprolog-list ls)
    (if (nil? ls) 'nil (list 'cons (car ls) (tprolog-list (cdr ls)))))
```

Wir verwenden sie in dem folgenden Test von qsort, bei dem wir auch in der Ausgabe die
sortierte t.Prolog-Liste wieder in die besser lesbare ausgewertete t.Scheme-Form bringen:

```
-> (set ls (map (function (n) (div (random) (power 10 7))) (range 1 15)))
   (425 225 191 267 424 201 270 125 66 20 5 88 409 301 35)
-> (ask (L M N) :
       (! (tprolog-list ls) L) ; substituiert L durch die t.Prolog-Version von ls
       (qsort L M)             ; M ist die sortierte Form von L
       (! M N)                 ; N ist der t.Scheme-Wert von M
       (print N))
        (5 20 35 66 88 125 191 201 225 267 270 301 409 424 425)
   true
```

Das Ganze ist kaum mehr als ein „proof of concept" dafür, dass auch klassische imperative Algorithmen Gegenstücke in t.Prolog haben können. Man sollte sich aber vor Augen halten, dass hier beim Sortieren nicht wirklich der Quicksort-Algorithmus abläuft, sondern weiterhin der Resolutionsalgorithmus von Prolog. Trotzdem ist (qsort L M) um ein Vielfaches effizienter als (sort L M), bei gleicher Bedeutung der beiden Prädikate.

Suchbäume

In ganz ähnlicher Weise, wie man in t.Prolog Listen darstellt, kann man auch andere Datenstrukturen repräsentieren. Die Grundidee ist immer dieselbe: Man definiert Prädikate für den Umgang mit Datenelementen, in denen ihr Zustand vor und nach einer Änderung zueinander in Beziehung gesetzt wird. Damit kann man dann auch algorithmische Abläufe durch Logikprogramme ausdrücken.

Am Beispiel von binären Suchbäumen soll das nochmals ganz kurz gezeigt werden. Ein binärer Suchbaum ist entweder leer oder ein Tripel aus zwei binären Suchbäumen und einem Schlüssel. Den leeren Baum stellen wir durch ein beliebiges Symbol dar, zum Beispiel nil. Für ein Tripel aus linkem Teilbaum L, Schlüssel X und rechtem Teilbaum R schreiben wir (node L X R).

Der binäre Suchbaum

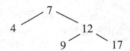

hat dann beispielsweise die t.Prolog-Darstellung

        (node (node nil 4 nil) 7 (node (node nil 9 nil) 12 (node nil 17 nil))).

Wenn man node als Aufruf eines Konstruktors interpretiert, sieht das so aus, als sei es objektorientierte Programmierung.

Das wichtigste Prädikat ist insert, es setzt die beiden Versionen eines Suchbaums vor und nach dem Einfügen eines Schlüssels in Beziehung zueinander:

```
;    (< X Y): X, Y sind Zahlen mit X < Y.
(rule (X Y) (< X Y) :- (! (< 'X 'Y)))

;    (insert X S T): Einfügen der Zahl X in den Baum S ergibt den Baum T.
(fact (X)        (insert X nil (node nil X nil)))
(rule (X Y L R U)
    (insert X (node L Y R) (node U Y R)) :- (< X Y) (insert X L U))
(fact (X L R)
    (insert X (node L X R) (node L X R)))
(rule (X Y L R V)
    (insert X (node L Y R) (node L Y V)) :- (< Y X) (insert X R V))
```

Darüber hinaus kann man weitere Prädikate definieren, etwa um festzustellen, ob ein Schlüssel in einem Suchbaum vorhanden ist:

```
;    (member X T): X ist im Baum T enthalten.
(rule (X Y L) (member X (node L Y _)) :- (< X Y) (member X L))
(fact (X)      (member X (node _ X _)))
(rule (X Y R) (member X (node _ Y R)) :- (< Y X) (member X R))
```

Das Prädikat (tree T) ist wahr, wenn T ein t.Prolog-Suchbaum ist, es entspricht dem Prädikat list für t.Prolog-Listen:

```
;   (tree T): Wahr, wenn T = nil oder T = (node L X R) mit Suchbäumen L, R ist.
(fact (tree nil))
(rule (L X R) (tree (node L X R)) :- (tree L) (tree R))
```

Den oben abgebildeten binären Suchbaum kann man in der folgenden Weise erzeugen:

```
-> (ask (T0 T1 T2 T3 T4) :
      (insert 7  nil T0)
      (insert 12 T0 T1)
      (insert 4  T1 T2)
      (insert 17 T2 T3)
      (insert 9  T3 T4)
      (print T4))
         (node (node nil 4 nil) 7 (node (node nil 9 nil) 12 (node nil 17 nil)))
   true
```

Zur einfacheren Erzeugung von Binärbäumen kann man sich in Analogie zu der Funktion `tprolog-list` (S. 401) eine Hilfsfunktion `tprolog-tree` schreiben, die aus einer Liste von Schlüsseln einen t.Prolog-Suchbaum erzeugt.

Zusammenfassend lässt sich sagen, dass man im Umfeld der logischen Programmierung ganz vernünftig mit Datenstrukturen umgehen kann.

7.4.6   Das Acht-Damen-Problem

Beim Acht-Damen-Problem geht es darum, auf einem Schachbrett acht Damen so aufzustellen, dass keine von ihnen eine der anderen nach den Regeln von Schach schlagen kann. Die Farbe der Damen spielt dabei keine Rolle, jede kann eine andere schlagen, wenn diese auf derselben Linie, Reihe oder Diagonalen steht. Eine Lösung ist die folgende:

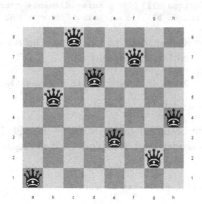

In dieser Stellung bedroht keine der Damen eine andere.

Um solche Stellungen mit t.Prolog zu finden, benötigt man zunächst eine Darstellung als Term. Am einfachsten wäre es vermutlich, ein Tupel $((x_1\ y_1)\ \ldots\ (x_8\ y_8))$ mit den Koordinaten der acht Damen zu wählen. Da wir aber wissen, dass bei einem Lösungstupel die x-Koordinaten paarweise verschieden sind, dürfen wir das Tupel von links her zählend auch in der Form $((1\ y_1)\ \ldots\ (8\ y_8))$ oder auch gleich als $(y_1\ \ldots\ y_8)$ schreiben. Die oben gezeigte Stellung wird in dieser Notation durch (1 5 8 6 3 7 2 4) dargestellt.

Weil auch die y-Koordinaten der Damen paarweise verschieden sein müssen, ist $(y_1 \ldots y_8)$ eine Permutation von $(1 \ldots 8)$. Erlaubt sind genau die Permutationen, bei denen keine zwei Damen auf derselben Diagonale oder Gegendiagonale des Schachbretts stehen.

Wenn für eine Permutation diese Eigenschaft durch ein Prädikat nocheck abfragbar ist, lassen sich die Lösungen in sehr einfacher Weise beschreiben:

```
; (queens L): L ist eine Permutation der Zahlen von 1 bis 8,
; die das Acht-Damen-Problem löst.
(rule (A L) (queens L) :-
    (! (tprolog-list (range 1 8)) A)     ; A := (1 ... 8) als t.Prolog-Liste
    (permutation L A)                    ; L ist eine Permutation von A
    (nocheck L))                         ; L ist eine Lösung des Acht-Damen-Problem
```

Es bleibt das Prädikat (nocheck L) zu definieren. Wie man leicht sieht, stehen zwei Damen mit den Positionen (i y_i) und (j y_j) genau dann auf derselben von links unten nach rechts oben verlaufenden Diagonalen, wenn $i + y_i = j + y_j$ gilt. Aus diesem Grund stehen alle Damen in der durch die Liste $L = (y_1 \ldots y_8)$ dargestellten Lösung auf verschiedenen Diagonalen, wenn $(y_1 + 1 \ldots y_8 + 8)$ kein Element mehrfach enthält. Bezüglich der Gegendiagonalen gilt dasselbe für die Liste $(y_1 + 8 \ldots y_8 + 1)$.

Wir könnten dieses Prädikat in t.Prolog formulieren. Da wir aber für die Additionen sowieso einen Escape machen müssen, berechnen wir gleich das ganze Prädikat nocheck in t.Scheme:

```
; (nocheck? ls): Keine zwei Damen in ls setzen sich gegenseitig in 'Schach'.
(define (nocheck? ls)
    (let n (length ls)
        indices (range 1 n)
        a (bimap + ls indices)
        b (bimap + ls (reverse indices))
        (and
            (= n (length (unique a)))     ; keine Elemente mehrfach in a?
            (= n (length (unique b)))))))  ; keine Elemente mehrfach in b?
```

Der Aufruf in t.Prolog übergibt die Rechenarbeit an t.Scheme. Die Auswertung der t.Prolog-Liste L erfolgt dabei automatisch, weil L nicht quotiert ist:

```
; (nocheck L): Keine zwei Damen in L setzen sich gegenseitig in 'Schach'.
(rule (L)
    (nocheck L) :- (! (nocheck? L)))
```

Jetzt können wir auf die Suche nach Lösungen gehen. Mit dem Ziel (! L N) in der folgenden Anfrage wird L ausgewertet und so werden die Lösungen jeweils in die besser lesbare Standard-Listenform gebracht:

```
-> (ask (L N) : (queens L) (! L N) (print N) ..)
    (1 5 8 6 3 7 2 4)
    (1 6 8 3 7 4 2 5)
    (1 7 4 6 8 2 5 3)
    (1 7 5 8 2 4 6 3)
    (2 4 6 8 3 1 7 5)
    .....
    true
```

Im Ganzen liefert die Anfrage 92 Lösungen, von denen allerdings nur zwölf wesentlich verschieden sind. Die Übrigen erhält man aus ihnen durch Drehungen und Spiegelungen.

Der Charme der t.Prolog-Lösung des Acht-Damen-Problem liegt in der extremen Kompaktheit des Quellcodes. Es waren nur zwei einfache Prädikate, queens und nocheck, zu definieren;

als Folge der Auslagerung von nocheck nach t.Scheme umfasst der eigentliche t.Prolog-Code nur ganz wenige Zeilen.

Trotzdem ist das Programm flexibel. Man kann die 8 im Prädikat queens durch eine andere natürliche Zahl n ersetzen und erhält ohne weitere Änderungen die Lösungen für das entsprechende n-Damen-Problem auf dem $n \times n$-Brett.

Für $n = 6$ gibt es nur vier Lösungen, die unser Programm sofort liefert. Mit wachsendem n steigt die Anzahl der Lösungen sehr schnell an, für $n = 15$ gibt es schon über 2 Millionen, darunter 285053 wesentlich verschiedene. Die genaue Anzahl der Lösungen für größere n ist unbekannt. Im Jahr 2009 hat ein Team der Technischen Universität Dresden in neunmonatiger massiv-paralleler Rechnung ermittelt, dass es 22.317.699.616.364.044 Lösungen für das 26-Damen-Problem gibt.

7.4.7 Arithmetik in t.Prolog

In t.Prolog kann man Zahlen genauso wie andere Daten zur Darstellung von Fakten und Relationen verwenden. Es gibt aber keine vordefinierten Prädikate für Rechenoperationen mit Zahlen. Man muss alle Operationen für Zahlen (Rechenoperationen, Vergleiche, Standardfunktionen etc.) entweder selbst in t.Prolog definieren oder mittels Escape aus t.Scheme beziehen. Beide Methoden haben Vor- und Nachteile. Am Beispiel der Addition und Multiplikation von natürlichen Zahlen kann man das sehen. Sie können dargestellt werden durch Relationen (plus X Y Z) bzw. (mult X Y Z), die für die Beziehungen X + Y = Z bzw. X * Y = Z stehen.

In rein logischem Prolog ohne prozedurale Elemente sollte es damit möglich sein, Anfragen der Form (ask (A X) : (mult X X A) (plus A 16 25)) zu bearbeiten, also die Lösungen der Gleichung $x^2 + 16 = 25$ zu finden. In ähnlicher Weise müsste Prolog in der Lage sein, beliebige Gleichungen $p(x) = 0$ zu lösen, bei denen p ein Polynom mit ganzzahligen Koeffizienten ist.

Man überlegt sich leicht, dass so etwas, zumindest in effizienter Weise, nicht zu erwarten ist. Als Ersatz bietet sich der Escape nach t.Scheme an. Damit kann man das Rechnen in t.Prolog sehr einfach implementieren – aber um einen Preis:

```
;   (+ X Y Z): X + Y = Z
(rule (X Y Z) (+ X Y Z) :- (! (+ X Y) Z))

;   (* X Y Z): X * Y = Z
(rule (X Y Z) (* X Y Z) :- (! (* X Y) Z))
```

Wenn wir mit dieser Definition von Addition und Multiplikation die obige Frage stellen, bekommen wir eine Fehlermeldung:

```
-> (ask (A X) : (* X X A) (+ A 16 25))
Error: op[mult] expects a number argument
```

Das ist der Preis, den wir für den Ausflug aus der Welt der Logik in die des prozeduralen Rechnens bezahlen. In t.Scheme wird der Ausdruck (* X X) ausgewertet, wobei X eine Unbestimmte ist. Das kann nicht funktionieren. Auch die Anfrage (ask (A) : (+ A 16 25)) ist nicht auswertbar: Das Argument A darf keine Unbestimmte sein, wogegen anstelle von 25 eine Unbestimmte stehen *muss*. Beide Anforderungen ergeben sich aus dem prozeduralen Vorgehen, das auf dem Umweg über t.Scheme in t.Prolog einfließt. Es ruiniert die deklarativen Elemente des rein logischen Ansatzes.

Wenn man willens ist, diesen Preis zu bezahlen, kann man in t.Prolog so rechnen wie in anderen Programmiersprachen auch. Betrachten wir als Beispiel wieder einmal die Fibonacci-Zahlen. Man kann sie mit schlechter Laufzeit berechnen:

```
;   (fibonacci N M): M = N-te Fibonacci-Zahl.
(fact (fibonacci 0 0))
(fact (fibonacci 1 1))
(rule (N N1 N2 F1 F2 M)
     (fibonacci N M) :- (- N 1 N1) (- N 2 N2)
       (fibonacci N1 F1) (fibonacci N2 F2) (+ F1 F2 M))
```

Bei dieser Implementierung wird `fibonacci` exponentiell oft rekursiv aufgerufen. Viel besser, nämlich mit einer Laufzeit proportional zur Größe des Arguments N, verhält sich die Variante

```
;   (fibonacci A B N M): M = N-te Fibonacci-Zahl zu den Startwerten A und B.
(fact (A B) (fibonacci A B 0 A))
(fact (A B) (fibonacci A B 1 B))
(rule (A B N M C N1)
     (fibonacci A B N M) :- (+ A B C) (- N 1 N1) (fibonacci B C N1 M))
```

Dann gilt zum Beispiel:

```
-> (ask (M) : (fibonacci 0 1 100 M) (print M)) ; 100. Fibonacci-Zahl
      354224848179261915075
   true
```

Gemeinsamer Nachteil beider Ansätze ist aber das prozedurale Element – eine Anfrage des Typs `(ask (N) : (fibonacci N 24157817))` ist nicht möglich. Am effizientesten ist es deshalb, gleich die ganze Rechnung nach t.Scheme zu verlegen, etwa in der folgenden Form:

```
;   (fibo N M): M = N-te Fibonacci-Zahl.
(rule (N M) (fibo N M) :- (! (fibonacci N) M))
```

Prolog-Systeme, die nicht wie t.Prolog in eine andere Programmiersprache eingebettet sind, stellen dem Benutzer meistens eine große Zahl *außerlogischer Prädikate* zur Verfügung, mit denen man Berechnungen unter Umgehung des rein logischen Ansatzes durchführen kann.

Ein Münzproblem

Nicht immer kann man alle Rechnungen komplett nach t.Scheme auslagern. Die nachfolgende Lösung des *Münzproblems* illustriert das. Bei diesem Problem wird danach gefragt, auf wieviele Arten man einen Euro im Geldbeutel haben kann, wenn man von jeder Cent-Münzsorte über ein bis vier Stück verfügt.

Dazu fragen wir so: Wenn M_i die Anzahl der Münzen im Wert von i Cent bezeichnet, für welche Tupel $(M_{50} \ M_{20} \ M_{10} \ M_5 \ M_2 \ M_1)$ mit $M_i \in \{1, 2, 3, 4\}$ gilt dann

$$50 \cdot M_{50} + 20 \cdot M_{20} + 10 \cdot M_{10} + 5 \cdot M_5 + 2 \cdot M_2 + M_1 = 100?$$

Für diese Frage definieren wir uns eine Hilfsfunktion in t.Scheme:

```
;   Gegeben seien Mi Münzen zu i Cent, i ∈ {50, 20, 10, 5, 2, 1}.
;   Ist der Wert der Münzen genau 1 Euro?
(define (euro? M50 M20 M10 M5 M2 M1)
     (= 100 (+ (* 50 M50) (+ (* 20 M20) (+ (* 10 M10)
       (+ (* 5 M5) (+ (* 2 M2) M1)))))))
```

Damit lässt sich unsere Frage leicht beantworten. Wir definieren ein entsprechendes Prädikat in t.Prolog:

```
;     (change M50 M20 M10 M5 M2 M1): Die Mᵢ liegen in {1, 2, 3, 4} und
;     die Summe der Münzen beträgt 1 Euro.
(rule (M50 M20 M10 M5 M2 M1 L)
    (change M50 M20 M10 M5 M2 M1) :-
        (! (tprolog-list '(1 2 3 4)) L)     ; L = (cons 1 (cons 2 ... nil))
        (element M50 L)                     ; M₅₀ ∈ L?
        (element M20 L)                     ; M₂₀ ∈ L?
        (element M10 L)                     ; M₁₀ ∈ L?
        (element M5  L)                     ; M₅  ∈ L?
        (element M2  L)                     ; M₂  ∈ L?
        (element M1  L)                     ; M₁  ∈ L?
        (! (euro? M50 M20 M10 M5 M2 M1)))   ; Summe genau 1 Euro?
```

Das funktioniert tadellos:

```
-> (ask (M50 M20 M10 M5 M2 M1) :
     (change M50 M20 M10 M5 M2 M1)
     (print (M50 M20 M10 M5 M2 M1)) ..)
         (1 1 1 2 3 4)
         (1 1 1 2 4 2)
         (1 1 1 3 1 3)
         (1 1 1 3 2 1)
         (1 1 2 1 1 3)
         (1 1 2 1 2 1)
   false
```

Beispielsweise entspricht die Ausgabe (1 1 1 2 3 4) einem Geldbeutelinhalt von je einem 50-, 20- und 10-Cent-Stück, zwei Münzen zu 5 Cent, drei zu 2 Cent und vier Münzen zu 1 Cent. Macht genau 1 Euro, wie gewünscht.

Man könnte an dieser Stelle auf die Idee kommen, auch die element-Abfragen aus dem obigen Programm lieber in t.Scheme durchzuführen:

```
-> (define (change? M50 M20 M10 M5 M2 M1)
        (let ls '(1 2 3 4 5)
            (and (element? M50 ls)
            (and (element? M20 ls)
            .....
            (euro? M50 M20 M10 M5 M2 M1)...))))
-> (rule (M50 M20 M10 M5 M2 M1)
        (change? M50 M20 M10 M5 M2 M1) :- (! (change? M50 M20 M10 M5 M2 M1)))
-> (ask (M50 M20 M10 M5 M2 M1) :
        (change? M50 M20 M10 M5 M2 M1))
   false
```

Wie man sieht, findet t.Prolog nun keine einzige Lösung mehr. Das ist auch gar nicht verwunderlich, weil die t.Scheme-Funktion change? mit *nicht instantiierten Unbestimmten* als Argumentwerten aufgerufen wird. Das sind zwar gültige Ausdrücke, deshalb gibt es keine Fehlermeldung, aber die Frage, ob etwa M50_0* Element der Liste (1 2 3 4 5) ist, wird zu Recht mit false beantwortet. Deshalb muss die obige Anfrage scheitern.

In der ersten, funktionierenden Version sorgt die Unifikation im Verlauf der Resolution der Anfragen (element Mᵢ L) dafür, dass die t.Scheme-Funktion euro? immer mit Zahlen als Argumenten aufgerufen wird.

Das Beispiel demonstriert einmal mehr, dass der Escape-Mechanismus zwar einen großen Nutzen hat, aber eben auch ein nicht zu unterschätzendes Potential für Probleme.

7.4.8   Cut und Negation

Der Cut, den wir schon auf S. 377 kennengelernt haben, ist in allen Prolog-Systemen das Element, bei dem die prozedurale und die rein logische Sicht am deutlichsten miteinander in Konflikt geraten.

Man kann in jeder Regel mit (!) einen Cut setzen. Wenn diese Regel bei der Resolution einer Anfrage in einer Rekursionstiefe d aufgerufen und der Cut während dieser Resolution selber zu einem Ziel wird, dann werden von da an in der laufenden Anfrage keine Aufrufe von resolve mit kleinerer Rekursionstiefe mehr ausgeführt – sie werden vom Suchbaum abgeschnitten. Das klingt kompliziert und ist es in gewisser Weise auch, weil man nicht immer sofort überblickt, was das für Folgen hat.

Cuts an der richtigen Stelle setzen

Ein triviales Beispiel zeigt die Möglichkeiten. Wir definieren zwei Fakten und eine Regel:

```
(fact (data 1))
(fact (data 2))


;   (nocut X Y): (data X) und (data Y) sind wahr.
(rule (X Y) (nocut X Y) :- (data X) (data Y))
```

Die folgende Anfrage gibt alle Kombinationen von X und Y aus:

```
-> (ask (X Y) : (nocut X Y) (print (X Y)) ..)
       (1 1)
       (1 2)
       (2 1)
       (2 2)
   false
```

Was passiert, wenn am Ende der Regel nocut ein Cut gesetzt wird? Probieren wir es aus:

```
-> (rule (X Y) (cutend X Y) :- (data X) (data Y) (!))
-> (ask (X Y) : (cutend X Y) (print (X Y)) ..)
       (1 1)
   false
```

Der Tracing-Modus zeigt den Ablauf der Suche. Der Aufruf des Cut erfolgt in der Rekursionstiefe 4, deshalb versucht der Resolutionsalgorithmus nicht mehr, die noch offenen Ziele in den Tiefen 1 bis 3 zu beweisen. Alle Alternativen sind abgeschnitten, nur das nachfolgende Ziel (print 1 1) wird noch resolviert.

```
-> (ask (X Y) : (cutend X Y) (print (X Y)) ..)
   (cutend X* Y*) (print (X* Y*)) ..
   | (data X_0*) (data Y_0*) (!) (print (X_0* Y_0*)) ..
   | | (data Y_0*) (!) (print (1 Y_0*)) ..
   | | | (!) (print (1 1)) ..
   | | | | | (print (1 1)) ..
   | | | | | | (! (println tab '(1 1))) ..
   (1 1)
   | | | | | | | | ..
   | | | | | | | | | - no rule
   | | | | | | | | -
   | | | | | | -
   | | | | | -
   | | -
   | -
   -
   false
```

Wenn der Cut in der Mitte der Regel gesetzt wird, steht die anschließende Aussage (data Y) auf derselben Rekursionstiefe und wird deshalb weiterverfolgt. Das ist der Grund für die zweite Zeile in der Ausgabe:

```
-> (rule (X Y) (cutmiddle X Y) :- (data X) (!) (data Y))
-> (ask (X Y) : (cutmiddle X Y) (print (X Y)) ..)
        (1 1)
        (1 2)
   false
```

Damit ist auch klar, was ein Cut an vorderster Stelle der Regel bewirkt, nämlich nichts. (cutfront X Y) :- (!) (data X) (data Y) führt zur selben Ausgabe wie (nocut X Y):

```
-> (rule (X Y) (cutfront X Y) :- (!) (data X) (data Y))
-> (ask (X Y) : (cutfront X Y) (print (X Y)) ..)
        (1 1)
        (1 2)
        (2 1)
        (2 2)
   false
```

Negation

Es gibt in der Prolog-Programmierung Situationen, in denen man gerne die Negation einer Aussage beweisen möchte. Einen solchen Fall haben wir bei der Definition des Begriffs „Geschwister" auf S. 386 kennengelernt, wo wir zum Ausdruck bringen wollten, dass (sibling X Y) nur wahr ist, wenn X und Y nicht identisch sind.

Manchmal möchte man von zwei Listen wissen, ob sie disjunkt sind. Eine Möglichkeit, das festzustellen, ist die folgende:

```
;   (common X L M): Gibt es ein Element X in den Listen L und M?
(rule (X L M) (common X L M) :- (element X L) (element X M))

;   (disjoint L M): Sind die Listen L und M disjunkt?
(rule (X L M) (disjoint L M) :- (not (common X L M)))
```

Dafür benötigt man ein Prädikat (not X), das den Wahrheitswert von X umkehrt.

In reinem Prolog kann man ein solches Prädikat nicht definieren. Mit einem Cut kann man sich einen brauchbaren Ersatz dafür verschaffen – allerdings, wie immer, wenn man den Pfad der reinen Logik verlässt, zu einem Preis.

Der Trick bei der Definition von not ist eine „Cut-Fail-Kombination", die nicht zufällig Ähnlichkeit mit dem Prädikat cutmiddle aus dem vorangehenden Abschnitt hat. Der Fachterminus für diese Definition von not ist *Negation als Scheitern* (negation as failure):

```
;   (not X) ist wahr, wenn X falsch ist, und umgekehrt.
(rule (X) (not X) :- X (!) ..)
(fact (X) (not X))
```

Wenn bei einer Resolution (not X) vorkommt und X wahr ist, dann erreicht die Regel (not X) :- X (!) .. den Cut. Sie führt ihn aus und blockiert damit die Benutzung der zweiten Regel für not. Weil das Fortsetzungssymbol „.." immer false ergibt, ist das Ergebnis der Resolution false.

Ist dagegen X falsch, dann scheitert das Ziel X (!) .., bevor der Cut ausgeführt wird, und die zweite Regel für not kommt zum Zuge. Sie besagt, dass (not X) für alle X wahr ist, also auch für das soeben bearbeitete X. Das Resultat der Resolution ist deshalb true.

Die Reihenfolge der beiden Regeln ist für diesen Ablauf offensichtlich von zentraler Bedeutung. Würde man sie vertauschen, so könnte man die Regel (not X) :- X (!) .. ebenso gut ganz weglassen, (not X) würde immer true ergeben.

Wir testen not an Listen. Dazu benutzen wir wieder das Prädikat element (vgl. S. 398):

```
-> (fact (X) (element X (cons X _)))
-> (rule (X L) (element X (cons _ L)) :- (element X L))
-> (ask (disjoint (cons 1 (cons 2 (cons 3 nil))) (cons 5 (cons 6 nil))))
   true
-> (ask (disjoint (cons 1 (cons 3 (cons 5 nil))) (cons 4 (cons 5 nil))))
   false
```

Es ist bemerkenswert, dass die gesamte Kenntnis, die t.Prolog von Listen haben muss, um diese Anfragen richtig zu beantworten, in den beiden Regeln des Prädikats element steckt.

Welchen Preis muss man für dieses nützliche Prädikat not zahlen? Leider ist er exorbitant hoch: Die Resultate sind manchmal falsch.

Das Problem tritt auf, wenn Anfragen mit Unbestimmten gestellt werden. Betrachten wir die folgende einfache Situation:

```
;   Es gibt zwei Hunde.
(fact (dog Waldi))
(fact (dog Bully))

;   Bully ist leider bissig.
(fact (snappy Bully))

;   Ein Hund, der nicht bissig ist, ist freundlich.
(rule (X) (friendly_dog X) :- (not (snappy X)) (dog X))
```

Jetzt stellen wir einige Anfragen:

```
-> (ask (friendly_dog Bully))
   false
-> (ask (friendly_dog Waldi))
   true
-> (ask (X) : (friendly_dog X))
   false
```

Obwohl t.Prolog eben ein Exemplar eines freundlichen Hundes genannt hat, behauptet es gleich anschließend, dass es kein X gebe, für welches die Aussage (friendly_dog X) zutrifft!

Diese offensichtlich falsche Antwort beruht nicht auf einem Fehler in der Implementierung von t.Prolog. Andere Prolog-Systeme, in denen es einen Cut gibt, verhalten sich genauso.

Wir erhalten die richtige Antwort, wenn wir in der Regel für friendly_dog die beiden Aussagen auf der rechten Seite miteinander vertauschen. Dazu löschen wir die Regel und ersetzen sie durch diese nur scheinbar gleichwertige Variante:

```
-> (rules Prolog)
        0:      (print X*) :- (! (println tab 'X*))
        1:      (not X*) :- X* (!) ..
        2:      (not X*)
        .....
        9:      (snappy Bully)
        10:     (friendly_dog X*) :- (dog X*) (not (snappy X*))
-> (deleterule 10)
-> (rule (X) (friendly_dog X) :- (dog X) (not (snappy X)))
-> (ask (X) : (friendly_dog X) (print X))
        Waldi
   true
```

Die Umformulierung hat bewirkt, dass t.Prolog Waldi nun doch als freundlichen Hund erkennt.

Mit der ursprünglichen Regel für `friendly_dog` erhalten wir die korrekte Antwort, wenn wir die Regel 9 entfernen. Dann werden bei der Anfrage `(ask (X) : (friendly_dog X) (print X))` beide Hunde ausgegeben.

Das ist ein Hinweis auf die Ursache für den Fehler: Das Ziel `(not (friendly_dog X))` wird zunächst durch `(snappy X) (!)` `..` ersetzt und darin ist die erste Bedingung unifizierbar mit dem Faktum `(snappy Bully)`. Also ist sie wahr und die Resolution führt den Cut aus. Die Bedingung „`..`" schließlich ist `false`. Die zweite Regel für `not` kommt wegen des Cut nicht zum Zug. Damit ist die Anfrage erfolglos und es wird `false` zurückgegeben.

Die obige Implementierung von `not` ist bei genauerem Hinsehen also tatsächlich inhärent fehlerhaft. Sie sollte – wie alles, was mit einem Cut zusammenhängt – nur mit Vorsicht benutzt werden. Wer ganz sichergehen will, benutzt sie nur in Anfragen, die keine Unbestimmten enthalten.

7.5   Die Implementierung von t.Prolog

Die Programmiersprache t.Prolog unterscheidet sich signifikant von den anderen t.Sprachen. Als Einzige beruht sie nicht auf dem Eval/Apply-Prinzip (S. 101), an dessen Stelle tritt der Mechanismus des Unify/Resolve.

Man könnte daraus den Schluss ziehen, dass die Implementierung von t.Prolog stark von derjenigen der anderen Sprachen abweicht und entsprechend viel Aufwand erfordert. Erfreulicherweise ist das nicht der Fall. Im Wesentlichen sind nur zwei nichttriviale Algorithmen zu formulieren, Unifikation und Resolution. Alles andere ergibt sich mehr oder weniger von selbst.

7.5.1   Der Entwurf im Überblick

Die Vorgaben für den Entwurf von t.Prolog sind dieselben wie schon beim Entwurf von t.Java: Die Sprache soll die wichtigsten Eigenschaften des Originals besitzen und zugleich möglichst nahtlos in t.Scheme integriert sein. Das erleichtert nicht nur das Erlernen, weil man von Anfang an den gewohnten „look and feel" vorfindet, sondern es macht durch die Möglichkeit des Escape nach t.Scheme auch die vielen außerlogischen Prädikate anderer Prolog-Systeme überflüssig, was der Kürze und Übersichtlichkeit des Quellcodes zugutekommt.

Unbestimmte und Terme

In jedem Prolog-System werden Terme verarbeitet, die Unbestimmte enthalten können. Daraus könnte man folgern, dass es Klassen `Term` und `Indeterminate` zur Darstellung solcher Objekte geben sollte.

In einem ersten Entwurf gab es diese beiden Klassen. Es zeigte sich aber bald, dass es nicht wirklich notwendig ist, eine eigene Klasse für Terme einzuführen – man kann jeden Ausdruck als Term ansehen. Zusammengesetzte Terme lassen sich als Listen darstellen. Es ist sogar ausgesprochen praktisch, wenn man beliebige Ausdrücke ohne die Notwendigkeit einer Typumwandlung als Terme benutzen kann.

Aus Sicht von Prolog ist die bei Weitem wichtigste Operation auf Termen die Unifikation. Den Unifikationsalgorithmus würde man in einer Klasse `Term` als Methode mit dem Kopf `Substitution unify(Term t)` definieren, so wie man üblicherweise binäre Operationen implementiert, wobei das Resultat s.unify(t) der allgemeinste Unifikator von s und t (siehe S. 364) ist, wenn die beiden Terme unifizierbar sind, und sonst null.

Bei einem Verzicht auf eine eigene Klasse Term wird die Methode unify ein wenig heimatlos. Es bietet sich an, sie als Klassenmethode in der Klasse Indeterminate zu definieren:

```
// Gibt den allgemeinsten Unifikator von s und t zurück,
// falls dieser existiert; andernfalls null.
public static Substitution unify(Expr s, Expr t)
```

Ansonsten hat die Klasse Indeterminate nur wenige Aufgaben. Unbestimmte werden aus Symbolen erzeugt, man braucht also einen entsprechenden Konstruktor, und sie sind Ausdrücke, die Klasse muss daher das Interface Expr implementieren.

Substitutionen

Das Ergebnis einer erfolgreichen Unifikation ist eine Substitution. Es ist eigentlich nicht nötig, Substitutionen für t.Prolog-Benutzer explizit zugänglich zu machen. Da man sie aber für die Implementierung der Sprache sowieso braucht, kann man das fast ohne Zusatzaufwand tun und hat damit die Möglichkeit, den t.Prolog-Operator unify zu definieren, der eine Substitution zurückgibt.

Damit werden Substitutionen zu Ausdrücken, die Klasse Substitution muss die Schnittstelle Expr implementieren. So kommt der t.Prolog-Typ Substitution zustande. Er ist vor allem nützlich, wenn man den Mechanismus der Unifikation unabhängig vom Resolutionsalgorithmus untersuchen und verstehen möchte. Im Normalbetrieb von t.Prolog bekommt man ihn nicht zu Gesicht.

Die Klasse Substitution hat Ähnlichkeit mit der Klasse Frame (S. 246). Ein Bindungs-rahmen, so wie er bei jedem Funktions- oder Makroaufruf erzeugt wird, definiert eine Zu-ordnung von Ausdrücken zu Namen. Entsprechend ist die Klasse Frame als Unterklasse von HashMap<Symbol, Expr> programmiert. Eine Substitution hat fast denselben Zweck, nur werden in diesem Fall die Ausdrücke nicht Symbolen, sondern Unbestimmten zuge-ordnet. Man kann die Klasse Substitution deshalb ganz analog als Unterklasse von HashMap<Indeterminate, Expr> implementieren.

Substitutionen werden auf Terme angewendet, dadurch entstehen neue Terme. Von der t.Prolog-Benutzerseite aus werden Substitutionen mit dem Operator substitute angewendet, der auf S. 368 beschrieben wurde. Er ruft seinerseits die Methode applyTo der Klasse Substitution auf:

```
0    // Wendet diese Substitution auf den Ausdruck e an: Alle in e auftretenden
1    // Unbestimmten, denen in dieser Substitution ein Wert zugeordnet ist, werden
2    // durch diesen Wert ersetzt.
3    public Expr applyTo(Expr e) { ... }
```

Diese Methode hat nichts mit der Methode apply aus der Klasse Procedure zu tun. Sie wird im Resolutionsalgorithmus verwendet, ihre Implementierung ist eine wesentliche Aufgabe der Klasse Substitution.

Regeln

Eine t.Prolog-Regel besteht im Wesentlichen aus linker und rechter Regelseite. Die linke Seite ist ein Term, der die Schlussfolgerung repräsentiert, die man anhand der Regel ziehen kann, die rechte Seite ist eine Liste von Termen, die die Prämissen der Regel darstellen.

Zum Beispiel hat die durch (`rule (X Y) (f X) :- (g X) (h Y)`)) definierte t.Prolog-Regel die linke Seite (`f X*`) und die rechte Seite ((`g X*`) (`h Y*`)). Fakten sind dadurch charakterisiert, dass die rechte Regelseite die leere Liste ist.

Der t.Prolog-Typ `Rule` ist in der Klasse `Rule` definiert. Da Regeln Ausdrücke sind, muss diese Klasse von der Schnittstelle `Expr` abgeleitet werden. Regeln sind in unserer Implementierung sehr passive Objekte, die Klasse `Rule` stellt außer einem Konstruktor und Zugriffsmöglichkeiten auf die beiden Seiten einer Regel keine erwähnenswerten Methoden zur Verfügung.

Regelbasen und Resolutionsalgorithmus

Interessant wird der Umgang mit Regeln erst, wenn diese in einer Regelbasis gespeichert sind. Nicht mit einzelnen Regeln, sondern nur mit der Gesamtheit der Regeln einer Basis können Anfragen beantwortet werden.

Regelbasen haben die Fähigkeit zur Resolution von Anfragen, also zum Beweis einer Liste von Zielen. Das drückt sich darin aus, dass die Klasse `RuleBase` den Resolutionsalgorithmus beherbergt:

```
0   // Versucht, für eine Liste goals von Zielen anhand dieser Regelbasis einen
1   // Beweis zu finden. Gibt bei Erfolg true zurück, sonst false.
2   // env ist der Kontext für den Escape nach t.Scheme.
3   private boolean resolve(List goals, Env env) throws Alarm { ... }
```

So sah der Kopf der Methode `resolve` zumindest im ursprünglichen Entwurf der Klasse `RuleBase` aus. Im weiteren Verlauf sind noch zwei Parameter dazugekommen, die für die Schleifenerkennung und den Tracing-Modus nützlich sind.

Mit dem Parameter `goals` wird eine Liste von Termen an die Resolution übergeben. Normalerweise finden während der Resolution einer solchen Liste keine Auswertungen statt, aber damit der Escape-Mechanismus funktioniert, muss eine Umgebung `env` vorhanden sein, auf die bei Bedarf zugegriffen werden kann.

Die Methode `resolve` wird bei jeder Anfrage mit Hilfe des gleichnamigen Operators aufgerufen. In den meisten Fällen sieht man das als Benutzer nicht, weil man Anfragen mittels `ask` stellt. Wir hatten auf S. 372 gesehen, dass `ask` ein Makro ist, das den Operator `resolve` aufruft.

Die Klasse `RuleBase` muss neben der Methode `resolve` noch ein paar weitere Kleinigkeiten exportieren. Für den Operator `content`, mit dem man die Liste der in der Basis gespeicherten Regeln erhält, ist eine entsprechende Methode nötig:

```
0   // Gibt eine Liste aller Regeln in dieser Regelbasis zurück.
1   public List content() { ... }
```

Außerdem sind, der allgemeinen Philosophie der t.Sprachen entsprechend, Regelbasen selbst Ausdrücke, deshalb müssen die Methoden `eval` und `type` der Schnittstelle `Expr` implementiert werden.

Der wesentliche Kern der Klasse `RuleBase` ist aber der Resolutionsalgorithmus. Alles andere ist nur Zubehör.

Zusammenfassung

Die Implementierung von t.Prolog ist eine sehr kompakte Erweiterung von t.Scheme, die sich auf die vier eben besprochenen Klassen `Indeterminate`, `Substitution`, `Rule` und

RuleBase verteilt. Dazu kommen noch etwa ein halbes Dutzend Operatoren, die aber wie alle Operatoren in den t.Sprachen kaum mehr als Einzeiler sind.

Der eigentliche Mechanismus der logischen Programmierung, der Code für die beiden Algorithmen zur Unifikation und zur Resolution, ist in den Klassen Indeterminate und RuleBase enthalten. Es ist erstaunlich, wie diese wenigen Dutzend Zeilen Java-Quellcode die Sicht auf das, was Programmierung sein kann, verändern können.

Im Folgenden betrachten wir die wichtigsten Details der Implementierung.

7.5.2 Unifikation und die Klasse Indeterminate

Die Klasse Indeterminate hat Ähnlichkeit mit der Klasse Symbol. Wie dort gibt es eine klassenweite Hashtabelle, die hier den Typ Hashtable<Symbol, Indeterminate> hat. Sie soll sicherstellen, dass Unbestimmte eines Namens nur einmal existieren. Auch wenn in einem t.Prolog-Programm eine Unbestimmte X* hundertmal vorkommt, existiert im Interpreter trotzdem nur ein Objekt des Typs Indeterminate mit diesem Namen – die in der Hashtabelle zum Symbol X gespeicherte Unbestimmte.

Die Einmaligkeit wird dadurch erreicht, dass der Konstruktor für Unbestimmte als private gekennzeichnet ist. Man kann von anderen Klassen aus eine Unbestimmte nur in der Form Indeterminate.forSymbol(sym) ansprechen. Wenn zum Symbol X schon eine Unbestimmte in der Hashtabelle vorhanden ist, wird diese zurückgegeben, andernfalls wird sie erst einmal neu erzeugt und in die Tabelle eingetragen.

Da Unbestimmte Ausdrücke sind, muss die Schnittstelle Expr implementiert werden. Das ist trivial: Der Typ einer Unbestimmten ist der Name der Klasse, ihr Wert ist sie selbst, die Stringdarstellung entsteht durch Anhängen eines Sterns an den Namen.

In der Klasse gibt es eine statische Methode term mit der folgenden Signatur:

```
0   // Erzeugt eine Kopie des Ausdrucks e, in der alle Symbole, die in der Liste symlist
1   // stehen, durch die gleichnamige Unbestimmte ersetzt sind. Ausnahme: Jedes Vorkommen
2   // des Symbols _ wird durch eine neue Unbestimmte #i* (i = 1, 2, ...) ersetzt.
3   private static Expr term(List symlist, Expr e) { ... }
```

Mit dieser Methode werden Unbestimmte in Regeln und Anfragen eingeschleust. Die Implementierung ist einfach, die entscheidende Zeile darin lautet:

```
0   if ((e instanceof Symbol) && symbols.contains(e))  {
1       return Indeterminate.forSymbol((Symbol) e);
2   }
```

Zu der Methode term gibt es einen gleichnamigen Operator, mit dem man die Wirkung ausprobieren kann (S. 366):

```
    -> (term (a b) '(a b c d _ _))
    (a* b* c d #1* #2*)
```

Die im ersten Argument von term aufgeführten Symbole a und b werden im zweiten Argument (a b c d _ _) durch Unbestimmte ersetzt, nicht aber die Symbole c und d. Das Symbol _ (der Platzhalter, siehe S. 378) wird automatisch durch eine Unbestimmte ersetzt, und zwar jedes seiner Vorkommen durch eine neue. Das ergibt hier die Unbestimmten #1* und #2*.

Der Zähler für die von term erzeugten nummerierten Unbestimmten wird bei jedem Aufruf des Operators zurückgesetzt. Bei einem geschachtelten Aufruf von term können deshalb zwei verschiedene Platzhalter doch durch dieselbe Unbestimmte ersetzt werden (was man in der Praxis vermutlich selten ausnutzen wird):

```
        -> (term () (list '_ (term () (list '_ '_)) '_ '_))
        (#1* (#1* #2*) #2* #3*)
```

Wie schon weiter oben bemerkt, ist der wesentliche Beitrag der Klasse Indeterminate zur Implementierung von t.Prolog die statische Methode unify. Den Algorithmus, der dieser Methode zugrunde liegt, haben wir in Abschnitt 7.2.4 schon besprochen. Die Implementierung folgt fast wörtlich der dort besprochenen Vorgehensweise.

7.5.3   Die Klasse Substitution

Aus den Vorüberlegungen (S. 412) ergibt sich bereits ein ziemlich detaillierter Rahmen für diese Klasse. Vor allem wissen wir schon, dass wir sie von HashMap<Indeterminate, Expr> ableiten können:

```
0   import java.util.HashMap;
1
2   public class Substitution extends HashMap<Indeterminate, Expr>
3                                               implements Expr {
4       // Konstruktor für die leere Substitution
5       public Substitution() { ... }
6
7       // Produkt dieser Substitution mit der Substitution s
8       public Substitution product(Substitution s) { ... }
9
10      // Wendet diese Substitution auf den Ausdruck e an.
11      public Expr applyTo(Expr e) { ... }
12
13      // Laufzeittyp
14      public Expr type() { ... }
15
16      // Auswertung
17      public Expr eval(Env env, boolean... tailPosition) { ... }
18  }
```

Eine Substitution wird immer leer erzeugt, mittels der von HashMap geerbten Methode put kann man sie mit Paaren aus Unbestimmten und Ausdrücken füllen.

Das Produkt von zwei Substitutionen

$$\mathcal{S} = \{X_1 \to s_1, \dots, X_m \to s_m\} \text{ und } \mathcal{T} = \{Y_1 \to t_1, \dots, Y_n \to t_n\}$$

wurde auf S. 365 definiert, es ist die Menge

$$\{X_i \to s_i | \mathcal{T} : X_i \neq s_i | \mathcal{T}, 1 \leq i \leq m\} \cup \{Y_j \to t_j : Y_j \notin \{X_1, \dots, X_n\}, 1 \leq j \leq n\}.$$

Die Implementierung der Methode product ergibt sich aus dieser Definition:

```
0   // Produkt dieser Substitution mit der Substitution T
1   public Substitution product(Substitution T) {
2
3       Substitution sub = new Substitution();      // Resultat, zu Beginn leer
4       for (Indeterminate x : this.keySet()) {     // X_i, i = 1, ..., m
5           Expr e = T.applyTo(this.get(x));        // e = s_i|T
6           if (!x.equals(e)) {                     // X_i != s_i|T
7               sub.put(x, e);
8           }
9       }
10      for (Indeterminate y : T.keySet()) {        // Y_j, j = 1, ..., n
11          if (!sub.containsKey(y)) {              // Y_j not in {X_1, ..., X_n}
12              sub.put(y, T.get(y));
13          }
14      }
```

```
15        return sub;
16    }
```

Das Anwenden einer Substitution auf einen Ausdruck verteilen wir auf drei Methoden, alle mit dem Namen applyTo:

```
0    // Gibt den Ausdruck zurück, der durch Anwenden dieser Substitution auf e entsteht.
1    public Expr applyTo(Expr e) {
2        Expr res = null;
3        if (e instanceof Indeterminate) {      // e ist Unbestimmte:
4            res = this.get((Indeterminate) e);  // Ersetzung e -> t,
5            if (res == null) res = e;            // falls e vorkommt.
6        } else if (e instanceof List) {
7            res = this.applyTo((List) e);
8        } else if (e instanceof Substitution) {
9            res = this.applyTo((Substitution) e);
10       } else {
11           res = e;
12       }
13       return res;
14   }
```

Die beiden anderen applyTo-Methoden erledigen die Fälle, in denen eine Substitution auf einen zusammengesetzten Term beziehungsweise eine andere Substitution angewandt wird. Die Anwendung einer Substitution auf eine Liste wird im Resolutionsalgorithmus in der Klasse RuleBase verwendet, deshalb ist diese Methode auch public:

```
0    // Anwenden dieser Substitution auf eine Liste
1    public List applyTo(List ls) { ... }
2
3    // Anwenden dieser Substitution auf die rechten Seiten einer Substitution s.
4    // Das Resultat ist eine neue Substitution, s wird nicht verändert.
5    private Substitution applyTo(Substitution s) { ... }
```

Die Implementierung beider Methoden ist sehr einfach und wird hier nicht wiedergegeben.

Die Klassen Indeterminate und Substitution sind voneinander abhängig. Sie sind aber unabhängig von der Idee der Resolution; man kann sie entwickeln und testen, bevor die erste Zeile der Klassen Rule oder RuleBase geschrieben ist.

7.5.4   Resolution und die Klasse RuleBase

Nach Fertigstellung der Klassen Indeterminate und Substitution kann man sich an die Realisierung des eigentlichen Kerns von t.Prolog machen.

Die Klasse Rule

Im Überblick zu diesem Abschnitt wurde schon gesagt, dass Regeln sehr einfache Gebilde sind (S. 412). Sie haben eine linke und rechte Seite und einen internen Namen. Die Klasse Rule hat dementsprechend drei private Attribute:

```
0    public class Rule implements Expr {
1
2        private Expr   lhs;          // Linke Regelseite
3        private List   rhs;          // Rechte Regelseite
4        private Symbol name;         // Interner Name
5        .....
```

```
6   }
```

Man kann diese Attribute mit public-Funktionen gleichen Namens lesen, die hier nicht aufgeführt sind.

Weil wir Regeln zu Ausdrücken gemacht haben, müssen wir die Methoden type und eval implementieren, ebenso toString und equals. Dazu ist zu bemerken, dass Regeln als gleich angesehen werden, wenn ihre linken und rechten Seiten gleich sind (S. 371).

Die Klasse Rule stellt noch zwei weitere public-Methoden zur Verfügung, die in RuleBase zum Einsatz kommen:

```
0   // Rule.nameFor(e) gibt den internen Namen der Regeln zurück,
1   // die zum Beweis des Ziels e infrage kommen.
2   public static Symbol nameFor(Expr e) { ... }
3
4   // Gibt eine Kopie dieser Regel zurück, bei der alle Namen
5   // von Unbestimmten um '_n' erweitert sind.
6   public Rule copy(int n) { ... }
```

Die Implementierung dieser Methoden ist sehr einfach, ihre Verwendung wird im folgenden Abschnitt erläutert.

Die Klasse RuleBase

Diese Klasse ist der umfangreichste und wichtigste Teil der Implementierung von t.Prolog. Der Grobentwurf ergibt sich aus unseren einleitenden Überlegungen (S. 413). Danach benötigen wir mindestens die folgenden Methoden:

```
0   public class RuleBase implements Expr, Traceable {
1
2       // Erzeugt eine leere Regelbasis mit dem Namen name.
3       public RuleBase(Symbol name) { ... }
4
5       // Fügt dieser Regelbasis die Regel rule hinzu.
6       public void addRule(Rule rule) throws Alarm { ... }
7
8       // Sind die Ziele in goals aus dieser Regelbasis ableitbar?
9       public boolean resolve(List goals, Env env) throws Alarm { ... }
10
11      // Implementierung der Schnittstellen Expr und Traceable
12      .....
13      }
14  }
```

Das ist der einfache Bauplan für die Klasse RuleBase.

Interner Regelname und die Speicherung von Regeln

Das wichtigste Attribut der Klasse ist die Datenbank, in der die Regeln gespeichert und bei der Resolution von Anfragen gesucht werden. Wir hatten an vielen Beispielen gesehen, dass die Reihenfolge, in der die Regeln bei der Resolution durchsucht werden, eine wichtige Rolle spielt.

Regeln werden in t.Prolog-Regelbasen anhand eines *internen Namens* gespeichert. Er hat nach außen hin keine Bedeutung, aber intern werden Regeln mit demselben Namen an derselben Stelle abgelegt und nur dort (also mittels ihres internen Namens) werden sie später auch gesucht. Der Name einer Regel hängt von ihrer linken Seite ab. Es gibt drei Varianten:

1. Die Mehrzahl aller Regeln hat als linke Seite eine nichtleere Liste, so wie in `(mortal X*) :- (human X*)`. Wenn der Kopf dieser Liste ein Symbol `f` ist, dann ist der interne Name der Liste f/n, wobei n die Länge der restlichen Liste ist. Die Regel `(mortal X*) :- (human X*)` hat zum Beispiel den Namen `mortal/1`. Das Faktum `(mortal Polykrates)` hat denselben Namen.

2. Regeln, deren linke Seite eine Liste ist, die nicht mit einem Symbol beginnt, haben den internen Namen $list/n$, wobei n die Länge der Liste ist.

3. Regeln, deren linke Seite kein zusammengesetzter Term ist, haben den Namen `atom`.

Den Namen einer Regel kann man in t.Prolog abfragen. Wir testen das an ein paar Beispielen, wobei wir den Operator `torule` zur Erzeugung von Regeln benutzen (vgl. S. 370):

```
-> (torule (term (X Y Z) '((f X) (g Y) (h Z))))
(f X*) :- (g Y*) (h Z*)
-> (name %)
f/1
-> (torule '((list) a b))
(list) :- a b
-> (name %)
list/0
-> (torule (list (range 1 10) 'foo))
(1 2 3 4 5 6 7 8 9 10) :- foo
-> (name %)
list/10
-> (torule '(a b))
a :- b
-> (name %)
atom
```

Der interne Regelname wird bei der Resolution zum schnelleren Auffinden der zu einer Anfrage möglicherweise passenden Regeln benutzt. Wenn etwa die Anfrage `(human Sokrates)` lautet, dann ist es nur nötig, Regeln mit dem internen Namen `human/1` daraufhin zu prüfen, ob ihre linke Seite mit `(human Sokrates)` unifizierbar ist.

Die Regeln zu einem bestimmten Regelnamen sollen bei einer Anfrage in genau der Reihenfolge durchsucht werden, in der sie in der Regelbasis stehen. Aus diesem Grund werden alle Regeln mit demselben Namen in einem `ArrayList`-Objekt gespeichert. `ArrayList` ist eine der Collection-Klassen im Paket `java.util`, sie wird im Java-API als „Array-basierte Implementierung des Interface `List`" charakterisiert, wobei man beachten muss, dass die Java-Schnittstelle `List` wenig mit Listen im üblichen Sinn, also mit Paaren aus Kopf und Rumpf zu tun hat, sondern einfach eine geordnete Ansammlung von Objekten beschreibt.

Aus diesen Überlegungen folgt, dass als Datenstruktur zum Abspeichern der Regeln einer Regelbasis eine Hashtabelle von `ArrayList`-Objekten geeignet ist. Das entsprechende Attribut der Klasse `RuleBase` heißt `store` und hat die folgende Deklaration:

```
0    private LinkedHashMap<Symbol, ArrayList<Rule>> store;
```

Die Benutzung der Klasse `LinkedHashMap` anstelle einer einfachen `HashMap` – beide sind Teil des Pakets `java.util` – hat kosmetische Gründe: Durch die Elemente in einer `LinkedHashMap` kann man in der Reihenfolge iterieren, in der sie eingefügt wurden. Für die Resolution ist das unwichtig, da zählt nur, dass zu einem Regelnamen schnell die entsprechende `ArrayList` mit den Regeln dieses Namens gefunden wird. Aus Sicht des Benutzers ist es aber praktisch, wenn beispielsweise die bei der Initialisierung definierte Regel `print` bei der Ausgabe mit (rules Prolog) immer an erster Stelle bleibt. Würde man für store eine ungeordnete HashMap verwenden, könnte sich die Reihenfolge der Regelnamen in store bei jedem Hinzufügen einer Regel mit einem neuen Namen ändern.

Kopflose Regeln

Die eben geschilderte Speicherung von Regeln anhand ihres internen Namens wirkt sich an einer Stelle doch auf die Arbeitsweise von t.Prolog aus. Man könnte auf die Idee kommen, die zur Kennzeichnung von Regeln verwendeten Symbole – zum Beispiel den Kopf mortal der Regel (mortal X*) :- (human X*) – nicht vorne, sondern an einer anderen Position zu schreiben. Probieren wir es aus:

```
-> (rule (X) (X ist_sterblich) :- (X ist_ein_Mensch))
-> (fact (Sokrates ist_ein_Mensch))
-> (rules Prolog)
       0:      (print X*) :- (! (println tab 'X*))
       1:      (X* ist_sterblich) :- (X* ist_ein_Mensch)
       2:      (Sokrates ist_ein_Mensch)
-> (ask (Sokrates ist_sterblich))
    false
```

Warum wird die Frage (scheinbar) falsch beantwortet? Der Grund ist der eben geschilderte Suchprozess. Zum Beweis der Anfrage (Sokrates ist_sterblich) werden nur Regeln mit dem Regelnamen Sokrates/1 in Betracht gezogen. Es gibt eine solche Regel (mit der Nummer 2), aber diese verhilft trotzdem nicht zum Beweis der gestellten Anfrage. Die zusätzlich erforderliche Regel 1 hat nämlich den Namen list/2 und wird deshalb bei der Resolution wegen ihres nicht aussagekräftigen Namens gar nicht erst in Betracht gezogen.

Resolution

Das Vorgehen bei der Implementierung der Resolution lässt sich am einfachsten erläutern, wenn man alle Extras wie den Escape nach t.Scheme, Tracing, Schleifenerkennung oder den Abbruch bei zu großer Rekursionstiefe zunächst einmal außer Acht lässt. So geht man zweckmäßigerweise auch bei der Entwicklung des Codes vor. Man benötigt dann für die Methode resolve nur die Liste goals mit den zu beweisenden Zielen als Parameter. Die Ziele dürfen beliebige Ausdrücke sein.

Die Resolution sieht dann so aus:

```
 0  // Gibt true zurück, wenn alle Ziele in goals mit dieser Regelbasis beweisbar sind.
 1  private boolean resolve(List goals) throws Alarm {
 2      if (goals.isEmpty()) {
 3          return true;                                // Erfolg
 4      }
 5      Expr goal = goals.car();
 6      ArrayList<Rule> rules = rulesFor(goal);
 7      if (rules == null) {
 8          return false;                              // Scheitern
 9      }
10      for (Rule rule : rules) {
11          Expr head = rule.lhs();
12          Substitution sub = Indeterminate.unify(goal, head);
13          if (sub != null) {
14              List newgoals = join(rule.rhs(), goals.cdr());
15              newgoals = sub.applyTo(newgoals);
```

```
16              if (resolve(newgoals)) {
17                  return true;                        // Erfolg
18              }
19          }
20      }
21      return false;                                   // Scheitern
22  }
```

Wenn goals leer ist, ist nichts zu beweisen und die Resolution wird erfolgreich beendet (Zeile 4). Andernfalls wird das erste Ziel gewählt und die dafür infrage kommenden Regeln werden aus dem Regelspeicher geholt. Wenn es keine solchen Regeln gibt, ist die Anfrage gescheitert (Zeile 9). Sonst werden in einer Schleife die Regeln in der Reihenfolge durchprobiert, in der sie eingegeben wurden. Führt keine zum Erfolg, ist die Anfrage ebenfalls gescheitert (Zeile 22).

In der For-Schleife der Zeilen 11 bis 21 wird wird das aktuelle Ziel goal mit dem Kopf der jeweiligen Regel unifiziert. Den Erfolg erkennt man daran, dass die resultierende Substitution nicht null ist. Das genügt aber noch nicht: Die Terme auf der rechten Seite der aktuellen Regel werden zu den verbleibenden Zielen hinzugefügt und die unifizierende Substitution wird auf die so erweiterte Liste von Zielen angewendet. Das Resultat ist eine neue Liste von Zielen, die in Zeile 17 an resolve übergeben wird. Gelingt es, diese Ziele zu beweisen, so war die Anfrage erfolgreich (Zeile 18). Andernfalls probiert der Algorithmus in einem neuen Schleifendurchlauf die nächste Regel für goal aus.

Im Quellcode von t.Prolog hat resolve noch zwei weitere Parameter. Sie sind nicht zum Funktionieren des Resolutionsmechanismus notwendig, sondern für den Escape nach t.Scheme und die Schleifenerkennung.

Kopien von Regeln

Wenn man den Resolutionsalgorithmus so implementiert, wie er im vorigen Abschnitt dargestellt wurde, erhält man nicht immer korrekte Antworten. Betrachten wir die nachstehende Situation:

```
-> (rule (X Y Z) (grandparent X Z) :- (parent X Y) (parent Y Z))
-> (fact (parent Peter Johanna))
-> (fact (parent Johanna Lisa))
-> (ask (X) : (grandparent Peter X) (print X))
        Lisa
   true
```

Offensichtlich ist das die richtige Antwort. Wäre aber die Resolution tatsächlich genauso wie oben beschrieben implementiert, so würden wir die Antwort false bekommen:

Zuerst wird (grandparent Peter X) mit (grandparent X Z) unifiziert. Das liefert die Substitution {Z*=Peter, X*=Peter}. Zu beweisen ist jetzt die Liste der Ziele ((parent Peter Y) (parent Y Peter)) und man sieht, dass es keine Belegung der Unbestimmten Y gibt, die diese Aussage erfüllt.

Hätten wir (ask (A) : (grandparent Peter A)) gefragt, so wäre alles gutgegangen. Die Unifikation von (grandparent Peter A) und (grandparent X Z) hätte die Substitution {A*=Z*, X*=Peter} ergeben und die neue Liste der Ziele hätte ((parent Peter Y) (parent Y Z)) gelautet. Das ist erfüllbar.

Offensichtlich liegt bei der Anfrage mit der Unbestimmten X eine Namenskollision vor. Die Unbestimmte X kommt in dem angefragten Term (grandparent Peter X) und rein zufällig auch in der Regel (grandparent X Z) :- (parent X Y) (parent Y Z) vor. Diese beiden gleichnamigen Unbestimmten haben aber in Wahrheit nichts miteinander zu tun.

Solche Namenskollisionen lassen sich dadurch vermeiden, dass man die Namen der Unbestimmten in einer Regel bei jeder Anwendung der Regel eindeutig macht. Die Regel wird zu diesem Zweck durch eine Kopie ersetzt, in der die Namen aller Unbestimmten durch eine angehängte Nummer von den bisherigen Namen unterschieden werden.

In der Methode resolve auf S. 419 wird dazu nach Zeile 11 eine kurze Anweisung eingefügt:

```
0   rule = rule.copy(depth);
```

Dabei ist depth die Rekursionstiefe des Aufrufs von resolve. Ein Zähler, der bei jeder Benutzung inkrementiert und niemals zurückgesetzt wird, würde es auch tun, aber die Rekursionstiefe genügt, um Eindeutigkeit der Namen zu erreichen, und ihr Wert wächst langsamer als der einer solchen Zählvariablen.

Die Klasse Rule erhält zum Zweck des Kopierens eine Methode mit dem folgenden Kopf:

```
0   // Gibt eine Kopie dieser Regel zurück, in der jede
1   // Unbestimmte A durch A_n ersetzt ist.
2   public Rule copy(int n) { ... }
```

Deren Implementierung ist trivial. Mit dieser Korrektur funktioniert die Resolution korrekt.

Escape und Cut

Bevor in der Methode resolve die Regeln zur Liste goals herausgesucht werden (Zeile 7 im Listing auf S. 419) können, muss in der vollständigen Implementierung geprüft werden, ob das erste Ziel mit dem Fluchtzeichen „!" beginnt. Wenn das der Fall ist, macht die Resolution einen Sprung zu der privaten Methode resolveEscape. Diese hat neben der Liste goals der zu beweisenden Terme drei zusätzliche Parameter:

```
0   // Versucht eine Liste goals zu beweisen, deren erstes Element '(! ...)' ist.
1   private boolean resolveEscape(List goals, int depth, Env env, List open)
2                                                 throws Alarm { ... }
```

Tatsächlich hat, wie eben schon gesagt, die Methode resolve selbst auch diese zusätzlichen Parameter – aber nur, um sie an resolveEscape weitergeben zu können. Sie sind für den Escape nach t.Scheme und die Schleifenerkennung nötig, nicht für die eigentliche Resolution. Der Kopf von resolve sieht genauso aus wie der von resolveEscape:

```
0   // Versucht eine Liste goals zu beweisen.
1   public boolean resolve(List goals, int depth, Env env, List open)
2                                                 throws Alarm { ... }
```

Die Parameter haben die folgende Bedeutung:

goals	:	Liste der zu beweisenden Ziele
depth	:	Rekursionstiefe des Aufrufs
env	:	Kontext für den Escape nach t.Scheme
open	:	Liste der Terme mit angefangenem, noch nicht beendetem Beweis

Sie werden in der Methode resolve initialisiert, die jedes Mal aufgerufen wird, wenn mit dem Operator resolve eine Anfrage an t.Prolog gestellt wird.

Mit dem Parameter env wird der Kontext weitergereicht, in dem der Aufruf des Operators resolve erfolgt. Im Rumpf von resolveEscape kommt dieser Kontext dann folgendermaßen zur Verwendung:

```
0  List esc = (List) goals.first();      // Das 'Escape goal' der Form (! ...)
1  int n = esc.length();                 // Legal sind die Werte n = 0, 1 und 2
2  if (n > 1) {                          // n = 1 bedeutet esc = (!), d. h. Cut
3      Expr e = esc.second().eval(env);  // Auswertung bzgl. der Umgebung env
4      .....
5  }
```

Das Escape-Ziel esc ist immer eine Liste mit dem Symbol „!" am Kopf, sonst würde resolveEscape nicht aufgerufen. Deshalb sind die Typumwandlung und der Zugriff auf das erste Element in Zeile 0 sicher. Die Abfrage in Zeile 2 garantiert, dass kein Cut vorliegt, sonst hätte esc die Gestalt (!). So aber ist esc von der Form (! a ...) und das zweite Element a von esc kann im Kontext env ausgewertet werden.

Es folgen dann einige Zeilen im Quellcode von resolveEscape, die im Fall $n = 3$ dafür sorgen, dass das Resultat der Auswertung in den folgenden Zielen die Unbestimmte X in (! e X) ersetzt:

```
0  List newgoals = goals.cdr();                              // Die Terme hinter esc
1  .....
2  if (n == 3) {                                             // esc = (! a X)
3      Expr arg3 = esc.third();                              // arg3 muss Unbestimmte sein
4      Indeterminate x = checkIndeterminate(arg3, errorMsg); // prüfen...
5      Substitution sub = new Substitution(x, e);            // Substition erzeugen...
6      newgoals = sub.applyTo(newgoals);                     // ...und anwenden.
7  }
```

Als Letztes bleibt noch zu erklären, wie die Methode resolveEscape das argumentlose Escape-Ziel (!), also den Cut, verarbeitet. In der Klasse RuleBase gibt es eine globale int-Variable namens cutLevel, die vor jeder Anfrage mit 0 initialisiert wird. Beim Auftreten eines Cut wird cutLevel = depth gesetzt. Jedes Mal, wenn die Methode resolve eine weitere Regel zum Beweis des aktuellen Ziels ausprobiert, wird zuerst nachgesehen, ob cutLevel größer ist als die aktuelle Rekursionstiefe. Ist das der Fall, so wird der Beweisversuch abgebrochen.

Abbruch von Endlosrekursion und Schleifenerkennung

Der Parameter depth, mit dem die aktuelle Rekursionstiefe an die Methoden resolve und resolveEscape übergeben wird, hilft auch beim Vermeiden von Endlosrekursion.

Es gibt eine globale int-Variable recursionLimit in der Klasse RuleBase, die mit 256 initialisiert ist. Wenn depth den Wert dieser Variablen überschreitet, wird die Resolution abgebrochen. Damit werden Endlosrekursionen auf einfache Weise abgefangen. Den Test und gegebenenfalls den Abbruch erledigt eine Methode checkRecursionLimit, die dem üblichen Schema aller Semantikabfragen in den t.Sprachen folgt:

```
0  // Erzeugt einen Alarm, falls depth > recursionLimit ist.
1  private void checkRecursionLimit(int depth) throws Alarm {
2      if (depth <= recursionLimit) return;
3      throw new Alarm("RECLIM",
4          "Recursion limit " + recursionLimit + " exceeded");
5  }
```

Das ist ein voller Halt, die Resolution bekommt keine Chance, eine weitere Regel auszuprobieren. Je nachdem, wie die Regelbasis aussieht, kann es aber auch vorkommen, dass man ihr nur aus einem Zirkelschluss heraushelfen möchte. Beispiele solcher Situationen findet man auf S. 358 und S. 379. Ein Abbruch wäre beim Auftreten einer solchen Schleife übertrieben; es genügt, den aktuellen Aufruf von resolve scheitern zu lassen. Zu diesem Zweck enthält die Methode resolve die Anweisung:

```
0  if (loopThreshold > 0) {
1      open = open.cons(Indeterminate.uncopy(goal));
2      if (loopDetected(open, depth)) {
3          return false;              // failure
4      }
5  }
```

Das aktuell zu beweisende Ziel goal wird in unmarkierter Form, also ohne den Zusatz $\_n$, hinter den Unbestimmten in die Liste open der Terme aufgenommen, deren Beweise momentan in Bearbeitung sind. Die Methode loopDetected sieht nach, ob goal in open mehrfach vorkommt. Wenn goal mindestens so oft vorkommt, wie die globale Variable loopThreshold angibt (sie muss von t.Prolog aus gesetzt werden), dann liegt vermutlich – aber keineswegs mit Sicherheit! – eine Schleife vor und das aktuelle Ziel goal wird aufgegeben.

Diese Art der Erkennung von Schleifen ist nicht besonders zuverlässig, sie ist nur eine grobe Heuristik, keine sichere Entscheidung darüber, ob ein Zykel vorhanden ist. Man könnte die Liste der noch offenen Ziele genauer untersuchen oder eine ganz andere Heuristik einbauen. Die hier gewählte Methode ist aber einfach zu implementieren und genügt für unsere Zwecke.

Die Liste open wird nur geführt, wenn die Variable loopThreshold auf einen positiven Wert gesetzt wurde. Standardmäßig hat loopThreshold den Wert 0 und der zeitaufwendige Mechanismus zur Schleifenerkennung wird gar nicht erst angeworfen.

Installation

Eine Installation ist ein meist raumgreifendes, ortsgebundenes und oft auch orts- oder situationsbezogenes dreidimensionales Kunstwerk. (`http://de.wikipedia.org/wiki/ Installation_(Kunst)`)

Damit man mit den t.Sprachen arbeiten kann, muss auf dem Rechner eine Java-Laufzeitumgebung (JRE) der Version 6 oder jünger installiert sein. Man erhält sie für Windows- und Linux-Systeme unter der URL

> `http://www.java.com/de`

Dort kann man auch testen, welche Java-Version man derzeit auf dem eigenen Rechner installiert hat. Java für Mac-Rechner (mit OS X) gibt es von der Firma Apple Computer; man kann dazu die Funktion zur Softwareaktualisierung im Apple-Menü benutzen.

Die Software zu diesem Buch ist in der Datei `tanagra.zip` enthalten, die von der Webseite

> `http://cs.uni-muenster.de/tanagra`

oder von der Webseite des Verlags zu diesem Buch heruntergeladen werden kann. Beim Entpacken wird ein Verzeichnis namens `tanagra` erzeugt, in dem man diverse Unterverzeichnisse findet:

`bin`	– ausführbare Kommandos („Binaries"),
`classes`	– die `.class`-Dateien,
`init`	– Initialisierungsdateien für die einzelnen Sprachen,
`examples`	– alle Beispiele aus dem Buch, kapitelweise zusammengefasst,
`sources`	– der Quellcode,

sowie eine README-Datei mit weiteren Hinweisen.

In der README-Datei werden vor allem zwei Dinge genauer erläutert:

1. Es muss eine Umgebungsvariable TANAGRA definert werden, die den Pfad zu dem entpackten Verzeichnis tanagra enthält.

2. Damit die Binaries gefunden werden, muss in der Pfadvariablen PATH das Verzeichnis %TANAGRA%\bin (unter Windows) bzw. $TANAGRA/bin (unter Linux und Mac OS) stehen.

Nachdem man diese Umgebungsvariablen erzeugt bzw. ergänzt hat, kann man loslegen. Die Kommandos für die t.Sprachen werden jeweils von einem Kommandozeileninterpreter („Shell") ausgeführt. Welchen man wählt, hängt vom Betriebssystem und eigenen Vorlieben ab: bash, csh, powershell.exe, cmd.exe und command.com sind Beispiele für Shells.

Vor allem Windows-Benutzer sind oft nicht mit der Kommandozeile vertraut. Eine nützliche Einführung findet man unter http://www.wintotal.de/artikel/artikel-2007/92-die-kommandozeile-unter-windows.html. Wer sich für die technosoziologischen Hintergründe des CLI (command line interface) interessiert, dem empfehle ich den Essay „In the Beginning was the Command Line" des amerikanischen Autors Neil Stephenson ([41]).

ANHANG B

Quellcode

'Source Code' is confusing but exciting. (http://www.rollingstone.com)

There is so much in 'Source Code' that would be too easy to spoil, but all you need to know is that Jake Gyllenhaal plays helicopter pilot Captain Colter Stevens. (http://www.coming soon.net/news/reviewsnews.php?id=75041)

Der Java-Quellcode für die t.Sprachen hat mit Kommentaren einen Umfang von ungefähr 110 kB, die sich über gut 5000 Zeilen erstrecken. Damit ist der Programmtext so knapp gehalten, dass man ihn noch als Ganzes lesen könnte. Tatsächlich sollte man ihn auch als Ergänzung zu den „Kaffeetassen-Abschnitten" des Buchs hinzuziehen, also zu den jeweils letzten Abschnitten der einzelnen Kapitel, die im Inhaltsverzeichnis mit dem Symbol ☕ markiert sind.

Die Wenigsten werden aber Java-Programme wie normalen Text lesen. In der Regel orientiert man sich in Programmen sehr viel leichter, wenn man sie in einem Editor mit guten Suchfunktionen vor sich hat. Deshalb ist der Quellcode der t.Sprachen hier nicht im Ganzen abgedruckt, er muss von der Webseite zu diesem Buch (vgl. S. 425) heruntergeladen werden. In diesem Anhang wird aber ersatzweise ein kurzer Überblick über den Code gegeben.

Wie schon in Abschnitt 2.6.2 bemerkt, ist der Quellcode auf zwei Pakete aufgeteilt, tanagra und expressions. Etwas vereinfachend gesagt sind sie für die Bereiche Syntax und Semantik der t.Sprachen zuständig.

Im Paket tanagra findet man Lexer, Parser und Interpreter sowie zwei Hilfsklassen, im Paket expressions alle Datentypen und Operatoren, aus denen die t.Sprachen bestehen.

☕ B.1 Das Paket tanagra

Dieses Paket enthält fünf Klassen:

Token.java	– Enum-Klasse für die Token.
Lexer.java	– der Lexer verwandelt eine Zeichenfolge in eine Tokenfolge.
Parser.java	– der Parser verwandelt eine Tokenfolge in einen Ausdruck.
Interpreter.java	– der Interpreter mit der zentralen Read-Eval-Print-Schleife.
Sys.java	– diverse Systemmethoden (z. B. Verarbeitung von Strg-C).

Für das Verständnis ist es hilfreich, sich noch einmal die Abschnitte 1.4 und 1.5 anzusehen. Dort wurde unter anderem beschrieben, wie aus einer Zeichenfolge zunächst eine Folge von Token gebildet wird und aus dieser ein Ausdruck, also ein Objekt mit einem Typ, der das Interface Expr implementiert.

B.1.1 Die Klassen Token und Lexer

Ein Token ist das programmiersprachliche Äquivalent dessen, was in der Umgangssprache ein Wort ist; es fasst mehrere aufeinander folgende Zeichen zu einer Einheit zusammen. Der Tanagra-Lexer kennt nur wenige Token: Quote-Zeichen, linke und rechte runde Klammer, Zahl, Name, String, unbeendeter String (eine Zeichenkette ohne abschließendes "-Zeichen), sonstiges Token, End-of-line und End-of-file.

Zahl, Name und String sind Token mit Attributen. Wenn zum Beispiel beim Parsen einer Eingabe das Token NUMBER gelesen wird, fragt der Parser den Lexer nach der Zeichenfolge, aus der diese Zahl besteht (ihrem Attribut), und erzeugt daraus durch den Aufruf eines Konstruktors der Klasse expression.Num eine Tanagra-Zahl.

Ein Token „unbeendeter String" (Token.USTRING) wird zurückgegeben, wenn in der Eingabe ein String steht, der bis zum nächsten Newline-Zeichen nicht durch " beendet wird. Damit wird verhindert, dass ein Token sich über mehrere Eingabezeilen erstreckt – auch in Java muss jede Zeichenkette auf *einer* Zeile stehen. Ein „sonstiges Token" (Token.OTHER) gibt der Lexer aus, wenn er auf ein Zeichen stößt, mit dem das System nichts anfangen kann – beispielsweise auf die Pseudozahl 1/0. Insbesondere erzeugt der Lexer ein OTHER-Token, wenn er in der Eingabe ein Zeichen vorfindet, das weder Ziffer noch Buchstabe noch ein in Namen erlaubtes Zeichen ist, wie etwa das Zeichen ° (vgl. S. 36).

Jeder Lexer liest aus einer festen Quelle, in unserem Fall ist diese als Zeichenstrom vom Typ java.io.BufferedReader implementiert. Es gibt drei verschiedene Arten von Quellen: der Standard-Eingabestrom, von dem bei interaktiver Benutzung gelesen wird, eine Datei oder ein String-Ausdruck (der Operator parse benutzt einen Lexer mit einer solchen Quelle). Entsprechend besitzt die Klasse Lexer drei Konstruktoren:

```
0   public class Lexer {
1
2       private BufferedReader source;      // Input source
3       .....
4       // Ein Lexer, der von stdin liest
5       public Lexer() {
6           InputStreamReader isr = new InputStreamReader(System.in);
7           source = new BufferedReader(isr);
8       }
9
10      // Ein Lexer, der aus einer Datei liest
11      public Lexer(String filename) throws Alarm { ... }
```

```
12
13        // Ein Lexer, der aus einem String-Ausdruck liest
14        public Lexer(StringExpr s) { ... }
15        .....
16    }
```

Intern arbeitet der Lexer mit einem Java-String `line`, der jeweils die aktuelle Eingabezeile enthält; er holt sie sich mit `source.readLine()` aus dem Eingabestrom. Die Zeichenkette `line` wird von links nach rechts gelesen und verarbeitet, eine `int`-Variable `pos` dient dabei als Zeiger auf die jeweils aktuelle Position.

Die wichtigste Methode der Klasse Lexer ist `getToken`. Mit ihrer Hilfe holt sich der Parser seine Tokenfolge:

```
0     // Gibt das nächste Token zurück, dabei werden sval und pos verändert.
1     public Token getToken() {
2         sval = "";
3         if (line == null) return Token.EOF;
4         skipWhitespace();
5         if (pos >= line.length()) return Token.EOL;
6         Token tok = null;
7         switch (chr()) {
8         case '\'':
9             nextPos();
10            tok = Token.QUOTE;
11            break;
12        case '(':
13            nextPos();
14            tok = Token.LEFT;
15            break;
16        case ')':
17            nextPos();
18            tok = Token.RIGHT;
19            break;
20        case '\"' :
21            tok = getString() ? Token.STRING : Token.USTRING;
22            break;
23        default:
24            if (isNumberchar()) {
25                getNumber();
26                tok = infinity() ? Token.OTHER : Token.NUMBER;
27            } else if (isIdentchar()) {
28                getIdent();
29                tok = Token.SYMBOL;
30            } else {
31                nextPos();
32                tok = Token.OTHER;
33            }
34        }
35        return tok;
36    }
```

Die private Hilfsmethode `nextPos` hängt das aktuelle Eingabezeichen an den String `sval` an, der das derzeit vom Lexer bearbeitete Token als Zeichenkette speichert, und setzt den Zeiger `pos` weiter. Die Details sind ein bisschen „fummelig" und in ein paar Hilfsmethoden wie `skipWhitespace`, `getString`, `getNumber` und `getIdent` ausgelagert, aber das Prinzip der Methode `getToken` ist einfach: Am jeweils aktuellen Zeichen wird entschieden, welches Token als Nächstes auszugeben ist; die Zeichen, aus denen dieses Token besteht, werden dabei nach `sval` geschrieben.

Eine Besonderheit hat unser Lexer: Er beendet die Erkennung eines Tokens beim Auftreten eines nicht dazu passenden Zeichens, auch wenn anschließend kein Leerraum folgt. Eine Eingabe wie die folgende könnte man als fehlerhaft ansehen:

```
-> '(+1a2)
   (1 a2)
```

Hier hat der Lexer die Erkennung des Tokens NUMBER nach der 1 beendet und sofort mit der Erkennung des Tokens SYMBOL begonnen. Er besteht nicht auf dem Vorhandensein eines Trennzeichens vor dem nächsten Token. Man könnte argumentieren, dass +1a2 eine einzelne, falsch eingegebene Zahl ist. Letztlich ist das Geschmackssache.

B.1.2   Die Klasse Parser

Ein Parser für die t.Sprachen liest wie ein Lexer aus stdin, einer Datei oder einem String-Ausdruck – letzteres, wenn der Operator parse aufgerufen wird. Entsprechend hat die Klasse Parser drei Konstruktoren:

```
0   public class Parser {
1
2       private Lexer lexer;  // Der Lexer, der die Token liefert
3       .....
4       // Ein Parser, der von stdin liest
5       public Parser() { ... }
6
7       // Ein Parser, der aus einer Datei liest
8       public Parser(String filename) throws Alarm { ... }
9
10      // Ein Parser, der aus einem String-Ausdruck liest
11      public Parser(StringExpr s) throws Alarm { ... }
12      .....
13  }
```

Daneben stellt die Klasse Parser nur eine einzige weitere public-Methode zur Verfügung:

```
0       // Gibt einen Ausdruck zurück
1       public Expr read() throws Alarm { ... }
```

Mit read wird in der Read-Eval-Print-Schleife des Interpreters der jeweils nächste Ausdruck aus der Folge der vom Lexer kommenden Token gelesen. Vor dem Lesen gibt die Methode so lange den Eingabeprompt aus, bis der Lexer eine nichtleere Zeile gefunden hat. Danach kontrolliert sie, ob nicht noch überzähliger Input in der zuletzt gelesenen Zeile steht. Das sieht der Parser als Eingabefehler an.

Das Lesen der Eingabe ist ein aktives Lesen, aus der Tokenfolge wird ein Ausdruck erzeugt. Das geschieht anhand der sehr einfachen Grammatik der t.Sprachen (vgl. S. 36, dort noch ohne das Quote-Zeichen):

```
Expression ->   Number | Ident | List | 'Expression
List       ->   ( Expression* )
```

Diesen beiden Regeln entsprechen in der Klasse Parser die beiden Methoden parseExpr und parseList:

```
0        // Parst einen Ausdruck entsprechend der Grammatik der t.Sprachen
1        private Expr parseExpr() throws Alarm { ... }
2
3        // Parst eine Liste
4        private List parseList() throws Alarm { ... }
```

Ihre Implementierung hat große Ähnlichkeit mit der Implementierung der Methode getToken aus dem vorigen Abschnitt. So wie dort das aktuelle Zeichen benutzt wurde, um zu erkennen, welches Token vorliegt, nutzt parseExpr das aktuelle Token, um zu entscheiden, welcher Ausdruck vorliegt:

```
0        private Expr parseExpr() throws Alarm {
1            Expr e = null;                          // e wird das Resultat
2            switch (token) {                        // aktuelles Token ansehen
3            case EOL :
4                if (interactive) Sys.printSecondaryPrompt();
5                getLine();                          // neue Zeile lesen und
6                e = parseExpr();                    // wieder parsen
7                break;
8            case EOF :
9                throw new Alarm("EOF", "Unexpected end of input");
10           case NUMBER :
11               Num n = new Num(lexer.strVal());    // Zahl erzeugen und
12               getToken();                         // nächstes Token lesen
13               e = n;
14               break;
15           case SYMBOL :
16               e = Symbol.forName(lexer.strVal()); // Name erzeugen und
17               getToken();                         // nächstes Token lesen
18               break;
19           .....
20           case QUOTE :
21               getToken();                         // nächstes Token lesen
22               e = quote(parseExpr());             // e = (quote ex)
23               break;
24           .....
25           default :
26               // unerreichbar
27           }
28           return e;
29       }
```

Lexer und Parser sind im Prinzip kleine Interpreter, sie definieren jeweils die Semantik der nächsthöheren Ebene: Der Lexer interpretiert eine Zeichenfolge als Tokenfolge, der Parser eine Tokenfolge als einen Ausdruck. Kein Wunder, dass beide nach dem Interpreter-typischen Prinzip des switch...case konstruiert sind – wie schon der Interpreter für m.Lisp (S. 96) und die Harvard-Maschine (S. 169).

Wenn ein Quote-Zeichen gelesen wurde, parst der Parser den Ausdruck ex, der beim nächsten Token beginnt, und konstruiert daraus die Liste (quote ex):

```
0        // Gibt die Liste (quote ex) zurück
1        private Expr quote(Expr ex) {
2            return  NIL.cons(ex).cons(Symbol.forName("quote"));
3        }
```

Die fünf übrigen Fälle in der obigen switch-Anweisung – es gibt insgesamt zehn Token – werden ähnlich behandelt.

Insbesondere führt das Lesen einer linken Klammer (Token LEFT) zum Aufruf der Methode parseList. Eine Liste darf sich über mehrere Zeilen der Eingabe erstrecken. Wenn der Parser von `stdin` liest, sich also im interaktiven Modus befindet, gibt `parseList` einen sekundären Prompt aus, falls während des Parsens einer Liste das Token EOL gelesen wird.

B.1.3   Die Klasse `Interpreter`

Diese Klasse enthält die Methode main für die t.Sprachen. Darin werden die Aufrufargumente abgefragt, zu jedem wird ein entsprechender Interpreter erzeugt und zum Laufen gebracht:

```
 0   public class Interpreter {
 1
 2       // Die globale Umgebung
 3       private static Env globalenv = Env.globalEnv();
 4
 5       // Der Parser, von dem dieser Interpreter liest.
 6       private Parser parser;
 7
 8       ....  // (zwei Konstruktoren)
 9
10       // Hauptprogramm für die t.Sprachen. Jedes Argument muss ein Dateiname sein.
11       public static void main(String[] args) {
12           for (int i =  0; i < args.length; i++) {
13               try {
14                   new Interpreter(args[i]).run(globalenv);
15               } catch (Alarm alarm) {
16                   Sys.println(alarm.toString());
17               }
18           };
19           new Interpreter().run(globalenv);
20       }
21       .....
22   }
```

Für jedes Aufrufargument (interpretiert als Name einer Eingabedatei) wird ein eigener Interpreter erzeugt und gestartet. Die Verbindung zwischen diesen verschiedenen Interpreter-Instanzen stellt die globale Umgebung her. Sie existiert als statisches Attribut der Klasse Interpreter nur einmal und überlebt alle Aufrufe der einzelnen Interpreter-Instanzen. Das erste Argument ist meistens die init-Datei einer der t.Sprachen, die weiteren Dateien enthalten in dieser Sprache geschriebene Programme. Am Schluss wird der von stdin lesende interaktive Interpreter aufgerufen.

Die Methode run ruft die Read-Eval-Print-Schleife eines Interpreters auf, sie fängt zusätzlich Alarm-Instanzen ab, die von dieser Schleife nicht erkannt werden:

```
 0       // Lässt den Interpreter im Kontext env laufen.
 1       public void run(Env env) {
 2           while (true) {
 3               try {
 4                   read_eval_print(env);
 5               } catch (Alarm alarm) {  // EOF oder unvorhergesehene Exception.
 6                   if (alarm.isEof()) break;
 7                   Sys.println("Unforeseen error.");
 8                   break;
 9               } catch (StackOverflowError soe) {
10                   Sys.println("Stack overflow.");
11                   break;
12               } catch (OutOfMemoryError ome) {
13                   Sys.println("Memory error.");
14                   break;
15               }
```

```
16          }
17       }
```

Einen End-of-File-Alarm fängt die Methode run nicht ab; dieser signalisiert ja, dass die Eingabedatei abgearbeitet wurde und es nichts weiter zu tun gibt.

Die Methode read_eval_print müsste im Prinzip nur eine Anweisung enthalten, etwa in der Form parser.read().eval(env).print(). In der Praxis fängt sie noch Fehler ab und sorgt mit Hilfe der Methoden store und print dafür, dass die Eingabe an den Namen @ und das Resultat der Auswertung an den Namen % gebunden wird:

```
0       // Lesen, Auswerten und Ausgeben eines Ausdrucks.
1       private void read_eval_print(Env env) throws Alarm {
2           Expr expr = VoidExpr.VOID; // Falls der Parser keine Eingabe findet.
3           Expr value = null;
4           try {
5               expr = parser.read();
6               value = expr.eval(env, false);
7           } catch (Alarm alarm) {
8               if (alarm.isEof()) throw alarm; // EOF wird nicht abgefangen.
9               value = alarm;
10          }
11          store(expr);
12          print(value);
13      }
```

Das Argument false in Zeile 6 signalisiert der Auswertung, dass die Eingabe nicht in endständiger Position steht (siehe Abschnitt 4.6.3).

Damit ist schon alles Wesentliche zur Klasse Interpreter gesagt. Es bleibt noch anzumerken, dass es eine weitere Stelle im Quellcode der t.Sprachen gibt, an der ein Interpreter-Objekt erzeugt wird, nämlich dann, wenn mit dem Operator load eine Eingabedatei geladen wird:

```
0   class Operator_load extends Operator {
1       public Expr apply(List args, Env env) throws Alarm {
2           checkArity(args, 1);
3           String file = checkString(args.first().eval(env)).toString();
4           new Interpreter(file).run(env);
5           return VoidExpr.VOID;
6       }
7   }
```

Der Operator erwartet genau ein Argument vom Typ String, wertet es aus und erzeugt einen Interpreter, der von der Datei mit dem entsprechenden Namen liest. Das Resultat ist leer, weil der Interpreter nur die Umgebung env verändern soll, in welcher der Aufruf (load *<file>*) erfolgt. Nur zum Zweck dieser Nebenwirkung wird er erzeugt.

B.1.4 „Odds and ends": Die Klasse Sys

Irgendetwas bleibt immer noch zu erledigen. Im Quellcode der t.Sprachen gibt es ein paar Systemvariable und -methoden, die keinen natürlichen Platz in einer der vorhandenen Klassen haben, aber zu unbedeutend sind, um für sie eine eigene Klasse zu definieren. Sie sind in der Klasse Sys gesammelt. Diese sollte besser System heißen, aber damit würde die Klasse System aus dem Paket java.lang verdeckt, die in Sys benutzt wird.

Im Einzelnen geht es um drei Themen:

1. einige mit der Ausgabe zusammenhängende Details – unter anderem wird hier festgelegt, wie der primäre und der sekundäre Prompt aussehen –,

2. eine Statusvariable für die Elimination von Endrekursion (sie zeigt an, ob endständige Funktionsaufrufe eliminiert werden sollen – vgl. S. 259) und schließlich

3. die Möglichkeit des Programmabbruchs mit Strg-C.

Die ersten beiden Punkte sind einfach, der dritte macht ein paar Schwierigkeiten. Er soll deshalb hier kurz besprochen werden. Das Problem besteht darin festzulegen, was beim Drücken der Tastenkombination Strg-C passiert. Normalerweise führt dies dazu, dass das Betriebssystem der Java-Maschine (JVM), die den Interpreter ausführt, ein Signal namens SIGINT schickt. Die meisten JVMs beantworten dieses Signal damit, dass sie sich selbst beenden.

Das ist aber in unserem Fall nicht das gewünschte Verhalten. Mit Strg-C möchte man meistens eine laufende Rechnung abbrechen, zum Beispiel eine nicht endende Rekursion; und nur am Eingabeprompt, wenn keine Auswertung im Gang ist, soll damit das Programm insgesamt beendet werden. Das ist zumindest das Verhalten der meisten Interpreter.

Um zu verhindern, dass die JVM auf das Signal SIGINT hin sofort den Betrieb einstellt, muss man eineSignalbehandlung einbauen. Leider gibt es im Java-API keine Klasse, die das leistet – vermutlich deshalb, weil die Geräte, auf denen Java läuft, sehr unterschiedliche Signale kennen und das Java-API nur das unterstützt, was *alle* JVMs kennen.

Es gibt aber zwei Java-Klassen, sun.misc.Signal und sun.misc.SignalHandler, mit denen man doch Signale abfangen und bearbeiten kann. Sie existieren nur inoffiziell und werden im Java-API auch nicht dokumentiert, obwohl sie im Java Development Kit (JDK) enthalten sind. Wenn man sie benutzt, wirft der Java-Compiler eine nicht abschaltbare Warnung aus („... may be removed in a future release").

Die Benutzung ist nicht besonders kompliziert. Um die JVM zur Signalbehandlung zu bewegen, werden eine Instanz SIGINT der Klasse Signal und eine Instanz handler einer anonymen Implementierung der Schnittstelle SignalHandler erzeugt. Die anonyme Klasse stellt die statische Methode SignalHandler.handle zur Verfügung, die von der JVM bei jedem Eintreffen des Signals SIGINT aufgerufen werden soll.

Damit das geschieht, muss der Handler für das Signal SIGINT angemeldet werden. Dazu dient der einmalige Aufruf der statischen Methode Signal.handle im Klassenkonstruktor der Klasse Sys (Zeile 19):

```
0    public class Sys {
1
2        // Signal und Handler
3        private static Signal SIGINT = new Signal("INT");
4        private static SignalHandler handler = new SignalHandler() {
5            public void handle(Signal sig) {
6                if (EvalStack.empty()) {
7                    System.exit(0);
8                } else {
9                    ctrlc = true;
10               }
11           }
12       };
13
14       // ctrlc zeigt an, dass SIGINT gesetzt wurde.
15       private static boolean ctrlc = false;
16
17       // Installieren des Handlers für das Signal SIGINT
18       static {
19           Signal.handle(SIGINT, handler);
20       }
```

```
21      .....
22   }
```

In der Signalbehandlung geschieht erstmal sehr wenig: Wenn keine Auswertungen mehr anstehen (Abfrage in Zeile 6), wird der Interpreter gleich beendet, sonst wird lediglich die boolesche Klassenvariable `ctrlc` auf `true` gesetzt.

Die Methode `eval` der Klasse `List` prüft vor der Auswertung jeder Liste, ob `Sys.ctrlc` den Wert `true` hat. Ist das der Fall, so wird die Liste nicht ausgewertet, sondern ein Alarm `CTRLC` erzeugt. Wird dieser Alarm nicht abgefangen, verhindert das die Auswertung aller noch anstehenden zusammengesetzten Ausdrücke.

Bei dieser Art der Signalbehandlung erfolgt der Abbruch also nicht sofort beim Eintreffen des Signals `SIGINT`, sondern erst wenn die Auswertung der nächsten Liste beginnt. Der Grund dafür ist, dass die Methode `SignalHandler.handle` selber keine Exception vom Typ `Alarm` erzeugen darf, weil in der Schnittstelle `SignalHandler` keine entsprechende `throws`-Klausel vorgesehen ist.

Den Alarm `CTRLC` kann man wie jeden Alarm abfangen und damit in den t.Sprachen eine Verarbeitung von Strg-C installieren. Ein Trivialbeispiel dazu in t.Scheme:

```
-> (define (foo) (foo)) ; Endlosrekursion
function[foo]
-> (catch 'CTRLC (foo) (seq (bind ctrlc-alarm CTRLC) " wurde abgefangen"))
^C wurde abgefangen
-> (length (part 'stack ctrlc-alarm))
509236
```

In dem Moment, als hier nach der zweiten Eingabe Strg-C gedrückt wurde, hatte sich bereits ein Stack mit einer halben Million rekursiver Aufrufe von `foo` aufgebaut. Man muss mit dem Abbruch ziemlich schnell sein, um nicht vorher einen Stack-Überlauf zu erhalten.

☕ B.2 Das Paket expressions

Fast alle Dinge, mit denen man in den t.Sprachen zu tun hat, sind Ausdrücke. Mit *Ausdruck* ist dabei im technischen Sinn jedes Java-Objekt gemeint, dessen Klasse die Schnittstelle `Expr` implementiert.

Dazu gehören erst einmal die Objekte der Typen, die in den t.Sprachen `Number`, `Symbol`, `String` und `List` heißen. Diese Ausdrücke sind *Literale*, weil sie in der Eingabe durch Zeichenfolgen darstellbar sind.

Mit Ausnahme der globalen Umgebung werden alle sonstigen Daten, denen man als Benutzer begegnet, durch Auswertungen erzeugt: Operatoren, Funktionen, Kontexte, Fehler, t.Java-Objekte, t.Prolog-Regeln – der ganze Zoo der sehr unterschiedlichen Elemente der t.Sprachen.

Jedes Datenelement hat seinen eigenen Datentyp, den man zur Laufzeit abfragen kann. In der Regel entspricht dieser Typ genau einer konkreten Java-Klasse im Paket expressions. Gelegentlich hat die den Typ implementierende Klasse einen anderen Namen, zum Beispiel wird der t.Sprachen-Typ `String` durch die Klasse `StringExpr` implementiert, weil der Name `String` in Java schon belegt ist. Es gibt also fast eine Eins-zu-eins-Beziehung zwischen den Datentypen der t.Sprachen und den konkreten Klassen im Paket expressions.

Nur die in der Klasse `Frame` definierten Bindungsrahmen machen eine Ausnahme, sie sind keine Ausdrücke. Man kann sie zwar sehen, etwa wenn man mit (`context` *<function>*) den Kontext einer Funktion abfragt, aber es gibt keine Möglichkeit, direkt auf sie zuzugreifen. Im ersten

Entwurf der Implementierung war das noch anders, aus Gründen der Absturzsicherheit haben Frames den Status von Ausdrücken aber wieder verloren (siehe Abschnitt 4.7.1). Kontexte haben den Java-Typ Env, die Klasse Env ist von LinkList<Frame> abgeleitet. Ein Kontext ist in der vorliegenden Implementierung keine Liste – leider, muss man fast sagen.

Die Klasse LinkList ist neben Frame die zweite konkrete Klasse im Paket expressions, die nicht unmittelbar einen Datentyp der t.Sprachen implementiert. Sie dient als Basisklasse für die beiden Klassen Env und List.

Mit diesen Vorbemerkungen und in Kenntnis der Rolle der Schnittstellen Expr (Abschnitt 2.6.2) und Traceable (Abschnitt 4.7.3) sowie der abstrakten Klassen Procedure und Operator (Abschnitte 2.6.3 und 2.6.4) sollte die nachfolgende Übersicht über die Beziehungen zwischen den Klassen des Pakets expressions leicht nachvollziehbar sein.

B.2.1   Die Klassen im Überblick

Klassendiagramm

Das folgende Diagramm gibt die Beziehungen zwischen den Klassen im Paket expressions wieder:

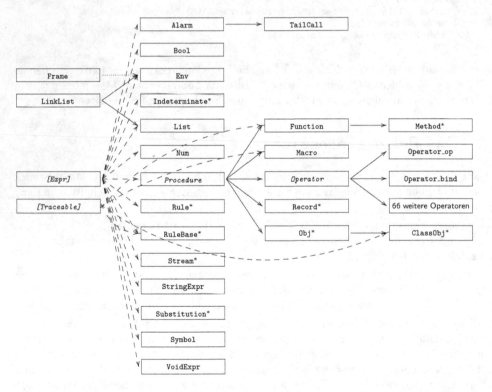

Abstrakte Klassen sind in schräger Schrift angegeben, *[Schnittstellen]* stehen zusätzlich in Klammern. Gestrichelte Pfeile zeigen auf implementierende Klassen, durchgezogene Pfeile auf Unterklassen. Mit einem Stern markierte Klassen sind für das Funktionieren des Basissystems nicht notwendig. Das Basissystem besteht definitionsgemäß aus den Klassen, die für eine Übersetzung des Codes auf jeden Fall vorhanden sein müssen.

Genauere Informationen zu den einzelnen Klassen des Pakets expressions findet man in den „Kaffeetassen"-Abschnitten der Kapitel 1 bis 7.

B.2.2   Dateistruktur

Die Java-Dateien, die direkt in den Verzeichnissen tanagra und expressions stehen, bilden das Basissystem des Interpreters. In den Unterverzeichnissen operators, streams, tjava, tpascal und tprolog von expressions stehen weitere Quelldateien. Keine von ihnen ist notwendig, wenn man den Tanagra-Interpreter neu kompilieren will. Allerdings wird man ohne ein gewisses Minimum an Operatoren wenig Spaß haben; die Initialisierungsdateien setzen deren Vorhandensein voraus.

Alles, was in den Verzeichnissen tjava, tpascal und tprolog steht, sind nicht unbedingt notwendige Zutaten. Das Basissystem „weiß" nichts davon. Man kann in ähnlicher Weise weitere t.Sprachen implementieren, ohne irgendetwas an den vorhandenen Klassen zu ändern. Noch einfacher kann man sich fehlende Operatoren verschaffen. Dazu genügen wenige Zeilen nach dem Muster der Operatoren im Unterverzeichnis operators. Eine neue Operatorklasse kann man übrigens einzeln übersetzen, man muss nicht das ganze System neu kompilieren.

Noch ein kurzer Kommentar zur Verteilung der Operatorklassen auf die Java-Dateien. Jeder Operator bildet eine eigene Unterklasse der Klasse Operator mit einer spezifischen Implementierung der Methode apply. Man könnte jeden Operator in einer gesonderten Java-Datei definieren. Um nun nicht eine Flut von winzigen Operator-Quelldateien zu bekommen, wurden jeweils mehrere Operatoren mit ähnlicher Funktionalität in einer Datei zusammengefasst. Die für das Basissystem relevanten Operator-Dateien stehen im Unterverzeichnis operators.

Man kann darüber geteilter Meinung sein, ob die Zusammenfassung mehrerer Java-Klassen in einer Datei die Übersichtlichkeit erhöht. Notwendig wäre sie nicht. Am Beispiel der Datei NumberOp.java kann man aber sehen, wozu das Zusammenfassen verwandter Operatoren genutzt werden kann. Sie enthält eine abstrakte Klasse NumberOp mit den für das Tracing der arithmetischen Operatoren nötigen Methoden:

```
0   public class NumberOp extends Operator implements Traceable { ... }
```

Die Klassen für die arithmetischen Operatoren sind von NumberOp abgeleitet, sodass die numerischen Operatoren alle Traceable-Objekte sind. Eine gemeinsame Form des Tracings für alle Operatoren zu finden, ist vermutlich nicht möglich, dafür sind sie zu verschiedenartig.

B.3   Initialisierungsdateien

Das Wichtigste zur Funktionsweise der Initialisierungsdateien wurde schon in Abschnitt 2.6.1 gesagt. Beim Aufruf einer der t.Sprachen wird für jeden als Argument übergebenen Dateinamen ein Interpreter erzeugt, der von dieser Datei liest und mit diesen Auswertungen die anfängliche globale Umgebung modifiziert.

Anfangs ist in der globalen Umgebung nur der Name op an den entsprechenden Operator gebunden. Die Initialisierungsdateien beginnen damit, weitere Namen an die entsprechenden Operatoren zu binden; anschließend wird eventuell der Name op entfernt, damit ist dann der Funktionsumfang der jeweiligen Sprache festgelegt. Es folgt meistens noch ein Abschnitt, in dem mit den so definierten Möglichkeiten weitere Hilfsfunktionen deklariert werden.

Die Initialisierungsdateien stehen in einem Unterverzeichnis init des Basisverzeichnisses der t.Sprachen (dessen Name bei ordnungsgemäßer Installation in der Systemvariablen TANAGRA gespeichert ist).

Zum Beispiel gibt es im Verzeichnis init die Datei tanagra.init:

```
;    Initialisierungsdatei für t.Anagra

"*** t.Anagra ***"
"The phrase\n\t\"tanagra you fools get nil\""
"is an anagram (a permutation of the letters) of"
"\t\"a tool for tiny languages\""
"Thus, the name Tanagra comes from a tiny anagram."
"From the t.Anagra interpreter you get what the anagram promises -"
"Nil, which means Nothing."
((op exit))                              ; ruft System.exit(0) auf.
```

Diese Datei erzeugt die Sprache t.Anagra. Man ruft sie mit dem Kommando tanagra auf, das sich als ausführbare Datei im Verzeichnis bin befindet und – mit kleinen Unterschieden je nach Betriebssystem – etwa wie folgt aussieht:

```
0 java -classpath $TANAGRA/classes tanagra.Interpreter $TANAGRA/init/tanagra.init
```

Beim Aufruf von tanagra liest der Interpreter die Datei tanagra.init:

```
$ tanagra
*** t.Anagra ***
The phrase
    "tanagra you fools get nil"
is an anagram (a permutation of the letters) of
    "a tool for tiny languages"
Thus, the name Tanagra comes from a tiny anagram.
From the t.Anagra interpreter you get what the anagram promises -
Nil, which means Nothing.
$
```

Mit dieser „Sprache" kann man wirklich nichts anfangen, weil ihr Aufruf sich durch die Anwendung des Operators exit in der Initialisierungsdatei gleich wieder selbst beendet.

Im Prinzip kann man sich mit einer neuen init-Datei jederzeit eine eigene Programmiersprache zusammenstellen. Wenn dabei irgendwelche Datentypen oder Operatoren fehlen, ergänzt man sie im Paket expressions durch passende Java-Klassen, schreibt eine Initialisierungsdatei dazu – und fertig ist die nächste t.Sprache.

B.4   Beispieldateien

In dem auf S. 425 erwähnten Verzeichnis examples sind alle Beispiele dieses Buchs enthalten, die zu den einzelnen t.Sprachen besprochen werden. Zu jeder Sprache gibt es zwei Dateien: eine „Kapitel"-Datei mit dem Quellcode des entsprechenden Kapitels und eine weitere „Session"-Datei mit den Resultaten, die man bei der Ausführung des Quellcodes erhält.

Zum Beispiel enthält die Datei Kapitel7.tprolog alle Eingaben des t.Prolog-Kapitels. Jede der Eingaben kommt darin doppelt vor: einmal als Zeichenkette mit einem vorangestellten Prompt und anschließend als ausführbarer t.Prolog-Ausdruck, also so:

```
"\n-> (fact (human Sokrates))"
(fact (human Sokrates))
```

Wenn man die Datei mit dem Kommando

```
tprolog Kapitel7.tprolog
```

ausführt, wird eine lange Liste von Resultaten erzeugt; diese Ergebnisse stehen in der Datei Kapitel7.session, wobei zur einfacheren Kontrolle der t.Prolog-Ausdruck, mit dem das Resultat erzeugt wurde, davor wiedergegeben ist.

Die Eingabedateien zu den einzelnen Kapiteln wurden mit einem Skript aus dem LATEX-Quelltext des Buchs extrahiert. Ganz gelegentlich musste von Hand nachgearbeitet werden: Wenn etwa in einem Abschnitt die Eingabe (bind a 'irgendetwas) steht und im nächsten (bind a 'etwas_anderes), dann musste ein (delete a) eingeschoben werden.

Mit diesem Verfahren ist aber trotz solcher gelegentlichen Eingriffe insgesamt weitgehend sichergestellt, dass alle Beispiele tatsächlich in der angegebenen Form funktionieren.

Literaturverzeichnis

[1] Harold Abelson, Gerald J. Sussman und Julie Sussman: *Struktur und Interpretation von Computerprogrammen. Eine Informatik-Einführung.* 4. Aufl., Springer-Verlag, Berlin, 2007.

[2] Klaus Aehlig, Thomas Fischbacher: *Einführung in den λ-Kalkül.* www.linta.de/~aehlig/university/notes-lambda.ps, 2001.

[3] David Bailey, Peter Borwein und Simon Plouffe: *On the rapid computation of various polylogarithmic constants.* Math. of Comp. 66, no. 218, 903–913, 1997.

[4] David J. Barnes, Michael Kölling: *Java lernen mit BlueJ: Eine Einführung in die objektorientierte Programmierung.* 4. Aufl., Pearson Studium, 2009.

[5] Rob Callan: *Artificial Intelligence.* Palgrave Macmillan, 2003.

[6] Alonzo Church: *A Note on the Entscheidungsproblem.* The Journal of Symbolic Logic 1(1), 40–41, 1936.

[7] Achim Clausing: *Aufstieg zum Gran Tribonacci.* Spektrum der Wissenschaft, Juli 2004, 110–113.

[8] Alain Colmerauer, Philippe Roussel: *The birth of Prolog.* In: History of Programming Languages, ACM Press, 1996.

[9] Frank DeRemer, Hans Kron: *Programming-in-the-large versus programming-in-the-small.* IEEE Transactions on Software Eneneering 2 (2), 80–86, 1976.

[10] Edsger W. Dijkstra: *Go To Statement Considered Harmful.* Communications of the ACM 11 (3), 147–148, 1968.

[11] R. Kent Dybvig: *The Scheme Programming Language.* 4. Aufl., MIT Press, 2009.

[12] Eugene Eberbach, Dina Goldin, Peter Wegner: *Turing's Ideas and Models of Computation.* In: Ch. Teuscher: *Alan Turing, Life and Legacy of a Great Thinker,* 2. Aufl., Springer-Verlag, Berlin, 2004.

[13] Mathias Felleisen, Robert B. Findler, Matthew Flatt, Shriram Krishnamurthi: *How to Design Programs: an Introduction to Programming and Computing*. MIT Press, Cambridge, 2001.

[14] Matthias Felleisen, Robert B. Findler, Matthew Flatt, Shriram Krishnamurthi: *The Structure and Interpretation of the Computer Science Curriculum*. Journal of Functional Programming 14 (4), 365–378, 2004.

[15] Maribel Fernández: *Models of Computation: An Introduction to Computability Theory*. Springer-Verlag, 2009.

[16] Daniel P. Friedman, Mitchell Wand, Christopher T. Haynes: *Essentials of Programming Languages*. 2nd ed., MIT Press, Cambridge, 2001.

[17] Paul Graham: *The Roots of Lisp*. `paulgraham.com/rootsoflisp.html`, 2001.

[18] Stuart Halloway: *Programming Clojure*. Pragmatic Programmers, 2009.

[19] Peter A. Henning, Holger Vogelsang: *Handbuch Programmiersprachen: Softwareentwicklung zum Lernen und Nachschlagen*. Hanser Fachbuchverlag, 2006.

[20] J. Roger Hindley, Jonathan P. Seldin: *Lambda-Calculus and Combinators: An Introduction*. Cambridge University Press, 2008.

[21] Andrew Hodges: *Alan Turing, Enigma*. 2. Aufl., Springer-Verlag, Wien, 1995.

[22] Samuel N. Kamin: *Programming Languages. An Interpreter-Based Approach*. Addison-Wesley Publ. Co., Reading, 1990.

[23] Richard Kelsey, William Clinger, Jonathan Rees et al.: *Revised⁵ Report on the Algorithmic Language Scheme*. Higher-Order and Symbolic Computation 11 (1), 7 –- 105, 1998.

[24] Herbert Klaeren, Michael Sperber: *Die Macht der Abstraktion: Einführung in die Programmierung*. Vieweg und Teubner, 2007.

[25] Donald E. Knuth: *Literate Programming*. University of Chicago Press, Chicago, 1992.

[26] Robert Liguori, Patricia Liguori, Lars Schulten: *Java – kurz & gut*. O'Reilly, 2008.

[27] Ronald Mak: *Writing Compilers and Interpreters: A Software Engineering Approach*. 3rd ed., J. Wiley & Sons, 2009.

[28] John McCarthy: *Programs with Common Sense*. Semantic Information Processing, MIT Press, 403–418, 1968.

[29] John C. Mitchell: *Concepts in Programming Languages*. Cambridge University Press, 2003.

[30] Ulf Nilsson, Jan Małuszyński: *Logic, Programming and Prolog*. J. Wiley & Sons, 1990.

[31] Peter Norvig: *Paradigms of Artificial Intelligence Programming: Case Studies in Common Lisp*. Morgan Kaufmann, 1991.

[32] Peter Norvig: *Correcting a Widespread Error in Unification Algorithms*. Software Practice and Experience 21 (2), 231–233, 1991, und `norvig.com/unify-bug.pdf`.

[33] Martin Odersky, Lex Spoon, Bill Venners: *Programming in Scala*. Artima Inc., 2008.

[34] Terence Parr: *Language Implementation Patterns: Create Your Own Domain-Specific and General Programming Languages*. Pragmatic Bookshelf, 2009.

[35] Alan J. Perlis: *Epigrams on Programming*. SIGPLAN Notices 17 (9), 7–13, 1982, und www.cs.yale.edu/quotes.html.

[36] Christian Queinnec: *Lisp in Small Pieces*. Cambridge University Press, 1996.

[37] Peter van Roy, Seif Haridi: *Concepts, Techniques, and Models of Computer Programming*. MIT Press, 2004.

[38] Stuart Russell, Peter Norvig: *Artificial Intelligence: A Modern Approach*. 3rd ed., Prentice Hall, 2009.

[39] Robert W. Sebesta: *Programming Languages*. 9th ed., Pearson Education, 2009.

[40] Ravi Sethi: *Programming Languages: Concepts and Constructs with Java Package*. 2nd ed., Addison-Wesley, 2000.

[41] Neil Stephenson: *In the Beginning was the Command Line*. Harper Perennial, 1999, und http://en.wikipedia.org/wiki/In_the_Beginning..._Was_the_Command_Line.

[42] Michael Sperber, R. Kent Dybvig, Matthew Flatt, Anton Van Straaten et al.: *Revised^6 Report on the Algorithmic Language Scheme*. Scheme Steering Committee: www.r6rs.org, 2007, und Cambridge University Press, 2009.

[43] Leon Sterling, Ehud Shapiro: *Prolog – Fortgeschrittene Programmiertechniken*. Addison-Wesley, 1988.

[44] Franklyn A. Turbak: *Design Concepts in Programming Languages*. MIT Press, 2008.

[45] Alan M. Turing: *On Computable Numbers, with an Application to the Entscheidungsproblem*. Proc. London Math. Soc. (2) 42, 230-65, 1936.

[46] Christian Wagenknecht: *Programmierparadigmen: Eine Einführung auf der Grundlage von Scheme*. Teubner Verlag, Stuttgart, 2004.

[47] David A. Watt: *Programming Language Design Concepts*. J. Wiley & Sons, Chichester, 2004.

[48] David A. Watt, Deryck F. Brown: *Programming Language Processors in Java: Compilers and Interpreters*. Prentice Hall, 2000.

[49] Adam Brooks Webber: *Modern Programming Languages: A Practical Introduction*. Franklin, Beedle & Associates, 2003.

[50] Niklaus Wirth: *Grundlagen und Techniken des Compilerbaus*. 2. Aufl., Oldenbourg, 2008.

[51] Ludwig Wittgenstein: *Tractatus Logico-Philosophicus*. 31. Aufl., Suhrkamp-Verlag, 2007, und www.gutenberg.org/ebooks/5740.

Stichwortverzeichnis